Les Résistants

L'histoire de ceux qui refusèrent

Les Résistants

L'histoire de ceux qui refusèrent

Sous la direction de

Robert Belot

avec le concours de

Éric Alary

et de

Bénédicte Vergez-Chaignon

Ouvrage réalisé en partenariat avec le ministère de la Défense,
Secrétariat général pour l'administration,
Direction de la mémoire, du patrimoine et des archives.

LAROUSSE

Édition
Carl Aderhold
Dulce Gamonal

Conception graphique
henri-françois Serres Cousiné

Réalisation graphique
Bernard Van Geet

Lecture-correction
Gilles Barbier

Iconographie
Dulce Gamonal
Valérie Perrin

Fabrication
Martine Toudert

Auteurs
Robert Belot,
Bénédicte Vergez-Chaignon,
Éric Alary,
Dulce Gamonal

L'éditeur remercie Nora Schott pour lui avoir suggéré l'idée de ce livre
ainsi que Jean-Noël Liabeuf pour son aide concernant l'iconographie.

Distributeur exclusif au Canada : Messageries ADP, 1751, Richardson, Montréal, Québec
ISBN : 2-03-505265-3

Prologue

De la Résistance aux résistants

La Résistance occupe une place à part dans notre mémoire collective. Plus qu'un événement, relativement modeste à l'échelle du déploiement planétaire de la Seconde Guerre mondiale, la Résistance s'est transmuée en un mythe fondateur qui a donné à la France ses valeurs et aux Français une image idéalisée d'eux-mêmes. De page d'histoire, elle est devenue une « mémoire collective » qui structure encore l'imaginaire du pays. Cette mémoire, qui a évolué, est elle-même devenue un objet d'histoire pour les historiens… La mémoire de l'Occupation, une passion française, a occupé les tribunaux et les médias à la fin du XXe siècle. Elle s'est même transformée en injonction, en « devoir ».

Cette singularité est liée à l'essence même de ce qu'a été la Résistance. Une réaction patriotique qui est à la fois un acte de guerre et une défense de l'Homme. Un refus, un rejet, qui sont aussi un projet de société. C'est dire que son message dépasse l'événement où elle prend naissance : il est universel et atemporel. Chaque génération peut se l'approprier. Chaque pays peut l'adopter comme modèle. Reflet d'un temps particulier, la Résistance est aussi de tous les temps.

Mais cette dimension exemplaire et mythique de la Résistance a eu pour effet de reléguer ceux qui l'ont faite : les *résistants*. Les quelques héros qui dominent cette mémoire ont jeté une ombre sur les acteurs anonymes sans qui rien n'aurait été possible. On a peu à peu oublié le caractère forcément individuel et solitaire de l'engagement clandestin dans la France captive. On a peu à peu mis entre parenthèses le fait que les actes du refus ont d'abord été des gestes modestes et symboliques. On a peu à peu évacué la difficulté et la singularité du combat résistant. On a peu à peu oublié que les premiers résistants ignoraient jusqu'au mot « résistance », qui s'est popularisé au cours de l'année 1942.

De même, on a généralement promu l'action du résistant comme source d'unité nationale. Il y a dans ce phénomène des raisons qui relèvent tant de la nécessité politique que du ressort psychologique. Au lendemain de la Libération, il fallait reconstruire la nation, brisée par la terrible défaite de 1940, déchirée par une guerre civile. Car cette guerre mondiale, la seconde du genre, est à la fois une guerre étrangère et une guerre civile. Des Français ont lutté contre des Français, des Français ont parfois tué d'autres Français, en France ou hors de France. C'est d'ailleurs par là que cette guerre offre une si profonde différence avec la Grande Guerre. Très vite a été popularisée la vision d'une France unie et héroïque, reflet prétendument fidèle d'une France éternelle. La France de la honte, de la compromission et de l'accommodement était reléguée au rang de mauvais souvenir. Vision trompeuse. Vision injuste, aussi, car elle a eu pour effet paradoxal de relativiser le courage et le mérite de la minorité agissante qu'ont été les résistants d'avant le 6 juin 1944. Mais le peuple était avide de légendaire. Il fallait oublier le temps où les Français ne s'aimaient pas. Il fallait oublier l'humiliation de la France. Il fallait déculpabiliser les Français. Les lois d'amnistie, oublieuses des crimes des « mauvais » Français, semblaient parfois préparer le chemin de l'amnésie de cette part d'ombre.

La courbe de cette mémoire héroïsante a atteint son pic les 18 et 19 décembre 1964, lors du transfert au Panthéon des cendres de Jean Moulin, « l'unificateur de la Résistance », comme on le présente habituellement, le général de Gaulle étant alors président de la République. Apothéose commémorative, où la mémoire résistante s'identifie à la France gaulliste, où la France devient la France de la Résistance.

Pourtant, l'amorce d'un revirement de la mémoire se situe dans cette même année 1964. Le 26 décembre, le Parlement français adopte à l'unanimité la loi sur l'imprescriptibilité des crimes contre l'humanité. On pense alors que cette loi, qui vise ceux qui ont eu une part active dans l'extermination des juifs, ne concernerait jamais des Français. Or, dès 1972 éclate l'affaire Paul Touvier, ce milicien français qui a exécuté des juifs et qui semblait bénéficier de la clémence des autorités. Il faudra attendre les années 1990 pour que son procès ait enfin lieu. D'autres actions seront conduites au nom de cette loi et frapperont, outre l'Allemand Klaus Barbie, des hauts fonctionnaires de Vichy, comme Jean Leguay, René Bousquet ou, plus récemment, Maurice Papon. De même, en avril 1971, sortait sur les écrans *le Chagrin et la Pitié,* de Marcel Ophuls. Rupture symbolique : pour la première fois, on montre la France qui a collaboré avec l'occupant nazi. Scandale national. Ce film sera interdit de télévision pendant plus de vingt ans. En 1973 était édité *la France de Vichy,* le livre d'un historien américain, Robert Paxton, qui tentait de montrer que le maréchal Pétain et le régime de Vichy avaient dans bien des cas mis en place une politique de répression autonome qui ne devait rien à l'occupant. Nouveau scandale.

Ainsi, insensiblement, c'est la dimension la plus sombre et la plus sordide de la période d'Occupation qui a fini par dominer. L'hypermnésie a succédé à l'amnésie. Le dissensus au consensus. Le XXe siècle français s'est achevé dans les affres de la repentance. Après la gloire, la honte. Après le mythe, l'âpre réalité. Après l'idéal, le contentieux. Le balancier de la mémoire est allé très loin dans l'autre sens. Parfois trop loin, peut-être, au point que le résistant semblait réduit à jouer les utilités d'une mémoire qui ne lui appartenait plus vraiment, ou plus seulement. La figure de la victime supplantait la figure du héros. Finalement, il est apparu que le résistant restait encore à découvrir. Le temps est venu enfin de regarder le combat inédit qui a été le sien avec la distance nécessaire (ce qui ne veut dire avec indifférence), de quitter la Résistance en majesté pour aborder sa réalité dans toute sa complexité, dans toute sa diversité, à travers ceux qui l'ont faite.

Pour cela, il a fallu répondre à trois exigences.

D'abord, il convenait de placer les résistants au centre de la focale pour tenter de répondre à des questions simples mais difficiles, compte tenu des conditions de clandestinité qui constituent généralement le cadre de leur action : que pensaient les résistants dans leur for intérieur ? Quelles étaient leurs motivations profondes ? Comment vivaient-ils ? Que pouvaient-ils ? Ce n'est donc pas seulement de leurs faits et gestes qu'il est question dans ce livre ; c'est aussi de leur paysage intérieur, de leur parole intime, d'une parole forcément infime car parler ou écrire représentent toujours un danger majeur dans de telles conditions. Des archives inédites ou peu connues nous ont aidés à ouvrir cette porte étroite.

Ensuite, il semblait nécessaire de ne pas céder à une vision candide ou irénique, qui aurait conduit à taire ce qui a pu parfois diviser le peuple résistant. Même s'ils étaient d'accord sur l'essentiel, ceux qui ont tenté d'organiser le refus, et surtout les chefs, ont connu des rivalités, des divergences de conception, des ambitions humaines, trop humaines. Il n'aurait pas été honnête, par exemple, de dissimuler les frictions et les incompréhensions qui ont émaillé les relations entre les hommes de la Résistance intérieure et les hommes de la France libre, née à Londres autour du général de Gaulle. Si la mémoire lisse et simplifie, l'histoire propose la distance et la nuance. Si la mémoire sacralise, l'historien laïcise. Le présent ouvrage se situe résolument du côté du territoire de l'historien.

Enfin, il paraissait salutaire de restituer ce qu'on pourrait appeler « l'historicité » du phénomène résistant. Trop souvent, les récits des témoins postérieurs aux événements ont eu tendance à relire l'histoire de ces cinq années en fonction du point final de cette histoire. Le parti pris adopté ici vise au contraire à surprendre presque au jour le jour l'action de ceux qui refusèrent. Les positions des uns et des autres ne sont par restées figées : elles ont évolué en fonction des lieux et, surtout, des moments. Le rapport au gaullisme n'échappe pas à cette dynamique. La perception de Vichy n'est pas la même en 1940 qu'en 1942. De ce point de vue, le recours à la chronologie nous a paru constituer le meilleur moyen de faire retour à la difficulté, à la diversité et à l'humilité du combat résistant, même si ce déroulé est ponctué de moments de respiration plus lente où l'on prend le temps d'évoquer un homme, un lieu ou un type d'action. De ce cheminement apparaîtra peut-être une image plus conforme à la réalité de ce qu'a été la Résistance.

Ce livre n'est pas une encyclopédie. Il ne prétend pas à l'exhaustivité, d'ailleurs inaccessible, compte tenu justement de la nature essentiellement clandestine du combat résistant. Il aimerait modestement mettre en lumière quelques-uns des humbles faits et gestes des soutiers d'une gloire qui n'était nullement assurée, recentrer cette page magnifique et tragique de notre histoire sur ceux qui l'ont réellement écrite avec leur courage, leurs peurs et, parfois, leur sang. Une histoire d'hommes, à hauteur d'homme, une histoire dont les hommes sont les auteurs.

Robert Belot

Sommaire

juin-décembre 1940

Solitudes initiales

La Résistance paraît écrasée par le mythe national qu'elle est devenue. Ce mythe unificateur a eu pour effet de gommer les difficultés de ceux qui sont à l'origine de ce combat très particulier et qui, faut-il le rappeler, n'ont jamais été qu'une minorité. Essayons de revenir au point de départ de cette histoire, de faire comme si nous ne connaissions pas le point final de cette aventure. Essayons de retrouver l'épaisseur du moment et la respiration de ceux qui vont tenter, avec leurs souffrances, leurs doutes, leur vulnérabilité, leur imprévisibilité, de résister à la démoralisation qui suit la défaite de 1940.

Trop souvent, ceux qui ont évoqué cette période ont fait bon marché des difficultés du contexte et de la manière dont les individus, dans l'intimité de leur conscience et la diversité de leurs cultures et de leur histoire, ont perçu ceux qui incarnaient les choix à faire ou à ne pas faire et ont appréhendé les enjeux du moment. Que savait-on ? Que pensait-on ? Que pouvait-on ? Ce sont ces questions à la fois simples et très complexes qu'il faut d'abord se poser.

Au tout début de l'Occupation, ceux qui ont tenté de réagir ne l'ont pas fait en vertu d'une loi ou d'une mobilisation générale, comme c'est le cas dans les guerres traditionnelles. Au contraire, c'est contre les autorités (occupées ou occupantes) du moment et le poids de l'opinion commune qu'ils se sont prononcés, obéissant d'abord aux valeurs non codifiées que leur conscience leur a permis d'entrevoir. « Quand la société est dissoute, l'homme est tout », a écrit Lamartine. Jamais ce mot

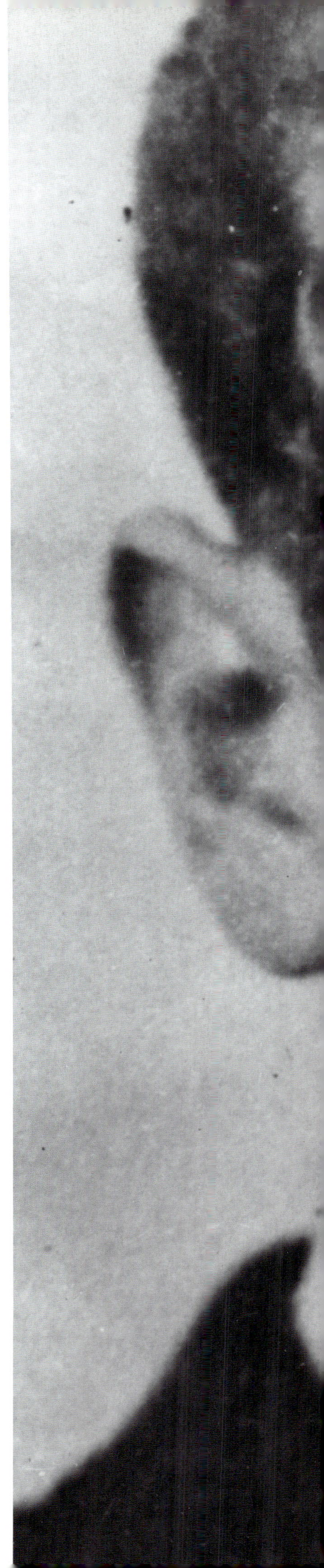

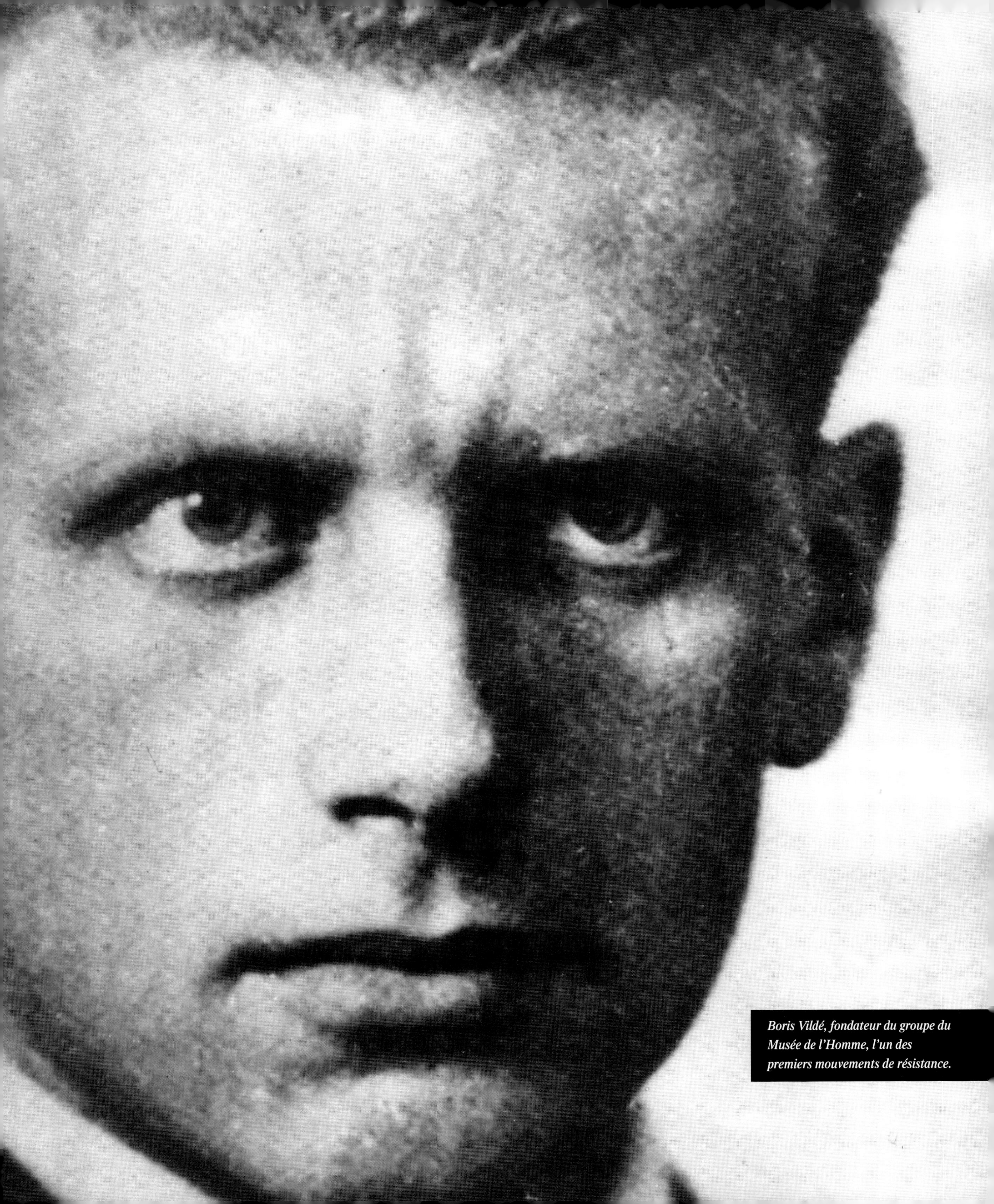

Boris Vildé, fondateur du groupe du Musée de l'Homme, l'un des premiers mouvements de résistance.

juin-décembre 1940

Solitudes initiales

n'a été plus juste que sous l'Occupation. Moment de rupture extrême où les cadres anciens sont abolis, où l'homme, en situation de choix et de péril, est confronté à une exigeante solitude qui le transforme en *inventeur d'histoire*. Contrairement à ce qu'a pu laisser accroire une légende sympathique mais peu réaliste, le ressort primal de l'engagement relève généralement moins du domaine subtil des « idées » et de l'idéologie antifasciste que de la sphère mouvante et émouvante du sentiment patriotique, de la réaction viscérale face à l'événement. C'est une sorte d'impératif catégorique qui provoque la volonté de rupture. Le refus qui est à l'origine de l'aventure résistante, comme l'écrira superbement Philippe Viannay, le fondateur du mouvement Défense de la France, « montait du plus profond de soi-même, non motivé, impératif, sans réplique ».

Il s'agit donc d'une décision risquée, dont les conséquences ne sont écrites nulle part, et qui ne peut se mûrir que dans l'âpre solitude. Le résistant (qui au début ne s'appelle pas « résistant » et qu'on ne désigne pas comme tel) est un homme qui doit d'abord se battre contre soi, parfois contre sa famille et souvent à l'insu de celle-ci. Il est seul face à l'événement, écrasé par l'incertitude d'une histoire qui ne sait pas encore sa fin, par la relativité qui vient soudain assaillir le sens du devoir, par l'angoisse d'une rupture avec la société qui consacrera ultérieurement un arrachement avec soi-même et les siens.

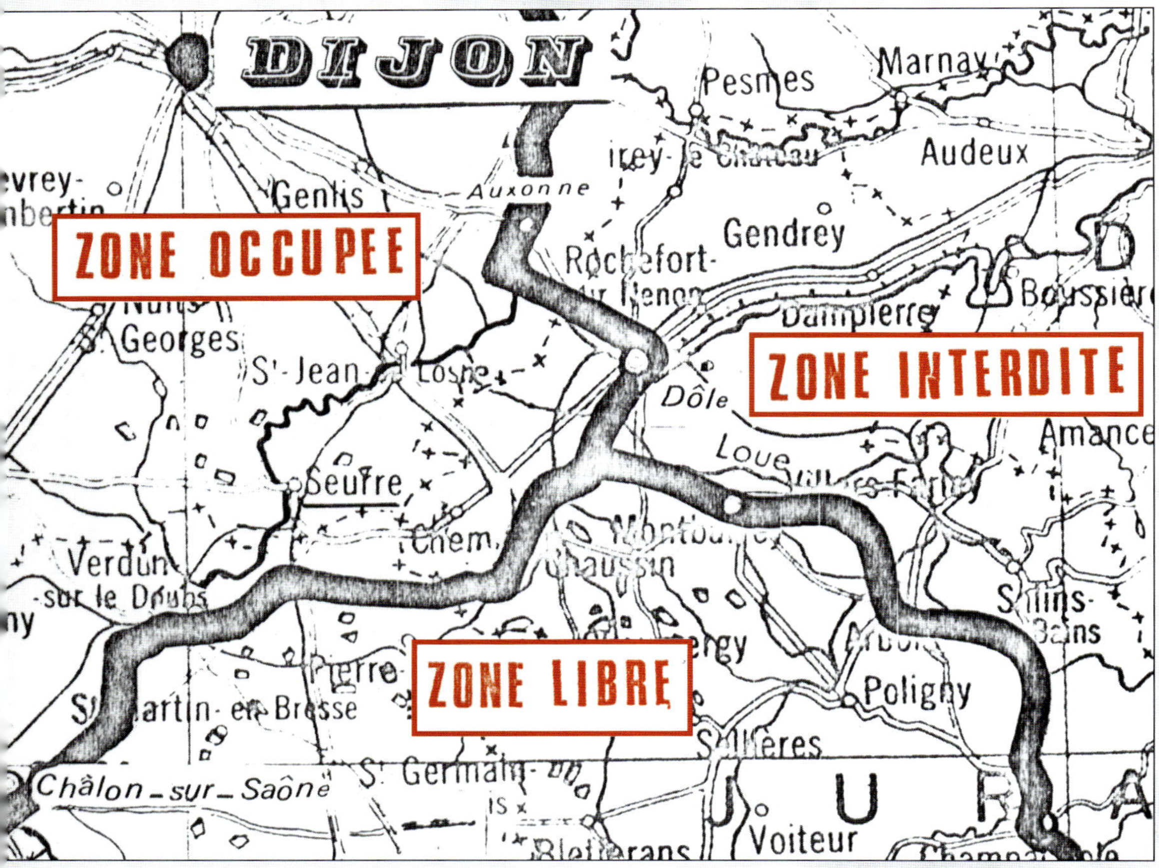

En Côte-d'Or, illustration du morcellement de la France en autant de zones qu'il convient aux Allemands pour se donner des moyens de pression.

LA FRANCE EN "SOUS-FRANCE"

La défaite a produit un choc terrible. Les Français ont du mal à imaginer que « la meilleure armée du monde », comme ils aimaient à se le dire, a été battue en si peu de jours. À l'humiliation succède la désespérance. Les longues théories de réfugiés rendent les Français étrangers à eux-mêmes. La France est en « sous-France ». Elle ressemble à une peau de chagrin, couturée de zones. Cinq zones en tout. La France soumise est principalement coupée en deux par une ligne de démarcation qui constitue une étrange et humiliante frontière intérieure. Une zone nord est directement occupée par l'ennemi ; une zone sud, qu'on appelle « zone libre », est sous la juridiction du régime de Vichy, du nom de la ville qui accueille le gouvernement de l'après-défaite ayant signé le fatal armistice.

Le chef de l'État est le maréchal Pétain, présenté comme le « vainqueur de Verdun ». C'est un homme extrêmement populaire, alors. Il apparaît comme le « sauveur », et les Français, même ceux qui sont très bien renseignés, pensent qu'il joue un « double jeu » : sous couvert de collaborer, il préparerait clandestinement la revanche contre l'Allemand. Face à lui, l'obscur général de Gaulle réfugié à Londres pèse très peu. Son appel du 18 juin 1940 a été à peine entendu. Quitter la France apparaît comme une aventure trop risquée, voire comme une désertion. En ce début d'Occupation, ceux qui conçoivent de réagir pensent le faire sur le sol natal, là où souffrent les Français. Même ceux qui deviendront les chefs de la Résistance intérieure montrent, au début de l'Occupation, une sympathie certaine pour le vieux maréchal et une certaine méfiance à l'endroit de De Gaulle. En effet, les militaires ne sont guère en odeur de sainteté après la défaite ! Et puis, l'Angleterre n'a pas bonne presse. Difficile d'agir contre (ou sans) Pétain. Dans la zone occupée par l'ennemi, le contexte est plus simple : les Français sont directement confrontés à l'autorité allemande. Il s'agit donc de deux contextes très différents qui induisent des comportements et des formes de lutte différents.

LES PREMIÈRES ARMES

Ainsi, au cours des deux premières années d'Occupation, ceux (très rares) qui souhaitent réagir (pour pouvoir ultérieurement agir) doivent prendre en compte le maréchalisme ambiant qui anesthésie la population. Le danger est alors moins la répression que l'état d'esprit de l'opinion qu'il faut réussir à séduire et à faire évoluer. Cette opinion ne peut d'ailleurs pas s'exprimer. La parole publique est surveillée et peut être punie. La presse licite est placée sous un régime de censure. Les partis politiques, interdits et déconsidérés, ne peuvent plus jouer leur rôle de médiateurs de l'opinion. Une propagande tend à imposer une pensée unique. S'exprimer librement implique de le faire clandestinement. Une « presse » clandestine, rudimentaire, commence à naître. Il s'agit d'abord de quelques feuillets ronéotypés. C'est la première arme des hommes du refus. Les moyens sont insignifiants. Les structures clandestines (mouvements et réseaux) sont quasi inexistantes. Le lien avec Londres (avec les Anglais ou avec la France libre) est à créer.

La Résistance naît péniblement et confusément de ces *solitudes initiales* qui, peu à peu, vont s'agréger et devenir une force historique. Mais le chemin de l'honneur et de la liberté sera long et parsemé de drames.

CHRONOLOGIE

1940

JUIN

10. Entrée en guerre de l'Italie aux côtés de l'Allemagne
14. Les troupes allemandes pénètrent dans Paris
16. Pétain remplace Paul Reynaud à la présidence du Conseil à Bordeaux
18. Appel radiodiffusé du général de Gaulle à Londres
22. Signature de l'armistice entre la France et l'Allemagne
28. Le gouvernement britannique reconnaît le « chef des Français libres »
29. Le gouvernement français quitte Bordeaux pour Vichy

JUILLET

3. Bombardement de la flotte française par les Britanniques à Mers el-Kébir
10. L'Assemblée nationale accorde les pleins pouvoirs à Pétain
11. Pétain promulgue les actes constitutifs de « l'État français » mettant fin à la République
12. Laval devient vice-président du Conseil

AOÛT

26-29. Le Tchad, le Cameroun, le Congo, l'Oubangui-Chari et Tahiti se rallient à la France libre
29. Cession des bases indochinoises françaises au Japon

SEPTEMBRE

27. Signature du pacte Rome-Berlin-Tokyo

OCTOBRE

3. L'État français promulgue le premier « statut » des juifs
8. Entrée des forces allemandes en Roumanie
10. Hitler diffère l'invasion de la Grande-Bretagne
24. Entrevue à Montoire entre Pétain et Hitler, qui institue la collaboration politique
27. À Brazzaville, de Gaulle crée le Conseil de défense de l'Empire
28. Les Italiens attaquent la Grèce

NOVEMBRE

5. Réélection de F.D. Roosevelt

SEINE-ET-OISE
ROISSY
EN-FRANCE 5 →
Gc 184

14 juin

Un officier confie à sa mère son désespoir

Le capitaine d'infanterie Frenay part en guerre avec le 17e corps d'armée mobilisé en septembre 1939, qui occupe un secteur sur le Rhin. En avril 1940, il est muté au 43e corps d'armée de forteresse dirigé par le général Lescanne. Il fait la retraite avec ce corps d'armée jusqu'au col du Donon, dans le massif vosgien, où les troupes résistent jusqu'à l'armistice du 22 juin 1940. Le même jour, il se retrouve prisonnier. La ligne bleue des Vosges, tant caressée dans ses rêves héroïques d'enfance, devient le spectacle de l'impuissance et de la honte.

Tout s'est passé entre le 18 et le 24 juin. S'il n'a pas entendu l'appel du général de Gaulle, il a par contre entendu celui du maréchal Pétain du 20 juin 1940, dans lequel le nouveau chef de gouvernement annonce qu'il a « demandé à nos adversaires de mettre fin aux hostilités », évoquant *déjà* la « défaite » et stigmatisant *déjà* l'« esprit de jouissance ». Dès le 17 juin, le maréchal a annoncé à ses compatriotes qu'il cherchait les moyens d'« arrêter le combat ».

Nous ne connaissons qu'une seule trace de la réaction intime du capitaine au moment où il comprend que l'armée française est battue. C'est une lettre manuscrite, écrite à sa mère, datée du 14 juin 1940, et interceptée par les Allemands :

« Il est probable que tout est perdu. Je vous envoie ci-joint un chèque de 20 000 francs à percevoir au Crédit lyonnais de Toulouse.

Prenez une auto, même un taxi, et allez toucher cet argent. Cela vaut mieux.

Je suis désespéré. J'espère qu'on se battra encore,

Tendrement,

Youyou. »

17 juin

« Celui qui ne se rend pas est mon homme »

Refusant d'avaliser la défaite, Edmond Michelet, qui s'occupe d'un centre de réfugiés en Corrèze, improvise un tract rassemblant des citations du poète Charles Péguy. Sous cette forme, puisée dans sa culture catholique, il exprime le premier degré du refus et de l'espoir qui doit réaliser l'union sacrée autour du rejet de la résignation.

« En temps de guerre, celui qui ne se rend pas est mon homme, quel qu'il soit, d'où qu'il vienne et quel que soit son parti. Il ne se rend point. C'est tout ce qu'on lui demande. Et celui qui se rend est mon ennemi, quel qu'il soit, d'où qu'il vienne, et quel que soit son parti. Et je le hais d'autant plus que par les jeux des partis politiques, il prétendrait s'apparenter à moi. »

17 juin

Jean Moulin face aux premiers gestes de l'occupant

Malgré ses tentatives pour enrayer la fuite de ses concitoyens, le préfet d'Eure-et-Loir, Jean Moulin, se retrouve à peu près seul dans sa ville, à partir du 14 juin, pour assumer la charge, avec une poignée de volontaires, des quelques centaines d'habitants laissés pour compte par l'exode. Il confie aux derniers réfugiés en partance une lettre pour sa famille : « Je ne savais pas que c'était si simple de faire son devoir quand on est en danger. Si les Allemands – ils sont capables de tout – me faisaient dire des choses contraires à l'honneur, vous savez déjà que cela n'est pas vrai. »

Au milieu de la débâcle, il maintient un semblant d'administration, et, le 17 juin, il attend l'entrée des troupes allemandes sur le perron de sa préfecture. Dans la soirée, les occupants le somment de signer un document attestant que des viols et des meurtres de femmes et d'enfants ont été commis par les troupes sénégalaises qui se battaient autour de Chartres. Moulin refuse et est molesté, puis emprisonné avec des soldats africains. Épuisé physiquement et moralement par la tension des derniers jours, craignant de céder à de nouvelles brutalités, il tente alors de se suicider en se tranchant la gorge avec des éclats de verre.

Dans le désespoir de la déroute militaire, à l'annonce de la demande d'armistice, des gestes désespérés ont ainsi été perpétrés contre eux-mêmes par des Français révulsés par la défaite de leur pays.

HABITANTS

D'EURE-&-LOIR

Vos fils résistent victorieusement à la ruée allemande. Soyez dignes d'eux en restant calmes.

Aucun ordre d'évacuation du département n'a été donné parce que rien ne le justifie.

N'écoutez pas les paniquards qui seront d'ailleurs châtiés. Déjà des sanctions ont été prises. D'autres suivront.

Il faut que chacun soit à son poste. Il faut que la vie économique continue.

Les élus et les fonctionnaires se doivent de donner l'exemple. Aucune défaillance ne saurait être tolérée.

Je connais les qualités de sagesse et de patriotisme des populations de ce département.

J'ai confiance. Nous vaincrons.

Le Préfet d'Eure-et-Loir,

Jean MOULIN.

Jean Moulin se trouve sans consigne de son gouvernement face à l'exode, aux bombardements puis à l'invasion.

L'ouragan de la défaite

← Le 10 mai 1940 commence l'invasion allemande. La Blitzkrieg balaie toutes les résistances et la progression foudroyante de la Wehrmacht l'emporte vers le Sud aux trousses d'une armée française en retraite et d'une population civile en fuite. Le 14 juin, l'armée allemande est à Paris. Trois jours plus tard, renonçant au combat, le maréchal Pétain demande l'armistice.

17 juin

« Le peuple français ne veut pas de l'esclavage »

Ancien mutin de la mer Noire, député communiste élu en 1936, Tillon est replié à Bordeaux, où il exerce des responsabilités régionales dans l'appareil clandestin du PCF. Coupé de sa direction, il réagit à l'annonce de la demande d'armistice par un tract qui reprend les thèmes répétés depuis des mois par le Parti, comme son droit à une reconstitution légale, la formation d'un « gouvernement populaire », l'entente avec l'URSS pour obtenir la paix. Mais Tillon retrouve aussi le thème de la lutte contre Hitler et le fascisme, délaissé soudainement par le Parti depuis la conclusion du pacte germano-soviétique en août 1939.

« Les gouvernants bourgeois ont livré à Hitler et à Mussolini l'Espagne, l'Autriche, l'Albanie et la Tchécoslovaquie... Et maintenant, ils livrent la France. Ils ont tout trahi. Après avoir livré les armées du Nord et de l'Est, après avoir livré Paris, ses usines, ses ouvriers, ils jugent pouvoir, avec le concours de Hitler, livrer le pays tout entier au fascisme... »

17 juin

Échapper à la capture et à l'inaction ?

Pour certains, échapper à l'occupant nazi représente à la fois un acte de refus et de survie. Cela exige de quitter la France. Mais les premiers « évadés de France » ne sont pas forcément des candidats à la France libre. Certains quittent le territoire national avant l'armistice et l'appel du 18 juin, ne sachant trop où se rendre pour être utiles. C'est le cas de l'avocat Joë Nordmann qui souhaite se rendre en Afrique du Nord pour « à tout prix échapper à la capture comme à l'inaction ». Il décide de passer en Espagne à la veille de la signature de l'armistice, reconnaissant que, toutefois, il discernait mal « le chemin à suivre ». Au même moment, le jeune philosophe Raymond Aron quitte son détachement à Bordeaux, et se glisse, à Saint-Jean-de-Luz, dans un bateau qui doit transporter une division polonaise pour l'Angleterre. Sa décision, convient-il, a été prise avant que ne se produise l'annonce de l'armistice qu'il entendra sur le bateau. Partir, pour lui, c'est choisir non pas un homme (de Gaulle n'existe pas encore pour lui), mais, dans une intuition à la fois confuse et ferme, un pays (l'Angleterre) dont il parie qu'il est le seul à pouvoir et à vouloir continuer la guerre : « Mais à l'époque, dira-t-il, la question : partir pour rejoindre de Gaulle ou partir simplement en Grande-Bretagne, ne se posait pas dans ces termes. Ou bien on voulait être du côté de ceux qui continuaient la guerre, ou bien on se résignait en France. »

Or, à cette époque, les Français n'aiment guère l'Angleterre. Le reproche fait à de Gaulle est d'être aux mains des Anglais. En porte témoignage une image de propagande de 1940 représentant un ballon gonflable sur lequel est écrit : « De Gaulle, fabriqué en Angleterre », ballon soutenu par un juif et chargé dans une barque conduite par Churchill.

Dès le 26 mai, la rupture du front a scellé le sort de la campagne de France. Le premier souci semble d'échapper à la captivité promise par le déferlement allemand. Il y a bientôt 1,8 million de prisonniers de guerre français.

Le « colonel » Rémy sur l'un des bateaux qui serviront à son réseau, la Confrérie Notre-Dame, *pour ses liaisons avec l'Angleterre.*

18 juin

Gilbert Renault rejoint l'Angleterre

Depuis plusieurs mois, Gilbert Renault, le futur « Rémy », prépare le tournage d'un film en Espagne sur Christophe Colomb. Mais, avec l'attaque allemande du 10 mai, il rentre dans sa famille, à Vannes. Des bruits d'occupation de la ville par les Allemands sont de plus en plus pressants. Les réfugiés belges et français s'installent où ils peuvent dans la capitale du Morbihan. Renault est furieux en apprenant la demande d'armistice du maréchal Pétain et en voyant des soldats français soulagés par l'arrêt des combats. Le 18 juin au matin, alors que les Allemands sont à Redon, il annonce à sa femme, enceinte et déjà mère plusieurs fois, sa décision d'aller à Lorient pour trouver un bateau et tenter de poursuivre la lutte depuis l'Empire. Il n'entend pas l'appel du général de Gaulle lancé à la BBC. Avec son frère Claude, Gilbert Renault parvient à trouver un bateau en catastrophe à Lorient, pour tenter de gagner l'Angleterre.

18 juin

« Moi, général de Gaulle, actuellement à Londres... »

Le 5 juin, Charles de Gaulle, général de brigade à titre temporaire, est entré au gouvernement comme sous-secrétaire d'État à la Défense nationale. Il se fait remarquer par le Premier ministre anglais, Winston Churchill, grâce à son opiniâtreté à vouloir continuer le combat. Revenu à Londres après la constitution du gouvernement Pétain, il manifeste sa volonté de maintenir la France dans la guerre, aux côtés de l'allié britannique, escomptant d'ailleurs l'appui de l'empire colonial et de ses plus hautes autorités.

Le 18 juin, au soir, sur les antennes de la BBC, il lance un appel aux officiers, soldats, ingénieurs et techniciens pour qu'ils le rejoignent et poursuivent la lutte contre l'Allemagne.

Un général inconnu lance, depuis Londres, un appel à continuer le combat contre l'Allemagne.

« *L'espérance doit-elle disparaître ? La défaite est-elle définitive ? Non !*

[...] Les mêmes moyens qui nous ont vaincus peuvent faire venir un jour la victoire. Car la France n'est pas seule ! [...] Elle a un vaste Empire derrière elle. Elle peut faire bloc avec l'Empire britannique qui tient la mer et continue la lutte. Elle peut, comme l'Angleterre, utiliser sans limites l'immense industrie des États-Unis.

[...] Cette guerre n'est pas tranchée par la bataille de France. Cette guerre est une guerre mondiale. [...] Quoi qu'il arrive, la flamme de la résistance française ne doit pas s'éteindre et ne s'éteindra pas. »

Extrait de l'appel du 18 juin

19 juin

« Le temps presse, ne faisons pas trop de sentiment »

Robert Masson, futur compagnon de la Libération, est mobilisé à Fès, quand il apprend la signature de l'armistice. L'annonce de la défaite l'ébranle profondément. Il pense être séparé pour longtemps de sa mère, restée en France. Aussi lui fait-il parvenir une lettre émouvante dans laquelle il lui donne des conseils pour qu'elle tente de vivre honorablement la souffrance d'habiter dans un pays occupé. Un jour après l'appel du 18 juin de Londres (que Masson n'a pas entendu, comme presque tout le monde), et malgré le noir dégoût que provoque en lui la chute lamentable de la France, on sent poindre la volonté de ne pas laisser aller à vau-l'eau la « France éternelle » et de combattre, le moment venu. Masson n'a pas attendu l'étendard d'un chef pour mûrir sa détermination.

« Les souffrances vont commencer vraiment pour vous. Les privations, sans doute même la famine. L'endroit où vous êtes va recevoir une densité de population effroyable. Le temps presse, ne faisons pas trop de sentiment. Il faut serrer les dents, fermer les poings et regarder les choses en face. Pas de regards en arrière surtout : ce qui aurait pu être ou ce qu'on aurait désiré. [...]

Vous allez vivre sous le joug allemand. N'oubliez pas que ces gens-là ont un principe : celui de l'autorité du règlement. Il faut se plier aux règles édictées, mais ne pas s'abaisser devant eux et surtout ne pas tolérer la moindre avanie, surtout si elle est en contradiction avec des règles édictées. Si elle vient d'un échelon inférieur, en appeler à l'autorité supérieure. Ne pas craindre de dire bien haut que tous les hommes de la famille sont officiers et en activité. Loin de vous nuire, cela ne peut que vous faire respecter. [...]

Courage, maman, nous serons un jour réunis à nouveau. Supporte avec fermeté les longs mois sans nouvelles. Il n'est pas possible que Dieu, Notre Dame de Lourdes, Jeanne d'Arc abandonnent la France. La France est éternelle. C'est maintenant que vous allez vraiment comprendre ce qu'est la France pour un Français. [...]

Je t'embrasse, maman, je vous embrasse tous. Durcissez vos cœurs comme nous aurons besoin de le faire quand nous lirons les souffrances que vous endurerez. Mais surtout, ménage-toi, évite les fatigues exagérées. Songe combien ta vie est précieuse pour tous. Évite d'avoir, comme ces dernières années, des scrupules et un souci trop grand de tes responsabilités. Plus d'angoisses à l'idée de l'avenir de l'un ou de l'autre de nous. Plus qu'un seul but : vivre au jour le jour, avec la seule consigne de durer, durer jusqu'au jour où nous pourrons à nouveau crier à la face du monde notre fierté d'être français. »

20 juin

Le premier fusillé de la Résistance

Les premiers actes de réfus sont souvent isolés et spontanés. Parmi ceux-ci figure le sabotage effectué par un ouvrier agricole, Étienne Achavanne, qui coupe les lignes téléphoniques reliant la toute nouvelle Feldkommandantur de Rouen au terrain d'aviation de Boos, occupé par la Luftwaffe. On estime que son action a rendu vulnérable le terrain qui peut ainsi être efficacement bombardé par la Royal Air Force.

Achavanne est arrêté et déféré devant une cour martiale allemande. Condamné à mort, il est fusillé le 6 juillet, sans que sa famille ait même été avertie.

Son cas tragique est aussi emblématique des sabotages les plus simples et les plus spontanés pratiqués par les patriotes durant l'été de 1940.

Partout en zone occupée, les Allemands se montrent et s'imposent. Ici à Dijon, la relève de la garde devant l'état-major de la Luftwaffe place Wilson.

21 juin

Écoutez la BBC

L'armistice n'est pas encore signé que se produit, dans une quasi-indifférence, un événement aux conséquences pourtant énormes sur la naissance et le développement de ce qui n'est pas encore la « Résistance ». Le soir du 21 juin, à 20 h 30, l'ambassadeur de France à Londres, Charles Corbin, s'adresse aux Français de France pour les convier à écouter la BBC.

« Vous trouverez là, au jour le jour, les raisons de garder votre foi dans les destinées de notre pays, explique-t-il aux auditeurs. La France a connu, dans le passé, d'autres épreuves. Elle en a toujours triomphé. »

Cette présentation est suivie par la première chronique de Jean Marin.

La participation de Corbin, qui ne sera certes pas une figure de la Résistance, montre avec éclat la confusion et le désarroi qui règnent en ces jours tragiques de juin 1940.

ARMES
ET
Appareils Récepteurs
de T. S. F.

Il est prescrit a tous les habitants de venir déposer à la Mairie (et pour Morlaix, au Commissariat de Police) toutes les armes à feu et munitions en leur possession.

Faute d'executer cet ordre, les délinquants s'exposeront aux sanctions les plus sévères et des représailles seront exercées sur la population.

Si un soldat Allemand était l'objet d'un attentat, l'auteur de cet etat serait fusillé et trois membres de la population seraient pris comme otages.

Les appareils récepteurs de T. S. F. devront de même être deposes en Mairie, leurs propriétaires ayant intérêt a les munir d'une étiquette permettant de les identifier.

Ces mesures devront avoir reçu leur pleine execution le **MARDI 25 JUIN, à 12 heures.**

L'autorite militaire Allemande rappelle à cette occasion, qu'il est formellement interdit d'user de matériel de provenance militaire Francaise, en particulier de camions, voitures, motocyclettes, etc.

Elle compte que ces ordres comme tous autres, seront ponctuellement suivis par la population.

Morlaix, le 23 Juin 1940.

Le Commandant de Ville,
RADOWSKI
Major.

Réquisitions, coercitions et menaces : l'Occupation ne sera pas « correcte », contrairement à ce que proclame la propagande.

Tous les hommes valides de l'île de Sein gagnent l'Angleterre sur leurs bateaux de pêche pour s'engager dans les FFL.

23 juin

Le refus du maire de La Rochelle

Les Allemands n'ont pas mis longtemps à déferler sur une grande partie de la France. La Rochelle est occupée comme tant d'autres villes du sud de la Loire.

À 76 ans, un homme de la même génération que le maréchal Pétain, le colonel Léonce Vieljeux, maire de La Rochelle, refuse d'amener le drapeau français. Il précise au chef de détachement allemand qui doit s'installer à l'hôtel de ville qu'il n'a pas à obéir à un officier d'un grade inférieur au sien. Il n'accepte pas la défaite et il le fait savoir à l'ennemi par ce geste symbolique. Au même titre qu'Étienne Achavanne à Rouen, le 20 juin, le maire de La Rochelle manifeste son refus de voir la France livrée si facilement aux nazis. Toutefois, ce type de geste est très rare au début de l'Occupation.

24 juin

Les Français libres de Bretagne, des « pionniers »

Dans le Sud-Ouest breton, face à la pointe du Raz, les Sénans apprennent avec stupeur que Brest et Rennes ont été occupés par les troupes allemandes. Des navires et des soldats français en pleine débâcle passent par l'île de Sein alors que les tirs et les bombardements allemands se font entendre au loin. L'île tente de s'informer grâce aux rares TSF disponibles.

Le 22 juin, le gardien du phare d'Ar-Men fait savoir aux Sénans qu'un général français a prononcé un appel à la résistance et que celui-ci est rediffusé le soir même par la BBC. Autour d'un poste radio, des habitants entendent les paroles du général de Gaulle. Cent vingt-huit îliens décident alors de partir pour l'Angleterre à bord de cinq navires – le *Velleda*, le *Rouanez ar Mor*, le *Corbeau des mers*, le *Maris Stella* et le *Rouanez ar Péoc'h* – et de petites embarcations.

Les habitants de l'île de Sein font partie de la première vague de volontaires qui souhaitent poursuivre la lutte hors des frontières hexagonales.

25 juin

Briser les chaînes ?

Dès le 16 juin 1940, le PCF déclenche une campagne en faveur de l'armistice. En effet, depuis la signature du pacte germano-soviétique, les communistes français ont brusquement quitté la lutte « antifasciste » pour se retrouver du côté de ceux qui ne souhaitent pas faire la guerre à l'Allemagne. Le 25 juin, ils distribuent à Paris un appel au « Peuple de Paris » au ton pacifiste, conciliant envers le vainqueur mais très hostile à l'endroit de l'Angleterre, qui seule peut continuer la lutte contre le nazisme :

« Peuple de Paris !

L'armistice est signé. Nos soldats ne se battent plus et, tandis qu'a cessé le bruit du canon, nos pensées vont à tous ceux qui sont restés sur les champs de bataille, aux mères, aux veuves, aux orphelins, aux mutilés, à toutes les pitoyables victimes de la guerre.

C'est en vain que les agents de l'impérialisme britannique essayent maintenant de persuader le peuple de France qu'il doit poursuivre la guerre pour le compte des financiers de la Cité et, tandis que ces Messieurs tentent d'étendre le feu de la guerre aux colonies, les communistes disent aux peuples coloniaux : "Mettez à profit les difficultés de vos oppresseurs pour briser vos chaînes, pour vous libérer, pour conquérir votre indépendance."

Le peuple de France aspirait à la paix, et c'est pourquoi, malgré la répression de Daladier-Reynaud-Mandel, les mots d'ordre communistes de lutte pour la paix ont eu une si profonde résonance dans l'âme populaire. [...] »

On observe une grande ressemblance entre cet appel et le texte qui est remis par le PCF aux autorités occupantes ce même 25 juin, texte qui vise à la reparution du journal *l'Humanité,* l'organe du PCF. On peut lire que les communistes ont été « seuls à se dresser contre la guerre, à demander la paix, à une heure où il y avait quelque danger à le faire ».

28 juin

De Gaulle seul

Bien qu'enthousiasmé par la personnalité et les idées du général de Gaulle, le Premier ministre anglais compte surtout inciter les autorités dirigeantes de l'empire colonial français à rester dans la guerre aux côtés des Britanniques. En vain : les émissaires rentrent bredouilles, et aucun ralliement d'importance ne vient conforter de Gaulle. Les Britanniques ont envisagé un temps un « comité national français » destiné à accueillir les personnalités prêtes au combat. En leur absence, ils reculent et se contentent de reconnaître le général de Gaulle, seul, à titre purement militaire, comme « chef de tous les Français libres où qu'ils se trouvent, qui se rallient à lui pour la défense de la cause alliée ». Ce communiqué sonne le glas des projets ambitieux. Le Général se trouve pour l'heure à la tête d'une modeste légion française.

Dès le 1er juillet, avec des personnels de l'armée de l'Air et de la Marine en petit nombre, le général de Gaulle va créer les Forces aériennes françaises libres (FAFL) et demander à l'amiral Muselier de faire naître les Forces navales françaises libres (FNFL). De Gaulle souhaite que des forces françaises soient opérationnelles le plus rapidement possible. Pour les FAFL, les pilotes français seront incorporés dans les unités de la Royal Air Force. Pour les FNFL, tout est à construire. Le plus difficile est de trouver du matériel et, surtout, des volontaires.

Le général de Gaulle (ici avec son officier d'ordonnance Geoffroy de Courcel) est reconnu par le gouvernement anglais « chef de tous les Français libres ».

28 juin

« Tu seras comme un homme couché... »

Pierre-André Guastalla, né en 1921, est un jeune étudiant en philosophie à l'université de Rennes. Il est pris dans la débâcle de 1940 et se laisse dériver dans le sud de la France. Il ne sait plus où se trouvent ses parents. Il ne sait plus quoi faire, que penser. Comment continuer ses études quand tout s'effondre ? Et où ? Lire des livres de philosophie paraît bien dérisoire. Il commence à écrire son journal intime, qu'il voit comme un confident, un repère, une borne en ces temps de désordre où tout vacille, les hommes et les institutions comme les valeurs.

À Andorre, le 28 juin, il note :

« Toujours aucune nouvelle de ma famille. Toute cette nuit, angoissé, sans savoir quelle décision prendre. Ce matin, cela va mieux ; ce cahier est un bon dérivatif.

Sentiment de plaisir au réveil, analogue à celui que j'avais à Paris quand je me réveillais dans ma chambre claire et rangée : un sentiment d'ordre.

19 heures. Toujours aucune nouvelle.

Titre à se rappeler : jouer avec le feu.

Je n'aime pas les gens, j'aime ce qui les dévore (André Gide).

Tu seras comme un homme couché, au milieu de la mer (Proverbes, XXIII, 34). »

Ces quelques mots jetés sur le papier indiquent déjà qu'il n'est pas homme à se soumettre. Confusément, de manière elliptique, apparaissent les éléments d'une morale : ne pas vivre couché, vivre passionnément, être tenté par le feu.

En effet, après avoir participé au mouvement Combat autour d'Aix-en-Provence, il quitte la France en janvier 1943, s'engage dans la 2e DB avec laquelle il débarque en Normandie, en juillet 1944. En entrant dans Paris avec les troupes du général Leclerc, il est tué d'une rafale de mitrailleuse, le 27 août 1944. Il avait 23 ans.

Se recueillir devant les monuments aux morts de la guerre de 1914-1918 (ici à Bordeaux le 25 juin 1940) ou devant les tombes des soldats britanniques : témoignage du désarroi, et parfois du désespoir, d'un peuple abasourdi par l'immense défaite.

juillet

Conseils à l'occupé

Fonctionnaire au ministère du Ravitaillement et militant socialiste, Jean Texcier est bouleversé, en rentrant à Paris, le 2 juillet, de découvrir l'aspect de la capitale abandonnée à l'ennemi, dans l'égarement ou la lâcheté. Il réagit par une sorte de petit manuel de savoir-être qui n'appelle, modestement, qu'à un peu de lucidité et de dignité. Au long de 33 conseils, il recommande la plus scrupuleuse réserve à l'égard des Allemands et le plus grand mépris pour leurs séides, en particulier les rédacteurs des quotidiens parisiens stipendiés par l'occupant.

Le ton du détachement humoristique et la modération employés dans ces conseils peuvent surprendre. Ils témoignent de ce que les Français sont disposés à entendre au milieu du marasme de l'été 1940. Et le texte s'achève par un précepte qui est appelé à devenir l'un des premiers réflexes de la clandestinité qui s'esquisse : « Inutile d'envoyer tes amis acheter ces *Conseils* chez le libraire. [...] Alors, fais-en des copies que tes amis copieront à leur tour. »

« *La lecture des journaux de chez nous n'a jamais été conseillée à ceux qui voulaient apprendre à s'exprimer correctement en français. Aujourd'hui, c'est mieux encore, les quotidiens de Paris ne sont même plus pensés en français. Abandonné par la TSF, abandonné par ton journal, abandonné par ton parti, loin de ta famille et de tes amis, apprends à penser par toi-même. [...] Tu grognes parce qu'ils t'obligent à être rentré chez toi à 23 heures précises. Innocent, tu n'as pas compris que c'est pour te permettre d'écouter la radio anglaise ?* » Extrait des *Conseils à l'occupé* de Jean Texcier

juillet

Le salut au-délà des frontières ?

Les initiatives individuelles de refus apparaissent dès les premières semaines de l'Occupation. L'ensemble est encore assez chaotique et symbolique. Pour autant, certains songent déjà à mettre en place des groupes (ou « filières ») pour franchir les lignes de démarcation, dont la plus importante entre la zone occupée et la zone non occupée s'étire sur près de 1 200 kilomètres. Des villageois proches de la *Demarkationslinie* s'improvisent passeurs individuels pour aider des « passagers » égarés dans une contrée inconnue pour eux. D'autres habitants décident de réunir leurs forces et leurs idées pour organiser des équipes de passage clandestin. Ainsi en est-il dans les 13 départements divisés par la ligne de démarcation entre l'Ain et l'Indre-et-Loire, puis entre la Vienne et les Basses-Pyrénées. Il existe déjà des lieux incontournables où le passage est plus facile en raison des chaînes de solidarité qui s'organisent vite : Bléré et Loches (Indre-et-Loire), Chamblay et Poligny (Jura), Chauvigny (Vienne), Vierzon (Cher), les abords de Moulins (Allier), en Gironde, dans les Landes, etc. Tout un dispositif de passeurs expérimentés se met en place. Il faut dire aussi que la ligne de démarcation n'est pas hermétique et qu'il est encore assez aisé de faire le saut interzone dans la clandestinité. La surveillance allemande est encore aléatoire.

Pour franchir la ligne de démarcation, il faut un « ausweis » délivré par les Allemands. Les motifs du passage (le plus souvent le travail) sont spécifiés comme sur ce laisser-passer d'une habitante de Bonnes, dans la Vienne.

Des aviateurs abattus, des prisonniers de guerre évadés, des soldats démobilisés ou coupés de leur unité tentent de franchir les lignes de démarcation et/ou de rejoindre l'étranger. Certains errent sans savoir où chercher de l'aide. Des Français, des Hollandais et des Belges qui ont fui avec l'exode sont éparpillés sur l'ensemble du territoire français, et il leur faut parfois rechercher le moyen de retourner chez eux sans attirer l'attention des Allemands.

Certains Français favorisent aussi l'évasion pour aider des volontaires à continuer la lutte depuis Londres, par exemple. Thierry d'Argenlieu est un prisonnier évadé ayant recours à l'aide d'un paysan qui lui prête des vêtements civils, puis à celle d'un pêcheur qui le transporte à Jersey. Il rallie l'Angleterre pour s'engager dans les FFL. En plusieurs points de la Normandie (Coutances, Granville, Saint-Lô, etc.) et en Bretagne (Le Guilvinec), des filières d'évasion s'improvisent. Spontanément, des habitants anonymes décident d'aider les soldats errants.

Aux initiatives individuelles s'ajoutent des organisations collectives de l'évasion. Depuis Paris et d'autres villes de la zone occupée, des filières se développent autour des gares pour aider notamment les soldats alliés. Dans le Nord et le Pas-de-Calais, il s'agit plutôt de secourir les rescapés du désastre de Dunkerque. À Roubaix, fin août, naît Action 40, autour d'une poignée d'individus. Ils ont des contacts permanents avec les résistants belges de la première heure. Ce petit mouvement recueille du renseignement, organise des évasions et des « voyages » clandestins, il publie même une feuille, *la Voix de la nation*. En Alsace, le développement des « chaînes » est également précoce avec la naissance du groupe Brecheisen, de René Deiber, qui fait s'évader les prisonniers français en route pour l'Allemagne et qui transitent par les casernes alsaciennes. À Strasbourg, au restaurant de la Vieille-Gare, chez Welschinger, un autre groupe se constitue. Enfin, dans les Vosges, mais aussi en

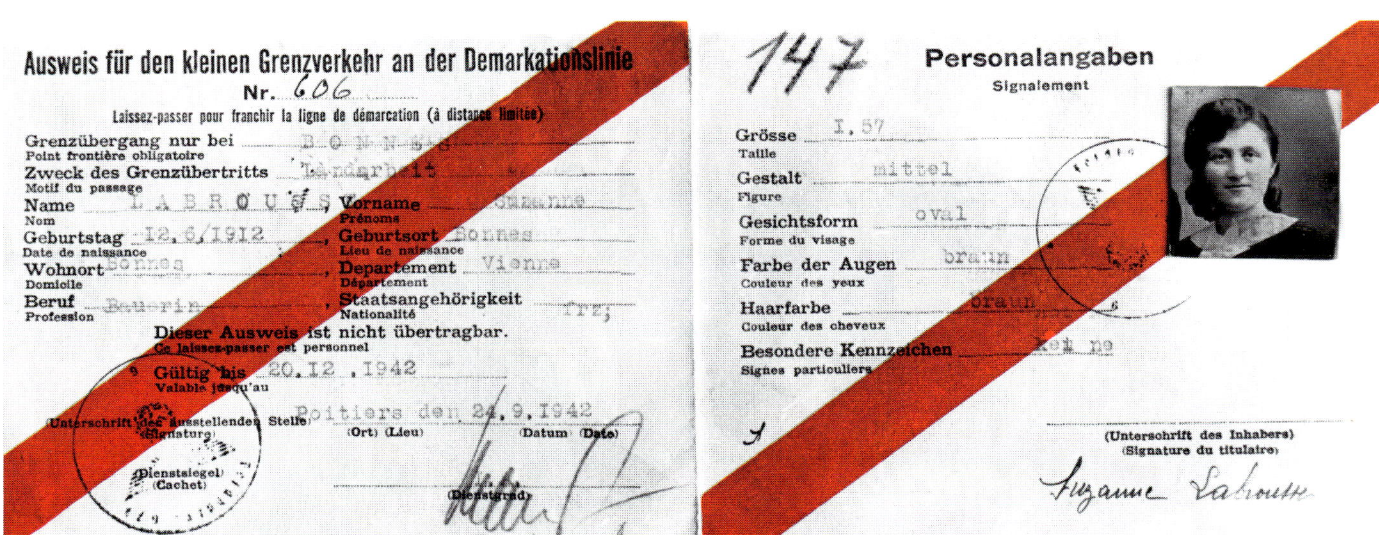
Ausweis für den kleinen Grenzverkehr an der Demarkationslinie
Nr. 606
Laissez-passer pour franchir la ligne de démarcation (à distance limitée)
Grenzübergang nur bei / Point frontière obligatoire
Zweck des Grenzübertritts / Motif du passage
Name / Nom
Vorname / Prénoms
Geburtstag / Date de naissance: 12.6/1912
Geburtsort / Lieu de naissance: Bonnes
Wohnort / Domicile: Bonnes
Departement / Département: Vienne
Beruf / Profession
Staatsangehörigkeit / Nationalité
Dieser Ausweis ist nicht übertragbar.
Ce laissez-passer est personnel
Gültig bis / Valable jusqu'au: 20.12.1942
(Unterschrift der ausstellenden Stelle) (Signature)
Poitiers den 2_.9.1942
(Ort) (Lieu) (Datum) (Date)
(Dienstsiegel) (Cachet)
(Dienstgrad)
Hauptmann

147
Personalangaben
Signalement
Grösse / Taille: 1,57
Gestalt / Figure: mittel
Gesichtsform / Forme du visage: oval
Farbe der Augen / Couleur des yeux: braun
Haarfarbe / Couleur des cheveux: braun
Besondere Kennzeichen / Signes particuliers: keine
(Unterschrift des Inhabers) (Signature du titulaire)

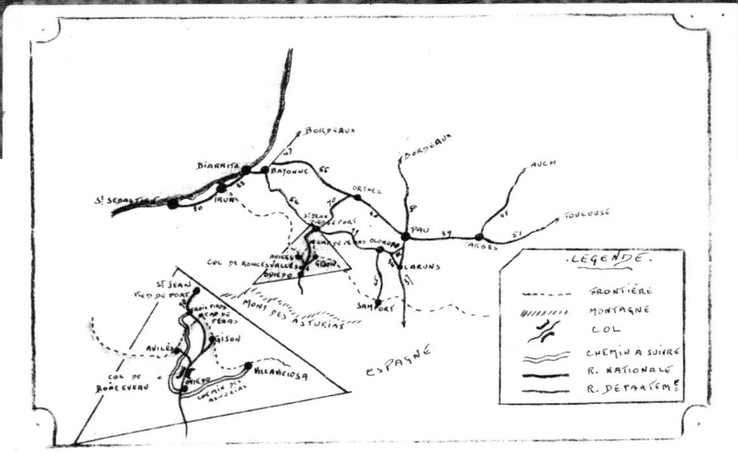

Très tôt, dans les Pyrénées, se créent des réseaux de passeurs comme celui-ci, baptisé « Andalousie », près de Luz. Des cartes sont établies pour permettre d'entrer en contact avec eux.

Belgique et sur les frontières espagnole et suisse, des filières d'évasion voient peu à peu le jour. Des Français entrent en contact avec le réseau belge Zéro. Les évadés et les prisonniers de guerre peuvent aussi compter sur l'aide de patriotes comme le groupe du colonel Hauet, par exemple.

Il est nécessaire de trouver des aides pour cacher et convoyer les candidats au « voyage ». Mais, une fois la France traversée, le plus dur reste à faire. Ainsi, le passage des Pyrénées est très rapidement une voie de passage importante, évidemment plus facile à pratiquer en été qu'en hiver. Souvent à partir de Toulouse, une plaque tournante de l'évasion, il faut rencontrer des passeurs (des guides de métier, mais aussi des habitants qui exercent d'autres professions, comme les bergers, les contrebandiers, les gardes forestiers, les hôteliers, les abbés, etc.) – parfois complices de douaniers et de gendarmes – qui connaissent parfaitement la montagne, pour rejoindre sans risque *via* l'Espagne. La chaîne pyrénéenne est parfois un obstacle qui se transforme en piège, car il faut être bien équipé pour franchir la montagne. De fait, l'adaptation et la mobilité sont deux qualités essentielles pour les « évadés ». Or, des Belges, des Hollandais, des Bretons, des Alsaciens, entre autres, arrivent à la lisière des Pyrénées avec des vêtements d'été, sans avoir prévu que les passages s'effectuent souvent de nuit et en altitude.

Évidemment, le manque d'expérience et de préparation pose de nombreux problèmes à ceux qui aident à l'évasion de France. Que ce soit sur mer ou dans les montagnes, les premiers volontaires de l'évasion doivent composer avec les aléas météorologiques. Les Allemands parviennent à en capturer certains.

Le choc de l'été 40

← *Cette photographie, trouvée sur un sous-officier allemand soigné dans un hôpital, montre trois soldats de la Wehrmacht qui, lors de la campagne de juin 40, se sont déguisés avec les habits d'un prêtre catholique ayant déserté son église. La rapidité de l'avancement allemande, l'effondrement français donnent lieu à des scènes de pillages.*

« Une magnifique monnaie d'échange contre certaines facilités »

Capitaine Passy

1er juillet

Un service de renseignements... sur le papier

Le jeune capitaine du génie André Dewavrin, ayant appartenu au corps expéditionnaire français en Norvège, est rapatrié en Angleterre. Par hasard, il entend l'un des appels de De Gaulle, le 25 juin. Après bien des hésitations, il rejoint la France libre. Le 1er juillet, dans le contexte de pénurie d'hommes et de cadres dont souffre la France libre, il est nommé à la tête des 2e et 3e bureaux de l'état-major du général de Gaulle, c'est-à-dire qu'il est chargé du renseignement.

Avec une demi-douzaine d'officiers et de sous-officiers, dans deux petites pièces, il improvise un 2e bureau sans débouché ni ressource, au milieu des mises en garde de l'entourage de De Gaulle, atterré par tant d'inexpérience.

Pour éviter les représailles à l'encontre de leurs familles restées en France, les premiers volontaires se dotent de pseudonymes inspirés des stations du métro parisien. André Dewavrin devient le capitaine « Passy ».

Ses premiers collaborateurs, à la tête des 2e et 3e bureaux, le capitaine Dewavrin les choisit parmi ses camarades volontaires du corps expéditionnaire de Norvège : 3 officiers de réserve et 3 sous-officiers de réserve (Lecot, Martin et Barnet).

Raymond Lagier (« Bienvenüe ») devient l'adjoint de Passy. Diplômé de Sup de Co Paris, ce jeune homme de 25 ans a l'avantage de parler anglais (il a travaillé à Londres avant la guerre et a servi comme officier de liaison). Il devient un pilier du service et va prendre la charge de la coordination et de la logistique des missions en France.

Au début de septembre, Mansion, premier agent parti en France, parvient à revenir en Angleterre par ses propres moyens, rapportant des relevés du dispositif allemand sur les côtes bretonnes et ayant persuadé des Français d'essayer de poursuivre ce travail. Ce succès encourage le départ d'une nouvelle mission *via* l'Espagne, celle de Pierre Fourcaud.

Passy cherche un nouvel adjoint pour soulager Bienvenüe. Il le trouve avec André Manuel qui, à 35 ans, fait figure d'aîné responsable et expérimenté. Industriel dans le civil, lieutenant aéropostier, Manuel s'est rallié à la France libre par patriotisme. Homme de contacts et d'idées, il s'avère une précieuse recrue pour le 2e bureau. D'une parfaite loyauté, doté de compétences exceptionnelles, il forme avec Passy un tandem solide et efficace.

1er juillet

L'avant-garde de la France libre : les premiers ralliés

Les premiers ralliés au général de Gaulle sont ceux qui l'entourent directement, à savoir les membres de son état-major particulier ; ce sont en fait les anciens officiers de l'état-major du général Béthouart, de la 1re division légère de chasseurs (présente à Narvik), qui ont décidé d'aider de Gaulle dès la fin de juin. Le capitaine Pierre Tissier, maître des requêtes au Conseil d'État, devient le chef de l'état-major particulier du général de Gaulle.

Gilbert Renault (« Rémy ») devient vite l'un des plus importants agents de la France libre à rejoindre la France. Le 15 juillet, Pierre Fourcaud, un ancien cagoulard – membre de la Cagoule, une organisation secrète de l'extrême droite – gagne Londres. Jacques Mansion (« Jack ») retourne en France en mission, le 17 juillet. Il connaît parfaitement les côtes bretonnes, ce qui est un avantage pour débarquer discrètement. Huit jours après, l'aspirant Moreau est débarqué aussi en Bretagne, où il crée un réseau. Le 18 juillet, André Weil-Curiel, *alias* Dubois, est envoyé en mission dans l'Hexagone. Sa mission : « dénombrer, recruter et organiser ». Maurice Barlier, un prisonnier évadé, Maurice Duclos – également cagoulard – (dit « Saint-Jacques »), Beresnikoff (dit « Corvisart ») sont aussi parmi les premiers volontaires pour la France. Les deux derniers ont participé à la campagne de Norvège et ont rejoint de Gaulle pour être affectés *ipso facto* au 2e bureau. Ces ralliements et les premières prises de contact entre les Français libres et le sol de France sont primordiaux pour établir un contact entre la France londonienne et la Résistance qui émerge. Toutefois, d'autres Français rallient non pas Londres, mais Vichy en pensant que c'est de là, autour du vainqueur de Verdun, que la résistance à l'occupant doit s'organiser.

1er juillet

Le commandant Paillole crée un service de contre-espionnage clandestin

Le bureau des « menées antinationales » (BMA) est la partie apparente du service de renseignement réorganisé (le SR guerre). Sa mission officielle est la protection de l'armée d'armistice. En fait, c'est une couverture pour dissimuler une action de surveillance de l'espionnage germano-italien.

Le contre-espionnage ne peut être que clandestin. C'est le capitaine Paul Paillole qui l'organise. Il rencontre le directeur du génie rural du ministère de l'Agriculture, ancien « honorable correspondant » du SR. Celui-ci accepte de couvrir les activités clandestines de contre-espionnage. Le 1er juillet 1940 est créée la Société des travaux ruraux (TR), organisation fictive qui dissimule des officiers du renseignement devenant ingénieurs ruraux... Le siège se trouve à Marseille. Paillole devient « Philippe Perrier », directeur de l'entreprise des travaux ruraux. Il se vieillit pour faire plus sérieux.

La mission de ce service clandestin, au sein même de l'État français, est triple : pénétration des organisations collaborationnistes, liaisons avec l'Intelligence Service, surveillance des commissions d'armistice ennemies. Mais il faut y ajouter le repérage, voire la répression des premiers groupes de résistance qu'on appelle « gaullistes ». Des antennes sont créées à Toulouse, à Limoges, à Clermont-Ferrand, au Maroc, à Madrid et au Portugal. Dès septembre 1940, un officier, le capitaine Abtey, part pour Lisbonne et se fait incorporer dans la troupe de Joséphine Baker avec, pour mission, d'établir un contact avec les représentants de l'IS.

Apparue au Moyen Âge, la croix de Lorraine avait été, entre 1871 et 1918, le symbole de la résistance des Lorrains à l'occupation allemande.

3 juillet

Croix de Lorraine contre croix gammée

L'un des premiers compagnons du général de Gaulle, le capitaine de corvette Thierry d'Argenlieu, a suggéré de choisir une croix comme emblème de la France libre pour contrecarrer la croix gammée. Le 30 juin, le vice-amiral en retraite Émile Muselier, personnage haut en couleur, ami des politiciens radicaux, se présente au général de Gaulle après s'être évadé de France et avoir pris sous son autorité les navires français déroutés ou ralliés en Méditerranée. Le Général lui confie le commandement des Forces navales françaises libres (FNFL) et de l'aviation. Organisateur opiniâtre, Muselier travaille à créer une flotte, alors que marins, officiers et bâtiments en bon état lui font défaut. Il imagine un pavillon, le drapeau frappé de la croix de Lorraine et, pour les avions, une cocarde à croix de Lorraine. L'emblème de cette flotte, qui constitue alors l'apport le plus significatif de la « Légion de Gaulle » au combat, devient peu à peu celui de toute la France libre et le symbole même du gaullisme. Le motif orne l'ordre de la Libération (et ultérieurement la médaille de la Résistance). Le général de Gaulle lui-même porte un petit insigne émaillé qui la représente.

Durant l'été 1940, l'Allemagne affiche son intention de venir bientôt à bout de la résistance britannique, mais des Français veulent encore croire aux chances d'une Angleterre qui a pourtant fait modeste figure pendant la campagne de France.

L'arme de la Marine

L'amiral Muselier, organisateur de la marine de la France libre, a eu l'idée de la croix de Lorraine qui deviendra l'emblème du gaullisme. Les FNFL vont représenter, dans un premier temps, l'apport le plus significatif des Français libres au combat désespéré des Anglais contre la menace d'invasion allemande. →

POUR LIBERER LA FRANCE
ENGAGE.TOI
FORCES NAVALES
FRANÇAISES LIBRES
R. LOUVAT
43
Printed by "The Star Process Engraving Co.Ltd", Manchester,

L'évasion d'Henri Frenay

Dans un rapport de douze pages à ses supérieurs, le capitaine d'infanterie Henri Frenay raconte sa capture par les Allemands et son évasion rocambolesque vers la zone libre.

« ...Le récit de mon évasion, en compagnie de l'Adjudant Bourguet, sera relaté aussi succinctement que possible [...] Si j'entre parfois dans des détails qui paraîtront peut-être superflus, c'est que j'estime que mon camarade et moi-même avons dû faire preuve de plus de courage, de ténacité et d'endurance que pour les faits qui nous avaient valu, à l'un et à l'autre, la Croix de Guerre le 20 ou le 21 juin [...]

Dès l'ouverture des pourparlers entre le Général Lescanne et les autorités allemandes, ma conviction était faite : Jamais nous ne serions rendus au Gouvernement français. J'étais persuadé que la captivité nous attendait et décidé à fuir [...]

Le 26 juin [...] je décidais de partir le soir même [...] Je ne conservais sur moi qu'une tenue militaire et un sac tyrolien contenant des effets civils et quelques boîtes de conserve [...] Notre intention était de gagner la région de Belfort, puis le Jura, et de franchir la ligne de démarcation de la zone occupée aux environs de Lons-le-Saunier [...]

Après une nuit passée dans les bois, nous abordions, le 27 à 10 h, la route Raon l'Étape-St-Blaise, à hauteur du Col du Hantz. Ce passage que nous espérions facile nous demanda en réalité toute la journée. [...] Après un grand nombre de tentatives infructueuses nous réussissions à passer à la tombée de la nuit non sans avoir manqué d'être vus, et en tenue, par une sentinelle à laquelle nous faillîmes inopinément nous heurter [...]

Habillés désormais en civil, mais conservant dans notre sac les effets militaires, nous abordâmes, sans nous cacher, la route forestière de Gerardmer à Retournemer. Apercevant un garde forestier, nous l'interpellions pour lui demander la densité des troupes allemandes dans la région. Celui-ci, apprenant que nous étions évadés, nous incitait vivement à aller nous rendre à la Kommandantur locale car si nous étions repris, nous serions infailliblement fusillés. Devant notre air d'incrédulité, il nous invita à aller lire une affiche bilingue apposée sur la porte d'une maison voisine. Nous pûmes y lire, en effet, [...] que tout prisonnier évadé repris après le 30 juin serait passé par les armes immédiatement et sans jugement. Nous étions le 1er juillet ! [...]

C'est à la nuit noire que nous atteignîmes le carrefour de la route de Biancourt à Ormoiche. Par bonheur, nous pûmes frapper à une maison isolée au bord de la rivière de la Lanterne. Nous y fûmes bien accueillis. Le ménage de pêcheurs qui l'occupait nous offrit à manger et à boire. Nous étions à table, face à une bouteille de vin, quand on frappa à la porte. Au bruit des bottes nous reconnûmes immédiatement qu'il s'agissait d'une patrouille allemande. Rapidement, nous passâmes, pour nous y dissimuler, dans la pièce voisine où dormaient les 6 enfants de la maison. Angoissés, nous entendîmes le chef de la patrouille et l'un de ses hommes rentrer dans la maison. Nos craintes étaient d'autant plus vives que 4 verres se trouvaient sur la table de la salle d'entrée et pouvaient trahir notre présence. Après un long conciliabule de mauvais français, le propriétaire réussit à dissuader les Allemands de perquisitionner dans la deuxième chambre. Il prétextait pour cela qu'il ne fallait pas troubler le sommeil de ses jeunes enfants. Enfin, la patrouille poursuivit son chemin. Nous avions été sauvés par le sang froid du maître de maison qui, avant d'ouvrir la porte avait pensé à dissimuler nos verres et à repousser contre les murs les chaises que nous occupions [...]

Notre retour avait duré exactement 15 jours, dont 14 de marche à travers les bois et les champs. Si mon camarade et moi avions maigri respectivement de 11 et de 9 Kg, nous étions cependant largement récompensés par cette inoubliable impression de liberté que l'un et l'autre, en silence, nous ressentions. »

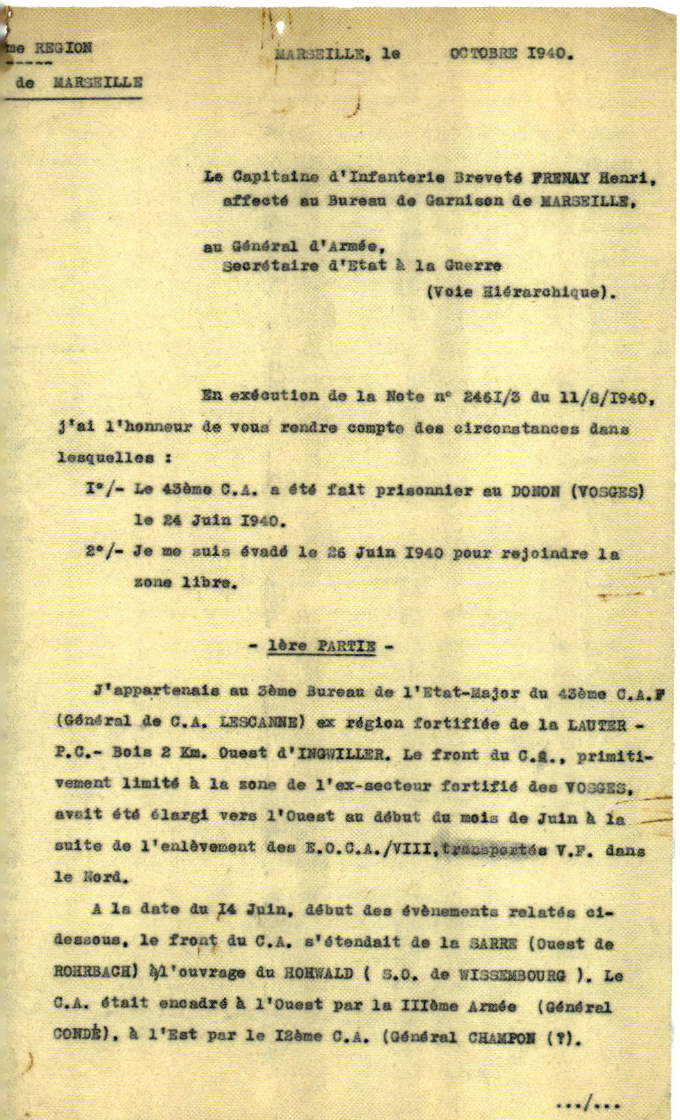

me REGION
de MARSEILLE

MARSEILLE, le OCTOBRE I940.

Le Capitaine d'Infanterie Breveté FRENAY Henri,
affecté au Bureau de Garnison de MARSEILLE,

au Général d'Armée,
Secrétaire d'Etat à la Guerre
(Voie Hiérarchique).

En exécution de la Note n° 246I/3 du 11/8/I940, j'ai l'honneur de vous rendre compte des circonstances dans lesquelles :

I°/- Le 43ème C.A. a été fait prisonnier au DONON (VOSGES) le 24 Juin I940.

2°/- Je me suis évadé le 26 Juin I940 pour rejoindre la zone libre.

\- 1ère PARTIE -

J'appartenais au 3ème Bureau de l'Etat-Major du 43ème C.A.F (Général de C.A. LESCANNE) ex région fortifiée de la LAUTER - P.C.- Bois 2 Km. Ouest d'INGWILLER. Le front du C.A., primitivement limité à la zone de l'ex-secteur fortifié des VOSGES, avait été élargi vers l'Ouest au début du mois de Juin à la suite de l'enlèvement des E.O.C.A./VIII, transportés V.F. dans le Nord.

A la date du I4 Juin, début des évènements relatés ci-dessous, le front du C.A. s'étendait de la SARRE (Ouest de ROHRBACH) à l'ouvrage du HOHWALD (S.O. de WISSEMBOURG). Le C.A. était encadré à l'Ouest par la IIIème Armée (Général CONDÉ), à l'Est par le I2ème C.A. (Général CHAMPON (?).

.../...

Rapport du capitaine Henri Frenay à ses supérieurs hiérarchiques sur sa capture dans les Vosges, puis son évasion pour rejoindre la zone libre.

5 juillet

Le capitaine de Hauteclocque devient Leclerc

En ce milieu de l'année 1940, les organisations de Résistance sont inexistantes. Le verbe « résister » est encore à inventer. Ceux qui envisagent de tenter quelque chose pour manifester leur refus de l'armistice sont confrontés à une difficile solitude.

Certains choisissent de quitter la France par les Pyrénées, le plus souvent clandestinement. Ce geste est un acte authentique de refus. La clandestinité peut prendre l'apparence de la légalité, lorsqu'il y a falsification des papiers d'identité. Comme dans le cas du passage du futur Maréchal Leclerc de Hauteclocque, qui n'est alors qu'un capitaine inconnu. C'est le directeur d'une société du groupe De Wendel, repliée dans la région de Bayonne, qui organise le départ de Hauteclocque. Le 4 ou le 5 juillet 1940, on prévient ce directeur qu'un cycliste souhaite le voir. Le jeune capitaine, après lui avoir exposé que le devoir d'un militaire est de « se battre jusqu'au bout » et qu'il juge inconcevable l'idée de voir ses enfants « passer toute leur vie sous la botte allemande », lui demande s'il peut l'aider à passer la frontière franco-espagnole. Réponse positive de l'industriel qui installe le militaire rebelle à l'hôtel du Panier fleuri pendant quelques jours. Grâce à une imprimerie d'enfant achetée dans une boutique, on arrange le vieux passeport du capitaine qui lui avait servi pour se rendre au Maroc lors de la guerre du Rif. Hauteclocque devient plus prosaïquement « Leclerc ». Muni de ce faux document officiel, le capitaine se rend au consulat du Portugal, en se faisant passer pour le neveu d'un fermier résidant aux États-Unis qu'il veut rejoindre. Après discussion, où le militaire finit par avouer le but de son voyage, le consul, en toute connaissance de cause, délivre le visa. Puis il faut solliciter les Espagnols. Un secrétaire du consulat d'Espagne de Bayonne, que connaît vaguement l'industriel, est approché. La vérité lui est assenée d'emblée. Refus. Et crainte de représailles. Le lendemain, très tôt, les deux hommes, dans la voiture de la société portant la bicyclette du capitaine, gagnent la zone libre pour plus de sûreté. L'industriel lui remet un mot pour le consul d'Espagne à Pau, une connaissance à lui. La démarche échoue une nouvelle fois. Renouvelée à Perpignan, elle est couronnée de succès. Leclerc décide alors de passer la frontière à Port-Bou. Il rejoint rapidement la France libre.

Même pour un officier aguerri qui vient de se battre vaillamment, comme le capitaine Philippe de Hauteclocque, c'est une épreuve et un déchirement que de quitter les siens. En témoigne cette lettre qu'il avait écrite à sa femme le 27 juin, le jour où il décida d'emprunter les chemins d'Espagne pour rejoindre à Londres le général de Gaulle. On remarquera, à travers la pudeur dissimulée, le ton quasiment testamentaire sous la forme d'un hommage rendu à celle qui a partagé sa vie et qu'il ne reverra pas de sitôt, si jamais il la revoit.

Un des jeunes officiers les plus brillants de l'armée française, fait deux fois prisonnier, deux fois évadé, blessé, quitte la France par l'Espagne et gagne l'Angleterre pour s'engager dans la France libre.

« *[...] Rentrez à Tailly... Tenez tête aux A [Allemands]. Vous les connaissez mieux que moi...*

Yvonne te mettra au courant de mes projets que tu approuveras, j'en suis sûr, il n'y a qu'une seule conduite possible.

[...] Courage ma petite bien-aimée, si nous ne nous sommes pas revus, attends-toi à rester des mois sans nouvelles, mais ne crains rien. Grâce à ta foi et à tes prières, je traverserai toutes les difficultés, mettant toutes mes forces au service du pays jusqu'à la victoire finale.

Je t'embrasse... Toutes les voix ont été unanimes, tu as été la Thérèse que je connaissais. On n'en fait pas deux comme cela. Magnificat.

Embrasse nos chers petits. »

Extrait de la lettre du 27 juin de Leclerc à son épouse

13 juillet

De Gaulle accuse Pétain de trahison

Depuis le 18 juin, Charles de Gaulle prononce des allocutions à la BBC pour tenter de convaincre qu'il incarne à la fois la France, l'espérance et l'« honneur ». Il commence par dénoncer les conditions de l'armistice et leur acceptation qu'il voit comme une « capitulation ». L'impératif est de continuer la guerre, avec l'aide des « Alliés ». Puis, s'opposant à Pétain lui-même, lui parlant directement dans un véritable face-à-face, il développe l'idée selon laquelle l'État de Vichy a « joué perdu » et « s'est rué à la servitude ».

Le 13 juillet, en vue de la fête nationale, il évoque pour la première fois la « trahison » de Pétain, en un temps où les Français lui sont très majoritairement favorables.

D'abord, de Gaulle condamne les appels à l'expiation de Vichy, qui visent à culpabiliser et à démoraliser les Français : « Le slogan d'une France pécheresse, justement punie de ses fautes et qui court à l'expiation, voilà qui convient tout à fait à nos vainqueurs du moment. Voilà qui répond trop bien aux remords ou aux intérêts de ceux qui ont capitulé. » Ensuite, il lâche le mot « trahison » : « Prétendre que la France puisse être et demeurer la France sous la botte d'Hitler et le sabot de Mussolini, c'est de la sénilité ou bien de la trahison. Et c'est encore de la sénilité ou bien de la trahison que de prétendre que la guerre est une entreprise désespérée. »

Lui, général de Gaulle, veut continuer la guerre, qui est l'intérêt supérieur de la patrie :

« Eh bien ! Puisque ceux qui avaient le devoir de manier l'épée de la France l'ont laissée tomber, brisée, moi, j'ai ramassé le tronçon du glaive. »

14 juillet

« Monsieur le Maréchal, le pays n'est pas avec vous »

En réaction à l'état d'esprit de contrition, de condamnation du passé et d'adulation de Pétain, l'anthropologue Paul Rivet, fondateur du musée de l'Homme et premier élu du Front populaire, choisit le jour de la fête nationale pour s'adresser au tout nouveau chef de l'État. Dans une lettre qu'il veut publique, Rivet met Pétain en garde contre les compromissions et les dérives. Refusant l'opprobre qui pèse sur la République, il dénie à Pétain la capacité à tenir tête au vainqueur allemand et s'efforce, en termes choisis mais vigoureux, de contrebattre l'aura du « vainqueur de Verdun » appelé à sauver la France en 1940 comme en 1916. Peu de temps après, il commence à « couvrir » les activités clandestines d'un de ses collaborateurs, Boris Vildé, attaché à aider des prisonniers de guerre évadés. Mais, à l'automne, il est relevé de ses fonctions de directeur du Musée.

27 juillet

Une profession de foi ambigüe

C'est dans la propriété familiale de Sainte-Maxime que le capitaine Frenay attend la réponse à la lettre qu'il vient d'adresser à la XVe région militaire, à Marseille. Il est encore sous le choc de la terrible défaite, seulement fier de s'être évadé et de n'avoir pas suivi l'immense majorité de la troupe qui se laisse docilement transférer vers les camps de prisonniers de guerre. Il est seul, mais ne peut se résigner. Le 27 juillet 1940, il apprend par les journaux que Churchill a renoncé aux avances de négociations que le chef du IIIe Reich lui a faites. Le refus du Premier ministre anglais représente une grande espérance, dans la mesure où l'Angleterre est le dernier pays européen non soumis par la force hitlérienne, où peut se forger le glaive qui, peut-être, dans un lendemain très incertain, permettra la reconquête de l'Europe. Or, Frenay est persuadé, sur la base de l'expérience de la Première Guerre mondiale, que les États-Unis entreront tôt ou tard dans la guerre. D'emblée, une ligne de partage se dessine en France, inspirée plus par la foi que par la raison, entre ceux qui croient en la victoire de l'Allemagne et ceux qui n'y croient pas. Henri Frenay appartient à la faible cohorte de ceux qui continuent d'espérer contre l'aveu tragique du moment et des choses. Non seulement il persiste à espérer, mais il veut agir. Le soir de ce 27 juillet 1940, il rédige dans sa chambre un « manifeste » qui dit « pourquoi on ne peut et on ne doit pas accepter la défaite, pourquoi on ne peut et on ne doit pas afficher une mentalité de vaincu ». Ce texte, que Frenay a perdu, se termine selon lui par un hommage au maréchal de France, chef de l'État français : « ... Puisse le maréchal Pétain vivre assez longtemps pour assister au couronnement de notre œuvre. » Le texte manuscrit est signé « MOLIN » : c'est l'abréviation du nom que Frenay donne d'emblée à son organisation virtuelle, Mouvement de Libération nationale, qui deviendra Combat à la fin de l'année 1941.

Cette phrase finale, qui réapparaîtra dans un autre manifeste du MLN à l'automne 1940 et qui fera beaucoup parler d'elle bien des années après la fin de la guerre, est en consonance avec ce que pense profondément Frenay à cette époque (et cette pensée est partagée par l'immense majorité des Français), à savoir que Pétain, la plus haute figure de l'armée française qui vient d'être acclamée par la représentation nationale, est le protecteur ultime de la nation qui prépare en secret la revanche contre le vainqueur. En fait, le capitaine se propose de faire ce que Pétain « ne peut pas faire ». Cette référence à Pétain a pu étonner, choquer même. Il suffit de se reporter à cet été 1940 et d'écouter les paroles du maréchal pour mieux comprendre. Le 25 juin 1940, le maréchal Pétain a lancé un appel pour justifier la conclusion d'un armistice. Frenay a écouté ses paroles et semble y avoir cru. Dans cette allocution, il n'est aucunement question de collaboration. L'Allemand est encore l'« adversaire », et le régime politique de la France n'est pas en cause. Pétain explique que la défaite est due principalement à un déséquilibre d'effectifs et de matériel, et qu'il a fait en sorte que l'honneur soit « sauf » : « Nul ne fera usage de nos avions et de notre flotte. Nous gardons les unités terrestres et navales nécessaires au maintien de l'ordre dans la métropole et dans nos colonies. Le Gouvernement reste libre, la France ne sera administrée que par des Français. » Frenay n'imagine pas que ces forces militaires préservées pourraient servir à autre chose qu'à reprendre un jour le combat. Un passage du discours maréchaliste a pu donner l'impression que la perspective d'une reprise ultérieure des armes pouvait être envisagée : « C'est à un redressement intellectuel et moral que, *d'abord,* je vous convie. » Ne pourrait-on pas imaginer, *ensuite,* le redressement militaire ? Une autre phrase de l'intervention de Pétain a pu être interprétée comme un appel au peuple à agir de manière invisible : « N'espérez pas trop de l'État »...

Le 14 juillet 1940, le général de Gaulle passe en revue les premières troupes des FFL qui comptent à cette date sans doute à peine plus de 2 000 hommes en tout.

Il n'y a pas d'entente possible entre Vichy et la France libre. Le 2 août 1940, un tribunal militaire condamne le général de Gaulle pour trahison et désertion.

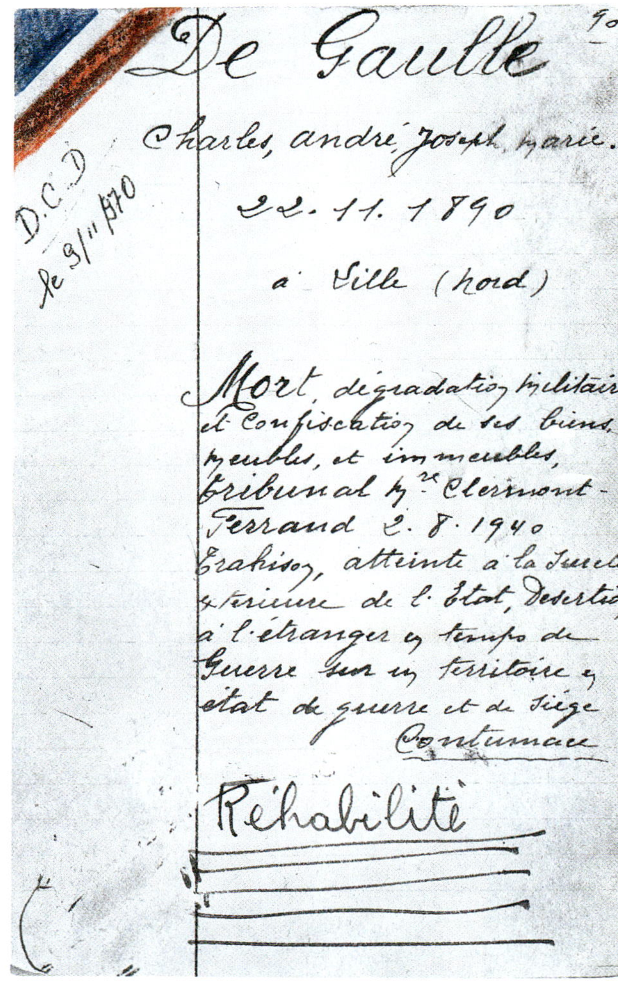
De Gaulle 90

Charles, andré Joseph marie.

22. 11. 1890

à Lille (nord)

D.C.D le 9/11/1970

Mort, dégradation militaire et confiscation de ses biens meubles, et immeubles, tribunal m^re Clermont-Ferrand 2. 8. 1940 Trahison, atteinte à la sûreté extérieure de l'État, désertion à l'étranger en temps de guerre sur un territoire en état de guerre et de siège Contumace

Réhabilité

2 août

Le « traître » de Gaulle condamné à mort

À peine constitué, le 17 juin 1940, le gouvernement Pétain a en ligne de mire l'ancien sous-secrétaire d'État à la Guerre du gouvernement Paul Reynaud, parti pour Londres prononcer son appel : Charles de Gaulle.

Le 22 juin, la nomination de De Gaulle au grade de général de brigade « à titre temporaire » est annulée. Le lendemain, il est mis d'office à la retraite. À Londres, l'ambassadeur de France lui fait savoir le 28 juin, le jour même où il est reconnu par les Anglais comme le « chef des Français libres », que le gouvernement français lui intime l'ordre de se constituer prisonnier à la maison d'arrêt Saint-Michel à Toulouse avant quinze jours, sous peine d'être inculpé pour délit d'excitation de militaires à la désobéissance.

Le 2 août, celui qui n'est plus officiellement le général de Gaulle est condamné à mort par contumace. Le tribunal militaire, composé notamment du général de La Laurencie et du général Frère, l'accuse de : « Trahison, atteinte à la sûreté extérieure de l'État, désertion à l'étranger en temps de guerre, sur un territoire en état de guerre et de siège. » Ce jugement sera annulé le 11 janvier 1945.

22 août

« Ceux qui font leur devoir et ceux qui ne le font pas »

L'image du chef de la France libre est au départ opaque. Les résistants de l'intérieur, en ce début de l'Occupation, regardent souvent avec une certaine suspicion les militaires, tenus pour responsables de la défaite. Les résistants « de gauche » soupçonnent ce général réfugié à Londres, qui n'a pas encore proclamé son attachement aux valeurs de la République, d'être un apprenti dictateur, un Déroulède. Son entourage, qui compte des gens issus de l'extrême droite d'avant-guerre, lui porte ombrage.

Ce que pense le Général des valeurs que devrait adopter une France libérée de l'occupant et de Vichy, on le trouve dans une lettre qu'il fait parvenir à l'écrivain Albert Cohen, représentant à Londres de l'Agence juive et du Congrès juif mondial :

« Je suis profondément convaincu que, lorsque la France aura recouvré ses libertés, assurant ainsi le libre jeu de ses institutions démocratiques traditionnelles, tous les citoyens français – quelle que soit la religion à laquelle ils appartiennent – devront jouir d'une juste égalité des droits. Le jour de la victoire, à laquelle je crois fermement, la France ne peut manquer d'avoir à cœur de veiller à ce qu'il soit fait justice des torts portés aux collectivités victimes de la domination hitlérienne et, entre autres, aux communautés juives qui, dans les pays momentanément soumis à l'Allemagne, sont malheureusement en butte à l'intolérance et aux persécutions. »

À un de ses proches qui lui faisait remarquer que Georges Boris, un Français libre, était « un juif, un apôtre du Front populaire », le Général répond : « Je ne connais que deux catégories de Français : ceux qui font leur devoir et ceux qui ne le font pas. »

7 août-12 septembre

L'été des premiers fusillés

Le 27 août 1940, un ouvrier d'origine polonaise, Karp Israël, est fusillé à Bordeaux, car il a osé montrer le poing en direction des soldats allemands pendant un défilé de la Wehrmacht. Quatre jours plus tard, à Saint-Apollinaire, Louis Frizot est exécuté à son tour pour des faits similaires.

Mais les occupants n'en restent pas là, et les exécutions continuent : le 3 septembre, Louis Lallier, ouvrier agricole, est fusillé à Épinal après avoir sectionné un câble téléphonique. Le jeune Pierre Roche, âgé de 17 ans, est condamné à mort par les Allemands, pour un sabotage de câbles de transmission commis à Royan, alors que, trois jours plus tôt, un tribunal correctionnel français l'a condamné à une peine de deux ans de prison.

Dans toute la France, des Français inconnus paient de leur vie des gestes de rejet de la présence allemande. Les occupants pratiquent alors une justice expéditive pour faire des exemples et pour montrer aux Français que toute rébellion est inutile.

26 août

Des socialistes créent à Londres le journal France

À Londres, en petit nombre, convergent des Français de toutes tendances politiques et culturelles, aux motivations diverses et pas toujours conciliables. Ils ne regardent pas forcément de manière favorable le chef de la France libre.

Ainsi en est-il de Georges Gombault et de son fils Charles, journalistes tous deux et fervents socialistes, qui quittent la France le 28 juin. Ils ne savent rien du Général. D'un entretien avec de Gaulle, Charles Gombault ressort déçu. Pour lui, un militaire qui entend faire de la politique est un factieux en puissance. « Si on m'avait dit un jour que j'aurais une conversation d'une heure avec Boulanger, on m'aurait bien étonné. » Boulanger est un général qui, après être entré en politique, tenta un coup d'État contre la République en 1889.

À leur manière, et tout en refusant d'être inféodés au général de Gaulle mais sans le desservir, ils vont lutter en créant le journal *France,* dirigé par Pierre Comert, qui a été à la tête du service d'information de la Société des nations pendant treize ans, avant d'être responsable du bureau de presse du Quai d'Orsay. Le premier numéro est daté du 26 août. C'est le premier quotidien français à Londres. Bénéficiant d'une subvention du gouvernement de Sa Majesté et de recettes publicitaires, il tire à 32 000 exemplaires.

Louis Lévy, rédacteur à *France* et lui aussi socialiste, crée avec Gombault et Comert le groupe « Jean Jaurès », qui tisse des liens avec les travaillistes anglais et constituent une sorte d'opposition de gauche au chef de la France libre.

26 août

France Forever

Sous l'impulsion d'Eugène Houdry, un ingénieur pétrolier qui a fait fortune, et du docteur Albert Simard, président des fédérations d'anciens combattants, un petit nombre de Français installés aux États-Unis réagissent à la défaite de leur pays d'origine en se regroupant pour contribuer à la continuation de la lutte contre l'Allemagne et au rétablissement de la démocratie en France.

Ralliée à la cause de la France libre, l'association France Forever ne recueille pas l'adhésion de la majorité de la colonie française (loin s'en faut) ni des exilés français les plus prestigieux qui sont souvent réservés, voire hostiles, envers l'entreprise du général de Gaulle (comme Alexis Léger, Antoine de Saint-Exupéry, Jean Monnet, Jacques Maritain...). Elle peut toutefois compter sur des animateurs convaincus, à commencer par le scientifique Henri Laugier, et sur la mobilisation, y compris financière, de ses adhérents.

Ces réticences existent ailleurs parmi les Français vivant à l'étranger. Toutefois, dans certains pays, comme le Mexique où de Gaulle a délégué le brillant ethnologue Jacques Soustelle, la communauté française se rallie en bloc au Général. En quelques mois, plus de 40 comités de Français libres existent à travers le monde, apportant à la France libre un soutien considérable. D'abord, en envoyant des fonds destinés à acheter des chars, des avions ou, plus modestement, des équipements pour les volontaires. Ensuite, en publiant de nombreuses revues, coordonnées depuis Londres, qui font beaucoup pour la cause de la France libre aux yeux de l'opinion internationale.

« Le tract. Doit être bref et précis. Nous insistons sur la distribution à la volée, dans les queues, les cinémas, qui a un grand effet »

Extrait du *Manuel du militant*

26-29 août

L'Afrique noire française avec de Gaulle

La clé de voûte des ambitions des Français libres se situe en Afrique française. Les enjeux y sont considérables, car la France libre a besoin d'alliés qui se détachent de Vichy, ainsi que de moyens humains importants.

Si progressivement des ralliements au général de Gaulle se concrétisent dans les possessions françaises du Pacifique, en Afrique-Équatoriale française (A-EF) les audaces sont d'une ampleur considérable. Pour le chef des Français libres, l'Afrique française représente un formidable réservoir en hommes et en matières premières.

L'A-EF se rallie à de Gaulle, lui offrant ses premiers territoires et ses premières troupes de quelque importance.

Au Cameroun, le retour possible des Allemands, déjà présents avant 1914, fait peur aux habitants. Le 20 juin, le gouverneur général a bien livré aux Anglais les Allemands internés au Cameroun, mais, très vite, le régime de Vichy envoie l'amiral Platon, profondément anglophobe. Parallèlement, dans l'ombre, un « comité de Gaulle » est créé.

Au Tchad, le premier gouverneur noir dans une colonie française, Félix Éboué, prend très rapidement le parti de soutenir le général de Gaulle. Il est même le premier à le faire en Afrique. Les fonctionnaires vichystes des pays voisins font pression sur lui pour qu'il revienne dans le giron pétainiste. Rien n'y fait. De Gaulle, soutenu par Churchill, envoie alors une mission qui doit ramener dans le camp gaullien « tout ou partie de l'Afrique française équatoriale ». Cette mission comprend le commandant Leclerc (Philippe de Hauteclocque) le capitaine Hettier de Boislambert et René Pleven, spécialiste de l'administration d'entreprises anglo-saxonnes et collaborateur de Jean Monnet avant la guerre.

Arrivée à Lagos (Nigeria), le 12 août, la mission des trois hommes est complétée par le colonel de Larminat, venu du Caire. La première étape conduit la mission au Tchad, le 23 août ; le 26 août, après plusieurs discours très convaincants de Pleven, qui promet notamment une aide économique du Nigeria au Tchad, le commandant militaire du Tchad annonce le ralliement à la France libre. Le Cameroun constitue la deuxième étape, mais c'est une tâche plus ardue qui attend les émissaires du général de Gaulle. Le 27 août, après des tensions avec les Britanniques présents dans les colonies anglaises voisines, une somme de circonstances et de chances permet à Leclerc de se proclamer commissaire général au nom de De Gaulle. Le Cameroun est rallié une journée avant que le nouveau gouverneur du Cameroun nommé par Vichy n'arrive. Le coup de force gaulliste est réussi.

Le lendemain, c'est par un coup d'État, dirigé par le colonel de Larminat, que Brazzaville (Congo) tombe dans le domaine de la France libre. Le ralliement est facilité par ce qui s'est déjà passé au Cameroun et au Tchad. La dernière étape est une suite de ralliements logiques : l'Oubangui-Chari, le 28 août ; le Gabon, le 29 août, mais ce pays se rétracte vite sous la pression du vicaire apostolique de Libreville, favorable à Pétain.

Une nouvelle Afrique française est donc née en trois journées ; elle est « libre » et sous l'autorité de De Gaulle. Il reste désormais à la France libre à rallier l'Afrique-Occidentale française.

30 août

Le premier courrier de Rémy sur l'Espagne

Gilbert Renault, dit « Rémy », a quitté la France pour Londres dès le 18 juin. Passy l'a adoubé « agent secret » et il repart pour le Portugal et l'Espagne. De ce dernier pays, le 22 août, Rémy envoie son premier courrier à Londres et informe Passy de la situation générale en Espagne et de l'opposition de Franco au passage des Allemands sur le sol espagnol. Enfin, le courrier contient une information sur les gros stocks d'essence en Espagne.

Septembre

« On ne meurt qu'une fois ! »

Un ancien inspecteur général des finances, Jules Correard, rédige un long tract proclamant son dégoût pour l'Occupation et sa volonté de faire retrouver au pays sa liberté, qu'il signe « Libre France ». S'entourant ensuite d'une sorte de comité de rédaction comprenant un pasteur, un officier et un syndicaliste chrétien, il se lance dans la publication d'un hebdomadaire clandestin de 6 ou 8 pages dénommé *l'Arc*, titre s'inspirant à la fois de Sainte Jeanne et de l'arme habituelle des chevaliers.

L'Arc témoigne du désarroi des esprits face à une situation entièrement nouvelle née de la débâcle militaire et du sabordage de la République. Le point d'ancrage qui surnage reste alors celui de la conscience morale appelée à la rescousse pour jauger les mesures de l'occupant, la doctrine hitlérienne, la politique pétainiste et les péripéties de la guerre. Le premier constat est simple : il faut se garder absolument de tout rapprochement avec l'Allemagne.

TABLEAU des Monnaies Allemandes ayant cours

20 Reichsmark = 400 Francs

50 Reichspfennig = 10 Francs

1 Reichsmark = 20 Francs

2 Reichsmark = 40 Francs

5 Reichsmark = 100 Francs

AVIS à la Population

L'autorité allemande fait connaître que, **seuls**, les billets allemands libellés en **Reichsmarks** émis par la **Reichskreditkassen**, dont les modèles sont reproduits ci-contre en agrandissement, doivent être acceptés en paiement, tant par les particuliers que par les caisses publiques.

Tous les autres billets allemands doivent être à l'avenir, strictement refusés.

Il est rappelé que le taux du change est fixé comme suit :

20 Reichsmark	=	400 francs français
5 Reichsmark	=	100 francs français
2 Reichsmark	=	40 francs français
1 Reichsmark	=	20 francs français
0,50 Reichsmark = 50 Reichspfennig	=	10 francs français
0,10 Reichsmark = 10 Reichspfennig	=	2 francs français
0,05 Reichsmark = 5 Reichspfennig	=	1 franc français

Cette affiche est en vente chez les Concierges de l'Hotel-de-Ville et des Mairies de Paris au prix de 0 fr. 50 l'exemplaire.

Imprimerie L. HANNEQUIN, 119, Rue du Président-Wilson, Levallois-Perret - 22-6-40

Le Reich entend mettre la France en coupe réglée. Parmi les moyens de coercition : l'indemnité journalière d'occupation, véritable tribut de guerre, et le cours forcé du mark, qui vont faciliter le pillage de l'économie et favoriser le marché noir.

Septembre

« Chaque échec de Hitler sera une victoire pour vous »

Un peu partout en France, on reprend et on diffuse le texte de tracts largués par la RAF. L'impact de la propagande diffusée depuis l'Angleterre vers la France apparaît dans le succès d'un texte que l'on retrouve aux quatre coins de la France occupée ou non occupée : « Français, si l'on ne se bat plus en France, la guerre n'en est pas terminée pour autant. » Il s'agit à chaque fois d'une démarque d'un tract largué par la Royal Air Force durant l'été, et intitulé : « La Légion française en Angleterre vous parle ». Ce titre s'inspire de l'émission de cinq minutes attribuée à la France libre sur les antennes de la BBC, en juillet et en août.

Des Français s'en sont inspirés, reproduisant tout ou partie du tract, en l'imprimant, en le dactylographiant et en ajoutant des variantes de leur cru. Telles quelles, ces copies sont collectées en septembre et en octobre par les services de police ou de surveillance de Vichy. Ce qui prouve l'impact des consignes qui terminaient le tract : « Favorisez la chaîne pour la cause française. Recopiez et multipliez cet exemplaire. »

Quant au texte lui-même, il appelle à un sursaut d'orgueil national, au refus de l'asservissement par Hitler, à la foi dans l'Angleterre, qui continue la lutte au nom de tous, à la défiance absolue dans la propagande des séides de l'Allemagne et à l'écoute quotidienne des émissions en français de la BBC.

Les trois couleurs sont hissées ici sur les bâtiments de Carlton Gardens, à Londres, qui accueillent les services du général de Gaulle : état-major particulier, service de renseignements, modeste délégation financière et administrative. Le 27 octobre, le chef des Français libres forme le Conseil de défense de l'Empire rassemblant les trop rares personnalités ralliées et leur répartissant les compétences dans l'administration des territoires, la participation à la guerre et la représentation de la France.

1er septembre

Les Alsaciens n'ont « jamais douté »

Paul Dungler, constructeur à Thann (Haut-Rhin), est un patriote ardent, surpris par la débâcle de juin 1940 dans le Massif central. À la radio, il entend Pétain annoncer la demande d'armistice.

Pour lui, confiant dans le maréchal, ce ne peut être qu'un répit : l'Alsace sous la botte allemande le révulse et ne peut être laissée en l'état. Il repart en Alsace le 25 août 1940. Le 1er septembre, avec l'aide de Marcel Kibler et de Paul Winter, il crée la première organisation de résistance alsacienne. Il l'appelle « 7e Colonne » pour dénoncer la cinquième colonne (les Français qui, avant la guerre, ont fait le jeu de l'Allemagne). De plus, très catholique, il lui plaît de se placer sous la protection religieuse du chiffre 7. Son dessein est de montrer que l'Alsace, quoique meurtrie et devenue terre du Reich, doit montrer l'exemple à la France. La devise de l'organisation clandestine exprime l'état d'esprit de son leader : « Nous n'avons jamais douté. » Résister, pour ces Alsaciens, et malgré le risque extrême qu'ils courent, c'est d'abord se renseigner sur les agissements allemands en tissant un vaste réseau de renseignements en Alsace, mais aussi en Allemagne et en Suisse. Ensuite, ce sera d'aider les jeunes à se soustraire à la mobilisation dans la Wehrmacht, décrétée par le *Gauleiter* Wagner. Un des titres de gloire de la 7e Colonne est d'avoir pris une part active dans l'évasion du général Giraud, en avril 1942.

LE GÉNÉRAL COCHET

PREMIER RÉSISTANT DE FRANCE ?

Les premiers hommes du refus, qu'on appellera plus tard les résistants, ne sont pas nombreux. Le choc de la défaite et le traumatisme de l'Occupation ont cassé le moral des plus ardents patriotes. Après la débâcle, un « lâche soulagement » s'empare des Français. La présence du maréchal Pétain joue comme un anesthésiant et inhibe les meilleures volontés, tout particulièrement dans les milieux militaires. Ceux qui, dans ces milieux, se dressent contre la fatalité le font dans une extrême solitude. Or, l'un des premiers « résistants » à s'être fait connaître en France est un militaire, un général qui plus est. Si on connaît l'appel du 18 juin 1940, qui est devenu un mythe fondateur, on ignore aujourd'hui un appel à la Résistance qui a pour auteur le général d'aviation Gabriel Cochet (1888-1973). Cet appel est diffusé le 6 septembre 1940. C'est un acte d'autant plus méritoire que les militaires français sont éduqués à l'obéissance et au respect de la légalité. L'obéissance est leur honneur et le refus de prendre part au jeu politique un devoir. Une culture qui va contre tout acte de révolte et d'affirmation individuelle. C'est pourquoi le général de Gaulle est si mal perçu initialement.

Dès juin, le général Cochet a exprimé un point de vue original prônant un esprit de revanche. Le 17 juin précisément, quelques heures après que le maréchal eut annoncé, « le cœur serré », qu'« il faut cesser le combat », Cochet, qui commande la 5e division aérienne, réunit ses collaborateurs immédiats et leur livre son paysage intérieur. Il leur explique que si Hitler ne détruit pas la France, il s'engagera dans une politique d'exploitation et de germanisation. « Dans les deux cas notre devoir est simple : *résister résolument*, mais avec adresse et en sachant dissimuler s'il le faut, à toute tentative d'absorption par le Reich. Pour cela, exalter en nous et autour de nous le sentiment patriotique, maintenir les traditions et l'esprit français, ne jamais renoncer à rétablir un jour la France dans son intégrité, son indépendance et sa grandeur, et par suite cesser nos discordes et nos querelles pour nous unir face à l'ennemi. » Il demande à ses collaborateurs de cacher leurs armes. Puis, après une mise en disponibilité, le général d'aviation circule en zone non occupée, prend des contacts, diffuse des consignes.

CONTRE L'"INTOXICATION PACIFIQUE"

Il convient de noter que le général Cochet n'est pas un militaire « classique ». Il a fait partie du 2e bureau, c'est-à-dire les services de renseignement. L'action clandestine ne lui est donc pas étrangère. De plus, avant la guerre, il avait publié quelques articles dénonçant le péril hitlérien. Ainsi celui du 18 mars 1935. En un style très vif, il dénonce le réarmement allemand et stigmatise une France « sans force, anémiée encore de la longue intoxication pacifiste qu'on lui a fait subir ». Il regrette les logiques politiciennes qui n'ont pas en vue l'unique intérêt général : « En France, de longues discussions s'établissent, s'éternisent pour la moindre mesure de défense nationale, envenimant la discorde intestine déjà si grande, parce qu'on n'a plus le sens de la chose publique et que toute affaire d'État n'est plus que l'occasion pour ceux qui nous dirigent ou aspirent à le faire, de prendre avantage sur l'adversaire politique. C'est à pleurer ! Eh bien, non, il faut que cela finisse ! Nous, officiers de l'armée d'active, qui n'avons cessé, pendant que d'autres se chamaillaient et se déchiraient, de songer au bien public, à la sécurité de notre pays, nous voulons que notre pays vive et nous crions : Assez ! » On trouve ici la vieille méfiance des militaires vis-à-vis de la classe politique, mais aussi le mythe, très ancré dans la culture militaire, selon lequel l'armée est une sorte de sanctuaire

Le général Gabriel Cochet est le premier à lancer en France un appel public à la résistance.

Commandant de division aérienne, Cochet avait, dès 1935, dénoncé le réarmement allemand. En 1940, l'aviation française avait moitié moins d'avions que la Luftwaffe.

de la patrie et la vigie ultime de la préservation du bien public. Cochet, alors colonel et membre du Conseil supérieur de l'air, a des contacts avec Pierre Cot, ministre de l'Air, et ils échangent sur la meilleure manière de préparer la guerre.

UNE POSTURE PATRIOTIQUE

Cette protorésistance n'a encore aucune dimension politique. C'est d'abord une résolution intime. Un impératif catégorique. Pétain, qui vient de demander l'armistice, n'est encore nullement en cause. Il s'agit d'une posture strictement patriotique : les Français contre l'ennemi germanique. D'autres initiatives du même ordre ont lieu, isolées, vouées à l'impuissance. Comme celle d'Edmond Michelet ou de Charles Tillon. Le général Cochet veut donner plus d'ampleur à son intuition et dépasser le cercle restreint des initiés. Les gens qu'il rencontre lui demandent un programme, ou au moins une ligne de conduite, sinon d'action. Le 6 septembre, il lance le premier appel métropolitain à la résistance, qu'il signe de son nom, diffusé sous la forme de tracts. Il s'agit de susciter l'adhésion des Français autour de sa personne et de ses idées. Bref, de constituer un mouvement. À présent, le régime de Vichy est à l'œuvre. Pétain procède ce jour-là à un remaniement ministériel par lequel il élimine tous les anciens parlementaires, à l'exception de Pierre Laval.

Mais, en cette époque des commencements, Cochet, à l'instar de ceux qui souhaitent organiser le refus sur le sol métropolitain, ne se situe pas dans un rapport frontal à Pétain. Bien au contraire, les éloges au maréchal abondent. Dans un recueil de ses manifestes publiés en 1945 chez Gallimard *(Appels à la Résistance lancés par le général Cochet, 1940-1941)*, l'auteur a cru devoir gommer ce pétainisme initial. Celui-ci a pourtant été bien réel. Car on imagine alors que Pétain joue un double jeu et ne cherche qu'à organiser, officieusement, la résistance à l'occupant. Le premier appel du 6 septembre 1940 du général Cochet exprime bien cette croyance : « Que le maréchal, dont la tâche est rude, et qui donne l'exemple de l'abnégation, pourra d'autant mieux résister aux exigences allemandes et jeter les fondements d'une France nouvelle pleine d'espérance et d'avenir, qu'il pourra s'appuyer sur une opinion ferme et unanime. » Cochet est accroché au mythe de l'unité française, ce mythe interdisant de saisir la nouveauté et la nocivité du régime de Vichy. Mais il s'écarte du vichysme et de son idéologie pénitentielle lorsqu'il déclare qu'il ne faut pas s'enfermer dans le « ressentiment trop naturel » et dans le ressassement des responsabilités du désastre.

LA FORCE MORALE

De manière beaucoup plus lucide, le général Cochet met en garde contre les mirages de la collaboration et de « l'ordre européen nouveau » que célèbrent les collaborationnistes de Paris. Pour lui, il ne faut regarder que le rapport de forces qui existe entre la France et l'Allemagne : « On oublie qu'il n'est pas dans la manière allemande, ni dans la manière nazie, de traiter sur le pied d'égalité le faible, le vaincu. » Pour Cochet, la France est vaincue. Elle ne pourra recouvrer sa souveraineté que par la force. Il pense même que son salut passe par une « victoire anglaise sur les boches ». C'est le message qu'il faut délivrer aux Français. Il faut leur montrer que « plus nous nous montrerons gentils, conciliants, faibles en un mot, plus les Allemands, qui ont le culte de la force, seront exigeants ; conservons au moins ce qui est indéfectible sinon inattaquable : la force morale à défaut de la force matérielle ; *la volonté de résistance à défaut des moyens de résister.* » C'est bien cela la Résistance à ses débuts : une volonté de ne pas se laisser aller au fatalisme de la défaite, une foi (peu raisonnable) dans la capacité de la France à exister encore, l'exigence de l'honneur face à la soumission politique et matérielle. Avant tout, et à défaut de mieux, le général Cochet veut inculquer à ses compatriotes le sens et la nécessité de la « force morale ». La résistance du général Cochet, ce n'est pas une résistance idéologique ou politique : c'est une résistance nationale et patriotique, qui fait fond sur « les traditions, la pensée, les aspirations françaises ».

Que pense Cochet de l'action du général de Gaulle, s'il la connaît ? Nous le savons grâce à une lettre que lui fait parvenir un officier qui vient de lire son appel. Pour Cochet, le général de Gaulle fait « de la politique », ce qui lui paraît contradictoire avec l'exigence d'apolitisme que suppose, selon lui, la réconciliation des Français. Surtout, il condamne le fait de quitter la France, de se séparer, de se désolidariser de la France souffrante et captive : « D'autre part, dès le lendemain de l'armistice, j'ai retenu des camarades qui se préparaient à passer en Angleterre. [...] Ils ont d'ailleurs écouté mes conseils et aucun d'eux n'est parti. Un de mes arguments a été que je suis par principe opposé à toute émigration, à moins que ce ne soit pour fuir un danger et avec la ferme résolution de renoncer à toute activité politique ou militaire. »

NAZISME ET CIVILISATION FRANÇAISE

L'entrevue de Montoire, en octobre 1940, perturbe le général Cochet et il met en garde : « Hitler cajole et flatte ses victimes futures, les menace, leur fait enfin des promesses dont il ne tiendra aucun compte... » Mais ignorant que Pétain est lui-même demandeur de cette collaboration, le général persiste à recommander aux Français de continuer de lui faire confiance : « Gardons notre confiance la plus complète au maréchal, qu'aucun autre Français ne pourrait remplacer dans l'œuvre de redressement intérieur mais surtout dans les négociations avec le vainqueur. » Lorsque le maréchal Pétain, dans son discours du 7 avril 1941, s'attaque à la « dissidence » et à son chef, le général de Gaulle, Cochet approuve : « Le chef de l'État se recommande de Henri IV, de Richelieu, de la Convention nationale, et c'est notre meilleure garantie. »

Tout nationaliste et maréchaliste qu'il est, le général Cochet est plus qu'un antiallemand traditionnel : il est antinazi, et ce sentiment fonde une partie de son refus de la collaboration. À Lyon, au début de mai 1941, devant un large public des Jeunesse étudiante chrétienne (JEC), il prononce une conférence où il dénonce avec force les présupposés philosophiques et racistes du nazisme :

« Je ne sais si j'ai réussi à vous faire saisir ce qu'il y a de barbare, de cruel, de bassement matérialiste, dans la doctrine hitlérienne. Fondée sur un principe faux, élaborée dans un but de domination et de conquête, en faveur d'un seul peuple, elle doit

Dans le numéro 11 de Voir, *magazine américain destiné aux populations françaises, le général Cochet (en bas à droite) fait partie des figures du jour, aux côtés de Roosevelt, Kœnig ou bien encore De Lattre de Tassigny.*

Figures du jour

LE GÉNÉRAL SIR HENRY MAITLAND WILSON, commandant suprême dans le théâtre de guerre méditerranéen, passe en revue la garde d'honneur française au Quartier Général du général Juin. Au lendemain du débarquement des armées alliées sur la côte sud de la France, le général Wilson a déclaré, dans un appel aux Français: "Notre but est de chasser les Allemands et de nous joindre aux armées alliées qui avancent en Normandie. Les troupes françaises participent à ces opérations aux côtés de leurs compagnons d'armes alliés, sur mer, sur terre et dans les airs. . . . Tous les Français mobilisés, les civils aussi bien que les militaires, ont leur rôle à jouer dans la campagne du sud. Votre devoir sera porté à votre connaissance explicitement. . . . Menons à bonne fin cette lutte aussitôt que possible, afin que la France puisse reprendre sa vie libre, dans la paix et la sécurité. La Victoire est certaine. Vive l'esprit de la France et tout ce qu'il représente!"

LE PRÉSIDENT ROOSEVELT, le général MacArthur et l'amiral Nimitz ont passé en revue à Hawaï la 7ème division américaine, au cours du récent voyage du Président dans le Pacifique. A son retour aux Etats-Unis, M. Roosevelt a déclaré: ". . . Tout le monde sait, en Sibérie et en Chine que nous n'aspirons pas à acquérir des territoires sur le continent asiatique. Nous sommes un peuple absolument opposé à l'agression ou aux attaques sournoises — mais nous sommes un peuple qui insiste pour qu'aucune autre nation ne puisse, dans aucune circonstance prévisible dans l'avenir, se rendre coupable de telles attaques contre les Etats-Unis. C'est pourquoi il est essentiel que nous soyons prêts à les empêcher à l'avenir. Nous ne désirons aucunement demander des possessions appartenant aux Nations Unies. Mais je suis sûr que les Nations Unies, qui travaillent si bien de concert avec nous pour gagner cette guerre, seront contentes de se joindre à nous pour la protection contre l'agression et pour établir un système qui empêchera l'agression. . . . D'ores et déjà, des centaines de millions d'hommes sont animés du désir de forger leur propre destin et rien n'indique qu'ils aient, à l'exception du Japon, l'aspiration de gouverner le monde entier."

VOICI LE GÉNÉRAL KOENIG, chef des Forces Françaises de l'Intérieur, à son arrivée à Cherbourg où il a été reçu par le Commissaire Régional. Le général Koenig, originaire de Caen, après avoir fait le tour des villes normandes libérées, s'est longuement entretenu avec le général Montgomery avant de rentrer en Angleterre. Aux correspondants de guerre, le général Koenig a exprimé sa satisfaction sur les excellentes relations qui règnent entre les armées alliées et les autorités françaises civiles et militaires. Le 15 août, il a proclamé l'ordre suivant:

"Le Commandant des Forces Françaises de l'Interieur donne l'ordre à toutes les unités des F.F.I. de déclencher l'action de guérilla renforcée dans les départements suivants: Loire-Inférieure, Maine et Loire, Vendée, Deux-Sèvres, Charente, Charente Inférieure, Dordogne, Corrèze, Creuse, Haute-Vienne, Vienne, Indre, Indre et Loire, Cher, Loir et Cher, Loiret, Eure et Loire, Orne, Eure. Les Forces Françaises de l'Intérieur doivent attaquer immédiatement tous les éléments ennemis qui se dirigent vers le front. Pas un soldat, pas un camion allemand ne doit être en mesure d'aller renforcer l'armée ennemie qui lutte contre nos Alliés. Pas un Allemand ne doit pouvoir se replier sans combattre."

LE GENERAL AMERICAIN ALEXANDER PATCH (à gauche) commande les forces alliées de terre en France méridionale. Il était en 1942 à la tête des opérations pour le nettoyage de l'île de Guadalcanal dans le Pacifique.

MADAME EMILIENNE MOREAU, la fameuse héroïne de Loos de 1915, est arrivée en Angleterre. Pendant les deux dernières années, elle a fait en France un travail inappréciable pour les Alliés. Traquée par la Gestapo, elle a réussi à s'évader après de nombreuses aventures.

LE GENERAL GABRIEL COCHET, commandant en chef des F.F.I. pour la zone sud, vient de donner aux F.F.I. l'ordre de passer à l'offensive générale dans les 10 départements suivants : Alpes Maritimes, Var, Bouches du Rhône, Basses-Alpes, Hautes-Alpes, Vaucluse, Isère, Drôme, Savoie et Haute-Savoie. Le général Cochet a ordonné : "Toutes les unités des F.F.I. stationnées dans les départements en question doivent déclencher une action immédiate et totale. . . L'heure de venger nos morts et de reconquérir notre pays a sonné."

ALICE DELYSIA, l'artiste française bien connue qui est arrivée en France avec un groupe d'acteurs qu'elle dirige, a donné sa première représentation devant des troupes alliées.

LE GÉNÉRAL DE TASSIGNY était à la tête des opérations qui valurent l'île d'Elbe aux Alliés le 17 juin. Il se bat actuellement à la tête de ses troupes dans le midi de la France.

logiquement disparaître un jour prochain de la surface du globe. Mais par la vigueur et la férocité de ses méthodes, par l'habilité, le mensonge et la barbarie de sa propagande, en obligeant, par une contrainte atroce, ses victimes à prendre l'attitude de gens venus volontairement au régime, masquant ainsi ses méfaits derrière un enthousiasme factice et de commande, elle a néanmoins, par les avantages matériels et moraux même qu'elle donne ou qu'elle promet, surtout par la glorification de l'esprit de sacrifice, réussi à former toute une jeunesse fanatique, prête à se sacrifier, avec un courage digne d'admiration, pour l'idéal qui lui est proposé. C'est là que réside la force du nazisme. À cette force, nous n'avions à opposer qu'un humanitarisme, généreux certes, mais vague, sans nerfs et sans vertèbres. Devant cette force morale et matérielle incontestable, il nous faut enfin serrer les dents, nous raidir, nous serrer les coudes, opposer une résistance farouche à la domination, à la nazification, faute de quoi tout ce que nous aimons, tout ce qui est notre raison de vivre, notre civilisation, notre pensée, notre religion, tout sera balayé par la vague hitlérienne. »

DANS LE SENS DE L'HISTOIRE

Quelques jours après, Gabriel Cochet apprend par les journaux que, le 13 mai 1941, l'amiral Darlan, « Premier ministre » de Pétain, a rendu visite à Hitler à Berchtesgaden. Le 15 mai, Pétain justifie cette visite. Le 16 mai, c'est le président américain Roosevelt qui, pour la première fois, dénonce Vichy. Le même jour, le général Cochet diffuse une lettre où il fait part de son « émotion ». L'intervention de Pétain « nous enlève cette confiance aveugle que nous nous voulions avoir ». La réaction du gouvernement est assez rapide. Le général Cochet inquiète les autorités. Depuis les origines, il est surveillé. Ses lettres, grâce à un réseau de diffusion efficace, peuvent influencer l'opinion. Le jeune Serge Ravanel se souvient que, à l'École polytechnique, ses textes ronéotypés circulaient de main en main et qu'ils marquaient les esprits par leur optimisme. Une enquête permet d'établir qu'il a stocké des armes. Darlan décide de le faire arrêter. Le 21 juin 1941, il est interné à Vals-les-Bains. Dans son rapport d'octobre 1941 sur la Résistance, Jean Moulin mentionne l'action du général Cochet, son arrestation, et précise que ses anciens collaborateurs poursuivent son œuvre. Tous deux se sont rencontrés au cabinet du ministre de l'Air Pierre Cot. Le successeur de Cochet est Georges Oudard, journaliste connu de *l'Illustration,* implanté à Lyon.

Grillé en France métropolitaine, au début de 1943, le général Cochet doit quitter la France. Comprenant le sens de l'Histoire, il doit vaincre ses préventions à l'encontre du général de Gaulle, qu'il finit par rejoindre. Le chef de la France combattante sait qu'il peut compter sur sa loyauté et son efficacité, ce qui ne lui interdit pas de dire tout le mal qu'il pense de l'amateurisme du BCRA, les services spéciaux de la France combattante qui opèrent en France. A-t-il l'intention de prendre la tête de l'Armée secrète ? En avril, de Gaulle le place à la tête de l'état-major chargé de préparer la participation française aux opérations de débarquement. En octobre 1943, à Alger, le général de Gaulle le charge de réunir les services spéciaux, giraudistes et gaullistes. Son caractère difficile et soupçonneux le fait échouer. Le colonel Passy tolère mal la tutelle d'un homme qui a critiqué le BCRA. C'est un politique, Jacques Soustelle, qui lui succède. De Gaulle lui confie alors une mission plus militaire, mais de la plus haute importance : en mars 1944, il est nommé adjoint au commandant en chef allié sur le théâtre de la Méditerranée. Enfin, signe extrême de confiance, de Gaulle le désigne pour commander les FFI de la zone sud.

VENGER NOS MORTS

Retour au pays de cet homme droit et grand patriote, les armes à la main. Il allait enfin participer à cette libération morale et militaire de la France à laquelle il avait toujours cru. Le magazine *Voir* le présente comme l'homme qui a donné l'ordre aux FFI de passer à l'offensive générale. « L'heure est venue de venger nos morts et de reconquérir notre pays. » Cette célébrité a été de courte durée. Aujourd'hui, ce premier résistant de France a rejoint la cohorte des oubliés de la Résistance.

Cochet est photographié ici lors de la libération de Montpellier avec le commissaire de la République et le commandant FFI de la région.

Une partie de l'équipe des « Français parlent aux Français », l'un des programmes les plus populaires de la BBC, emblématique d'une volonté de résister. Ici, de gauche à droite : Paul Boivin, Jacques Duchesne, Geneviève Brissot et Jean-Paul Granville.

6 septembre

« Les Français parlent aux Français »

La radio est le seul moyen qui permette de maintenir un lien continu entre les Français de la métropole et ceux de l'extérieur qui refusent l'armistice.

Au moment de la débâcle en France, la section française de la BBC décide d'aider la radio française alors que les Allemands s'emparent des émetteurs au fur et à mesure de leur avancée. Il est prévu que, de 20 h 30 à 20 h 45, les Français auront un droit d'émission à la radio anglaise. En juin, il s'agit d'une courte émission placée après un bulletin d'information en français.

Depuis le 1er juillet est diffusée une émission, « Ici la France », d'une durée de trente minutes après un quart d'heure d'informations en français. Le 7 juillet, Michel Saint-Denis (pseudonyme : Jacques Duchesne) est le premier permanent français de la BBC. De Gaulle peut parler cinq minutes par soir – dans la séquence intitulée « L'émission de la France libre », conçue par le lieutenant Maurice Schumann, dont la voix devient vite célèbre. Avant chaque émission de la France libre, on entend la formule « Honneur et Patrie ». D'autres volontaires de la France libre parlent, tels René Cassin ou le général Valin. Le 26 août, une nouvelle émission est créée : « Les Français parlent aux Français. »

À partir du 6 septembre, « les Français parlent aux Français » est la seule annonce qui introduit l'ensemble du programme français du soir à la BBC. Toute l'équipe qui conçoit l'émission est française, mais elle est liée par contrat à la BBC. Maurice Schumann est l'un des plus célèbres speakers, toujours habillé en uniforme de lieutenant ; il sait transmettre l'espoir à travers des accents lyriques et pathétiques. On compte aussi deux journalistes, Pierre Bourdan et Jean Marin, le poète surréaliste Jacques Brunius (*alias* Jacques Borel) et deux dessinateurs, Jean Oberlé et Maurice Van Moppès. Un technicien, Pierre Lefèvre, complète l'équipe, qui sera rejointe plus tard par l'humoriste Pierre Dac. Le ton des émissions est très dynamique et la cohérence des programmes est très grande. Il faut galvaniser les énergies afin de résister et d'encourager des Français à le faire aussi en métropole. Chaque soir, on peut entendre un véritable acte de foi dans la victoire.

La France libre peut donc bénéficier du droit sacro-saint anglais de la liberté d'expression. Mais le plus compliqué est de se faire entendre des Français de France !

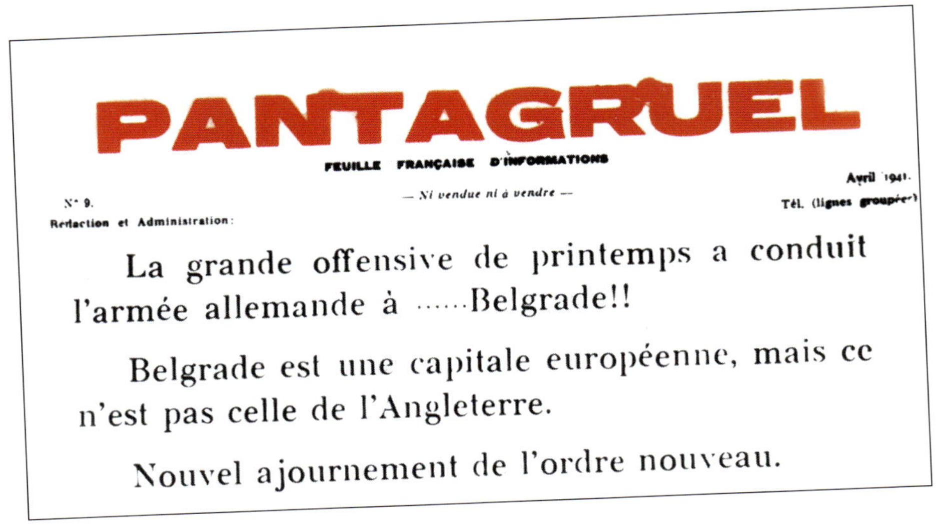

PANTAGRUEL

FEUILLE FRANÇAISE D'INFORMATIONS

Avril 1941.

N° 9. — Ni vendue ni à vendre — Tél. (lignes groupées)

Rédaction et Administration:

La grande offensive de printemps a conduit l'armée allemande à ......Belgrade!!

Belgrade est une capitale européenne, mais ce n'est pas celle de l'Angleterre.

Nouvel ajournement de l'ordre nouveau.

L'un des premiers journaux clandestins de zone occupée, lancé par un homme presque seul, l'éditeur de musique alsacien Raymond Deiss. Arrêté, il sera décapité à la hache.

23-25 septembre

Fiasco à Dakar pour la France libre

Le général de Gaulle est très satisfait d'avoir fait entrer l'Afrique-Équatoriale française dans le giron de la France libre. Mais cela ne suffit pas. Il espère en faire autant avec l'Afrique-Occidentale française (AOF). Le Premier ministre anglais, Winston Churchill, craint l'installation des Allemands à Dakar. En gagnant l'AOF, de Gaulle et Churchill pensent que cela aura un effet « boule de neige », entraînant le ralliement de l'ensemble du Maghreb.

Le cuirassé *Richelieu*, une partie de l'or de la Banque de France, l'or belge et polonais sont à Dakar. L'enjeu est par conséquent considérable. De Gaulle croit qu'il fera tomber Dakar dans le camp de la France libre, simplement en s'appuyant sur l'insubordination de plusieurs marins, commencée le 8 juillet. Mais il s'agit en fait de marins à la recherche de leur démobilisation et non d'un ralliement.

Il reste donc à monter une attaque pour conquérir la capitale sénégalaise. Après avoir pensé à un débarquement en Guinée, de Gaulle se voit imposer par Churchill le plan « Menace », c'est-à-dire une opération sur Dakar, de nature pacifique. Les Français libres – 2 400 hommes – sont appuyés par la Royal Navy.

Improvisée, l'opération tourne vite au fiasco, car, après deux journées de lutte, les Franco-Anglais renoncent à un débarquement. Il y a plus grave : l'armée de l'air d'armistice détruit cinq appareils anglais et lâche six tonnes de bombes sur la flotte anglaise. Le régime de Vichy envoie plusieurs bâtiments afin de montrer qu'il reste une force importante qui garde les rênes de l'empire colonial.

Octobre

Les Français « inertes et veules » ne lisent pas Pantagruel

En violation de l'armistice, l'Allemagne a transformé les départements du Nord en une « zone interdite », rattachée au commandement militaire de Bruxelles. Instruits par le précédent difficile de l'occupation de la Première Guerre mondiale, les élus socialistes du Nord ont choisi de rester en fonctions dans l'espoir de protéger les populations.

Le maire de Roubaix, Jean-Baptiste Lebas, qui avait déjà été incarcéré par les Allemands en 1916, est pourtant démis de ses fonctions par Vichy qui lui reproche d'être un ancien ministre du Front populaire. Il travaille déjà au sein d'une filière d'évasion pour les prisonniers de guerre britanniques.

En octobre, il lance à Roubaix une feuille clandestine, *l'Homme libre,* essentiellement destinée aux militants du parti et qui fait la part belle à la dénonciation du gouvernement de Vichy. Elle se place dans la droite ligne des luttes qui ont jalonné le mouvement ouvrier français, dans l'espoir de discerner bientôt de nouveaux buts mobilisateurs.

« Le socialisme continuera et montrera que la défaite était voulue par ses adversaires politiques qui n'ont trouvé que la trahison devant l'ennemi pour arrêter le flot démocratique qui dévalait dans le pays... »

En même temps, Raymond Deiss, patron d'une petite entreprise d'édition musicale dans le VIe arrondissement de Paris, rédige seul un petit journal clandestin, imprimé avec l'aide de deux artisans typographes de son quartier et diffusé par la poste, y compris auprès des autorités allemandes. Il s'appelle *Pantagruel*. Par la suite, la diffusion du journal donne lieu à la constitution d'un fragile groupe clandestin, l'Armée volontaire.

Le premier but de Deiss est de contribuer à répandre les informations captées à la radio anglaise. Ardent supporter de la cause britannique, qui, selon lui, sauvera la France de la perte de l'Alsace et de son empire ainsi que de l'asservissement économique, Deiss est l'un des très rares rédacteurs de journaux clandestins à s'afficher alors sans réserve comme un partisan du général de Gaulle.

Le geste très courageux de Deiss permet de constater la dilution des points de repère dans la France de 1940, mais aussi les ressources d'un esprit libre. Cette liberté se paiera d'une rapide arrestation, d'une condamnation par un tribunal militaire allemand et d'une décapitation après transfert en Allemagne.

Octobre

Le groupe La Bardonnie

Louis de La Bardonnie vit au cœur du Périgord, du côté de Saint-Antoine-de-Breuilh, à proximité de Sainte-Foy, au château la Roque. L'arrivée et la vue des Allemands le révoltent. Mais que peut-il faire seul ? Il s'entoure d'une dizaine de personnes, un groupe restreint de fidèles qui collectent des renseignements sur les positions et le potentiel militaires allemands.

Le groupe de La Bardonnie est politiquement à droite, voire monarchiste comme l'abbé de Dartein, l'ancien précepteur du comte de Paris. Pourtant, le groupe ne s'oriente par vers un soutien indéfectible au régime de Vichy : ce qui les démarque d'une majorité de Français de l'extrême droite qui ont fait le choix d'embrasser le vichysme. La Bardonnie regroupe avant tout des patriotes sincères. De Gaulle n'est pas non plus leur emblème.

Paul Armbruster – un Alsacien replié en Dordogne –, du Fleix, Pierre et Simone Beausoleil, le docteur Gaston Pailloux, l'abbé de Dartein et le voisin de La Bardonnie, Marcel Rambaud, forment le premier noyau. L'avantage du groupe est qu'il est situé aux abords de la ligne de démarcation, ce qui lui permet des replis rapides, voire précipités, en zone non occupée, après avoir effectué une mission d'observation dans la zone occupée.

Louis de La Bardonnie n'a de cesse de rechercher de nouveaux compagnons de route pour passer des renseignements de la zone occupée vers la zone non occupée. Les missions de son groupe sont à très haut risque.

L'objectif principal est de transmettre aux services secrets anglais les meilleurs renseignements possibles. L'abbé de Dartein est envoyé à Londres en passant *via* le Portugal pour remettre un courrier avec toutes les informations récupérées entre juillet et septembre 1940. Aux documents écrits sont joints des clichés photographiques sur les installations ennemies. C'est le port de Bordeaux qui suscite un maximum d'attention.

18 octobre

Un général au garde-à-vous devant le Connétable !

Pendant la Grande Guerre, de Gaulle et Catroux étaient compagnons de captivité à Magdebourg, avec Roland Garros, un as de l'aviation. Après la guerre, le général Catroux connaît une belle carrière : gouverneur général de Damas, gouverneur de Marrakech puis, gouverneur de l'Indochine. Alors qu'il est à Saigon, Catroux a déjà dit son opposition à l'armistice franco-allemand signé le 22 juin. Il a transmis un message de sympathie au général de Gaulle dans un courrier remis par son fils. De son côté, le général de Gaulle cherche depuis juin à renforcer son crédit aux yeux des Anglais, ce qui est important pour les convaincre de le soutenir dans tous ses projets, politiques comme militaires. Or, les officiers généraux français n'ont pour l'heure pas suivi.

Pourtant, l'ancien gouverneur général de l'Indochine, le général Catroux, qui a davantage d'étoiles que de Gaulle, franchit le pas et décide de lui faire allégeance. Le 17 septembre, les Anglais permettent à Catroux et à sa famille de rejoindre Londres avec les égards dus à un ambassadeur. Catroux se voit même proposer par Churchill la direction des Français libres. Il refuse. Le Premier ministre anglais envoie Catroux en mission au Moyen-Orient, sans même en avertir de Gaulle, d'où la colère de ce dernier. Finalement, le 18 octobre, à Fort-Lamy, de Gaulle reçoit Catroux. Celui-ci se met au garde-à-vous, aussitôt descendu d'avion. Le soir, Catroux lève son verre et déclare : « À celui que nous appelions le Connétable, je rends hommage. »

Le général Catroux est l'une des plus hautes personnalités ralliées en 1940 à la France libre et, nonobstant son grade supérieur, à se mettre aux ordres du général de Gaulle.

24 octobre

« Un pas de plus dans la voie de la trahison »

Après avoir, dans ses discours, lancé des appels pour trouver un *modus vivendi* avec l'occupant, tant que se prolonge le régime de l'armistice, Pétain se voit offrir l'opportunité de rencontrer en France Hitler, de retour d'Espagne, où il a essayé, sans succès, de persuader Franco de l'aider dans la guerre contre l'Angleterre.

Presque improvisée, la rencontre a lieu le 24 octobre, dans le train spécial de Hitler, arrêté dans la gare de Montoire.

Si peu de choses se sont dites – et moins encore décidées – durant cette entrevue, qui est illustrée d'une photo choc, celle de la poignée de main échangée par le maréchal et le Führer. Elle produit un choc d'autant plus considérable que Pétain informe les Français, dans un discours, de l'entrée dans une politique de « collaboration » avec le vainqueur, dont il revendique hautement la responsabilité.

Le général de Gaulle se voit confirmé dans son rejet originel de l'armistice, instrument d'asservissement et de trahison du pays. Surtout, parmi les consciences résistantes en train d'affleurer en France et qui ne se sont pas encore démarquées du maréchal, la poignée de main de Montoire jette le trouble, tout comme elle inquiète une bonne part de l'opinion publique.

Le mot de « collaboration » entre avec un sens nouveau dans le vocabulaire politique français. Il va contribuer à structurer le visage de la Résistance.

Cette photo choc devient le symbole même de la collaboration que Pétain annonce et revendique et dont il fera l'un des socles de sa politique pendant quatre ans.

« *C'est dans l'honneur et pour maintenir l'unité française – une unité de dix siècles –, dans le cadre d'une activité constructive du nouvel ordre européen, que j'entre aujourd'hui dans la voie de la collaboration. Cette politique est la mienne. Les ministres ne sont responsables que devant moi. C'est moi seul que l'histoire jugera. Je vous ai tenu jusqu'ici le langage d'un père. Je vous tiens aujourd'hui le langage d'un chef.* »

Extraits du discours de Pétain, 30 octobre

« *Il est donc entendu que les gens de Vichy font un pas de plus dans la voie de la trahison.* »

« On comprend maintenant très bien pour quelle raison et pour le compte de qui les gens de Vichy poursuivent, emprisonnent et condamnent à mort ceux qui ne se résignent pas à l'infâme servitude. »

« Officiers français ! Soldats français ! Citoyens français ! Des chefs infâmes ou séniles sont en train de livrer à l'ennemi l'Empire intact de la France.

Debout et aux armes. »

Extraits du discours de De Gaulle, 27 octobre

24 octobre

Les « terroristes » placés sous surveillance

Le ministre de l'Intérieur, Marcel Peyrouton, adresse aux préfets une mise au point sur l'activité de « résistants » qui n'ont pas encore de nom. On les appelle encore les « partisans de l'ex-général de Gaulle ». Plus tard, ils seront les « de gaullistes », puis les « gaullistes ». On les appelle aussi « communistes » ou « terroristes ». Dans leurs rapports aussi, les autorités allemandes parleront, à défaut d'un meilleur terme, d'un *Gaullismus* à l'acception très large.

La circulaire du 24 octobre s'inquiète de la constitution, dans les grandes villes de zone libre, à Paris et en Afrique du Nord, de centres clandestins qui recruteraient des volontaires, candidats à l'évasion hors de France, qui fomenteraient des attentats et constitueraient des stocks d'armes. Il conviendrait, en conséquence, prévient le ministre, de redouter particulièrement des manifestations le 11 novembre. La vigilance des préfets est requise.

Collaboration ou pas, l'armée allemande fait régner sa propre loi en zone occupée. Considérés comme espionnage ou sabotage, tous les actes d'opposition sont indistinctement passibles de peine de mort. Les avis placardés sur les murs, destinés à décourager les vocations résistantes, contribuent aussi à aviver le rejet des populations à l'égard de l'occupant.

Novembre

« Reste l'espoir que l'histoire nous venge... »

Pendant les sombres jours de la défaite, Emmanuel d'Astier de La Vigerie, un ancien officier de Marine, âgé de 40 ans et devenu journaliste, prend quelques notes.

« Lundi 12 juin 1940. Décision honteuse de ne pas défendre Paris. Comment avoir confiance dans les vieillards même glorieux ?

Lundi 17 juin, midi et demi. Discours de Pétain. Demande d'armistice. Mauvais discours.

Mercredi 19 juin. De Gaulle à raison. Pétain et Weygand ont tort. La demande est ignominieuse.

Mardi 2 juillet. Reste l'espoir que l'histoire nous venge et replace dans l'ombre qu'ils méritent les vieillards militaires assis au sommet des ruines et qui ont eu le cœur de douter d'une cause qui n'était pas perdue. »

Dès sa démobilisation, le 11 juillet, d'Astier contacte des amis (Kessel, Malraux) et ses frères pour trouver un projet d'action contre l'armistice. Il ne parvient à convaincre qu'Édouard Corniglion-Molinier, producteur de cinéma, aviateur et aventurier dans l'âme comme lui. C'est peu, si peu que d'Astier arpente les rues de Clermont-Ferrand, pleines de réfugiés alsaciens, pour trouver quelques recrues afin d'alimenter le groupe qu'il vient d'improviser et de baptiser « la Dernière Colonne ». En novembre se produit une rencontre décisive, celle de Lucie Samuel (future Lucie Aubrac), de Jean Cavaillès et de Georges Zéphara. D'Astier recrute aussi son neveu et sa nièce. Un groupe s'esquisse. Mais pour quoi faire ?

Novembre

Intellectuels au combat

La stratégie du Parti communiste vise à s'adresser à tous les secteurs de la société et dans la ligne des combats idéologiques qui, depuis les années 1930, ont vu s'affronter les intellectuels. C'est dans cette perspective qu'un groupe de brillants jeunes professeurs communistes (Jacques Solomon, Daniel Decourdemanche et Georges Politzer) est chargé d'une feuille clandestine destinée aux universitaires, enseignants et étudiants : *l'Université libre.*

L'Université libre se présente comme la réponse d'intellectuels à d'autres intellectuels qui ont choisi le camp de l'Allemagne nazie, « ces Messieurs de la presse traduite ». L'avènement du gouvernement de Vichy est présenté comme la victoire du fascisme intérieur, à la faveur de l'appui allemand.

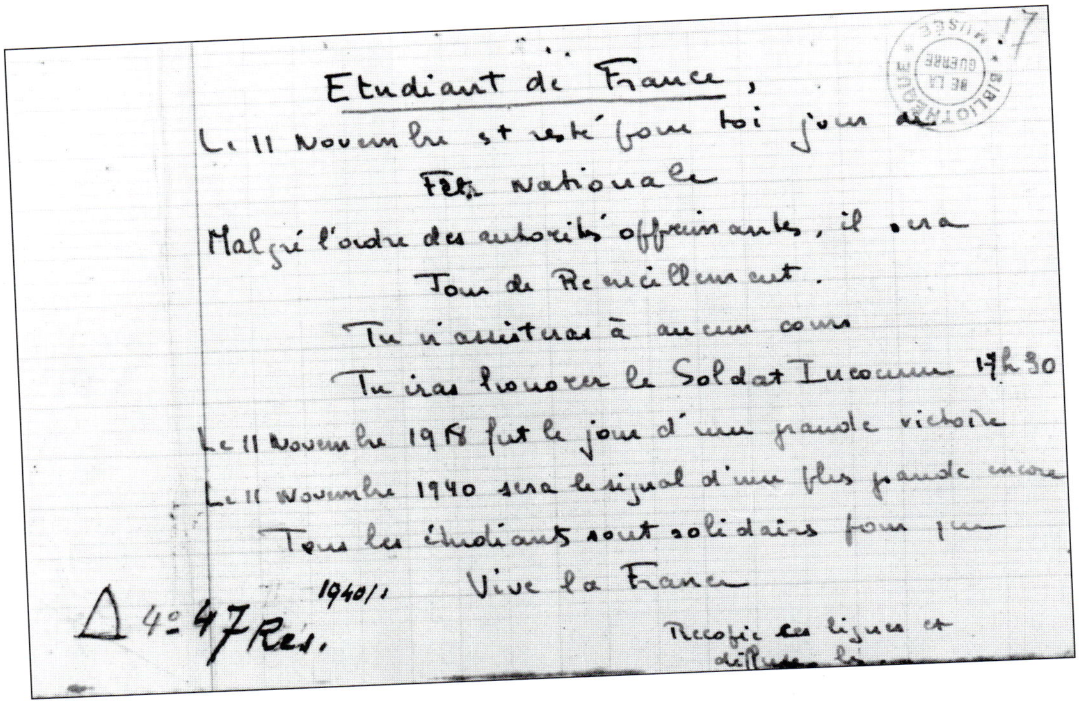
Etudiant de France,
Le 11 Novembre est resté pour toi jour de
Fête nationale
Malgré l'ordre des autorités opprimantes, il sera
Jour de Recueillement.
Tu n'assisteras à aucun cours
Tu iras honorer le Soldat Inconnu 17h30
Le 11 Novembre 1918 fut le jour d'une grande victoire
Le 11 novembre 1940 sera le signal d'une plus grande encore
Tous les étudiants sont solidaires pour que
1940/1 Vive la France
Δ 4° 47 Rés.
Recopie ces lignes et
diffuse-les

Le 11 novembre, quelques centaines de jeunes Parisiens bravent l'interdiction de commémorer la victoire de 1918 et se regroupent à l'Arc de Triomphe. Des violences et de nombreuses arrestations concluent la première manifestation publique d'importance depuis l'armistice. L'université est fermée.

11 novembre

Étudiants et lycéens créent l'événement à Paris

Dans la cour du lycée Henri-IV, pendant la récréation matinale, des tracts sont distribués aux élèves. Ils somment tous les volontaires de rejoindre la place de l'Étoile aux alentours de 18 heures. Cette scène se répète dans toutes les écoles et les facultés parisiennes. Il s'agit de rendre hommage au Soldat inconnu, en ce jour de commémoration de l'armistice du 11 novembre 1918, qui marque la fin de la Première Guerre mondiale, mais que l'occupant a interdite.

Le matin, une gerbe est déposée au pied de la statue de Clemenceau, avec une carte de visite sur laquelle le nom de De Gaulle est écrit. Les lycéens progressent par petits groupes jusqu'à la place de l'Étoile afin de ne pas former une masse trop importante qui risque d'attirer trop tôt l'attention des autorités allemandes.

Arrivés à l'Étoile, la police française d'abord, puis les Allemands tentent de contenir les manifestants pour les empêcher de repartir sur les avenues adjacentes. Les jeunes tournent alors autour de la place dans le sens inverse à celui des aiguilles d'une montre. Des milliers de lycéens et de lycéennes parviennent à se rassembler en remontant toutes les avenues. *La Marseillaise* est entonnée. Les « Vive de Gaulle », « Vive la France », « Vive la Liberté » et les « À bas Hitler ! » se font entendre. Mais, au loin, les casques allemands deviennent plus nombreux. Des barrages sont montés, et les mitrailleuses pointent vers les lycéens. Les renforts allemands foncent dans la foule afin de se frayer un chemin. Une fusillade éclate.

La place se vide. La BBC annonce 11 tués. Vichy conteste et affirme que, parmi les 123 personnes arrêtées, seules quelques-unes ont été blessées.

Cette manifestation connaît un grand retentissement. La jeunesse française a osé prendre la parole dans une capitale traumatisée. Elle a montré le chemin de l'honneur et du courage.

11 novembre

Contre la germanisation de l'Alsace

Le 11 novembre, date de célébration de la victoire de 1918, est choisi par les nazis pour expulser des territoires en voie de brutale annexion 70 000 Alsaciens et Lorrains. Ce même jour, des patriotes alsaciens proclament leur attachement à la France en éditant une feuille clandestine, *l'Alsace, journal libre,* expression éperdue du refus d'être transformés en Allemands et en hitlériens. Constatant douloureusement que le gouvernement français n'émet aucune protestation contre l'annexion qui se dessine, le principal rédacteur, l'ancien instituteur Camille Schneider, propose à tous ses concitoyens d'entretenir « la flamme du souvenir » et d'établir le contact dans l'espoir de pouvoir « faire quelque chose ».

« Nous disions plus haut que nos amis restés en France nous ont laissés seuls. Mais nous restons les gardiens de notre et de leur pays, d'une Alsace qui n'est libre que dans nos rêves, qui n'est libre que dans nos cœurs et dans nos espoirs. »

LA FRANCE LIBRE

UNE CERTAINE IDÉE DE LA RÉSISTANCE

La revue *la France libre* (1940-1945), c'est à la fois la Résistance des idées et une certaine idée de la Résistance. Mais ce n'est pas, contrairement à ce que son titre pourrait laisser à penser, l'organe du mouvement la France libre, créé à Londres par le général de Gaulle. Les animateurs de cette revue de guerre se perçoivent d'abord comme des intellectuels libres de toute attache militante. Dans son premier numéro (novembre 1940), *la France libre* affiche sa haute ambition : entreprendre une « croisade des idées » pour lutter contre l'acceptation morale de la défaite et, plus largement, restaurer une civilisation fondée sur la « liberté humaine ». Pour affirmer la présence intellectuelle française à l'extérieur et pour exercer un effet de contrepoison sur les Français de France, interdits de pensée libre, elle fait appel à toutes les bonnes volontés : « Savants, écrivains, ingénieurs, envoyez-nous vos manuscrits ! » Cette revue mensuelle, diffusée à Londres, et qui le sera aussi à Alger, au Caire et à New York, acheminée en France occupée en miniformat, offre aux exilés une audience inespérée : un témoin avance le chiffre (invérifiable) de 76 000 abonnés.

SON FONDATEUR ET DIRECTEUR

Personnage ambitieux et imprévisible, physicien renommé, chef de cabinet du sous-secrétaire d'État à l'Air en 1937, André Labarthe appartient à l'entourage de Pierre Cot et évolue autour du Rassemblement universel pour la paix (RUP) et du ministère de l'Air, là où il rencontre Jean Moulin. La défaite consommée, il rejoint Londres. Après deux mois d'une collaboration houleuse avec le général de Gaulle, à la tête d'une fantomatique direction de l'armement, Labarthe crée une revue avec l'aide de deux anciens membres du RUP l'ayant accompagné à Londres : Martha Jansen-Lecoutre, kominternienne polonaise, et son ex-mari, l'officier Stanislas Szymanczyk (« Stacho »). Ils sont rejoints par la baronne russe Moura Budberg, compagne successive de Maxime Gorki et de Herbert G. Wells, présentée par sa biographe, Nina Berberova, comme un agent double anglo-soviétique. À cette étrange équipe s'ajoute une plume prometteuse, celle de Raymond Aron (« René Avord »), qui devient secrétaire de rédaction. Autour de ce noyau dur s'agrègent de nombreux collaborateurs occasionnels, français et étrangers, chargés à la fois de penser la guerre et d'imaginer la paix.

PENSER LA GUERRE

La guerre est présente grâce à « Stacho », qui, dans des articles non signés, décrit avec clarté la complexité des opérations militaires et les stratégies des acteurs du moment. Il fait découvrir Clausewitz à Raymond Aron, lequel donne à la revue sa profondeur en analysant, à travers l'histoire et la philosophie, les enjeux politiques de la guerre. Il amorce sa réflexion sur les rapports entre totalitarismes, masses et démocratie, et laisse poindre dans ses contributions une philosophie politique du scepticisme pourfendant les « religions séculières » du marxisme et du nazisme. La dimension économique du conflit a sa place, qu'il s'agisse d'analyser les besoins pétroliers du Reich, d'évaluer l'effort de guerre des Alliés, comme le fait le jeune économiste Robert Marjolin (« Robert Vacher »), ou d'ima-

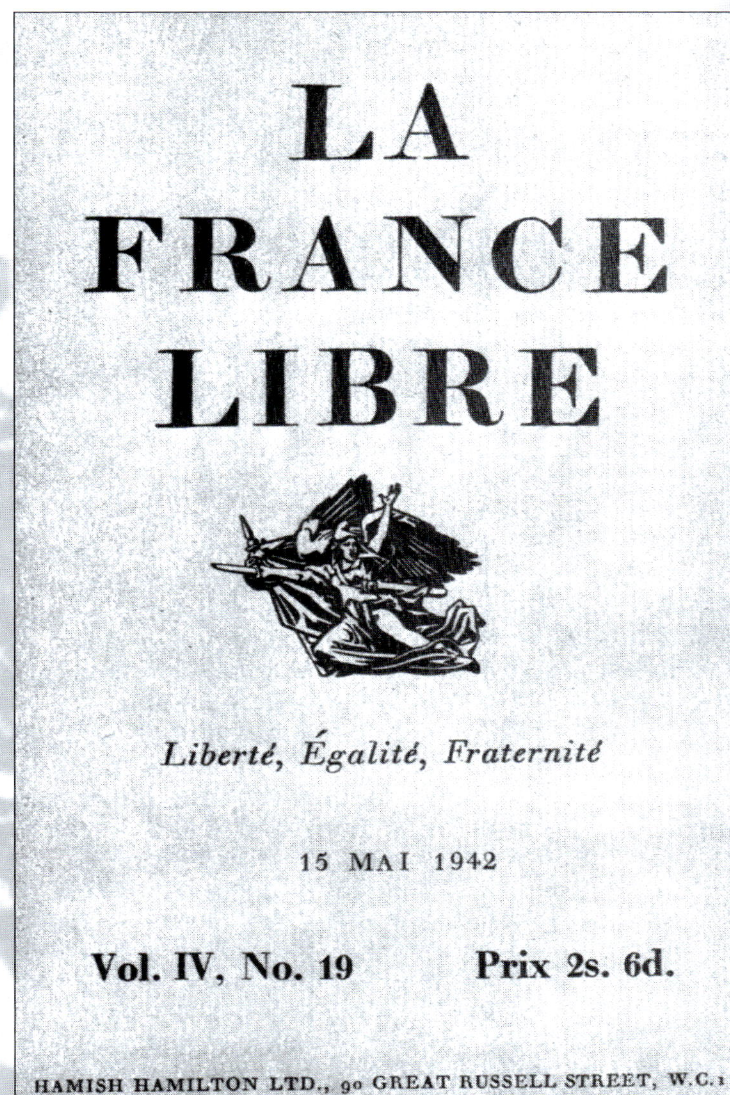
LA FRANCE LIBRE

Liberté, Égalité, Fraternité

15 MAI 1942

Vol. IV, No. 19 **Prix 2s. 6d.**

HAMISH HAMILTON LTD., 90 GREAT RUSSELL STREET, W.C.1

La couverture de la France Libre, revue éditée à Londres par des résistants non gaullistes.

giner pour l'après-guerre une organisation économique qui puisse éradiquer le chômage et ses effets belligènes. Confiante dans l'avenir, la revue prône un meilleur dialogue entre la science et l'industrie, elle réhabilite la technologie comme facteur de progrès. Idéaliste, elle publie une Déclaration de principes scientifiques appelant l'avènement d'une « complète liberté de penser et d'échanger les connaissances et opinions » qui garantirait la « fraternité de la science ». *La France libre* se veut résolument cosmopolite et sollicite des plumes célèbres du monde libre. L'Américain Vincent Sheean rappelle la tradition de l'amitié franco-américaine, tandis que l'Anglais Charles Morgan annonce la fin de la longue animosité franco-britannique en proclamant que « la France est une idée nécessaire à la civilisation ».

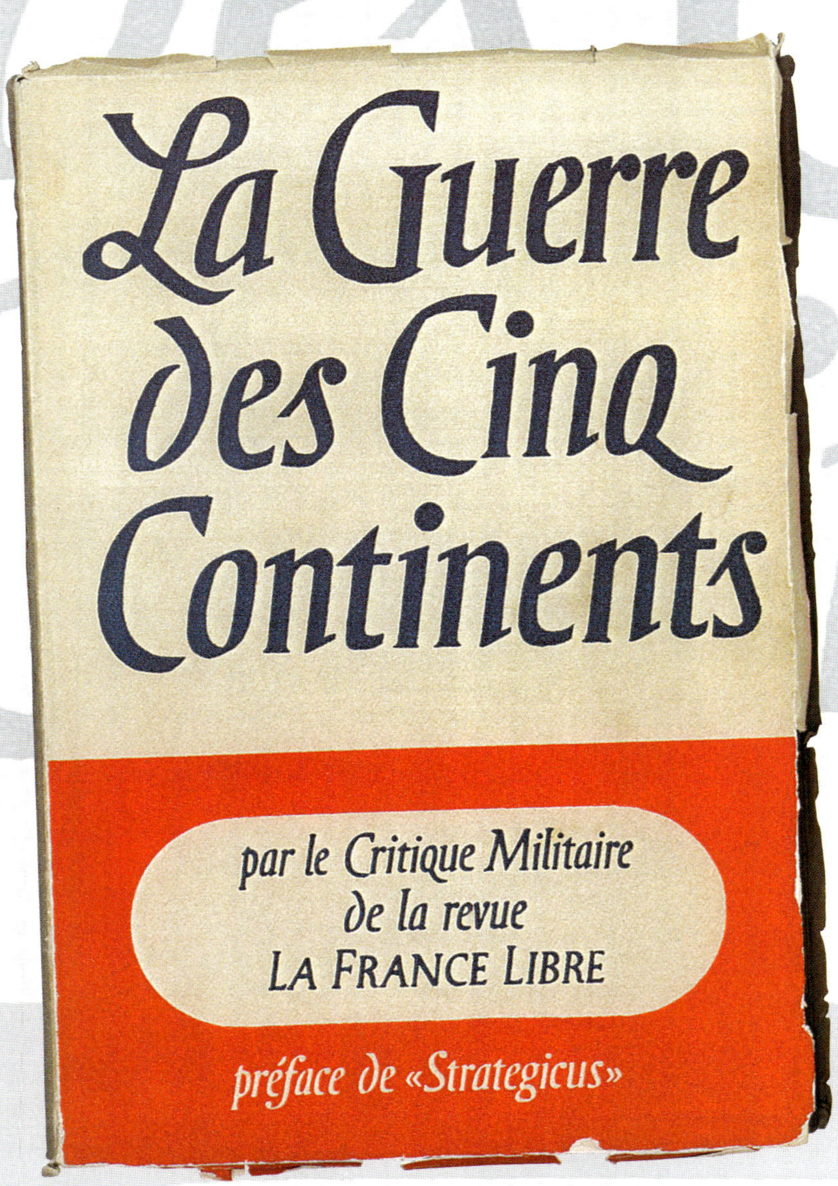

« L'Allemagne a remporté des victoires, mais pas la victoire », écrit l'auteur dans cet ouvrage paru à Londres en 1943.

IMAGINER LA PAIX

La France culturelle, et comme atemporelle, est présentée sous son meilleur jour. Albert Cohen rêve de la France lointaine et de sa mère, tandis que les bonnes feuilles du tome XX des *Hommes de bonne volonté*, de Jules Romain, sont publiées. Les peintres ne sont pas oubliés (comme Berthe Morisot), les auteurs de théâtre non plus, auxquels Jacques Duchesne, neveu de Jacques Copeau, consacre une série d'articles, alors que Denis Saurat, le directeur de l'Institut français de Londres, se penche sur la poésie française. L'éloignement est propice aux réflexions sur l'identité politique de la France. La revue revendique la conception libérale de Renan et la tradition révolutionnaire. Dès son premier numéro, elle fait sienne la devise républicaine (« Liberté, Égalité, Fraternité »), en un temps où le général de Gaulle lui préfère celle, plus neutre, d'« Honneur et Patrie ». Dans ses éditoriaux, Labarthe aime rappeler que *la Marseillaise* doit être le « credo » du résistant, au service, comme le rappelle Henri Focillon, de la « fonction universelle de la France ».

UN RAPPORT DISTANCIÉ À LA FRANCE GAULLISTE

En août 1943, par exemple, Aron signe le fameux article : « L'ombre des Bonapartes ». Sous prétexte de dénoncer le bonapartisme, c'est le général de Gaulle qui est visé, lequel est à ce moment en passe de supplanter son rival à Alger, le général Giraud. Or, au printemps 1943, Labarthe a choisi le camp de ce dernier (qui le nomme commissaire à l'Information), parce qu'il soupçonne le chef de la France combattante d'être tenté par l'exercice personnel du pouvoir. On comprend ainsi pourquoi la présence de l'auteur de l'appel du 18 juin est si discrète dans cette revue. La vie quotidienne de la France occupée fait l'objet d'une chronique régulière où l'on traite de la propagande allemande, de l'opinion, de la vie économique, du corporatisme, des oppositions politiques entre vichystes et collaborationnistes. Des « lettres de France » sont publiées. Des tracts sont reproduits. Mais cette France lointaine est perçue avec un certain irénisme. Dès 1941, la revue affirme que l'occupant ne peut compter que sur une « poignée » de traîtres, la population française ayant « gardé intact le sens national ». Le silence sur les déportations raciales est total. En 1944, très réticente à l'égard de l'épuration, elle plaide la thèse selon laquelle des Français « de bonne foi » ont pu croire à l'utilité provisoire de Vichy. Cette approche témoigne d'un refus à l'autodénigrement, que la revue revendique dès son cinquième numéro. Elle citait alors ce passage d'une lettre de Jules Michelet à Edgar Quinet, parfait résumé de son projet civique et intellectuel : « Homme de réflexion et d'études, artistes, écrivains, nous avons un devoir saint et sacré envers le peuple. C'est de laisser là nos tristes paradoxes, nos jeux d'esprit qui n'ont pas peu aidé les politiques à lui cacher la France, à lui en obscurcir l'idée, lui faire mépriser sa patrie. »

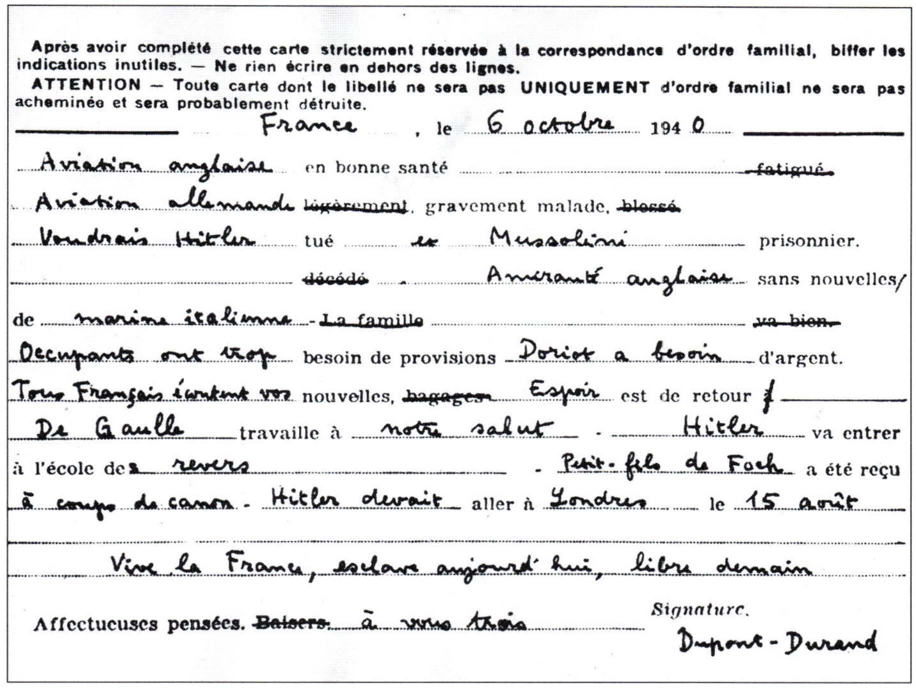

Après avoir complété cette carte strictement réservée à la correspondance d'ordre familial, biffer les indications inutiles. — Ne rien écrire en dehors des lignes.

ATTENTION — Toute carte dont le libellé ne sera pas UNIQUEMENT d'ordre familial ne sera pas acheminée et sera probablement détruite.

France, le 6 octobre 1940

Aviation anglaise en bonne santé ~~fatigué.~~

Aviation allemande ~~légèrement~~, gravement malade, ~~blessé~~

Voudrais Hitler tué ~~et~~ Mussolini prisonnier.

~~décédé~~ - Amirauté anglaise sans nouvelles/

de marine italienne - ~~La famille~~ ~~va bien.~~

Occupants ont trop besoin de provisions Doriot a besoin d'argent.

Tous Français écoutent vos nouvelles, ~~bagages~~ Espoir est de retour ƒ

De Gaulle travaille à notre salut - Hitler va entrer

à l'école des revers - Petit-fils de Foch a été reçu

à coups de canon - Hitler devait aller à Londres le 15 août

Vive la France, esclave aujourd'hui, libre demain

Affectueuses pensées. ~~Baisers.~~ à vous trois

Signature.

Dupont-Durand

Au début de l'occupation, les autorités allemandes limitent la correspondance entre la zone occupée et la zone libre à des cartes « interzones », préimprimées et réduites aux nouvelles courantes. Usant de la signature d'un des chroniqueurs du très collaborationniste poste Radio-Paris, un Français détourne l'une de ces cartes pour envoyer un témoignage de soutien et de patriotisme au programme français de la BBC.

15 novembre

Manifeste du syndicalisme français

Le 9 novembre 1940, le gouvernement de Vichy a dissous les syndicats au niveau national, n'autorisant que les échelons locaux, au nom des idées corporatistes portées par la révolution nationale.

Le 15 novembre, à Paris, une douzaine de leaders syndicaux socialistes et chrétiens (dont Christian Pineau, Robert Lacoste, Gaston Tessier et Jules Zirnhled) signent et diffusent publiquement un manifeste proclamant leur attachement aux idéaux de liberté, d'égalité et de justice sociale, et condamnant implicitement le discours et les lois de Vichy. Par ce premier texte depuis la défaite, des représentants qualifiés d'une gauche démocratique comblent le vide laissé par la classe politique. Le manifeste tente d'enrayer l'engouement pour Pétain par le prestige des traditions syndicales. Même s'il ne s'agit pas d'un appel à la résistance, ce texte, par le simple rappel des principes républicains, constitue une incitation à s'opposer à l'« ordre nouveau », ou tout au moins à le regarder avec défiance.

16 novembre

L'Ordre de la Libération est né !

En octobre 1940, le général de Gaulle a déclaré à Thierry d'Argenlieu qu'il est « décidé à créer un insigne nouveau face à l'imprévisible conjoncture. Il récompensera ceux des nôtres qui se seront signalés dans cette haute et âpre campagne, pour la libération de la France. »

De Gaulle, qui ne veut pas remettre la Légion d'honneur, crée une décoration spécifique. Il signe à Brazzaville l'ordonnance nº 7, qui fonde l'Ordre de la Libération. C'est la naissance d'une nouvelle élite.

24 novembre

Des jeunes nantais proclament leur refus de la servitude

Le dimanche qui a suivi le 11 Novembre, un petit groupe de jeunes se réunit dans un cimetière de Nantes pour prier auprès de quelques tombes de soldats anglais et fredonner *la Marseillaise*. Ils ont fait précéder d'une petite distribution de tracts ce geste déjà courageux, puisque, comme toute la façade atlantique, Nantes est en zone occupée et que toute commémoration du 11 Novembre y est interdite.

Cette initiative a été prise par de jeunes catholiques emmenés par Pierre Le Rolland, un étudiant, membre actif des Amis de *Temps présent,* association constituée autour d'un hebdomadaire démocrate-chrétien qu'aimait lire le général de Gaulle.

Quelques jours plus tard, ce même groupe crée avec les moyens du bord un modeste journal clandestin, *En captivité,* antinazi, antiallemand, et favorable à l'Angleterre. Leur foi chrétienne détermine leur hostilité au nazisme. Leur situation d'occupés commande leur réaction contre les Allemands et contre leurs obligés de la presse parisienne. Ils n'adressent à Vichy qu'un reproche explicite : la « Kollaboration ». Ils appellent à la solidarité avec ceux qui, partout dans le monde, poursuivent le combat et qui reproduisent les appels du général de Gaulle.

Démunis d'expérience et de moyens, ils ne peuvent encore prôner l'action, si ce n'est par des mots d'ordre généraux qui fixent leurs grands objectifs : « Résistez à l'oppression à la propagande ennemie. La France est dans les chaînes, libérons-la ! »

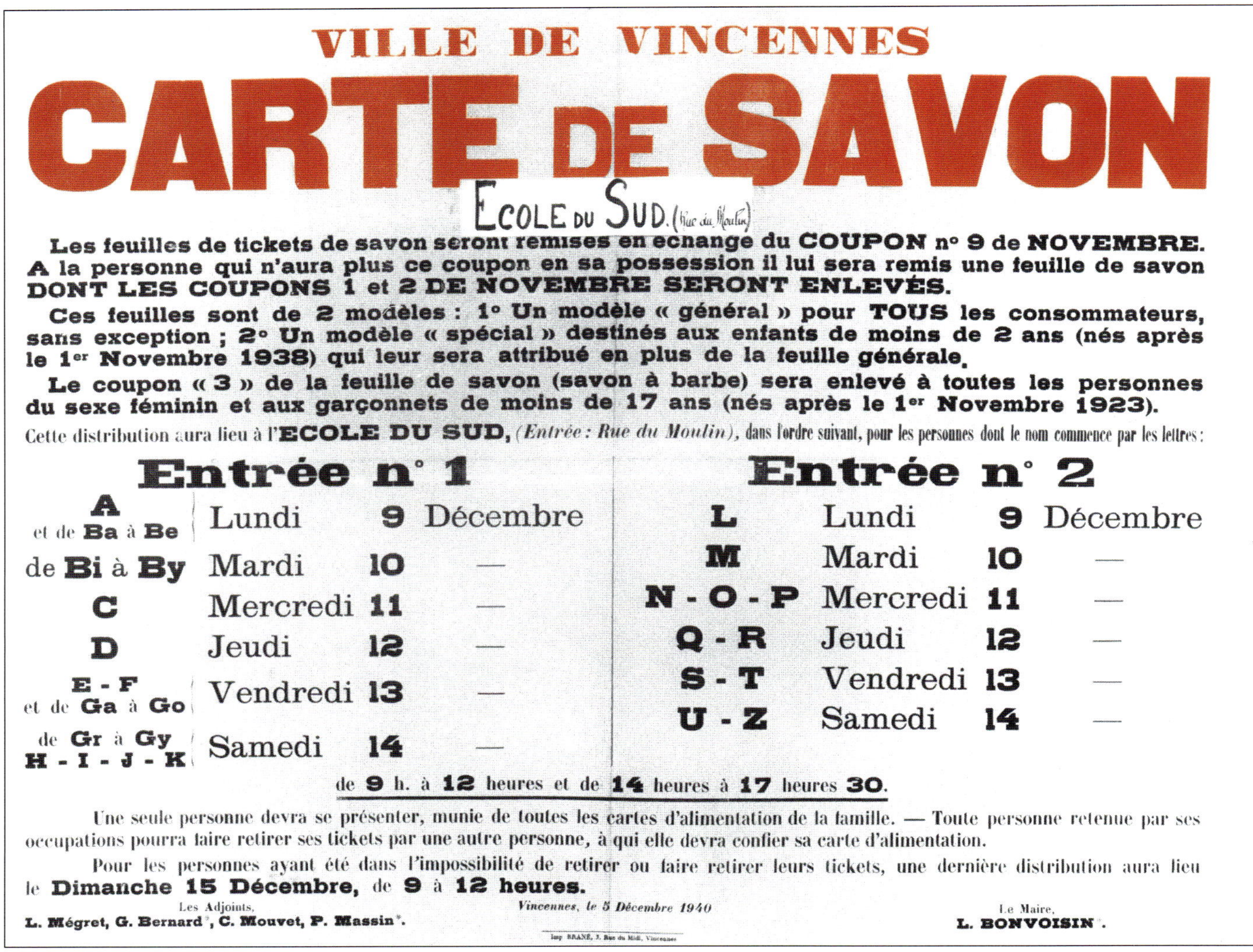

VILLE DE VINCENNES

CARTE DE SAVON

ECOLE DU SUD. (Rue du Moulin)

Les feuilles de tickets de savon seront remises en échange du COUPON n° 9 de NOVEMBRE. A la personne qui n'aura plus ce coupon en sa possession il lui sera remis une feuille de savon DONT LES COUPONS 1 et 2 DE NOVEMBRE SERONT ENLEVÉS.

Ces feuilles sont de 2 modèles : 1° Un modèle « général » pour TOUS les consommateurs, sans exception ; 2° Un modèle « spécial » destinés aux enfants de moins de 2 ans (nés après le 1er Novembre 1938) qui leur sera attribué en plus de la feuille générale.

Le coupon « 3 » de la feuille de savon (savon à barbe) sera enlevé à toutes les personnes du sexe féminin et aux garçonnets de moins de 17 ans (nés après le 1er Novembre 1923).

Cette distribution aura lieu à l'ECOLE DU SUD, *(Entrée : Rue du Moulin)*, dans l'ordre suivant, pour les personnes dont le nom commence par les lettres :

Entrée n° 1				Entrée n° 2			
A et de Ba à Be	Lundi	9	Décembre	L	Lundi	9	Décembre
de Bi à By	Mardi	10	—	M	Mardi	10	—
C	Mercredi	11	—	N - O - P	Mercredi	11	—
D	Jeudi	12	—	Q - R	Jeudi	12	—
E - F et de Ga à Go	Vendredi	13	—	S - T	Vendredi	13	—
de Gr à Gy H - I - J - K	Samedi	14	—	U - Z	Samedi	14	—

de 9 h. à 12 heures et de 14 heures à 17 heures 30.

Une seule personne devra se présenter, munie de toutes les cartes d'alimentation de la famille. — Toute personne retenue par ses occupations pourra faire retirer ses tickets par une autre personne, à qui elle devra confier sa carte d'alimentation.

Pour les personnes ayant été dans l'impossibilité de retirer ou faire retirer leurs tickets, une dernière distribution aura lieu le Dimanche 15 Décembre, de 9 à 12 heures.

Les Adjoints,
L. Mégret, G. Bernard, C. Mouvet, P. Massin.

Vincennes, le 5 Décembre 1940

Le Maire,
L. BONVOISIN.

Imp. BRANÉ, 3, Rue du Midi, Vincennes

Dans une France désorganisée par le pillage allemand et le manque de plus d'un million d'hommes captifs en Allemagne, le gouvernement de Vichy institue un rationnement qui contribue à l'explosion du marché noir. Les produits de première nécessité sont rationnés. Les denrées fournies par la carte de ravitaillement dépassent à peine 1 000 calories par jour. Les interminables files d'attente entrent dans le quotidien des Français.

Décembre

« Rassemblez-vous, Forces de la libération »

En novembre, un petit groupe d'amis, de voisins et de relations s'agrège autour de la personnalité dynamique de Jacques Arthuys, un ancien aviateur de la Première Guerre mondiale, qui, devenu industriel, a milité dans les Croix-de-Feu avant de prendre la tête d'un petit Mouvement des classes moyennes, très hostile au Front populaire. Humilié par la défaite, Arthuys cherche les moyens de réagir. Le groupe imagine de créer des filières de passage en zone libre, d'utiliser les amicales d'officiers pour monter un service de renseignements. Il décide aussi de publier des appels pour se faire connaître de ceux qui, tout en manifestant leur confiance à Pétain, veulent croire et travailler à un prochain redressement du pays.

Le premier texte, rédigé en décembre, s'adresse en priorité aux officiers qui semblent à Arthuys les recrues les plus prometteuses. Cette profession de foi énonce des principes : pour l'honneur, la liberté, la dignité ; contre la défaite, la collaboration, la neutralité. Toutes les parties en présence sont définies : le nazisme matérialiste et païen, les collaborationnistes méprisables, l'Angleterre obstinée à la lutte, les Français exilés qui se battent pour la liberté, Pétain également, dans la mesure où il incarne « l'esprit de résistance aux empiétements du vainqueur ».

Une réforme politique, rompant avec la IIIe République honnie, est esquissée, qui doit aboutir, après la libération du territoire.

Appel politique, donc, la première lettre de l'Équipe française d'organisation du redressement (Efor) est surtout un appel militaire tendu vers la Libération : « N'ayez plus qu'une passion dans le cœur : libérer la France. Asservis à ce grand dessein, qui commandera peines et sacrifices, rassemblez-vous, organisez-vous dans le silence, dans la patience, dans l'action prudente et fermement maintenue. Sans haine inutile, sans faiblesse, rassemblez-vous, Forces de la libération. »

1er et 8 décembre

Modeste feuille, ambitieuse mission

Daté du 1er décembre 1940 paraît à Paris un nouveau journal clandestin, *Libération*, feuille ronéotée à 100 exemplaires. *Libération* revendique d'ailleurs fièrement sa pauvreté et ses difficultés, en contrepoint à la presse parisienne grassement stipendiée par l'occupant. Son fondateur (et unique rédacteur pendant longtemps) est Christian Pineau, fonctionnaire au ministère du Ravitaillement, qui, deux semaines auparavant, a fait partie des signataires du « Manifeste du syndicalisme ».

N'appelant pas encore à « résister », le premier numéro cherche à tâter le terrain en abordant divers sujets, en particulier les prélèvements allemands sur l'économie française et les restrictions qui en résultent. Le titre de *Libération* annonce un projet très clair, matérialisé dès la semaine suivante dans le numéro 2 : il faut soutenir l'Angleterre, dont la victoire signifiera le rétablissement de la liberté et de la démocratie.

Rompant avec le consensus national, *Libération* met aussi en cause la pusillanimité de Pétain, qui empêche de voir en lui le sauveur du pays.

De proche en proche commence la distribution d'une feuille modeste, appelée à un avenir multiforme et pérenne.

6 décembre

Missions Barlier et Doornick

Le lieutenant Jean-Louis Van Doornick, un commerçant d'origine hollandaise, et Maurice Barlier, un agent commercial, venus d'Angleterre, débarquent en France avec l'aide d'un pêcheur de l'île de Sein. Les deux sont volontaires envoyés par la France libre. Ils doivent travailler à Paris, où ils se rencontrent dans le plus grand secret, pour échanger des informations sur les groupes de résistants en formation et sur l'évolution du régime d'Occupation.

12 décembre

Nazisme, doctrine antichrétienne

Diplomate en poste à Rome puis à Munich, Paul Petit s'est forgé sa propre opinion sur l'Europe antidémocratique depuis les années 1920. Il décide de réagir contre le ralliement extatique à Pétain de l'épiscopat français et contre toute tentation d'oublier que le nazisme est aussi une doctrine radicalement antichrétienne. Restant anonyme, il adresse à l'archevêque de Paris plusieurs lettres ouvertes, aussi argumentées que virulentes. Sa précision et son mordant tranchent avec le ton parfois hésitant des premiers clandestins qui, à l'époque, cherchent encore leur voie.

Le maréchal Pétain est dépeint comme un homme profondément déloyal, toujours prêt à faire le contraire de ce pour quoi on l'a nommé. Il a commencé par trahir les alliés de la France et, pour l'heure, il est la marionnette, voire le complice, des occupants allemands. Hitler incarne le « mensonge personnifié ». En bonne logique, la « collaboration » n'est que le cache-misère de l'asservissement. Il est donc honteux de stigmatiser ceux qui, faute d'un autre choix, ont quitté la France pour pouvoir continuer à se battre au nom d'une cause évidemment juste.

Décidé à trouver hors de France une aide pour la Résistance, Jean Moulin a sollicité des faux papiers auprès d'un de ses anciens sous-préfets, qui l'a aussitôt dénoncé. Il faudra neuf mois à Jean Moulin alias Joseph Mercier, pour parvenir à gagner l'Angleterre.

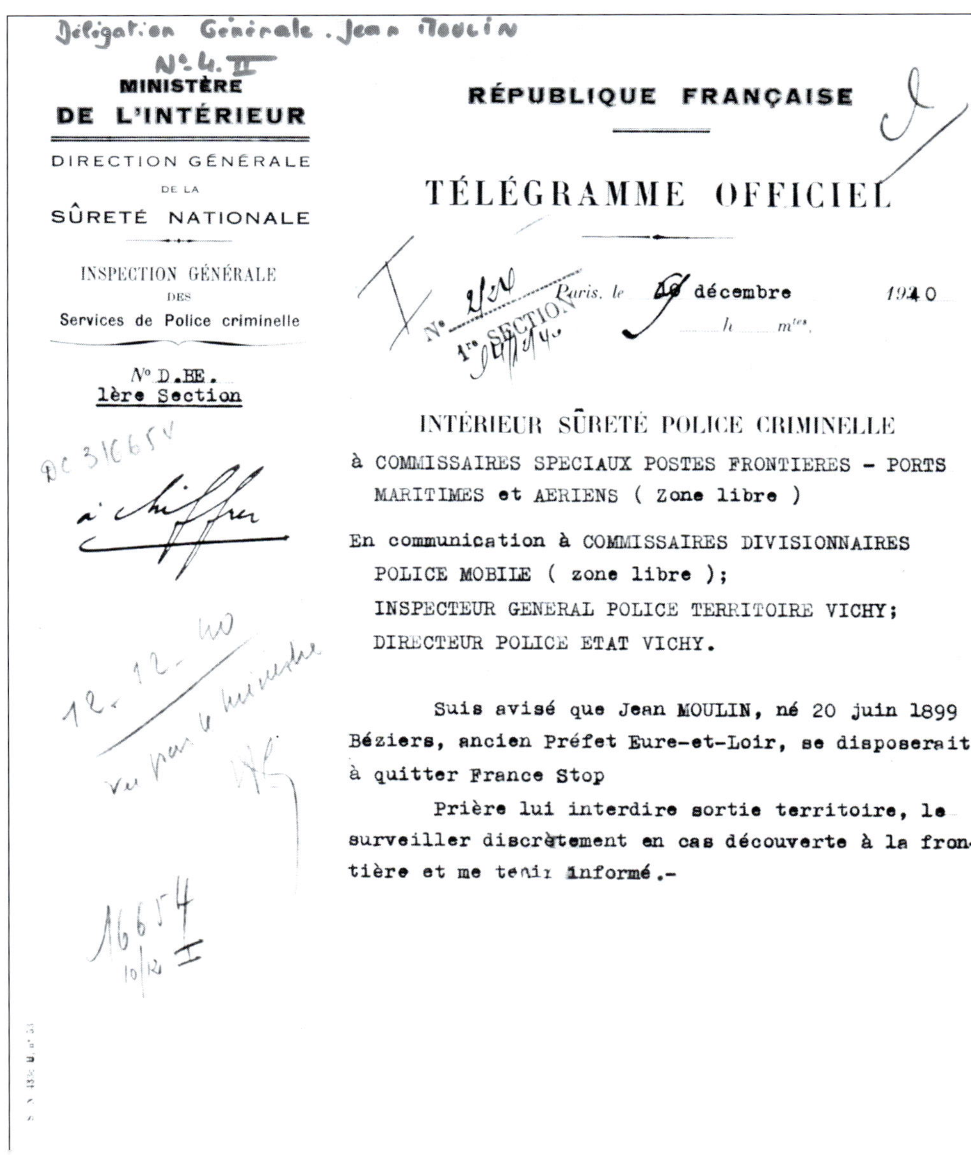

Délégation Générale . Jean Moulin
N° 4. II

MINISTÈRE DE L'INTÉRIEUR

DIRECTION GÉNÉRALE DE LA SÛRETÉ NATIONALE

INSPECTION GÉNÉRALE DES Services de Police criminelle

N° D.HE.
1ère Section

RÉPUBLIQUE FRANÇAISE

TÉLÉGRAMME OFFICIEL

N° 1/20 1re SECTION Paris, le 9 décembre 1940

INTÉRIEUR SÛRETÉ POLICE CRIMINELLE
à COMMISSAIRES SPECIAUX POSTES FRONTIERES - PORTS MARITIMES et AERIENS (Zone libre)
En communication à COMMISSAIRES DIVISIONNAIRES POLICE MOBILE (zone libre);
INSPECTEUR GENERAL POLICE TERRITOIRE VICHY;
DIRECTEUR POLICE ETAT VICHY.

Suis avisé que Jean MOULIN, né 20 juin 1899 Béziers, ancien Préfet Eure-et-Loir, se disposerait à quitter France Stop

Prière lui interdire sortie territoire, le surveiller discrètement en cas découverte à la frontière et me tenir informé.-

12.12.40

16654
10/12 I

13-20 décembre

Le renvoi de Laval vise-t-il à redorer le blason de Pétain ?

Le 14 décembre, Pétain annonce à la radio qu'il a renvoyé Pierre Laval en estimant qu'il vient « de prendre une décision [qu'il] juge conforme à l'intérêt du pays ». Le 13 décembre, lors d'un Conseil des ministres improvisé, poussé par des ennemis de Laval, Pétain prend brutalement les décisions de renvoi et d'assignation à résidence de ce représentant de la République défunte mais aussi de la politique de collaboration. À Vichy, le climat d'intrigue est omniprésent. Le 14, dans son discours, le maréchal est flou : « L'acte constitutionnel n° 4 qui désignait mon successeur est annulé. C'est pour de hautes raisons de politique intérieure que je me suis résolu à prendre cette détermination. Elle ne retentit en rien sur nos relations avec l'Allemagne. Je demeure à la barre, la révolution nationale se poursuit. »

Hitler est furieux. Les Allemands ferment la ligne de démarcation pour marquer leur fort mécontentement. L'ambassadeur du Reich à Paris, Otto Abetz, franchit la ligne avec un détachement de SS, violant ainsi la convention d'armistice. Il se rend à Vichy et ordonne que Laval soit libéré sur-le-champ. Laval repart avec Abetz à Paris.

Le même jour, le général de Gaulle réagit par un discours à la BBC : « Il paraît que les gens de Vichy, épouvantés par la sourde fureur du peuple, cherchent à lui donner le change par quelques substitutions. Il paraît qu'à la cour du sultan de Vichy une révolution de palais a chassé le grand vizir. Il paraît que Vichy a demandé l'investiture de Hitler pour un successeur. [...] La France se détourne avec dégoût de telles intrigues et combinaisons... »

Dans l'opinion, les doutes et les rumeurs vont bon train, comme en attestent les rapports préfectoraux. Car il y a au départ trop de mystères autour du renvoi de Laval. Les Français craignent que Hitler, en colère, ne décide d'occuper la zone dite « libre ». Pourtant, une grande partie croit encore au mythe du double jeu de Pétain et pense même que le renvoi de cette figure détestée de la collaboration est une preuve de la bonne volonté du Maréchal. L'attesterait la réaction négative de l'occupant et la nomination du successeur de Laval, le pâle Flandin.

17 décembre 1940

Une feuille en langue yiddish

À partir de la fin de 1940, d'anciens membres juifs du PCF distribuent *Unser Wort* (« Notre parole »), une feuille en langue yiddish. Le gouvernement de Vichy y est très critiqué en raison des mesures dirigées contre les juifs. Le 10 novembre, l'imprimerie utilisée par le communiste tchèque Rudolf Zeiler est découverte par les policiers parisiens. Ceux-ci le livrent aux Allemands. Il est condamné à mort, puis exécuté le 17 décembre.

« Notre de Gaulle qui êtes au feu
Que votre nom soit glorifié
Que votre victoire arrive
Que votre volonté soit faite sur la terre
Comme dans les airs
Donnez-leur aujourd'hui leur bain quotidien
Et rendez-leur au centuple les offenses
Qu'ils font subir à tous les Français
Mais ne nous laissez pas sous leur domination
Et délivrez-nous des Boches.
Ainsi soit-il ! »

« Noël n'aura pas lieu cette année
La Sainte Vierge et le petit Jésus sont évacués
Saint Joseph est en camp de concentration
L'étable a été réquisitionnée
Les anges ont été descendus par la DCA
Les Rois mages sont en Angleterre
La vache est à Berlin et l'âne à Rome
L'étoile a été repeinte en bleu par l'ordre
du chef d'îlot. »

Prières de Noël circulant en fin 1940

Files d'attente et démarches innombrables constituent le lot des Français. Ici pour obtenir les précieux « ausweis » pour franchir la ligne de démarcation qui coupe le pays en deux, au travers même des villes et villages, séparant les familles. Circuler, rentrer chez soi devient un problème.

22 décembre

D'Estienne d'Orves débarque à Plogoff

Né en 1901, Henri d'Estienne d'Orves, polytechnicien en 1921, est lieutenant de vaisseau depuis 1930. Choqué par l'armistice, il rejoint par patriotisme les FFL. Arrivé à Londres en septembre, il est nommé au 2e Bureau de Passy.

Volontaire, il est envoyé en mission en France pour organiser en Bretagne un réseau de renseignement, puis il doit se rendre à Paris. Ce qui le distingue des premiers volontaires (Duclos, Fourcaud, Mansion et Rémy), c'est qu'il est en possession pour la première fois d'un poste émetteur radio.

Henri d'Estienne d'Orves symbolise le sacrifice des premiers volontaires de la France libre.

20 décembre

Concilier antifascisme et ordre nouveau ?

L'*Hebdomadaire du temps présent* reparaît à Lyon sous le titre d'*Hebdomadaire du temps nouveau*, toujours sous la direction de Stanislas Fumet. Lucide à propos des implications de la guerre d'Espagne, antimunichois, *Temps présent* a été un creuset de la réflexion chrétienne contre le fascisme.

Par sa périodicité, le journal se mêle d'actualité. Une rubrique (« Les actualités de la planète folle ») est d'ailleurs confiée à Sirius, pseudonyme d'Hubert Beuve-Méry, qui, depuis quelques semaines, rédige et diffuse dans Lyon des tracts, « Les poignées de vérité », résolument hostiles au nazisme au nom de la foi chrétienne et d'une juste perception des volontés hégémoniques de l'Allemagne. *Temps nouveau* continue d'accueillir des catholiques engagés, d'horizons divers, mais unis dans le contexte culpabilisant de la défaite et sous le régime de la censure de Vichy. Certains, comme Beuve-Méry, trouve la démarche presque superflue, car vouée à l'autocensure ou à une rapide interdiction de paraître ; au contraire de Fumet, qui pense que tout ce qui aura pu être semé n'aura pas été perdu. L'hebdomadaire publie à la fois Charles d'Aragon, notable tarnais affilié à la Dernière Colonne puis à Liberté, ou les aumôniers des Chantiers de jeunesse incarnant une « stricte obéissance au maréchal, qui restaure le sens du sacré dans la vie sociale et prépare la renaissance d'une France chrétienne ». L'hebdomadaire sera interdit au milieu de l'année 1941.

23 décembre

Bonsergent, premier fusillé de Paris

Le dimanche 10 novembre, de retour d'un mariage, Jacques Bonsergent (âgé de 28 ans) et des amis à lui croisent des soldats allemands près de la gare Saint-Lazare. Dans le noir, une violente bousculade s'ensuit. Le hasard veut que Jacques Bonsergent soit la seule personne arrêtée par les occupants.

Ulcérés par le renvoi de Laval et par le refus de Pétain de venir à Paris pour accueillir les cendres du fils de Napoléon Ier, les Allemands fusillent Jacques Bonsergent. Pour l'exemple.

janvier-décembre 1941

Faire quelque chose

L'année 1941 est l'année des frémissements et de la volonté de « faire quelque chose ». C'est le début du passage à l'acte. Le traumatisme de la défaite a figé les esprits, les cœurs et les initiatives. Le geste du général de Gaulle, à Londres, n'est pas, contrairement à ce que la légende a laissé accroire, représentatif de ce que ressentent les Français. Il est plutôt perçu comme un geste désespéré, comme en atteste le fait qu'il suscite alors aussi peu d'attention que de vocations. La présence, à la tête de l'État français, du maréchal Pétain, à la popularité immense, a l'effet d'un anesthésiant sur l'opinion. On lui accorde une confiance quasi inconditionnelle, et ce dans tous les milieux. Désespérance et confiance dans le maréchal, ces deux sentiments apparemment contradictoires sont les deux principaux obstacles à l'émergence d'une attitude de refus.

Peu à peu, pourtant, l'abattement cède le pas à la prise de conscience et, quand le courage est là, à la révolte. Deux facteurs jouent dans ce processus, l'un interne, l'autre externe.

D'abord, l'image du régime de Vichy se dégrade. En février, l'amiral Darlan, anglophobe bien connu, remplace Flandin à la vice-présidence du Conseil et reçoit le ministère des Affaires étrangères. Il devient le dauphin de Pétain. Il passe pour être particulièrement conciliant avec l'occupant, ce que confirme sa rencontre avec Hitler au Berghof, le 13 mai, qui provoque une vive réaction. L'émergence, à Paris, d'une aile extrémiste collaborationniste (*Je suis partout* reparaît en février, au moment même où est fondé le Rassemblement na-

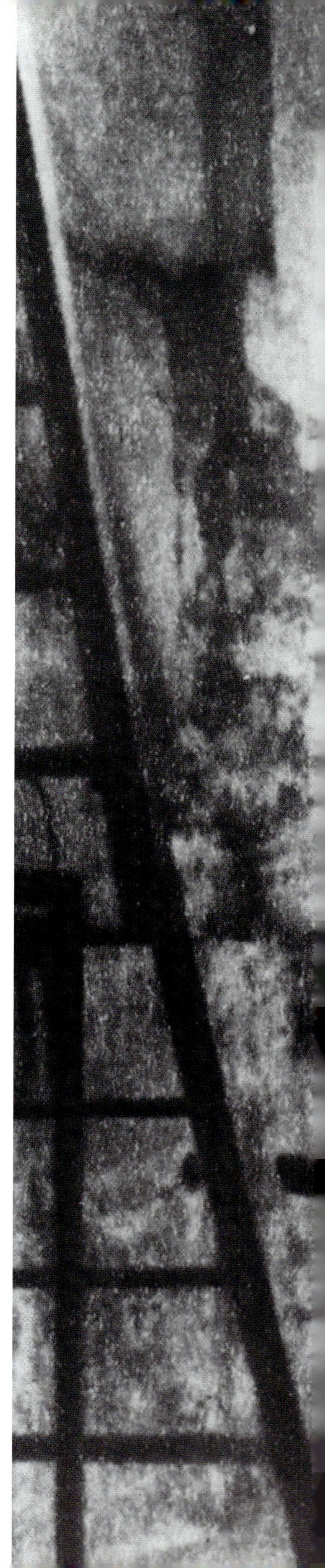

Presse clandestine dans un hangar destinée à imprimer des journaux de grand format.

Faire quelque chose

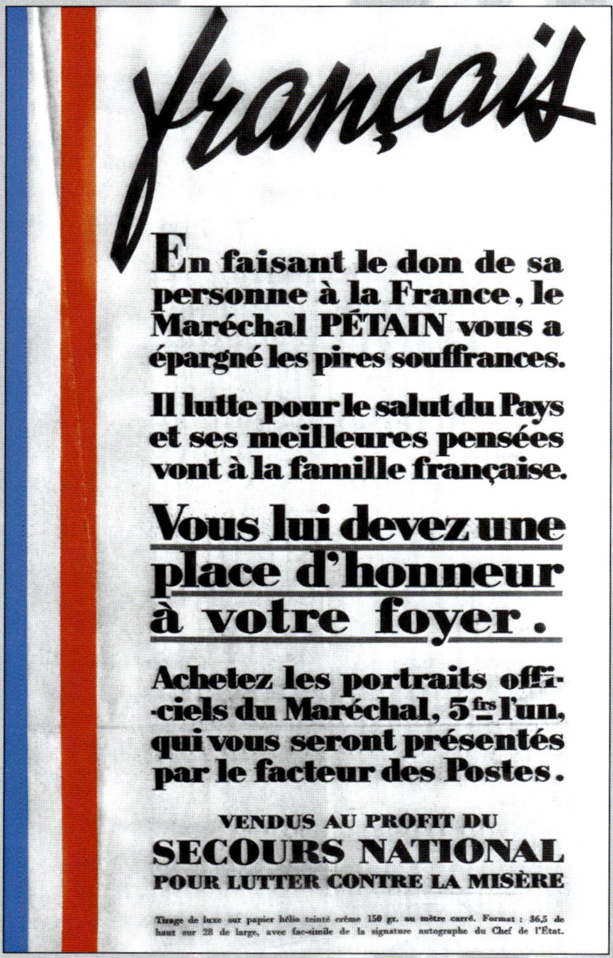

Le régime de Vichy fait de la publicité pour vendre des portraits officiels de Pétain.

tional populaire de Marcel Déat) provoque un durcissement de Vichy : Xavier Vallat est nommé commissaire général aux Questions juives, la Légion des volontaires français contre le bolchevisme est créée, l'anticommuniste Pierre Pucheu devient ministre de l'Intérieur au moment même où les cours spéciales de justice font leur apparition. Pétain lui-même doit intervenir le 12 août 1941, dans le célèbre message dit « du vent mauvais », reconnaissant ainsi pour la première fois publiquement l'existence d'un trouble dans les esprits et d'une contestation montante : « L'inquiétude gagne les esprits, le doute s'empare des âmes. L'autorité de mon gouvernement est discutée, les ordres sont mal exécutés. Dans une atmosphère de faux bruits et d'intrigues, les forces de redressement se découragent. » Le 14 août, le serment de fidélité est exigé des hauts fonctionnaires, des militaires et des magistrats. Cette radicalisation du régime de Vichy permet un rapide mûrissement des esprits. Au commencement, les résistances intérieures ne brillent pas par leur rejet de Vichy. Au contraire, l'illusion pétainiste joue chez les meilleurs parce qu'on veut croire au fameux « double jeu » de Pétain. L'année 1941 marque le début de la fin de cette illusion.

DES ENCOURAGEMENTS À LA RÉVOLTE

Ensuite, la guerre se mondialise. Les effets de cette mondialisation sont sensibles en France même, y compris dans la formation du front du refus. L'attaque de l'Allemagne contre l'URSS, le 22 juin 1941, ouvre un front qui fait naître de grands espoirs, y compris chez ceux qui ont le communisme en horreur. Les références à Napoléon vont bon train pour convaincre de l'impossibilité prévisible d'une victoire contre l'indomptable Russie. Conséquence directe de l'ouverture de ce front à l'Est, le Parti communiste français passe collectivement du côté de l'opposition à Vichy et à l'occupant. Il crée le Front national, qui vise à la mobilisation des masses ouvrières. À l'extrême fin de 1941, le 7 décembre, l'attaque japonaise à Pearl Harbor contre les Américains tire ceux-ci de leur isolationnisme et les jette dans la bataille. La fin du soutien américain à Vichy est un élément considérable dans le processus de désaffection de l'opinion vis-à-vis du pétainisme.

Même si elles viennent d'ailleurs, les lumières balbutiantes de l'espoir font comprendre aux hommes de bonne volonté que la victoire hitlérienne sur l'Europe n'est pas une fatalité. On commence à comprendre qu'il est possible et nécessaire de contribuer à l'affaiblissement, sinon à la défaite, de l'hydre nazie. Les Français libres commencent à faire parler d'eux sur les théâtres extérieurs. Le 29 janvier, c'est le raid sur Mourzouk. Le 10 février, Koufra est encerclé. En mars, la 1re DFL est engagée en Érythrée. Le 8 juin, ils entrent en Syrie, où, pour la première fois, ils font face aux troupes vichystes. Le 24 décembre, Saint-Pierre-et-Miquelon se rallie à la France libre. Ces initiatives, souvent symboliques, montrent aux résistants de France qu'une autre résistance est possible, qu'ils ne sont pas seuls. L'émission radiophonique des FFL, « Les Français parlent aux Français », devient une source d'informations précieuse, mais aussi un encouragement décisif à la révolte.

MAIS COMMENT S'Y PRENDRE ?

Comment transformer cette révolte en une action ? Faire quelque chose, mais quoi ? C'est la grande question. Car les conditions d'une action sont improbables, compte tenu de la présence directe des Allemands en zone occupée, d'une dictature en zone non occupée et d'une opinion apathique. La première mission dont se sentent investis les résistants vise à provoquer la réaction et la révolte de leurs compatriotes qui semblent s'accommoder de la situation, par ignorance, lâcheté, intérêt ou passivité. Les résistants se perçoivent d'emblée comme une frange avant-gardiste qui doit montrer le chemin à la « masse ». Il leur faut donc convaincre et s'adresser au plus grand nombre. Non pas par le recours aux armes : la dissymétrie des forces étant totale, ce ne pourrait aboutir qu'à une catastrophe. Et sur quels objectifs ? De toute façon, il n'y a pas d'armes. Les esprits ne sont pas prêts. Le 21 août 1941, l'exécution par le communiste Fabien de l'aspirant Alfons Moser, au métro Barbès, est un acte sans lendemain. Le 22 août est promulguée une ordonnance qui fait de tout Français détenu en zone occupée un otage virtuel. Les 22 et 23 octobre 1941, 98 otages sont ainsi fusillés, dont Guy Môquet et Jean-Pierre Timbault. On sait déjà que toute action de ce genre se traduira par des représailles sanglantes et des exécutions d'otages, qui rendront encore plus impopulaires les résistants. Ceux-ci savent qu'ils n'aboutiront à rien sans le soutien complice et agissant de leurs compatriotes. Il faut sensibiliser, faire de la pédagogie, s'informer pour informer, au besoin lutter contre la désinformation et le mensonge. Mais comment, puisque les médias sont aux ordres et diffusent de la propagande ?

Il faut créer des journaux clandestins. C'est au cours de l'année 1941 que les grands journaux de l'ombre voient le jour : *Voix du Nord*, *Cahiers du témoignage chrétien*, *Libération*, *Combat*, *Défense de la France*, *Franc-Tireur*. Au commencement, l'action informationnelle est des plus rudimentaires. De simples bulletins dactylographiés. Puis les feuilles sont ronéotées, avant, à partir du milieu de 1941, d'être imprimées pour pouvoir atteindre des tirages importants. C'est généralement autour de ces organes de presse que naissent les organismes clandestins. Ceux-là sont en place à la fin de l'année 1941, où le paysage résistant atteint une configuration de base.

Au commencement de la Résistance était bien le Verbe. Avant de donner la parole aux armes, c'est la parole qui est l'arme unique de ceux qui ne se résignent pas à l'inévitable.

CHRONOLOGIE 1941

FÉVRIER

21. Darlan est nommé vice-président du Conseil du gouvernement de Vichy

MARS

29. Xavier Vallat est nommé commissaire général aux questions juives

AVRIL

6. Les Allemands envahissent la Grèce
13. Les troupes allemandes pénètrent dans Belgrade
22. Les Grecs capitulent

MAI

26. Début de la grève des mineurs du Nord-Pas-de-Calais
27-28. Signature des « Protocoles de Paros »
31. Premier raid massif de la RAF sur le territoire du Reich

JUIN

8. Les FFL entrent en Syrie
22. L'Allemagne attaque l'URSS
23-27. Entrée en guerre de la Roumanie et de la Hongrie aux côtés de l'Allemagne

JUILLET

18. Pierre Pucheu devient ministre de l'Intérieur

AOÛT

10-14. Rencontre Churchill-Roosevelt et signature de la Charte de l'Atlantique
14. Hauts fonctionnaires, militaires et magistrats doivent prêter serment à Pétain

SEPTEMBRE

5. Inauguration à Paros de l'exposition « Le juif et la France »

NOVEMBRE

16. Début de la bataille pour Moscou

DÉCEMBRE

1er. Rencontre Pétain-Goering à Saint-Florentin
7. Attaque japonaise de Pearl Harbor
8. Les États-Unis et le Royaume-Uni déclarent la guerre au Japon
11. Déclaration de guerre de l'Allemagne et de l'Italie aux États-Unis

Janvier

Agir et penser : naissance de l'OCM, premier grand mouvement en zone occupée

Maxime Blocq-Mascart dirigeait au moment de la défaite un bureau de conseiller d'affaires. Il retrouve des hommes qui évoluent dans le même milieu et qui décident de constituer un groupe d'opposants appelé officieusement La Libération et officiellement Confédération des travailleurs intellectuels. On y trouve principalement Aimé Lepercq, responsable du Comité d'organisation du charbon (les CO sont des organismes corporatistes mis en place par Vichy), l'ingénieur Pierre Lefaucheux et le syndicaliste Jacques Piette, qui travaille au ministère de la Production industrielle. Ce groupe rencontre l'Équipe d'organisation du redressement de l'officier Jacques Arthuys. Dans le bureau de Blocq-Mascart, 55, avenue George-V, la fusion est décidée à la fin de l'année 1940. Ce mouvement repose sur deux branches : la branche militaire et la branche civile. D'où l'appellation : Organisation civile et militaire. Le colonel Alfred Heurteaux, un « as » de la Grande Guerre, les rejoint et apporte son réseau de renseignements Hector, un des premiers implantés en zone occupée. Au début de janvier 1940 s'agrège un autre groupe formé par quelques fonctionnaires du ministère des Travaux publics, dont Georges et Raymonde Ricroch, et André Boulloche, ingénieur des ponts et chaussées

Ce mouvement se distingue notamment en créant *les Cahiers de l'OCM*, une des rares tribunes où s'exprime une pensée élaborée de ce à quoi devra ressembler la France économique et sociale de l'après-Libération. L'OCM condamne le libéralisme absolu qui, pour elle, est « une guerre du temps de paix » et prône un dirigisme tempéré de l'État qui ne soit pas le règne de la bureaucratie. L'État et l'entreprise seraient liés par un contrat dans le cadre d'un plan. Ces idées n'étaient pas si éloignées du contrôle industriel instauré par Vichy. Elles acceptaient une dose de socialisme, mais rejetaient les nationalisations et l'étatisation.

La Résistance, c'est une action, mais c'est aussi une pensée de l'avenir.

Jacques Arthuys, ancien industriel et militaire, devient chef de l'OCM (Organisation civile et militaire). Il est arrêté par la Gestapo à la fin de 1941.

Janvier

Récupérer et infiltrer les aviateurs anglais

Grâce à un contact avec le Service des renseignements de l'armée de l'air de Vichy, deux brillants étudiants en médecine, ayant, avant guerre, milité dans des organisations de jeunesse de la droite nationaliste, commencent à monter au début de 1941 un petit réseau collectant des informations militaires en zone occupée. Recrutant de proche en proche parmi les étudiants en médecine, François Wetterwald et Victor Vic-Dupont se spécialisent peu à peu dans l'aide aux aviateurs anglais descendus au-dessus de la France. Aux soins prodigués aux aviateurs blessés s'ajoute rapidement une filière de cache et d'évasion par l'Espagne, le réseau Turma.

Là-haut, sur la montagne

Au sein des mouvements de jeunesse agréés ou acceptés par Vichy, la chanson fait partie des joies « saines » et des accompagnements du travail « régénérateur ».

Une vieille mélodie suisse, accompagnée de paroles modernes, connaît alors une vogue remarquable : *le Vieux Chalet*. Le chalet croule sous l'effet de l'avalanche, Jean pleure, puis il se met à le rebâtir, plus beau qu'avant. On prend l'habitude de chanter cette chanson debout, comme pour un hymne national.

HENRI FRENAY

L'HOMME QUI A MONTRÉ LE CHEMIN

En juillet 1940, Frenay (1905-1988) n'est qu'un petit capitaine de 35 ans, breveté d'état-major, fait prisonnier, puis évadé. Comme tant d'autres, il a vécu avec écœurement l'impuissance et l'humiliation de la France. Il ne représente rien et n'a aucun mandat, aucun titre, aucun passé.

Il est seul, seulement fort de sa conscience et d'un ardent désir de révolte. Deux ans après, il est devenu l'interlocuteur incontournable du général de Gaulle et de Jean Moulin, et se trouve à la tête de l'un des plus puissants mouvements de Résistance ! En quelques années, cet illustre inconnu est devenu l'incarnation et l'emblème de « la France qui a dit non » à l'occupant nazi et à Vichy. Il a pris place dans l'Histoire.

Henri Frenay est un des leaders de la Résistance intérieure que le général de Gaulle nomme à Alger commissaire aux Prisonniers, déportés et réfugiés.

SON HISTOIRE AVANT L'HISTOIRE : UN TEMPÉRAMENT...

Henri Frenay est né le 19 novembre 1905, à Lyon, dans une famille catholique et austère où le sabre côtoie le goupillon. Le père est officier, le fils le sera, le frère aussi. Un milieu militaire où le service de la patrie est une autre religion, qui ne se discute pas. Henri Frenay appartient à cette génération qui célèbre la France victorieuse de 1918 et qui voue une terrible haine contre l'Allemagne. C'est naturellement qu'il fait Saint-Cyr, de 1924 à 1926. Très tôt s'affirme un caractère très indépendant, un peu ombrageux même, qui l'incline à prendre certaines libertés avec la discipline. Dans son dossier militaire, on trouve cette appréciation : « Très bon officier, instruit, intelligent, animé du meilleur esprit, plein d'entrain et d'activité. En prend un peu trop à son aise avec le service, ce qui lui a attiré deux légères punitions. Mais avec les qualités d'intelligence et de cœur qu'il possède, doit devenir un officier de choix » ! Il n'est pas homme à se laisser uniformiser par l'armée, à se résigner à n'être qu'un sage et modeste exécutant. Il a un caractère bien trempé, un physique avantageux, un charisme évident, tout ce qui expliquera son ascendant sur les autres.

ET UNE RENCONTRE

Peut-être Frenay aurait-il eu une autre histoire s'il n'avait fait, en 1935, la rencontre d'une femme exceptionnelle : Berty Albrecht. C'est une figure du féminisme, qui fréquente les milieux de la gauche et évolue dans la mouvance de la Ligue des droits de l'homme. Elle participe à l'accueil des premiers bannis de Hitler qui, en ce milieu des années 1930, commencent à frapper aux portes de la liberté. Par elle, Henri Frenay découvre un autre milieu et surtout la réalité de la menace nazie, et il comprend qu'elle est plus qu'un énième avatar du pangermanisme. C'est probablement pourquoi il décide, à l'issue de l'École de guerre, à l'âge de 32 ans, de partir pour Strasbourg, au Centre d'études germaniques, pour observer cette redoutable Allemagne, de 1937 à 1938. Il sait que la guerre est inéluctable, que c'est une guerre de civilisation qui ne ressemblera pas à la Première. Berty retrouve Frenay à Vichy, puis à Lyon, en 1941. Ils deviennent inséparables, jusqu'à la mort de Berty, en juin 1943.

UN GAULLISME PROGRESSIF ET CONDITIONNEL

Après une guerre trop courte, Frenay effectue un bref séjour au 2e bureau (service de renseignements) à Vichy, puis démissionne de l'armée en février 1941 pour se consacrer exclusivement au développement de l'organisation de résistance, qu'il a imaginée dès l'été 1940 : le Mouvement de libération nationale. Il diffuse des bulletins, puis des journaux clandestins *(les Petites Ailes de France, Vérités)* qui montrent une certaine confiance en Pétain et une croyance en un possible double jeu de Vichy. D'une rencontre avec le mouvement Liberté, créé par l'universitaire François de Menthon, naît, en décembre 1941, le mouvement Combat avec le journal du même nom. Il devient vite le mouvement le plus grand et le mieux structuré de la zone non occupée. Ce développement rapide s'est effectué sans aucune aide de la France libre de Londres, que Frenay regarde au départ avec une grande circonspection. Il faut attendre mars 1942 pour que le journal *Combat* proclame son allégeance au symbole que représente de Gaulle et condamne la politique du maréchal Pétain. Le 1er octobre 1942, Frenay est à Londres pour signer son ralliement à de Gaulle.

Henri Frenay est l'un des fondateurs de l'UDSR (Union Démocratique et Socialiste de la Résistance) en 1945.

UN ÊTRE VIRTUEL DANS UNE SOCIÉTÉ FANTÔME

La Résistance, c'est d'abord un acte de révolte individuel qui oblige à une difficile solitude, à une lutte contre soi et contre les autres de tous les instants. Jamais l'homme n'a été aussi libre, paradoxalement, que dans ce contexte où sa responsabilité est totale parce qu'elle l'engage politiquement, moralement et physiquement. Le plus dur, dans cette situation d'immersion totale, c'est de devoir se méfier de tous, même des siens, de leurs bavardages intempestifs, de leurs imprudences. Frenay est un clandestin intégral (contrairement à Jean Moulin). Il n'existe plus juridiquement. C'est un être virtuel, mais exposé au pire à chaque instant. Il dort rarement deux fois dans le même lit. Il change d'identité, de physionomie. Il sera « Nef », « Charvet », « Custines », « Xaintrailles »... Étranger à lui-même, étranger dans son propre pays. Son quartier général est sa ville natale, Lyon. Mais il doit circuler dans toute la zone « libre » pour gérer l'implantation de son mouvement dans les régions. Dans cette société fantôme qu'est la Résistance, les hiérarchies anciennes sont abolies. Le capitaine Frenay parle d'égal à égal avec le général de La Laurencie ou avec Paul-Henri Teitgen, professeur des universités. Tout repose sur les qualités de l'homme et sur la confiance qu'il sait susciter. Une affaire d'hommes, de foi et de charisme.

L'INVENTEUR DE LA RÉSISTANCE

C'est auprès de Frenay que, avant de partir pour Londres pour la première fois, Jean Moulin recueille les informations sur la Résistance qu'il présentera au général de Gaulle. Et, pourtant, les deux hommes vont se heurter. L'indépendance de Frenay, forte d'une légitimité qui ne doit rien à personne, tolère mal la tutelle financière et politique du gaullisme, et l'espèce de fonctionnarisation progressive imposée à la Résistance intérieure. Il a créé le mouvement le plus nombreux et le mieux structuré ; il a inventé l'Armée secrète (qui regroupera toutes les formations paramilitaires des mouvements) et le NAP (noyautage des administrations publiques) ; il a favorisé la naissance des Mouvements unis de Résistance (MUR) de l'ensemble de la zone Sud. Mais Frenay est opposé à la reconstitution des partis politiques que Moulin veut faire participer au Conseil national de la Résistance. De plus, il critique l'idée d'une séparation du politique et du militaire, au nom de l'indépendance des mouvements, mais aussi de l'idée de l'insurrection nationale. Le résistant, clame-t-il, n'est pas un militaire ou un fonctionnaire. C'est un révolutionnaire. Il le rappelle au général de Gaulle, lors d'un dîner à Londres, en novembre 1942 : « Mon général, nous sommes des citoyens libres de leurs pensées et de leurs actes. Cette liberté de jugement, nous ne pouvons l'aliéner, ce qui signifie qu'à vos ordres, dans ce domaine, nous obéirons ou nous n'obéirons pas. » Et de Gaulle de répliquer : « Eh bien, Charvet, la France choisira entre vous et moi. »

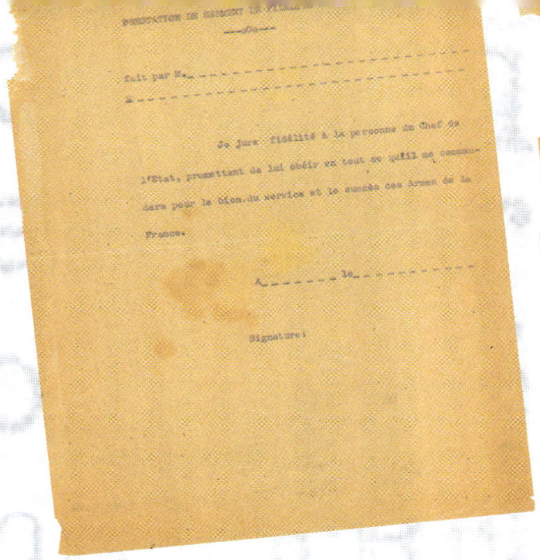

PRESTATION DE SERMENT DE FIDÉLI…

---oOo---

fait par M. ---------------------------

à ---------------------------

Je jure fidélité à la personne du Chef de l'Etat, promettant de lui obéir en tout ce qu'il me commandera pour le bien du service et le succès des Armes de la France.

A ------- le ------------

Signature:

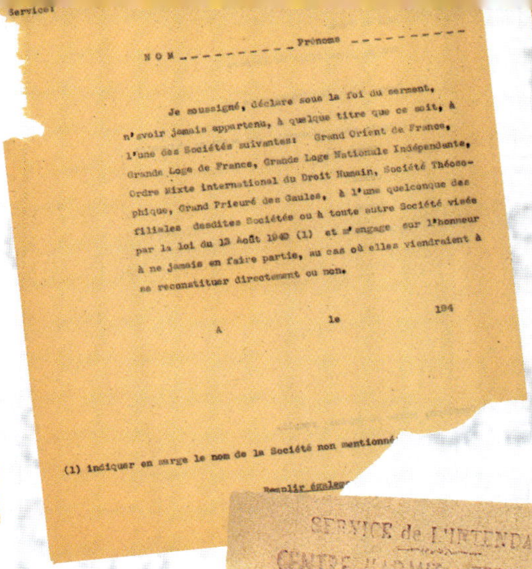

Service:

N O M ------------ Prénoms ------------

Je soussigné, déclare sous la foi du serment, n'avoir jamais appartenu, à quelque titre que ce soit, à l'une des Sociétés suivantes: Grand Orient de France, Grande Loge de France, Grande Loge Nationale Indépendante, Ordre Mixte international du Droit Humain, Société Théosophique, Grand Prieuré des Gaules, à l'une quelconque des filiales desdites Sociétés ou à toute autre Société visée par la loi du 13 Août 1940 (1) et m'engage sur l'honneur à ne jamais en faire partie, au cas où elles viendraient à se reconstituer directement ou non.

A le 194

(1) indiquer en marge le nom de la Société non mentionné…

Remplir égale…

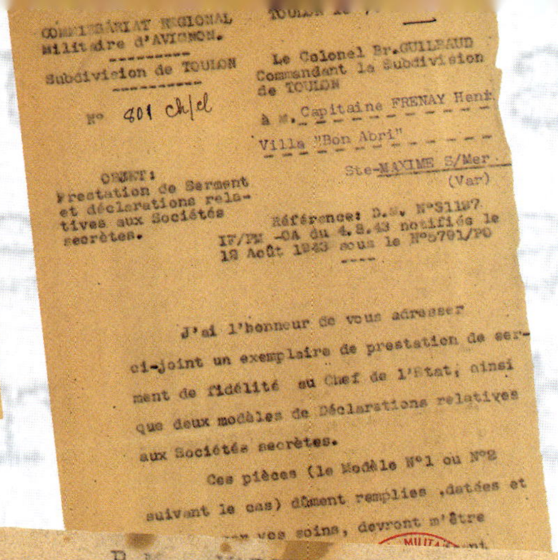

COMMISSARIAT REGIONAL
Militaire d'AVIGNON.

Subdivision de TOULON

N° 401 Ch/cl

OBJET:
Prestation de Serment et déclarations relatives aux Sociétés secrètes.

Le Colonel Br. GUILBAUD
Commandant la Subdivision de TOULON

à M. Capitaine FRENAY Henri
Villa "Bon Abri"
Ste-MAXIME S/Mer
(Var)

Référence: D.M. N°31197
IF/PM -0A du 4.8.43 notifiée le 12 Août 1943 sous le N°5791/PO

J'ai l'honneur de vous adresser ci-joint un exemplaire de prestation de serment de fidélité au Chef de l'Etat, ainsi que deux modèles de Déclarations relatives aux Sociétés secrètes.

Ces pièces (le Modèle N°1 ou N°2 suivant le cas) dûment remplies, datées et … vos soins, devront m'être …

Le chef de la France combattante, qui quitte Londres pour Alger (nouveau siège de la France dissidente), lui demande d'entrer au CFLN. Peut-être pour mieux le contrôler. Il devient commissaire aux Prisonniers, Déportés et Réfugiés, c'est-à-dire ministre. Il le restera lorsque le gouvernement s'installe à Paris, après la Libération. Cette mission périlleuse le conduira à gérer, dans l'urgence, le gigantesque problème du retour des Français dispersés dans l'Europe nazifiée.

L'EUROPÉEN

C'est aussi, et cela est moins connu, un homme qui imagine avec une hardiesse prophétique le monde de l'après-guerre. Dans ses articles de *Combat*, Frenay rêve d'une Europe réconciliée avec elle-même et avec l'Allemagne, qui ne connaîtrait plus de guerre. Malraux a dit, en substance, que le héros de cette guerre serait celui qui l'a faite tout en ayant horreur de la faire. Frenay est en ce sens à considérer comme un héros. Profondément déçu de voir les anciens partis politiques récupérer la mise et s'enfermer dans les débats franco-français, il va sortir par le haut des sentiers balisés et épouser la cause du fédéralisme européen. Président de l'Union Européenne des Fédéralistes (créée en 1946), il va tout faire pour convaincre les gouvernements de l'époque d'abandonner le cadre de l'État-nation, d'établir une monnaie unique et de construire une armée européenne. Lorsque le général de Gaulle revient au pouvoir, en 1958, Frenay comprend que son rêve prend fin, et alors même qu'il a soutenu le retour du Général pour sauver la démocratie.

Il abandonne tout engagement « citoyen », pour se consacrer à la rédaction de ses souvenirs de résistant. Ce sera le très beau livre : *la Nuit finira*, publié en 1973. À l'occasion de cette rédaction, il croit découvrir les causes profondes de la rivalité qu'il a eue avec Jean Moulin. Dès lors, jusqu'à sa mort, plus guidé par son ressentiment que par la recherche de la vérité, il ne va cesser d'accuser Jean Moulin d'être un « cryptocommuniste » qui aurait caché ses vraies intentions et par là trahi de Gaulle et la Résistance. Ce sera un combat douteux, un combat de trop. La mémoire collective ne le lui pardonnera pas.

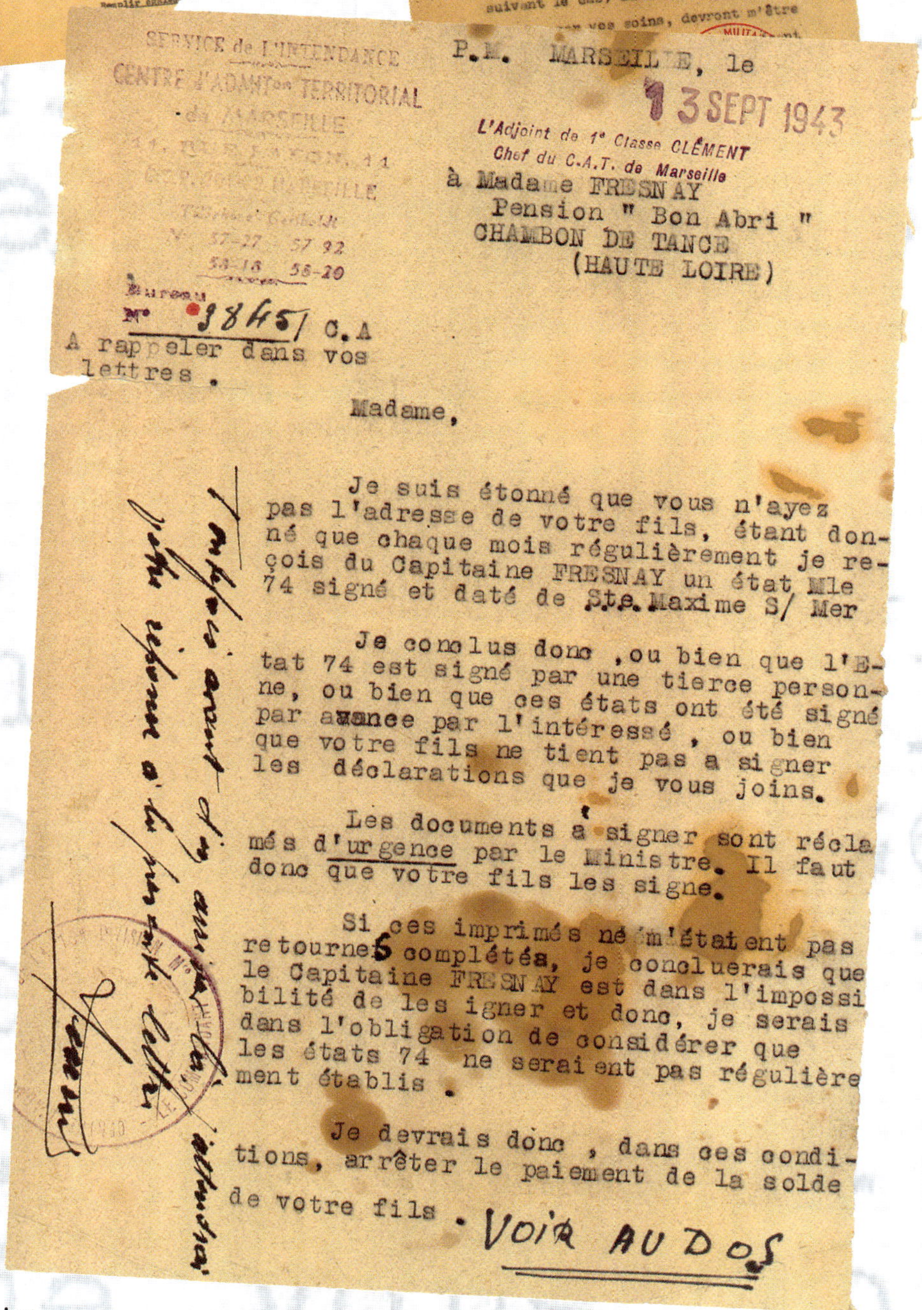

SERVICE de L'INTENDANCE
CENTRE D'ADMINISTRATION TERRITORIAL
de MARSEILLE

N° 57-27 57 92
58-18 58-20

Bureau
N° 3845/ C.A
A rappeler dans vos lettres.

P.M. MARSEILLE, le 13 SEPT 1943

L'Adjoint de 1e Classe CLÉMENT
Chef du C.A.T. de Marseille

à Madame FRESNAY
Pension " Bon Abri "
CHAMBON DE TANCE
(HAUTE LOIRE)

Madame,

Je suis étonné que vous n'ayez pas l'adresse de votre fils, étant donné que chaque mois régulièrement je reçois du Capitaine FRESNAY un état Mle 74 signé et daté de Ste.Maxime S/ Mer

Je conclus donc, ou bien que l'Etat 74 est signé par une tierce personne, ou bien que ces états ont été signé par avance par l'intéressé, ou bien que votre fils ne tient pas à signer les déclarations que je vous joins.

Les documents à signer sont réclamés d'urgence par le Ministre. Il faut donc que votre fils les signe.

Si ces imprimés ne m'étaient pas retournés complétés, je conclurais que le Capitaine FRESNAY est dans l'impossibilité de les signer et donc, je serais dans l'obligation de considérer que les états 74 ne seraient pas régulièrement établis.

Je devrais donc, dans ces conditions, arrêter le paiement de la solde de votre fils. VOIR AU DOS

Les familles de résistants subissent des pressions continuelles de la part de l'administration vichyste. Le 18 août 1943, alors qu'il est à Londres depuis deux mois, Frenay reçoit un exemplaire de prestation de serment de fidélité à Pétain et une déclaration de non-appartenance à des sociétés secrètes. C'est sa mère qui les réceptionne.

Les Français n'en finissent plus de lire sur les vitrines des commerçants la disparition de nouvelles denrées. L'Occupation dure et les restrictions quotidiennes augmentent.

Février

La première revue de la Résistance

Au début de l'Occupation, les formes d'opposition sont limitées : passage interzone de courriers et d'individus, collecte de renseignements, tracts artisanaux, graffitis, etc. Un moyen nouveau apparaît en hiver 1940-1941, avec la naissance d'organes clandestins de presse, en fait des feuilles réalisées avec des moyens de fortune à très faible diffusion. *La Pensée libre* constitue la première revue clandestine de la Résistance intérieure. Elle est conçue à l'origine par un groupe d'intellectuels communistes composé de Georges Politzer, Jacques Decour et Jacques Solomon. Ils sont rejoints par Vercors et Lescure, qui confectionnent quelques numéros. Ce premier noyau de rédacteurs veut d'abord mener une action de sensibilisation dans les milieux universitaires.

Ronéotypé à l'aide d'un duplicateur, le premier numéro de *la Pensée libre* comprend 96 pages, un volume tout à fait impressionnant, compte tenu de la pénurie de papier.

27-28 février

Les difficultés d'une action contre la presse collaborationniste

Ayant dû renoncer, faute de moyens, à mener des actions punitives contre les collaborationnistes, la Dernière Colonne d'Emmanuel d'Astier concentre ses forces naissantes sur la propagande. Le groupe prend pour cible *Gringoire,* journal du Corse Horace de Carbuccia et de l'écrivain lyonnais Henri Béraud, qui incarne pour lui la trahison pro-allemande. Les débuts sont très modestes : des inscriptions sur les murs, puis des papillons et des tracts qui nécessitent plus d'organisation. La campagne contre *Gringoire* s'effectue aussi au moyen de petits avis glissés dans les exemplaires du journal exposés dans les kiosques : « Lisez *Gringoire*. Vous ferez plaisir à Hitler. »

« Les papiers valaient ce qu'ils valaient, raconte l'un des militants, Charles d'Aragon, mais on les distribuait de bon cœur. L'essentiel [...] était de faire savoir qu'une contestation existait. »

Durant la nuit du 27 au 28 février, la première action d'envergure reprend la dénonciation de *Gringoire* et de Béraud lors d'une diffusion dans 6 villes de la zone libre de 10 000 papillons. Mais, à cette occasion, un étudiant est arrêté en flagrant délit à Nîmes et les autres colleurs sont identifiés. Profitant de leur inexpérience, la police française remonte rapidement jusqu'à Bertrande d'Astier, nièce d'Emmanuel. Tous ces jeunes gens sont condamnés l'année suivante à des peines de prison ferme pour propagande antinationale. La première action d'envergure de la Dernière Colonne se solde donc par un échec retentissant qui conduit à sa disparition.

Fin février

La liberté de l'autre côté de la ligne de démarcation

Depuis la fin de 1940 déjà, les rapports des policiers et des gendarmes d'Indre-et-Loire (un département divisé par la ligne de démarcation) et de l'Indre (95 % en zone non occupée) mentionnent des flux de passages clandestins de soldats démobilisés ou de prisonniers évadés à la ligne de démarcation en direction de la zone non occupée. À la fin de février 1941, les policiers de plusieurs départements de la zone non occupée font un autre bilan des flux clandestins : des jeunes civils de plus en plus nombreux traversent la ligne en fraude.

En effet, des jeunes tentent l'aventure d'un départ vers la zone dite libre, souvent provoqué par le refus de vivre sous le joug allemand avec son lot de contraintes quotidiennes, d'exactions, d'abus de pouvoir, de travail forcé, etc. Ces jeunes gens sont aussi épris de liberté et veulent vivre ailleurs, même s'ils doivent quitter leur environnement familier. Ils partent à deux ou trois, en prenant le train pour arriver le plus près possible de la ligne de démarcation ; certains viennent des zones annexée, réservée et surtout interdite. Dans cette dernière, les conditions de vie y sont les plus dures. Les Allemands agissent en maîtres absolus ; le régime de Vichy n'a aucun droit de regard dans cette zone greffée au Reich.

Sur la ligne de démarcation, Vierzon et Chalon-sur-Saône sont le théâtre d'une activité importante autour de la gare, notamment la nuit quand des jeunes cherchent un passeur qui au presbytère, qui dans les restaurants et dans les cafés, qui dans les campagnes environnantes. Les gares de la zone non occupée situées immédiatement après les postes allemands sont également très fréquentées par ceux que l'on appelle désormais les « passagers » clandestins. Les rapports préfectoraux ont aussi repéré ces derniers et essaient de comprendre les raisons du périple interzone. Ces jeunes apparaissent avant tout comme antiallemands. Pour beaucoup, il semble que la personne du maréchal Pétain n'est en rien remise en cause, alors même que certains disent vouloir rejoindre le général de Gaulle. Toutefois, ils ne savent pas trop comment ils poursuivront le voyage après la ligne, et souvent ils n'iront pas jusqu'au bout de leur désir.

Le régime de Vichy a prévu une parade en offrant à ces jeunes de s'engager dans l'armée d'armistice. Les chantiers de jeunesse sont une autre possibilité. Ces deux solutions sont très éloignées de l'idée de départ de ces jeunes Français en quête d'aventure à l'étranger.

Instaurée le 25 juin 1940, la ligne de démarcation traverse le territoire national jusqu'au 1er mars 1943. Sur les barrières nazies, il n'est pas rare de voir des Français des deux zones s'échanger des nouvelles. La ligne est cependant franchie clandestinement par des milliers de Français.

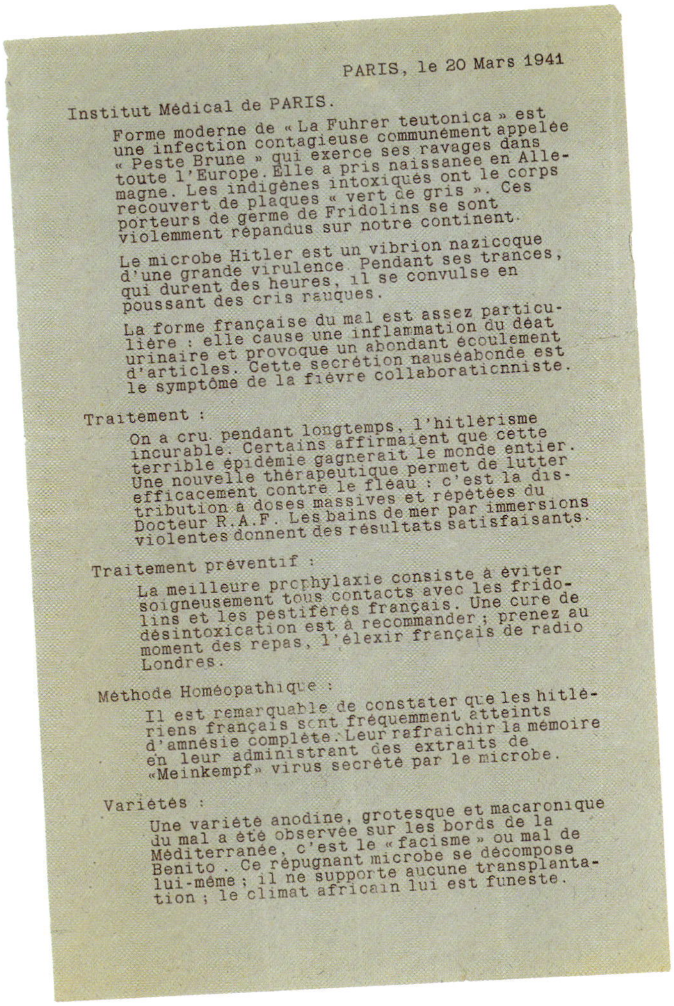

PARIS, le 20 Mars 1941

Institut Médical de PARIS.

Forme moderne de « La Fuhrer teutonica » est une infection contagieuse communément appelée « Peste Brune » qui exerce ses ravages dans toute l'Europe. Elle a pris naissance en Allemagne. Les indigènes intoxiqués ont le corps recouvert de plaques « vert de gris ». Ces porteurs de germe de Fridolins se sont violemment répandus sur notre continent.

Le microbe Hitler est un vibrion nazicoque d'une grande virulence. Pendant ses trances, qui durent des heures, il se convulse en poussant des cris rauques.

La forme française du mal est assez particulière : elle cause une inflammation du déat urinaire et provoque un abondant écoulement d'articles. Cette secrétion nauséabonde est le symptôme de la fièvre collaborationniste.

Traitement :

On a cru pendant longtemps, l'hitlérisme incurable. Certains affirmaient que cette terrible épidémie gagnerait le monde entier. Une nouvelle thérapeutique permet de lutter efficacement contre le fléau : c'est la distribution à doses massives et répétées du Docteur R.A.F. Les bains de mer par immersions violentes donnent des résultats satisfaisants.

Traitement préventif :

La meilleure prophylaxie consiste à éviter soigneusement tous contacts avec les fridolins et les pestiférés français. Une cure de désintoxication est à recommander ; prenez au moment des repas, l'élexir français de radio Londres.

Méthode Homéopathique :

Il est remarquable de constater que les hitlériens français sont fréquemment atteints d'amnésie complète. Leur rafraichir la mémoire en leur administrant des extraits de «Meinkempf» virus secrété par le microbe.

Variétés :

Une variété anodine, grotesque et macaronique du mal a été observée sur les bords de la Méditerranée, c'est le « facisme » ou mal de Benito. Ce répugnant microbe se décompose lui-même ; il ne supporte aucune transplantation ; le climat africain lui est funeste.

Tract humoristique sur la « Führer Teutonica », saisi par les autorités. L'humour était une arme souvent utilisée par les résistants.

1-2 mars

La légende Leclerc naît dans le désert de Libye

Koufra, une citadelle italienne depuis 1931, est située en plein cœur du désert de Libye. Philippe de Hauteclocque, dit Leclerc, décide de s'emparer de la place forte, alors qu'il en est encore très éloigné en janvier 1941. Il choisit de remonter par le Tchad, qu'il compte traverser à marche forcée. Le colonel Leclerc a déjà libéré le Cameroun, puis le Gabon.

Pour les besoins de l'expédition, il fait transformer de vieux camions en engins de guerre. Leclerc organise tout dans le moindre détail. Il est très opiniâtre et ne néglige rien, toujours prêt à aider au désensablement d'un camion. Il prévient aussi les Anglais au Caire de son expédition vers Koufra. Le convoi se met en branle le 25 janvier. Des Anglais du Long Range Desert Group partent en éclaireurs, mais sont mis à mal par les Italiens. Les survivants rejoignent Le Caire et laissent le matériel roulant à Leclerc. Le 7 février, celui-ci est à proximité de la citadelle. Il doit faire face à la Sahariana, un bataillon replié dans le fort, et à plusieurs bombardiers. Avec seulement 250 hommes et un seul canon de 75, Leclerc harcèle les Italiens et tire au canon plusieurs fois par jour sur le fort pour démoraliser l'ennemi. Les officiers italiens ne tardent pas alors à demander les conditions de la capitulation. Le 1er mars, Leclerc félicite les Italiens pour leur résistance, et, le 2, il lance à ses hommes le serment suivant :

« Jurez de ne déposer les armes que lorsque nos couleurs, nos belles couleurs, flotteront à nouveau sur la cathédrale de Strasbourg. »

L'effet moral de cette première victoire militaire est de première importance pour la France libre. Koufra devient très rapidement une légende.

Mars-juin

L'exigence de solidarité envers les persécutés

Plusieurs catholiques et protestants ont pris en charge les victimes du nazisme, notamment des émigrés chassés de leurs pays qui se retrouvent internés en France. En 1940-1941, il n'existe aucun mouvement de résistance spécifiquement religieux, mais quelques fidèles songent à trouver les moyens de lutter contre l'occupant et la collaboration. Des services de faux papiers clandestins voient le jour grâce à des prêtres et à leurs fidèles. Dans les camps d'internement du sud de la France, des services sociaux sont organisés : par exemple, l'action du groupe protestant de la CIMADE (Commission intermouvement auprès des évacués), créée en 1939 en toute légalité. Bien sûr, à titre individuel, des catholiques et des protestants peuvent appartenir à des groupes ou à des mouvements.

L'Amitié chrétienne est un groupe de 9 protestants et catholiques qui veulent venir en aide aux juifs menacés ou traqués. Ce groupe, né à Lyon, est créé à l'initiative de l'abbé Glasberg. Il bénéficie jusqu'en novembre 1942 d'une semi-liberté. Le soyeux Gilbert Beaujolin en assure la présidence, et Olivier de Pierrebourg, le secrétariat général. Le père Chaillet, à Lyon, est le principal animateur du groupe qui reçoit le soutien du cardinal Gerlier et du pasteur Bœgner, président de la Fédération protestante de France. Des hommes de la mouvance d'Esprit les rejoignent, comme Jean-Marie Soutou ou Joseph Rovan. Des correspondants sont recrutés dans toute la France. L'Amitié chrétienne envoie officiellement des colis aux internés, mais une réflexion s'engage dans l'ombre pour rompre avec le régime de Vichy. Le père Chaillet a pourtant du mal à convaincre de nombreux catholiques restés maréchalistes. Il décide alors d'agir de plus en plus secrètement et reçoit notamment le soutien d'Henri Frenay. L'idée de lancer un journal clandestin chrétien commence à germer.

BREST

VILLE DE BREST

Appel du maire à la population

Ainsi que le préfet du Finistère l'a fait savoir hier à la population du département, le commandement supérieur de l'armée allemande ne tolérera plus d'inscriptions ou manifestations intempestives. Les infractions seront à l'avenir très sévèrement punies.

Toutes les inscriptions (V - V D G - Croix de Lorraine, mentions diverses) doivent avoir disparu *le mardi 1er avril, à midi.*

Le maire de Brest prie instamment les chefs d'établissements et d'administrations, les propriétaires d'immeubles et locataires de rez-de-chaussée de veiller à la stricte application de cette prescription, dont ils peuvent être tenus responsables.

En outre, le maire demande à la population de ne pas compliquer par des actes irréfléchis la tâche déjà très lourde de l'administration municipale.

Le maire, V. LE GORGEU.

En mars 1941, face à la multiplication des actes patriotiques, comme les inscriptions et les manifestations, le maire de Brest met en garde ses administrés.

22-28 mars

La petite guerre des « V »

Le 13 janvier 1941, Victor de Laveleye, l'animateur des émissions belges à la BBC, propose à ses compatriotes de se réunir autour d'un symbole de ralliement, le « V » de la Victoire (ou *Vrijheid* en flamand). Neuf jours plus tard, dans le département de la Manche, des « V » sont signalés par une lettre envoyée à la BBC. Il ne s'agit pas que d'inscriptions éparses. Bien plus, il y a des « V » partout.

Le 22 mars, cela incite la section française de la BBC à demander à tous les Français qui écoutent et qui veulent repousser l'Allemand hors de France, de recouvrir les murs de « V », afin de célébrer le roi Pierre de Yougoslavie qui ne veut pas capituler face aux Allemands. Ce message, lancé par Jacques Duchesne, est très clair : « [...] Pour savoir ce que veut dire une seule lettre, il faut être dans le secret. L'avez-vous vu cette lettre ? Savez-vous ce qu'elle veut dire ? Pour ceux qui ne l'auraient pas vue, eh bien voilà : c'est la lettre V ! Vous entendez bien : V. Je suppose que tous ceux qui ont vu ce V n'ont pas été longs à comprendre. V, à l'heure actuelle, ça n'a qu'un sens : c'est la première lettre du mot victoire. On écrit V partout et chacun sait, chaque Français sait bientôt que ce V veut dire VICTOIRE. »

De part et d'autre de la ligne de démarcation, des milliers de Français suivent peu à peu la consigne. Le 23 mars, à Paris, l'écrivain Jean Guéhenno constate la multiplication des « V » sur les murs. Le 28, à Marseille, des milliers de Français sont dans les rues pour manifester spontanément. Parallèlement, la Royal Air Force lance des tracts à l'occasion de la campagne des « V », où l'on peut lire : « Une Victoire Française. »

Les Allemands sont surpris et prennent des sanctions en arrêtant des dizaines de Français. À Paris, ils sont aidés par la préfecture de police qui compte le nombre des inscriptions sur les murs et envisage de punir tous les concierges par des amendes s'ils n'effacent pas les « V » !

Les Allemands doivent affronter la campagne des « V » dans la majeure partie de l'Europe qu'ils occupent. La riposte ne se fait pas attendre. Joseph Goebbels, le chef de la propagande nazie, est furieux devant ce mouvement de contestation collectif. L'idée germe à Berlin de répondre aussi par un « V » comme *Viktoria,* ce qui symboliserait la victoire allemande. Les services d'occupation allemands en France prévoient de recouvrir ultérieurement la tour Eiffel d'un immense « V ».

Si la campagne des « V » revêt une dimension surtout symbolique, elle tente néanmoins de faire sortir de l'inertie un certain nombre de Français. C'est un élément de la panoplie de la guerre psychologique.

Au printemps 1941, le portrait de Pétain couvre les colonnes du métro aérien. Des anonymes ont inscrit le V de la victoire et la Croix de Lorraine, symbole de la France libre.

> « *Alors si les murs d'une ville ou d'un village sont couverts de V, les habitants de cette ville ou de ce village, sans avoir à se consulter, savent qu'ils sont tous animés du même désir. Et vous savez bien que les Allemands d'abord surpris sauront vite à quoi s'en tenir. [...] Et l'Allemand comprendra bien qu'il ne s'agit pas de la victoire allemande. [...] Alors la petite guerre commencera, on effacera les V...* »
>
> Message de Jacques Duchesne à la BBC, 22 mars 1941

Mars

La mission « Allah »

Au début de 1941, le colonel Passy décide de mettre sur pied la mission « Allah », avec l'aide des services anglais du commander Duncan.

Cinq hommes sont débarqués à Lampaul-Ploudalmézeau. Alaterre, un ancien archiviste de l'ambassade de France à Londres, dirige la mission, accompagné de 4 hommes. Ils doivent construire un réseau de renseignements en Bretagne, qui aura pour objectif de photographier un maximum d'installations allemandes.

30 mars

Faire l'histoire en non pas l'attendre

Le parti socialiste français (SFIO) n'est pas entré collectivement dans le combat clandestin, contrairement au parti communiste. En ce début d'Occupation, sa tendance pacifiste, très forte avant la guerre, est encore présente dans de larges secteurs. De plus, les cadres sont des notables, à responsabilités électives, et leur culture institutionnelle ne les prédispose pas au combat de l'ombre. Il y a bien des socialistes qui, individuellement, dans des mouvements ou réseaux, sont prêts à ce combat. Comme Daniel Mayer, ancien responsable des Jeunesses socialistes. À Marseille, lorsqu'il s'aventure à coller des papillons pour protester contre la projection du film *le Juif Süss*, il ne trouve aucune complicité socialiste et se contente de sa femme, Cletta.

Aussi décide-t-il, dans la clandestinité, de créer une structure socialiste résistante autonome : le Comité d'action socialiste (CAS). Ils sont neuf à se réunir, le 30 mars 1941, dans un petit appartement de Nîmes : outre Mayer et sa femme, il y a Léon-Maurice Nordmann, 3 anciens parlementaires (Félix Gouin, Édouard Froment, Lucien Hussel), 2 cadres du parti (Suzanne Buisson et Pierre Lambert) et le dénommé Pointier, simple militant. Ils entendent s'émanciper de la « vieille maison » et excluent d'emblée ceux des députés socialistes qui ont voté les pleins pouvoirs à Pétain, en juillet 1940 (ce qui n'est pas rien puisque ceux-ci sont plus de deux fois plus nombreux que ceux qui ont voté non). Dans une des premières publications, la volonté de rupture avec le parti est claire : « Le CAS n'est pas le parti d'hier. Certains de ses militants l'ont trahi... Il a rompu délibérément et définitivement avec ceux de ses membres dont le courage moral ou physique était inférieur à l'instinct de conservation immédiate. » Il s'agit d'un véritable projet de restructuration et de réanimation du parti socialiste contre lui-même, porté par des hommes qui partagent les valeurs de la Résistance.

Mais ces valeurs, pour les 9 refondateurs, sont aussi un état d'esprit, voire une morale et une culture que le socialisme incarne naturellement. Dans son *Discours à la jeunesse*, Jean Jaurès disait déjà : « Il n'y a pas de fatalité : on ne doit pas attendre l'histoire, il faut la faire. »

Avril

Quand un maréchaliste souhaite la victoire de l'Angleterre

Le général Fornel de La Laurencie, ancien délégué général du gouvernement français dans les territoires occupés, a été convoqué par le directeur du cabinet civil du maréchal Pétain pour se voir signifier le mécontentement du gouvernement sur ses propos anglophiles. Le général de La Laurencie demande des explications à Darlan, vice-président du Conseil, dans une lettre, ultérieurement diffusée sous le manteau :

« Je souhaite en effet la victoire de l'Angleterre et, qui plus est, je crois à cette victoire [...] Cette opinion, je la partage d'ailleurs avec la grande majorité de mes concitoyens, qu'ils soient de la zone libre ou de la zone occupée, et je suis comme eux profondément blessé de la partialité dont fait preuve notre “information officielle”.

[...] La victoire de l'Allemagne, c'est en effet, quoi qu'on en dise, la servitude pour de longues générations. Car, malgré les perspectives prometteuses d'une collaboration qui n'a d'ailleurs jamais été nettement définie, je n'ai aucune confiance dans la générosité de nos vainqueurs [...]. Par contre, si le bloc anglo-américain l'emporte, c'est l'espoir du relèvement de la France. »

De La Laurencie n'est pas pour autant « gaulliste » et il continue de faire confiance à Pétain.

1er avril

La Voix du Nord

À Lille, en pleine zone interdite, un policier socialiste, Jules Noutour, et l'ancien maire démocrate-chrétien d'une petite commune, Natalis Dumez, lancent un journal clandestin, *la Voix du Nord*. Ce journal, qui deviendra l'un des plus importants de la Résistance, est le noyau d'une nébuleuse régionale qui va au-delà de toutes les différences politiques. Autour de lui se greffent des filières d'évasion, des fabriques de faux papiers, des réseaux de renseignements militaires, des groupes de saboteurs et des unités paramilitaires.

PIERRE BOURDAN

LA VOIX SANS VISAGE DE L'ESPOIR

Dans la nuit noire de l'Occupation, une voix s'élevait de la TSF à certaines heures pour tenter de maintenir l'espoir et de laisser entrevoir une autre vérité. Cette voix parcimonieuse et souvent brouillée venait de loin, et nul ne connaissait l'homme qui l'exprimait. C'est pourtant grâce à elle que tant d'hommes arrivaient à penser que l'inévitable n'était pas sûr. Son visage, tel celui d'un archange, où la beauté et la sérénité semblaient avoir élu domicile, son regard rêveur et comme mélancolique, mais déterminé, les Français ne les ont malheureusement pas connus longtemps une fois la liberté reconquise. Cet inconnu devenu ministre à la Libération est mort noyé au cœur de l'été 1948. Sur une petite plage du Lavandou, il part en mer sur une barque à voile. Mais le mistral souffle trop fort, renverse la frêle embarcation. Il n'avait pas 40 ans et incarnait un nouvel espoir, la relève d'une nouvelle génération d'hommes politiques qui pensaient faire triompher les valeurs de la Résistance. « C'est un peu du printemps de la France qui s'en va », comme l'a dit le président de l'Assemblée nationale d'alors, le vieil Edouard Herriot.

Pierre Maillaud prend le pseudonyme de « Bourdan » en 1940 pour parler à la BBC. Journaliste de formation, il parle à Radio-Londres de juillet 1940 à juin 1944.

LA DISTANCE POÉTIQUE OU LE TUMULTE DE L'ÉVÉNEMENT ?

Pierre Bourdan, c'est le nom qu'on lui connaît, son nom de guerre. Mais il se nomme en réalité Pierre Maillaud. Il est né le 13 mai 1909 à Perpignan dans une famille protestante. Il passe une enfance heureuse dans la Creuse, au Bourg-d'Hem (d'où il tira son pseudonyme). D'emblée, il éprouve une passion pour les mots et la poésie. À 20 ans, il réussit à publier un recueil de ses poèmes : *Onyx*. Sur un ton qui rappelle parfois Mallarmé, le jeune Pierre Maillaud exprime une sensibilité vive, traversée par la prescience d'un destin tragique et de cette mer qui l'emportera :

« [...] Il n'est pas de varech au reflux répété
Minutieusement, de flot qui ne me gamme
Le regret végétal des collectivités,
Ô que tous mes rameaux meurent au vent des routes
La mer, seul confessionnal de ma déroute. »

Mais son goût pour l'action et son souci d'être attentif aux événements contemporains le conduisent vers une carrière de journaliste diplomatique, dès son bachot obtenu. Après des débuts prometteurs à *la Journée industrielle* et au *Soir*, il entre dès 1932 à l'Agence Havas. Jusqu'en 1939, il est sous-directeur de l'Agence Havas à Londres, en charge de l'Empire britannique. C'est à Londres que la défaite de son pays le surprend. Errant dans les rues de la dernière capitale européenne libre, il rencontre des Français qui, comme lui, se perçoivent comme « des spectateurs inutiles et honteux ». Il confiera, dans son *Carnet des jours d'attente* : « Une sensation de dislocation morale et sentimentale rendait intolérable tout ce qui gardait l'apparence et l'allure de la vie quotidienne... » Un « pêle-mêle » intérieur, un sentiment de chaos et d'isolement, un pont-levis qui se referme sur la forteresse insulaire.

Mais la volonté churchillienne, exprimée le 18 juin 1940 devant la Chambre des représentants, de jouer victorieusement une partie que les plus purs jugeaient perdue installe dans la confusion ambiante une lueur. Cette improbable lueur permet pourtant d'entre-

Pierre Bourdan au micro de la BBC.

voir une déraisonnable espérance. Surtout qu'une voix française s'en mêle, ce même jour. Pierre Bourdan entend l'appel du général de Gaulle et s'éprend de ce « geste de révolte ». Dès le lendemain, à 9 h du matin, Bourdan et un ami, l'enseigne de vaisseau Robert Mengin, décident de se présenter à ce général inconnu à Seamore Place. Charles de Gaulle les reçoit aussitôt, sans formalités. Dix minutes, au cours desquelles le Général leur confie que, pour l'heure, son « principal besoin était de rester au courant des faits politiques et militaires et que tout ce qui pouvait y concourir lui serait précieux ». Le jeune journaliste est fortement impressionné par cet homme « d'un autre temps » qui porte uniforme et leggins :

« Ce qui caractérisait ces yeux, c'est qu'ils ne reflétaient rien du monde extérieur ; leur expression ne pouvait pas varier suivant les présences et les atmosphères. Leur regard était comme prédéterminé. Je songeai, en les voyant, au cardinal de Retz, mais à un cardinal de Retz dont la psychologie eût été influencée par la gaucherie d'un colosse et un embarras d'érudit en présence d'un contact humain. Le feu intérieur, ici, était réfléchi, introspectif. Il ne pouvait y avoir d'échange que voulu, et selon une direction prédéterminée. [...] L'homme devait être volontaire et intraitable jusque dans ses passions. »

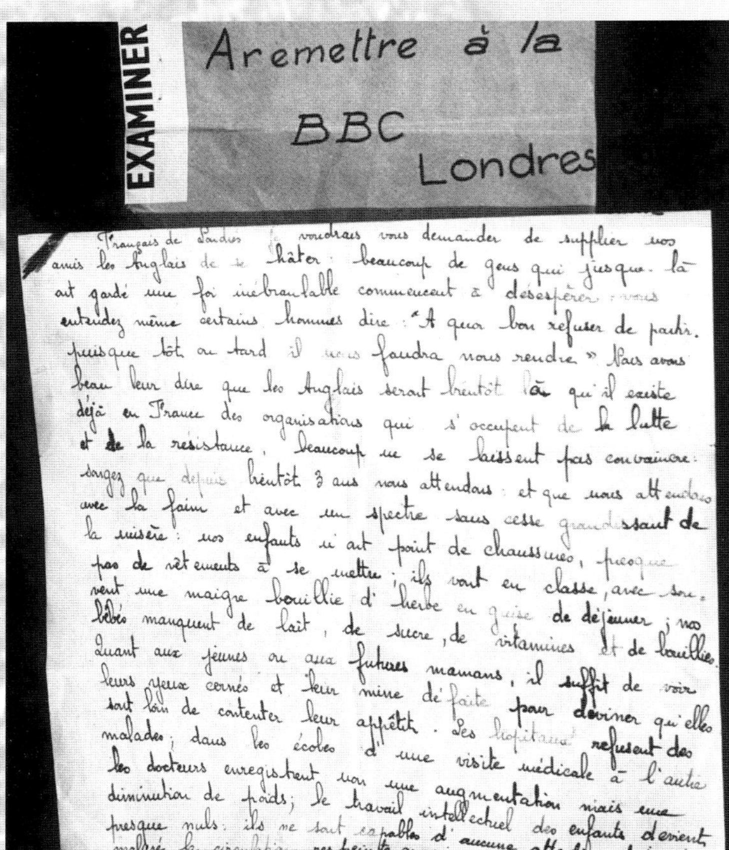

EXAMINER

Aremettre à la
BBC
Londres

Français de Londres je voudrais vous demander de supplier nos amis les Anglais de se hâter : beaucoup de gens qui jusque là ont gardé une foi inébranlable commencent à désespérer vous entendez même certains hommes dire : « A quoi bon refuser de partir puisque tôt ou tard il nous faudra nous rendre » Nous avons beau leur dire que les Anglais seront bientôt là qu'il existe déjà en France des organisations qui s'occupent de la lutte et de la résistance, beaucoup ne se laissent pas convaincre : songez que depuis bientôt 3 ans nous attendons : et que nous attendons avec la faim et avec un spectre sans cesse grandissant de la misère : nos enfants n'ont point de chaussures, presque pas de vêtements à se mettre ; ils vont en classe, avec souvent une maigre bouillie d'herbe en guise de déjeuner ; nos bébés manquent de lait, de sucre, de vitamines et de bouillies. Quant aux jeunes ou aux futures mamans, il suffit de voir leurs yeux cernés et leur mine défaite pour deviner qu'elles sont loin de contenter leur appétit. Les hôpitaux refusent des malades ; dans les écoles d'une visite médicale à l'autre les docteurs enregistrent non une augmentation mais une diminution de poids ; le travail intellectuel des enfants devient presque nuls : ils ne sont capables d'aucune attention et jamais malgré la circulation restreinte on n'a pu enregistrer

Grâce à la BBC, les Français libres peuvent délivrer ses messages. Les Français restés en France envoient des lettres de témoignage sur la situation quotidienne. Durant toute la guerre, les témoignages épistolaires affluent. Ici, en 1943, les restrictions alimentaires sont évoquées avec force. Les Français attendent la Libération.

LA GUERRE INFORMATIONNELLE

Bourdan ne s'engagera pas chez les FFL. Journaliste, il tient à rester indépendant. Il veut agir non pour un homme, mais pour une certaine idée qu'il a de la liberté et de la France, et pour aider l'Angleterre à résister à la domination nazie. À Londres, la France « officielle » se délite. L'ambassadeur Charles Corbin démissionne. Le chargé d'affaires Roger Cambon se retire. Pierre Bourdan traque comme jamais les nouvelles de la guerre, de la France et du monde au ministère britannique de l'Information replié dans les locaux de l'Université. C'est là qu'il rencontre un confrère, Jean Oberlé. Doivent-ils rentrer en France ? Où peuvent-ils être le plus utiles ? Seront-ils à l'image de la colonie française où on semble ne pas douter que la guerre est finie ? Ils décident de rester et de combattre, avec leurs moyens. De Gaulle a besoin d'eux. Bourdan quitte l'Agence Havas et crée sa propre agence, qui connaît rapidement un grand succès : l'Agence française indépendante. Il obtient de pouvoir s'adresser directement à ses compatriotes en utilisant les ondes de la BBC, en compagnie d'Yves Morvan (plus connu sous le nom de Jean Marin). Son confrère Oberlé rencontre un autre ami, mobilisé comme capitaine, arrivé à Londres depuis Dunkerque. Il s'agit de Michel Saint-Denis, plus connu par son pseudonyme : Jacques Duchesne. Ces 4 hommes seront les premiers animateurs de la célèbre émission : « Ici Londres. Les Français parlent aux Français. » À l'origine, elle dure une demi-heure, de 20 h 30 à 21 h. Quelques minutes qui permettent de redonner l'espérance à la France captive.

"LES NOUVELLES DE CE SOIR SONT MAUVAISES"

Pierre Bourdan a la responsabilité du noyau dur de l'émission : « Commentaire des nouvelles ». Il souhaite lutter contre la propagande ennemie sur le terrain de la vérité et de l'information. Éclairer ses compatriotes sur les intentions de l'Allemagne, renseigner sur les projets et les moyens des Alliés, mettre en garde contre ceux qui trahissent la cause française. En 5 ou 6 minutes, par un exposé clair, précis, et le plus possible impartial, il commente les événements pour les Français intoxiqués par Vichy. Si les nouvelles sont mauvaises, il ne le cache pas. Un exemple : « Les nouvelles de ce soir sont mauvaises, mais puisque l'ennemi n'a pu battre l'Angleterre quand elle était seule, il ne pourra jamais battre la coalition des Américains, des Russes et des Anglais. » Il fallut attendre pour annoncer de bonnes nouvelles ! L'information, mais aussi le moral des Français. Dès le mois de juillet 1940, Bourdan demande aux Français de France de comprendre ceux qui ont choisi l'exil : « Ne jetez pas la pierre à ceux qui ne rentreront pas, qui ignorent s'ils reverront jamais les êtres chers qu'ils ont en France et dont ils sont sans nouvelles depuis le mois de juin. » Avec une grande franchise, il reconnaît que les Français d'Angleterre, malgré les bombardements allemands, sont des « privilégiés » parce que, « malgré l'exil, nous sommes des êtres libres ». Il apprend aux Français à reconnaître l'héroïsme des Anglais qui résistent sous les bombes. Il leur révèle que l'Allemagne, dès le début de l'année 1941, subit les représailles de l'aviation britannique. Il veut les convaincre que l'Angleterre et l'Amérique défendent « notre patrimoine » alors que le gouvernement vichyste est désormais dans l'incapacité de conduire « une politique française ». Il explique, en évoquant des événements qui se produisent loin de France et même d'Europe, qu'une résistance mondiale s'organise contre l'Allemagne et ses alliés. Les résistants de France doivent savoir qu'ils ne sont pas seuls.

Pierre Bourdan (à droite) en septembre 1944 avec l'un de ses compagnons, après leur libération par les FFI.

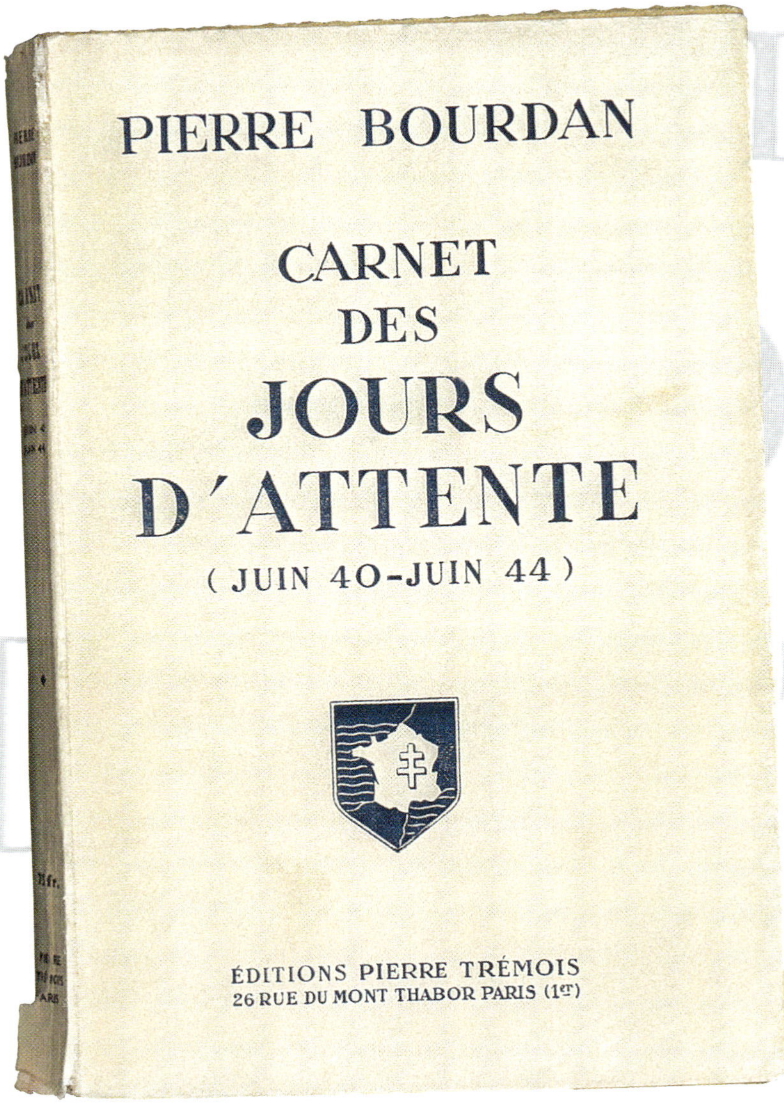

Dans ce livre, paru dès 1945, Bourdan raconte, à travers son témoignage, le combat des Français libres depuis Londres.

HOMME DE PAROLE ET D'ACTION

Pierre Bourdan écrit également dans les journaux (français et anglais) de Londres. Il conçoit deux livres. L'un pour faire expliquer l'âme française aux Britanniques : *France* (1942) ; l'autre pour expliquer aux Britanniques comment les voit un Français : *The english way* (1943). Mais cette activité plumitive ou parolière le maintient hors du champ de l'action. Il veut être au cœur des événements. Il part pour l'Afrique du Nord à la fin de 1942, et y retourne à l'été 1943. Après cette attente exaltée, Bourdan veut se rendre en France pour devenir correspondant de guerre. À ses camarades qui objectent, il répond : « J'ai trop encouragé les autres à l'action, pendant 4 ans, pour ne pas essayer d'agir à mon tour ». Il est affecté à la division Leclerc, arrivée en Angleterre au printemps 1944. C'est avec elle qu'il débarque en Normandie le 1er août 1944. Après une brève arrestation, à Rennes, où il faillit être déporté par les Allemands, il entre dans Paris à bord d'un char. Arrivé Porte d'Orléans, il exulte à l'unisson du peuple : « C'était un coup de vertige, écrit-il dans *Carnet de retour*, un étourdissement de tous les sens que rien ne pourra jamais renouveler, car aucun défilé de victoire superbement ordonné, avec ses solennités prévues, escomptées, ne ressuscitera cet élan spontané comme un jet de sang qui portait tout un peuple en avant, cette éruption de bonheur volcanique et de tumultueuse liberté. »

À la Libération, Pierre Bourdan veut s'engager dans un autre combat, le combat politique. Il pense qu'il peut être utile à la relève des élites françaises et il croit, comme beaucoup, que la Résistance peut être la source d'un renouveau des pratiques politiques. Tout en coopérant au jeune *France-Soir* (créée par le résistant Philippe Viannay) et au *Figaro* de Pierre Brisson, il se présente aux élections générales, dans la Creuse, où il est élu à la Constituante en 1945. Un an après, en novembre 1946, il se présente aux élections législatives à Paris et est élu député. En janvier 1947, il est nommé par Paul Ramadier, président du Conseil, ministre de la Jeunesse, des Arts et de l'Information. « Et pourquoi pas de l'amour ? », lance un autre ministre ! Vaste portefeuille, en effet, mais aubaine pour un jeune en qui on imagine un avenir prometteur. Il se trouve collègue d'un autre très jeune ministre qui est aussi un ami : François Mitterrand. Il va travailler vite et bien. Il supprime l'autorisation préalable de paraître, commence un nouveau statut de la presse, crée l'Agence France Presse et invente l'aide à la première pièce de théâtre afin de soutenir les jeunes auteurs. Comme ministre de la Jeunesse, il inaugure les stades, préside les compétitions, couche sous la tente avec les scouts... En novembre 1947, il n'est plus ministre, victime de l'instabilité ministérielle de la IVe République qu'il a lui-même dénoncée.

LA "SOIF DE MOURIR LE MATIN"

Le 25 août 1944, il rencontre celle qui devient la deuxième femme de sa vie : la jeune et superbe comédienne Hélène Vercors. Ils se marient le 23 décembre 1946. Un an et quelques mois après, le 13 juillet 1948, il meurt sur une plage du Lavandou. Dernier télégramme qu'Hélène lui adresse le 30 juin 1948 : « Aucune fatigue temps merveilleux t'attends avec impatience tendrement Hélène. » Son dernier article, daté du 11 juillet 1948, est consacré à la mort de l'écrivain catholique Georges Bernanos qu'il admirait. Après avoir évoqué « cette déchirante aventure de l'âme que fut pour lui sa vie », le député journaliste salue ce « sourire de victoire et d'ineffable promesse ». Étrangement, ce mot résume si bien la vie de Pierre Bourdan. À 39 ans, il est réclamé par le tragique azur de ceux qui ont, comme l'a écrit Victor Hugo, « je ne sais quelle soif de mourir le matin ».

27 avril

Les Volontaires de la liberté

Le lycéen Jacques Luysseran – aveugle depuis son enfance – déduit de conversations avec ses condisciples que leur milieu est disposé à constituer un groupe gaulliste. Ce groupe, les Volontaires de la liberté (VL), s'organise lors d'une première réunion tenue le 27 avril. Le succès est tel et si contraire à la plus élémentaire sécurité (50 participants à la deuxième réunion) qu'il alarme les promoteurs. On décide de se répartir en équipes de 10 ou 20, dotées d'un responsable par lycée et coordonnées par un comité central qui, outre Luysseran, comprend Jean Besniée, Jacques Oudin, Pierre Cochery etc. Les premières activités portent sur la rédaction et la diffusion de petits tracts, avec un effort pour évoluer vers un bulletin, à défaut d'avoir les moyens d'un journal. Ce sera *le Tigre,* inspiré du surnom de Clemenceau, le « père de la victoire » de 1918 contre l'Allemagne. VL réussit également à entrer en relation avec une filière d'évasion pour aviateurs britanniques abattus au-dessus de la France, le réseau Comète. Toutefois, le développement du mouvement est entravé par la très grande jeunesse de ses dirigeants.

1er mai

La fête de Jeanne d'Arc

Raymond Burgard et Paulin Bertrand, du mouvement Valmy, ont demandé aux Parisiens de se rassembler place des Pyramides pour manifester symboliquement leur opposition à l'occupant, en ce jour de fête de Jeanne d'Arc. Ils sont des milliers à se ranger derrière les deux hommes, arborant fièrement leurs cocardes tricolores. Les Allemands éprouvent bien des difficultés à disperser les manifestants, qui entonnent *la Marseillaise*. Dans cette phase initiale de la Résistance, c'est dans les vieux symboles patriotiques que se ressourcent les volontés plus que dans la thématique de l'antifascisme.

6 mai

Le SOE-France en action

Au cours de cette nuit de mai, le premier agent SOE qui est parachuté *blind* aux alentours de Châteauroux est Georges Bégué. Il est parachuté assez loin du point initialement prévu, ce qui l'oblige à marcher une grande partie de la nuit du 5 au 6 mai. Il doit tirer avec lui une lourde valise contenant un poste émetteur. Il rejoint ensuite la maison d'un ancien député socialiste, Max Hymans, absent. Celui-ci n'a pas été prévenu de l'arrivée de Bégué. Toutefois, en retournant à Châteauroux, ce dernier trouve deux amis du député. Sa mission est de créer une « boîte aux lettres » et de reprendre contact avec les autres agents parachutés comme lui en mai : Pierre de Vomécourt (« Lucas ») et Roger Cottin (« Albert »).

Le Special Operations Executive (SOE) est né le 1er août 1940, de la volonté de Churchill de créer un service unifié et spécialisé afin de déstabiliser une Allemagne qui est une menace pour l'Angleterre. Il est placé sous la responsabilité du ministre de la Guerre économique.

Le SOE doit pratiquer la subversion pour aider les résistants de toute l'Europe. Cela consiste à organiser des sabotages, des envois d'armes et d'argent, à opérer des coups de main, toujours en relation serrée avec les résistants de l'intérieur. Il organise aussi les parachutages. En très peu de temps, le SOE dresse un réseau immense à travers toute l'Europe. Des frictions et des malentendus se développent parfois avec les diverses tendances politiques de la Résistance intérieure.

Six sections du SOE opèrent en France. Buckmaster dirige la section F (F pour France). Le SOE joue un rôle primordial dans la constitution des réseaux français. Enfin, l'une des sections du SOE, mise en place en 1941, devient autonome. Ce service doit saper le moral de l'ennemi. Il incite les populations à se révolter ou du moins à entretenir leur esprit de refus et d'action.

L'Américaine Virginia Hall, agent du SOE, est chargée de périlleuses missions pour la section F.

Les juifs sont sans cesse visés par la caricature des journaux collaborationnistes parisiens. Ici, on moque aussi la BBC, considérée comme alliée des juifs.

15 mai

Le Front national, cheval de Troie des communistes

Depuis 1939, le PCF adopte une ligne fondée sur la dénonciation virulente de la « guerre impérialiste », qu'il tente de marier au rejet du nazisme. Au printemps 1941, son discours cherche à inverser les priorités : la libération nationale devient la condition de la libération sociale (texte clandestin *Peuple de France*). En cela, il suit l'infléchissement de la ligne politique dictée par l'Internationale communiste depuis que les relations soviéto-germaniques se sont altérées (avril 1941). Malgré une multiplication de ses publications clandestines, le Parti rencontre une grande difficulté à mobiliser, d'autant qu'il subit une très rude répression tant allemande que vichyssoise.

À la mi-mai est diffusé un appel titré « Pour la formation d'un Front national de l'indépendance de la France ». Ce texte essaie de résoudre la contradiction d'un appel à la libération combinée avec une volonté affichée de rester en dehors de la guerre, en prônant l'union de tous les Français qui veulent mettre fin à l'oppression (ce qui n'empêche pas une attaque en règle contre de Gaulle).

Rencontrant fort peu d'écho, l'opération « Front national » semble surtout dirigée vers les intellectuels sympathisants pour lesquels le FN se décline en groupes et publications spécialisés.

L'attaque du Reich contre l'URSS va lui donner une tout autre dimension. Le FN devient dans la stratégie communiste le lieu de l'alliance entre tous les antifascistes et patriotes contre l'occupant et ses séides. Par le biais du Front national, le PCF lance une campagne tous azimuts avec, à terme, la volonté de faire du FN le regroupement unique de toute la Résistance.

9 mai

Contre le Juif Süss

Un cinéma de Lyon diffuse au mois de mai 1941 un film allemand antisémite, intitulé *le Juif Süss*. La presse catholique repliée en zone libre passe à l'offensive. D'abord, *Temps nouveau,* qui dénonce un film « pénible » et « antichrétien », au sujet « idiot » et tout à fait contraire à la mentalité française et aux enseignements de l'Évangile. Dans les jours qui suivent, de jeunes catholiques, et en particulier des membres de la Jeunesse étudiante chrétienne (JEC), organisent un chahut de trois quarts d'heure dans la salle, au cri de « Pas de film nazi », et distribuent des tracts appelant au boycott de la propagande allemande. Quand la projection commence, après quelques expulsions, un faux inspecteur de police obtient la fermeture de la salle à l'heure habituelle, soit bien avant la fin du film. La semaine suivante, *Esprit,* une revue d'influence dirigée par Emmanuel Mounier, se fait longuement l'écho de la manifestation dans les termes les plus louangeurs.

Dans une affiche antisémite, la propagande représente le juif en rapace en train de faire festin de la France.

13-26 mai

D'Estienne d'Orves condamné à mort

Le 13 mai, devant la cour martiale allemande de Paris (rue Saint-Dominique), s'ouvre le procès d'Henri d'Estienne d'Orves (trahi par son radio, l'agent Marty) et de ses camarades. La peine de mort ne fait aucun doute avant même l'ouverture du procès. La cour est présidée par le conseiller juridique Keyser. Le commissaire du gouvernement, Hans Gottloeb, représentant du régime nazi, accuse avec une pugnacité hargneuse les 20 prévenus qui appartenaient au réseau Nemrod. Pendant tout le procès, d'Estienne d'Orves montre un sang-froid sans pareil pour défendre ses compagnons.

Le 26 mai, l'arrêt est rendu par le président Keyser : d'Estienne d'Orves, les époux Clément, Barlier, Pierre Cornec, Follic, Van Doornick, Le Gigan, Leprince sont condamnés à mort pour « espionnage ». Les autres sont condamnés à des peines d'emprisonnement ou aux travaux forcés. Hitler refuse le recours en grâce. Avec 8 de ses compagnons, Henri d'Estienne d'Orves est fusillé au mont Valérien, le 29 août suivant. Entre temps, la justice militaire française a tenu à le juger pour « désertion ».

OBERFELDKOMMANDANTUR 670
DER OBERFELDKOMMANDANT

BERGARBEITER !

Von verantwortungslosen Elementen habt Ihr Euch entgegen Euren eigenen Interessen in einen Streik treiben lassen, obwohl Streiks und Arbeitsverweigerung – ebenso wie Aussperrungen – verboten sind.

Ihr selbst wisst, dass Ihr Euch und Eurem Land nicht nur nicht genutzt habt, ihr habt im Gegenteil über Euch selbst, Eure Arbeitskameraden und deren Familien ein namenloses Unglück herbeigeführt während ein grosser Teil der eigentlichen Streikhetzer sich rechtzeitig in Sicherheit gebracht und Euch im Stich gelassen hat. Auch in Zukunft wird die Besatzungsmacht jeden Versuch der Stornug des sozialen Friedens mit den schärfsten Massnahmen unterbinden, die nicht nur die Streikhetzer sondern jeden Teilnehmer am Streik unerbittlich treffen werden.

Ich warne daher vor jeder Arbeitsverweigerung!

Ihr wisst aus meinen früheren Verordnungen, dass es Wege gibt, Euren Klagen und Wünschen Gehör zu verschaffen. Wendet Euch zunächst an Eure Werksverwaltungen. Sie sind verpflichtet, Eure Klage eingehend zu prüfen und wenn möglich für Abhilfe zu sorgen. Führt dieser Weg nicht zum Ziel, so steht Euch der Weg zu den Besatzungsbehörden offen, die mit der Aufmerksamkeit, die sie der sozialen Lage der Arbeiter schenken, Eure Wünsche prüfen und eine Entscheidung herbeiführen werden.

Aber nach wie vor gilt der Grundsatz

Mit Streikenden und Streikhetzern wird nicht verhandelt !

Es wird dafür gesorgt werden, dass Ihr den Werksverwaltungen und den Besatzungsbehörden gegenüber angemessen vertreten sein werdet.

Die Lage erfordert von Euch eines:

Vernunft !

Jeder fülle seinen Arbeitsplatz nach besten Kräften und mit gutem Willen aus. Ihr dient damit als Franzosen dem Interesse Eures eigenen Landes. Wahrt Ihr auf diese Weise den sozialen Frieden, wird die Besatzungsmacht sich Eurer Interessen annehmen.

Lille, den 14. Juni 1941.

gez.: NIEHOFF, Generalleutnant.

OBERFELDKOMMANDANTUR 670
DER OBERFELDKOMMANDANT

MINEURS !

Vous avez, contre votre propre intérêt, permis à des meneurs dénués de tout esprit de responsabilité, de vous pousser à la grève, sachant que toute grève, tout refus de travail sont — tout comme le lock-out — formellement interdits.

Vous savez tous, que cela n'a non seulement pas porté profit à vous et à votre pays, mais que vous avez, tout au contraire, par cela même, plongé dans le malheur et la détresse vous, vos camarades et leurs familles, tandis qu'un nombre considérable d'agitateurs coupables a préféré vous abandonner à votre sort et se rendre à temps en lieu sûr. Comme elles l'ont fait hier, les autorités occupantes s'opposeront, le cas échéant, demain à toute tentative ayant pour but de troubler la paix sociale, et elles le feront par application des mesures les plus rigoureuses, mesures qui frapperont impitoyablement non seulement les meneurs, mais tout aussi bien quiconque participerait au mouvement gréviste.

Gare donc à tout refus de travail.

Mes ordonnances antérieures vous ont appris qu'il existe des moyens pour présenter vos griefs et vos revendications. Adressez-vous d'abord aux directeurs des mines. Ils ont le devoir de procéder à un examen attentif de vos revendications, et de leur donner satisfaction lorsqu'il leur est possible de le faire. Dans le cas où ce moyen n'aboutirait pas, vous pouvez vous adresser aux autorités occupantes qui examineront vos revendications avec toute l'attention qu'elles portent à la situation économique et sociale des ouvriers et qui pourvoiront aux décisions nécessaires.

Mais rien n'est changé au principe fondamental :

On ne discutera jamais avec des grévistes et des agitateurs.

Des mesures seront prises pour que vous soyez raisonnablement représentés auprès des administrations minières et des autorités occupantes.

La situation exige de vous une seule chose :

d'être raisonnables.

Que chacun s'applique à son travail et qu'il le fasse de son mieux et avec bonne volonté. C'est ainsi que vous servirez les intérêts de votre pays en bons Français.

Si, en agissant de la sorte, vous préservez la paix sociale, les autorités occupantes prendront soin de vos intérêts.

Lille, le 15 Juin 1941.

Signé : NIEHOFF, Generalleutnant.

Niehoff, **Oberfeldkommandant** *et président du tribunal militaire allemand de Lille, met en garde la population contre toute aide aux mineurs, en grève depuis le 26 mai 1941.*

26 mai-9 juin

Des mineurs redécouvrent l'arme de la grève

En zone interdite, le 26 mai, des mineurs du Nord et du Pas-de-Calais décident de se mettre en grève. Des dizaines de milliers d'autres les imitent pour marquer leur refus de travailler pour une politique de collaboration, mais aussi pour réagir contre la cherté des denrées alimentaires. L'occupant est surpris par l'ampleur de la grève.

Le 3 juin, les premières arrestations ont lieu. Elles touchent 11 hommes et 2 femmes. Niehoff, l'*Oberfeldkommandant* et président du tribunal de Lille, informe la population des sanctions prises. Le lendemain, le tribunal militaire de Lille condamne les hommes à cinq ans de travaux forcés et les femmes à deux et trois ans. D'autres femmes sont arrêtées à la place de leur époux lorsque ceux-ci sont absents à l'arrivée des Allemands. En quelques jours, elles sont 40, rassemblées à la caserne Kléber de Lille, aux côtés d'une centaine de mineurs.

Le manque de ravitaillement a raison de l'opiniâtreté des mineurs, et la grève générale prend fin le 9 juin. Elle a permis de ralentir l'effort de guerre allemand en faisant perdre aux nazis un demi-million de tonnes de charbon. La grève est un succès politique de premier plan.

20 mai

Les « hommes de bonne volonté »

Nulle part ailleurs qu'aux États-Unis la France libre n'aurait autant besoin d'asseoir son implantation. Nulle part, pourtant, elle ne rencontre autant de difficultés et de revers. Au printemps de 1941, alors que la petite association France Forever continue à stagner (moins de 10 000 adhérents) et à être ignorée par les principaux exilés français, Jules Romains rédige une lettre circulaire sollicitant de nombreuses personnalités pour créer sur le sol américain un « comité national français » rival de celui de Londres. Cette démarche représente un camouflet d'autant plus rude pour de Gaulle que Romains était avant guerre l'un des trois auteurs dramatiques les plus joués dans le monde et jouit d'une renommée internationale. Son dédain pour la cause de la France libre s'ajoute à celui de la plupart des célébrités présentes aux États-Unis, comme Saint-Exupéry. Mais une commune hostilité ne constitue pas un ciment assez fort pour décider des individualistes, parfois prudents, à faire cause commune pour le salut de leur patrie.

Dans sa fresque romanesque poursuivie durant l'exil, Romains a décrit ces « hommes de bonne volonté » qui, à défaut de savoir se reconnaître et agir ensemble, échouent devant les forces de l'histoire.

Scène de liesse à Damas, devant le passage des FFL. En 1941, la Syrie occupe une situation importante pour les Allemands lorsqu'ils tentent de venir en aide à Rachid Ali, qui espère prendre le pouvoir en Irak. Darlan autorise l'utilisation des aéroports syriens par les Allemands.

27 mai-14 juillet

En Syrie, des Français tuent des Français

Après avoir permis aux Allemands le survol de la Syrie pour soutenir l'Irak en rébellion contre les Britanniques, le régime de Vichy doit faire face à une contre-offensive anglaise, soutenue par des unités de la France libre. Un combat fratricide s'engage alors. Le Levant reste un objectif important pour le général de Gaulle, mais aussi pour Pétain. C'est toujours un carrefour stratégique essentiel pour la France. Or, la Syrie et le Liban, sous mandat français délivré par la SDN à l'issue de la Première Guerre mondiale, ne se rallient pas facilement à la France libre. Le général Dentz est sans pitié et très répressif, renvoyant en France tous les officiers et les administrateurs français favorables à de Gaulle. Toutefois, les événements se précipitent : les Allemands, maîtres de la Grèce depuis le 22 avril, préparent une opération pour aider les insurgés irakiens. Un coup d'État permet à Rachid Ali Kilani, pro-allemand, de prendre le pouvoir. Le 2 mai, il se révolte avec 30 000 hommes contre les Britanniques. Rommel est aux portes de l'Égypte.

Quant à Catroux et de Gaulle, ils savent que le moment est venu de recourir à la force. Six bataillons de la France libre ramenés d'Éthiopie se rendent en Palestine et en Égypte. Début mai, les Allemands pénètrent en Syrie sans aucune intervention de Dentz. De Gaulle n'obtient pas l'aide espérée des Anglais. Les 12 et 13 mai, le régime de Vichy fait convoyer 300 tonnes d'armes françaises et livrer aux insurgés irakiens pro-allemands. Début juin, les réserves pétrolières irakiennes sont menacées, ce qui oblige les Anglais à entrer au Liban et en Syrie. Churchill, inquiet, donne l'ordre au général Wavell d'intervenir au Levant avec le peu de moyens dont il dispose. Le 8 juin, les Britanniques pénètrent en Syrie et au Liban. Les Allemands sont repartis vers la Grèce, et les insurgés irakiens sont écrasés. Les FFL et les Anglais affrontent alors les troupes de Vichy, non sans mal. Un combat fratricide est engagé. Des Français tuent d'autres Français. Mille trois cents Français libres sont tués, dont le petit-fils de Clemenceau. Le 21 juin, le général Catroux fait une entrée triomphante à Damas. Des luttes de pouvoir s'engagent aussi entre de Gaulle et les Anglais. Le 14 juillet, à Saint-Jean-d'Acre, la campagne prend fin par l'intermédiaire d'une convention militaire entre des représentants français libres, vichystes et britanniques. Les soldats français morts, qu'ils aient combattu pour Vichy ou pour la France libre, sont enterrés côte à côte dans les mêmes cimetières. Les tombes sont identiques et les croix portent la même inscription : « Mort pour la France ».

30 mai

Des juristes rêvent de l'Aurore

Le mouvement Liberté a été fondé à Marseille, puis à Lyon par une équipe d'universitaires démocrates chrétiens. Parmi eux, des juristes renommés comme François de Menthon, Pierre-Henri Teitgen ou Alfred Coste-Floret, qui rejoindront le mouvement Combat à la fin de l'année 1941. L'édition d'un journal clandestin, qui porte le même nom que le mouvement, constitue leur véritable activité. Leur ambition ultime est de refaire « l'unité de la pensée française » et de rendre contagieuse l'espérance qu'un poème de Claudel déclare : « Quelque chose qui ne fait pas exprès d'être plus fort que la nuit, et c'est l'Aurore ! »

Dans le numéro du 30 mai de ce journal, les hommes de Liberté tentent de convaincre les Français que la France de 1941 est totalement dépourvue de cette unité que proclament sans cesse les discours officiels. De même, ils présentent la France comme privée de toute souveraineté, même s'ils reconnaissent que ceux qui agissent dans le cadre de Vichy ne sont pas que des « profiteurs et des mercantis de la défaite », qu'il en est qui sont « des hommes admirables de courage et de générosité qui ne cherchent qu'à servir la patrie en sauvant au jour le jour ce qui peut être sauvé ». *Liberté* refuse le manichéisme et toute précipitation. Le chemin sera long et risqué, comme on peut le lire dans les « Consignes d'action » de ce numéro destinées aux militants du mouvement.

Juin

Le seul réseau de gendarmes résistants

Si l'institution de la gendarmerie nationale reste fidèle au nouveau régime, certains gendarmes rejoignent des réseaux et des mouvements. Quelques-uns effectuent des passages clandestins sur les lignes de démarcation.

Pour autant, dans le Morbihan, il existe un cas unique de réseau créé par le commandant de gendarmerie Maurice Guillaudot, dit « Yodi ». Il met sur pied une organisation qui est essentielle, dans une région proche des bases de sous-marins allemands de Lorient et de Saint-Nazaire. Il va pouvoir informer les Alliés sur les installations allemandes du littoral, mais aussi sur celles des îles bretonnes, comme Houat et Hoëdic.

Avec le maillage territorial et rural, propre à la gendarmerie, constitué par 55 brigades dans le Morbihan, Yodi dispose d'une trame importante pour créer un véritable réseau clandestin auquel il donne le nom de « réseau Action ». Il prend beaucoup de risques en appelant les brigades à refuser d'obtempérer à certains ordres de la hiérarchie. Presque tous les commandants de brigade répondent positivement. Ce sont les sous-officiers qui l'aident en majorité à recueillir des renseignements sur les installations allemandes. Un seul officier le rejoint dans sa démarche, à savoir le lieutenant Guillo, de Ploërmel. Très vite, Yodi entre en contact avec les Anglais et cherche à obtenir des moyens techniques et un opérateur radio.

En France, cette expérience de désobéissance est rare. Il y a des cas de gendarmes-résistants comme ces gendarmes – officiers et sous-officiers de Paris et de Touraine – qui appartiennent au réseau Saint-Jacques (créée par André Visseaux), dont le commandant Vérines, le lieutenant-colonel Raby, le capitaine Morel sont des figures importantes. De même, dès juillet 1940, dans le Soissonnais, le chef d'escadron Henri Descamps a créé le groupe Vérité française, afin de cacher des milliers d'armes, un char et un mortier, qui ressortiront quand le temps de prendre la revanche contre les Allemands sera venu.

« *Notre mouvement se développe avec rapidité, et le dévouement de nos militants est admirable. Cependant, nous mettons en garde les meilleurs d'entre eux contre deux dangers :*

1. Celui d'une agitation prématurée qui compromettrait l'avenir en attirant trop vivement l'attention de l'ennemi.

2. Celui de compromission avec des agents doubles, souvent étrangers, qui travaillent en réalité pour la Gestapo.

Le mouvement LIBERTÉ a fait ses preuves. Restons nous-mêmes. Vos chefs ont pris tous les contacts nécessaires, et le jour venu réaliseront dans l'unité française leur front unique contre l'ennemi. D'ici là, poursuivons notre œuvre propre : reconstituer en zone libre l'unité de la pensée française à l'égard de l'ennemi.

Le premier but à atteindre est de former dans toutes les localités un peu importantes des groupes LIBERTÉ. Un responsable par région, par département, par ville, par quartier ou par milieu professionnel.

Une action personnelle de propagande menée de proche en proche. La diffusion de LIBERTÉ autant que possible de la main à la main. Nous pensons pouvoir prochainement augmenter notre tirage et paraître plus fréquemment. »

« Consignes d'action » publiées dans *Liberté* le 30 mai

Un des nombreux papillons diffusés par la Résistance.

22 juin

Un passage collectif au combat clandestin

Jusque-là, à cause du pacte germano-soviétique, la position des communistes français est restée ambivalente en ce qui concerne l'occupation allemande en France, même si, à titre individuel, des « camarades » se livrent déjà depuis quelque temps à des actes de refus contre les représentants du Reich.

La méfiance est donc de rigueur de la part des résistants non communistes. La mise hors la loi du PCF par la IIIe République et la fuite de son leader en URSS, Maurice Thorez, éloignent les communistes des autres partis de la gauche française. Par ailleurs, des communistes n'ont pas hésité à demander aux services allemands d'Occupation l'autorisation de faire reparaître *l'Humanité*. La signature de Marcel Cachin est même apparue sur une affiche allemande placardée à Paris.

Dans la nuit du 21 au 22 juin, les nazis lancent l'opération Barbarossa contre les Soviétiques. *L'Humanité* publie un appel aux Français, où Vichy est dénoncé, mais qui n'est pas pour autant favorable à de Gaulle : « Les traîtres de Vichy font tuer des Français de Syrie pour l'Allemagne, tandis que de Gaulle et Catroux en font tuer d'autres pour l'Angleterre. [...] Et pour en finir avec la clique des traîtres et des vendus de Vichy, le Parti communiste français entend mener son combat avec la plus grande énergie. »

Ce n'est pas la première fois que le chef de la France libre est ainsi vilipendé, parce que considéré comme réactionnaire, colonialiste et à la solde de la perfide Albion. Des résistants communistes, à titre individuel, n'ont pas toujours apprécié le ton emprunté par *l'Humanité* clandestine. L'attaque du 22 juin lève cette ambiguïté. Tous les « camarades » n'ont pas forcément suivi les lignes directrices fixées dans *l'Humanité*, même si l'ennemi à tuer est bien toujours l'« impérialisme ». En Bretagne, un certain Marcel Paul symbolise cette attitude qui ne se satisfait pas des consignes « officielles » du PC clandestin. Les rapports des Renseignements généraux (RG) du 16 au 23 juin sont également très explicites sur l'action clandestine des communistes et sur l'efficacité de la répression qui s'abat sur eux. Un rapport des RG signale plusieurs numéros de *l'Humanité*, dont le n° 115, daté du 30 mai, avec la manchette suivante : « Contre l'oppression nationale pesant sur notre pays, les Français doivent former le Front national de lutte pour l'indépendance du pays ! » Les communistes entrent dès lors en résistance. C'est le seul cas de passage collectif au combat clandestin.

Alors que des Français s'engagent dans la Résistance, d'autres choisissent la voie de la collaboration absolue avec l'Allemagne. Ici, une affiche de l'automne 1941 incite les jeunes Français à rejoindre la Waffen SS.

14 juillet

Contre le mythe Pétain

À la suite des lettres ouvertes qu'il a adressées à l'épiscopat pour protester contre la dévotion à Pétain et les complaisances envers le nazisme, Paul Petit se met d'accord avec le bibliothécaire de l'Institut, Henri de Montfort, pour écrire dans un périodique clandestin qui sera financé par quelques Français juifs. Ce sera *La France continue...* dont le premier numéro paraît le 10 juin.

Le ton est beaucoup plus hostile au gouvernement de Vichy que jamais : « Vichy a fait la somme de toutes les hypocrisies, de toutes les lâchetés, de tous les crimes. Vichy, c'est – au nom de l'honneur, s'il vous plaît – l'avilissement devant le gangster de Berchtesgaden. C'est – au nom de Jeanne d'Arc, remarquez-le bien – la collaboration avec l'envahisseur. »

Le 3e numéro, publié pour le 14 Juillet, contient l'un des premiers textes argumentés contre le « mythe Pétain », à base de 6 pages de citations sur le rôle défaitiste de Pétain entre 1916 et 1918 et sur ses erreurs dans les plus hautes instances militaires du pays entre les deux guerres. Pour l'occasion, il est tiré à 20 000 exemplaires.

Une attention soutenue est portée à *La France continue...* par les services de police de Vichy, à partir de l'été 1941, où ce journal figure systématiquement dans toutes les synthèses sur la « propagande gaulliste ».

Philippe Viannay est de ceux qui sont prêts à « faire quelque chose » dès l'automne 1940. Il lance le journal clandestin Défense de la France.

14 juillet

Défense de la France

Né en 1917, Philippe Viannay est étudiant en philosophie et a été mobilisé en 1939. À la rentrée universitaire de 1940, il trouve quelques camarades de la Sorbonne, dont Robert Salmon, prêts à « faire quelques chose » pour s'opposer à l'occupant. En mars 1941, ils diffusent leur premier tract, tiré à 100 exemplaires et qui dénonce l'annexion de l'Alsace par les nazis. Parallèlement, Viannay réussit à convaincre un industriel, Marcel Lebon, de financer un journal clandestin dont le premier numéro est symboliquement daté du 14 juillet 1941. Ce sera *Défense de la France* autour duquel va se constituer peu à peu un mouvement de Résistance, d'abord organisé pour la diffusion, dans toute la zone occupée, d'une feuille clandestine aux tirages vite remarquables. Viannay – sous le pseudonyme d'Indomitus – et Salmon rédigent à eux seuls la plupart des articles inspirés par un refus spirituel du nazisme antichrétien. Le journal reste néanmoins indulgent envers Pétain et veut croire à son supposé « double jeu ». À 24 ans, Viannay s'impose d'emblée comme un leader exceptionnel, capable de donner à un mouvement de jeunes un essor sans beaucoup d'égal, mais entravé aussi par l'inexpérience.

DÉFENSE DE LA FRANCE

JOURNAL FONDÉ EN JUILLET 1941

Ni Allemands, ni Russes, ni Anglais

EDITION DE PARIS
N° 21
1er Novembre 1942

« Je ne crois que les histoires
se feraient égorger »

POUR QUE LA FRANCE VIVE

Certains de nos lecteurs sont un peu déroutés. Ils ne retrouvent dans notre journal aucune des anciennes doctrines. Ils se demandent si nous sommes gaullistes, ou communistes. Certains se demandent même si nous sommes Action Française. Les lignes qui suivent sont destinées à éclairer les esprits sur les intentions de la « Défense de la France ».

Juillet

« Ici la France catholique... »

« Ici la France catholique, un prêtre vous parle. » C'est par ces mots que, depuis Londres, le poste La France catholique, indépendant de la BBC, commence ses premières émissions. Il est animé par le père dominicain Florent. Quelques Français parviennent à entendre cette émission diffusée à 20 h 45 et à 22 h 15. Elle ne fait pas l'éloge du général de Gaulle, lui-même catholique. Il s'agit avant tout d'apporter un point de vue chrétien sur les événements, alors que la BBC donne peu de nouvelles religieuses.

31 juillet

Free World

Les statuts d'une association de soutien aux résistances européennes contre le fascisme sont déposés à New York par des réfugiés politiques et des Américains sympathisants.

Depuis son arrivée aux États-Unis, venant de France, en janvier 1941, l'ancien agent de l'Internationale communiste et militant du Rassemblement universel pour la paix (le RUP, autrefois présidé par Pierre Cot), Louis Dolivet, a utilisé son entregent pour multiplier les initiatives, diffusant des informations sur la France de Vichy et se proposant de faire évader des étrangers en situation difficile. Dans cet élan, des réfugiés de 16 pays en butte à la violence des puissances fascistes se regroupent en juin pour constituer l'International Free World Association, présidé par l'Américain Hugh Moore, qui fut un partisan de la Société des nations. Outre Dolivet, Pierre Cot et Henri Laugier sont les animateurs de ce mouvement. L'association se fixe pour objectifs de soutenir les mouvements clandestins en Europe et de mobiliser l'opinion publique mondiale contre les pays fascistes. Elle se dote d'une revue, puis d'un Institut de la démocratie où des professeurs de renom dispensent des cours.

S'inspirant de la structure héritée du RUP, Free World compte en effet dans ses rangs de nombreux exilés européens parmi les plus prestigieux, qui trouvent ainsi une tribune.

Dès le début de l'été, Free World envoie en France un émissaire officieux, le pasteur Howard Brooks, qui, à Marseille, réussira non seulement à rencontrer nombre de premiers résistants, mais encore à favoriser les contacts entre eux.

LE PSEUDONYME

L'ARME SECRÈTE DU RÉSISTANT

L'usage du pseudonyme est une des caractéristiques distinctives du résistant et de son combat. Le résistant n'est pas un soldat avec uniforme et drapeau qui lutte à armes égales contre l'ennemi étranger dûment identifié. Son combat est clandestin et quotidien, il se déroule dans son propre pays, il est dirigé à la fois contre l'occupant et contre le régime officiel de son pays.

Le résistant a une double vie. C'est un homme en apparence comme tout le monde, mais tout le sépare de ses contemporains dont il doit par principe se méfier. À chaque instant, il risque sa vie. Il doit se protéger. Le pseudonyme est la marque de son étrange solitude.

Mais le résistant est souvent inséré dans des réseaux et mouvements. Pour communiquer, il lui faut taire sa véritable identité pour préserver sa sécurité et celle de l'organisation. Nombreux sont les résistants qui ne connaîtront qu'à la Libération l'identité de leurs compagnons d'ombre. On fait confiance à des inconnus ; pour eux, on est prêt à tout risquer.Daniel Cordier, le secrétaire de Jean Moulin, ne sait rien du « vrai » Jean Moulin, son patron ! Le pseudonyme est également justifié par les actions de propagande. En effet, ce n'est que tardivement que la Résistance deviendra une action armée. À ses débuts, elle est essentiellement une action de sensibilisation et d'information destinée à contrebalancer une presse aux ordres. La première arme du résistant, ce sont les tracts, les feuilles et les journaux clandestins.

Télégramme envoyé par la délégation des MUR à Londres (Azur) à celle de Suisse (Iris). Xaintrailles est Frenay, Aubin est Bourdet, Bardot est Hardy.

October 24, 1943

No. 13.

For Iris from Azur. Signed Xaintrailles.

J'ai bien reçu ton courrier pour octobre et vos demandes mon retour. Afin de défendre avec dernière energie les interets et l'esprit de la résistance je dois selon l'avis général rester à Londres et Alger, car il est indispensable que la voix de la résistance se fasse entendre hautement dans des importantes délibérations à fin que Nord peut-être le sort de la France en dépend. C'est chez Azur que Bardot sera affecté et nous l'attendons, sans faute, pendant la lune de novembre. Amitiés et courage. Pour Aubin.

DEVENIR AUTRE

C'est laissé à la liberté et à la fantaisie de chaque résistant ! Mais on peut dresser une brève typologie. Le résistant, s'il est engagé dans une structure qui comporte un service de faux papiers et si ses responsabilités l'exigent, peut adopter une autre identité, ce qu'il convient de distinguer du pseudonyme. Il s'agit d'une clandestinité « intégrale ». Ce travestissement sera institutionnalisé par l'adoption d'une fausse carte d'identité. Seuls les chefs recourent à cette technique, et particulièrement ceux qui doivent voyager souvent en France ou à l'étranger. Jean Moulin deviendra « Joseph Mercier » pour rejoindre Londres en 1941 ; il est arrêté en tant que Jacques Martel. Raymond Aubrac sera « François Vallet ». La fausse identité doit être connue du plus petit nombre. Contrairement au pseudonyme. Et il faut en changer en cas de coup dur.

UN IDENTIFIANT

Le pseudonyme, plus généralement, est un identifiant bref, souvent proche du signe et du symbole. Il y a d'abord ceux qui souhaitent que leur pseudonyme indique le sens de leur activité. Le jeune polytechnicien André Bollier, imprimeur du journal *Combat*, deviendra « Vélin » (comme le papier). Dans le journal *Vérités*, le père Chaillet signe

"Berneix, Vélin, Xaintrailles, Vidal, Bienvenüe, Nef, Mars, Chevalier, Delé, Duchêne, Morland, Testis..."

« Testis » : il veut témoigner de la fidélité du christianisme à la cause de la défense de la liberté humaine. Il y a ceux dont le pseudonyme doit faire rêver et montrer le but de l'aventure. C'est ainsi que Berty Albrecht sera « Victoire » et que Pierre Brossolette sera « Brumaire ». Il peut arriver que le pseudonyme évoque un souvenir personnel indécryptable par un tiers. Pourquoi Jean Moulin se fait-il appeler « Max » ? On peut penser qu'il s'agit d'un hommage au poète Max Jacob, qu'il a connu lorsqu'il était jeune sous-préfet à Châteaulin, et qui représente la dimension artiste du préfet, par ailleurs excellent dessinateur. Dans le choix de leurs pseudonymes, certains résistants aiment déclarer incidemment une appartenance idéologique. C'est ainsi que Pierre Guillain de Bénouville se fait appeler « Barrès », en hommage à Maurice Barrès, figure du nationalisme français.

Il arrive fréquemment que le choix du pseudonyme soit le résultat du pur hasard. C'est de manière « irrationnelle » que Jacques Baumel, jeune secrétaire général des MUR, s'autobaptise « Berneix ». Certains milieux créent une identité collective en choisissant, par exemple, une station de métro. André Devawrin devient « Passy », le commandant Maurice Duclos devient « Saint-Jacques », le capitaine Raymond Lagier devient « Bienvenüe ». Certains affirment qu'il faut y voir une origine d'extrême droite commune (appartenance supposée à une organisation secrète d'avant-guerre, la Cagoule). François Mitterrand ne s'est-il pas fait appeler « Morland », et Bénouville, « Duroc » ?

BROUILLER LES PISTES

Le pseudo n'est pas le même en France et à l'extérieur. Henri Frenay est « Charvet » dans sa correspondance avec Londres ; il sera « Xaintrailles » pour ses liens avec son mouvement (et notamment avec la Suisse) ; et, pour les autres mouvements de Résistance : « Gervais », « Tavernier », « Nef », « Lefebvre ». Pourquoi aussi choisir plusieurs pseudonymes successivement, ce qui complique la lisibilité ? Justement pour éviter la répression, car les mailles du filet se resserrent au fur et à mesure des arrestations. Le général Delestraint, chef de l'Armée secrète, sera tour à tour « Vidal », « Mars », « Chevalier », « Delé », « Duchêne ». Cela ne l'empêchera malheureusement pas d'être arrêté par la Gestapo.

UNE IDENTITÉ À PART ENTIÈRE

Le pseudonyme ne va pas toujours mourir avec la Libération. Pour certains résistants, il va devenir un mythe, le souvenir difficile, mais heureux, d'une époque où ils ont pris des responsabilités que la paix ne leur aurait jamais permis de prendre. Parfois, c'est par le pseudonyme qu'ils se sont fait connaître. C'est pourquoi un certain nombre de résistants conserveront après la guerre leur pseudonyme, comme Jacques Chaban-Delmas, Marcel Bleustein-Blanchet ou général Maurice Chevance-Bertin. Par nostalgie, peut-être, mais aussi par idéal.

La plupart des résistants possède plusieurs pseudos. Ainsi Delestraint fut Mars, Vidal, Chevalier, Delé et Duchêne ; Brossolette, outre Brumaire, fut aussi Boutet et Pedro ; enfin Jean Moulin en utilisa beaucoup, dont Max et Rex.

Août

Lutter contre le grand « pourrisseur »

Le germaniste et essayiste Robert d'Harcourt, blessé de la Grande Guerre, n'a cessé de mettre en garde les Français contre le nazisme, qu'il a eu tout le loisir d'observer en Allemagne. Dès 1940, il passe en zone non occupée et il enseigne à l'Institut catholique de Lyon. Il tente alors d'informer et d'inciter à sortir de leur isolement les chrétiens attentistes à l'aide de textes clandestins imprimés par ses propres moyens. Entre février et août, il publie six *Lettres à la jeunesse.*

Raymond Aubrac est l'un des fondateurs du journal clandestin **Libération** ***avec Emmanuel d'Astier de la Vigerie. Le premier numéro sort en juillet 1941.***

Fin juillet

Libération (Sud) : un journal qui est un acte

Le groupe La Dernière Colonne, né en zone non occupée, décide de publier un journal clandestin qui doit lui permettre d'élargir son audience.

Libération n'est pas né du jour au lendemain. Dès l'automne 1940, Emmanuel d'Astier de La Vigerie et quelques autres constituent un groupe qu'ils appellent d'abord la Dernière Colonne. À la fin de mai 1941, la décision est prise de faire paraître un journal, *Libération*. En mai-juin, la préparation du journal se fait dans l'enthousiasme. C'est Jean Cavaillès qui trouve le titre du journal. Des typographes du journal *la Montagne* et des petits imprimeurs prêtent leur concours pour la composition artisanale de *Libération*. Les résistants paient de leur poche l'impression – soit une somme de 10 000 francs – et font montre d'imagination pour trouver du papier. À la fin de juillet 1941, ils tirent le premier numéro à 10 000 exemplaires, ce qui est remarquable, compte tenu des conditions de clandestinité.

L'originalité de *Libération,* c'est que ce journal, le premier de cette envergure, décide d'attaquer sans détours et le maréchal Pétain et le régime de Vichy. Il n'hésite pas à s'en prendre à la politique antisémite de Vichy, qui, par deux fois (les deux « statuts » des juifs : du 3 octobre 1940 sous Pierre Laval ; et du 2 juin 1941 sous l'amiral Darlan), a promulgué des textes qui excluent et persécutent les juifs. *Libération* est un journal de gauche aux accents républicains, qui invite à rallier la cause défendue par le général de Gaulle. Emmanuel d'Astier de La Vigerie est soutenu dans sa démarche par Léon Jouhaux, l'ancien secrétaire général de la CGT.

Parmi les affirmations du premier numéro, on peut lire : « [...] Ce journal ne sera pas une feuille de papier, mais un acte. [...] Nous n'avons point de doctrine. Nous ne voulons pas en avoir aujourd'hui. »

« [...] Nous, les Français de *Libération,* nous voulons : Considérer la défaite comme un épisode dans une guerre qui s'impose au monde entier... »

12 août

« Un vent mauvais »

Le 27 août 1941, quinze jours après le discours du « Vent mauvais » de Pétain, Paul Collette tire sur Pierre Laval et Marcel Déat, qui passent en revue la LVF, alors sur le départ pour le front.

Durant l'été, le maréchal Pétain est confronté à des rapports préfectoraux et à des synthèses de contrôle du courrier des Français – appelés pudiquement « contrôles techniques » – qui montrent une poussée des oppositions à son régime et à la « révolution nationale ». Cette évolution se situe au moment où les Allemands ont commencé à envahir l'URSS. Les Français doutent des promesses de Pétain. Par ailleurs, les restrictions quotidiennes touchent de plus en plus les Français ; l'opinion s'inquiète. La propagande des résistants se développe et Vichy tente de trouver le meilleur moyen de riposte.

Aussi, à la radio de la zone non occupée, le 12 août, Pétain prononce un discours retentissant – le plus long qu'il prononce sous l'Occupation –, annoncé les jours précédents aux Français par voie de presse. Pétain prend un ton très grave et déclare qu'il « [entend] se lever depuis quelques semaines un vent mauvais. » Le vieux maréchal évoque le « malaise » des Français à cause de « temps difficiles ». « L'inquiétude gagne les esprits, le doute s'empare des âmes. L'autorité de mon gouvernement est discutée, les ordres sont mal exécutés. » Les gaullistes sont directement visés : « La radio de Londres et certains journaux français ajoutent à ce désarroi des esprits. » Des forces obscures saperaient, selon Pétain, le moral des Français et les induiraient en erreur. Ils seraient même responsables de la destruction des projets du régime de Vichy engagé dans la voie de la collaboration avec l'Allemagne. À ce sujet, le maréchal rétorque que les « relations avec l'Allemagne sont définies par une convention d'armistice, dont le caractère ne pouvait être que provisoire. [...] Quant à la collaboration, offerte au mois d'octobre 1940 par le chancelier du Reich [...], elle est une œuvre de longue haleine et n'a pu encore porter tous ses fruits. »

Après cette entrée en matière pessimiste, Pétain en profite pour annoncer un train de mesures très sévères et autoritaires qui visent les représentants de l'ordre ancien : « Un long délai sera nécessaire pour vaincre la résistance de tous ces adversaires de l'ordre nouveau, mais il nous faut, dès à présent, briser leurs entreprises, en décimant leurs chefs. » C'est un pétainisme dur qui s'affirme et qui va avoir pour effet de s'aliéner de larges franges de l'opinion française.

La propagande allemande tente de rassurer la population française sur ses bonnes intentions. Pourtant, certains font des graffitis sur ces affiches. Ici, dès la fin juin 1940, à La Rochelle.

Un jour d'août

Un certain Jean Moulin rencontre le capitaine Frenay

En cette année 1941 a lieu une rencontre fameuse, l'une des plus décisives pour la formation de la Résistance : c'est la rencontre entre le chef du MLN, Henri Frenay, et l'ex-préfet Jean Moulin.

Où a-t-elle lieu ? À Marseille. Quand a-t-elle lieu ? La réponse est plus délicate et nous introduit déjà dans le mystère, ou du moins dans la complexité de cette histoire. Le témoignage du principal protagoniste survivant a évolué, la situant en avril, puis en juillet ! Le mois d'août paraît le plus vraisemblable. C'est grâce à un pasteur américain, le révérend Howard Lee Brooks, envoyé en France par l'ami de Moulin réfugié aux États-Unis, Pierre Cot, et par le soviétophile Louis Dolivet, dans le cadre de l'Unitarian Service Committee (USC). Dès son retour en Amérique, Brooks racontera dans un livre sa mission : *Prisonners of Hope*. C'est le premier livre où Moulin et Frenay apparaissent (bien sûr, sous des pseudonymes).

Les deux hommes se rencontrent et se parlent longuement chez le docteur Recordier, un ami de Frenay. D'emblée, Frenay apprécie l'homme, « de taille moyenne, les cheveux légèrement grisonnants, la figure ronde, le regard direct ». Son impression est « excellente » : « L'homme est calme, mais à certains signes, on sent la passion. Il est maître de lui, et puis j'aime son regard et je crois, d'expérience, qu'un regard trompe rarement. » Mais que veut ce haut fonctionnaire inconnu des milieux de la Résistance ? Depuis avril 1941. Moulin fait une sorte d'enquête politique sur la France occupée et sur la France non occupée. Il explique à Frenay qu'il veut gagner Londres pour parler avec les Britanniques et avec un certain général de Gaulle. Il n'est pas encore « gaulliste », pas plus d'ailleurs que Frenay !

Celui-ci lui décrit longuement le fonctionnement de son mouvement, le MLN, et lui expose ses besoins en argent, en armes, mais aussi en communication. Il lui fait comprendre les difficultés quotidiennes auxquelles se heurtent les résistants pour communiquer, dues à l'impossibilité de faire usage du système postal, télégraphique et téléphonique, tous les transports et communications devant s'effectuer par des émissaires voyageant à bicyclette ou par le train. Moulin est impressionné. Ces informations lui sont précieuses : elle serviront à nourrir le rapport qu'il rédige le 25 octobre 1941 et qu'il présentera au général de Gaulle, entraînant la confiance de ce dernier : « Rapport sur les activités, les plans et les besoins des groupes formés en France, en vue de l'éventuelle libération du Pays ». Conclusion de ce rapport : « Il serait fou et criminel de ne pas utiliser ces soldats, qui sont prêts à faire les plus grands sacrifices... »

L'auteur de l'attentat du métro Barbès, Pierre Georges, alias *colonel Fabien, déguisé en curé.*

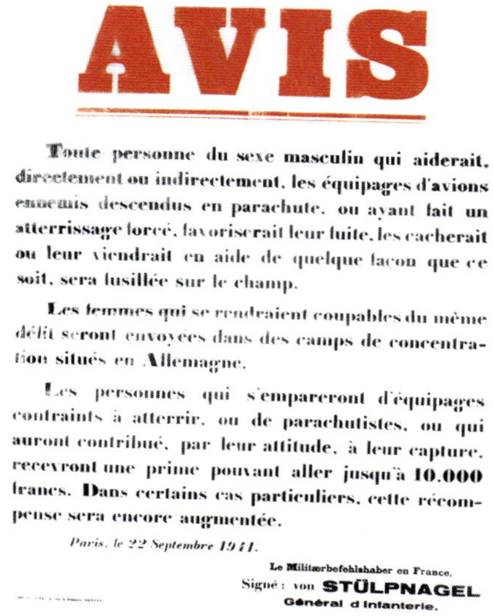

AVIS

Toute personne du sexe masculin qui aiderait, directement ou indirectement, les équipages d'avions ennemis descendus en parachute, ou ayant fait un atterrissage forcé, favoriserait leur fuite, les cacherait ou leur viendrait en aide de quelque façon que ce soit, sera fusillée sur le champ.

Les femmes qui se rendraient coupables du même délit seront envoyées dans des camps de concentration situés en Allemagne.

Les personnes qui s'empareront d'équipages contraints à atterrir, ou de parachutistes, ou qui auront contribué, par leur attitude, à leur capture, recevront une prime pouvant aller jusqu'à 10.000 francs. Dans certains cas particuliers, cette récompense sera encore augmentée.

Paris, le 22 Septembre 1941.

Le Militærbefehlshaber en France.
Signé : von STÜLPNAGEL
Général d'Infanterie.

Un avis du Mbf *met en garde la population contre toute aide apportée aux aviateurs alliés abattus.*

21-22 août

Attentat au métro Barbès

À 8 heures du matin, plusieurs coups de feu retentissent à la station de métro Barbès-Rochechouart. Un aspirant de la *Kriegsmarine,* Alfons Moser, s'écroule. Il est abattu par deux coups de revolver tirés par un résistant communiste, Pierre Georges (*alias* colonel Fabien). Deux autres jeunes communistes l'accompagnent : Gilbert Brustlein et Fernand Zalkinow. Cet attentat s'inscrit en représailles à l'exécution de deux jeunes militants communistes des Bataillons de la jeunesse, arrêtés lors d'une manifestation qui a eu lieu un mois plus tôt : Tyszelman et Gautherot.

Les Allemands sont stupéfaits, car se croyant invincibles ils ne s'attendaient pas à être attaqués en plein Paris. La Résistance s'en prend maintenant physiquement aux occupants. Ceux-ci promulguent le 22 une série d'ordonnances appelées « Code des otages » : il est décidé que des otages parmi les Français actuellement détenus seront choisis pour être fusillés après chaque attentat. Commence le cycle infernal des représailles et des contre-représailles.

25 août

Vérités des uns, mensonges des autres

Après diverses feuilles très confidentielles, Henri Frenay et Berty Albrecht créent le journal clandestin *les Petites Ailes de France* le 17 mai 1941. Il est implanté dans les deux zones, mais il reste encore artisanal, alors que le but de Frenay est de toucher les « masses ».

C'est chose faite vers la mi-juin 1941, grâce à l'entregent de Berty et à la complicité d'un imprimeur de Villeurbanne, Joseph Martinet. Berty rencontre un jeune polytechnicien, André Bollier, qui accepte la mission audacieuse de fabriquer un journal tiré au départ à environ 5 000 exemplaires.

Le premier numéro imprimé est daté du 10 juillet 1941. Mais, par sécurité, il doit changer de titre, à la suite d'une perquisition qui a lieu dans le local où est conçu le journal et stockée la documentation. Le nouveau journal devait s'appeler « Vérité » ; Frenay préfère le pluriel, plus modeste ; ce sera *Vérités*. Né le 25 août 1941, *Vérités* vit jusqu'en novembre de la même année, avec 17 numéros à son actif, avant de devenir *Combat*.

Étrangement, le sous-titre est une phrase célèbre d'un discours de Pétain : « Je hais les mensonges qui vous ont fait tant de mal. » S'agit-il, par antiphrase, de dénoncer les mensonges du maréchal ou de se placer (de faire semblant, à tout le moins) sous sa protection ? Le premier éditorial de *Vérités* montre une ambiguïté certaine. Il s'agit d'un commentaire du message de Pétain diffusé sur les ondes le 12 août 1941. « Véritas » (Frenay), l'éditorialiste, salue le fait que « les difficultés intérieures rencontrées par le Gouvernement, comme les échecs, ont été courageusement soulignés par le Maréchal ». On lit aussi cette phrase : « Nous sommes avec lui lorsqu'il s'attaque aux Puissances d'argent, à la Franc-Maçonnerie, au fonctionnarisme routinier. » Pourtant, la nomination de l'amiral Darlan, déjà détenteur du portefeuille des Affaires étrangères, comme ministre de la Défense, révulse l'éditorialiste. Darlan fait figure de pro-allemand. Pour « Véritas » le Maréchal a « abdiqué » l'essentiel de ses pouvoirs. « Eh bien non ! La France ne le tolérera pas. » La fin de l'éditorial sonne comme une menace : « Au-dessus de votre personne, Monsieur le Maréchal, il y a la France éternelle. C'est elle que nous servirons maintenant et toujours. »

Dans le numéro du 25 septembre 1941 « Véritas » écrit :

« Amis, ayez confiance. Nous allons sans doute au devant de persécutions. Sachons les affronter le front haut. La religion chrétienne est sortie grandie du sacrifice de ses martyrs. Ses tortionnaires sont morts depuis des siècles, la Foi demeure. Qu'importent les épreuves qui nous attendent, demain peut-être ? Au-dessus du jugement des hommes, il y a celui de notre conscience qui est le reflet du jugement de Dieu. »

Le journal clandestin Vérités, *préfiguration de* Combat, *qui comptera 17 numéros.*

JOURNAL INDÉPENDANT — N° 15 — le 25 Octobre 1941

VÉRITÉS

« Je hais les mensonges qui vous ont tant fait de mal. » Philippe PÉTAIN

"VÉRITÉS" n'est à la solde d'aucun groupement d'intérêts particuliers, d'aucun parti politique, d'aucune Puissance étrangère. Son souci constant est de faire connaître au public français des informations contrôlées et des opinions qu'il ne peut trouver dans les organes de la propagande officielle. Nos rédacteurs, comme les articles qu'ils écrivent, s'inspirent de notre seule devise : "Français nous sommes.... Français nous resterons"

FRANÇAIS UNE INFAMIE SE TRAME

La nouvelle que nous publions et commentons ci-dessous est absolument authentique. Nous ne pouvons bien entendu en indiquer la source, mais affirmons qu'il est impossible de mettre en doute sa valeur.

Dans la semaine du 11 au 16 octobre l'Amiral Darlan et Mr. Pucheu ont poursuivi à Paris les négociations au sujet de l'Afrique du Nord qui avaient été amorcées puis interrompues voici deux mois.

Le Général Weygand, mis au courant de l'importance des pourparlers en cours, arrivait d'Alger à Vichy en avion et obtenait une audience du Maréchal. Il lui exprima avec force qu'il s'opposerait à toute main-mise de l'Allemagne sur l'Afrique du Nord et, plutôt que de le supporter, il se démettrait de ses fonctions. Le Maréchal l'assura qu'il partageait son opinion.

De retour à Vichy, l'Amiral et Mr. Pucheu rendirent compte au Maréchal du résultat des négociations. Aux termes de l'accord intervenu, nous cédions au Reich toutes les bases navales et les aérodromes de l'Afrique du Nord, autorisions l'installation de Commissions de contrôle dans les ports et de Consulats dans les principales villes. En outre, l'économie africaine était intégrée dans l'économie européenne.

Le Maréchal refusa tout net. Immédiatement (17 octobre) l'Amiral Darlan démissionnait. Mais il était décidé que sa démission ne serait pas encore rendue publique.

Le 18 octobre la situation était donc extrêmement confuse. Le Maréchal recherchait la solution qui consistait tout en ne cédant pas aux Allemands, de maintenir l'Amiral à son poste.

Pour nous, une seule chose compte : **L'AFRIQUE DU NORD EST EN PÉRIL.** Si nous la livrons au Reich, nous sortons une fois de plus de l'attitude de neutralité que le Maréchal s'est engagé à respecter, nous exposons notre Empire aux attaques **JUSTIFIÉES** des forces anglaises qui combattent l'allemand partout ou il se trouve et nous verrions des forces françaises opposées comme en Syrie aux britanniques pour le plus grand bénéfice d'Hitler. Enfin nous déchaînerions contre nous les Etats-Unis, tragique maladresse contre laquelle l'Amiral Leahy a maintes fois mis en garde notre Gouvernement. N'oublions pas que ce sont eux qui ferons la paix.

Devant ce crime qui se trame, la France ne restera pas indifférente. **IL EST DES INFAMIES QU'UN PEUPLE NE TOLÈRE PAS.** L'avenir de la Patrie est en jeu. S'il intéresse le Gouvernement il intéresse aussi tous les Français.

Nous espérons que le Maréchal saura défendre contre ses Ministres l'intérêt du Pays. Si ces derniers l'emportaient contre lui, nous invitons tous les Français à manifester leur honte et leur colère en écrivant une lettre au Maréchal et une à l'Amiral Leahy. Nous ne donnons pas de texte, que chacun de nos lecteurs laisse parler son cœur et invite trois de ses amis à en faire autant. **C'EST UN DEVOIR FORMEL. NOUS DEVONS FAIRE ENTENDRE LA VOIX DE LA FRANCE.**

Véritas

À partir du second semestre de 1941, plusieurs sous-officiers et officiers de la Wehrmacht ont été victimes d'attentats. La répression est sans pitié. Après des procès expéditifs, les résistants passent le plus souvent devant les pelotons d'exécution allemands. Ici, un jeune homme est fusillé pour avoir coupé des lignes téléphoniques allemandes.

27 août

Une juridiction d'exception contre les résistants

Après l'entrée des chars allemands en URSS, les militants communistes se lancent dans une campagne d'attentats sans précédent contre l'armée allemande. Cette violence provoque la réaction allemande, mais aussi celle de Vichy, qui craint de perdre la direction du maintien de l'ordre en zone occupée. La collusion policière franco-allemande est alors possible pour lutter contre les résistants, et elle s'accentue. Le 21 août a lieu l'attentat du métro Barbès. Deux jours plus tard, une « loi » française datée du 14 août (sans doute antidatée pour ne pas paraître directement liée aux événements) est promulguée ; elle institue des « sections spéciales » auprès de chaque tribunal militaire de la zone non occupée et auprès de chaque cour d'appel de la zone occupée. En cas de flagrant délit, les sections devront juger très rapidement ; la peine de mort peut être prononcée et aucun recours n'est possible. Ces sections spéciales sont essentiellement des relais de la répression allemande contre les communistes.

À Paris, le 27 août, une section spéciale créée auprès de la cour d'appel juge 6 communistes et en condamne 3 à la peine capitale. Ils meurent pour des faits commis bien avant la promulgation de la loi, le principe de non-rétroactivité du droit français n'ayant pas été respecté.

MARSEILLE

UNE CAPITALE DE LA RÉSISTANCE

Dans l'imaginaire collectif, une ville de province, Lyon, fait figure de pôle de la Résistance intérieure. C'est là que se sont structurés les mouvements de la zone non occupée, c'est là que Jean Moulin a tenté de rapprocher les points de vue, c'est dans la banlieue lyonnaise qu'a eu lieu l'affaire tragique la plus célèbre de la courte histoire de la Résistance : Caluire et l'arrestation du représentant du général de Gaulle. Mais une autre ville mérite d'être qualifiée de première capitale de la France du refus : Marseille. Pourquoi Marseille ? Tout d'abord, c'est un port qui offre des perspectives de sortie de France par la voie maritime. C'est le seul grand port de la zone dite « libre ». Dès la défaite des armées françaises, de France et d'Europe convergent vers la cité phocéenne hommes et femmes, parfois résistants en puissance, qui refusent de vivre sous le joug nazi ou qui craignent des persécutions. Il s'agit surtout d'une élite intellectuelle candidate à l'exil. Des filières se créent immédiatement, qui fonctionnent de l'été 1940 à l'hiver 1941. Parmi elles, celle de l'Américain Varian Fry, fondateur du Centre américain de secours (Emergency Rescue Committee). Le CAS devient vite une officine semi-clandestine. Sous son apparence légale, ce centre confectionne des faux papiers et organise des passages clandestins de la frontière franco-espagnole, autre voie d'exfilration. Le CAS travaille également, par exemple, au rapatriement de militaires anglais évadés du fort Saint-Nicolas. D'autres structures préfèrent la légalité, comme les unitariens de l'USC, la Young Men Christian Association, la HICEM ou le Jewish Labor Committee.

Dans un premier temps, ces départs se déroulent dans une certaine légalité. Il s'agit essentiellement de rejoindre les Amériques. Mais Washington comme Vichy ont une politique très restrictive et érigent des « murs de papier » pour ralentir le flux. Ces organismes se chargent des nombreuses et difficiles formalités administratives pour recueillir visa américain, sauf-conduit de sortie de France, visa

Le vieux port de Marseille, dominé par Notre-Dame de la Garde. Située en zone libre jusqu'en novembre 1942, la cité phocéenne, permet à certains de quitter la France pour rejoindre l'Amérique ou Londres...

de transit en Espagne et au Portugal, et enfin billet (très cher) pour le bateau. Toutes ces démarches, qui exigent des contacts auprès d'un ensemble d'acteurs où chacun réagit en fonction de sa propre logique, constituent un véritable parcours du combattant toujours soumis à l'aléatoire. Victor Serge, dans ses *Mémoires d'un révolutionnaire,* parlera de « la bataille des visas ». Avec Anna Seghers, notamment, le « pape » du surréalisme, André Breton, quitte Marseille, en mars 1941, à bord du *Capitaine Paul Lemerle,* pour se rendre, par les Antilles, en Amérique du Sud. Il ne sera guère imité. Pour certains surréalistes demeurés en France, ces absents ont tort. Robert Desnos décide de rester. Membre de la Résistance, il mourra en déportation. À ceux qui lui demandent l'attitude à adopter, il répond, en allusion très nette à Breton : « Si vous tenez tant que cela à jouer au cadavre exquis, vous n'avez qu'à partir en Amérique. » Mais les candidats au départ ne ressemblent pas tous à Breton. C'est à Marseille, au consulat des États-Unis, que Jean Moulin réussit à obtenir en février 1941, un visa d'entrée en Amérique qui le conduira... à Londres et auprès du général de Gaulle.

DE L'HUMANITAIRE À L'ENGAGEMENT RÉSISTANT

Peu à peu, et surtout lorsque les départs deviennent impossibles du fait de l'entrée en guerre des États-Unis, Marseille, ville de refuge, devient le noyau d'une résistance. Certains de ceux qui se sont consacrés à une tâche humanitaire franchissent le pas et entrent dans le combat de l'ombre. C'est le cas de Paul Schmierer, militant socialiste de Paris, qui, après la destitution du CAS, rejoint le réseau Tartane-Masséna. Justus Rosenberg, originaire de Dantzig, qui a rejoint la France en 1938, est le garçon de courses du CAS ; après avoir échoué à passer les Pyrénées, il participe à la Résistance grenobloise, puis au réseau Gallia. Stéphane Hessel n'est pas à proprement parler un membre du CAS, mais il connaît très bien, avec sa mère, Varian Fry ; il réussit à s'embarquer pour Oran et à gagner l'Angleterre, où il s'engage dans la France libre. Daniel Bénédite, un peu plus tard, travaille pour l'OSS, les services spéciaux américains. Un autre membre du CAS jouera un rôle important dans la Résistance : Jean Gemähling, ingénieur chimiste de 28 ans, qui a fait la guerre dans un bataillon anglais. La défaite consommée, il se trouve à Marseille, le 15 août 1940, avec l'intention de trouver un moyen pour gagner Gibraltar, puis l'Angleterre. Grâce à un camarade de guerre, Daniel Bénédite, il entre en contact avec le CAS et en devient un membre permanent. Gemähling rencontre Maurice Chevance (pseudo : Bertin), le compagnon d'Henri Frenay qui vient de créer à Marseille le Mouvement de Libération nationale (MLN). Chevance, qui part du principe qu'il faut lutter en France et non à l'étranger, dissuade Jean Gemähling de partir pour Londres. Il a l'intuition que le MLN est la seule structure prometteuse de la région. Il entre donc dans l'organisation naissante comme chef du service de renseignements, secondé par l'écrivain Benjamin Crémieux, lui aussi réfugié, et il rencontre Frenay en janvier 1941. Le futur chef de Combat a très tôt pensé, depuis qu'il a été nommé, à l'été 1940, à l'état-major du commandant d'armes de la place de Marseille, que cette ville de passage est un endroit idéal pour recruter des militants. C'est pourquoi il encourage le capitaine Chevance à monter une Agence de bagages chargée de guider les militaires qui partent aux colonies ou qui en reviennent.

LIEU DE RENCONTRES

Sa mère habitant à Sainte-Maxime, le capitaine Frenay vient souvent à Marseille. C'est là qu'il se rend après la débâcle. Le premier homme qu'il tient à saluer est le docteur Marcel Recordier, qui habite au 67, rue de Rome. Le docteur est un homme très connu à Marseille, au centre d'un réseau de sociabilité important. C'est lui,

Le 11 novembre 1942, pour riposter au débarquement américain en Afrique du Nord, Hitler donne l'ordre à ses troupes d'occuper toute la France y compris Marseille en zone sud.

Du 21 au 27 janvier 1943, Marseille et ses environs sont le théâtre de la plus grande rafle de la zone sud menée contre les juifs.

notamment, qui lui fera rencontrer Jean Moulin. C'est un ami très proche de Frenay, depuis le temps où il l'a rencontré au 3e régiment d'infanterie alpine, alors que Recordier, officier de réserve, y effectuait une période. Le docteur Recordier lui apportera des contacts, mais aussi de l'argent. C'est toujours à Marseille que Frenay retrouve, au café le Cintra, le capitaine Paul Paillole, du contre-espionnage français, son ancien condisciple à Saint-Cyr. C'est un ami d'enfance du frère de Marcel Recordier, qui vient de fonder les « Travaux ruraux », camouflage du service de contre-espionnage français. Les TR œuvrent clandestinement dans une villa de la plage du Prado. C'est à Marseille que Frenay rencontre Jean Moulin avant son départ pour Londres, à l'été 1941, et qu'il le retrouve à son retour muni des consignes du général de Gaulle, même si c'est à Lyon que le mouvement va se développer sous le nom de Combat. Dans le bouillonnement de la cité phocéenne, les chrétiens de gauche qui se reconnaissent dans la revue *Esprit* et Emmanuel Mounier sont très actifs et participent aux premiers frémissements du refus. Viennent au MLN des hommes comme Jacques Baumel, lié, comme Claude Bourdet, à Jean-Louis Belpéer, l'un des représentants d'*Esprit* à Marseille. Berty Albrecht, la compagne et inspiratrice de Frenay, est née dans la haute société protestante de Marseille.

PREMIÈRE RÉUNION DES TROIS GRANDS

Le mouvement Liberté, initié par les universitaires Pierre-Henri Teitgen et François de Menthon, prend son essor à Marseille. Son journal y est imprimé à partir de janvier 1941 par Guy de Chieusses de Combaud Roquebrune, sur les machines des établissements Ferrand, dont il est le directeur. C'est aussi dans cette ville qu'Emmanuel d'Astier de La Vigerie imagine la Dernière Colonne, qui deviendra Libération. Ce n'est pas par hasard si les trois premiers mouvements de Résistance d'importance, le MLN, Liberté et Libération, organisent à Marseille leur première réunion au sommet en septembre 1941. Par ailleurs, certains socialistes tentent d'exister et de servir la Résistance naissante autour de Félix Gouin, ancien député maire d'Istres, et d'une nouvelle garde, représentée par le jeune avocat Gaston Defferre.

FILIÈRES D'ÉVASION

Marseille est un des lieux de départ majeurs des filières de passage et d'évasion par la péninsule Ibérique. Il n'est donc pas étonnant que des organisations chargées de cette mission y fleurissent. Une organisation se distingue : celle de Ian Garrow, liée à l'Intelligence Service, remplacé en 1941, suite à son arrestation, par le Belge Albert Guérisse, dit « Pat O'Leary ». L'homme d'affaires marseillais Louis Nouveau, dit « Saint-Jean », est un maillon important de cette chaîne. On trouve également le réseau F2 qui, à l'origine, s'appelle Réseau interallié : il regroupe des Polonais qui, engagés au service de la France, ont été démobilisés à Carpiagne, à côté de Marseille. Ce réseau, qui a également une mission de renseignements au service de la Grande-Bretagne, est animé par le Polonais Tadeusz Jekiel, dit « Doctor ». On pourrait évoquer aussi les réseaux Carte et Alliance, très actifs dans la région. Marseille est un lieu idéal de rencontres et de recrutement.

L'entrée en guerre des États-Unis, la montée de la répression et l'invasion, en novembre 1942, de la zone non occupée font perdre à Marseille son privilège de cité du refuge. La ville est trop excentrée et les communications trop difficiles. Mais on peut dire que les grands mouvements de la Résistance intérieure de zone sud y ont pris naissance, ou consistance. C'est Lyon qui lui ravit la place en 1942 et qui devient la capitale de la Résistance. Dans ses mémoires, intitulées *Vingt Mille Heures d'angoisse,* le général Maurice Chevance-Bertin affirme que, pour lui, « c'est Marseille [...] qui demeure la vraie, la première capitale de la Résistance ».

5 septembre

Rencontre au sommet

Les résistants ne sont pas devenus « la Résistance » du jour au lendemain. Le chemin de l'unification sera long, difficile, parfois douloureux. Ce qui est sûr, c'est que les résistants de la première heure n'ont pas attendu Jean Moulin pour aller dans cette direction. Frenay, le premier, a fondé le mouvement le mieux structuré et le plus nombreux : le Mouvement de Libération nationale (MLN). François de Menthon a suscité le mouvement Liberté, qui fusionnera à la fin de 1941 avec le MLN pour devenir Combat. Emmanuel d'Astier de La Vigerie fait émerger son propre mouvement au début de l'été 1941 : il l'appelle Libération et c'est le plus à « gauche ». Chacun des chefs a une histoire, une culture, une personnalité fort différentes. D'Astier, aristocrate aux idées royalistes avant-guerre, officier de marine devenu journaliste, condottiere opiomane, est aussi ondoyant que Frenay, le breveté d'état-major, est droit et direct, lequel a quitté un milieu plutôt à droite après sa rencontre avec la féministe Berty Albrecht. Il s'agit de deux tempéraments, comme l'a bien vu Jacques Soustelle : « L'un suscitait le dévouement, l'autre la complicité ; tandis que le premier, passionné de plans, conservait de sa carrière militaire le goût des graphiques d'organisation et des hiérarchies pyramidales, le second, dilettante passé de la marine à un journalisme épisodique, préférait les comités où son génie de la manœuvre pouvait s'épanouir. » Mais ces deux figures marquantes de la Résistance intérieure sont animées de la même foi, du même enthousiasme déraisonnable, de la même ambition : libérer la France, et préparer la nouvelle France qui devra advenir après la Libération.

Leur première rencontre a lieu le 5 septembre 1941, en présence de Jean Cavaillès, le philosophe des mathématiques et de François de Menthon. C'est Louis Terrenoire qui en est à l'origine. D'Astier impressionne Frenay parce que d'emblée il englobe dans un même refus le nazisme, l'occupant et Vichy. D'accord sur l'essentiel, ils s'opposent lorsqu'il s'agit de discuter des modalités de leur coopération. Frenay souhaite l'union, voire la fusion, tandis que d'Astier s'y oppose catégoriquement. Pour des raisons politiques, expliquera-t-il plus tard ; mais aussi pour protéger son territoire. Ils auraient eu également des divergences sur la question de savoir s'ils devaient prendre immédiatement contact avec la France libre du général de Gaulle.

Assurément, l'unification de la Résistance intérieure sera aussi un combat ! Comment faire fonctionner un orchestre si tous les musiciens veulent être solistes ?

22 septembre

Refus du serment à Pétain

Le 12 août a été annoncée l'obligation pour les hauts fonctionnaires de prêter serment de fidélité au maréchal Pétain, chef de l'État. Seul de tous les magistrats, Paul Didier, juge au tribunal de première instance de la Seine, refuse d'accomplir cet acte solennel et symboliquement fort d'allégeance personnelle, au nom de sa conscience. Or, non seulement son geste demeure sans écho, mais son arrestation, puis sa révocation ne suscitent aucune réaction de soutien. Il est interné au camp de Châteaubriant, dont il est extrait, pour être assigné à résidence, après que les Allemands ont commencé à puiser parmi les détenus pour trouver des otages à exécuter.

24 septembre

Un gouvernement en exil

Après bien des difficultés, le général de Gaulle parvient à doter la France libre d'un Comité national – composé de 8 membres acquis pour la majorité à de Gaulle. Il exerce les pouvoirs publics français et il a vocation à représenter la souveraineté française. Le Comité jouit des pouvoirs exécutif et législatif identiques aux gouvernements en exil. Les gouvernants anglais discutent désormais avec le Comité, et non plus directement avec le chef des Français libres. En réalité, de Gaulle tient bien sous sa coupe le Comité national, qui fédère les groupes de Français éparpillés dans le monde entier. Ils constituent en fait autant d'ambassades officieuses de la France libre.

Soldats australiens et marins de la France libre à Londres.

La Gestapo opère en France au sein d'une organisation complexe, parfois en concurrence avec le Mbf. Ses coups de filet sont très bien préparés, assez souvent en coopération avec les forces policières françaises.

26 septembre

« Frères de gaullistes ! »

L'Union soviétique, dont la rupture avec Vichy est toute récente, reconnaît, le même jour que la Grande-Bretagne, le Comité national français comme représentant tous les Français libres. Elle y ajoute une promesse d'assistance et « la ferme résolution d'assurer la pleine restauration de la grandeur et de l'indépendance de la France ». Épousant comme toujours les évolutions de la diplomatie soviétique, le Parti communiste français cesse ses violentes attaques contre de Gaulle, « général à particule », « agent de la finance anglaise qui veut faire battre les Français pour la City ». Le 2 octobre, on peut lire dans *l'Humanité* : « Ce qu'il faut, c'est l'union et l'action du peuple français aux côtés des autres peuples asservis, aux côtés des Anglais, aux côtés des troupes de De Gaulle. » Cette guerre, depuis le 22 juin 1941, n'est plus une « sale guerre impérialiste » qui ne concernerait que la classe ouvrière.

19 octobre

Jean Moulin écrit à son ami Pierre Cot

Le 9 septembre, Jean Moulin, préfet révoqué par Vichy, quitte la France sous la fausse identité de Joseph Mercier, professeur dans une université américaine partant rejoindre son poste. Transitant par l'Espagne, Moulin s'arrête à Lisbonne, non pour trouver un embarquement pour les États-Unis, mais pour se présenter à l'ambassade britannique. Il décide donc de ne pas rejoindre son ami et mentor Pierre Cot, plusieurs fois ministre sous la IIIe République, proche des communistes. Le 19 octobre, soit un jour avant de s'envoler enfin pour l'Angleterre, il lui écrit une lettre :

« Je suis heureux de pouvoir, d'une terre libre, t'envoyer mes bonnes affections. [...] Tu sais depuis longtemps que j'ai, en effet, décidé de ne pas aller en Amérique, pensant que je pourrais rendre plus de services à notre pauvre pays en suivant une autre voie et en étant plus proche de nos amis anglais.

J'ai su, par contre, par diverses voies, que tu étais, toi-même, beaucoup plus utile aux USA et que tu continuais à faire du très bon travail pour la cause des Alliés. À chacun sa destinée. Je ne peux m'empêcher cependant de regretter que la mienne me prive d'une des seules joies de ma vie : la présence de mes amis. [...]

En France malgré le spectre du communisme agité savamment par Berlin, Paris et Vichy, on tient et le moral en zone occupée continue à être magnifique.

Nous aurons une belle victoire. »

Les jeunes Français démobilisés sont tenus de servir leur pays en se rendant utiles ; le régime de Vichy a prévu les Chantiers de la jeunesse. Ici, en octobre 1941, en région parisienne, des jeunes hommes sont chargés de faire les vendanges.

Octobre

Ian Garrow arrêté, mais son réseau d'évasion continue...

En juin 1940, un officier anglais prisonnier, le capitaine des Seaforth Highlanders, Ian Garrow, s'échappe de Saint-Valéry-en-Caux (Seine-Maritime), où la 51e division écossaise est cernée par les Allemands. Garrow dispose de l'atout d'appartenir à l'Intelligence Service (IS), même si, à ce moment-là, il n'a plus aucun contact avec celui-ci. Il parvient à rejoindre Marseille, où il est enfermé au fort Saint-Jean avec d'autres officiers anglais. De son lieu de détention aux règles très souples, il met sur pied une organisation qui permet l'évasion d'officiers anglais emprisonnés au fort Saint-Jean, mais aussi de ceux qui souhaitent retourner en Angleterre.

En décembre 1940, Ian Garrow se lie à Louis Nouveau, un courtier maritime, ce qui lui permet de monter une chaîne d'évasion qui emprunte la voie pyrénéenne. Près de 150 militaires peuvent ainsi rejoindre l'Espagne, alors que le lien avec Londres n'est pas encore établi. Cette filière devient un véritable réseau. Mais le chemin montagneux se révèle très dangereux, sans doute davantage que celui de la navigation sur mer. Garrow est entré en contact avec des républicains espagnols de Toulouse. Un industriel du nom de Gosling lui avance 6 millions, remboursables par les services britanniques. Ensuite, au printemps 1941, un quartier général est installé à Lille sous la responsabilité d'un officier australien, Bruce Dowding dit « Mason ». De là, une complicité étroite s'établit avec l'abbé Pierre Carpentier d'Abbeville, qui met au point un service de faux papiers. Des résistants locaux leur prêtent leur concours, dont Natalis Dumez et Jules Noutour. Les plaques tournantes pour passer les aviateurs anglais du réseau Garrow sont situées à Abbeville, Lille, Marseille et Vierzon (chez les époux Cliquet). C'est le sergent anglais Harold Cole dit « Paul » qui les convoie à travers la France. Au mois d'avril 1941, près de 600 militaires alliés sont rapatriés par ce réseau.

Ian Garrow est cependant arrêté par la police marseillaise en octobre 1941. Il est jugé par le tribunal militaire de Marseille, défendu notamment par l'avocat Gaston Defferre, et il est condamné à dix ans de détention. Garrow est aussitôt remplacé par Albert Guérisse dit « Joseph » ou « Pat O'Leary », un médecin major de l'armée belge engagé au *SOE*, qui se met en tête de le faire évader tôt ou tard. Albert Guérisse avait été libéré par la filière de Garrow alors qu'il était emprisonné au fort Saint-Jean, après une opération de débarquement d'agents, le 25 avril 1941.

20 octobre

Gilbert Brustlein tue un Feldkommandant à Nantes

Le 20 octobre, vers 8 heures du matin, Gilbert Brustlein dit « Gilbert », chef d'un groupe d'un Bataillon de la jeunesse, se rend à Nantes et, avec la collaboration de Guisco Spartaco, assassine le *Feldkommandant* Fritz Hotz. Puis il prend la fuite. C'est le deuxième attentat individuel antiallemand, mais cette fois-ci il touche un officier important. Âgé de 22 ans, Gilbert Brustlein est ouvrier-tapissier et il est déjà connu des services de la préfecture de police de Paris ; il a été arrêté en janvier, car des soupçons pesaient sur lui au sujet d'un vol de matériel. Il est laissé *in fine* en liberté. C'est un organisateur très efficace et au caractère bien trempé. Les Allemands le recherchent depuis l'attentat contre Moser, car dans leurs rapports, seul le nom de Brustlein apparaît comme auteur. Entre le 21 août et le mois d'octobre 1941, les rapports du MbF notent que dans Paris et sa région, avec Roger Hanlet, Pierre Milan, Acher Semaya, Christian Rizo et Fernand Zalkinow, Brustlein commet une vingtaine d'attentats à l'explosif pour blesser ou tuer des Allemands, pour endommager les infrastructures utiles aux occupants, ou encore pour voler de l'explosif et des armes.

Les attentats individuels contre des militaires allemands représentent un tournant dans l'histoire de l'Occupation et de la Résistance. Pour les communistes, les Allemands ne doivent plus se sentir en sécurité, et les Français doivent réagir. Le général de Gaulle n'approuve pas cette méthode qui met en danger des civils pris comme « otages » pour être fusillés par mesure de représailles.

De même, le dirigeant communiste Marcel Cachin, retiré à Paimpol en Bretagne et arrêté le 30 août 1941, signe une lettre qui condamne les attentats individuels, le jour de sa remise en liberté le 20 octobre. Les propagandes allemande et vichyste utilisent évidemment ce document. Les résistants communistes montrent à l'opinion que les Allemands peuvent être frappés n'importe où. Mais cette tactique s'avère très impopulaire.

Guy Môquet, jeune lycéen de Paris, est le fils d'un député communiste déporté en Algérie par le régime de Vichy. Le jeune homme tombe devant le peloton d'exécution à Châteaubriant.

Poupée confectionnée par Jean-Pierre Timbaud pour sa fille Jacqueline, durant sa détention à Chateaubriant. Il sera fusillé le 22 octobre par les Allemands.

22-23 octobre

Exécution de 98 otages

Conformément au Code des otages, scrupuleusement appliqué par les Allemands, 98 Français sont fusillés : le 22 octobre, 27 otages à Châteaubriant, et 21 à la prison de Nantes ; dans l'après-midi du 23 octobre, au camp de Souges, près de Bordeaux, 50 otages sont passés par les armes. À Châteaubriant, ce sont majoritairement des communistes, mais il y a aussi le jeune résistant, fils de député, Guy Môquet, âgé de 17 ans.

À Vichy, le ministre de l'Intérieur Pierre Pucheu parvient à sauver des anciens combattants de la liste des otages, mais il ne dit rien devant les listes de communistes et de militants d'extrême gauche, cautionnant cette exécution.

Des centaines de lettres de Français sont envoyées à la BBC de Londres, pour informer de la situation qui s'aggrave chaque jour en France.

28 octobre

La guerre des ondes : les auditeurs de la BBC menacés

La radio a un impact psychologique très puissant sur les opinions. Ce qui se joue sur les ondes de la BBC, au nom de la France libre, depuis l'appel de De Gaulle, le 18 juin 1940, c'est la lutte pour une prise de pouvoir sur les esprits. En France, le régime de Vichy exerce sa souveraineté sur la programmation radiophonique qui représente une arme de propagande. La guerre des ondes est sans pitié depuis le mois de juin 1940 entre Pétain et de Gaulle. Le combat porte sur la légitimité ou non des hommes qui prétendent représenter la « vraie » France. Vichy contrôle les émetteurs en zone non occupée, y compris ceux des radios privées comme Radio-Agen, Radio-Nîmes, etc. Dès juillet 1940, le nouveau régime interdit aux postes privés de faire de la publicité, ce qui les prive de leurs moyens de financement. Les postes privés dépendent désormais de l'argent public. L'État exerce un contrôle total.

Goebbels et la *Propaganda Abteilung* – qui naît le 18 juillet 1940 et qui est rattachée au MbF – gardent la haute main sur les ondes de la zone occupée. La ligne de démarcation forme ainsi une frontière entre les zones d'influence de la radiodiffusion. Vichy n'a pas le droit de diffuser en zone allemande. Une exception lui est accordée en octobre 1940, car les occupants autorisent au régime autoritaire de Pétain la diffusion de ses communiqués *via* Radio-Paris sous contrôle allemand, mais animée par l'ultra droite française collaborationniste. Radio-Paris est très antisémite, anticommuniste et anti-anglo-saxonne. Vichy s'inquiète de la présence des collaborationnistes sur les ondes, car des attaques cinglantes sont destinées aux hommes des gouvernements tel Darlan, par exemple. Certaines régions de France – comme le Nord et la Bretagne – ont du mal à entendre les messages de Vichy en raison de leur position géographique et du manque de puissance des émetteurs. Le 28 octobre 1941, Vichy s'aligne sur l'initiative réglementaire allemande en interdisant toute écoute publique des radios antiallemandes et notamment de la BBC.

Vichy s'exécute en menaçant de sanctions importantes les contrevenants, à savoir une peine maximale de deux ans de prison. Les Allemands exigent que la peine de mort soit même ajoutée, en vain. Le durcissement de la législation est donc manifeste à l'automne 1941. L'État français commence aussi le brouillage des ondes de la BBC, mais sans grand succès pour l'heure. La radio de Londres continue donc à être largement entendue par les Français. Mais les Français savent désormais qu'ils commettent ainsi un délit sévèrement réprimé.

16 novembre

« France, prends garde de perdre ton âme »

Témoignage chrétien a été le seul mouvement de résistance spécifiquement chrétien. Ce n'est pas par hasard si sa naissance a lieu à Lyon, dans la mouvance avant-gardiste des jésuites de la colline de Fourvière.

Dès l'avant-guerre, ils sont plusieurs à vouloir dépoussiérer l'enseignement théologique de l'époque, désireux d'être à l'écoute des problèmes de leurs contemporains. Comme le père Fontoynont, le père Pierre Chaillet, le Père Henri de Lubac ou le jeune François Varillon. Ce dernier, aumônier des khâgneux lyonnais, a fait sienne la devise suivante : « La grandeur chrétienne n'est pas dans l'évasion mais dans l'affrontement ». Leur souci commun est d'« amener la théologie au contact des réalités vivantes de la grande conscience collective de l'Église, corps du Christ ». D'emblée, ils ont compris que l'hitlérisme est plus qu'un avatar du pangermanisme et que l'antisémitisme qui submerge la France rime avec l'antichristianisme. Le jour de l'annexion de l'Autriche par l'Allemagne, le père Chaillet ne réussit pas à assurer son cours à Fourvière tant l'émotion l'étreint. Alors que le cardinal Gerlier, primat des Gaules, à l'occasion de la venue du maréchal Pétain à Lyon, en novembre 1940, lance le tristement fameux « Pétain c'est la France et la France, aujourd'hui, c'est Pétain », le père Fontoynont refuse d'honorer de sa présence la cérémonie qui est offerte à Pétain en la cathédrale Saint-Jean. Quand, à l'été 1941, le « patron » des jésuites ordonne la lecture publique d'un mémoire où il est demandé d'« amener les âmes à pratiquer l'obéissance que tous, surtout les catholiques, doivent au chef de l'État », Fontoynont, préfet des études, préfère être suspendu.

Ému du témoignage d'un jeune catholique lui avouant sa perplexité devant la collusion entre Vichy et l'Église, Varillon s'en ouvre au père Fessard, un jésuite parisien (replié à Lyon) qui avait publié dès 1936 un livre cri d'alarme : *Pax Nostra. Examen de conscience international*. Varillon lui suggère de rédiger un tract contre la collaboration qu'il se propose de dupliquer et de distribuer à l'occasion du 14 Juillet. Huit jours après, François Varillon revient le voir. Ce n'est pas un tract qu'il lui remet, mais une cinquantaine de feuillets dans lesquels il dénonce l'antisémitisme de Vichy comme étant contraire à l'esprit chrétien. Il ne s'agit plus d'un tract à ronéoter mais d'un texte à publier... L'idée est soumise au père Chaillet, déjà très lié au mouvement de Frenay. Le 16 novembre 1941, le premier *Cahiers du témoignage chrétien* paraît. Il aurait dû s'appeler *Cahiers du témoignage catholique,* mais Chaillet, son inspirateur, militait pour un meilleur œcuménisme face à l'antichristianisme nazi. Son premier titre, aussi beau que courageux, nul ne sait qu'il est promis à une longue postérité, qu'il sera une part de l'honneur des chrétiens et de la France : « France, prends garde de perdre ton âme. »

“La grandeur chrétienne n'est pas dans l'évasion mais dans l'affrontement”

Devise du jeune aumônier François Varillon

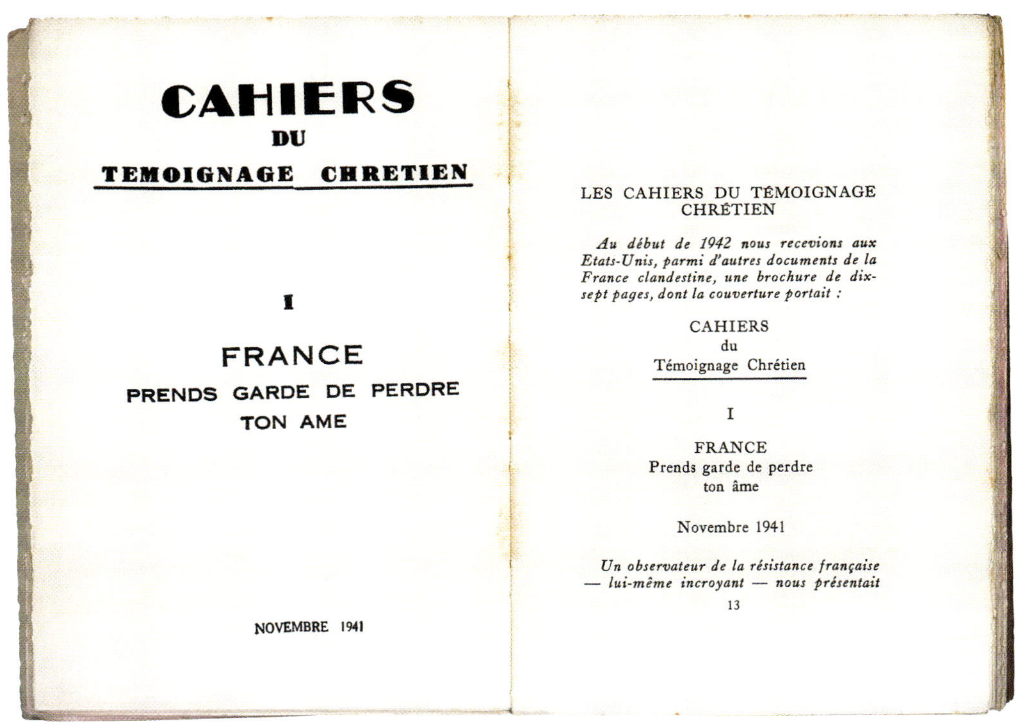
CAHIERS
DU
TEMOIGNAGE CHRETIEN

I

FRANCE
PRENDS GARDE DE PERDRE
TON AME

NOVEMBRE 1941

LES CAHIERS DU TÉMOIGNAGE CHRÉTIEN

Au début de 1942 nous recevions aux Etats-Unis, parmi d'autres documents de la France clandestine, une brochure de dix-sept pages, dont la couverture portait :

CAHIERS
du
Témoignage Chrétien

I

FRANCE
Prends garde de perdre
ton âme

Novembre 1941

Un observateur de la résistance française — lui-même incroyant — nous présentait

13

Fac-similé du premier numéro de Témoignage chrétien *paru dans un recueil publié dès 1943 à New York et racontant le combat de ce mouvement.*

RÉSISTANCE DE PLUME

INFORMER ET CONVAINCRE DANS L'OMBRE

À de très rares exceptions près, les mouvements naissent et se structurent autour de la création d'un journal clandestin. C'est l'acte inaugural. Libération, le deuxième grand mouvement de zone non occupée, naît au moment même où il crée le journal *Libération* en juillet 1941. Le mouvement Franc-Tireur s'appelle à l'origine France-Liberté, mais il devient Franc-Tireur en décembre 1941 par l'adoption du nom que porte son journal : *Franc-Tireur*. Le cas de Combat est encore plus emblématique : l'importance du journal *Combat* est telle qu'on désigne par ce nom le mouvement qui l'a fondé alors que celui-ci s'appelle en fait Mouvement de Libération française. La Résistance, on l'oublie souvent, c'est d'abord un cri et des écrits, c'est essentiellement des mots.

La BBC est une cible de choix pour la propagande de Vichy. Les caricatures de ce type ne manquent pas.

CONTRE-PROPAGANDE ET CONTREPOISON

Trois grandes fonctions caractérisent les mouvements de Résistance : la propagande, le renseignement et l'action paramilitaire. Mais c'est la première fonction qui l'emporte largement sur les autres en cette année 1941, l'année des commencements. Le refus, contrairement à une certaine légende, ne s'éploie pas au départ sur le mode de la violence et hors d'une approche civile. Il ne peut d'ailleurs en être autrement, compte tenu d'une situation asymétrique caractérisée par un rapport du faible au fort. Le refus se présente d'abord comme une action « informationnelle » dirigée vers l'opinion française. C'est une guerre psychologique. La propagande est destinée à la population et vise à faire évoluer l'état d'esprit des Français. Papillons, tracts, affichettes, graffitis, boycottage systématique de certains films par des chahuts y concourent. Mais le journal est le principal vecteur, car il doit et peut atteindre les milieux les plus divers. La propagande, c'est aussi la « contre-propagande ».

LUTTER CONTRE UNE CERTAINE MENTALITÉ

De quoi s'agit-il ? D'abord, il est nécessaire d'informer la population, qui ne peut plus avoir accès à des sources d'informations fiables. L'occupant et Vichy exercent un contrôle total sur les médias (presse, cinéma et radio) et sur l'édition. L'information n'est plus disponible : elle est cachée, voire interdite. C'est la denrée la plus chère et la plus rare de cette période d'Occupation. Il faut la voler, ou la négocier. Mais, bien vite, à la mission de divulguer des informations tues ou inaccessibles s'ajoute celle de dénoncer des informations fausses, partiales ou mensongères. Il s'agit donc de restaurer une vérité, de diffuser un contrepoison, de « désintoxiquer » l'opinion. Mais pour quoi s'agit-il d'informer ou de désinformer ? Dans un premier temps, il s'agit d'éclairer et de provoquer les consciences en luttant contre l'apathie de la population : « Tu verras, dit Frenay au capitaine Robert Guédon qui habite la zone occupée, que la mentalité ici est faite de résignation et d'égoïsme. C'est aussi, et peut-être d'abord, contre cette mentalité qu'il faut lutter... » Pour Philippe Viannay, la création de *Défense de la France*

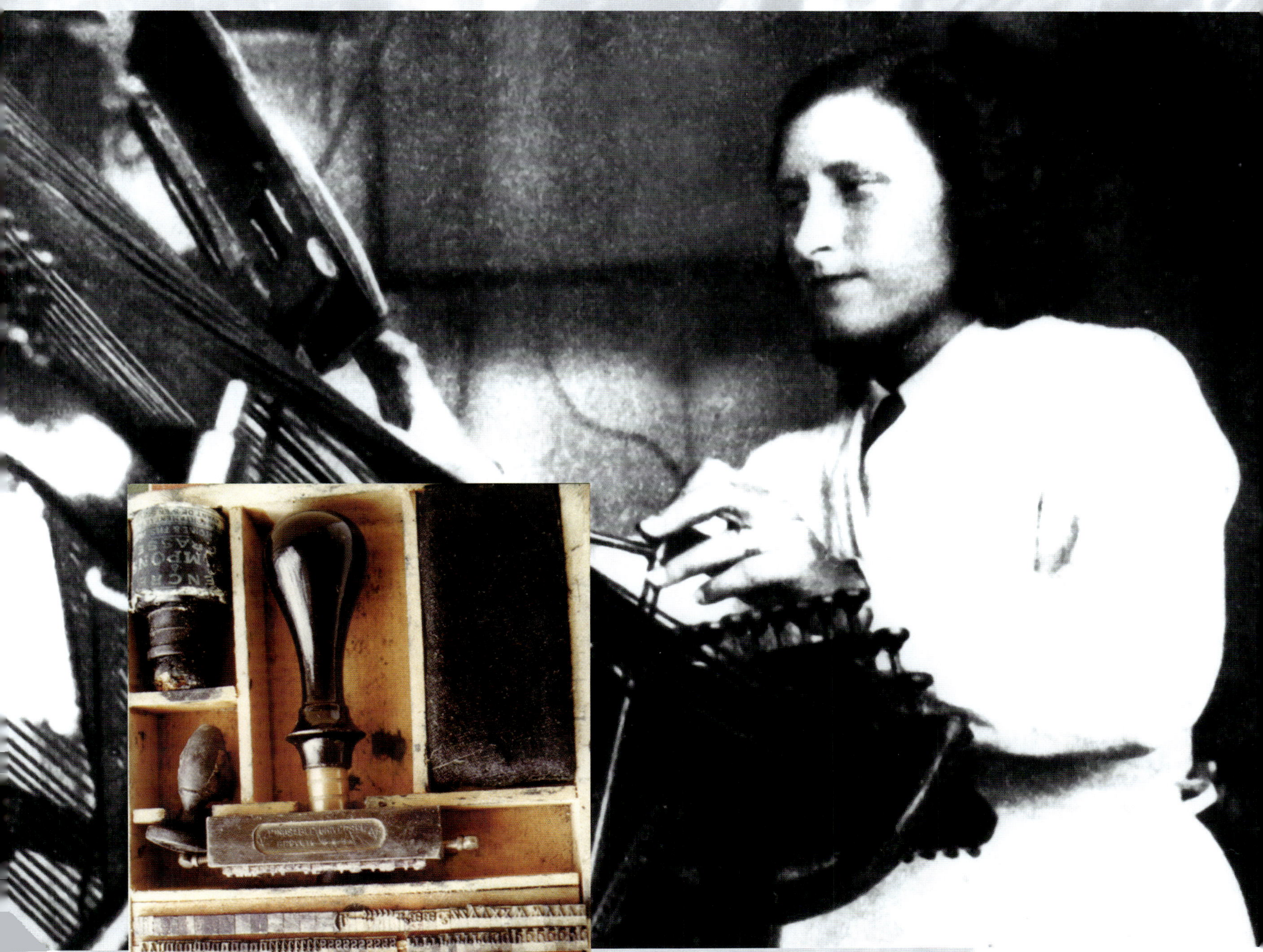

Les tracts, les papillons et les journaux sont imprimés dans le plus grand secret sous l'Occupation. Dès 1943, à l'aide d'un composteur de ce type, le libraire Raymond Hardy, à Alençon, peut imprimer la propagande et les slogans gaullistes. D'autres moyens plus lourds sont utilisés pour l'impression : une typographe travaille dans une usine désaffectée.

est moins une volonté d'information qu'un « acte moral » destiné à lutter contre les causes culturelles et psychologiques de la défaite. Il faut provoquer les esprits. Prenons l'exemple des *Petites Ailes de France* (le premier numéro est de mai 1941). On y trouve une formule têtière, empruntée à Napoléon Ier, qui déclare le but de l'entreprise : « Vivre dans la défaite, c'est mourir chaque jour. » Elle est suivie d'un conseil : « Lisez attentivement. Recopiez copieusement. Distribuez prudemment. » Apparaîtra à la fin de chaque numéro la formule rituelle : « France, France, libère-toi. » Le journal *Liberté* choisit une formule martiale de Foch : « Un peuple n'est vaincu que lorsqu'il accepte de l'être. » *Combat* est sur la même thématique en choisissant Clemenceau : « Dans la guerre comme dans la paix, le dernier mot est à ceux qui ne se rendent jamais. »

Grâce aux risques énormes encourus par les imprimeurs clandestins, des journaux peuvent diffuser des idées, des slogans, des appels à résister.

SIGNE EXTÉRIEUR DES MOUVEMENTS DE L'OMBRE

Dans un deuxième temps, le journal est regardé comme un élément d'identité et de structuration des organisations clandestines. C'est un lien entre les membres du mouvement à venir ; il doit recruter des militants qui viendront grossir les rangs (au départ, bien clairsemés) en vue d'une action ultérieure, peut-être lointaine, qui, elle, répondra à une stratégie militaire et violente. Le recueil des informations et la diffusion des feuilles clandestines exigent une organisation plus poussée à tous les échelons et une meilleure circulation des hommes, des directives et des informations. Cette activité permet la mobilisation des énergies, et le coût (humain et financier) qu'elle induit renforce la nécessité d'une meilleure organisation. Les liaisons, particulièrement les liaisons interzones, sont longues, périlleuses et coûteuses.

Au départ, les moyens sont des plus rudimentaires. De simples bulletins dactylographiées en une douzaine d'exemplaires chacun, insérés dans des magazines (*Marie-Claire* ou *Signal)* qui sont expédiés discrètement à quelques correspondants, lesquels, à leur tour, les font dactylographier et en assurent la diffusion. L'acquisition d'une ronéo d'occasion permet au bulletin de passer du stade dactylographié au stade ronéotypé, ce qui permet des tirages de plus en plus importants, de l'ordre de 800. C'est un progrès. Le troisième stade de développement d'un journal clandestin est l'imprimerie. Chose difficile car cela exige une organisation plus poussée et des conditions de sécurité particulières. Il faut trouver de l'argent, du papier, des complicités, assurer la diffusion, mobiliser des militants. *Vérités* et *Combat,* figurent parmi les premiers journaux à acquérir le stade industriel. L'artisan de ce développement est André Bollier, jeune polytechnicien à la forte imagination, qui sera abattu par la Milice, en juillet 1944. Pour éviter les risques que comporte la composition du journal dans différentes villes, il élabore les clichés à Lyon, sur morasse, et les expédie aux 14 imprimeries du réseau qui en effectue le tirage. Pour obtenir du papier, il crée une société écran qui achète directement le papier à... Augsbourg. L'imprimerie de Combat peut ainsi tirer au profit d'autres organisations, comme *Témoignage chrétien, Libération, Action*, etc.

LA TOILE D'ARAIGNÉE

Le dispositif de diffusion fait l'objet de soins tout particuliers, comme le révèle une circulaire qui s'intitule : « Consignes pour la diffusion de *Vérités* ». L'idée est que chaque représentant de la rédaction doit prospecter auprès de personnes susceptibles d'adhérer au but poursuivi, chaque personne touchée et convertie devant à son tour s'engager à créer autour d'elle un réseau de diffusion dont elle accepte la charge. C'est le système de la « toile d'araignée ». Cette charge se décline en trois actions : distribuer le journal à des gens sûrs ; inciter les personnes pressenties à recréer un réseau de diffusion ; centraliser et transmettre à une personne relais de la rédaction les besoins en exemplaires, le produit des « abonnements » (20 francs par mois) et les observations des lecteurs « sur le fond et sur la forme ».

Le journal clandestin est plus que l'expression des mouvements de Résistance : il en est le principe et la matrice. Lui seul est en mesure d'assurer le développement de ces organisations de l'invisible. Comme le dira Alban Vistel, de Libération : « Le cheminement secret du Verbe fait éclore les volontés ; d'une ville à l'autre, d'un département à l'autre se lèvent des troupes anonymes, disponibles, îlots entre lesquels nous finirons bien par jeter des passerelles. »

Combat

JANVIER 1943 — N° 39

Dans la guerre comme dans la paix le dernier mot est à ceux qui ne se rendent jamais. Clemenceau.

« Nous avons attaqué Stalingrad et nous le prendrons. Vous pouvez en être certains. »
HITLER - 30 Septembre 1942

1943 En Afrique et en France

1942 a donné aux Alliés les premiers succès importants. La France, avec un grand espoir, a entrevu l'aube de la victoire. Elle a vu aussi, avec un immense réconfort, la participation croissante de ses armes à la guerre, l'héroïque défense de Bir-Hakeim, le ralliement de l'Afrique du Nord.

Mais si Bir-Hakeim est tout gloire, tout honneur, l'affaire d'Algérie-Maroc présente, hélas, des aspects qui diminuent notre joie. Les réticences de Giraud vis à vis de De Gaulle, la conservation de l'administration Vichyste, nous inquiètent comme elles inquiètent les Alliés. Les hommes de la trahison ne sont pas qualifiés pour mener le combat de l'honneur, les bourreaux de la liberté pour participer à la bataille des peuples, les nullités de Vichy doigt-dans l'œil pour collaborer à la guerre totale.

1943 sera, tout le présage, l'année de la libération. On se battra en France. Tous, nous nous y préparons. La plateforme africaine sera une base de départ de l'invasion libératrice ; avec les Alliés, avec nos frères à la croix de Lorraine, nous allons revoir nos camarades de l'armée Giraud. Il ne faut pas qu'il y ait deux armées françaises, l'une se battant au nom du plus pur honneur, l'autre au nom de la pire équivoque.

Nous adjurons le Général Giraud d'entendre le magnifique appel que lui a adressé de Gaulle. Nous l'adjurons avant tout de liquider la dangereuse camarilla qu'il a maintenue en place, et qui, jour et nuit, travaille à entraver l'union qui signifiera leur condamnation.

Général Giraud, la France attend !

Bir Hacheim restera dans l'histoire de la guerre comme un exemple de l'héroïsme des troupes françaises libres. Pendant 16 jours, ses défenseurs ont tenu ce poste, sous le feu incessant de l'artillerie allemande, des attaques répétées des panzer-divisions et des bombardements aériens.

Ci-dessus, un légionnaire brandit le fanion de la Légion Etrangère dans Bir-Hacheim.

Le temps de l'épreuve

Depuis plus de deux ans la France souffre dans son corps et dans son âme. C'est pour elle le temps de l'épreuve ; une épreuve à laquelle rien ne l'avait préparée. Elle a souffert l'angoisse de la retraite, le déchirement de la défaite, la honte de l'armistice. Elle a été violée dans sa chair par les hordes nazies, souffletée par la politique de trahison. Elle a été bafouée, trompée, abreuvée de mensonges et d'humiliations. Des gouvernants indignes ont tenté de lui faire endosser aux yeux du monde les crimes qu'ils commettaient en son nom. Ses enfants ont été déportés, d'autres ont été tués, mutilés au service de l'ennemi. On a supprimé les libertés qu'elle a enseignées au monde. On a étouffé sa voix et tenté de pervertir son âme pour mieux l'asservir.

La France souffre un dur martyre.

C'est dans l'épreuve qu'on juge les peuples et les hommes. C'est dans l'épreuve qu'on juge la force des caractères, la sincérité des intentions, la fidélité aux promesses. C'est dans le malheur qu'on vérifie l'identité entre les apparences et la réalité.

Où sont-elles ces élites qui hier encore représentaient la France dans la politique, les arts, la science et l'armée ? Où sont-ils ceux là que leurs talents oratoires, leurs diplomes ou leurs étoiles avaient rendus célèbres ? Nous n'entendons plus ces voix familières qui du haut des tribunes, dans les colonnes des journaux affirmaient parler en notre nom. Qu'ont ils fait, qu'ont ils dit dans le drame que nous avons vécu et que nous vivons toujours ? Quelle part ont ils prise dans le sauvetage de la France en danger de mort ?

C'est en vain que ce peuple a attendu de ceux qui furent ses maîtres des paroles d'espoir, la dénonciation de la trahison, l'exemple du devoir. Avec la défaite leurs voix se sont éteintes. Courbés sous la fatalité, cédant à la crainte ils se sont tus. Par leur silence ils ont renié leurs

suite page 2

« Toutes les énergies françaises, jusqu'à ce jour dispersées et sans appui, doivent se grouper autour de nous. Nous invitons tous nos lecteurs, citadins et paysans, intellectuels et manuels, chrétiens ou non, à s'unir dans cette entreprise dont dépend le salut du pays. Ils doivent tous sentir leur appartenance à ce vaste Mouvement que nous avons l'ambition de créer, en accepter les disciplines et obéir à ses mots d'ordre. [...]

Une petite minorité empêche la France de faire entendre sa voix et d'exprimer sa volonté. C'en est assez. Il faut montrer à nous-mêmes et au monde que notre Patrie reste fidèle à ses traditions d'honneur et de liberté. Nous combattons par la parole et l'exemple en attendant de pouvoir combattre par les armes.[...]

La meilleure de nos armes est notre Foi. Nous croyons à la France, celle de Jeanne la Pucelle jusqu'à celle du Poilu de 1914, celui dont l'histoire vient d'être supprimée des manuels scolaires car il faudrait oublier que nous avons vaincu. Notre arme est aussi la Vérité. Les mensonges des plus insidieux aux plus grossiers s'étalent sur nos murs et remplissent les journaux et la radio. Nous lutterons contre l'anesthésie du peuple français. »

Extrait du premier numéro de *Combat*, décembre 1941

12 décembre

Le SOL, un organisme anti-résistant

Encouragé par l'amiral Darlan, le Service d'ordre légionnaire (SOL) est créé par Joseph Darnand, ancien combattant de 14-18 et héros de la campagne de 1940, ex-membre de la Cagoule et responsable de la Légion dans les Alpes-Maritimes ; à l'origine, il comprend environ 15 000 hommes, totalement dévoués au maréchal Pétain et à l'ordre nouveau. Pierre Laval pense que Darnand est un homme loyal qui le servira sans réticence. Laval veut disposer d'un organisme en zone non occupée, capable de lutter contre les résistants et contre les collaborationnistes du Rassemblement national populaire, de Marcel Déat, présents en zone occupée.

Le SOL forme une sorte de milice très virile, avec une hiérarchie très structurée, fondée sur la soumission servile de ses membres aux chefs. Les hommes du SOL peuvent être requis par les préfets pour des missions de police. Ainsi, les résistants vont avoir en face d'eux des compatriotes qui les haïssent profondément.

L'affiche appelle les jeunes à venir tenter l'aventure dans le Service d'ordre légionnaire. Des défilés publics tentent d'impressionner les Français. Ici, dans les Alpes-Maritimes, avant une prestation de serment.

12 décembre

Arrestation de Jean Cassou

Pendant le Front populaire, le ministre Jean Zay a confié au journaliste antifasciste Jean Cassou la mission de s'occuper des questions artistiques au ministère de l'Éducation nationale. En juin 1940, Jean Cassou est nommé conservateur en chef du musée du Luxembourg. Mais le régime de Vichy le révoque sur-le-champ.

À l'automne, il rejoint le groupe du musée de l'Homme et écrit dans *Résistance*. Il est arrêté en zone non occupée par les policiers français alors qu'il est membre du réseau Bertaux.

15 décembre

Exécution de Gabriel Péri

Après une série d'attentats contre l'armée allemande, le MbF décide de fusiller des « otages ». Le 18 mai 1941, le journaliste de *l'Humanité* Gabriel Péri, issu d'une famille bourgeoise et militant antinazi dès les années 1930, est arrêté par les policiers français. Face aux policiers, Péri ne renie rien et ne dénonce personne. Le 15 décembre, 92 otages sont fusillés à Paris, dont Gabriel Péri, qui fait partie des personnalités communistes choisies pour être sacrifiées.

24 décembre

Le ralliement de Saint-Pierre-et-Miquelon

Depuis juin 1940, les anciens combattants de Saint-Pierre-et-Miquelon en appellent à de Gaulle.

De Gaulle pense alors organiser le ralliement. Les Anglais y sont favorables, car ils y voient une base de repli, leurs convois étant menacés par les sous-marins allemands. Le 23 décembre 1941, l'amiral Muselier débarque à Saint-Pierre sans que le feu ne soit ouvert. Le 24, le plébiscite de ralliement est triomphal pour la France libre.

Fin décembre

Le doyen de la faculté des sciences de Grenoble condamne Pétain

René Gosse est un grand mathématicien français. Ancien normalien, ami du physicien Jean Perrin, il est le doyen de la faculté des sciences de Grenoble. Il est socialiste, mais avant tout profondément républicain et humaniste. C'est pourquoi il regarde avec une méfiance de principe l'avènement du régime de Vichy. Comme Grenoble est une ville de passage, éloignée de la ligne de démarcation en zone non occupée, d'emblée il accueille et aide à l'hébergement de nombreux réfugiés, français, belges ou polonais. Il encourage la contestation qui monte. Cela se sait rapidement. Et cela fait désordre, venant d'un notable. Discrètement, on suggère au doyen de démissionner. Un de ses collègues, Jacques Chevalier, doyen de la faculté des lettres, occupe un poste important au sous-secrétariat à l'Instruction publique ; il devient ministre le 13 décembre 1941. Chevalier connaît les sentiments de son collègue. Un jour de novembre 1941, la radio de Vichy annonce que le professeur Gosse est déchargé de ses fonctions de doyen et de directeur de l'Institut polytechnique. On lui retire ses autres mandats : Conseil de l'université, Conseil supérieur de la recherche scientifique etc. Une enquête comptable est diligentée par des inspecteurs des Finances pour tenter de déshonorer sa gestion. En vain. Mais le mathématicien devient d'un coup un personnage à éviter. Ses collègues semblent le tenir à l'écart et ne s'émeuvent guère de ce que l'université française abandonne les règles pluriséculaires de son fonctionnement démocratique. C'est le petit personnel qui lui prodigue des signes de solidarité...

René Gosse fait circuler des textes. Comme celui-ci, intitulé « Pour les Anglo-Saxons » et écrit à la fin décembre 1941, qui est une condamnation du maréchal Pétain :

« [...] Je suis de ceux qui, sans croire à sa [Pétain] bonne foi, ont espéré en son patriotisme. Actuellement, je suis sûr de son hypocrisie. Il se plaint de tout ignorer, mais, quand il sait, il approuve. Il ne faut pas oublier qu'il a toujours préféré la défaite à la République ; c'est une fausse gloire. Son prestige ne pouvait servir qu'à organiser une escroquerie, dont je crains bien que l'Angleterre et l'Amérique ne soient encore les victimes. Elle essaient de se servir de lui pour empêcher le renversement des alliances. Il le fera malgré l'inébranlable résistance du pays. Pétain, ses ministres, ses partisans savent que, dès les prémices de la défaite allemande, ils seront chassés par la juste colère du peuple. »

René Gosse, tout en continuant à enseigner, devient une figure obligée et estimée de la Résistance qui s'organise. Tous les mouvements, sans discrimination, trouvent un soutien auprès de lui, Combat comme Franc-Tireur ou le réseau « Buckmaster ». Mais c'est dans les réseaux « Marco Polo » et « Jade Amicole » qu'il sera le plus actif. À la fin de 1943, son sort est scellé. Le 22 décembre, il est assassiné avec son fils, lui aussi résistant, à Saint-Ismier.

janvier-octobre 1942

S'organiser

Après le temps des solitudes, de l'incertitude, des hésitations, arrive le temps de l'affirmation et de l'organisation des résistances. Ainsi pourrait-on caractériser cette année 1942. Les mouvements s'étoffent, se structurent, se rapprochent. Ils deviennent les cellules mères de cette contre-société qui se construit spontanément dans l'ombre.

De nombreux cadres des mouvements, grâce à l'amélioration du système de financement apportée notamment par le contact avec Londres, deviennent des clandestins intégraux. Ils peuvent alors se consacrer corps et biens à leur activité illicite. Ils ne sont plus rien, n'ont plus rien. Ils perdent leur identité civile et sociale. Mais ils ne sont plus seuls.

Les journaux clandestins sont le vecteur cardinal de ce développement. Ils éclairent la population, éveillent les consciences, suscitent des ralliements. L'opinion, peu à peu, sort de sa léthargie. Les mouvements eux-mêmes, et notamment Combat, le plus important, sortent des ambiguïtés maréchalistes, et prennent position à la fois contre Vichy et contre Pétain.

L'année 1942 marque le divorce entre la population et le régime vichyste. Le retour de Pierre Laval au pouvoir, le 18 avril, comme chef du gouvernement, est vécu comme une provocation. Il marque une vraie ligne de partage. Dans les esprits, Laval est l'homme de Montoire, le symbole de la politique de collaboration. Son discours radiodiffusé du 22 juin 1942 annonçant la relève (des Français partent travailler

Les FFL résistent dans le désert libyen face aux troupes germano-italiennes de l'Afrika-Korps de Rommel. Le général Kœnig, avec 3 000 hommes, desserre l'étau allemand qui permet aux Britanniques de se dégager.

janvier-octobre 1942

S'organiser

en Allemagne en échange du retour de prisonniers de guerre), et souhaitant la « victoire de l'Allemagne » brise le mythe d'un « État français » jouant un double jeu. Le masque tombe.

La répression y participe. Les résistants commencent d'être systématiquement surveillés et traqués. Fin janvier, 40 membres de Combat sont arrêtés par la police vichyste. Des voitures « gonio », chargées de la détection des émetteurs radio utilisés par les résistants pour communiquer, entrent en zone non occupée. Les juifs, après avoir été l'objet d'une discrimination légale, sont entraînés dans le processus infernal de la déportation. C'est le temps des rafles. Les 22, 25 et 28 juin 1942, trois convois emportent vers Auschwitz des juifs internés à Drancy et dans les camps du Loiret. Les 16-17 juillet 1942 a lieu la rafle dite du Vel'd'Hiv, avec la coopération de la police française. En août, des juifs étrangers de zone libre sont livrés à l'occupant nazi. Désormais, l'opinion sait. L'Église catholique sort de son silence. Le 25 août, Mgr Saliège, archevêque de Toulouse, proteste contre le fait de traiter les juifs comme « un vil troupeau ». Au même moment, les collaborationnistes triomphent avec la sortie du pamphlet fasciste et antijuif de l'écrivain Lucien Rebatet : *les Décombres*. Ils poussent Vichy à s'extrémiser et à collaborer plus intensément. L'effet inattendu est de rendre Vichy encore plus impopulaire et de stimuler les vocations de résistants.

AOUT 1942

combat

Dans la guerre comme dans la paix le dernier mot est à ceux qui ne se rendent jamais - Clemenceau.

ORGANE DU MOUVEMENT DE LIBÉRATION FRANÇAISE

Je détruirai la France. (Hitler)

Je tiens les promesses, même celles des autres. (Pétain)

PAS UN HOMME POUR L'ALLEMAGNE

Tous les journaux, tous les jours, et des milliers d'affiches dans les villages comme dans les villes, appellent inlassablement les Français à aller travailler en Allemagne. La propagande manie simultanément tous les thèmes : hauts salaires « relève des prisonniers, construction de l'Europe nouvelle, lutte contre le bolchevisme, etc.

Après plus de quarante jours de cette campagne, on peut juger du résultat : ce résultat est misérable. L'Allemagne réclamait 350.000 ouvriers. Il a du en partir une vingtaine de milliers, y compris une forte proportion d'étrangers et de nord-africains.

Encore pour aboutir à ce chiffre a-t-il fallu ramasser tout ce qu'on a pu trouvé de clochards, de propres à rien et d'indésirables (hommes ou femmes). Je n'en veux pour preuve que les déclarations faites récemment à Vichy aux journalistes de la zone non occupée par M. FLEJO, chef du service social du bureau de recrutement des travailleurs français en Allemagne. M. FLEJO qui était prisonnier de guerre a été rapatrié pour faire ce joli métier. Cela suffit à dépeindre le personnage dont il s'agit.

Et bien, tout marchand d'esclaves qu'il est devenu, M. FLEJO n'en a pas moins du reconnaître que, contrairement aux accords internationaux, il était impossible de connaître les conditions exactes du travail en Allemagne, pas plus que d'obtenir des précisions sur la proportion dans laquelle s'opérerait la fameuse « relève ». En outre, le même FLEJO a du signaler que le recrutement portait surtout sur de pauvres diables qui n'ont rien à se mettre sur le dos et, en ce qui concerne les femmes, sur des « ouvrières » préoccupées de savoir si elles pourront faire commerce de leurs charmes.

Enregistrons avec satisfaction l'aveu tombé d'une bouche aussi autorisée. Cet aveu a donc du paraître trop convaincant à l'un des journalistes présents, car il n'a pas hésité à protester au nom de la Kollaboration contre ces propos décourageants. Epinglons, en attendant le règlement des comptes, le nom de ce salaud. Il s'appelle Léopold BLOND, rédacteur au « Petit Dauphinois », et père du fameux Georges BLOND de « Je suis Partout » et des fossés de Vincennes.

Enregistrons cet aveu, mais pas d'excès de satisfaction ni d'optimisme. D'abord, si peu qu'il en parte, il y en a trop. Ensuite, il faut s'attendre à ce que la main allemande s'appesantisse de plus en plus lourdement sur la France livrée par Vichy à mesure que la situation économique et militaire de l'Allemagne s'aggravera.

DERNIÈRE NOUVELLE

ALERTE DANGER

La police fait imprimer « COMBAT » sur les presses de « L'EFFORT ». Ses moutons se présenteront à vos amis comme distributeurs de nos journaux, afin de pénétrer dans le mouvement.

Contre cette odieuse manœuvre, une seule parade :

« N'ACCEPTER LE JOURNAL QUE PAR LES VOIES HABITUELLES »

Le sort du mouvement peut en dépendre.

Le numéro d'août 1942 de Combat *se réjouit du peu de succès de la campagne de recrutement de la main-d'œuvre française pour aller travailler en Allemagne. En bas à gauche, des consignes de sécurité vitales sont rappelées aux lecteurs de la feuille.*

UN SEUL MOUVEMENT...

Enfin, la Résistance intérieure et la France libre, en cette année 1942, amorcent une politique de rapprochement. La fin de l'équivoque pétainiste a levé les fortes réticences que les résistants de l'intérieur nourrissaient originellement à l'égard du gaullisme. Jean Moulin, « Rex » pour les initiés, après avoir reçu l'adoubement du général de Gaulle à Londres, est parachuté le 2 janvier. Muni d'argent et de consignes, il est chargé de rapprocher les mouvements de zone non occupée et d'établir une liaison organique entre la Résistance « du dedans » et la Résistance « du dehors ». Après avoir cheminé parallèlement, les deux logiques et les deux cultures du refus cherchent à se rencontrer et à faire front.

Le général de Gaulle est enfin reconnu comme symbole et comme chef militaire. L'un des premiers, le journal *Libération*, dans son n° 6 (février), proclame : « ...Il n'y a qu'un seul mouvement, celui de la

France libre, qu'un seul chef, le général de Gaulle, symbole de l'unité et de la volonté française. » C'est pourquoi la France libre peut devenir la France combattante le 14 juillet. Ce même mois, le jeune Daniel Cordier est parachuté pour constituer le secrétariat de Jean Moulin. Celui-ci va très vite en besogne : toujours en cette année 1942, il crée une agence de presse clandestine (BIP) en avril, le Comité général d'études en juillet, un service chargé des transmissions (WT, *wireless transmissions*) et un autre dédié aux opérations maritimes et aériennes.

De leur côté, les résistants de l'intérieur font le voyage initiatique à Londres : le syndicaliste Christian Pineau, fondateur du mouvement Libération-Nord, en mars, de même que Pierre Mendès France, l'intellectuel socialiste Pierre Brossolette en avril, Emmanuel d'Astier de La Vigerie, fondateur de Libération-Sud en mai ; Félix Gouin, le même mois, est missionné par Léon Blum pour partir rencontrer de Gaulle ; l'ex-député socialiste André Philip se trouve dans la capitale britannique en juillet, Henri Frenay, le fondateur de Combat, en septembre. C'est à Londres que, le 2 octobre, d'Astier et Frenay acceptent l'idée de créer un comité de coordination des trois principaux mouvements de la zone sud et d'accepter que le général Delestraint préside aux destinées de l'Armée secrète.

... ET UN SEUL CHEF

Grâce à ces visiteurs, de Gaulle commence à saisir l'état d'esprit de la rébellion qui s'organise dans la France captive. Il comprend que ces hommes majoritairement « de gauche », peut-être inquiets de l'image un peu trop militaire et distante du Général et de son entourage, sont porteurs d'une demande de clarification politique. Que fera de Gaulle de son pouvoir ? Est-il un apprenti dictateur, comme le répandent certaines mauvaises langues ? Les résistants de l'intérieur souhaitent des assurances sur son républicanisme. En revenant en France, Pineau est chargé de diffuser un message du Général, qui déclare sa confiance dans « l'idéal séculaire français de liberté, d'égalité et de fraternité ». Le gaullisme peut désormais étendre son influence sur la métropole. Dans le même temps, sa légitimité internationale s'affirme. Le 24 juin, le Kremlin annonce officiellement le soutien des Soviétiques à la France libre et leur souhait d'une alliance ; le 9 juillet, les Américains reconnaissent « la contribution du général de Gaulle et les efforts du Comité national français afin de maintenir vivant l'esprit traditionnel de la France et de ses institutions » et ils promettent « toute l'assistance militaire et tout l'appui possible ».

L'unité est en marche. Les résistances sont en passe de devenir la Résistance et d'accéder à la reconnaissance.

CHRONOLOGIE

1942

JANVIER

2-31. Les Japonais entrent dans Manille, dans les îles Salomon, en Birmanie et en Nouvelle-Guinée

FÉVRIER

15. Prise de Singapour par les Japonais
16. Occupation de Sumatra
19. Ouverture du procès de Riom

MARS

3-4. Bombardement allié meurtrier sur Boulogne-Billancourt
27. Première déportation des juifs de France vers Auschwitz
Raid britannique sur Saint-Nazaire

AVRIL

5. Installation officielle de la Gestapo en zone occupée
11. Fin du procès de Riom
17. Darlan démissionne et Laval redevient chef du gouvernement
18. Premier raid américain sur Tokyo

MAI

5. Les Britanniques débarquent à Madagascar
27. Jusqu'au 11 juin, le camp retranché de Bir Hakeim est pris d'assaut par les FFL
29. En zone occupée, les juifs doivent porter l'étoile jaune

JUIN

22. Laval annonce la Relève

JUILLET

9. Les États-Unis reconnaissent *de facto* la France libre
14. La France libre devient la France combattante
16-17. Rafle du Vél' d'Hiv'

AOÛT

18. Raid anglais sur Dieppe

SEPTEMBRE

4. Publication de la « loi » relative à l'« utilisation et à l'orientation de la main-d'œuvre »

OCTOBRE

4. Début de la bataille de Stalingrad

> « Mes chers amis,
>
> *Rien ne peut plus diviser les Français. Ils n'ont qu'une volonté : sauver leur pays par la victoire. Rien ne compte pour eux, sinon la haine de l'ennemi ; la fidélité envers leurs alliés ; la fraternité nationale. Je sais ce que vous faites. Je sais ce que vous valez. Je connais votre grand courage et vos immenses difficultés. En dépit de tout, il faut poursuivre et vous étendre. Nous, qui avons la chance de pouvoir encore combattre par les armes, nous avons besoin de vous pour le présent et pour l'avenir.*
>
> *Soyons fiers et confiants ! La France gagnera la guerre et elle nous enterrera tous.*
>
> *De tout mon cœur.* »
>
> Lettre de De Gaulle à tous les patriotes, 5 novembre 1941

2 janvier

La mission « Rex » commence

À Jean Moulin, pendant son séjour londonien, le général de Gaulle confie trois missions. La première, civile, consistera à aider les mouvements à intensifier leur effort de propagande, tout en respectant la liberté d'expression de leurs journaux clandestins. La deuxième, militaire, vise à régir les relations entre de Gaulle et la Résistance métropolitaine. Chaque mouvement conserve sa branche militaire indépendante, mais une coordination en est faite à Londres par l'intermédiaire d'agents de la France libre envoyés en France. Une aide matérielle est accordée, mais à proportion des résultats. Moulin se voit attribuer 1,5 million de francs. Le général de Gaulle lui confie une troisième mission, politique cette fois, qui l'institue comme son « représentant et délégué du Comité national pour la zone non directement occupée ». En l'absence de documents originaux consultables, nous pouvons seulement savoir qu'il s'agit de travailler à réaliser l'union de l'action en vue de la libération. Pour ce faire, Moulin est investi de larges pouvoirs. De Gaulle a trouvé l'homme d'expérience et de caractère qu'il lui faut, habitué à exercer l'autorité de l'État, mais rompu aussi à la négociation.

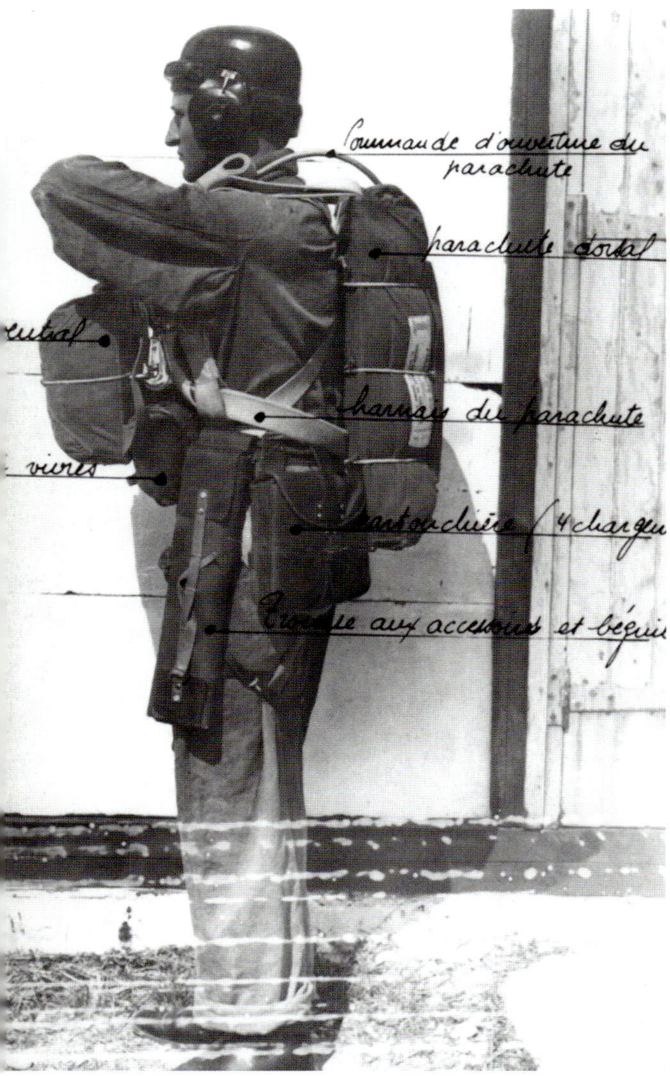

Dans la nuit du 2 janvier, après des tentatives infructueuses qui lui permettent de suivre un stage de saut en parachute, Moulin réussit enfin à partir. Il est parachuté dans les Alpilles, en compagnie d'un opérateur radio dont le poste se brise à l'atterrissage. La mission « Rex » commence.

À Henri Frenay, le premier chef de la Résistance qu'il rencontre, il lit une lettre personnelle que le Général a rédigée le 5 novembre 1941. Cette lettre, étrange par sa tonalité affective, est destinée à tous les patriotes qui ont créé des noyaux de Résistance en métropole.

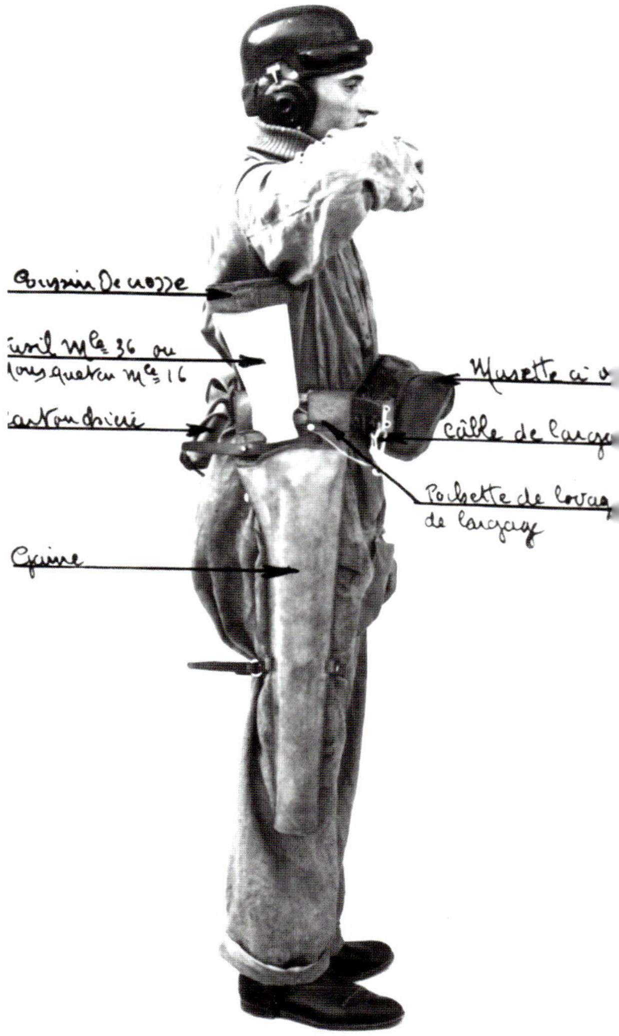

Jean Moulin est parachuté clandestinement en France, le 2 janvier. Il est sans doute équipé à peu près comme le montrent les deux clichés.

29 janvier

« Une mort, une très belle mort »

Claude Betsch est né le 24 mai 1922, d'une famille parisienne d'origine alsacienne. Brillant étudiant, il prépare le concours de Polytechnique. Mais souhaitant se rendre utile à la cause de la Libération, il abandonne ses études à la suite d'une rencontre avec un membre de l'ex-2e bureau (les services spéciaux de l'armée). Il devient même du réseau SR « Kléber », poste 3. Comme il maîtrise la langue de Goethe, on lui confie des missions périlleuses. Par exemple, à Reims, il réussit à pénétrer dans un terrain d'aviation ennemi sous l'uniforme de *Feldwebel* (qu'il a dérobé) et relève les types et le nombre d'appareils allemands. Il est ensuite placé comme sous-officier dans un état-major de la Luftwaffe, à Paris, gagne la confiance des officiers et obtient des renseignements de la plus haute importance. C'est en sollicitant un *ausweiss* et des cartes d'alimentation qu'il est arrêté, le 10 juin 1941. Il est emmené à la Santé, puis à Fresnes. Là, il écrit des lettres à ses parents, où il décrit le quotidien de sa vie carcérale. Comme il n'a pas tué d'Allemand, il a déposé une demande de grâce et pense pouvoir s'en sortir. Jusqu'à ce jour de janvier 1942 où il apprend qu'il va être exécuté.

Il écrit alors sa dernière lettre, le 29 janvier, sans rature, d'une écriture ferme.

« *Mes bien chers parents,*

C'est la dernière fois que j'écris ce titre qui fut celui de tant de lettres. Vous saurez ce qui sera arrivé quand on vous remettra cette lettre. Je sais combien vous en serez tristes, et c'est sans doute ce qui rend ma fin quelque peu triste. Voyez-vous, je ne sais quoi dire pour vous faire comprendre qu'il ne faut pas être triste, qu'il ne faut pas vous désespérer. Dites-vous que je suis tombé pour mon pays d'abord, et que c'est là une belle mort, une très belle mort. [...]

Plus tard, le vrai sens de ma mort apparaîtra. Je vais partir, recevez de votre fils qui ne vous a pas assez aimés les plus affectueux baisers. Aimez mes frères pour moi. Parlez-leur de temps en temps de leur grand frère qui les a tant aimés et recevez mon dernier adieu, mon dernier baiser, ma dernière pensée.

P.S. : On me prie d'ajouter au moment de partir que vous pourrez réclamer mon corps au tribunal. »

Dernière lettre de Claude Betsch, 29 janvier 1942

29 janvier

Le résistant et le ministre

Au tout début de l'année 1942, le mouvement Combat subit une série d'arrestations : une quarantaine de personnes, dont Berty Albrecht, l'inspiratrice de Frenay. Le directeur de la Sûreté nationale, le commandant Rollin, a l'idée de libérer Berty pour lui demander de rejoindre Frenay et de lui proposer un entretien à Vichy. Le ministère de l'Intérieur souhaite en savoir un peu plus sur Combat, qui vient de naître.

Le 28 janvier, Frenay est à Vichy. Après avoir discuté avec Rollin, celui-ci lui propose de rencontrer le lendemain le ministre de l'Intérieur en personne. L'entretien a lieu à l'hôtel des Célestins, le 29 janvier, de 11 h 30 à 13 heures. Il convient de signaler que Pucheu est l'homme qui a laissé désigner les otages fusillés à Châteaubriant par l'occupant. Frenay accepte cette rencontre, car il veut gagner du temps pour reconstituer son mouvement et faire libérer ses hommes (ce qu'il réussira).

« M. Pucheu : Vous paraissez bien jeune, Capitaine.

M. Frenay : J'ai 37 ans.

P. : Alors c'est vous qui me prenez pour un traître.

F. : M. le Ministre, si vous n'êtes pas un traître, les apparences sont contre vous.

P. : Oui, je sais que j'ai la réputation d'être à la fois l'homme des Allemands et l'homme des trusts. Mais ne trouvez-vous pas curieux qu'ayant cette réputation en zone libre, je sois vigoureusement attaqué pour la raison exactement inverse par la presse parisienne ?

F. : ...

P. : Il n'y a personne au gouvernement qui soit pro-allemand. Les membres du gouvernement s'efforcent, sans tenir compte de l'opinion publique, de tirer le meilleur parti de la situation actuelle pour le plus grand bien de la France. [...].

F. : En effet, c'est simple, mais vous ne le ferez pas et c'est précisément ce que le pays vous reproche. Je suis profondément convaincu pour ma part que rien ne peut se faire de grand dans un pays sans le peuple, or le peuple est contre vous. Ce n'est pas seulement la politique extérieure qu'il reproche au gouvernement, mais aussi sa politique intérieure. La prétendue révolution nationale est une tromperie. Chacun se rend bien compte qu'il n'y a pas de révolution puisque ceux qui en sont les soutiens ne sont en réalité que les bénéficiaires des régimes d'hier, c'est-à-dire la bourgeoisie qui a démontré de façon éclatante son égoïsme et son incapacité.

P. : Je suis d'accord avec vous, je ne crois pas à la révolution nationale, surtout en ce moment. »

Le mouvement ami, et néanmoins concurrent, Libération, dira publiquement sa désapprobation à l'égard de cette démarche.

Ancien membre du PPF de Doriot, Pierre Pucheu (à gauche sur la photo) est ministre de l'Intérieur depuis juillet 1941.

Danièle Casanova est arrêtée le 14 février 1942 par les policiers français qui la remettent à la Gestapo ; elle est déportée à Auschwitz.

14 février

« N'ayez jamais le cœur serré en pensant à moi »

Fille d'instituteurs, née à Ajaccio le 9 janvier 1909, la dentiste Vincentella Périni se marie en 1933 avec Laurent Casanova, un proche de Maurice Thorez, le patron du PCF. Étudiante à Paris, elle est élue en 1932 membre du Comité central de la Jeunesse communiste. Entre 1936 et 1939, la jeune Casanova occupe les fonctions de secrétaire générale de l'Union des jeunes filles de France. Elle change son prénom et devient Danièle. Dès 1939, elle entre dans la clandestinité. Elle appartient au Comité central clandestin du PCF.

À l'automne 1940, elle crée et anime des comités féminins communistes dans la région parisienne qui se constituent en Union des femmes françaises. Elle publie un journal clandestin : *la Voix des femmes*. Danièle Casanova devient très vite un personnage éminent de la Résistance communiste parisienne. Elle participe à la manifestation du 11 novembre 1940 sur les Champs-Élysées, puis à celle du 14 juillet 1941 qu'elle organise à Paris sur les grands boulevards au cri de : « Aux armes, citoyens ! » Elle recrute régulièrement de nouveaux résistants. Par exemple, au début d'août 1941, elle entre en contact avec Albert Ouzoulias, qui vient de s'évader d'un stalag autrichien.

Le 14 février 1942, Danièle Casanova se rend chez le philosophe Georges Politzer, membre influent du PCF, pour lui apporter du charbon. Elle est suivie, arrêtée et internée à la prison de la Santé dans des conditions très dures. Transférée au fort de Romainville, elle réussit à transmettre à l'extérieur des messages, avant son transfert en déportation à Auschwitz, d'où elle ne reviendra pas.

« *Nous sommes deux cent trente et une femmes, des jeunes, des vieilles, des malades et même des infirmes. La tenue de toutes est magnifique et notre belle Marseillaise a déjà retenti plus d'une fois. Quel sort nous réserve-t-il ? Nous verrons. [...] La victoire est en marche. Nous sommes fières d'être françaises et communistes. Nous ne baisserons jamais la tête ; nous ne vivons que pour la lutte. Les temps que nous vivons sont grandioses.*

Je vous dis au revoir, j'embrasse ceux que j'aime. N'ayez jamais le cœur serré en pensant à moi. Je suis heureuse de cette joie que donne la haute conscience de n'avoir jamais failli et de sentir dans mes veines un sang impétueux et jeune. Notre belle France sera libre et notre idéal triomphera. »

Message rédigé par Danielle Casanova le 23 janvier 1943

Février

Un communiste d'envergure entre en scène

Architecte de formation, militant communiste déterminé, Pierre Ginsburger est connu surtout à travers son pseudonyme Pierre Villon. Il est entré en clandestinité en septembre 1939, dès que la signature du pacte germano-soviétique eut plongé le Parti communiste dans l'illégalité. Ce collaborateur de Jacques Duclos a peut-être été mêlé aux négociations que le PCF a initiées avec l'occupant en vue de la reparution de *l'Humanité* en juin 1940. Il est arrêté en octobre 1940 et incarcéré par les Français. Le 17 janvier 1942, il s'évade et rejoint aussitôt l'appareil clandestin du Parti. Peu de temps après, il est désigné pour succéder à Georges Politzer, qui vient d'être arrêté, comme responsable des intellectuels pour le Front national, clone du Parti. Sa dévotion au Parti et sa personnalité exceptionnelle en font bientôt un élément clé du dispositif communiste dans la Résistance. Il siégera au CNR. Villon a toujours regardé le gaullisme avec une extrême suspicion, comme en témoigne ce texte écrit dans l'hivers 1941-1942 : « Et quant au gaullisme, il sera balayé et nous servira, si nous donnons la liberté, la paix et le pain (avec du beurre) au pays avant que l'Angleterre n'arrive à le faire. [...] Dans ce cas-là, nous n'attendrons pas de Gaulle pour instaurer les soviets. »

20 février

Le Silence de la mer

Le dessinateur Jean Bruller, *alias* Vercors, fait imprimer dans la clandestinité son premier roman, *le Silence de la mer,* dans une imprimerie de faire-part. L'ouvrage est le premier de la maison d'édition clandestine Les Éditions de minuit, fondée avec Pierre de Lescure.

Le roman, finement nuancé, raconte l'histoire d'un officier allemand cultivé qui doit affronter le lourd silence de la famille française obligée de l'héberger. Cette présentation d'un Allemand « correct » sera diversement appréciée par la Résistance. Ce livre-événement suscitera des commentaires contradictoires pendant et après la guerre. Par ce livre et cette maison d'édition clandestine, Lescure et Bruller veulent témoigner « aux yeux du monde de la constance spirituelle d'une France qui n'a pas démissionné. »

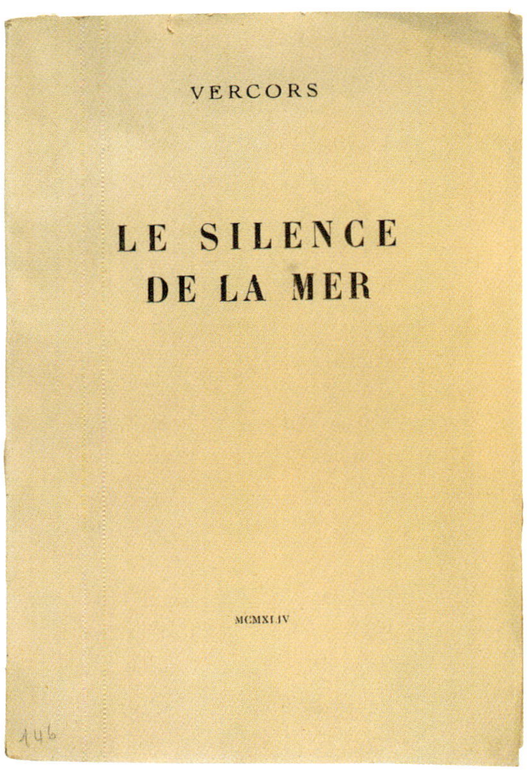

Après le Silence de la mer, *les Éditions de Minuit réussiront durant la guerre à publier une quarantaine de titres.*

23 février

« Je servirai de cible aux 12 fusils allemands »

Le 8 janvier, la justice militaire allemande a jugé 19 membres du réseau du musée de l'Homme, accusés d'espionnage, faute d'une qualification plus juste de l'action des résistants. À l'issue de plus d'un mois de procès, le verdict a été très lourd. Dix condamnations à mort sont prononcées. Le 23 février, 7 hommes ayant appartenu au musée de l'Homme sont fusillés au mont Valérien. Parmi eux, le fondateur du réseau, auteur du premier éditorial du journal clandestin *Résistance,* Boris Vildé, ethnologue d'origine russe, qui, après avoir vécu dans les pays baltes et en Allemagne, avait été naturalisé français en 1936. Parti en zone non occupée pour chercher des contacts, il est revenu délibérément à Paris, après l'arrestation de ses compagnons, et a été aussitôt appréhendé par les SS. « Il fallait que je rentre », écrit-il simplement dans le journal qu'il tient en prison.

« *Ma bien-aimée, Irène chérie,*

Pardonnez-moi de vous avoir trompée : quand je suis redescendu vous embrasser encore une fois, je savais déjà que c'était pour aujourd'hui. Pour dire la vérité, je suis fier de mon mensonge : vous avez pu constater que je n'en tremblais pas et que je souriais comme d'habitude. Ainsi, j'entre dans la mort en souriant, comme dans une nouvelle aventure, avec quelque regret, mais sans remords ni peur.

[…] Vous savez combien j'aime vos parents qui sont devenus mes parents. C'est à travers des Français comme eux que j'ai appris à connaître et à aimer la France, ma France. Que ma fin soit pour eux un orgueil plutôt qu'un chagrin.

[…] Il ne faut pas que notre mort soit un prétexte pour une haine contre l'Allemagne. J'avais agi pour la France et non contre les Allemands. Ils font leur devoir comme nous avons fait le nôtre. Qu'on rende justice à notre souvenir après la guerre, cela suffit. D'ailleurs, nos camarades du musée de l'Homme ne nous oublieront pas.

[…] Il me vient à l'esprit le quatrain que j'ai composé il y a quatre semaines :

«Comme toujours impassible
Et courageux (inutilement)
Je servirai de cible
Aux douze fusils allemands.»

[…] Ma bien-aimée, je suis prêt, j'y vais. Je vous quitte pour vous retrouver dans l'éternité. Je bénis la vie qui m'a comblé de ses présents. »

Dernière lettre de Boris Vildé

27-28 février

Opération « Coup de croc »

Avec les renseignements de premier ordre fournis par les agents de la CND du colonel Rémy, le raid des parachutistes anglais sur Bruneval en Normandie est une grande réussite : c'est l'opération « Biting » ou « Coup de croc ». Les parachutistes sont parvenus à détruire une station radar Würzburg, dressée face à l'Angleterre, la plus importante de la côte française et qui détecte les escadrilles anglaises partant bombarder l'Allemagne.

BERTY ALBRECHT

CONFORMÉMENT À L'HONNEUR ET L'IDÉAL

« Que ce nom reste dans vos mémoires. Méditons son exemple comme celui de tous nos martyrs. Puisons-y, aux jours sombres, dans les moments d'angoisse, le courage d'être dignes d'eux. » Ainsi la mort héroïque de Berty Albrecht est-elle présentée dans *Femmes françaises,* en janvier 1944. À peine sa mort connue, elle est devenue un remords et un mythe. Sa mort est d'emblée perçue comme un scandale, comme dans *le Crime contre l'esprit,* brochure clandestine rédigée par Aragon : « On se demandera avec stupeur ce qui a pu désigner au bourreau cette femme distinguée et intelligente pour en faire le premier martyr de la hache, comme si, en sa personne, l'instrument de la barbarie avait voulu marquer que c'était notre culture qu'il avait voulu décapiter. » En 1947, le ministère de la Jeunesse, des Arts et des Lettres édite un petit fascicule d'hommage aux « héros de la Résistance » ; c'est Berty qui ouvre ce livre, saluant cette « grande Française ». Dès le 26 août 1943, à Alger, le général de Gaulle signe la décision lui attribuant la Croix de la Libération, avec la motivation suivante :

« Française d'un courage exceptionnel et d'une foi patriotique incomparable. Dès l'année 1940 a animé et inspiré la Résistance, qu'elle n'a cessé depuis lors de servir. A délibérément sacrifié sa situation et sa famille à son idéal. [...] Par son exemple et les services rendus, a acquis des droits imprescriptibles à la reconnaissance de la nation. » Elle a eu droit à l'hommage solennel de la nation. C'est à l'occasion des cérémonies exceptionnelles du 11 novembre 1945, lorsqu'il a été décidé d'honorer la mémoire de quelques héros emblématiques morts sous l'Occupation en les inhumant dans une crypte au mont Valérien. Parmi les 15 cercueils, il y a celui de Berty Albrecht. Mais qui est vraiment cette belle et tragique figure de l'engagement, qui n'est guère restée dans nos mémoires ?

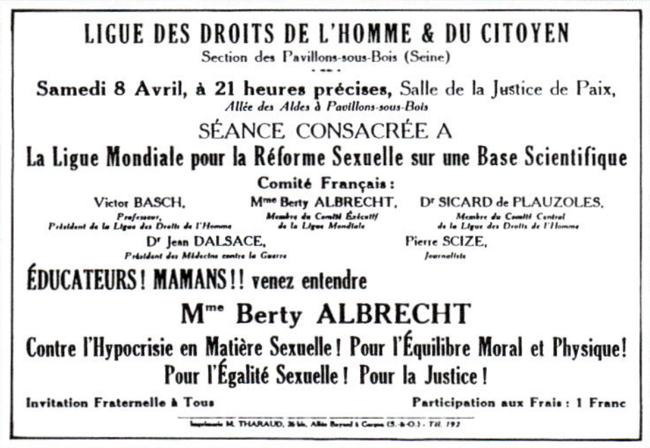

LIGUE DES DROITS DE L'HOMME & DU CITOYEN
Section des Pavillons-sous-Bois (Seine)

Samedi 8 Avril, à 21 heures précises, Salle de la Justice de Paix,
Allée des Aldes à Pavillons-sous-Bois

SÉANCE CONSACRÉE A
La Ligue Mondiale pour la Réforme Sexuelle sur une Base Scientifique

Comité Français :
Victor BASCH, *Professeur, Président de la Ligue des Droits de l'Homme*
Mme Berty ALBRECHT, *Membre du Comité Exécutif de la Ligue Mondiale*
Dr SICARD de PLAUZOLES, *Membre du Comité Central de la Ligue des Droits de l'Homme*
Dr Jean DALSACE, *Président des Médecins contre la Guerre*
Pierre SCIZE, *Journaliste*

ÉDUCATEURS ! MAMANS !! venez entendre
Mme Berty ALBRECHT
Contre l'Hypocrisie en Matière Sexuelle ! Pour l'Équilibre Moral et Physique !
Pour l'Égalité Sexuelle ! Pour la Justice !

Invitation Fraternelle à Tous **Participation aux Frais : 1 Franc**

FÉMINISTE

Berty est née Wild, en 1893, à Marseille, issue de la bourgeoisie protestante et négociante. Après avoir obtenu son diplôme de fin d'études secondaires, elle se prépare au métier d'infirmière, sa mère ayant refusé d'obtempérer au désir du directeur de l'opéra de Marseille qui souhaitait qu'elle fasse carrière dans le chant. Souhaitant se perfectionner dans la langue de Shakespeare, elle décide de partir pour Londres. C'est là qu'elle fait la connaissance de Frédéric Albrecht, un ami de son père. Il vit à Londres, mais il est Hollandais, quoique né à Fribourg... Son métier est la finance, sa deuxième patrie la Bourse, et il est profondément pacifiste. Il quitte Londres pour Rotterdam après la guerre. C'est là, le 18 décembre 1918, que Berty et lui se marient. Dans la quiétude hollandaise naissent ses deux enfants, Frédéric et Mireille.

Berty Albrecht avant-guerre. Elle donne alors des conférences pour la Ligue mondiale pour la réforme sexuelle.

En 1924, la petite famille retourne à Londres. Londres, capitale du féminisme. Berty se sent un peu à l'étroit dans l'atmosphère bourgeoise de son foyer, surtout lorsqu'elle apprend l'existence de l'Union sociale et politique des femmes, dirigée par la fondatrice du Worker's Socialist Federation, Sylvia Pankhurst, féministe et socialiste. Elle découvre le mouvement pour la planification des naissances, le Birth Control, et elle entre en contact avec les animateurs du Mouvement pour la réforme sexuelle avec qui elle organise des débats. Par ce biais, elle s'ouvre à une réalité qu'elle ignorait, le monde ouvrier. Berty devient une militante active de ces deux causes, peu soucieuse de créer un étrange contraste avec le style de vie que mène son mari, et de combattre contre la classe qu'il représente...

En 1932, elle s'installe seule à Paris et entre en militance. Elle rencontre Victor Basch, professeur à la Sorbonne, et président de la Ligue des droits de l'homme. Elle se lie avec Gabrielle Duchêne, fondatrice des Amis de l'URSS, fait la connaissance de Léon Blum et de Maurice Thorez ou de Jean Perrin. La Ligue des droits de l'homme est le lieu où elle pense donner un peu plus de corps à son idéal. La défense des droits de l'homme, en l'espèce, ce sera la défense des droits de la femme. Elle devient membre du Comité exécutif de la Ligue mondiale pour la réforme sexuelle sur une base scientifique. Elle organise des conférences. Celle qui a lieu le 8 avril 1933 à Pavillons-sous-Bois, est annoncée ainsi : « Éducateurs ! Mamans ! Venez entendre Mme Berty Albrecht. Contre l'hypocrisie en matière sexuelle ! Pour l'équilibre moral et physique ! Pour l'égalité sexuelle ! Pour la Justice ! » En novembre 1933, avec Paul Langevin, elle crée avec les moyens du bord une revue trimestrielle : *le Problème sexuel. Morale, eugénique, hygiène, législation*. Dans le premier numéro figure la proposition de loi communiste (déposée le 31 mars 1933) réclamant la protection sociale de la maternité, l'institution de l'éducation sexuelle, la liberté de la contraception et de l'avortement. Acte audacieux, quand on sait qu'une loi de 1920 réprime l'avortement et la propagande anticonceptionnelle. Le ton général de la revue est d'ailleurs très favorable à ce qui se passe en URSS. Elle se rendra au pays des soviets : « J'ai voulu voir de mes yeux si oui ou non les soviets avaient réalisé quelque chose d'intéressant pour la femme qu'ils prétendaient avoir mise sur un pied d'égalité totale avec l'homme. » Sa revue s'adresse « aux esprits libres, épris de vérité, à la recherche des moyens de rendre l'homme moins malheureux et l'humanité meilleure ». Voilà une juste définition de la vision du monde de Berty qu'elle n'aura de cesse de faire triompher, en temps de paix comme en temps de guerre.

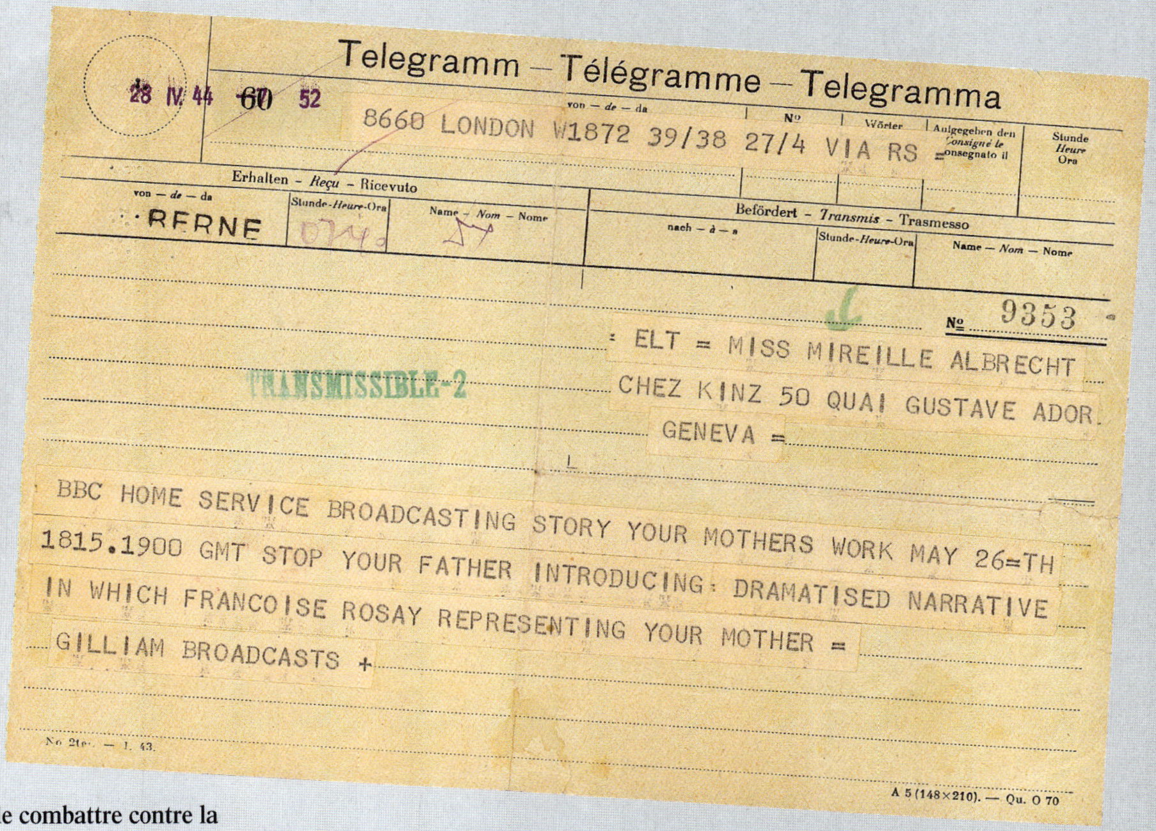
Telegramm – Télégramme – Telegramma
28 IV 44 60 52
8660 LONDON W1872 39/38 27/4 VIA RS =
Erhalten – Reçu – Ricevuto
BERNE
Befördert – Transmis – Trasmesso
Nº 9353
TRANSMISSIBLE-2
: ELT = MISS MIREILLE ALBRECHT
CHEZ KINZ 50 QUAI GUSTAVE ADOR
GENEVA =
BBC HOME SERVICE BROADCASTING STORY YOUR MOTHERS WORK MAY 26=TH
1815.1900 GMT STOP YOUR FATHER INTRODUCING: DRAMATISED NARRATIVE
IN WHICH FRANCOISE ROSAY REPRESENTING YOUR MOTHER =
GILLIAM BROADCASTS +

Après l'arrestation de Berty Albrecht, sa fille, Mireille Albrecht, est rapatriée en Suisse. Elle reçoit un télégramme de Londres lui annonçant le projet de la BBC de créer une « dramatique » où l'actrice Françoise Rosay incarnerait Berty.

ANTIFASCISTE

Elle réagit immédiatement aux premiers signes intempestifs de la montée du péril fasciste et nazi en Europe. Elle participe à la création d'un Comité d'aide à l'Éthiopie chargé de recueillir des fonds. On la retrouve au Comité international de coordination et d'information pour l'aide à l'Espagne républicaine. Avec Madeleine Braun, future figure de la Résistance communiste, elle met en place un Comité pour l'accueil des réfugiés antifascistes (allemands). Son bel appartement du 5, avenue Victor-Emmanuel (aujourd'hui avenue Franklin-Roosevelt) devient un centre d'accueil. Un jeune capitaine y découvre un autre monde : il s'agit d'Henri Frenay, alors à l'École de guerre, tombé depuis peu sous le charme de cette femme si éloignée des valeurs de son milieu : « J'ai rencontré dans le salon de Berty des gens qui étaient pour moi d'une espèce inconnue, gauche, extrême gauche, libres-penseurs, francs-maçons, qui m'ont fait découvrir des horizons moraux politiques et psychologiques tout à fait différents de ceux que j'avais connus jusqu'alors. Sans notre rencontre, mon existence en aurait été profondément changée. » Pour Berty comme pour Frenay, une « guerre de civilisation » est inévitable : « Nous savions d'une absolue certitude, qu'aucune concession ne satisferait le Moloch hitlérien et que, dans un avenir proche, deux forces de civilisation se heurteraient. Nous savions que la France allait bientôt subir la grande épreuve. Nous décidâmes de nous y préparer afin de mieux servir. »

Douée d'un courage exceptionnel, Berty Albrecht est l'une des héroïnes de la Résistance en France. Membre de Combat, très bonne organisatrice, elle est arrêtée et se donne la mort le 9 juin 1943.

AU SERVICE DES AUTRES

Tout en se préparant à l'inéluctable, Berty veut s'engager dans les luttes quotidiennes des femmes de son temps. À l'été 1936, elle s'inscrit à l'École des surintendantes d'usine, 1, rue Princesse, à Paris. La mission originelle de ces surintendantes était, en 1917, d'accompagner l'entrée dans le monde du travail des femmes dans les usines. En 1936, c'est toujours une mission sociale au service des plus humbles. L'heure est « au social » ! Elle effectue un stage aux Galeries Lafayette, comme simple manutentionnaire, puis dans une raffinerie de pétrole, comme ouvrière. Elle lutte pour l'application des 40 heures et propose au patron des améliorations dans la qualité de vie des ouvrières. En juillet 1938, à la sortie de l'École, elle est embauchée aux usines BBT à Paris, puis, en 1940, chez Fulmen. Début juin, la société reçoit l'ordre de repli à Vierzon, sur la ligne de démarcation.

COMBATTANTE

En décembre 1940, elle retrouve Frenay à Vichy, qui est en fonction au 2e bureau (service de renseignements), qu'elle a quitté depuis de longs mois. La défaite les a atterrés, la présence des Allemands révoltés : « J'ai tellement souffert dans mon orgueil, écrira-t-elle à son mari, que tout de suite j'ai cherché le moyen de les [les Boches] foutre à la porte et de leur faire le plus de mal possible, même si cela devait me coûter la vie ou la liberté. » Cela tombe bien car Henri Frenay a déjà imaginé un mouvement, le Mouvement de Libération nationale (MLN). Leur premier souci est très pragmatique : ils veulent livrer à l'opinion des informations inaccessibles pour éclairer les esprits. Car le capitaine a tout le loisir de prélever illicitement dans le stock d'informations officielles qui circulent dans son service. C'est ainsi que naît, au tout début de 1941, le *Bulletin d'information et de propagande*, qui consiste en quelques feuilles dactylographiées par Berty. Ces *Bulletins* sont insérés dans des magazines (*Marie-Claire* ou *Signal*) et expédiés discrètement à quelques correspondants membres du MLN, lesquels, à leur tour, les font dactylographier et en assurent la diffusion. Ce système fonctionne jusqu'en mars 1941, lorsque le capitaine rejoint Lyon après avoir pris congé de l'armée pour se consacrer exclusivement au MLN, qui devient Combat à la fin de l'année. C'est elle qui trouve l'imprimeur qui éditera *les Petites Ailes, Vérités* et *Combat*. Lorsque Frenay envisage de créer des « services généraux », Berty, qui fait fonction de « chef de cabinet », imagine un « service social », unique dans l'histoire de la Résistance. L'idée est d'allouer une aide aux familles des membres de Combat qui ont été arrêtés et internés, mais aussi d'aider les internés eux-mêmes en facilitant leur évasion grâce aux relations nouées par les assistantes sociales avec les aumôniers et les gardiens.

DEUX ARRESTATIONS

Cet engagement de l'ombre peut exposer au pire. À la suite de la trahison d'Henri Devillers, agent de liaison de Combat, vers la mi-janvier 1942, une quarantaine de militants de Combat est arrêtée,

« ... je suis décidée à aller jusqu'au bout. En perdant la vie, je gagnerais une paix qui me semble ineffable... »

dont Berty Albrecht. Pour le patron, c'est un drame : « Les visages de tous ces amis m'apparaissent un à un. Ils semblent me sourire. Que faire, mon Dieu, que faire ? Je me sens coupable d'être là, épargné alors qu'ils sont tombés dans cette bataille où je les ai entraînés. » Quelques jours après son arrestation, Berty Albrecht arrive à retrouver Frenay, avec un marché en main. Le commandant Rollin, directeur général adjoint à la Sécurité nationale, la charge de convaincre Frenay de le rencontrer. Doit-il s'y rendre ? Est-ce un piège ? Il accepte et réussira à faire libérer les autres.

Quelques mois après, en mai, la police frappe à la porte de son appartement, 87, quai Pierre-Scize, à Lyon. Elle refuse d'ouvrir la porte pour avoir le temps de brûler les papiers compromettants qu'elle détient. La police enfonce la porte et découvre la manœuvre. Une valise de documents est trouvée sous son lit. Berty est internée administrativement à Vals-les-Bains. Elle fait parvenir un message à Frenay dans lequel elle lui confie, de manière étrangement prémonitoire : « ...Pour moi, je suis décidée à aller jusqu'au bout. En perdant la vie, je gagnerais une paix qui me semble ineffable... Cette fois, ma vie est entre les mains de Dieu. » Elle organise une grève de la faim, perd 12 kg. Elle est transférée à l'hôpital d'Aubenas, le 2 juillet 1942, avant d'être incarcérée à la prison lyonnaise Saint-Joseph, prison au régime très dur réservée aux femmes de droit commun. C'est là qu'elle apprend, le 30 octobre 1942, qu'elle est condamnée à six mois de prison. Toujours pressée par le destin, Berty décide de s'évader. Elle se fait passer pour folle et, vers la fin de novembre 1942, réussit à être transférée à l'asile d'aliénés du Vinatier, à Bron, dans la banlieue de Lyon. Quelques jours après, un commando de Combat vient la libérer et de sa folie simulée, et de son internement.

DÉCIDÉE À ALLER JUSQU'AU BOUT

Le patron de Combat lui conseille fortement de partir à Londres. Il sait que la prochaine arrestation ne pourra être qu'une tragédie. Elle refuse, car elle veut reprendre le combat. Pour peu de temps.

Le 15 mai 1943, Berty écrit à son mari sa dernière lettre, qui se termine ainsi : « La vie ne vaut pas cher, mourir n'est pas grave, le tout c'est de vivre conformément à l'honneur, à l'idéal qu'on se fait. » Le 27 mai 1943 intervient cette troisième arrestation tant redoutée. Berty se trouvait à Cluny, dans la famille Gouze. Elle reçoit un message, dans une boîte à lettres du mouvement, indiquant que Frenay est attendu le lendemain dans un hôtel pour un rendez-vous très important. Comme elle ne peut joindre Frenay, elle s'y rend elle-même avant d'être arrêtée par la Gestapo, guidée par le traître André Multon. « Victoire », son dernier pseudonyme, est transférée directement à Fresnes, où elle meurt aussitôt. Très vite se répand la nouvelle selon laquelle elle aurait été décapitée à la hache. En fait, elle s'est donnée la mort. À 50 ans, fidèle à son idéal, sûre de l'issue de son combat.

« Que ce nom reste dans nos mémoires. »

Frenay apprend à Londres la mort de Berty Albrecht et le drame de Caluire. Il fait aussitôt parvenir à ses hommes un télégramme où il donne ses instructions pour organiser des représailles.

24 juillet, 1943

"Apprends exécution VERTY. Je vous demande d'entourer Mireille de toute votre affection et lui dire mon désespoir et mon affection. Je suis obligé aller à Alger pour questions très importantes. Je suis navré de ne pouvoir rentrer qu'en Août. Je vous demande de préparer d'urgence représailles contre la Gestapo ayant arreté Berty, et tout faire pour évasion Bardot Max Aubrac, Avricourt.

Achat consciences quelque soit le prix. Pousser au maximum recrutement corps francs d'élite.

Fidèlement à tous."

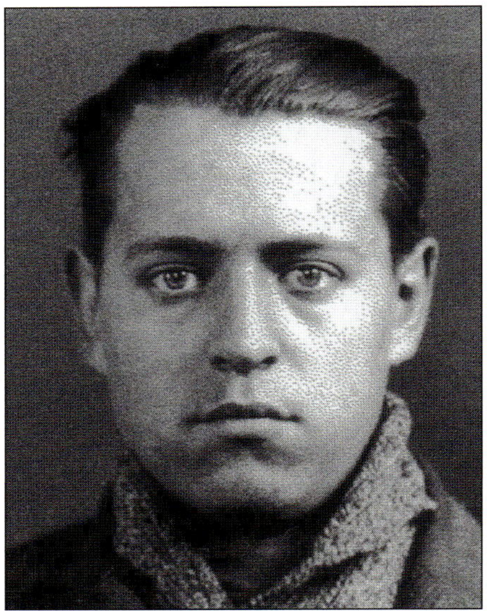

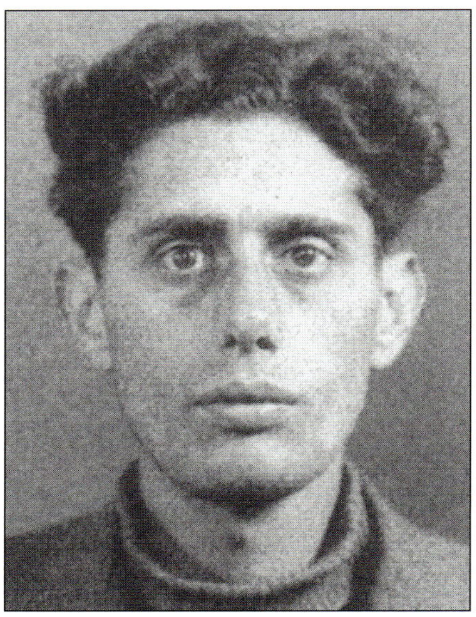

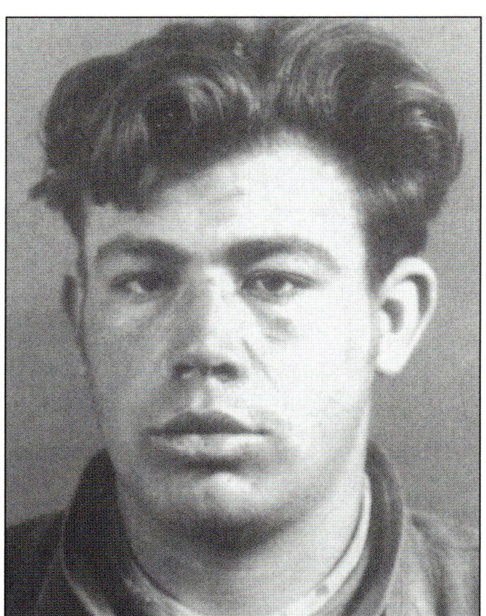

Ci-dessus, de haut en bas : Roger Hanlet (19 ans), Acher Semahya (27 ans) et Robert Peltier (20 ans).

4-6 mars

Mourir à 19 ans

Après plusieurs mois d'investigations, les policiers français de la préfecture de police de Paris remettent aux autorités allemandes 7 jeunes militants communistes parisiens des Bataillons de la jeunesse, âgés de 17 à 21 ans : Tony Bloncourt (étudiant), Roger Hanlet (ouvrier mécanicien), Pierre Milan (télégraphiste), Robert Peltier (ouvrier métallurgiste), Christian Rizo (étudiant), Acher Semahya (mécanicien), Fernand Zalkinow (ouvrier fourreur). Ces jeunes résistants ont en commun d'avoir saboté des installations allemandes dans la région parisienne et d'avoir volé du matériel. Les Allemands souhaitent réagir avec force et faire un exemple de cette affaire. Il faut à tout prix dissuader les Français de se rebeller contre eux, quitte à travestir la réalité des faits en accusant à tort des résistants de crimes jamais commis. Un rapport allemand de situation *(Lagebericht)* rédigé par le commandant militaire allemand en France (MBF), daté de février-mars, est clair sur l'objectif du procès organisé au Palais-Bourbon, un haut lieu de la République défunte :

« Le procès de sept terroristes communistes du cercle susmentionné (cercle Brustlein) a eu lieu. Pour la première fois, la presse a été autorisée à assister à ces audiences. Le déroulement des débats et les sept condamnations à mort ont été utilisées, dans la presse, à des fins de propagande dans tout le territoire, occupé ou non. »

La presse collaborationniste de Paris rend compte des trois jours de procès. Le 5 mars, le *Pariser Zeitung* titre à la une :

« Sept terroristes rouges jugés publiquement par le Conseil de guerre de Paris. De sensationnelles révélations sur l'organisation des communistes. »

Le procès est le seul organisé au Palais-Bourbon contre des résistants. Depuis juillet 1940, le Palais est occupé par les services logistiques du MBF et par des officiers de l'armée de l'air allemande. Le verdict prononcé le 6 mars, à savoir la mort, n'est pas une sur-

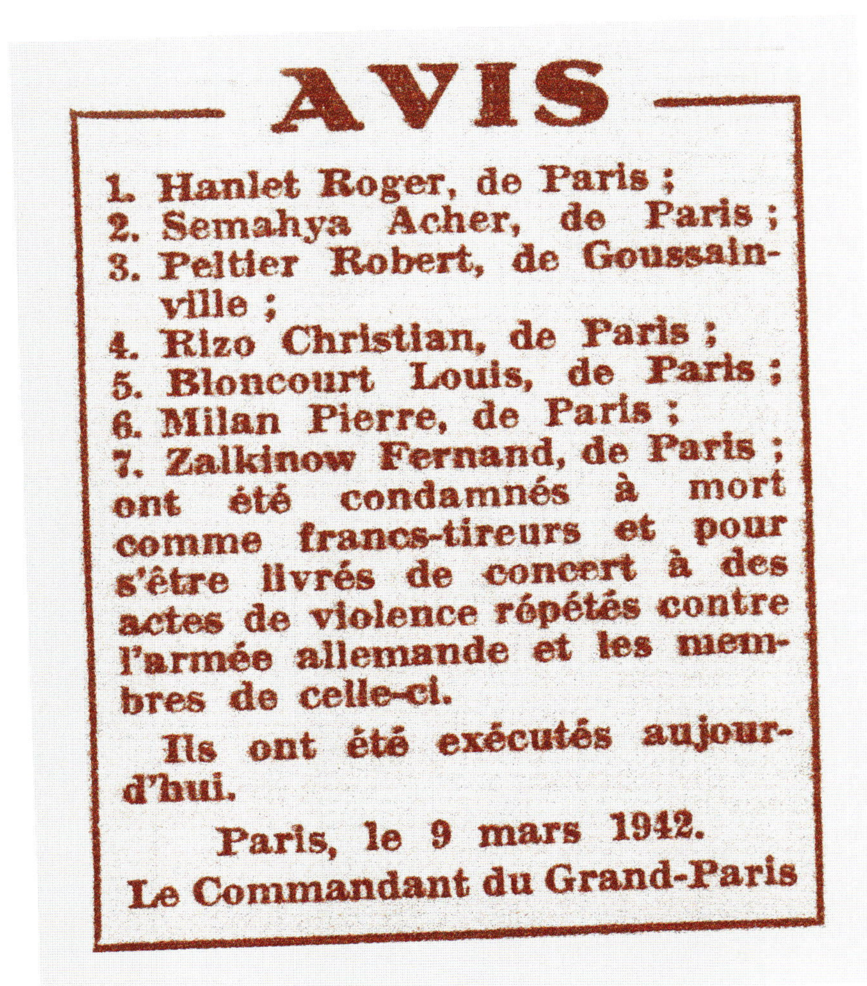

AVIS

1. Hanlet Roger, de Paris ;
2. Semahya Acher, de Paris ;
3. Peltier Robert, de Goussainville ;
4. Rizo Christian, de Paris ;
5. Bloncourt Louis, de Paris ;
6. Milan Pierre, de Paris ;
7. Zalkinow Fernand, de Paris ;

ont été condamnés à mort comme francs-tireurs et pour s'être livrés de concert à des actes de violence répétés contre l'armée allemande et les membres de celle-ci.

Ils ont été exécutés aujourd'hui.

Paris, le 9 mars 1942.

Le Commandant du Grand-Paris

prise. Les sept jeunes communistes, assistés par des avocats désignés d'office, sont condamnés à mort pour l'exécution du *Feldkommandant* de Nantes, Fritz Hotz, le 20 octobre 1941 (les jours suivants, vingt-sept « otages » innocents ont été exécutés par les Allemands à Châteaubriant). Or, ils n'y étaient pas, puisque c'est Gilbert Brustlein, leur chef, qui a commis l'attentat. Brustlein est en fuite lorsque les policiers français des sinistres brigades spéciales arrêtent les militants communistes, entre novembre 1941 et janvier 1942. Les sept jeunes seront exécutés au mont Valérien, le 9 mars.

Avant de mourir, les condamnés écrivent chacun une lettre d'adieu.

« On arrive à tout avec le courage – même à mourir à dix-neuf ans le sourire aux lèvres. »

EXTRAIT DE LA LETTRE DE CHRISTIAN RIZO ADRESSÉE À SES FRÈRES ET SŒURS AVANT QU'IL SOIT EXÉCUTÉ

« *Lundi 9 mars 1942, 12h*

Ma chère Maman,

Ma petite maman chérie voilà qu'il te faut avoir le plus de courage possible ! Je serai mort courageusement quand tu recevras cette lettre. Oh Maman comme j'ai de la peine à comprendre la souffrance que tu vas ressentir ! Comme j'ai peur pour ta santé, si nécessaire à mon petit Pierre. Maman, il faut que tu trouves dans mon souvenir la force de faire un homme de ce petit être, un second Christian, car il me ressemble. J'ai d'ailleurs demandé à mon frère André de devenir aussi un homme qui te fera honneur plus tard. Je lui ai demandé qu'il te montre plus de tendresse car je ne veux pas que ce que j'aurais fini par te donner plus tard, te manque désormais. Sache bien, en effet, Maman, que j'aurais compris de toutes façons ce que tu étais – la brave et bonne femme que tu étais. Mais j'ai confiance en mes frères (qu'André répète tout ceci à Pierre plus tard). Ils t'aiment dorénavant de tout leur cœur et surtout ils te le montreront par leur travail et leur affection. Sache aussi, Maman, que la prison ne m'a pas changé. J'ai simplement réfléchi. La tendresse que j'éprouve pour toi maintenant, elle existait – mais elle dormait au fond de mon cœur. Elle s'est réveillée un peu trop tard seulement, mais celle de mes frères et sœur va se montrer, ne t'en fais pas. C'est d'ailleurs, chère petite Maman, la seule chose qu'il te faut pour vivre, la tendresse. Tu vois que je te connais bien malgré mon indifférence apparente.

Allons Maman, courage, confiance en l'avenir ; j'ai tout ça, tu l'auras aussi.

Je n'oublie pas ma petite sœur Hélène. Embrasse-la pour moi. Elle sera gentille pour toi, n'est-ce pas Hélène ? J'embrasse mon tout petit frère – c'est drôle, j'ai le pressentiment qu'il me remplacera, qu'il me ressemblera en tout.

Ma petite Maman, adieu. Si un jour le découragement te prenait, sache que ce ne serait pas digne de toi, car je te jure que je le suis.

Christian »

Ci-contre, à gauche : Christian Rizo (19 ans). Ci-dessous, de haut en bas : Tony Bloncourt (20 ans), Pierre Milan (17 ans) et Fernand Zalkinow (19 ans).

Pierre Dac (ici à la BBC, appuyé sur une chaise) franchit la frontière espagnole à l'été 1942. Arrêté puis interné par les autorités espagnoles, il est libéré grâce à l'aide de la délégation française dissidente de Madrid, à qui il écrit cette lettre (en bas).

4 mars

Le « roi des Loufoques » arrêté

Pierre Dac est l'humoriste du moment en France. On l'appelle « le roi des Loufoques » ! Mais cet homme ne transige pas avec le respect dû à la patrie. Là, il devient très sérieux. Ses origines juives l'inquiètent, mais, surtout, il veut rejoindre le général de Gaulle et prêter main-forte à l'équipe de la BBC. Fin 1941, il tente de franchir la frontière franco-espagnole. Il est arrêté en Espagne, puis refoulé et remis à la police française. Le 4 mars, il explique son geste au commissaire de la police spéciale de Cerbère, mais sans en révéler les vraies raisons :

« Désespéré par les mesures prises à l'encontre des israélites, et sur un coup de cafard, je me décidais à me rendre en Espagne, sans but bien précis. Je quittais Toulouse le 15 novembre 1941 à destination de ce pays. J'ai franchi la frontière clandestinement, le lendemain soir, par le col de Banyuls. [...] Arrêté avant mon arrivée à Barcelone, j'ai été incarcéré sur-le-champ à la prison de cette ville et relâché seulement aujourd'hui. Je regrette sincèrement mon geste. »

Ses regrets ne sont pas sincères... Pierre Dac rééditera l'opération et réussira. Sur un mode humoristique, il dira après la guerre : « La France avait deux hommes célèbres : moi et le maréchal. Elle a choisi le maréchal, je n'avais donc plus qu'à partir... »

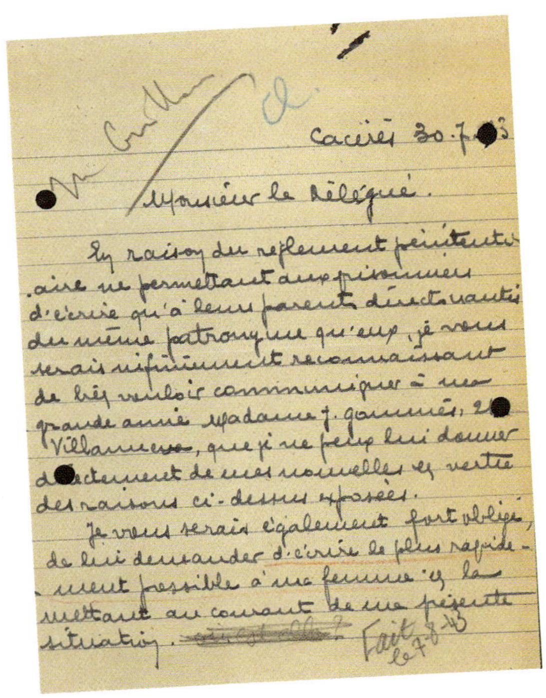

Cacères 30.7.43

Monsieur le Délégué.

En raison du règlement pénitentiaire ne permettant aux prisonniers d'écrire qu'à leurs parents directs ayant du même patronyme qu'eux, je vous serais infiniment reconnaissant de bien vouloir communiquer à ma grande amie Madame J. Gommès, 20 Villanueva, que je ne peux lui donner directement de mes nouvelles en vertu des raisons ci-dessus exposées.

Je vous serais également fort obligé de lui demander d'écrire le plus rapidement possible à ma femme en la mettant au courant de ma présente situation.

Fait le 7-8-43

18 mars

Le philharmonique indésirable

Un événement culturel doit avoir lieu à Lyon. Le célèbre orchestre philharmonique de Berlin doit se produire à la salle Rameau. Les résistants lyonnais ne se résignent pas à considérer cet événement comme purement culturel. Pour André Plaisantin et Harmel, membres de Combat, c'est un acte de propagande au service du Reich. La musique ne saurait adoucir les mœurs en pareille époque !

Ils organisent un plan de fabrication et de distribution de tracts destinés à la population. Comme dans tout tract, on ne fait pas dans la nuance : « Les Boches du Berlin ne joueront pas ! » Comme une opération commando, le 18 mars, à l'aube, des équipes se répartissent par secteurs et inondent les rues de ces papiers. La journée, ce sont des papillons qui sont lancés des tramways et des immeubles. À partir de 19 heures, les résistants se regroupent place des Terreaux, devant la mairie. À 20 heures, la place est noire de monde. Les rares Lyonnais qui s'aventurent vers la salle Rameau sont conspués. Des cortèges se répandent dans les rues adjacentes criant : « Les Boches à Berlin ! » Une manifestation a lieu devant le consulat des États-Unis, place de la Bourse. Des heurts ont lieu avec la police. Des arrestations interviennent.

Cette première manifestation d'ampleur, toute symbolique, a permis aux résistants de prendre conscience qu'ils ne sont pas seuls. C'est un encouragement.

Les bijoux parlent

À la déclaration de guerre, Paris est encore, avec Londres, la capitale mondiale de la joaillerie, et les grandes maisons restent assez actives sous l'Occupation.

En 1939 et 1940, le patriotisme et l'attachement à la cause des Alliés ont été traduits à travers des bijoux à décoration de couronnes, à motifs inspirés de la marine, des ailes de la Royal Air Force ou des drapeaux des régiments. Après la défaite, une sorte de petit badge émaillé représentant un vol d'hirondelles tricolores avec la phrase : « Elles reviendront » est mis à la mode. En 1942, Cartier crée la ligne « Oiseau en cage », qui est retirée de la vente sur injonction allemande, l'allusion étant un peu voyante. À la Libération, c'est la liberté qui deviendra la principale source d'inspiration des motifs, avec, par exemple, la broche « Jeep » de Mauboussin, symbole de l'armée américaine.

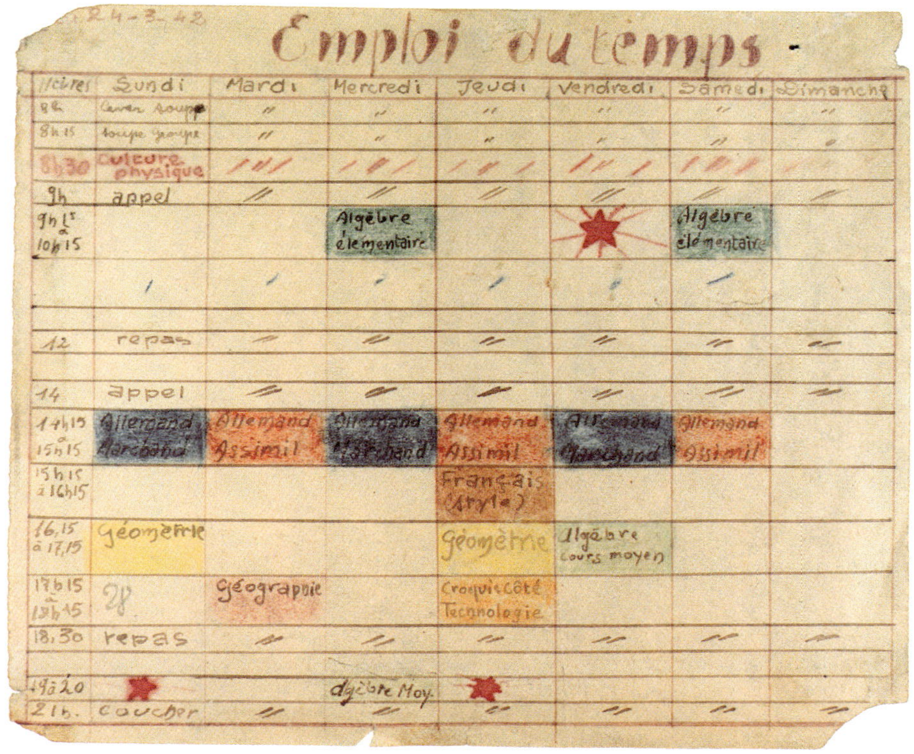

Emploi du temps réalisé par le résistant Eugène Kerbaul, communiste breton, interné dans le camp de Voves (Eure-et-Loir).

28 mars

« La tactique de la boule de mercure »

C'est sous l'action de Charles Tillon que les organisations spéciales (OS) chargées des sabotages, les jeunes communistes qui commettent des attentats contre l'armée allemande et les membres de la Main-d'œuvre immigrée (MOI) se réunissent sous l'appellation de Francs-tireurs et partisans (FTP). Dans un souci d'efficacité maximale, Charles Tillon est persuadé que les trois types d'organisations paramilitaires clandestines du Parti communiste doivent mieux coordonner les actions contre l'occupant.

Charles Tillon, un fils de boucher rennais né en 1897, ajusteur de métier, est clandestin depuis le 26 septembre 1939, le jour de la dissolution du PC. Avant-guerre, c'était un habitué de la lutte syndicale et il a effectué plusieurs séjours en prison et au bagne entre 1919 et 1939. En 1936, il a été élu député d'Aubervilliers et a dirigé, en 1939, une mission humanitaire pendant la guerre d'Espagne. Dès le mois de mai 1941, il a mis sur pied les groupes d'action armée avec Jacques Duclos et Benoît Frachon, dont les OS, les Bataillons de la jeunesse et la MOI.

Il défend avec opiniâtreté l'idée selon laquelle la guérilla est préférable à l'action révolutionnaire. De petites actions militaires bien menées sont, selon lui, beaucoup plus efficaces et moins risquées pour ceux qui les commettent. C'est ce qu'il appelle la « tactique de la boule de mercure ». Il lance donc pour ces raisons les FTP. À la tête de ceux-ci se trouve un comité militaire national composé de plusieurs personnalités, dont Charles Tillon, commandant en chef, le professeur d'université Prenant, chef d'état-major, et Albert Ouzoulias. Les FTP se dotent d'un réseau de renseignement militaire – le réseau Fana – qui travaille étroitement avec le BCRA de la France libre. Par ailleurs, les FTP disposent d'un service de santé et d'un service d'armement.

Tillon crée également *France d'abord,* l'organe de presse des FTP. Il existe même une école des officiers FTP. Nombre de combattants des FTP sont d'anciens volontaires des Brigades internationales qui sont allés se battre pendant la guerre d'Espagne, dont Rol-Tanguy, le colonel Fabien, par exemple. Les FTP sont placés sous la tutelle du Front national (mouvement d'apparence apolitique, mais en fait dirigé par le PC) qui a pour objectif de recruter un ensemble très large de Français contre les nazis. Les FTP sont très bien organisés en petits groupes de 3 à 5 membres, ce qui permet une dispersion plus rapide en cas de descente de police.

1er ARR
RUE DU
MONT THABOR
APPEL

Fin mars

Christian Pineau, premier émissaire de la Résistance à Londres

Après avoir rencontré Pierre Brossolette, rue de la Pompe à Paris, avec lequel il s'entend tout de suite, Christian Pineau, le syndicaliste chef du mouvement Libération-Nord, est invité à se rendre à Londres s'il le souhaite. Pineau accepte. Pour lui, ce voyage à Londres est primordial, afin de sortir son mouvement de l'isolement, solliciter des moyens et porter là-bas la parole de la Résistance. L'y encouragent André Philip, Emmanuel d'Astier et Henri Frenay. Pineau est la première personnalité qui, après avoir œuvré en faveur de la Résistance en France, rejoint Londres.

En mars, un soir de pleine lune, Pineau part de Saumur pour la Grande-Bretagne à bord d'un Lysander. Arrivé en Angleterre, il rencontre Passy et Manuel afin de leur donner une analyse sur les efforts réels consentis par la Résistance en métropole. Passy l'initie au décodage et au codage, à la préparation de parachutages et d'atterrissages en France.

Enfin, il rencontre le général de Gaulle au Connaught Hotel de Londres. Il est fortement impressionné par ce général inconnu qui est déjà un mythe :

« Le général de Gaulle est debout devant la cheminée, où brûle un feu de bois qui éclaire les vieux chenêts de cuivre, les tapis épais, les fauteuils victoriens. Immense dans son uniforme de général de brigade, il s'avance vers moi tandis que sa main se lève lentement pour atteindre la mienne au moment précis où j'arrive en face de lui. Il a des gestes à la fois onctueux et fermes, ceux d'un prélat autoritaire. [...] Jamais je ne me suis senti aussi ému ni aussi gêné. »

Pineau parle du message qu'il doit adresser de la part du Général aux résistants français. Pineau, homme de gauche, n'a pas la même vision de la France que l'auteur de l'appel du 18 juin. Il veut s'assurer de son républicanisme. Après plusieurs réunions, un manifeste rédigé par de Gaulle est donné à Pineau. Ce dernier est réticent sur certaines formules jugées trop abruptes notamment à l'endroit de la IIIe République pour laquelle le Général est très sévère. Il place sur le même plan Vichy et la IIIe République, ce qui risque de choquer de nombreux résistants en France.

Pour le général de Gaulle, comme il le dit dans ses *Mémoires*, ce manifeste que Pineau va présenter aux résistants de l'intérieur est un acte politique important :

« Le moment, en tout cas, était venu pour moi, de proclamer, d'accord avec la Résistance tout entière et en son nom, le but que nous voulions atteindre. Ce but, c'était la libération au sens complet du terme, c'est-à-dire la libération de l'homme aussi bien que de la patrie. »

1er avril

« Yvon » Morandat : création du Mouvement ouvrier français

Engagé dans la France libre après la campagne de Norvège, Léon Morandat est un jeune syndicaliste chrétien, fils de paysans de la Loire. Il reçoit une formation de parachutiste et d'organisateur de réceptions de largages avant d'être désigné, dès avril 1941, pour se rendre en zone libre. Il est chargé de recueillir des informations dans les milieux syndicalistes et de susciter des ralliements au sein de la jeunesse catholique. C'est le premier Français libre à qui incombe une mission politique. Il est parachuté en France le 7 novembre 1941.

Sa forte personnalité, sa capacité d'initiative et les rencontres qu'il fait le conduisent bientôt à outrepasser cette mission. Il entre dans le mouvement Libération (lié de façon privilégiée à la CGT) et devient même l'adjoint de d'Astier ! Ce qui est contraire à son devoir de neutralité.

Morandat fourmille d'idées, ce qui ne va pas sans poser problème lorsque Jean Moulin arrive à son tour en France. Parmi ces idées, la création d'un Mouvement ouvrier français (MOF), chargé de la propagande et de l'action sur le plan syndical. Morandat lance aussitôt un appel à manifester le 1er mai 1942. Jean Moulin n'accepte pas cette indépendance désordonnée. Il réclame son rappel en novembre 1942.

Paris vert-de-gris

← *Le drapeau nazi flotte sur la rue de Rivoli à l'entrée du siège de la* Kommandantur, *installée à l'Hôtel Continental, l'un des symboles de l'oppression et de l'Occupation. Les Allemands se sont installés dans de nombreux grands hôtels parisiens et des palais de la République défunte.*

Les accusés ont droit à un procès devant le tribunal militaire (la Gestapo, elle, tue sans jugement) et les avocats peuvent plaider, mais, dès le départ, la condamnation à mort ne fait aucun doute.

7-17 avril

La Maison de la chimie : la deuxième parodie de procès contre la Résistance

Après le procès tenu dans la galerie des Fêtes du Palais-Bourbon, un mois plus tôt, les occupants, soucieux de rassurer Hitler sur la sécurité des troupes allemandes en France et pour enrayer le cycle des attentats qui les touche, organisent un deuxième procès public, entre le 7 et le 14 avril.

Habituellement, les tribunaux militaires allemands jugent les résistants dans le plus grand secret, et c'est seulement plusieurs jours après que la population française apprend dans les journaux, par un sinistre « avis », que tel ou tel individu a été exécuté comme « terroriste ». Depuis le second semestre de 1941, les résistants communistes sont les principales victimes de la répression policière franco-allemande, menée le plus souvent par les brigades spéciales de la préfecture de police de Paris, la GFP (police militaire de campagne allemande) et par les juges allemands du tribunal B du commandant du Grand Paris.

Comme au Palais-Bourbon, le mois dernier, les Allemands rééditent l'organisation d'un procès unique, singulier et à grand renfort de publicité pour marquer sensiblement l'opinion publique, mais cette fois-ci à la Maison de la chimie, à Paris. Les journalistes sont invités en grand nombre. Un film du procès est même tourné par une équipe de la Wehrmacht.

Une immense croix gammée est placée au-dessus des juges militaires allemands, dirigés par le « docteur » Gottloeb, entourés d'hommes en armes. La mise en scène est soignée. Des avocats français sont commis d'office. Face aux juges allemands, qui n'auraient jamais pu travailler sans les enquêtes efficaces des policiers parisiens, vingt-sept accusés communistes attendent de connaître leur sort dans l'angoisse. Dix-sept sont des membres des Bataillons de la jeunesse et dix autres font partie de l'Organisation spéciale (OS-FTPF).

Les 25 condamnés à mort sont emmenés à l'issue du procès (en haut). L'un d'eux, en signe de défi, tire la langue au photographe, très certainement un soldat de la Wehrmacht. Simone Schloss (en bas) est la seule femme du groupe. Alors que 25 de ses camarades sont fusillés le 17 avril au mont Valérien, elle est décapitée à la prison de Cologne durant l'été 1943.

L'acte d'accusation en date du 5 avril reproche aux résistants d'avoir détenu des armes pour nuire aux forces militaires allemandes. L'acte évoque des « francs-tireurs », une notion juridique très floue.

La parodie de procès commence alors. À l'évidence, la sentence, à savoir la mort, est entendue pour la majorité des accusés, avant même que débute le procès. Le 10 avril, on peut lire dans le *Pariser Zeitung :* « Les terroristes assassins étaient payés par Moscou ! » L'utilisation de la presse pendant le procès fait partie de la propagande allemande. Le 15 avril, le même journal annonce les condamnations à mort de 25 accusés sur 27.

Parmi les condamnés, outre André Aubouet, Marcel Bertone, Marcel Bourdarias, Mario Buzzi, Louis Coquillet, Alfred Cougnon, Camille Drouvot, Jean Garreau, Yves Kermen, Léon Landsoght, Bernard Laurent, Pierre Leblois, Louis Marchandise, Ricardo Rohregger, Karl Schönhaar, Guisco Spartaco, Raymond Tardif, Pierre Tirot, Georges Tondelier, Maurice Touati, Pierre Tourette, René Toyer et Jean Quarré, il y a une femme, Simone Schloss, une couturière juive d'origine polonaise. Celle-ci est condamnée à être décapitée. Vingt-trois de ses camarades sont fusillés au mont Valérien, le 17 avril. André Kirschen, âgé de 15 ans, ne peut pas être condamné à mort, conformément au droit allemand ; il doit être emprisonné pendant dix ans, la peine maximale pour un mineur. Marie-Thérèse Lefèvre voit sa peine commuée en déportation outre-Rhin.

16 avril

Un traître exécuté par Vichy...

Le mouvement Combat connaît une série d'arrestations depuis la fin de 1941. À l'origine du drame, un homme, Henri Devillers, coursier des Messageries Hachette, recruté par Frenay et Berty Albrecht, comme agent de liaison entre les deux zones et entre les deux états-majors. En fait, c'est un agent introduit par l'Abwehr. Par lui, le 5 janvier 1942, à Gerzat (Puy-de-Dôme), les Allemands mettent la main sur un des agents de liaison de Combat. Il s'agit d'André Koehl, 38 ans, ancien carrossier, prisonnier de guerre évadé d'Allemagne. Il est trouvé porteur d'une valise de journaux clandestins et, surtout, d'une liste de noms et d'adresses qu'il n'avait pas pensé à coder. Les arrestations pleuvent en zone non occupée, vers la mi-janvier 1942.

Contre toute attente, Devillers est identifié et arrêté. Il faut y voir l'œuvre de Paul Paillole, patron du contre-espionnage clandestin (clandestin pour l'occupant, mais pas pour Vichy, qui alloue à son officine des fonds secrets), qui, avec la complicité de Vichy, traque les agents français de l'Abwehr. Paillole est un ancien compagnon de Frenay (ils ont tous deux fait Saint-Cyr). Devillers est traduit devant un tribunal militaire. Le 16 avril, il est fusillé. Cette exécution provoque une démarche de l'ambassade d'Allemagne.

On voit le paradoxe de la situation : Vichy procède aux arrestations des membres de Combat, mais fusille celui grâce à qui ces arrestations ont été rendues possibles !

16 avril

« Un seul ennemi, l'envahisseur »

Raymond Burgard, professeur d'histoire au lycée Buffon à Paris, a très tôt associé ses élèves à son esprit de résistance. Depuis l'automne 1940, il a commencé à agir en diffusant des papillons portant le slogan : « Un seul ennemi, l'envahisseur ». Le 11 novembre 1940, le 11 mai 1941, il a pris part aux manifestations de jeunes qui se sont déroulés à l'Arc de triomphe et devant la statue de Jeanne d'Arc. Surtout, en janvier 1941, il a lancé un journal clandestin, *Valmy,* titre choisi comme symbole de la victoire de la jeune République contre l'invasion ennemie. Après son arrestation, le 2 avril, ses élèves tentent, malgré le danger, d'organiser une manifestation de soutien. Incarcéré en Allemagne, Burgard y sera finalement exécuté le 15 juin 1944.

Inspirés par leur professeur, 5 élèves du lycée Buffon commettent des attentats contre l'occupant. Arrêtés, ils sont fusillés le 8 février 1943. À eux cinq, ils avaient 91 ans.

18 avril

Trois hommes à l'origine de la source K

Agir sur l'ennemi exige d'avoir des informations sur lui, de connaître ses intentions et le niveau d'information qu'il possède sur l'activité des résistants. C'est ce que comprend rapidement l'ingénieur Robert Keller. Il travaille aux PTT, responsable du centre de relève des dérangements de Paris. Le colonel Combaux, directeur des recherches techniques, a l'idée d'opérer des « piqûres de câbles » sur les lignes où circulent les communications téléphoniques de l'ennemi. Il en parle au capitaine Simoneau, du SR de Vichy, qui l'encourage. C'est l'ingénieur Keller qui est chargé de la mise en œuvre du plan et des missions d'écoute. Celui-ci exerce le contrôle technique du câble souterrain Paris-Metz-Berlin, à l'usage exclusif des autorités occupantes. Il faut créer un appareil récepteur. Il faut trouver un pavillon près de Noisy-le-Grand, à quelques mètres de la ligne du câble, là où la « piqûre » doit intervenir. Il faut trouver l'homme qui acceptera d'habiter ce pavillon : ce sera le sergent-chef Jung, Alsacien échappé d'un stalag, qui devient pour la cause agent d'assurance. Il s'y installe en mars 1942. Le creusement du tunnel peut commencer. Dans la nuit du 18 au 19 avril, le câble est enfin relié à l'appareil intercepteur qui se trouve dans le pavillon. L'activité occulte peut commencer. Deux autres opérateurs sont formés : un dénommé Rocard, licencié d'allemand, puis Prosper Riss, Alsacien lui aussi.

Keller va procéder à une écoute systématique des communications téléphoniques de l'occupant entre Paris et le haut état-major allemand. Les renseignements militaires obtenus sont considérables. Furent entendus et enregistrés, outre le Führer lui-même, Goering, Keitel, Jodl, Stülpnagel... C'est, bien sûr, une mission à haut risque dans la mesure où les occupants ont compris, eux aussi, que la protection des flux d'informations est un enjeu stratégique. Chaque technicien français est doublé par un technicien allemand, et ce dernier peut également faire l'objet d'une surveillance de la Gestapo...

Peut-être à la suite de dénonciations, en décembre 1942, l'occupant réussit à déjouer le plan. Les opérateurs sont arrêtés, de même que Keller et d'autres complices. Des déportations ont lieu. Keller n'en reviendra pas.

Robert Keller crée la « source K » en utilisant un câble principal entre Paris, Metz et Berlin. La Résistance collecte ainsi de précieux renseignements sur l'occupant.

28 avril

Le BIP, agence de presse de la Résistance

En vue d'unifier les résistants français des grands mouvements, Jean Moulin (« Rex ») donne une véritable armature administrative à la Résistance. Il s'agit de créer un service chargé d'échanger des informations entre la Résistance intérieure et la France libre, de diffuser des informations de propagande depuis Londres et de répartir le matériel de propagande, ce qui est une priorité pour Jean Moulin. Par le télégramme n° 6 adressé à Londres, les Français libres apprennent la création du Bureau d'information et de presse (BIP). Celui-ci est une véritable agence de presse clandestine au service des FFL. Il participe à l'émergence d'un État clandestin.

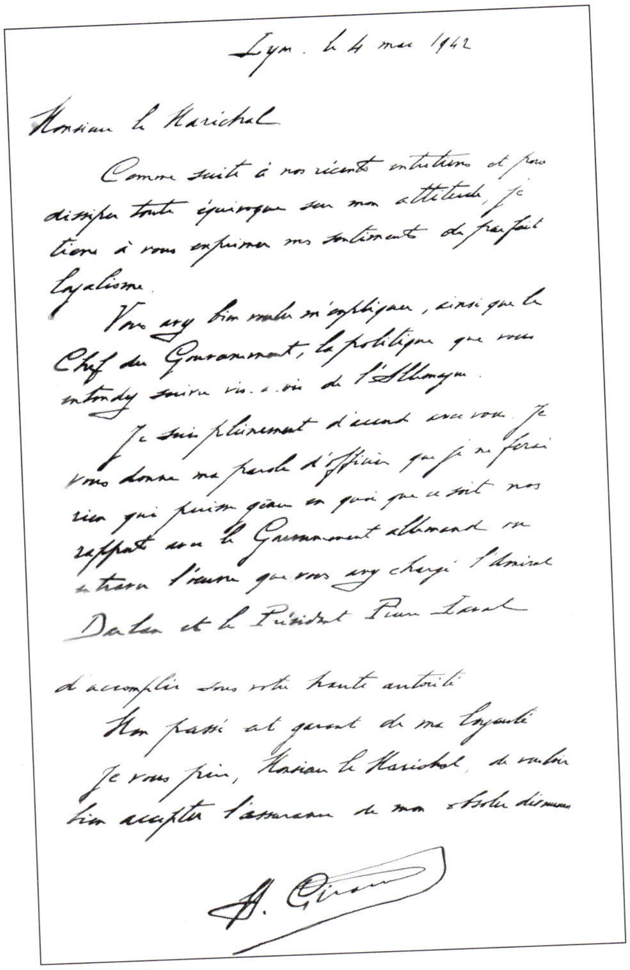

Lyon, le 4 mai 1942

Monsieur le Maréchal

Comme suite à nos récents entretiens et pour dissiper toute équivoque sur mon attitude, je tiens à vous exprimer mes sentiments de parfait loyalisme.

Vous avez bien voulu m'expliquer, ainsi que le Chef du Gouvernement, la politique que vous entendez suivre vis-à-vis de l'Allemagne.

Je suis pleinement d'accord avec vous. Je vous donne ma parole d'officier que je ne ferai rien qui puisse gêner en quoi que ce soit nos rapports avec le Gouvernement allemand ou entraver l'œuvre que vous avez chargé l'Amiral Darlan et le Président Pierre Laval d'accomplir sous votre haute autorité.

Mon passé est garant de ma loyauté.

Je vous prie, Monsieur le Maréchal, de vouloir bien accepter l'assurance de mon entier dévouement.

H. Giraud

Dans une lettre reproduite ici, le général Giraud rédige un texte d'allégeance adressé au maréchal Pétain ; il lui affirme son « parfait loyalisme ».

29 avril

Le général Giraud reçu à Vichy

Le général Henri Giraud a été fait prisonnier le 19 mai 1940 et incarcéré avec d'autres généraux alliés dans une forteresse de Königstein, proche de Dresde. Avec l'aide du colonel de Linarès, du 2e bureau de Vichy, il s'en évade le 17 avril et, *via* la Suisse et le territoire de Belfort, gagne la zone libre une semaine plus tard.

Il se rend à Vichy, où le maréchal Pétain l'accueille favorablement. Mais Laval, qui vient de reprendre la tête du gouvernement, ne veut pas heurter les Allemands. Il lui demande instamment de se constituer prisonnier ou, au moins, d'accepter de repartir à Berlin au sein de la mission qui s'occupe des prisonniers de guerre. À Otto Abetz, l'ambassadeur allemand venu en personne exiger sa rémission, Giraud oppose une fin de non recevoir, à moins d'obtenir en échange la libération, bien sûr inacceptable, de 500 000 prisonniers de guerre. Abetz paie de son rappel en Allemagne son impuissance à minimiser les résultats d'une évasion qui a profondément contrarié Hilter.

Ce coup d'éclat d'un officier de premier plan est accueilli avec enthousiasme dans l'opinion publique, y compris dans les camps de prisonniers, où un renforcement de la discipline et la suspension des rapatriements servent pourtant de punition collective. Radio-Londres et la presse résistante saluent avec chaleur le geste courageux et patriote du général Giraud.

Les Américains, quant à eux, pressentent avec le général Giraud une personnalité dotée de précieux atouts s'il fallait donner à la France de nouveaux dirigeants moins impliqués dans le système vichyste.

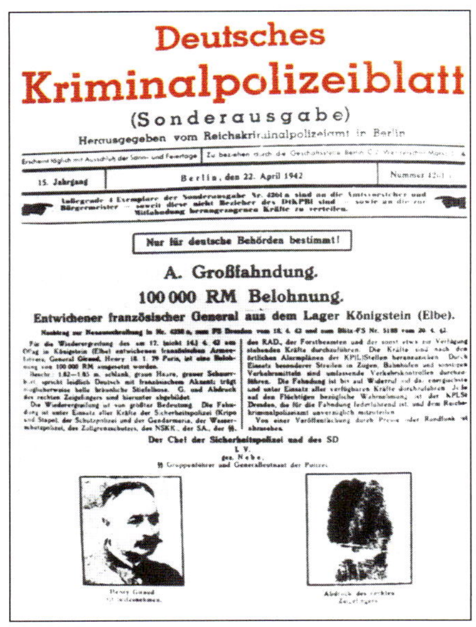

Deutsches Kriminalpolizeiblatt

(Sonderausgabe)

Herausgegeben vom Reichskriminalpolizeiamt in Berlin

15. Jahrgang | Berlin, den 22. April 1942

Nur für deutsche Behörden bestimmt!

A. Großfahndung.

100 000 RM Belohnung.

Entwichener französischer General aus dem Lager Königstein (Elbe).

Der Chef der Sicherheitspolizei und des SD

En avril 1942, le général Giraud s'évade d'Allemagne et rejoint la zone non occupée. Un avis de recherche est lancé par les Allemands et promet 100 000 marks pour sa capture !

1er mai

Un 1er Mai d'espoir

Pour la première fois, des manifestations sont préparées en France de façon concertée entre la France libre et la résistance intérieure de zone non occupée. Elles sont d'une ampleur considérable. Des milliers de Français descendent dans les rues, dans de nombreuses grandes villes françaises. Ces rassemblements sont organisés juste après le retour de Pierre Laval au pouvoir, le 18 avril, alors qu'il lance le pays dans une collaboration plus avancée avec les Allemands. L'opinion des deux zones semble avoir irrémédiablement abandonné tout espoir en Pétain et sa « révolution nationale ».

Mai

J'accuse

Avant la guerre existait, au sein du Parti communiste, une structure encadrant les immigrés, la MOI (main-d'œuvre immigrée). La section juive de la MOI diffuse depuis 1941, sous la direction d'Adam Rayski (avec, par exemple, Henri Krasucki), une dizaine de feuilles clandestines en yiddish ou en français, dénonçant particulièrement les mesures antisémites de Vichy et de l'occupant. À partir du printemps de 1942, une nouvelle branche, le Mouvement national contre le racisme, crée une demi-douzaine de titres (*J'accuse*, *Combat médical...*) destinés à l'opinion publique française, pour contrecarrer la propagande allemande et pour faire connaître les internements et les déportations qui se produisent en France même.

Depuis Paris, les grands centres urbains reçoivent le matériau qu'ils reproduisent et distribuent selon leurs moyens. Les tirages totaux évoluent entre de 1 000 et 5 000 exemplaires, diffusés par la poste au hasard des adresses relevées dans le Bottin.

JACQUES DECOUR

L'INTELLIGENCE FOUDROYÉE

« Avons-nous passé plusieurs heures par jour à nous émerveiller des autres hommes, à être heureux ensemble, à sentir le prix du contact, le poids, la valeur des mains, des yeux, du corps ? Savons-nous encore bien nous consacrer à la tendresse ? » Ainsi s'interroge Jacques Decour dans un texte écrit à chaud au moment de la conférence de Munich, le 26 septembre 1938. Avec sa lucidité habituelle, le professeur d'allemand au lycée Rollin, à Paris, a compris l'importance du drame qui se noue dans la capitale bavaroise et pressent ce que d'autres refusent de voir : un nouveau conflit mondial se dessine. « Maintenant nous nous préparons à mourir les uns et les autres. » Avant de conclure : « Les forts devant cette épreuve ne sont pas ceux qu'on attendait. Les forts sont ceux qui ont aimé l'amour avant toute chose. »

CONSTRUIRE SON DESTIN

Au-delà de sa clairvoyance prémonitoire, ce texte témoigne de toute la complexité d'un homme, que la postérité, par l'intermédiaire notamment d'Aragon, figera dans la posture du héros de la Résistance, du héros communiste. Bien différente pourtant fut la réalité, non pas moins belle, mais plus riche.

Fils unique d'un fondé de pouvoir fortuné, élevé dans les beaux quartiers, à Neuilly, il a devant lui un avenir tout tracé, mais que justement il rejette. Car toute la force du jeune homme, qui s'appelle alors encore Daniel Decourdemanche, tient dans sa volonté de se construire son propre destin, de ne pas se laisser dicter sa vie par les circonstances. Tout en conservant cette ironie, ce fameux sourire aux lèvres dont parleront tous ceux qui l'ont connu, pour ne pas être dupe de sa liberté et de ses choix. Il devient alors un jeune espoir prometteur de la littérature, écrivant deux romans publiés à la NRF par Jean Paulhan. Mais déjà Decour s'échappe, ne veut pas d'une voie toute tracée. L'époque, les années 1930, est au choix. Les tensions internationales, la situation politique en France, tout appelle à prendre position, à s'engager. « Il faut écrire ou vivre », déclare-t-il. S'enfermer dans la littérature ou s'ouvrir au monde. « Ayant pris le parti de vivre », comme l'écrit Paulhan, il renonce à toute tour d'ivoire et après bien des hésitations, entre au Parti communiste.

Écrivain dès le début des années 1930, Decour crée à Tours une maison de la culture et un ciné-club. En 1940, il enseigne à Paris et se lance très vite dans la résistance intellectuelle avec Georges Politzer. Arrêté, il est fusillé au mont Valérien le 30 mai 1942. Il n'a pas pu voir le premier numéro des Lettres françaises.

DE LA NRF À LA RÉSISTANCE

Professeur d'allemand, il fait un voyage d'étude en Allemagne d'où il revient au bout d'un an avec un témoignage, *Philisterburg,* dans lequel il décrit par le menu les ravages du nazisme. Point de fascination de la force et de la puissance du IIIe Reich comme chez cet autre écrivain de sa génération, Brasillach, mais au contraire un dégoût profond du nationalisme « avec ses airs de tranche-montagne », qui est le « point noir de l'avenir ». Exigence, telle est la ligne de conduite de Decour, qui aimerait « éviter les bassesses » ; et distance aussi, qui le pousse à garder en toute circonstance sa lu-

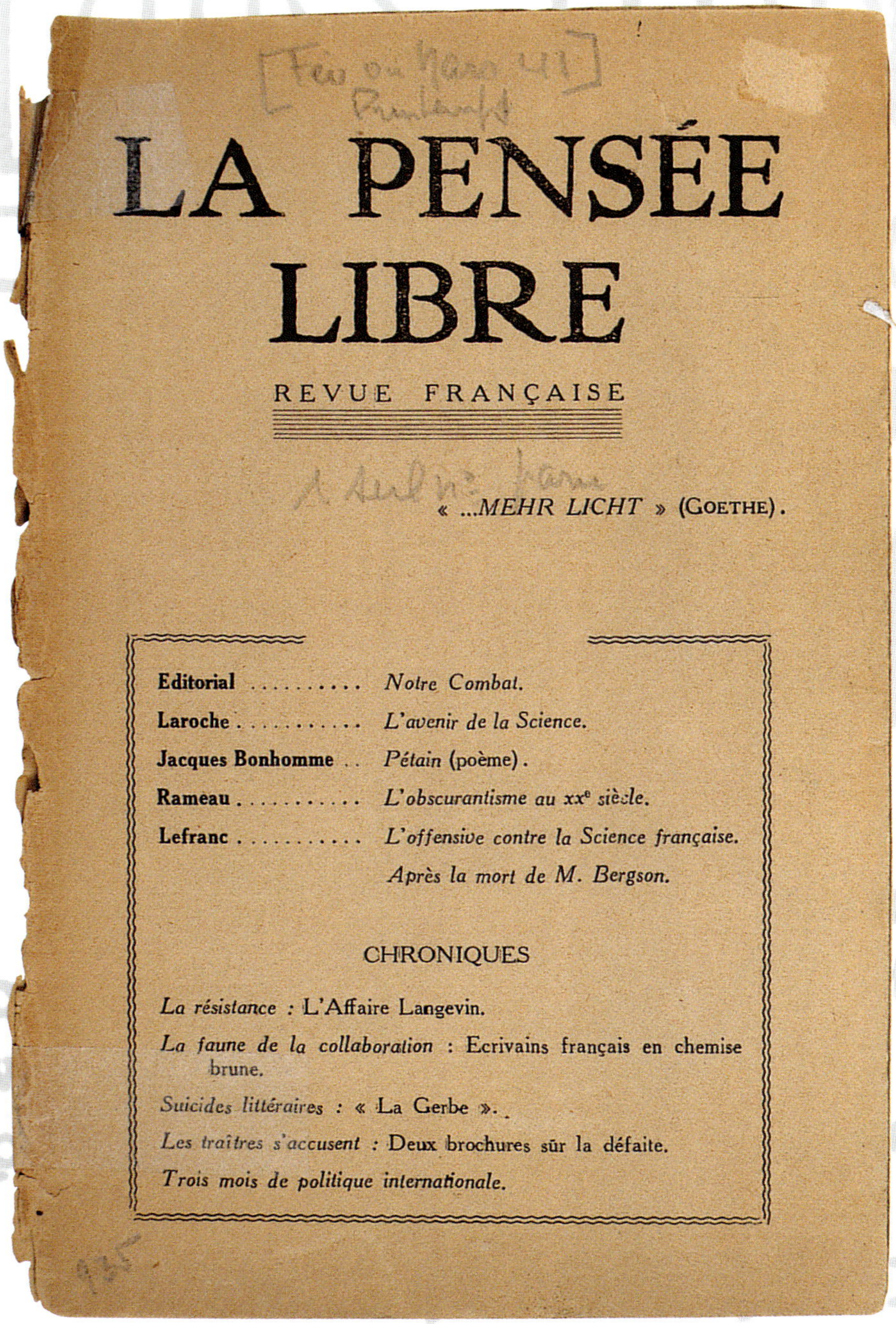
LA PENSÉE LIBRE

REVUE FRANÇAISE

« ...MEHR LICHT » (GOETHE).

Editorial	*Notre Combat.*
Laroche	*L'avenir de la Science.*
Jacques Bonhomme ..	*Pétain* (poème).
Rameau	*L'obscurantisme au xxe siècle.*
Lefranc	*L'offensive contre la Science française.*
	Après la mort de M. Bergson.

CHRONIQUES

La résistance : L'Affaire Langevin.

La faune de la collaboration : Ecrivains français en chemise brune.

Suicides littéraires : « La Gerbe ».

Les traîtres s'accusent : Deux brochures sûr la défaite.

Trois mois de politique internationale.

Avec George Politzer et Jacques Solomon, Jacques Decour fonde, en février 1941, la revue la Pensée Libre, *qui a pour devise les mots de Goethe sur son lit de mort :* Mehr Licht *(« plus de lumière »)...*

cidité. Alors même qu'il devient un véritable militant, il dénonce l'aspect moralisateur, voire religieux de la rhétorique stalinienne : « La morale devient pour le communisme, quand il a triomphé politiquement, son véritable danger. »

La déclaration de la guerre, en septembre 1939, fait de lui un soldat dans le génie, chauffeur du général de Lattre de Tassigny. La défaite le renvoie à son lycée parisien, mais lui laisse un goût si amer qu'il ne tarde pas, alors même que le PCF adopte une attitude attentiste, à vouloir « faire quelque chose ». C'est alors qu'il retrouve les deux amis avec qui il a participé aux universités ouvrières, George Politzer et Jacques Solomon. Entre le philosophe marxiste d'origine hongroise, le scientifique juif, gendre de Paul Langevin, et le cadet de la NRF, l'amitié est sans faille, et totale, qui ne sera pas même brisée par l'irruption de l'amour, un amour passionnel entre Decour et Maï Politzer – la vie prend parfois des chemins de traverse. Même vision politique, même rejet de l'occupant, même dégoût de tous les intellectuels qui s'accommodent. Très vite, ils participent à la fondation des premières publications clandestines, telle *l'Université libre,* qui dans son éditorial dénonce avec vigueur l'antisémitisme, alors qu'à ce moment-là ce n'est pas un thème majeur de la Résistance embryonnaire. Decour se donne corps et âme à ce nouveau combat. Il prend tous les risques, allant jusqu'à glisser sur les pare-brise des véhicules de la Wehrmacht, au pied de la tour Eiffel, des tracts antinazis qu'il a lui-même traduits ! Officiellement, il n'est qu'un modeste professeur, bien noté par les inspecteurs, aimé de ses élèves, qui parcourt Paris à vélo. Mais, derrière cette façade, il y a l'intellectuel engagé, qui tente de renouer avec les autres écrivains et intellectuels, qui se rapproche de Paulhan, qui organise la Résistance intellectuelle.

SERMONNÉ PAR LE PARTI

Février 1941 : sort le premier numéro de *la Pensée libre,* revue de plus de 96 pages et œuvre du trio d'amis. Cette revue tranche avec les autres par sa virulence. C'est un long plaidoyer communiste, et une violente critique de ceux qui se laissent séduire par les sirènes de la collaboration, une attaque contre les intellectuels qui, tout en soutenant les journaux clandestins, continuent par ailleurs à publier leur œuvre. Le Parti s'en émeut. Trop de dogmatisme, trop de condamnation. L'heure est au ralliement du plus grand nombre. Aragon, revenu tout exprès de la zone libre, les sermonne et remet de l'ordre. Qu'à cela ne tienne ! Les trois amis sortent l'année suivante un deuxième numéro tout aussi violent. Mais déjà Decour, qui prend en charge le Comité national des écrivains, maintenant que le PCF est entré en résistance après l'invasion de l'Union soviétique par l'Allemagne, nourrit un nouveau et grand projet. La création d'un « journal de lutte et de combat dont cependant la tenue littéraire et la portée spirituelle devaient être de toute première qualité », comme l'explique Jacques Debû-Bridel, l'un des participants au projet. Ces *Lettres françaises* (tel est le nom du journal) doivent être ouvertes à toutes les tendances, depuis les catholiques avec le père Maydieu en passant par l'Académie avec Mauriac, jusqu'aux surréalistes (Georges Limbour) ou bien encore Lescure et Vercors. Les textes sont rassemblés. Decour élabore le sommaire, rédige l'éditorial.

“Les forts (...) ne sont pas ceux qu’on attendait. Les forts sont ceux qui ont aimé l’amour avant toute chose.”

L’ÉTAU SE RESSERRE

Mais ce numéro ne verra jamais le jour, car la police française s’est lancée dans une vaste traque des communistes. À la tête des brigades spéciales, le commissaire Bernard mène la chasse. En janvier, Felix-André Pican est arrêté. Par lui, les policiers français peuvent remonter jusqu’à Danielle Casanova, Marie-Claude Vaillant-Couturier et les époux Politzer, le 14 février 1942. Jacques Decour sait que l’étau se resserre. Le 17 au soir, il dîne chez sa sœur. Au cours du repas, il lui confie ses craintes, puis lui annonce qu’il va se rendre chez les Politzer, dont il est sans nouvelles, pour les prévenir. Il craint pour Georges, mais aussi et surtout pour Maï. Il lui laisse sa serviette pleine de documents, l’embrasse et disparaît. Quelques heures plus tard, il est arrêté par des policiers en planque devant l’appartement des Politzer.

UNE FEUILLE QUI TOMBE

Il restera pendant un mois au dépôt avant que les autorités françaises ne le livrent aux Allemands. Emprisonné à la Santé, il attend tranquillement son sort, stoïque sous la torture, gravant chaque jour sur sa gamelle un petit poussin. Un jour, il y en eut deux de gravés. Maï était arrivée à la Santé. Le 30 mai, à 9 h 11, il est fusillé au mont Valérien. Une semaine plus tôt, ses deux amis avaient connu le même sort. Quant à Maï, elle mourra en déportation. Quelques mois plus tard, en septembre, sortira le premier numéro des *Lettres françaises*, ses lettres françaises. Toujours lucide et discret, il écrivait dans sa dernière lettre à ses parents : « Je ne pense pas que ma mort soit une catastrophe ; songez qu’en ce moment des milliers de soldats de tous les pays meurent chaque jour, entraînés dans ce grand vent qui m’emporte aussi [...]. Votre fils est content tout de même de la vie qu’il a vécue, qui a été bien belle. » Avant d’ajouter : « Je me considère un peu comme une feuille qui tombe de l’arbre pour faire du terreau. La qualité du terreau dépendra de celle des feuilles. »

Jean Paulhan note alors : « Jacques Decour devait trouver dans le martyre et dans la mort dont il était digne, cette preuve de sa valeur qu’il avait longuement cherchée ». À la Libération, les professeurs du lycée Rollin obtiendront que le lycée porte désormais son nom, et Aragon lui rendra un vibrant hommage avant que l’oubli ne le recouvre.

L’avons-nous assez aimé ?

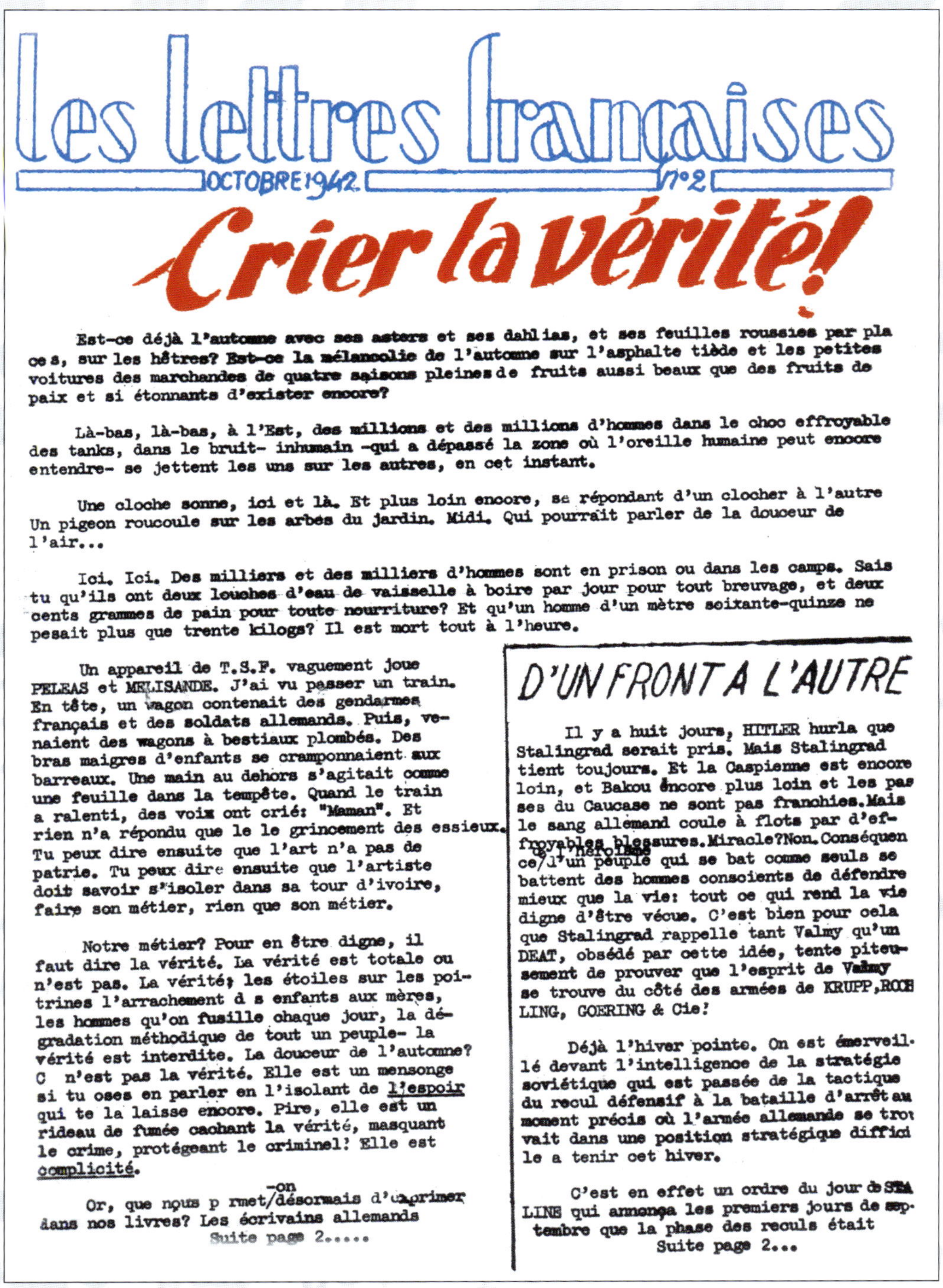

les lettres françaises

OCTOBRE 1942 — N°2

Crier la vérité!

Est-ce déjà l’automne avec ses asters et ses dahlias, et ses feuilles roussies par pla ces, sur les hêtres? Est-ce la mélancolie de l’automne sur l’asphalte tiède et les petites voitures des marchandes de quatre saisons pleines de fruits aussi beaux que des fruits de paix et si étonnants d’exister encore?

Là-bas, là-bas, à l’Est, des millions et des millions d’hommes dans le choc effroyable des tanks, dans le bruit- inhumain -qui a dépassé la zone où l’oreille humaine peut encore entendre- se jettent les uns sur les autres, en cet instant.

Une cloche sonne, ici et là. Et plus loin encore, se répondant d’un clocher à l’autre Un pigeon roucoule sur les arbes du jardin. Midi. Qui pourrait parler de la douceur de l’air...

Ici. Ici. Des milliers et des milliers d’hommes sont en prison ou dans les camps. Sais tu qu’ils ont deux louches d’eau de vaisselle à boire par jour pour tout breuvage, et deux cents grammes de pain pour toute nourriture? Et qu’un homme d’un mètre soixante-quinze ne pesait plus que trente kilogs? Il est mort tout à l’heure.

Un appareil de T.S.F. vaguement joue PELEAS et MELISANDE. J’ai vu passer un train. En tête, un wagon contenait des gendarmes français et des soldats allemands. Puis, venaient des wagons à bestiaux plombés. Des bras maigres d’enfants se cramponnaient aux barreaux. Une main au dehors s’agitait comme une feuille dans la tempête. Quand le train a ralenti, des voix ont crié: "Maman". Et rien n’a répondu que le le grincement des essieux. Tu peux dire ensuite que l’art n’a pas de patrie. Tu peux dire ensuite que l’artiste doit savoir s’isoler dans sa tour d’ivoire, faire son métier, rien que son métier.

Notre métier? Pour en être digne, il faut dire la vérité. La vérité est totale ou n’est pas. La vérité; les étoiles sur les poitrines l’arrachement d s enfants aux mères, les hommes qu’on fusille chaque jour, la dégradation méthodique de tout un peuple- la vérité est interdite. La douceur de l’automne? C n’est pas la vérité. Elle est un mensonge si tu oses en parler en l’isolant de l’espoir qui te la laisse encore. Pire, elle est un rideau de fumée cachant la vérité, masquant le crime, protégeant le criminel! Elle est complicité.

Or, que nous p rmet-on/désormais d’exprimer dans nos livres? Les écrivains allemands

Suite page 2.....

D’UN FRONT A L’AUTRE

Il y a huit jours, HITLER hurla que Stalingrad serait pris. Mais Stalingrad tient toujours. Et la Caspienne est encore loin, et Bakou encore plus loin et les passes du Caucase ne sont pas franchies. Mais le sang allemand coule à flots par d’effroyables blessures. Miracle? Non. Conséquence de l’héroïsme d’un peuple qui se bat comme seuls se battent des hommes conscients de défendre mieux que la vie: tout ce qui rend la vie digne d’être vécue. C’est bien pour cela que Stalingrad rappelle tant Valmy qu’un DEAT, obsédé par cette idée, tente piteusement de prouver que l’esprit de Valmy se trouve du côté des armées de KRUPP, ROCHLING, GOERING & Cie!

Déjà l’hiver pointe. On est émerveillé devant l’intelligence de la stratégie soviétique qui est passée de la tactique du recul défensif à la bataille d’arrêt au moment précis où l’armée allemande se trouvait dans une position stratégique difficile a tenir cet hiver.

C’est en effet un ordre du jour de STALINE qui annonça les premiers jours de septembre que la phase des reculs était

Suite page 2...

Le 20 septembre 1942 paraît le premier numéro d’une feuille clandestine, les Lettres françaises. *Ci-contre, le n° 2. C’est une page polycopiée. Des noms prestigieux y écrivent comme Jean Guéhenno, François Mauriac. L’idée en revient à Jacques Decour.*

Des FFL, lors de la bataille de Bir Hakeim ; la 1re brigade française libre est équipée notamment de 60 blindés légers chenillés Bren Carrier.

27 mai-11 juin

L'épée de la nouvelle France luit dans le désert de Libye

Depuis la bataille de France de juin 1940, jamais une unité combattante française autonome n'a remporté de succès. Or, à Bir Hakeim, la première brigade des Français libres crée un précédent en résistant avec opiniâtreté aux Germano-Italiens commandés par Rommel.

Bir Hakeim est un point d'eau situé dans le désert de Libye, non loin de Tobrouk, en Cyrénaïque. Le site permet de couvrir une partie du dispositif de la VIIIe armée britannique. Depuis trois mois, les forces de Rommel sont bloquées ; le stratège allemand est persuadé qu'il doit déborder les Britanniques par l'est. Tout est donc orienté vers la prise du port de Tobrouk. Rommel veut faire croire aux Anglais qu'il attaque de front. Or, Bir Hakeim est au centre du projet de diversion allemand.

Trois mille hommes des FFL réussissent sous le commandement du général Kœnig à retenir et à freiner les assauts ennemis. Les troupes de Rommel sont pourtant largement plus nombreuses et sont dotées de moyens beaucoup plus importants. La pugnacité des Français libres freine l'Afrika-Korps. Les retranchés de Bir Hakeim parviennent *in fine* à se dégager avec la VIIIe armée britannique. Rommel échoue. Le général de Gaulle salue ce succès qui connaît un très grand retentissement. Le *Times* de Londres salue l'héroïsme français. Le journal clandestin *Libération* veut y voir le signe tangible de la renaissance française : « Ce n'est qu'un épisode de la guerre, ce n'est qu'un combat de la bataille de Libye, mais pour la France c'est une résurrection. » Au cœur de la bataille Charles de Gaulle avait envoyé ce message à Kœnig : « Sachez et dites à vos troupes que toute la France vous regarde, et que vous êtes son orgueil. »

Vichy a fait de la fête des mères un symbole de son régime. Ce tract résistant essaie d'en détourner le sens.

28 mai

L'imprudence, ennemi des résistants

Après le coup de filet du printemps 1942, qui a décapité la direction du PC dans la région parisienne, *l'Humanité* clandestine rappelle les règles de sécurité dans un article consacré aux filatures et aux rendez-vous. Les communistes vont plus loin : Auguste Lecœur fait suivre plusieurs responsables du Parti par des militants pour leur enseigner la prudence. Repérer et déjouer une filature est un apprentissage difficile, mais d'autant plus nécessaire que les filatures représentent un moyen privilégié des polices allemande et française pour remonter et démanteler réseaux ou mouvements avec l'aide d'indicateurs. L'année suivante, d'ailleurs, des filatures livreront aussi l'essentiel du groupe de la FTP-MOI, dirigé par Manouchian.

Si les règles de sécurité sont simples en apparence, à commencer par celles qui régissent les indispensables et fréquents rendez-vous entre résistants (choisir des endroits discrets mais fréquentés, être ponctuel, s'éloigner au moindre doute...), elles contredisent souvent l'efficacité, également une préoccupation vitale pour les résistants qui sont rarement des professionnels de la clandestinité.

L'imprudence est le pire ennemi des résistants. Elle tue autant que la trahison ou la lâcheté.

22 juin

Laval annonce la Relève

Dans un discours radiodiffusé, le chef du gouvernement annonce la politique de Relève. Pour éviter des réquisitions d'ouvriers français, il a fait admettre aux Allemands le principe d'un échange d'ouvriers qualifiés partant travailler en Allemagne contre des prisonniers de guerre, à raison de trois pour un.

Plus que l'annonce de la mesure, une phrase frappe d'abord tous les auditeurs : « Je souhaite la victoire allemande, parce que, sans elle, le bolchevisme demain s'installerait partout. » Ces mots choquants pour une opinion hostile à l'occupant, et que rien n'exigeait de lui, enfoncent un peu plus Laval et Vichy dans le discrédit.

Quant à la Relève, elle échoue rapidement. Du côté français, les volontaires manquent. Du côté allemand, les prisonniers ne sont pas libérés conformément aux engagements pris. Son échec est également politique : contre la politique de la Relève, les résistants vont se mobiliser et se coaliser.

23 juin

« Pas de victoire sans révolution »

Revenu en France en avril, avec un statut nouveau d'agent de la France libre, Christian Pineau est chargé de faire approuver aux mouvements de Résistance un manifeste politique signé du général de Gaulle. Il s'agit de rassurer la Résistance sur ses intentions démocratiques et sur son futur programme politique.

Cette définition, même brossée à grands traits par le général, place dorénavant les relations entre la France libre et les mouvements de Résistance dans une perspective politique. Le 22 juin, Maurice Schumann en lit des extraits à la BBC, en annonçant que les mouvements s'y sont associés unanimement. C'est pécher par excès d'optimisme. En effet, grâce à l'entremise de Moulin, le texte est bien cité, le 23 juin, dans les principaux journaux clandestins de la zone non occupée, *Combat, Libération* et *Franc-Tireur,* mais il est assorti de commentaires qui laissent comprendre que, si les mouvements reconnaissent le symbole de De Gaulle, incarnation de la Résistance militaire, ils sont loin d'avoir renoncé à leur indépendance, considérant, à juste titre, qu'ils se sont créés en dehors de la France libre et sans rien lui devoir. Charles de Gaulle a compris que pour galvaniser les résistants, il fallait promettre plus que la libération du territoire : « Un régime moral, social, politique, économique a abdiqué dans la défaite après s'être luimême paralysé dans la licence. Un autre, sorti d'une criminelle capitulation, s'exalte en pouvoir personnel. Le peuple français les condamne tous les deux. Tandis qu'il s'unit pour la victoire, il s'assemble pour une révolution. » C'est la fin de l'apolitisme affiché de la France libre.

Le 22 juin, jour anniversaire de l'invasion de l'URSS, dans un discours radiodiffusé, Pierre Laval annonce la Relève et dit ouvertement souhaiter la victoire du Reich. Ici, le départ d'ouvriers français vers l'Allemagne.

Été

Usage, image et audience d'un mot : la Résistance

Il n'est pas facile de dater précisément le moment où apparaissent les mots de « résistant » et de « résistance ». Au début, entre eux, les résistants se qualifient simplement de « patriotes ». Le mot n'est aucunement synonyme pour eux de « gaullisme » ou d'« antifascisme ».

Avant même le substantif, il y a le verbe, « résister », qui indique une action, une volonté plutôt qu'un statut figé et univoque. Mais le fait de résister n'a pas une connotation politique et antivichyste. Résister, c'est d'abord résister à l'occupant. Certains pensent sincèrement que le maréchal Pétain, à sa manière, à travers un « double jeu », est aussi dans une logique de résistance aux Allemands. Ainsi, le journal clandestin *Liberté,* dans son numéro du 10 janvier 1941, estime que « le Maréchal doit se sentir soutenu dans sa résistance par la volonté unanime du peuple français ». C'est dans le même état d'esprit que le général Cochet, dans son appel du 6 septembre 1940, évoque une « volonté de résistance ». Ainsi, on peut se présenter comme un adepte de cette démarche de résistance sans être en rébellion politique. Pendant un certain temps, on a pu vouloir croire en Vichy tout en pensant lutter contre l'occupant.

La résistance devient un acte de révolte et un projet politique antivichyste vers la fin de l'année 1941 seulement. Encore le 1er juillet 1941, le journal de Frenay, *les Petites Ailes,* appelle au redressement moral et dénonce la « mollesse » des Français, mais s'en tient à son mot d'ordre très unitaire et consensuel : « Patrie. Devoir. Sacrifice. » C'est dans le numéro du 10 juillet que le mot « résistance » apparaît pour la première fois, mais dans l'unique perspective de la lutte contre la domination allemande et toujours dans le cadre de la politique conduite par le Maréchal.

Quand, dans le numéro du 25 juillet 1941, le même journal édicte une « règle

Nouvelle série n° 6 — Aidez nos camarades emprisonnés — 15 Octobre 1942

LE POPULAIRE

ORGANE DU COMITE D'ACTION SOCIALISTE

LAVAL ORGANISE L'ESCLAVAGE

Loin du Syndicalisme

Un pan de mur sur la tête...

LETTRE DE PARIS

LE MARTYRE DES JUIFS

Contre cela, un seul mot d'ordre : Désobéissance, Sabotage ! Sabotage, Désobéissance !

Les prisonniers ne rentreront pas

SABOTAGE !... DÉSOBÉISSANCE !...

Dans cet appel à lutter contre le travail en Allemagne, le Populaire *préfère utiliser le mot « désobéissance » ; celui de « résistance » n'est pas utilisé dans son sens politique.*

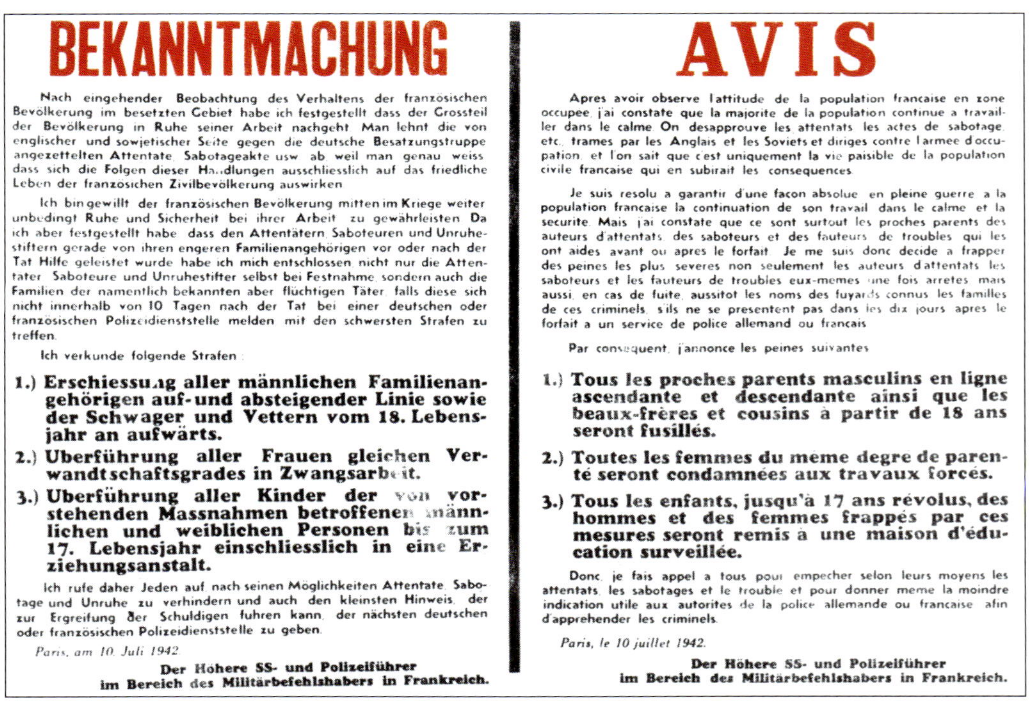

BEKANNTMACHUNG

Nach eingehender Beobachtung des Verhaltens der französischen Bevölkerung im besetzten Gebiet habe ich festgestellt dass der Grossteil der Bevölkerung in Ruhe seiner Arbeit nachgeht Man lehnt die von englischer und sowjetischer Seite gegen die deutsche Besatzungstruppe angezettelten Attentate Sabotageakte usw ab weil man genau weiss dass sich die Folgen dieser Handlungen ausschliesslich auf das friedliche Leben der französichen Zivilbevölkerung auswirken

Ich bin gewillt der französischen Bevölkerung mitten im Kriege weiter unbedingt Ruhe und Sicherheit bei ihrer Arbeit zu gewährleisten Da ich aber festgestellt habe dass den Attentätern Saboteuren und Unruhestiftern gerade von ihren engeren Familienangehörigen vor oder nach der Tat Hilfe geleistet wurde habe ich mich entschlossen nicht nur die Attentäter Saboteure und Unruhestifter selbst bei Festnahme sondern auch die Familien der namentlich bekannten aber flüchtigen Täter falls diese sich nicht innerhalb von 10 Tagen nach der Tat bei einer deutschen oder französischen Polizeidienststelle melden mit den schwersten Strafen zu treffen.

Ich verkunde folgende Strafen :

1.) Erschiessung aller männlichen Familienangehörigen auf- und absteigender Linie sowie der Schwager und Vettern vom 18. Lebensjahr an aufwärts.

2.) Uberführung aller Frauen gleichen Verwandtschaftsgrades in Zwangsarbeit.

3.) Uberführung aller Kinder der von vorstehenden Massnahmen betroffenen männlichen und weiblichen Personen bis zum 17. Lebensjahr einschliesslich in eine Erziehungsanstalt.

Ich rufe daher Jeden auf nach seinen Möglichkeiten Attentate Sabotage und Unruhe zu verhindern und auch den kleinsten Hinweis der zur Ergreifung der Schuldigen fuhren kann der nächsten deutschen oder französischen Polizeidienststelle zu geben.

Paris, am 10. Juli 1942

Der Höhere SS- und Polizeiführer im Bereich des Militärbefehlshabers in Frankreich.

AVIS

Apres avoir observe l'attitude de la population francaise en zone occupee, j'ai constate que la majorite de la population continue a travailler dans le calme On desapprouve les attentats les actes de sabotage, etc., trames par les Anglais et les Soviets et diriges contre l'armee d'occupation et l'on sait que c'est uniquement la vie paisible de la population civile francaise qui en subirait les consequences.

Je suis resolu a garantir d'une facon absolue en pleine guerre a la population francaise la continuation de son travail dans le calme et la securite. Mais j'ai constate que ce sont surtout les proches parents des auteurs d'attentats des saboteurs et des fauteurs de troubles qui les ont aides avant ou apres le forfait Je me suis donc decide a frapper des peines les plus severes non seulement les auteurs d'attentats les saboteurs et les fauteurs de troubles eux-memes une fois arretes mais aussi, en cas de fuite, aussitot les noms des fuyards connus les familles de ces criminels, s'ils ne se presentent pas dans les dix jours apres le forfait a un service de police allemand ou francais

Par consequent, j'annonce les peines suivantes

1.) Tous les proches parents masculins en ligne ascendante et descendante ainsi que les beaux-frères et cousins à partir de 18 ans seront fusillés.

2.) Toutes les femmes du meme degre de parenté seront condamnées aux travaux forcés.

3.) Tous les enfants, jusqu'à 17 ans révolus, des hommes et des femmes frappés par ces mesures seront remis à une maison d'éducation surveillée.

Donc, je fais appel a tous pour empecher selon leurs moyens les attentats, les sabotages et le trouble et pour donner meme la moindre indication utile aux autorites de la police allemande ou francaise afin d'apprehender les criminels.

Paris, le 10 juillet 1942.

Der Höhere SS- und Polizeiführer im Bereich des Militärbefehlshabers in Frankreich.

Comme le montre cette affiche, l'occupant évite le mot « résistants » et emploi ceux, plus péjoratifs, de « saboteurs », « criminels », « fuyards »...

À Saint-Brieuc, l'inscription allemande qui célèbre la victoire du Reich est surchargée habilement par un opposant à l'Occupation.

d'action simple : RÉSISTER », il ne dit rien des modalités de sa mise en œuvre. Bien sûr, une feuille clandestine (fondée par deux jeunes savants du musée de l'Homme) s'intitule explicitement *Résistance*. Cette feuille est créée le 15 décembre 1940. Mais c'est un cas extrême. Dans son rapport du 25 octobre 1941, Jean Moulin évoque les « organisations de résistance » qu'il a rencontrées. Le mot commence à être utilisé et vulgarisé. Mais on lui préfère généralement le mot « désobéissance ».

Dans le premier numéro du journal *Combat,* de décembre 1941, le mot « résistance » apparaît en une occurrence, lorsqu'il s'agit d'évoquer un « esprit de résistance ». La majuscule apposée au mot « Résistance » ne se répand qu'à partir du milieu de 1942, et notamment à la faveur du 14 Juillet. Le phénomène est bien sûr lié à la montée en puissance du sentiment gaulliste qui popularise le mot et lui donne une dimension politique. Il faut attendre le 1er mars 1941 pour voir le général de Gaulle faire allusion à la Résistance intérieure : « Dans toutes les villes, tous les bourgs, tous les villages elle tisse le réseau secret de sa résistance. » Et c'est le 2 octobre 1941 qu'il déclare vouloir l'organiser et la diriger.

Les résistants existent aussi et surtout à travers le discours de ceux qui les dénoncent. La presse vichyste et collaborationniste les présente comme des « terroristes », des « communistes », des « degaullistes » ou des « gaullistes ». Les hommes de Londres sont des « anglophiles », des « dissidents », des « déserteurs », des « traîtres ».

Cette cocarde tricolore a été fabriquée par une résistante toulousaine à l'occasion du 14 juillet 1942.

2 juillet

La Chatte

Le 27 février, Pierre de Vomécourt, fondateur d'un réseau de renseignements français travaillant pour l'Intelligence Service, gagne l'Angleterre avec un agent du SOE qui lui a avoué quelque temps plus tôt avoir été « retourné » et travailler pour l'Abwehr. Cet agent, Mathilde Carré, a porté beaucoup de pseudonymes, dont le plus connu est celui de « la Chatte ».

Ayant su présenter son affaire avec habileté, la Chatte est alors admise plusieurs mois au sein de la French Section du SOE à Londres, avant qu'une enquête sur ses agissements en France n'aboutisse à son arrestation, puis à son incarcération.

Même si les comptes sont difficiles à établir, elle serait responsable par ses dénonciations actives de l'arrestation de plusieurs dizaines de membres de son réseau (dont beaucoup furent mis à mort) et l'on estime qu'à l'été 1942 l'implantation du SOE en zone occupée est de ce fait fortement compromise.

L'histoire de la Chatte, qui vingt ans plus tard aura de larges échos livresques et cinématographiques après que Mathilde Carré eut échappé à l'exécution, est emblématique des trahisons qui ont affecté la Résistance pour les motifs les plus triviaux : l'argent, la bêtise, la peur, le goût du pouvoir ou de la vengeance. Elle est symptomatique aussi de la manière dont certains, par la ruse et même le culot, ont su jouer de toutes les zones d'ombre de la période pour dissimuler leur forfait et se faire passer pour victimes.

14 juillet

La « France combattante »

Après une rencontre en juin, de Gaulle sait que Churchill le soutient à fond pour rebaptiser son mouvement en « France combattante ». C'est le premier acte qui vise à regrouper l'ensemble de la Résistance, autant celle de la métropole que celle de l'extérieur. Les organisations de la Résistance intérieure font désormais allégeance à de Gaulle, ou du moins au symbole qu'il représente. Son autorité en sort renforcée.

Le 14 juillet, les Américains et les Anglais reconnaissent un nouveau nom à la France libre : la France combattante. Il ne s'agit pas d'une simple transformation d'appellation. Les États-Unis, qui ont toujours une représentation à Vichy, promettent un appui au Comité national qui est désormais élargi.

Les Anglais s'engagent davantage, car ils reconnaissent « tous les ressortissants français qui n'acceptent pas la capitulation et qui, par les moyens à leur disposition, contribuent où qu'ils se trouvent à la libération de la France par la victoire commune des nations unies. »

14 juillet

« Fierté, espoir, fureur »

Alors que Vichy décrète l'interdiction de célébrer la fête nationale, la radio de Londres diffuse un message du nouveau chef de la France combattante prescrivant le pavoisement dans toute la zone non occupée :

« Les drapeaux ! C'est la fierté. Les défilés ! C'est l'espoir. La Marseillaise ! C'est la fureur. Il nous faut et il nous reste fierté, espoir, fureur. On le verra bien demain ! »

Ce même 14 juillet se termine aux États-Unis la « semaine de la France libre ». Au cours d'une grande manifestation, précédée par le général Pershing, une allocution de De Gaulle est radiodiffusée qui se termine ainsi : « Les démocraties ont un seul idéal, celui des libertés humaines. Qu'elles s'unissent pour la victoire. »

Les Lyonnais sortent dans la rue à l'occasion du 14 juillet 1942. La manifestation est assez bien suivie.

16-17 juillet

La rafle du Vél'd'Hiv'

L'opération est préparée avec minutie et de longue date. Depuis le 29 mai, la 8e ordonnance du commandant militaire allemand en France ordonne aux juifs de la zone occupée, âgés de plus de 6 ans, de porter une étoile jaune à 6 pointes, cousue à gauche sur le vêtement. Elle portera en noir l'inscription « Juif ». Cela doit être fait pour le 7 juin. Cent mille juifs de la zone occupée sont concernés par cette mesure discriminatoire. Pour obtenir l'insigne de la honte, les juifs doivent donner 1 point textile contre 3 étoiles dans les commissariats de police de leur quartier. Très peu refusent de se présenter devant les policiers français. Les juifs qui veulent échapper à la mesure n'ont pas d'autre choix que de fuir, de se cacher ou de rentrer dans la clandestinité. Beaucoup de ceux-là organiseront une résistance spécifique.

Le 10 juillet, Danneker, le chef de la police antijuive de la Gestapo, et son adjoint Heinrichsohn rencontrent Darquier de Pellepoix, commissaire général aux Questions juives, et Jean Leguay, délégué de René Bousquet pour la zone occupée, pour mettre au point l'opération « Vent printanier », vaste rafle de juifs étrangers. Cela ne peut être fait qu'avec l'aide des autorités policières françaises, car il faut des moyens logistiques importants.

La rumeur d'une opération d'envergure est insistante au début du mois de juillet. Par exemple, dès le 5 juillet, *l'Université libre* appelle la population parisienne à prévenir les juifs de l'imminence d'une rafle dans la capitale : « Les dossiers de 30 000 juifs ont été livrés par la police française aux autorités boches. » Des policiers ont laissé échapper l'information. Des membres de l'Union générale des israëlites de France (UGIF) tentent d'alerter les juifs en faisant du porte-à-porte, mais les responsables n'informent pas les familles afin de ne pas provoquer une immense panique.

Le 15 juillet, sur l'ordre de René Bousquet, alors secrétaire général de la police du régime de Vichy, le préfet de police de Paris, qui s'appuie sur le fichier des juifs recensés, ordonne la mobilisation des commissariats.

Au petit matin du 16 juillet, à 4 heures, la police française – 4 500 hommes – et la gendarmerie – moins nombreuse – commencent une grande rafle des juifs étrangers dans les rues de Paris et de sa région. Ils doivent impérativement arrêter 27 361 juifs apatrides, âgés de 2 à 55 ans pour les femmes et de 2 à 60 ans pour les hommes. Cinquante bus sont mis à la disposition des forces de l'ordre par la Compagnie du métropolitain. Le 17 juillet, 3 131 hommes, 4 051 enfants et 5 802 femmes ont été capturés. Le nombre d'hommes est le plus bas, car beaucoup ont quitté le foyer familial dès le 15 juillet au soir. Les femmes et les enfants sont donc les plus touchés.

Tous les juifs sont regroupés, qui dans des commissariats, qui dans une école ou un garage. Au final, l'ensemble des familles juives raflées est rassemblé dans l'enceinte du Vélodrome d'hiver. Les célibataires et les couples sans enfants sont dirigés vers Drancy. Au Vél'd'Hiv', où les conditions sont exécrables et où il n'y a aucune hygiène, 5 juifs se suicident. Des enfants sont désormais seuls dans les rues de Paris, sans parents. L'enfer ne fait que commencer pour les raflés qui sont destinés à la déportation. Les journaux de la Résistance, jusque-là si discrets sur le sort réservé aux juifs, vont enfin réagir.

Les 16-17 juillet, dans le cadre de l'opération « Vent printanier », des centaines de policiers français, accompagnés par quelques gendarmes, raflent dans Paris 12 884 juifs. Ils sont parqués au vélodrome d'hiver.

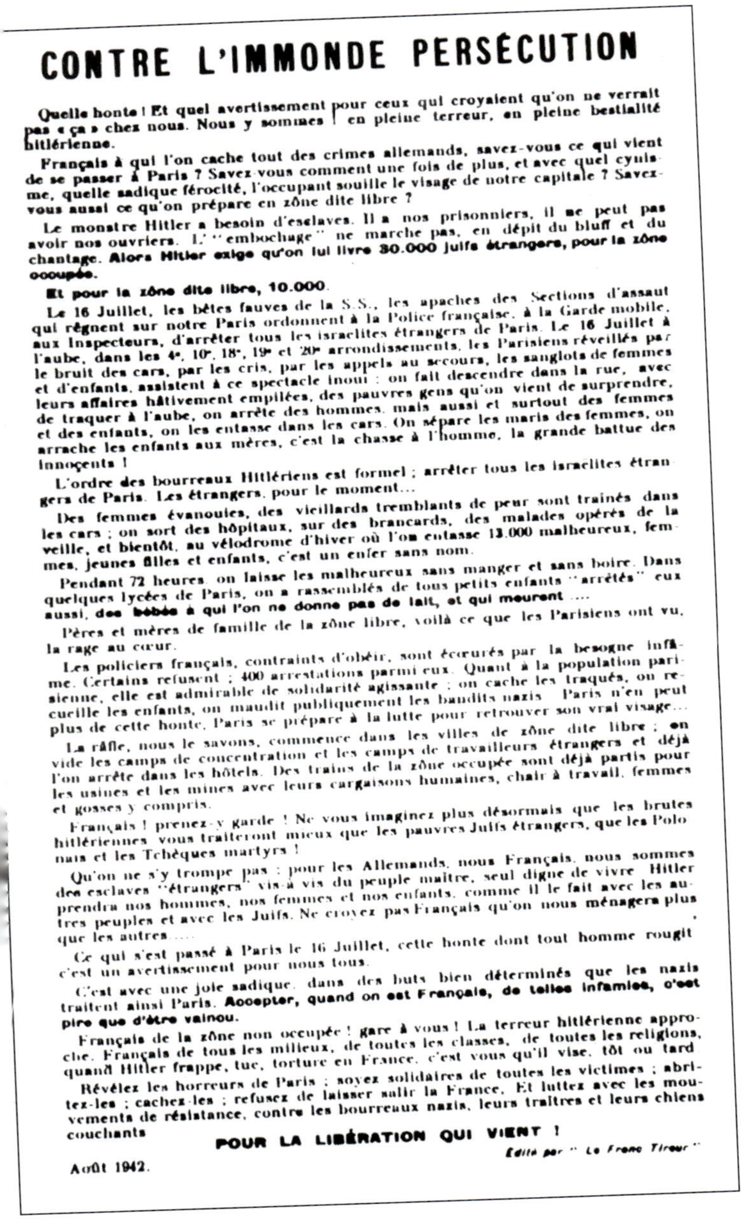

CONTRE L'IMMONDE PERSÉCUTION

Quelle honte ! Et quel avertissement pour ceux qui croyaient qu'on ne verrait
pas « ça » chez nous. Nous y sommes ! en pleine terreur, en pleine bestialité
hitlérienne.

Français à qui l'on cache tout des crimes allemands, savez-vous ce qui vient
de se passer à Paris ? Savez-vous comment une fois de plus, et avec quel cynis-
me, quelle sadique férocité, l'occupant souille le visage de notre capitale ? Savez-
vous aussi ce qu'on prépare en zône dite libre ?

Le monstre Hitler a besoin d'esclaves. Il a nos prisonniers, il ne peut pas
avoir nos ouvriers. L'"embochage" ne marche pas, en dépit du bluff et du
chantage. **Alors Hitler exige qu'on lui livre 30.000 Juifs étrangers, pour la zône
occupée.**

Et pour la zône dite libre, 10.000.

Le 16 Juillet, les bêtes fauves de la S.S., les apaches des Sections d'assaut
qui règnent sur notre Paris ordonnent à la Police française, à la Garde mobile,
aux Inspecteurs, d'arrêter tous les israélites étrangers de Paris. Le 16 Juillet à
l'aube, dans les 4ᵉ, 10ᵉ, 18ᵉ, 19ᵉ et 20ᵉ arrondissements, les Parisiens réveillés par
le bruit des cars, par les cris, par les appels au secours, les sanglots de femmes
et d'enfants, assistent à ce spectacle inouï : on fait descendre dans la rue, avec
leurs affaires hâtivement empilées, des pauvres gens qu'on vient de surprendre,
de traquer à l'aube, on arrête des hommes, mais aussi et surtout des femmes
et des enfants, on les entasse dans les cars. On sépare les maris des femmes, on
arrache les enfants aux mères, c'est la chasse à l'homme, la grande battue des
innoçents !

L'ordre des bourreaux Hitlériens est formel ; arrêter tous les israélites étran-
gers de Paris. Les étrangers, pour le moment...

Des femmes évanouies, des vieillards tremblants de peur sont traînés dans
les cars ; on sort des hôpitaux, sur des brancards, des malades opérés de la
veille, et bientôt, au vélodrome d'hiver où l'on entasse 13.000 malheureux, fem-
mes, jeunes filles et enfants, c'est un enfer sans nom.

Pendant 72 heures on laisse les malheureux sans manger et sans boire. Dans
quelques lycées de Paris, on a rassemblés de tous petits enfants "arrêtés" eux
aussi, **des bébés à qui l'on ne donne pas de lait, et qui meurent** ....

Pères et mères de famille de la zône libre, voilà ce que les Parisiens ont vu,
la rage au cœur.

Les policiers français, contraints d'obéir, sont écœurés par la besogne infâ-
me. Certains refusent ; 400 arrestations parmi eux. Quant à la population pari-
sienne, elle est admirable de solidarité agissante ; on cache les traqués, on re-
cueille les enfants, on maudit publiquement les bandits nazis. Paris n'en peut
plus de cette honte. Paris se prépare à la lutte pour retrouver son vrai visage...

La rafle, nous le savons, commence dans les villes de zône dite libre ; on
vide les camps de concentration et les camps de travailleurs étrangers et déjà
l'on arrête dans les hôtels. Des trains de la zône occupée sont déjà partis pour
les usines et les mines avec leurs cargaisons humaines, chair à travail, femmes
et gosses y compris.

Français ! prenez-y garde ! Ne vous imaginez plus désormais que les brutes
hitlériennes vous traiteront mieux que les pauvres Juifs étrangers, que les Polo-
nais et les Tchèques martyrs !

Qu'on ne s'y trompe pas : pour les Allemands, nous Français, nous sommes
des esclaves "étrangers" vis-à-vis du peuple maître, seul digne de vivre. Hitler
prendra nos hommes, nos femmes et nos enfants, comme il le fait avec les au-
tres peuples et avec les Juifs. Ne croyez pas Français qu'on nous ménagera plus
que les autres....

Ce qui s'est passé à Paris le 16 Juillet, cette honte dont tout homme rougit
c'est un avertissement pour nous tous.

C'est avec une joie sadique, dans des buts bien déterminés que les nazis
traitent ainsi Paris. **Accepter, quand on est Français, de telles infamies, c'est
pire que d'être vaincu.**

Français de la zône non occupée ! gare à vous ! La terreur hitlérienne appro-
che. Français de tous les milieux, de toutes les classes, de toutes les religions,
quand Hitler frappe, tue, torture en France, c'est vous qu'il vise, tôt ou tard.

Révélez les horreurs de Paris ; soyez solidaires de toutes les victimes ; abri-
tez-les ; cachez-les ; refusez de laisser salir la France. Et luttez avec les mou-
vements de résistance, contre les bourreaux nazis, leurs traîtres et leurs chiens
couchants

POUR LA LIBÉRATION QUI VIENT !

Édité par "Le Franc Tireur"

Août 1942.

En août 1942, le mouvement Franc-Tireur diffuse ce tract pour dénoncer les mesures raciales du régime de Vichy à la botte des Allemands.

Juillet

Un exilé antigaulliste : Alexis Léger, poète et diplomate

Alexis Léger, ancien secrétaire général du ministère des Affaires étrangères, est à Londres à l'été 1940, invité personnel du diplomate sir Robert Vansittart. Il a été renvoyé du Quai d'Orsay « comme un domestique ». Il rencontre brièvement le général de Gaulle. Le temps de le féliciter et de le mettre en garde : « Faites la guerre, mais ne faites pas de gouvernement. »

En juillet, il s'installe aux États-Unis, où des amis puissants et fortunés réservent le meilleur accueil au poète Saint-John Perse, son nom de plume qui double le haut fonctionnaire en disgrâce. Il occupe un poste d'employé à la section française du Congrès.

Ayant découvert en Roosevelt son grand homme, il en devient dès la fin de 1940 un conseiller officieux écouté, en opposition avec le silence qu'il affiche officiellement. Très hostile à Vichy et à Pétain, Léger ne l'est guère moins à la France libre.

Le 18 mai 1942, le général de Gaulle lui fait des avances flatteuses en l'invitant à Londres pour prendre une place éminente dans le Comité national français. Léger répond par une fin de non-recevoir en arguant de la « politisation » du mouvement qui, de son point de vue, devrait se contenter strictement d'apporter son appoint militaire à l'effort de guerre des Alliés. Quelques jours plus tard, il refuse même de s'associer aux manifestations de la colonie française de New York à l'occasion du 14 Juillet et, dans le journal *France-Amérique,* il s'en tient à la glorification des combattants français qui font « l'anonyme sacrifice de leur vie, pour garder à la France ses titres dans la communauté interalliée ».

Léger se montre plus sensible à l'opinion des personnalités étrangères qu'à celle de ses compatriotes résistants. Aussi Churchill le presse-t-il personnellement d'accepter l'invitation de De Gaulle, sans plus de succès d'ailleurs. Au fur et à mesure que le mouvement gaulliste prend une allure plus gouvernementale, Léger s'en défie encore davantage, renforçant par son attitude et les jugements qu'il communique aux diplomates américains les préventions de Roosevelt à l'encontre du général de Gaulle.

La Résistance française l'inquiète tout autant. Pour Léger, la Résistance n'a pas vocation à être une alternative politique : « En fait comme en droit, des groupes de résistance ne peuvent devenir des forces politiques dans une démocratie renaissante. » Il oppose obstinément la légalité de la défunte République à tous les espoirs de renouveau qu'il assimile aux prodromes de la dictature.

Juillet

Noyautage communiste de Libération-Sud ?

Au second semestre de 1942, le mouvement Libération-Sud affirme sa maturité. Durant l'été, de nouvelles recrues de valeur s'agrègent à l'équipe dirigeante, à commencer par le journaliste Pascal Copeau, qui devient rapidement le numéro deux, suppléant de d'Astier. Arrivent aussi des communistes aguerris, Pierre Hervé, ancien dirigeant des Étudiants communistes, évadé de prison après son arrestation dans l'affaire de *l'Université libre,* ainsi que Maurice Kriegel et Alfred Malleret investis d'importantes responsabilités militaires ou régionales. Le polytechnicien Serge Asher, dit « Ravanel », ancien du groupe Cochet, est bientôt en charge des groupes d'action. Il vient des cercles du général Cochet et ne se tournera vers le communisme que plus tard.

Tous ces hommes, entrés à peu près au même moment à Libération, y effectuent donc une rapide ascension. Parmi eux, 3 cadres communistes. Certains se posent la question d'un « noyautage » possible de Libération-Sud par le PCF.

Fin juillet

Un réseau virtuel !

André Girard est un peintre, antiallemand et ardent patriote. Il vit à Antibes. Il a une petite fille qui ne sait pas encore qu'elle deviendra Danièle Delorme. Il veut se rendre utile, mais est très antigaulliste. À l'image des milieux de l'armée d'armistice qu'il côtoie (comme de Lattre de Tassigny). Pour lui, les gaullistes sont des « politiciens » qui n'incarnent pas forcément l'intérêt supérieur de la France. La section « F » du Special Operations Executive envoie en France des agents recruteurs pour constituer des réseaux de résistance et les maintenir dans l'obédience britannique. Girard est leur homme. Son réseau porte le nom de son pseudonyme : « Carte ». Il a pour collaborateur principal André Gillois, grande figure de la radio française, et Henri Frager. Il recrutera également Pierre de Bénouville, avant que celui-ci ne rejoigne Combat. Son activité consiste en la recherche de renseignements militaires.

Le SOE veut en savoir un peu plus : il envoie le major Nicolas Bodington, qui débarque à Antibes le 20 juillet. Quelques jours après, il rencontre « Carte » sur la Croisette. Bodington lui explique qu'un débarquement va avoir lieu et qu'il faut convaincre l'armée d'armistice d'appuyer les Alliés dans l'hypothèse d'une libération prochaine. « Carte » laisse entendre qu'un ralliement massif de l'armée d'armistice est possible.

« Carte » se vantait : en réalité, il ne pouvait même pas compter sur quelques dizaines d'hommes motivés. Les Anglais s'en aperçoivent lorsqu'ils font venir « Carte » en Angleterre en septembre 1942. « Carte » dit pouvoir disposer de « 300 000 hommes en armes »... L'état-major de SOE découvre la supercherie. On menace de l'arrêter. Gillois, qui assiste à l'entretien, dit ne l'avoir plus jamais revu.

Des officiers allemands au Palais-Bourbon : un symbole fort de la mort de la République.

2 août

Hécatombe chez les gendarmes de Touraine

Depuis 1940, en Indre-et-Loire, des sous-officiers et des officiers de gendarmerie, parfois en liaison avec l'abbé Marcel Lacour d'Athée-sur-Cher ou avec la famille Leloup de Bléré – village qui forme le coude de la ligne qui se dirige ensuite vers la frontière espagnole –, font passer des renseignements pour le compte des services secrets de la France libre. Le maréchal des logis chef Henri Pinault, commandant la brigade de Bléré, a convaincu certains de ses subordonnés de le suivre (les gendarmes Amédée, Barboux, Devineau, Pescher, Pillon et Rico). Il est aussi en liaison avec plusieurs officiers à Tours, dont le colonel Raby, chef de la gendarmerie pour l'ensemble du département, et le capitaine Morel.

Le groupe travaille au sein du réseau Saint-Jacques, dirigé par André Visseaux, lequel dispose de trois ramifications principales : à Paris, en Normandie et en Touraine. Depuis octobre 1940, les gendarmes blérois font passer vers la zone libre des individus en difficultés parfois en leur prêtant leur uniforme ou leur donnant de faux laissez-passer. Un certain nombre d'aviateurs abattus plus au nord de la ligne ont également recours à leurs services nocturnes. Tous les subterfuges sont bons pour le passage clandestin. Par exemple, Henri Pinault utilise une barque sur le Cher, qu'il coule le jour et qu'il écope la nuit. En effet, en amont de Bléré, à 500 mètres du pont, la rivière délimite la ligne de démarcation. La rive gauche « libre » est donc facile d'accès. Parfois, pour des raisons de sécurité, Henri Pinault demande à un habitant de convoyer à sa place les individus ou les renseignements entre les deux zones : le facteur, un commerçant avec son gazogène, un vigneron avec ses fûts en chêne, l'abbé Lacour, etc.

Parallèlement, le chef d'escadron Vérines, de la garde républicaine à Paris, fait passer la ligne de démarcation par la petite ville de Loches, l'une des plaques tournantes du passage clandestin. Il est épaulé par le capitaine Germain Martin. Toutefois, du fait d'agents infiltrés, les gendarmes sont dans le collimateur de la Gestapo.

Le 23 juin 1941, le traître S., qui travaille pour la Gestapo, demande l'aide des gendarmes tourangeaux pour soi-disant passer clandestinement la ligne de démarcation. En fait, la Gestapo vient de commencer l'opération Porto, visant à démanteler le réseau Saint-Jacques. Le 24 juin, en direction de Loches, dans une voiture, S. est accompagné par le capitaine Morel. Le capitaine Bouillie de Chinon et le colonel Raby doivent les rejoindre en passant par une autre route. L'adjudant Pinault apprend le soir que Morel a été arrêté. Raby et Bouillie n'ont jamais vu arriver Morel et S. au lieu du rendez-vous prévu. Le 22 octobre suivant sont appréhendés Raby et le lieutenant Laurent, l'adjoint de Morel. L'adjudant Pinault est arrêté bien plus tard, le 2 août 1942, avant d'être déporté.

Alors que se déroule le procès de Riom, l'entrée de la ville est soumise à un contrôle très strict.

13 août

« Je préfère mourir devant un peloton d'exécution »

Les communistes juifs travaillant en zone occupée à la rédaction d'une presse clandestine opèrent dans des conditions particulièrement périlleuses. La concertation des rédacteurs est très rare, collecter les articles est déjà un risque considérable. La dactylo ou l'imprimeur décident en fonction de la place, du papier et des stencils de la teneur du « journal ». Le tirage est limité, ainsi que la diffusion souvent faite de la main à la main.

En décembre 1941, Rudolf Zeiler, imprimeur d'un journal en yiddish, est exécuté au mont Valérien. En août 1942, Mounié Nadler et le docteur Josef Bursztyn y sont fusillés à leur tour, pour avoir écrit dans les journaux de la MOI. Avant leur arrestation, ils travaillaient à faire connaître les conditions des premières déportations qui commençaient à s'opérer depuis Drancy.

Voici à quoi ressemble la cellule que les résistants connaissent bien lorsqu'ils sont interrogés et torturés par la Gestapo, rue des Saussaies à Paris.

30 août

Les juifs sont-ils nos frères ?

Mgr Jules Saliège est l'archevêque de Toulouse. Il a accueilli avec une satisfaction non dissimulée l'avènement du maréchal Pétain et du régime de Vichy qui se sont placés initialement sous le signe d'un rapprochement avec l'Église catholique. On peut même dire qu'il a été un pilier moral du nouveau régime. Or, il n'est pas insensible à l'évolution de l'opinion suscitée par la politique de déportation des juifs, politique en faveur de laquelle Vichy coopère ouvertement avec le Reich.

Pour Mgr Saliège, ces rafles et ces persécutions ne peuvent plus justifier le soutien à Vichy. La « morale chrétienne » s'y oppose. La « morale humaine » aussi. Le chrétien doit savoir s'opposer à un pouvoir qui va contre l'exigence fondamentale de charité.

Il rédige une lettre pastorale qu'il fait lire en chaire le dimanche 30 août, dans la plupart des églises de son diocèse.

« [...] Que des enfants, des femmes, des hommes, des pères et mères soient traités comme un vil troupeau, que les membres d'une même famille soient séparés les uns des autres et embarqués pour une destination inconnue, il était réservé à notre temps de voir ce triste spectacle.

Pourquoi le droit d'asile dans nos églises n'existe-t-il plus ?

Pourquoi sommes-nous les vaincus ?

Seigneur, ayez pitié de nous.

Notre-Dame, priez pour la France.

Dans notre diocèse, des scènes émouvantes ont eu lieu dans les camps de Noé et Récébédou. Les juifs sont des hommes, les juives sont des femmes. Les étrangers sont des hommes, les étrangères sont des femmes. Tout n'est pas permis contre eux, contre ces hommes, contres ces femmes, contres ces pères et ces mères de famille. Ils font partie du genre humain ; ils sont nos frères comme tant d'autres. Un chrétien ne peut l'oublier. [...] »

Cette lettre lue dans les églises a eu grand écho. Elle fut même reprise dans une émission de la BBC. Elle n'a pas pu ne pas susciter des prises de conscience, voire des engagements. Une autorité catholique prenait parti publiquement contre la dimension la plus tragique de la politique du régime en place. De son côté, le 20 août, le pasteur Boegner, président de la Fédération protestante de France, écrit au chef de l'État pour lui faire part de sa « tristesse indicible » : « Je vous supplie, Monsieur le Maréchal, d'imposer des mesures indispensables pour que la France ne s'inflige pas à elle même une défaite morale dont le poids sera incalculable. » L'opinion chrétienne ne pouvait plus être indifférente ou se protéger derrière une méconnaissance des faits.

C'est un geste symbolique, mais puissant et fécondant. Cette résistance de la morale est aussi une résistance car il y a une morale de la résistance.

17 septembre-16 novembre

« Chez nous, la musique est forte en pratique »

Emmanuel d'Astier de la Vigerie, alias *Bernard, de Libération-Sud, rencontre à Londres Henri Frenay (« Charvet ») de Combat. L'unification des mouvements est en construction.*

« Chez nous, la musique est forte en pratique » : c'est la phrase peu poétique de la BBC, qui annoncera à Frenay et d'Astier qu'ils peuvent partir pour Londres, où de Gaulle les attend. Les conditions météorologiques empêchent le Lysander de se poser sur un terrain prévu. Trois essais échouent. La voie des airs est alors abandonnée au profit de la voie des mers. On demande alors aux deux leaders de se trouver le 17 septembre à quelques kilomètres de Cassis, sur la côte méditerranéenne, où un bateau viendra les chercher et leur enverra deux signaux bleus. Ils devront prononcer la phrase suivante : « C'est toi, crapaud ? », et le bateau répondra : « Oui, mon petit canaille » *(sic)*. D'Astier s'appellera « Ben », et Frenay « Fred ». Le bateau file vers Gibraltar ; arrivés sur le Rocher, le 24 septembre, les voyageurs sont mis dans un hydravion. Ils arrivent en Angleterre le 29 septembre 1942, ultime bastion de l'Europe qui se bat contre l'hydre hitlérienne.

D'Astier a déjà fait, de sa propre initiative, le voyage à Londres en avril 1942. Mais pas Frenay. Après deux ans, déjà, de vie clandestine, il croit vivre un rêve en se promenant librement dans les rues de Londres. Lorsqu'il arrive au 10, Duke Street, siège du BCRA, son impression est très forte.

Les 2 leaders rencontrent Passy, puis le général de Gaulle. Frenay est très impressionné par l'homme, qui est déjà un mythe. Il est décidé d'avancer sur le chemin de la coordination. Un comité commun aux mouvements sera créé. Le général Delestraint sera le patron de l'Armée secrète. Mais tous deux estiment que la Résistance n'a pas besoin d'un « tuteur ». D'Astier se montre encore plus virulent devant le Général, parlant de Jean Moulin comme d'un « petit fonctionnaire appointé ».

Les deux hommes rencontrent également les hommes du SOE et de l'Economic Warfare (guerre économique) pour évaluer leurs besoins en armes. Au brigadier général Gubbins, ils expliquent qu'ils représentent à eux deux environ 80 % de la Résistance de la zone non occupée, pour un nombre de militants proche de 100 000 hommes. Des promesses sont faites. D'Astier et Frenay se disent attachés au symbole de Gaulle, mais ils ne sont pas « vendus » à lui. À Roger Wybot, le chef du contre-espionnage français, Frenay déclare : « Jamais on ne me fera prêter serment au général de Gaulle. »

Ce voyage a permis un rapprochement décisif entre la France de Londres et la Résistance. Mais celle-ci n'entend pas abdiquer son indépendance.

« Jamais aucun voyage dans ma vie ne pourra me donner cette impression d'émerveillement et de dépaysement que je ressens. Je suis à Londres ! À deux pas de la BBC et de Big Ben que le soir, nous entendons là-bas en France, l'oreille collée au poste radio. Dans cet immeuble modeste, semblable à d'autres, sont mes camarades encore inconnus, avec qui nous sommes restés si longtemps sans contact alors que toute notre lutte dépend d'eux. Je nage dans la joie ! »

D'Astier à propos de son voyage

Le 22 octobre, le général de Gaulle, dans une lettre adressée à Jean Moulin, évoque la réunion entre Charvet et Bernard.

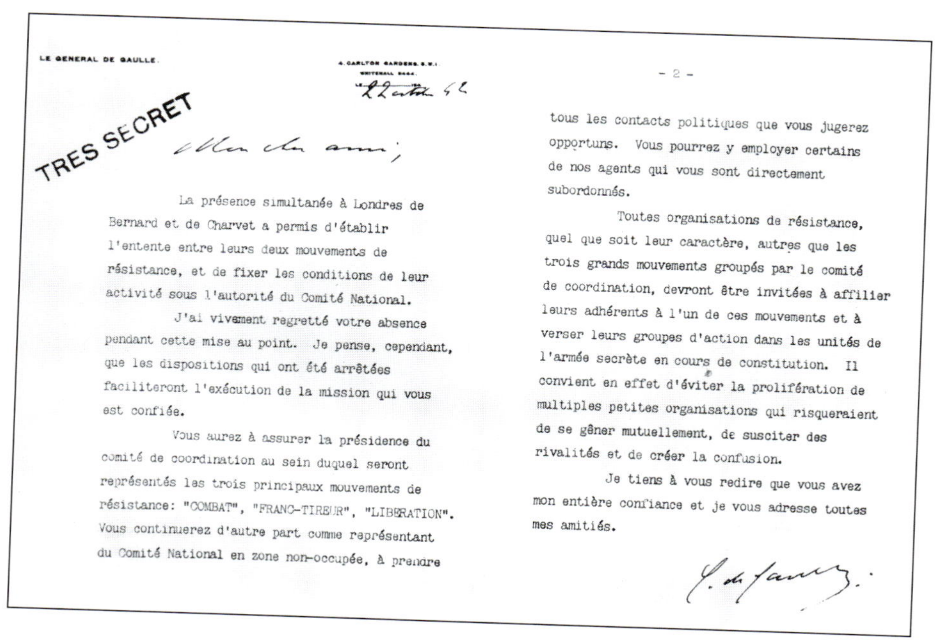

LE GENERAL DE GAULLE.

4, CARLTON GARDENS, S.W.1
WHITEHALL 8444.
Le 22 octobre 42

TRES SECRET

Mon cher ami,

La présence simultanée à Londres de Bernard et de Charvet a permis d'établir l'entente entre leurs deux mouvements de résistance, et de fixer les conditions de leur activité sous l'autorité du Comité National.

J'ai vivement regretté votre absence pendant cette mise au point. Je pense, cependant, que les dispositions qui ont été arrêtées faciliteront l'exécution de la mission qui vous est confiée.

Vous aurez à assurer la présidence du comité de coordination au sein duquel seront représentés les trois principaux mouvements de résistance: "COMBAT", "FRANC-TIREUR", "LIBERATION". Vous continuerez d'autre part comme représentant du Comité National en zone non-occupée, à prendre

- 2 -

tous les contacts politiques que vous jugerez opportuns. Vous pourrez y employer certains de nos agents qui vous sont directement subordonnés.

Toutes organisations de résistance, quel que soit leur caractère, autres que les trois grands mouvements groupés par le comité de coordination, devront être invitées à affilier leurs adhérents à l'un de ces mouvements et à verser leurs groupes d'action dans les unités de l'armée secrète en cours de constitution. Il convient en effet d'éviter la prolifération de multiples petites organisations qui risqueraient de se gêner mutuellement, de susciter des rivalités et de créer la confusion.

Je tiens à vous redire que vous avez mon entière confiance et je vous adresse toutes mes amitiés.

C. de Gaulle.

Jean Fassin est désigné par Jean Moulin pour centraliser les opérations de parachutages et d'atterrissages clandestins. Ainsi, comme sur le cliché pris en Bretagne, des centaines de résistants réceptionnent la nuit des containers remplis de médicaments, de courrier, d'argent et d'armes.

20 septembre

Sif, chef du COPA

En janvier 1942, après avoir subi un entraînement intensif grâce aux Anglais – ceux-ci n'acceptent de travailler qu'avec les résistants qu'ils forment eux-mêmes –, le capitaine Raymond Fassin, dit « Sif », a été parachuté avec Jean Moulin afin d'assurer la liaison avec le mouvement Combat. De même, deux autres officiers de liaison Hervé Monjaret (« Frit ») et Paul Schmidt (« Kim ») ont été ensuite affectés respectivement au Franc-Tireur et à Libération. Leur mission est de donner à la France libre des nouvelles quotidiennes de ce qui se passe dans la Résistance en métropole.

En septembre 1942, comme il l'a fait pour la centralisation des transmissions entre la France libre et les résistants métropolitains, avec la création de la WT (Wireless Transmission), Jean Moulin désigne Fassin comme chef d'un service centralisé pour les opérations de parachutage et d'atterrissage, après la fusion des forces paramilitaires dans une armée secrète (AS) ; Monjaret et Schmidt deviennent ses adjoints. Fassin, désormais chef du Centre d'opérations de parachutage et d'atterrissage pour la zone non occupée (COPA), continue d'assurer la liaison avec Combat, et ses adjoints avec les mouvements pour lesquels ils travaillent depuis le début de 1942.

Le COPA est rattaché au Service des opérations aériennes et maritimes (SOAM), lui-même sous la tutelle de la section « Action mission » (AM) du BCRA. Les officiers de liaison doivent enfin pouvoir travailler dans une certaine indépendance vis-à-vis des résistants métropolitains, notamment quand il s'agit de répartir le matériel parachuté par les Anglais. Le service de Fassin doit donc très vite organiser des parachutages, grâce aux avions de la RAF, et des atterrissages de Lysander sur des terrains préparés par ses hommes. Cependant, si ces nouveaux services centraux vont améliorer la communication entre la France combattante du dedans et celle du dehors, ils réduisent la marge de manœuvre des mouvements et seront perçus par eux comme une pesante tutelle.

Ces tickets de textile sont des faux réalisés par les résistants qui, faute de les voler, les fabriquent parfois.

Septembre

Des résistants contre le racisme

À partir du milieu de 1942, la logique de la déportation raciale est lancée. Les juifs sont menacés et persécutés. Ils doivent être secourus.

C'est alors que les Francs-Tireurs et Partisans et la Main-d'œuvre immigrée (FTP-MOI) créent le Mouvement national contre le racisme (MNCR). Il a pour vocation de réunir juifs et non-juifs pour conduire des actions d'entraide, qu'on qualifierait aujourd'hui d'humanitaires : cacher les personnes menacées de déportation, organiser des filières d'évasion, établir des faux papiers, subvenir aux besoins élémentaires de ceux qui ne peuvent plus exister socialement et civilement en provoquant solidarité et complicité.

Le MNCR agit de concert avec l'Union des juifs pour la résistance et l'entraide (UJRE), dirigée par Charles Lederman.

Le MNCR se donne des tribunes clandestines pour alerter les consciences et pour dénoncer. Il crée *J'accuse* en zone occupée et *Fraternité* en zone libre, qui se présentent comme des « organes de lutte des forces françaises contre la barbarie raciste ». Dès son n° 2, du 20 octobre 1942, *J'accuse* relate l'asphyxie par le gaz de 11 000 juifs de Pologne. Il exhorte les juifs à ne pas se laisser arrêter.

Le MNCR deviendra après la guerre le MRAP, Mouvement contre le racisme et pour l'amitié entre les peuples, précisément le 22 mai 1949.

Octobre

Arrestation de Maurice Ripoche

Au long de 1941, Ripoche a su développer son mouvement, Ceux de la Libération (CDLL), en recrutant des sympathisants dans les administrations, les transports et le secteur de l'énergie. Il a ainsi trouvé de précieux agents de renseignements. Le 11 octobre 1941, il échappe à une arrestation allemande et se réfugie un temps en zone libre, où il établit quelques contacts avec les mouvements de Résistance. Revenu à Paris pour relancer CDLL, il est arrêté en ce mois d'octobre 1942. Envoyé en Allemagne, il est jugé par un tribunal de Düsseldorf, qui le condamne à mort. Il sera décapité en juillet 1944.

Octobre

Les services secrets de la France combattante

Le BCRAM devient plus simplement le BCRA, Bureau central de renseignement et d'action. C'est sous ce nom que les services secrets de la France libre resteront dans l'histoire. Le BCRA, toujours dirigé par Passy avec pour adjoint André Manuel et pour collaborateur intime Pierre Brossolette, s'augmente d'une section « non militaire » (NM), venue s'ajouter aux sections déjà existantes, « renseignement », « action missions », « contre-espionnage » et « études et coordination ».

La section NM, confiée au commandant Vallon et à Jacques Bingen, est chargée de mettre en œuvre les directives politiques du commissariat national à l'Intérieur. L'unification des résistants est en marche, mais aussi sa politisation. Le BCRA assure en fait toute l'interface avec la Résistance en métropole. Ce qui n'empêche pas qu'il continue, malgré son déménagement dans des locaux plus vastes au 10, Duke Street, de disposer de moyens matériels et humains notablement insuffisants.

13-18 octobre

Les ouvriers se mobilisent contre la Relève

Annoncée par Laval, la Relève (retour de prisonniers contre envoi d'ouvriers en Allemagne) menace directement les ouvriers.

Devant la faiblesse des volontariats, des réquisitions ont lieu. Le 13 octobre, dans les ateliers de la SNCF à Oullins, dans la banlieue de Lyon, on affiche la liste des requis. Une grève est aussitôt déclenchée. Elle fait tache d'huile : les ateliers de Vénissieux et de Vaise, s'y associent, de même que les usines Berliet, Sigma, Rochet-Schneider.

Le lendemain, une centaine d'ouvriers des ateliers d'Oullins sont arrêtés. Une grosse manifestation se forme. Le jeudi 15, les femmes des ouvriers défilent. Un tract est diffusé, signé pour la première fois par l'ensemble des mouvements de Résistance de zone libre, y compris le Front national et le Parti communiste. Jusqu'au 18, les grèves se poursuivent et connaissent un fort retentissement. Les ouvriers sont désormais au cœur de la politique vichysto-allemande et des préoccupations des mouvements clandestins.

À la propagande de la Résistance, s'oppose celle de la légion française des combattants aux ordres de Vichy.

« Les organisations qui signent cet appel représentent tout le peuple français en lutte contre l'occupant. Elles vous crient : tenez bon !... Tous les moyens dont nous disposons, nous les mettrons dès maintenant à la disposition de la classe ouvrière française dans sa résistance contre les départs...

Toute la France debout, contre la honte et la trahison !

Pas un homme pour l'Allemagne ! »

Tract du 15 octobre

15 octobre

Le gaullisme, c'est l'anti-France

Les journaux collaborationnistes de Paris, c'est-à-dire ceux qui sont partisans d'une alliance idéologique avec le Reich nazi, et qui sont plus vichystes que Vichy, sont très virulents à l'égard de la Résistance et du général de Gaulle. Le chef de la France libre et ceux qui s'en réclament sont l'objet d'une violence persistante. Alors que le gaullisme prétend incarner la France éternelle et son honneur, ses adversaires, qui occupent alors l'espace médiatique, le présentent au contraire comme l'anti-France, et de Gaulle comme un déserteur dans la main du « judéocapitalisme » de la City.

Ainsi apparaît-il sous la plume acerbe de Pierre Constantini, dans le journal *l'Appel,* le 15 octobre 1942 :

« C'est clair : être gaulliste, c'est commettre un crime contre notre pays et contre les dernières éventualités de son redressement.

Quand le problème du destin de la France se pose avec une telle netteté, il est urgent que les conséquences en soient logiquement tirées sans la moindre dérobade sentimentale.

Nous savons bien que les conséquences seront tristes et cruelles, mais il faut que crève l'abcès de l'attentisme.

Il faut prendre une résolution farouche, prendre le parti de la France contre l'anti-France, le parti de la race saine contre la race maudite. »

C'est le même Constantini qui, le 30 juillet, dans la même tribune, avait demandé au chef de l'État français de rendre obligatoire en zone non occupée le port de l'étoile jaune : « Gardez-vous du Juif, Monsieur le Maréchal, frappez le Juif, Monsieur le Maréchal, reprenez la France au Juif, Monsieur le Maréchal. »

LES ÉCRIVAINS FACE

CONTRE LA DÉFAITE DE LA PENSÉE

Longtemps on a cru que l'art en général et les écrivains en particulier étaient doués d'une sorte de neutralité supérieure qui les mettait hors de l'événement. L'art pour l'art, ou le sublime désintéressement. La tragédie qui frappe la France ne peut que récuser cette tranquille conception. Le champ littéraire est traversé par la guerre civile qu'est l'Occupation. Comment l'abstention pourrait-elle ne pas devenir lâcheté ? Comment l'indifférence pourrait-elle ne pas s'apparenter à la complicité ? Faut-il ajouter à la défaite des armes la défaite de la pensée française ?

Même si le nouveau régime impute la défaite aux « pourrisseurs de l'esprit français » et aux « mauvais maîtres » que sont les hommes de plume, cultivant un anti-intellectualisme parfois militant, des écrivains sont sollicités pour vanter les vertus de Vichy. Un ouvrage de propagande édité en 1943, *la France de l'esprit,* comporte en *incipit* une phrase de Pétain : « Ce sont les forces spirituelles qui mènent le monde. » Charles Maurras ouvre le bal en définissant « l'avenir de l'intelligence française ». Des écrivains chantent les vertus de l'ordre nouveau, comme Marcel Arland, René Benjamin ou Thierry Maulnier. Les rejoignent des philosophes (Gustave Thibon), des historiens (Louis Madelin), des scientifiques (Frédéric Jolliot ou le duc de Broglie), des hommes de théâtre (Jacques Copeau), des musiciens (Alfred Cortot) ou des universitaires (Albert Rivaud). Sur un autre front, des extrémistes, qui prospèrent à Paris, jugent Vichy trop mou et trop réactionnaire. Eux se disent révolutionnaires et souhaitent aller beaucoup plus loin dans la construction d'une Europe antidémocratique, même si cela doit passer par la voie risquée de « l'intelligence avec l'ennemi ». Des noms ont illustré ce chemin de crêtes qui débouchera sur le précipice, comme Robert Brasillach, Pierre Drieu la Rochelle ou Lucien Rebatet, qui se transforment en vils propagandistes.

Les défenseurs de l'art pour l'art ont du mal à défendre leur posture, comme André Gide, François Mauriac ou Georges Duhamel. C'est parfois malgré eux qu'ils se retrouvent du côté du refus. Ainsi Mauriac, qui reconnaît s'être « trouvé de ce côté-là sans même avoir eu à le choisir » : « Mes ennemis bien plus nombreux et virulents que je n'eusse pu l'imaginer, m'avaient désigné ma vraie place par leurs outrages, dès le premier jour. » Le style « bourgeois » qu'il représente révulse les valets de l'ordre européen nazi, comme Rebatet, qui, dans *les Décombres* (Denoël, 1942), le best-seller de l'Occupation, stigmatise « ses décoctions de Paul Bourget macérés dans le foutre rance et l'eau bénite, ces oscillations entre l'eucharistie et le bordel à pédérastes »...

Certains écrivains choisissent l'exil, comme Bernanos, qui publie Écrits de combat *en 1943 (livre qui circule clandestinement en France) ; d'autres préfèrent rester, tel Paul Éluard, membre de la revue* les Étoiles du Quercy.

À L'ÉVÉNEMENT

Son hostilité à l'Occupation conduit le poète René Char jusqu'à « la parole du plus haut silence » : il devient le capitaine « Alexandre » et entre au maquis des Basses-Alpes.

NE PLUS ÉCRIRE

Si certains continuent d'écrire comme si de rien n'était, par indifférence ou nécessité, d'autres refusent d'écrire, ou plutôt de publier, pour échapper aux systèmes de contrôle légaux, pour ne pas cautionner, de près ou de loin, un régime qui heurte leurs consciences. Ils sont rares à pratiquer cette résistance passive. Parmi eux : Roger Martin du Gard, André Chamson, Jean Guéhenno ou René Char. Dans son journal intime, à la date du 16 février 1941, Michel Leiris dénonce « cette vraie maladie des "gens de lettres" qui ne conçoivent pas la possibilité de se taire et pour qui ne plus publier équivaut à un anéantissement ». Mais lui aussi finit par craquer : il publie *Haut mal* chez Gallimard, certes dans une collection dirigée par Jean Paulhan. André Malraux publie *les Noyers de l'Altenburg* en Suisse, pour éviter toute compromission. Mais ne pas publier ne met pas à l'abri des critiques. Martin du Gard, dans son journal, déplore que sa rétention volontaire passe pour de l'attentisme ou de l'opportunisme, et il tient, note-t-il le 22 octobre 1941, à ne pas « joindre une voix de plus à la confuse cacophonie des "partisans" ».

DOUBLE JEU

Plus nombreux sont ceux qui jouent le double jeu : ils publient des textes « licites » le jour, et la nuit participent à la France du refus. On peut être édité en toute légalité alors même que, dans son for intérieur, on rejette l'ordre nouveau. C'est le cas d'Elsa Triolet. Alors qu'Aragon, l'homme de sa vie, entre au mouvement résistant Front national (d'obédience communiste), alors qu'elle a participé à la création d'une revue clandestine, *la Pensée libre*, Elsa publie en 1942 chez Denoël, l'éditeur de Céline, un recueil de nouvelles intitulé *Mille Regrets*. Il figure dans « les nouveautés » qui se trouvent sur la quatrième de couverture du livre *les Décombres*, bréviaire de l'ordre nouveau ! Pour le prix Goncourt 1942, son roman trouve un appui. Il lui faudra attendre l'année 1945 pour obtenir le fameux prix, couronnant son recueil *le Premier Accroc coûte deux cents francs*, dont une des nouvelles avait paru aux Éditions de Minuit. Aragon lui-même n'éprouve pas d'état d'âme à publier *le Crève-Cœur* chez Gallimard, où plastronne Drieu la Rochelle. Assurément, pour le couple Aragon-Triolet, la devise « littérature légale veut dire littérature de trahison » n'est pas pertinente. Au nom du double jeu et du « mentir-vrai ». Jean Paulhan est emblématique de cette position. Mis de côté de *la Nouvelle Revue Française* (NRF) par Drieu la Rochelle, il est resté néanmoins en embuscade, tout en s'engageant dans la Résistance (il participe au journal *Résistance* dès 1941 avec Boris Vildé) et en appuyant Jacques Decour, Aragon ou Éluard. Les poètes semblaient les moins concernés par l'actualité intempestive. Une position d'extériorité, de non-asservissement à une cause édifiante, longtemps revendiquée par un Paul Verlaine qui souhaitait tordre le coup à l'éloquence. Dans la revue suisse *Lettres*, créée en 1942, le jeune critique Jean Staro-

> « *[...] Révolte contre Hitler et mort à ses partisans !*
> *Pourtant ce cœur haïssait la guerre et battait au rythme des saisons,*
> *Mais un seul mot : Liberté a suffi à réveiller les vieilles colères*
> *Et des millions de Français se préparent dans l'ombre*
> *à la besogne que l'aube proche leur imposera.*
> *Car ces cœurs qui haïssaient la guerre battaient pour la liberté*
> *au rythme même des saisons et des marées,*
> *du jour et de la nuit.*
>
> Robert Desnos, *Ce cœur qui haïssait la guerre*

Jean Bruller, dit « Vercors », est l'un des fleurons de la résistance intellectuelle avec la publication clandestine du Silence de la mer, *le 20 février 1942.*

binski se penche sur la poésie française, à la suite des rencontres qu'il fait avec des poètes français réfugiés, comme Pierre Jean Jouve, qui publie *Vers majeurs* à la librairie de l'université de Fribourg. Dans le premier numéro, il évoque les « événements graves et absolus » du moment et il admet que « le poète ne peut plus se placer au-dessus du tumulte » : « Personne ne peut se tenir hors du jeu des puissances qui s'affrontent. Le bouleversement, par sa violence et son universalité, oblige quiconque exerce la parole, qu'il en soit conscient ou non, à choisir sa place. » Le poète a sa responsabilité propre, celle de donner à l'événement historique « la qualité d'événement intérieur ». Ainsi, dans *Vers majeurs*, on ressent la douleur se mêler à la colère :

« Repose ô Dieu mon front sur le bord de la mer
Que ma sauvage idée sache attendre à ton cœur
L'heure où ne seront plus ces lents objets amers,
Sous la foudre tombés, sous la gloire, les pleurs ! »

> « *[...] Rien qu'un mot la porte cède*
> *S'ouvre et tu sors Rien qu'un mot*
> *Le bourreau se dépossède*
> *Sésame Finis tes maux*
> *Rien qu'un mot rien qu'un mensonge*
> *Pour transformer ton destin*
> *Songe songe songe songe*
> *À la douceur des matins*
> *Et si c'était à refaire*
> *Je referais ce chemin*
> *La voix monte des fers*
> *Parle aux hommes de demain [...]*
>
> Aragon, *Ballade de celui qui chanta dans les supplices*

SOUS LE MANTEAU

La Suisse accueille des poètes, ou édite ceux qui refusent l'impureté d'écrire sous la botte. Comme Jean Tardieu et son *Témoin invisible*, Pierre Emmanuel et ses *Orphiques*, ou Loys Masson et ses *Poèmes d'ici*. À Neuchâtel, les éditions de la Baconnière accordent un droit d'asile à Albert Béguin pour qu'il publie *les Cahiers du Rhône*, accueillant ceux qui n'ont plus le droit à la parole, comme les prisonniers.

Il arrive que des livres publiés hors de France en toute légalité (en Suisse, en Angleterre, aux États-Unis ou ailleurs) circulent en France sous le manteau, comme autant de témoins lumineux dans la nuit de l'Occupation, comme autant de signes d'une espérance lente et violente. C'est le cas de l'écrivain Jacques Maritain, qui publie à New York, en janvier 1941, aux éditions de la Maison Française, *À travers le désastre*. C'est la première attaque frontale contre Vichy et une condamnation de l'armistice, ce qui à cette époque est courageux et lucide, de nombreux Français ayant considéré l'armistice comme inévitable, voire salutaire puisqu'il signifiait la fin de la tuerie. Pour Maritain, c'est un acte contraire à l'honneur, notamment à travers sa clause exigeant la remise à l'ennemi des réfugiés qui avaient compté sur l'hospitalité de la France. Cet armistice, c'est pour lui « non seulement une torture, mais un risque permanent de catastrophe ». Le régime de Vichy, avec ses mesures liberticides, une politique « préfasciste » qui s'épanouit grâce à la lassitude des Français. Car pour Maritain, le peuple français est « politiquement démoralisé » mais non « moralement démoralisé ». Et de prédire « la faillite des dictatures totalitaires ». Ce livre d'espérance circule dès 1941 en zone non occupée grâce au père Chaillet ou à Edmond Michelet. L'année suivante, il est réédité clandestinement par les Éditions de Minuit. Circule également de main en main, en 1943, un petit fascicule de Georges Bernanos intitulé : *Écrits de combat*. On n'y trouve pas de nom d'éditeur ni de lieu d'édition. L'ouvrage porte bien son titre. Plus offensif que jamais, l'auteur de *Sous le soleil de Satan* veut redonner l'espoir à ses compatriotes et l'amour de leur pays :

“Nous sauverons par nos écrits l'honneur des Lettres françaises. Nous fustigerons les traîtres vendus à l'ennemi.”

« Oui, vraiment la France ignore combien elle est aimée. Ceux qui l'aiment ignorent aussi la profondeur de leur amour. La France est en eux comme chez elle, et ils s'en doutent à peine parce qu'elle ne gêne en rien leur liberté. Elle est cette liberté même !... Ah ! puisse ce témoignage rassurer quelques Français qui ont encore Pétain et sa pétannerie sur le cœur, qui ne peuvent pas achever de les vomir et se demandent avec angoisse entre deux hoquets où est la France, s'il y a encore une France ! »

Le chemin inverse est aussi possible. Frontières, océans et terreur n'empêchent pas les idées de circuler. C'est ainsi que les *Cahiers du témoignage chrétien* de l'année 1941, brochure clandestine, réussissent à franchir l'Atlantique. Grâce à Paul Vignaux et à Jacques Maritain, les éditions de la Maison Française, à New York, décident de les réunir et d'en faire un livre qui paraît en 1943 avec le titre suivant : *France, prends garde de perdre ton âme*. À son tour, ce livre pourra repartir en France et poursuivre une nouvelle vie, clandestine cette fois.

L'HONNEUR DES LETTRES FRANÇAISES

Au cœur même de la France captive, une « résistance littéraire » se met peu à peu en place. Des écrivains décident de mettre leur talent littéraire au service des valeurs de la Résistance et de devenir des combattants de plume. Ils veulent témoigner de l'existence et de la continuité d'une pensée libre, d'un honneur français. Leur action ne peut être que clandestine. Certains proscrits utilisent des pseudonymes et tentent de paraître dans des revues autorisées qui maintiennent tant bien que mal l'idéal de l'autonomie littéraire : *Fontaine* à Alger, grâce à Max-Pol Fouchet, ou *Poésie 40, 41* à Villeneuve-lès-Avignon à l'instigation de Pierre Seghers. D'autres choisissent de fonder ou d'écrire dans des revues et journaux clandestins où ils peuvent exprimer leur révolte plus librement. Comme la revue communiste *la Pensée libre*. Comme *les Lettres françaises* qui, en septembre 1942, publient le manifeste du Front national des écrivains : « Nous sauverons par nos écrits l'honneur des Lettres françaises. Nous fustigerons les traîtres vendus à l'ennemi. [...] Nous défendrons les valeurs qui ont fait la gloire de notre civilisation. »

La forme la plus aboutie de cette résistance est bien sûr la création des Éditions de Minuit, une maison née dans la nuit de l'Occupation pour éditer des textes forcément anonymes, des textes sans auteurs. C'est un non-professionnel de l'écriture, le dénommé Vercors, qui signe le premier titre : *le Silence de la mer*, au printemps 1942. La caractéristique majeure de cette littérature de l'ombre était son refus de la propagande, sa volonté de sauvegarder la qualité littéraire des œuvres. Cette résistance littéraire cherche à prendre une forme collective avec la création du Comité national des écrivains (CNE), en zone sud, au début de 1943. C'est le parti communiste clandestin, et notamment Georges Marrane, qui confie cette mission à Louis Aragon, secondé par Georges Sadoul et Georges Ternet.

La dernière modalité de refus des « gendelettres » concerne les écrivains ou les poètes qui arrêtent d'écrire et choisissent la « résistance armée ». C'est le cas de René Char, qui entre au maquis. S'il écrit, c'est pour lui et ce ne sera connu qu'après la guerre. Il est long, le martyrologe de ceux qui renoncèrent à leur passion pour s'exposer au pire. Quelques-uns émergent de notre mémoire : Saint-Pol Roux, Max Jacob, Benjamin Crémieux, Jean Prévost, Louis Mandin, Jacques Decour ou Robert Desnos. Tant d'autres sont morts ainsi pour leurs idées, mais de mort violente pour sauver l'honneur des lettres et une certaine idée de la France.

Albert Camus, ici à la terrasse des Deux-Magots en 1945, a joué un rôle important aux côtés de Pascal Pia dans la rédaction du journal Combat, *dont il fut le rédacteur en chef de 1944 à 1947.*

Police et Patrie
LIBÉRATION

ORGANE DES ÉLÉMENTS RÉSISTANTS DE LA POLICE FRANÇAISE Adhérents au Mouvement

Notre seul but est de rendre la parole au Peuple Français.
Général DE GAULLE

N° 1 — Avril 1944

Ce que veut être « POLICE ET PATRIE »

La Police française a toujours
puisé les éléments essentiels de sa
force dans un dévouement inlassable
au bien public, un admirable esprit
de corps, une ardente volonté de sa-
crifice et un patrictisme élevé.

Depuis le honteux armistice de
Juin 1940, un gouvernement indigne

sous le signe d'un attachement entier
aux institutions républicaines et à
l'ordre républicain, avait été de cou-
rage et de loyauté. Elles ne craigni-
rent pas de les appeler à la répression
farouche de tous les mouvements par
lesquels la Patrie enchaînée marquait
sa volonté de recouvrer son indépen-
dance et de participer à sa propre
libération par une lutte qui, pour être
secrète, n'en était pas moins digne de
la plus vive admiration.

Mais la Police Française n'avait pas
oublié ses traditions. Elle se refusa,
dans son immense majorté, à l'accom-
plissement de ces viles besognes et ne
voulut point s'y souiller. Nombreux
furent ceux, du gardien de la Paix

surer la force, portent le pays tout
entier vers le Général De GAULLE, le
Comité Français de la Libération Na-
tionale et le Conseil National de la
Résistance siégeant en France occu-
pée; la légalité n'est point du côté de
Vichy, mais bien du côté d'Alger et
l'heure approche du règlement défi-
nitif des comptes qui, à la lumière de
ses libertés reconquises, permettra à
la Nation de récompenser ses servi-
teurs fidèles et de frapper sans mol-
lesse ses Judas.

Le mouvement « LIBERATION »
qui compte parmi les plus actifs des
mouvements de la Résistance et arme
depuis trois ans, pour la plus difficile
des luttes, des centaines de milliers
d'hommes, groupe déjà de nombreux
éléments des divers échelons de la
Police française. Il s'est déja livré à
l'indispensable tâche qui consiste à
dresser, à l'intérieur de la police, la
liste des patriotes et celle des traîtres.
interprète des volontés du Gouverne-
ment d'Alger, il a déjà signifié aux
premiers que la Patrie n'oublierait
point les services rendus, aux seconds
qu'elle saurait leur faire payer cher
un jour maintenant prochain, leur

Aidez les Patriotes !

des hautes destinées de la France n'a
cessé de faire appel à son sens aigu
de la discipline et à son abnégation,
pour l'entraîner à accomplir des be-
sognes dont la plupart, loin de con-
tribuer à maintenir dans ce pays
l'harmonie et l'ordre, eurent pour ob-
jectif de traquer impitoyablement les
meilleurs serviteurs de la Nation,
nous voulons dire ceux qui, plaçant
leur idéal de citoyens français et de
républicains au-dessus de leurs inté-
rêts personnels, s'attachaient à entre-
tenir à travers toute la France l'amour
sacré de la Patrie et des libertés pu-
bliques qui confèrent à l'individu sa
noblesse et sa dignité : membres des
mouvements de résistance, réfractai-
res au service obligatoire du Travail,
Jeunes des Groupements de lutte et
de propagande clandestine.

Au service de l'envahisseur, les au-
torités gouvernementales prétendirent
ainsi faire de la police française,
l'instrument obtus de la pire des ser-
vitudes. Elles tentèrent de déshono-
rer des hommes dont le passé, placé

Avec les réfractaires de la déportation

au Commissaire Principal ou au Di-
recteur de Service, qui marquèrent,
par une passivité intelligente ou une
participation active à la Résistance,
leur volonté d'hommes libres et de
bons Français.

Or, ce gouvernement qui fait appel
à vous, policiers de France, n'est pas
le gouvernement régulier de la Fran-
ce; né en un jour de malheur de la
pire des trahisons, il ne traduit que
des appétits individuels, non des as-
pirations nationales. Celles-ci qui
vous sont connues et dont vous êtes
à même par votre profession, de me-

Tous contre l'envahisseur allemand

veulerie, leur vénalité, leur absence
de conscience.

Il ne convient pas cependant d'en

Octobre

Police et patrie

« Police et patrie » – nom donné au réseau en 1944 – est d'abord un groupe de membres de Libération-Nord qui ne comprend au départ qu'un seul policier. Le but est de recruter de nombreux collègues de la police et de s'implanter au sein de cette dernière.

Henri Ribière confie à Roger Priou-Valjean, socialiste comme lui, la mission de créer un réseau dans les milieux de la police. L'idée a germé entre juillet et octobre 1942. Le policier Jean Straumann, secrétaire de l'amicale socialiste de la préfecture de Paris, depuis 1936, est chargé de trouver des recrues dans les milieux policiers. Ceux-ci peuvent être essentiels dans l'organisation logistique de la Résistance, soit en fournissant de faux papiers et des cartes d'alimentation, soit en falsifiant des dossiers. Jean Straumann espère qu'ils pourront faire le dénombrement des armes, de véhicules et d'autres moyens susceptibles d'être disponibles à la demande de la Résistance. Les policiers ne seront pas exemptés de distribuer les journaux du mouvement Libération-Nord. Le réseau se réunit à sa permanence située dans un restaurant parisien. Des réunions ont aussi lieu à l'École supérieure de physique et de chimie. Avec les policiers, les socialistes espèrent pouvoir limiter la répression que subissent les résistants à cause des agissements de policiers à la solde de Vichy et de membres de la Gestapo.

Dès octobre 1942, plusieurs membres de Libération-Nord décident de former un réseau de résistants capable de recruter des policiers et d'infiltrer la police.

Octobre

Charles Delestraint, chef de l'AS

Depuis l'armistice du 22 juin 1940, le général Charles Delestraint tente de convaincre d'autres militaires de le suivre pour lutter contre l'Occupation en trouvant des moyens d'action. Certes, il ne s'engage pas véritablement dans la Résistance, mais il admire le général de Gaulle – ce dernier a servi sous ses ordres entre 1937 et 1939 – qu'il sait être l'animateur de la France libre. Charles Delestraint peut compter d'abord sur des subordonnés, à savoir les « anciens des chars » avec lesquels il a combattu. Le 26 février 1942, retiré à Bourg-en-Bresse avec sa famille, il reçoit une lettre de Vichy qui le rappelle à l'ordre : « [...] Le Maréchal a appris qu'au cours de conversations privées vous manifestiez ouvertement votre désapprobation de sa politique... »

Depuis plusieurs mois, Delestraint a noué des contacts avec les responsables des grands mouvements clandestins. Depuis le printemps 1942, Jean Moulin-« Rex » tente de réunir les mouvements et de créer une Armée secrète (AS) à laquelle il faut donner un chef. C'est Henri Frenay, le chef de Combat et l'inventeur de l'AS, qui propose à Rex le nom de Delestraint, malgré des réticences dans les milieux résistants. Le 4 août 1942, Rex reçoit de Londres le message « Charles à Charles, d'accord », ce qui signifie l'accord de De Gaulle à la nomination de Charles Delestraint à la tête de l'AS. Cela est confirmé par une lettre de De Gaulle, datée du 22 octobre. Mais « Vidal », le pseudonyme de Delestraint, n'a pas l'expérience de la clandestinité et a une vision très militariste de la Résistance. Il n'arrivera pas à créer des relations confiantes avec les chefs de la Résistance intérieure.

« *Mon Général,*

On m'a parlé de vous... J'en étais sûr ! Il n'y a rien à quoi nous attachions plus d'importance qu'à ce dont nous vous demandons d'assurer l'organisation et le commandement. Personne n'est plus qualifié que vous pour entreprendre cela.

Et c'est le moment !

Je vous embrasse, mon Général. Nous referons l'armée française.

Charles de Gaulle. » Lettre personnelle de De Gaulle à Delestraint, datée du 22 octobre 1942

En Côte d'Or ici, mais aussi dans d'autres régions françaises, des trains déraillent, les ponts sautent, grâce à l'action de résistants qui se spécialisent dans le sabotage.

Octobre

Noyauter les administrations publiques

André Plaisantin, le responsable de Combat à Lyon, a un jour l'idée de regrouper les cellules du mouvement implantées dans les administrations et les diverses professions. Il en parle au chef de région, Marcel Peck, qui trouve l'idée géniale. Il s'agit d'organiser un recrutement spécifique dans les services publics pour y recueillir des informations et préparer la relève au moment de la Libération. Peck confie le projet à Claude Bourdet, un adjoint de Frenay, qui est d'emblée séduit. Il pense même aller plus loin. Ce service, qu'il baptise NAP (noyautage des administrations publiques), prévoit de regrouper, au-delà de Combat, tous les membres des mouvements déjà concernés par cette activité. Bourdet expose l'idée à Jean Moulin, qui l'accepte aussitôt et laisse Bourdet la mettre en œuvre, lui fournissant des moyens. Le NAP-PTT et le NAP-Fer rendront ainsi d'éminents services à la Résistance.

23 octobre

Premiers contacts entre résistants et Américains sur le sol africain

Depuis 1940, les composantes très éclectiques de la Résistance en Algérie (Républicains juifs en lutte contre la législation antisémite de Vichy, syndicalistes, étudiants, policiers, industriels ou officiers d'extrême droite) ont réussi à se rapprocher pour travailler ensemble à remettre l'Afrique du Nord française dans la guerre aux côtés des Alliés, par patriotisme et parce qu'ils sont persuadés que l'AFN n'échappera pas longtemps aux convoitises allemandes, italiennes, voire espagnoles.

Après l'entrée en guerre des États-Unis, le projet d'une intervention américaine se précise. Le général Weygand est approché pour assumer la direction de l'opération côté français. Après qu'il se fut récusé, le général Giraud, providentiellement évadé d'Allemagne, devient l'interlocuteur des Américains. Voulant se réserver pour l'action en métropole, il se fait représenter en Algérie par le général Mast.

Les résistants, qui fournissent déjà des renseignements aux Alliés, désirent aussi prendre part aux opérations pour neutraliser les velléités de combat des autorités vichyssoises locales et éviter ainsi un affrontement sanglant entre Français et Américains. Pour ce faire, ils préparent un plan de prise de contrôle des points stratégiques et rassemblent volontaires, armes et véhicules.

Pour aplanir les difficultés entre Français et Américains, une réunion clandestine se tient dans une ferme près de la côte, regroupant des représentants des différents groupes résistants français et les officiers délégués par les Alliés, y compris deux généraux, ce qui représente un risque inouï. Cherchell deviendra d'ailleurs, pour les Américains, l'un des exploits les plus connus de la guerre.

Les Américains annoncent qu'un débarquement aura lieu en AFN durant l'hiver, sans toutefois donner ni la date, ni le lieu précis, ni le nom du général commandant. Malgré leur sympathie pour les résistants d'Algérie, ils continuent à compter sur un ralliement de l'armée d'Afrique, en cette terre très favorable à Vichy.

novembre 1942–juin 1943

Les batailles de la légitimité

À l'automne 1942, les résistants ont définitivement conscience qu'ils œuvrent pour la Résistance. Le général de Gaulle, grâce aux efforts des leaders de la Résistance intérieure et de Jean Moulin, est devenu le symbole le plus crédible et le plus rassembleur de la France du refus. La France du refus qui est aussi la France du renouveau. De plus en plus nombreux sont les résistants qui s'accordent pour penser que libérer le territoire, ce n'est pas assez. Le rejet de l'occupant n'est plus vraiment dissocié de la condamnation à la fois de Pétain et de Vichy. Il s'agit à présent de restaurer la souveraineté du peuple et les valeurs de la République.

Le paradoxe, c'est que, au moment même où le rapprochement entre la France libre et la Résistance intérieure fait des progrès inespérés sous la bannière gaulliste, un événement majeur va contrarier cette marche vers l'unité et la cohésion. Le 8 novembre 1942, les Américains, avec l'aide des Anglais, débarquent en Afrique du Nord. C'est l'opération « Torch », prélude à la libération de l'Europe. Le problème, c'est que les Américains établissent une sorte de protectorat sur cette portion de l'Empire français où la voix de la France ne peut se faire entendre librement. Du moins la voix de la France résistante. Celle-ci juge intolérable que l'amiral Darlan, qui a été le chef du gouvernement de Vichy et le dauphin du maréchal, soit choisi comme représentant de l'autorité française à Alger. Ce choix montre, à l'évidence, que l'administration américaine refuse de considérer de Gaulle comme l'homme qui doit incarner la France de demain.

« Qu'ils meurent debout, bien droits, ou couchés à cause de leurs blessures, ils crient "Vive la France !" en regardant en face les Allemands qui vont tirer. »

Les batailles de la légitimité

LA RÈGLE DU JEU

Après l'exécution de Darlan (24 décembre 1942), c'est le général Giraud qui est désigné comme haut-commissaire civil et militaire en AFN. Giraud n'est pas mal perçu des Français, résistants ou non. Sa retentissante évasion d'Allemagne, en avril 1942, a été saluée par la presse clandestine comme un acte courageux. Giraud est alors une des grandes figures de l'armée française. On salue avec respect et espoir son « épée immaculée ». Même les communistes souhaiteront qu'il s'accorde avec de Gaulle. Malheureusement, le brave général, de retour sur le sol national, adopte une attitude ambiguë à l'endroit de Pétain et de Vichy. La même ambiguïté se retrouve à Alger, où il refuse d'abolir les lois vichystes afin de ne pas aller à rebours d'une opinion « africaine » très maréchaliste. Certes, il convient de reconnaître qu'Henri Giraud, grâce à l'appui américain, peut procéder à la modernisation de l'armée d'Afrique et l'engager dans la campagne de Tunisie (novembre 1942-mai 1943), première victoire française d'envergure contre les armées ennemies. Certes, il faut admettre que, grâce à Giraud, un pan de l'opinion hésitante (voire antigaulliste) peut prendre ses distances avec Vichy sans se déjuger et adopter une attitude « dissidente ». C'est par exemple le cas des milieux militaires.

Mais le giraudisme, qui peu à peu s'efforce de se républicaniser, grâce notamment à l'influence de Jean Monnet, constitue un obstacle majeur à l'affirmation gaulliste. Le chef de la France combattante est à deux doigts de rater son rendez-vous avec l'Histoire. Comment peut-il continuer d'exister sans le soutien des Alliés dont la victoire, désormais, ne peut plus faire de doute ? Ce sont eux qui définissent la règle du jeu car le rapport des forces tourne en leur faveur.

Affiche de propagande gaulliste, où l'on voit le soldat FFL tendre le bras à l'ouvrier français pour le convier à ne pas aller en Allemagne et à rallier les valeurs de la République.

TROIS FRANCE ET AFFIRMATION POLITIQUE

Commencent alors les batailles de la légitimité. Trois France sont en lice. La France de Vichy, qui voit sa zone libre passer sous la coupe directe de l'occupant et qui s'ensable dans le déshonneur et la honte. La France d'Alger, dont on ne sait si elle incarne un pétainisme gaullisé ou un gaullisme pétainisé, mais qui représente un espoir pour beaucoup ! Enfin, la France de Londres, qui vit désormais sous la menace politique de l'Afrique du Nord américanisée. De Gaulle cherche à renforcer sa représentativité et sa légitimité. Au début de l'année 1943, il fait venir à Londres un représentant du Parti communiste et un représentant de l'extrême droite. Il se laisse convaincre de créer un Conseil de la Résistance auquel sont invités à siéger certaines figures des anciens partis politiques. Léon Blum l'approuve des deux mains.

Mais cette politisation montante des enjeux ne laisse pas indifférente la Résistance intérieure. Elle stimule l'affirmation politique de ses chefs. Ceux-ci entendent que leur mission révolutionnaire soit aussi bien reconnue que leur vocation militaire. Ils ne sont pas hostiles à l'union puisqu'ils acceptent la création des mouvements unis de la Résistance (MUR), qui regroupent, à partir de janvier 1943, les trois grands mouvements sudistes. Mais ce n'est pas exclusif d'une volonté d'indépendance, au nom des sacrifices qu'ils ont consentis dans le combat de l'ombre, au nom de l'expression d'un projet politique autonome. Ils souhaitent bien prendre toute leur part à la définition de ce que sera la France de demain. Ils rêvent d'une nouvelle manière de faire la politique sans les politiques et les partis traditionnels que la défaite a démonétisés. Aussi regardent-ils avec méfiance, voire hostilité, le projet du CNR qui vise à relégitimer les anciens partis. En zone nord, Pierre Brossolette tente de s'opposer aux visées politiques de Jean Moulin. En zone sud, Henri Frenay cherche à s'émanciper de la tutelle de « Rex » (Moulin) en créant une délégation en Suisse, financée par les Américains, eux-mêmes fort peu favorables à de Gaulle. Le développement des maquis, à la suite de la création du service du travail obligatoire (STO), qui exige des besoins financiers et matériels de plus en plus importants, suscite des conflits ouverts avec la France combattante. En mai 1943, le chef de Combat est au bord de la sécession. Moulin l'accuse de trahison. Frenay l'accuse d'incompétence.

RÉPRESSION ET DRAMES

Des querelles de personnes et d'ambitions fracturent le front intérieur. Imprudences et traîtrises produisent des drames. L'occupant est de mieux en mieux informé sur cette armée des ombres. Il dispose d'organigrammes et d'indicateurs. Le 27 mai, Ernst Kaltenbrunner, chef de la Gestapo, transmet à Ribbentrop, ministre des Affaires étrangères du Reich, un rapport très complet sur l'Armée sécrète. La structure est très bien analysée, les chiffres sont cités, des noms apparaissent, les principes d'emploi sont décrits très précisément. La lutte contre l'AS devient une priorité de l'occupant. Berty Albrecht est arrêtée le 28 mai 1943. La Gestapo met la main sur Charles Delestraint, le patron contesté de l'Armée secrète. À l'occasion d'une réunion à Caluire, le 21 juin, dans la banlieue de Lyon, où devait se discuter sa succession, Jean Moulin est arrêté, ainsi que des cadres importants de la Résistance intérieure. Et pourtant, en deux mois, le général de Gaulle réussit à renverser la situation au profit de ses thèses et de sa personne. Le 30 mai, il met le pied à Alger. Le Comité français de la Libération nationale (CFLN) est créé le 3 juin. Le 31 juillet, Giraud est éliminé du processus décisionnel. De Gaulle a gagné la « bataille d'Alger ». Il a gagné la bataille de la légitimité contre les Américains. Son prestige s'accroît.

CHRONOLOGIE

1942

NOVEMBRE

8. Débarquement anglo-américain en Afrique du Nord
11. Les troupes allemandes envahissent la zone « libre »
13. L'amiral Darlan prend le pouvoir en AFN avec l'appui des Américains
19. Début de la campagne de Tunisie
27. Sabordage de la flotte française à Toulon

DÉCEMBRE

24. Assassinat de Darlan
26. Giraud succède à Darlan et devient Haut-commissaire civil et militaire en AFN

1943

JANVIER

13. Décret de Hitler proclamant la « guerre totale »
14-24. Conférence d'Anfa entre Roosevelt et Churchill
Première rencontre de Gaulle-Giraud
24. Destruction du Vieux-Port de Marseille
26. Création des MUR
30. Création de la Milice française

FÉVRIER

2. Capitulation de l'Allemagne à Stalingrad
16. Création du STO

MARS

1er. Suppression de la ligne de démarcation

AVRIL

1er. Le général Catroux est nommé représentant de De Gaulle à Alger
5. L'État français livre à l'Allemagne Blum, Daladier, Mandel, Raynaud, Gamelin
19. Soulèvement du ghetto de Varsovie

MAI

3. Fin de la campagne de Tunisie, victoire des Alliés
27. Fondation du CNR

JUIN

3. Création du CFLN
10. Dissolution du Komintern
24. Ralliement des Antilles

3 novembre

Les militaires entrent en résistance

Nombre de militaires de l'armée d'armistice sont favorables au régime de Vichy, mais ils souhaitent tôt ou tard reprendre la lutte contre les Allemands. Beaucoup ont préparé la revanche en camouflant du matériel et des armes et en donnant même des renseignements aux Alliés. Mais ils regardent avec suspicion autant la Résistance intérieure que la France libre, accusant la première d'amateurisme, et la seconde de faire de la politique.

L'OMA (Organisation métropolitaine de l'armée), qui devient au printemps 1944 l'ORA (Organisation de résistance de l'armée), est créée à l'initiative d'anciens officiers de l'armée d'armistice désireux d'être utiles. Au total, 1 500 officiers de carrière y participeront, et 1 000 sous-officiers. Ils se mettent donc sous les ordres du général Giraud, qui confie au général Aubert Frère le « commandement en chef de toutes les forces civiles et militaires de la France métropolitaine », par l'ordre n° 1 du 3 novembre 1942. Giraud les voit en combattants de première ligne de l'armée d'Afrique qu'il va reconstituer. Cela ne manquera pas de faire peser sur eux le soupçon de giraudisme, et donc d'antigaullisme. D'où leur difficulté à se fondre dans le creuset résistant, même si des liens réels existent avec certains mouvements. L'OMA ne veut pas accepter de fusion avec l'AS du général Delestraint, pas plus qu'elle ne reconnaît le BCRA. Mais elle cherche à établir des contacts.

Le général Frère a tenté d'être loyal à Pétain jusqu'à la veille des événements de novembre 1942. Il a fait savoir, bien avant, qu'il était hostile à l'idée d'une collaboration militaire. Il ira jusqu'à dire au maréchal : « Vous trahissez l'armée ! »

Le 13 juin 1943, la Gestapo vient arrêter à leur domicile Frère et sa femme. Celle-ci est déportée à Ravensbrück. Le 19 août, le général est transféré à Fresnes. Après neuf mois d'internement, il est envoyé au camp du Struthof, « l'enfer d'Alsace », où il meurt d'une diphtérie.

Frère est remplacé à la tête de l'Organisation par le général Georges Revers, poursuivi dès le 25 décembre 1942 par la police de Vichy, sur ordre de Laval.

C'est par les journaux que les Français de métropole apprennent qu'un débarquement anglo-américain vient de commencer en Afrique du Nord.

8 novembre

Les Alliés en Afrique du Nord

Le matin du dimanche 8 novembre, près de 100 000 soldats américains et britanniques débarquent sur les plages d'Algérie et du Maroc. Cette opération d'envergure a été préparée dans un secret absolu et décidée le 25 juillet ; elle a été baptisée « Torch » par Winston Churchill. Il s'agit de soulager l'URSS en ouvrant un nouveau front, mais aussi de contrôler l'Afrique et la Méditerranée.

Les autorités du régime de Vichy sont prises au dépourvu, car elles avaient imaginé que le débarquement aurait plutôt lieu en 1943. Quelques responsables militaires français en Afrique du Nord, favorables aux Alliés, sont tenus informés du plan d'attaque ainsi que quelques résistants civils. Des détachements civils de la Résistance – environ 400 jeunes – occupent des centres vitaux d'Alger grâce à l'action conjointe d'Henri d'Astier de La Vigerie, du docteur Henri Aboulker, du général Mast (commandant de la division d'Alger) et du colonel Jousse (major de la garnison).

La Résistance, alertée au dernier moment par Robert Murphy, le consul général à Alger et représentant de Roosevelt, occupe déjà la grande poste, la préfecture et les centraux téléphoniques depuis le début de la nuit.

Après l'effet de surprise, les forces françaises fidèles au maréchal Pétain préparent une riposte, au moment même où Darlan est présent à Alger pour voir son fils très malade, depuis le 5 novembre. Sa présence, liée au hasard des circonstances familiales, jette le flou sur les intentions réelles des Français aux yeux des Américains.

Les troupes vichystes parviennent à couler le contre-torpilleur canadien *Broke*. Le général Mast et le colonel Jousse sont destitués *ex abrupto*. Des soldats de l'armée américaine sont même faits prisonniers. Si, à Alger, les résistants peuvent mettre leurs plans à exécution, ce n'est pas le cas dans les régions d'Oran et au Maroc. Les troupes américaines du général Patton doivent combattre durement contre les Français pour réussir les opérations de débarquement et d'installation des troupes anglo-américaines. Les soldats de Vichy luttent avec acharnement. Le débarquement n'est donc pas une formalité : 1 346 Français et 479 Américains sont morts.

رسالة من رئيس حكومة الولايات المتحدة

ان رئيس حكومة الولايات المتحدة قد طلب مني بصفتي القائد الحاكم للقوات التجريدية الأمريكية ان أبلغ شعوب افريقية الفرنساوية الشمالية الرسالة الآتية :

لاترتبط أية أمة مع الشعب الفرنساوي واصدقائه بروابط التأريخ والمحبة الصمية أوثق منها بالولايات المتحدة الأمريكية .

ان ما يسعى اليه الأمريكيون ليست سلامتهم في المستقبل فقط بل أيضا لأن يردوا على كل من عاش تحت علم التريكلور مثلهم العليا وحرياتهم ودموقراطيتهم ؛

اننا نجيء بينكم لننقذكم من قاهرين مقصودهم ابادة حقوقكم الحكومة الذاتية وحقوقكم للحرية الدينية وحقوقكم لحياة مطمئنة تعيشونها لأنفسكم ابادة مطلقة أبدية .

نجيء بينكم ليس لنضر بكم بل لكي نهلك أعداءكم فقط .

نجيء بينكم ونحن نؤكد لكم اننا سننسحب فوراً بعد ما أزيل عنكم ما يهددكم من المانيا وايطاليا .

اني أدعو الى احساسكم بالحقائق والى مصالحكم والى مثلكم العليا .

لا تعترضوا لهذا القصد السامي .

أعينونا يعجل يوم السلام للدنيا .

دويت د. ايزنهاور

السرعسكر في جيش الولايات المتحدة
قائد القوات التجريدية الامريكية

Message du Président des Etats Unis

Le Président des Etats Unis m'a chargé comme Général Commandant en Chef des Forces Expéditionnaires Américaines de faire parvenir aux peuples de l'Afrique française du Nord le message suivant:

Aucune nation n'est plus intimement liée, tant par l'histoire que par l'amitié profonde, au peuple de France et à ses amis que ne le sont les Etats Unis d'Amérique.

Les Américains luttent actuellement, non seulement pour assurer leur avenir, mais pour restituer les libertés et les principes démocratiques de tous ceux qui ont vécu sous le drapeau tricolore.

Nous venons chez vous pour vous libérer des conquérants qui ne désirent que vous priver à tout jamais de vos droits souverains, de votre droit à la liberté du culte, de votre droit de mener votre train de vie en paix.

Nous venons chez vous uniquement pour anéantir vos ennemis — nous ne voulons pas vous faire de mal.

Nous venons chez vous en vous assurant que nous partirons dès que la menace de l'Allemagne et de l'Italie aura été dissipée.

Je fais appel à votre sens des réalités ainsi qu'à votre idéalisme.

Ne faites rien pour entraver l'accomplissement de ce grand dessein.

Aidez-nous, et l'avènement du jour de la paix universelle sera hâté.

DWIGHT D. EISENHOWER
Lieutenant Général, Commandant en Chef des Forces Expéditionnaires Américaines.

Appel en français et en arabe du président Roosevelt et du général Eisenhower aux populations d'Afrique du Nord.

À Londres, le général de Gaulle est réveillé très tôt le matin du 8 novembre, trois heures avant le débarquement. Il est informé par le lieutenant-colonel Pierre Billotte. De Gaulle est furieux et en veut beaucoup à Churchill d'avoir été tenu dans l'ignorance. À midi, de Gaulle déjeune avec le Premier ministre anglais au 10 Downing Street. Le chef de la France combattante lance un appel à la BBC dès le soir venu pour supplier tous les patriotes d'Afrique du Nord de soutenir à fond les Alliés. Cette intervention est peu suivie d'effets, car la population européenne est majoritairement fidèle à Vichy et très bien encadrée par la Légion des combattants.

Murphy négocie avec Darlan, épaulé par le général Juin. Une suspension d'armes est obtenue à Alger. Au final, le résultat est étonnant : Pétain reste officiellement au pouvoir en Afrique du Nord à travers la personne de Darlan, nommé par la grâce des Américains, le 14 novembre, haut-commissaire. Les résistants du 8 novembre sont emprisonnés.

En fait, l'opération Torch a révélé que Vichy, en refusant d'aider les Alliés, ne pratique pas le « double jeu » que certains lui prêtent. Il y a rupture entre l'opinion et Vichy.

27 novembre 1942. Á la suite de l'invasion de la zone « libre », la flotte française se saborde à Toulon pour ne pas tomber aux mains des Allemands.

10 novembre

Le neveu du général de Gaulle veut aider à l'évasion des PG

La débâcle de l'armée française en 1940 a offert à l'Allemagne 1,5 million de prisonniers de guerre (PG) devenus main-d'œuvre à bon marché au service de l'économie de guerre du Reich et moyens de chantage envers le gouvernement de Vichy.

Dès l'été 1940, des réseaux se sont improvisés pour aider les prisonniers évadés. Ils se sont structurés et ont pris de l'ampleur, en particulier dans les zones frontalières et autour de la ligne de démarcation, depuis que les prisonniers de guerre ont été transférés en Allemagne.

Dans les camps de prisonniers même, les stalags, il existe parfois des regroupements qui visent, de façon artisanale, à faciliter les évasions, lesquelles restent pour certains l'espoir suprême et la meilleure façon de continuer le combat contre l'ennemi. C'est dans un stalag, puis dans un camp disciplinaire pour prisonniers évadés et repris, que Michel Cailliau, l'un des neveux du général de Gaulle, trouve ses premières idées d'organisation.

Revenu en France, il essaie de créer une structure pour aider à distance les tentatives d'évasion, mais aussi de regrouper d'anciens prisonniers de guerre pour s'engager dans une stratégie de résistance tous azimuts (Mouvement de résistance des prisonniers de guerre). Sa démarche est évidemment très différente de celle des autres organisations d'anciens PG, fidèles souvent encore à Pétain et travaillant plus ou moins en liaison avec les organismes officiels d'aide aux prisonniers. Cailliau multiplie les contacts avec les mouvements de Résistance, surtout Combat, et monte un réseau de renseignement, Charrette.

Le 10 novembre, Cailliau est arrêté par la police française et emprisonné quelques jours pour « menées antinationales », ce qui ne l'empêche pas, aussitôt libéré, de reprendre une activité débridée.

11 novembre

La France perd sa zone libre mais garde Pétain

Le jour anniversaire de la victoire alliée en 1918, la Wehrmacht occupe la zone non occupée en réaction au débarquement allié sur les côtes algériennes et marocaines. L'opération Attila, rebaptisée Anton, a été préparée de longue date par les chefs militaires allemands. Hitler a donné depuis 1940 des directives afin d'envisager tôt ou tard l'occupation totale de la France.

Les barrières de la ligne de démarcation sont levées par les troupes d'opération allemandes et, en quelques heures, les premiers chars sont dans le sud du pays. Seule une petite enclave autour de Toulon est pour l'heure laissée libre, sans doute pour ne pas faire fuir la flotte française positionnée dans la rade. Hitler a directement décidé et supervisé les opérations. Par ailleurs, l'évasion de Giraud et son transfert vers l'Afrique du Nord grâce aux Anglais finissent de convaincre le Führer.

Dans une lettre au maréchal Pétain, Hitler justifie l'occupation totale pour des raisons de sécurité et pour protéger la façade méridionale française d'une possible invasion alliée.

Cette action est naturellement susceptible de convaincre de nouveaux Français de tenter l'aventure clandestine. D'autant que, désormais, tous les Français sont au contact direct avec l'occupant.

17 novembre

Une mise en garde aux Américains

Le 17 novembre 1942, par trois câbles successifs, Rex fait parvenir au BCRA le contenu du « message aux gouvernements anglais et américains » mis au point par les organisations de la Résistance de zone sud (Libération, Franc-Tireur, Combat, Mouvement ouvrier français) rejointes, de manière surprenante, par des partis politiques (Parti socialiste SFIO, Parti démocrate populaire, Fédération républicaine, Parti radical).

Ce message se veut une mise en garde aux autorités alliées en AFN afin qu'elles respectent la volonté de la Résistance de confier *in fine* le pouvoir au général de Gaulle :

« Nous adressons nos félicitations chaleureuses aux gouvernements anglais et américain pour leurs opérations libératrices de l'Afrique du Nord.

Nous sommes de cœur avec tous les combattants et attendons avec impatience le jour où nous pourrons reprendre la lutte les armes à la main.

Nous saluons avec reconnaissance le général Giraud et tous les Français qui se sont joints spontanément au général de Gaulle, chef incontesté de la Résistance qui, plus que jamais, groupe derrière lui tout le pays.

En aucun cas nous n'admettons que le ralliement des responsables de la trahison militaire et politique soit considéré comme une excuse pour les crimes passés.

Nous demandons instamment que les destins nouveaux de l'Afrique du Nord libérée soient au plus tôt remis entre les mains du général de Gaulle. »

17 novembre

Dissidence au sein de l'ambassade de France en Espagne

Le colonel Pierre Malaise est attaché de l'Air à l'ambassade de France à Madrid. Cette fonction dissimule en fait une activité de renseignements, d'espionnage. Il appartient à la catégorie des « vichyssois antinazis », c'est-à-dire qu'il veut tout faire pour que la France soit libérée de l'occupant, mais qu'il est partisan à l'origine du maréchal Pétain et donc antigaulliste. L'envahissement de la zone libre brise brutalement l'illusion maréchaliste. Il se tourne alors vers l'amiral Darlan, puis vers le général Giraud, ce qui lui permet d'entrer dans le coup sans se renier. Il sait d'ailleurs que certains de ses chefs de Vichy cherchent à rejoindre l'Afrique, comme le colonel Ronin.

Malaise s'ouvre de ses intentions à son ambassadeur, François Piétri. Il ne peut plus continuer à servir Vichy dans de telles conditions et envisage de rejoindre Alger. Le 17 novembre 1942, il lui fait parvenir sa lettre de démission.

Le colonel Malaise reviendra rapidement d'Alger, où on lui a demandé d'organiser une vaste dissidence qui dégarnit l'ambassade de France... Avec l'ex-attaché « ecclésiastique » auprès de l'ambassade, Mgr Boyer-Mas, il constituera une ambassade *bis,* qui se chargera de faire sortir d'Espagne les Français évadés de France.

Un soldat américain discute avec des « indigènes » en Afrique du Nord (automne 1942).

ODETTE DE BLIGNIÈRES

"NI GLOIRE, NI RÉCOMPENSE, NI RECONNAISSANCE"

Le 5 décembre 1946, un soir de cafard, Odette de Blignières se souvient de son proche passé qui paraît pourtant lointain, tant il était différent et intense. C'était la guerre. Elle note dans son journal intime : « Dois-je avouer qu'à présent j'ai du mal à me remettre dans l'ambiance d'alors, de retrouver le souvenir de cette chaude et fervente atmosphère qui donnait l'illusion que notre action était utile et que nous servions ? »

Le temps de la Résistance, pour elle, c'était un temps où chaque jour était un événement, où chaque geste, même modeste, engageait l'individu en le transformant en un combattant de l'idéal ; époque où la peur côtoyait l'enthousiasme, où le courage s'épanouissait dans des actions sans éclat et sans témoin qui pouvaient conduire au pire. L'action d'Odette de Blignières n'a rien de spectaculaire. C'est un travail de l'ombre que de chercher des sources de renseignement en France et de les transférer en Espagne. L'enthousiasme n'est pas collectif, il vient surtout de la satisfaction d'avoir accompli sans encombre une mission, grâce à l'aide d'obscures mais sûres complicités. « Ce n'était pas, pour nous, cette chaleureuse fraternité qui régnait dans les maquis ou les formations, ce danger qu'on affronte ensemble au coude à coude ; pour nous, c'était le silence, la solitude, la suspicion de tous. Tous ceux qui ont choisi de vivre cette même existence de lutte souterraine savent quelle autre sorte d'esprit de sacrifice est indispensable dans un travail qui ne comporte ni gloire, ni récompense, ni reconnaissance... »

VICHY, CASABLANCA, PARIS, PAU

Cette représentante de l'aristocratie franco-belge a suivi son mari, jeune officier, nommé à Vichy à un poste subalterne, après l'impitoyable défaite de la France. Elle rencontre nombre d'officiers « foncièrement patriotes, désespérés de notre défaite, rêvant de reprendre les armes, faisant déjà un actif travail de renseignements, ayant des contacts avec les Alliés, mais non des gaullistes ». Correspond à ce profil le colonel Ronin, chef du SR Air et très pro-anglais, avec lequel le couple se lie d'amitié. Après quelques mois, à la faveur d'une mutation, elle débarque en Afrique du Nord. La France officielle et militaire qu'elle y découvre lui paraît percluse dans des habitudes dépassées, oublieuse de la France métropolitaine sous la botte, peu désireuse de trouver un moyen d'affronter l'inévitable. Il y règne un mélange de fatalisme et de vichysme. Elle évolue volontiers dans les milieux américains qui, dès 1941, préparent discrètement le débarquement du 8 novembre 1942. C'est ainsi qu'elle se lie d'amitié avec Kenneth Pendar, le consul américain au Maroc, contre le gré de son officier de mari, dont elle divorce. C'est au cours d'un séjour à Paris, où elle devient mannequin chez Chanel pour assumer son nouveau célibat, qu'elle apprend la nouvelle du débarquement en AFN. Elle n'y retournera pas. Elle se rend à Pau, où vit sa mère. Là, elle trouve une de ses cousines belges, Anne de Liedkerke, devenue experte dans l'art des faux pa-

Photo d'identité d'Odette de Blignières, en 1943.

Les bergers français et espagnols, grâce à leur connaissance de la montagne pyrénéenne, sont une aide précieuse pour les réseaux de passage.

piers, qui aide ponctuellement certains de ses compatriotes à passer de l'autre côté des Pyrénées. Odette utilise cette filière pour tenter de rejoindre l'AFN et y être utile. Mais à Madrid, elle rencontre l'ex-attaché militaire de l'ambassade de France, Pierre Malaise, qui se trouve alors hébergé à l'ambassade des États-Unis. Celui-ci lui demande, avec un ami belge, René Proumen, de créer un réseau de renseignements. Elle connaît bien l'Espagne, et elle y a de nombreux appuis. C'est une chance à saisir. Ils baptisent leur réseau : « Les rois catholiques, Ferdinand et Isabelle ». Odette est « Isabelle ».

UN RÉSEAU FRANCO-BELGE

L'Espagne bénéficie pendant la guerre d'une situation très privilégiée. C'est un pays dont la politique étrangère est officiellement neutre, malgré un penchant très net pour l'Europe hitlérienne. On y trouve toutes les représentations des pays en guerre. C'est donc un nid d'espions. C'est aussi l'unique voie d'exfiltration hors de l'Europe soumise et la promesse d'un accès à l'Angleterre, aux Amériques ou à l'Afrique du Nord. D'où sa position stratégique et le fait que de nombreuses personnes de toutes nationalités souhaitent y transiter. Trente mille Français ont ainsi choisi les chemins d'Espagne. Mais c'est un passage risqué : l'Espagne, fortement sollicitée par l'Allemagne, interne dans des camps les candidats à la liberté. Dans cette Espagne à la « neutralité malveillante », l'ambassade de France connaît une grave sécession à partir de novembre 1942, au moment où la zone « libre » est envahie par les Allemands. L'âme de la dissidence est l'attaché militaire, le colonel Pierre Malaise, en cheville avec le général Giraud, que les Américains ont persuadé de se rendre en Afrique du Nord pour y incarner une autre France que celle de Vichy ou celle de Londres. C'est une vieille connaissance d'Odette de Blignières. Il sera, pour le meilleur et pour le pire, son principal interlocuteur.

PÉRILLEUSE MISSION À TRAVERS LES PYRÉNÉES

La première mission d'Odette, qui ressemble à ses autres missions, a lieu en février 1943. Avec René Proumen, elle doit acheminer en Espagne le major Gilliard, ancien chef de la mission des Affaires étrangères belges en France, dont le service vient d'être supprimé, que la Gestapo recherche. Elle prend le train à Pau. Un train bondé. Très fatiguée et très anxieuse, elle perd connaissance pendant dix minutes... Le danger est réel : les Allemands ont massé des forces importantes de répression dans les départements frontaliers.

Le camp de Miranda de Ebro, où sont internés ceux qui tentent de quitter clandestinement la France occupée.

Elle est hébergée une nuit à Mauléon, avant de rejoindre en taxi le village de Saint-Just. Quarante-huit heures d'attente avant que le guide pressenti ne se manifeste. Il a pour mission de conduire Odette, le major Gilliard et sa femme en Espagne. Son retard a été une source d'angoisse, comme Odette le note dans son journal intime : « Qui n'a pas connu ces attentes où tout retard sur l'horaire prévu évoque immédiatement le spectre de l'arrestation et de la catastrophe ne peut imaginer cette espèce d'angoisse qu'on veut ignorer, fuir le plus longtemps possible, parce qu'on sait qu'au moment où on cède à son étreinte, une certitude seule peut vous en libérer. » Le départ a lieu à la tombée de la nuit. Trente kilomètres à pied jusqu'au prochain refuge, à quelques lieues de Saint-Michel. Le chemin est rude et fatigant car, afin d'éviter les routes et les patrouilles allemandes, il faut traverser bois et prairies, franchir haies et barrières. Deux jours après, nouveau départ, de nuit, bien sûr, sous une pluie neigeuse et le vent en prime. Odette découvre une vérité profonde : « Il y a un monde entre marcher avec de bons souliers, les pieds secs, et avec de mauvaises chaussures qui vous blessent les pieds et prennent l'eau. » Odette chute et se relève, le major aussi. Il faut aussi apprendre à marcher à quatre pattes, lutter contre les éléments et contre soi. « Et cela dure des heures... des heures. On n'a plus le sentiment du temps, mais seulement le rythme de notre sang qui nous bat les tempes, des battements fous de notre cœur et de cette volonté qui nous pousse, qui nous porte, qui nous soutient de sa poigne de fer, sans qu'il soit possible, qu'il soit question, de s'y soustraire. » Le monastère de Roncevaux accepte de les accueillir. Enfin une nuit passée dans de « vrais » lits. L'Espagne est finalement atteinte. Prévenue par un messager espagnol, une voiture du consulat belge vient les chercher pour les conduire à Saint-Sébastien. Le major est ensuite conduit à Madrid, puis à Lisbonne. La mission est une réussite. De nombreuses autres missions suivront.

Odette de Blignières, devenue « Clotilde Siméon », se rend souvent dans la capitale espagnole pour y rencontrer son donneur d'ordres, le colonel Malaise, l'ambassadeur officieux de Giraud en Espagne, qui, avec l'aide des Américains, installe une « mission » au 21 Calle San Bernardo à Madrid, chargée d'aider, de faire sortir de camp ou de prison, et d'assurer le transit des Français qui souhaitent rejoindre l'AFN pour se battre. Odette installe une « ligne » complète de passages et de courriers, ainsi que de « boîtes aux lettres ». Un service radio fonctionne également. Certains douaniers français et espagnols sont dans le coup. Les renseignements recueillis et transportés sont essentiellement d'ordre militaire. Ils proviennent de trois centres (Paris, Bordeaux et Toulouse) et impliquent surtout l'Organisation de Résistance de l'armée (ORA) du général Revers. Au total, Odette de Blignières a dû effectuer plus d'une vingtaine de passages, dans le désintérêt le plus total, à ses risques et périls.

“On n’a plus le sentiment du temps, mais seulement le rythme de notre sang qui nous bat les tempes...”

TROP AMÉRICAINE, TROP GIRAUDISTE

À tort, Odette pense que la Résistance ignore les considérations politiques. Elle a du mal à comprendre que certains combattent « plus encore Vichy que les Allemands ». En Afrique du Nord, elle a connu des anti-allemands, mais pas de gaullistes. La querelle Giraud-de Gaulle la dépasse. Au 21 Calle San Bernardo, Odette assure n’avoir jamais entendu parler de gaullisme ou de giraudisme. Or, le colonel Malaise, son chef, est un giraudiste ardent et un antigaulliste convaincu. Lorsque de Gaulle prend la tête du Comité français de la Libération nationale, Malaise s’entête à croire en l’étoile de Giraud. Il refuse d’obtempérer aux ordres de De Gaulle (surnommé par eux « le Téméraire »), qu’il croit instrumentalisé par Moscou. Le 11 juillet 1944, le tribunal militaire d’Alger le condamne par défaut à la détention perpétuelle pour « désertion » : c’est le même chef d’inculpation par lequel Vichy l’avait déjà condamné quelques mois auparavant ! La brave Odette va subir les effets de la faute de Malaise et de la lutte des services spéciaux français : BCRA contre SR. Elle ne savait pas qu’elle transmettait des rapports à Giraud, alors que, celui-ci n’étant plus commandant en chef des forces françaises, ces rapports ne servaient plus aux Français, mais uniquement aux Américains. En ce même mois de juillet, le PC du réseau, au château de Siros, est pillé par des « gaullistes » de la dernière heure. Une voiture Packard neuve appartenant à René Proumen et une Citroën traction avant sont volées. Une moto disparaît, ainsi qu’un poste émetteur, deux postes de radio d’écoute, le linge de maison, les vêtements, les chaussures, le ravitaillement. L’heure des règlements de comptes a commencé, de même que l’ère des aigrefins.

INJUSTE MÉMOIRE

Après cette affaire, survenue après l’arrestation et l’internement de sa mère par la Gestapo, Odette est pleine de ressentiment. La beauté de son action périlleuse lui semble entachée par le retour aux querelles franco-françaises. Les Belges l’honoreront. Les Américains aussi, avec la Medal of Freedom. Mais pas les Français... Aujourd’hui encore, elle n’est titulaire ni de la Légion d’honneur ni de l’Ordre national du mérite. Les pieds en sang à chaque retour de mission, les risques encourus, la vie de famille détruite, tout cela est passé aux pertes et profits de l’Histoire. Comme elle le note dans son journal : « Ni gloire, ni récompense, ni reconnaissance. » Mais le sentiment du devoir accompli, d’avoir été une femme debout, fidèle à sa morale.

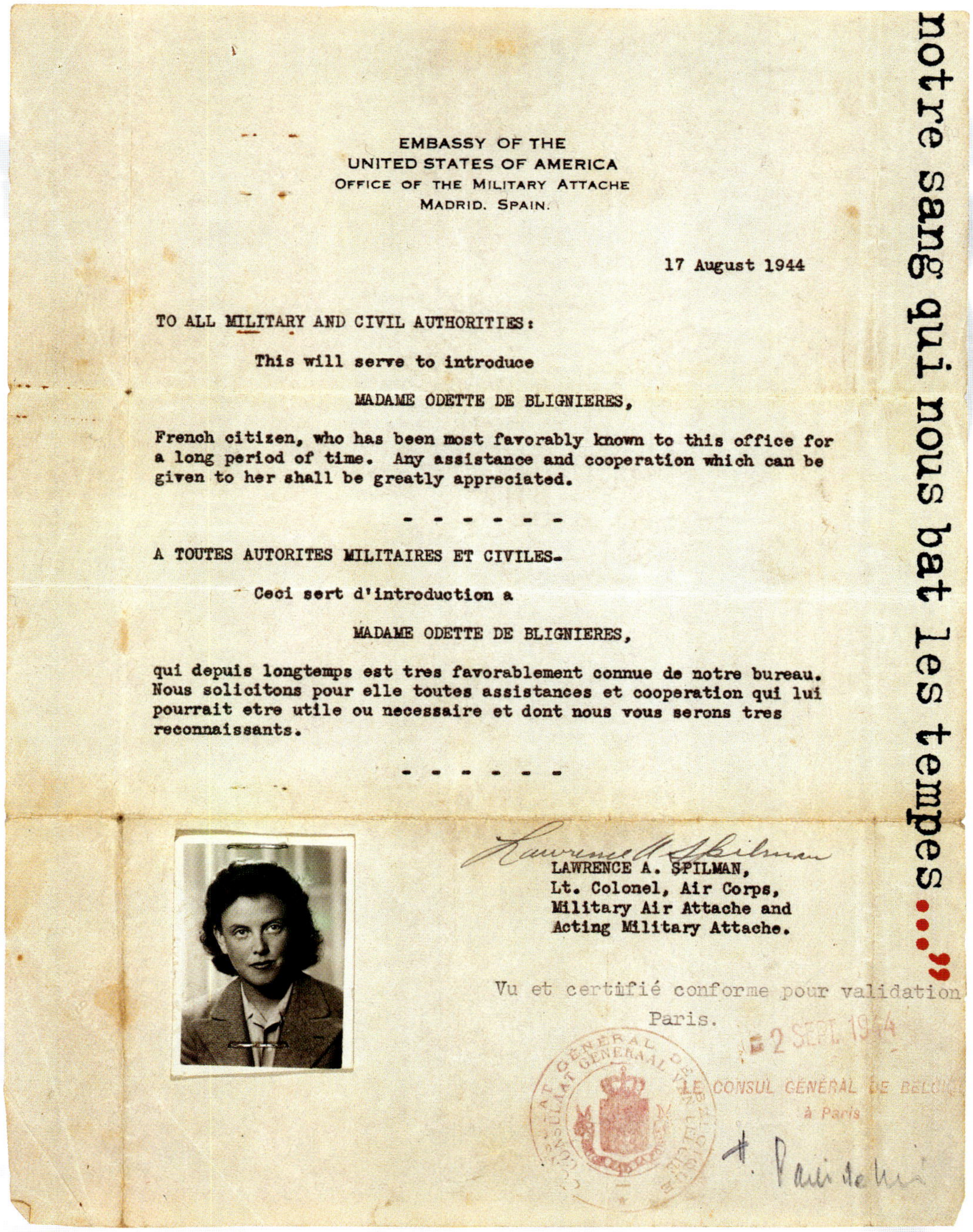

EMBASSY OF THE
UNITED STATES OF AMERICA
OFFICE OF THE MILITARY ATTACHE
MADRID, SPAIN.

17 August 1944

TO ALL MILITARY AND CIVIL AUTHORITIES:

This will serve to introduce

MADAME ODETTE DE BLIGNIERES,

French citizen, who has been most favorably known to this office for a long period of time. Any assistance and cooperation which can be given to her shall be greatly appreciated.

\- - - - - -

A TOUTES AUTORITES MILITAIRES ET CIVILES-

Ceci sert d'introduction a

MADAME ODETTE DE BLIGNIERES,

qui depuis longtemps est tres favorablement connue de notre bureau. Nous solicitons pour elle toutes assistances et cooperation qui lui pourrait etre utile ou necessaire et dont nous vous serons tres reconnaissants.

\- - - - - -

LAWRENCE A. SPILMAN,
Lt. Colonel, Air Corps,
Military Air Attache and
Acting Military Attache.

Vu et certifié conforme pour validation
Paris.
2 SEPT. 1944
LE CONSUL GÉNÉRAL DE BELGIQUE
à Paris

Document par lequel l’ambassade des États-Unis à Madrid assure sa protection à Odette de Blignières.

27 novembre

Des gaullistes hostiles aux accords d'Alger

Après l'opération « Torch » en Afrique du Nord, l'amiral Darlan, l'ancien chef de gouvernement de Vichy très favorable à la collaboration franco-allemande, entre février 1941 et avril 1942, est l'homme choisi par les Américains – notamment Eisenhower – pour être à la tête de la région libérée de l'empire, à savoir l'Afrique du Nord. Évidemment, cela indigne et les résistants français et l'opinion américaine. Le 22 novembre, des accords s'ensuivent entre Darlan et le général américain Clark pour fixer les nouvelles relations franco-américaines dans lesquels il n'est jamais fait mention de la France combattante. Les lois et les hommes de Vichy sont même laissés en place. La souveraineté française est remise en cause puisque les Américains s'octroient des droits économiques importants, ainsi que la possibilité de maintenir l'ordre.

Les résistants sont globalement hostiles à ce texte. Les militaires qui ont combattu les Alliés sont décorés, alors que ceux qui l'ont refusé sont déchus de leur nationalité, comme Mast, Béthouart, Baril ou Jousse ! Le journal *Combat*, en demi-clandstinité, publie un article violent contre Dralan :

« Nous voulons un gouvernement qui traite les Français comme des hommes libres, qui fasse appel aux patriotes et non aux traîtres, qui dénonce Vichy et tous ceux qui professent une allégeance à la France métropolitaine, un gouvernement qui mette fin au morcellement de l'Empire et reconnaisse le général de Gaulle. »

Le 27 novembre, plusieurs dizaines de résistants gaullistes sont arrêtés, soupçonnés de fomenter une insurrection.

Des pilotes français de l'unité « Normandie » combattant sur le front de l'Est avec un de leurs collègues soviétiques.

29 novembre

L'escadrille Normandie sur le front germano-russe

Londres et Moscou ont dû négocier très longtemps pour l'envoi d'une escadrille de la France combattante sur le front germano-russe. En février 1942, le commissaire à l'Air de la France libre propose à l'URSS une escadrille de chasse. Un accord est conclu le 26 novembre 1942. Les pilotes français envoyés en URSS devront se battre sur des avions Yak de l'armée de l'air soviétique. Le groupe prend le nom de « Normandie ». C'est Jean Tulasne qui en est le chef. Atterré par l'armistice franco-allemand de juin 1940, le commandant Tulasne est sommé de se rendre au Liban. Il en profite avec son avion pour atterrir en Palestine ; il est déclaré « disparu en mer ». Il s'engage alors dans la RAF ; il intègre le Squadron 274 et se bat en Libye. En septembre 1941, il devient le chef du GC 1 Alsace et il est volontaire pour mettre sur pied une escadrille capable de représenter la France libre sur le front soviétique. Le 11 novembre, il s'envole pour l'URSS avec Albert Littolff, son bras droit. Ils essaient plusieurs modèles d'avion (Spitfire, Lavochkine et Yak). Le Yak 1, construit en bois pour une large part, est choisi pour son efficacité et sa maniabilité, même si certaines pièces, dont l'armement, ont tendance à geler...

Le 29 novembre, l'escadrille entière, composée exclusivement de volontaires, arrive en URSS, à la base d'Ivanovo, afin de subir un premier entraînement et d'apprendre la langue russe. Elle combattra au final avec les pilotes soviétiques ; les Français devront notamment couvrir les bombardiers soviétiques. Cette naissance de l'escadrille Normandie a évidemment une signification essentiellement symbolique et politique.

30 novembre

Le ralliement de la Réunion

Le 11 novembre, à Saint-Denis, une manifestation se réunit après un mot d'ordre lancé à la BBC. Dès 5 heures du matin, c'est une trentaine de femmes qui se recueillent et qui déposent des fleurs devant les monuments aux morts, bien que les manifestations soient interdites. Elles sont aussitôt verbalisées par un gendarme qui saisit les fleurs. Jugées, elles doivent s'acquitter de 1 000 francs d'amende, ce qui représente une grosse somme d'argent (un mois de salaire d'une ouvrière qualifiée).

Le Comité de la France combattante décide tout à coup de rallier l'île pour empêcher toute éventualité de coups de main combinés japonais et allemands. Il se peut aussi que la Banque de la Réunion ait intéressé la France libre, car elle stocke de l'or. La résistance à la Réunion n'est le fait que d'une poignée de gens. Dans la nuit du 27 au 28 novembre, un contre-torpilleur des Forces navales françaises libres, *le Léopard,* est au large de l'île. À 4 h 30, plusieurs hommes débarquent. À 5 heures, tous les points à occuper sont atteints par une centaine de fusiliers marins, de canonniers, mécaniciens et timoniers. Les 200 gendarmes de l'île sont désarmés. Le gouverneur vichyste Émile Aubert se retranche avec des troupes. Il faut toute la journée du 29 novembre pour tenter de le convaincre de se rendre. Il le fait le 30, après plusieurs ultimatums adressés par le commandant du *Léopard*. La Réunion est ralliée sans grandes difficultés à la France libre. André Capagorry devient le nouveau gouverneur.

30 novembre

Le doyen des quotidiens français se saborde

Fondé en 1859, *le Progrès de Lyon* est le doyen des quotidiens français. Le 19 juin 1940, lorsque les Allemands entrent dans Lyon, le journal publie des extraits de l'appel du général de Gaulle. Au début du régime de Vichy, il tente de survivre, entre la censure et la pénurie de papier. Certains de ses journalistes, tout en conservant leurs rubriques, ont une activité résistante. C'est le cas de Georges Bidault, Yves Farge, Georges Altman, Marcel-G. Rivière, Pierre Corval. Les typographes et linotypistes ne sont pas en reste non plus.

Le 11 novembre, la Wehrmacht franchit la ligne de démarcation et pénètre en zone dite « libre ». Le soir même, on fait savoir au rédacteur en chef, Henri Amoretti, qu'il est dans l'obligation d'insérer dans son quotidien un texte de 20 lignes venant de l'Office français d'information. Il en parle au directeur, Émile Brémond. Ils s'accordent pour penser qu'il est impossible d'obtempérer. Dans ce cas, les autorités interdiront la parution du titre. Mais que vont devenir les 400 familles dont le sort dépend du journal ? Une indemnité est versée à chacun des rédacteurs, histoire de tenir quelques mois. Le journal décide de se saborder. Il cesse de paraître. Le 23 janvier 1943, les locaux du *Progrès* sont réquisitionnés. Il renaîtra de ses cendres à la Libération.

Des personnalités toujours plus nombreuses participent aux émissions destinées à la France. Le violoniste de jazz Stéphane Grapelli enregistre pour le programme de la BBC.

5 décembre

Un ancien Camelot du Roi entre à Combat

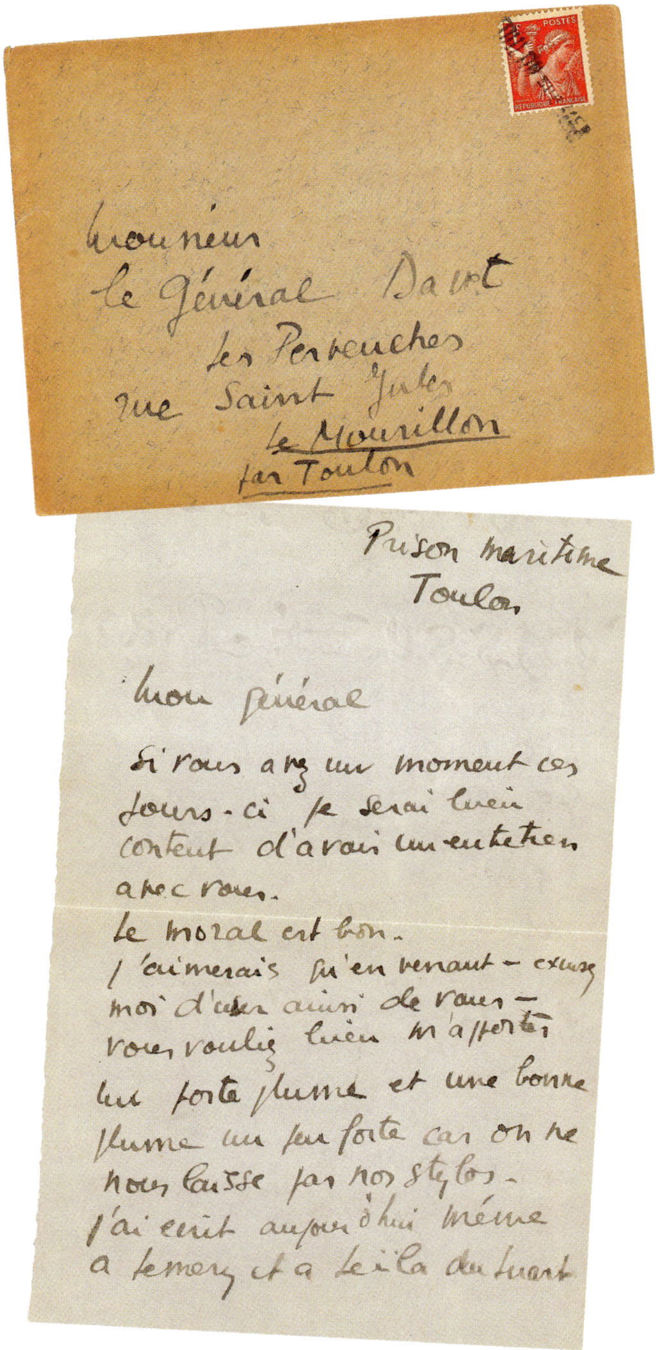

Monsieur
le Général Davet
Les Pervenches
rue Saint Jules
le Mourillon
par Toulon

Prison maritime
Toulon

Mon général

Si vous avez un moment ces jours-ci je serai bien content d'avoir un entretien avec vous.
Le moral est bon.
J'aimerais qu'en venant – excusez moi d'user ainsi de vous – vous vouliez bien m'apporter une forte plume et une bonne plume un peu forte car on ne nous laisse pas nos stylos.
J'ai écrit aujourd'hui même à Lemery et à Leila du Luart

En 1941, Bénouville est interné à la prison maritime de Toulon ; il écrit à son ami le général Davet pour lui demander d'intervenir pour sa libération.

Le 5 décembre 1942 a lieu une rencontre entre le chef du mouvement Combat, Henri Frenay, et un homme qui se fait appeler de son nom de plume, Pierre Guillain de Bénouville (en fait, Pierre Bénouville). Né en 1914, à Amsterdam, Bénouville est un ancien Camelot du roi, qui a fait passer son patriotisme avant ses préférences idéologiques. Prisonnier de guerre évadé, il veut encore « servir » et tente d'organiser le passage en AFN d'un groupe d'officiers. Embarqué clandestinement à Marseille, en mars 1941, il est cueilli à son arrivée par la police maritime et interné à Alger, avec son ami Michel de Camaret. Il y écrit une histoire de Saint Louis ! Libéré provisoirement, il est envoyé à Toulon, où se retrouve la prison maritime. Il fait la connaissance de René Hardy, futur hiérarque de Combat. C'est le général d'aviation Davet, ancien compagnon de Mermoz, qui l'en sort. Le 19 avril 1941, Bénouville écrit à son protecteur une lettre de révolte et d'espoir qui montre la pureté de son patriotisme :

« Oui, mon général, vous avez raison et vous le dites magnifiquement, la défaite a démaquillé les cœurs. Et rien ne me révolte comme l'affreuse veulerie des hommes qui devraient donner l'exemple. Mais nous ne perdons pas courage. Rien ne nous fera douter. C'est avec joie que nous souffrons pour notre pays, tristes seulement de ce que ces souffrances nous viennent de ceux-là mêmes qui devraient nous aider. J'espère tout de même qu'on finira par nous comprendre. »

Tout en rédigeant des articles pour le journal pétainiste *l'Alerte,* il entre au réseau pro-anglais et antigaulliste Radio-Patrie, dirigé par le fantasque « Carte » (le peintre André Girard). Dans ce cadre, il a déjà établi des échanges réguliers avec la Suisse et noué des liens solides avec les services secrets helvétiques. Frenay a vite convaincu Bénouville qu'il ne suffit plus seulement de lutter pour la libération du territoire national, mais que le temps est venu, en simultané, d'« entreprendre la croisade pour régénérer ce peuple ». La rencontre a lieu à Montélimar. Bénouville est d'emblée séduit par celui qu'on appelle « le Patron » :

« Il était bref, précis et autoritaire, mais d'une autorité pas discutée, d'une autorité qu'on sentait admise et aimée. Le capitaine Frenay, que recherchaient les polices française, allemande et italienne, avait retiré son chapeau et les lunettes fumées dont il protégeait ses yeux. Il avait les cheveux blonds et drus, un beau regard clair et direct, un rire jeune et frais, je ne sais quoi d'allant et de décidé qui communiquait à ceux à qui il parlait une confiance absolue dans lui-même et dans le plan qu'il exposait. Certaines amitiés sont marquées par le destin d'un signe exceptionnel. »

“ Giraud, c’est l’erreur qu’on excuse, de Gaulle, la foi qu’on salue. ”

LE FRANC-TIREUR

Le 26 décembre 1942, Giraud succède, comme haut-commissaire civil et militaire en Afrique du Nord, à Darlan assassiné l’avant-veille.

18 décembre

« Notre tirage est fonction de votre courage »

Lors du procès du groupe du musée de l’Homme, la justice militaire allemande ne savait pas comment qualifier le crime de « résistance » qui donnait son nom au journal clandestin, même si elle savait très bien comment le châtier. Une ordonnance du commandement militaire vient clarifier ce point en posant que la rédaction ou la diffusion d’un journal clandestin constituent un délit passible de travaux forcés ou de la peine de mort. Cette décision vient corroborer l’exergue choisi par *Défense de la France* pour son premier numéro et dont l’auteur est Pascal : « Je ne crois que les histoires dont les témoins se feraient égorger. »

22 décembre

Un mouvement régional sur la scène nationale

En mai 1941 s’est organisé à Nancy, ville menacée d’absorption par l’Allemagne nazie, le mouvement Lorraine, emmené par un modeste employé du commerce, Nicolas Hobam. Créé autour de filières d’évasion, le groupe compte d’ailleurs dans ses rangs nombre de fonctionnaires, gendarmes et douaniers. Un journal vient, à partir d’août 1942, compléter ses activités, proclamant l’hostilité à Pétain qui a abandonné les départements de l’Est, et le ralliement à de Gaulle, symbole de l’indépendance nationale.

En décembre 1942, Hobam réussit à se rendre à Lyon et entre en contact avec Henri Manhès qui travaille avec Jean Moulin. Lorraine peut ainsi recevoir de Londres, par l’intermédiaire de Moulin qui a décidé de le soutenir, financement et consignes d’action. Pour se renforcer, Lorraine se rattache aussi à un mouvement de zone Nord à forte orientation paramilitaire, Ceux de la Résistance.

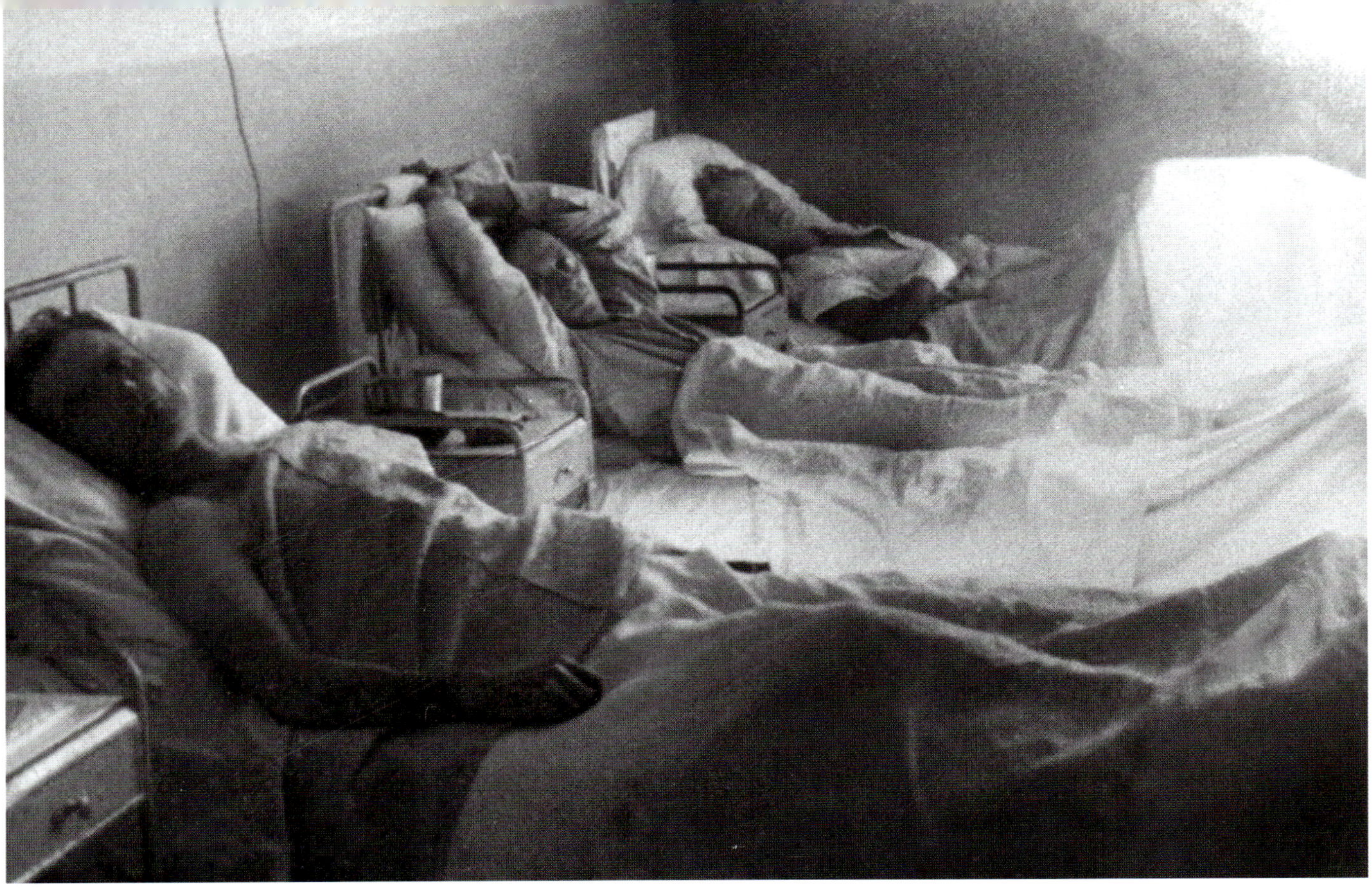

La résistance médicale a tardé à s'organiser. Ici, un hôpital clandestin pour maquisards à Montmorillon, dans la Vienne.

La conscience médicale

Lorsqu'il devient évident que l'activité résistante s'oriente vers une action violente, au moment aussi où apparaissent les premières attaques aériennes alliées, en zone nord, les mouvements cherchent à se doter d'un service de santé. À Paris, dès la fin de 1942, un groupe se constitue dans ce sens autour des professeurs Pasteur Vallery-Radot et Robert Debré, du docteur Clovis Vincent et de madame Bertrand Fontaine. Ce noyau va peu à peu s'étendre, jusqu'à comprendre 120 médecins ou étudiants en médecine. Le but est d'assurer l'organisation médicale, à la fois civile et militaire, de la région parisienne. C'est l'OCM qui coordonne l'ensemble. Un médecin prend la direction départementale de l'enseignement de la Croix-Rouge française pour apprendre aux résistants à brancarder ou à immobiliser les fractures.

En avril 1943, à la demande de l'état-major de l'Armée secrète, il est décidé de créer un service de santé implanté sur l'ensemble du territoire. C'est le docteur Maurice Mayer, accoucheur des hôpitaux, qui est chargé de cette difficile mission. Mission accomplie en juillet 1943, avec la création du Service de santé national de la Résistance (SSNR), dirigé par le professeur Pasteur Vallery-Radot. C'est ce dernier qui, à la demande du CFLN, crée le Comité médical de la Résistance. Le CMR rassemble et coordonne tous les mouvements médicaux et toutes les organisations sanitaires de la Résistance. Outre les soins à donner aux « illégaux », il doit assurer le service de santé des FFI en vue de l'insurrection (défense passive, fonctionnement de la Croix-Rouge, envoi d'équipes chirurgicales mobiles, formation de stocks de médicaments clandestins).

Les médecins français se sont manifestés collectivement à travers un journal clandestin, *Médecin français,* qui voit le jour le 15 mars 1941. Son fondateur, le docteur Jean-Claude Bauer, également à l'origine du Front national des médecins, est arrêté par la police française, livré à la Gestapo et exécuté le 26 mai 1942 au mont Valérien. D'autres médecins se sont distingués, à titre individuel. Comme le professeur Charles Richet, déporté pour avoir dénoncé à la tribune de l'académie de médecine des conséquences sur la santé des Français des restrictions imposées par l'occupant. Comme le docteur Marc Bombiger, chef du service de santé du plateau des Glières. Comme le docteur Charles Gomet, secrétaire de collège départemental du Doubs de l'Ordre des médecins, qui, le 19 septembre 1943, écrit au médecin-chef de la Feldkommandantur de Besançon pour lui signaler le cas d'un patient qu'il a soigné, à la suite d'un interrogatoire « musclé ». Sa lettre se termine ainsi :

« Il vous sera facile, Monsieur le Médecin-chef et honoré confrère, de savoir si des appareils de ceux auxquels je fais allusion sont réellement en usage dans le service de sûreté allemand ; dans ce cas, l'opportunité de mon intervention est entière, la conscience médicale ne peut admettre qu'un interrogatoire s'accompagne de la production de lésions corporelles. »

JEAN MOULIN

HÉROS ET MARTYR GAULLIEN

Jean Moulin est né le 20 juin 1899, à Béziers, dans une famille de militants républicains. Son père, franc-maçon, professeur et conseiller général radical-socialiste, l'incite à entrer dès 18 ans dans l'administration préfectorale. Il met ensuite à profit ses relations dans le monde politique pour favoriser la progression remarquable de la carrière de son fils.

Après l'intermède d'une courte mobilisation à la toute fin de la Première Guerre mondiale, et de brèves et laborieuses études de droit, Jean Moulin débute dans la préfectorale. Plus jeune sous-préfet de France en 1925, puis plus jeune préfet en 1937, Moulin est ambitieux, séduisant, et il a des relations. Son amitié avec Pierre Cot, jeune et brillant député radical, plusieurs fois ministre, lui ouvre les portes des cabinets ministériels. Le 6 février 1934 met un terme provisoire à cette coopération. Il s'engage à fond à ses côtés dans l'alliance avec la SFIO et le PC au sein du Front populaire, au moment où Cot devient coprésident du Rassemblement universel pour la paix, animé en sous-main par le Komintern, c'est-à-dire les Soviétiques, et leur représentant, Louis Dolivet. Au ministère de l'Air, à partir de l'été 1936, que récupère Cot, il est l'une des chevilles ouvrières de la fourniture clandestine d'armement aux républicains espagnols dans la guerre civile contre Franco. Le travail de l'ombre, déjà !

Ce début de carrière exemplaire ne doit pas faire oublier qu'il existe une autre dimension de Jean Moulin. Celui-ci aurait voulu être peintre. Longtemps, il dessine, peint, s'essaie à la céramique, expose parfois. Ses premiers dessins, il les publie en 1926, dans *le Rire*, journal satirique, sous le pseudonyme de « Romanin ». Il collectionne des toiles contemporaines (Utrillo, Valadon, Marie Laurencin) et fréquente des artistes. C'est à Châteaulin, dans le Finistère, où il est muté comme sous-préfet, en 1930, qu'il se lie avec le sculpteur Giovanni Leonardi, le peintre Lionel Floch et, surtout, Max Jacob, dont il utilisera le prénom comme pseudonyme lorsqu'il deviendra résistant. Il y a déjà deux Moulin : celui qui représente l'État et discourt lors des comices agricoles, et celui qui fréquente Montparnasse, où règne un délicieux esprit antibourgeois et cosmopolite. On comprend pourquoi il utilise une galerie à Nice et un atelier à Paris comme couverture professionnelle pendant l'Occupation. Après un éphémère mariage, ce célibataire endurci devient un homme aux multiples conquêtes grâce à son sourire et aux qualités athlétiques développées par le sport (c'est un passionné de ski, comme son mentor Pierre Cot).

Pierre Meunier, qui l'a connu dans les cabinets ministériels dans les années 1930, se souvient d'un homme qui n'avait rien d'un ascète : « Jean était un Provençal, fils du soleil, aimant la vie, la plaisanterie, un bon et joyeux compagnon dont le charme ne laissait personne indifférent... »

PRÉFET DANS LA TOURMENTE

C'est en tant que préfet du département d'Eure-et-Loir qu'il assiste, impuissant et désespéré, à l'exode de ses concitoyens et à la défaite. Il subit l'humiliation de devoir accueillir, le 17 juin 1940, les Allemands. C'est ce même jour que les nouveaux maîtres tentent de lui faire signer un papier déshonorant (accusant les troupes sénégalaises d'exactions commises contre des femmes et des enfants), ce que Moulin refuse, s'exposant aux coups et aux insultes. Il se re-

Jean Moulin avant la guerre : le plus jeune préfet de France, homme de gauche, artiste, séducteur et sportif. C'est déjà un habitué des cabinets ministériels.

trouve en prison. Le monde bascule pour lui. Physiquement et moralement abattu, il tente alors de se suicider en se tranchant la gorge. Après ces années d'avant-guerre où tout semblait lui sourire, la tragédie semble vouloir s'emparer de lui. Elle ne le quittera pas. Libéré, il tient à rester à la tête de son département occupé, par solidarité avec ses administrés, jusqu'à ce que le régime de Vichy, du fait de ses opinions de gauche, le révoque le 16 novembre 1940. Moulin est un homme libre.

DÉPART POUR L'ANGLETERRE

Il renoue avec ses anciens amis. On ne sait trop ce qu'il pense et ce qu'il fait en cette fin d'année 1940, sinon qu'il se demande comment organiser le front hétéroclite de ceux qui, comme lui, refusent la honte de l'occupation nazie. Surtout, il cherche à rejoindre Pierre Cot, lequel, en août 1940, s'étant vu opposer une fin de non-recevoir par le général de Gaulle (qui le juge trop à gauche), est parti aux États-Unis. Pour cela, il se rend à Marseille et s'installe à l'hôtel Moderne, avec Antoinette Sachs. Il y retrouve, notamment, Louis Dolivet, qui s'apprête lui-même à rejoindre Cot en décembre 1940. C'est probablement par son intermédiaire que Moulin est mis en contact avec le révérend Howard Brooks, un Américain unitarien que Dolivet et Cot ont chargé d'effectuer une enquête en France sur l'état de l'opinion. C'est Brooks qui permet la rencontre entre Moulin et Frenay, décisive pour l'avenir de la Résistance. Moulin rencontre aussi François de Menthon. Il constate que les volontés ne manquent pas, que des organisations existent déjà, mais qu'elles sont tragiquement démunies. Son projet principal reste de quitter la France afin d'aller chercher à l'extérieur une aide au moins matérielle. Il choisit Londres, seule capitale européenne qui n'ait pas renoncé à faire la guerre à Hitler. Pour la première fois, son chemin ne passe pas par celui de Pierre Cot...

L'AGENT DE DE GAULLE

Le 9 septembre 1941, Moulin quitte la France sous la fausse identité de Joseph Mercier, professeur dans une université américaine. Transitant par l'Espagne, Moulin s'arrête à Lisbonne et se présente à l'ambassade britannique. C'est là qu'il rédige son rapport sur la Résistance en France, rapport détaillé et assez vaste qui saura convaincre le chef de la France libre, même si Moulin, abusivement, se présente comme le « mandataire » des chefs des organisations existantes. Au moment de son départ, il n'est pas gaulliste. Il ne sait rien, ou presque, du personnage et de la France libre. Il aurait même des préventions, suite au refus qu'a essuyé Pierre Cot. Les Anglais, d'ailleurs, seraient heureux de le récupérer. Sa rencontre avec le général de Gaulle, le 25 octobre 1941, le transforme derechef en un inconditionnel du gaullisme. De Gaulle est heureux de pouvoir compter sur ce représentant de la haute administration et ce républicain sincère. Le chef de la France libre a bien vu que cet homme avait le sens de l'autorité qui convient à son statut, mais il a compris aussi que son expérience de l'État, tout comme sa sensibilité et sa culture en faisaient un homme capable de négocier et de s'imposer à ces résistants sur lesquels le Général n'en sait guère plus que son nouvel obligé. « Homme de foi et de calcul », comme le caractérisera de Gaulle dans ses *Mémoires de guerre*.

DES RÉSISTANCES VERS LA RÉSISTANCE

Lorsqu'il revient en France aux premières heures de l'année 1942, Moulin est devenu « Rex », l'homme par lequel le général de Gaulle va tenter de faire de ces résistances éparses, diverses et parfois concurrentes la Résistance, en la mettant au service du gaullisme. Il s'agit, en fait, moins de coordonner que de subordonner. C'est pourquoi la mission de « Rex » est une mission impossible qui, d'une certaine manière, le condamne d'avance. Les résistants de l'intérieur reprocheront toujours à Moulin et à de Gaulle de n'avoir pas compris les difficultés du combat clandestin, mais, surtout, d'en avoir sous-

Jean Moulin pendant la guerre. Il s'efforce de maintenir par intermittences les apparences d'une vie de préfet en retraite pour s'assurer une couverture.

estimé la dimension révolutionnaire des combattants de l'ombre. Ceux-ci se sont déterminés par rapport à leur conscience et n'ont de comptes à rendre à personne, sinon à leurs troupes. De plus, peu à peu, ils se pensent comme porteurs d'un projet politique. Ces hommes qui risquent tous les jours leur peau n'entendent pas être les faire-valoir des partis politiques démonétisés par la défaite, et qui cherchent à refaire surface. Le fait d'accepter l'argent et le matériel de la France libre ne les transforme pas *ipso facto* en inconditionnels du gaullisme. Dans les esprits et dans la pratique, la France libre est la France libre, la Résistance est la Résistance.

DEUXIÈME PERSONNAGE DE LA FRANCE COMBATTANTE

La mission de Moulin allait heurter de plein fouet ce souci d'indépendance et ce projet politique : le regroupement des forces paramilitaires dans une Armée secrète ne relevant au final que du Général, la totale séparation des actions civiles et militaires, l'interdiction de l'action immédiate dans l'attente du jour J, la centralisation des moyens, la soumission politique. Il ne restait aux mouvements que la propagande. Dès son retour, Moulin crée des services centraux transversaux qui deviennent des intermédiaires obligés et qui sont perçus comme un symptôme de fonctionnarisation : radio (WT), opérations aériennes (SOAM), bureau de presse (BIP), comité général des experts (CGE), noyautage des administrations (NAP). Mais c'est surtout son deuxième voyage à Londres avec le général Delestraint, en février 1943, qui accentue cette domination et cristallise les oppositions. Le 21, de Gaulle lui confie les « Nouvelles instructions » qui, avalisant ses propositions, le chargent de former et de diriger un Conseil de la Résistance regroupant des mouvements de Résistance, des partis et des syndicats pour appuyer son autorité en France métropolitaine et à l'étranger.

Lorsqu'il repart, le 20 mars, Jean Moulin est délégué en France du général de Gaulle, avec le titre de commissaire national en mission. Moulin devient ainsi le deuxième personnage de la France combattante. Ces fonctions symbolisent le rattachement de la Résistance à de Gaulle. Mais, sous les apparences formelles, les forces centrifuges sont vives. En ce printemps 1943, les MUR (la Résistance de la zone sud) créent une ambassade parallèle en Suisse qui traite directement avec les Américains, lesquels soutiennent le général Giraud contre de Gaulle. Frenay devient le porte-parole des opposants. En zone nord, Pierre Brossolette tente de devenir l'*alter ego* de Moulin. La mission « Brumaire », préparée par Passy (le patron du BCRA) et approuvée par le Général, qui vise à regrouper les forces du Nord sous la bannière de la France combattante, crée une source vive d'incompréhension et de frictions entre Moulin et Brossolette.

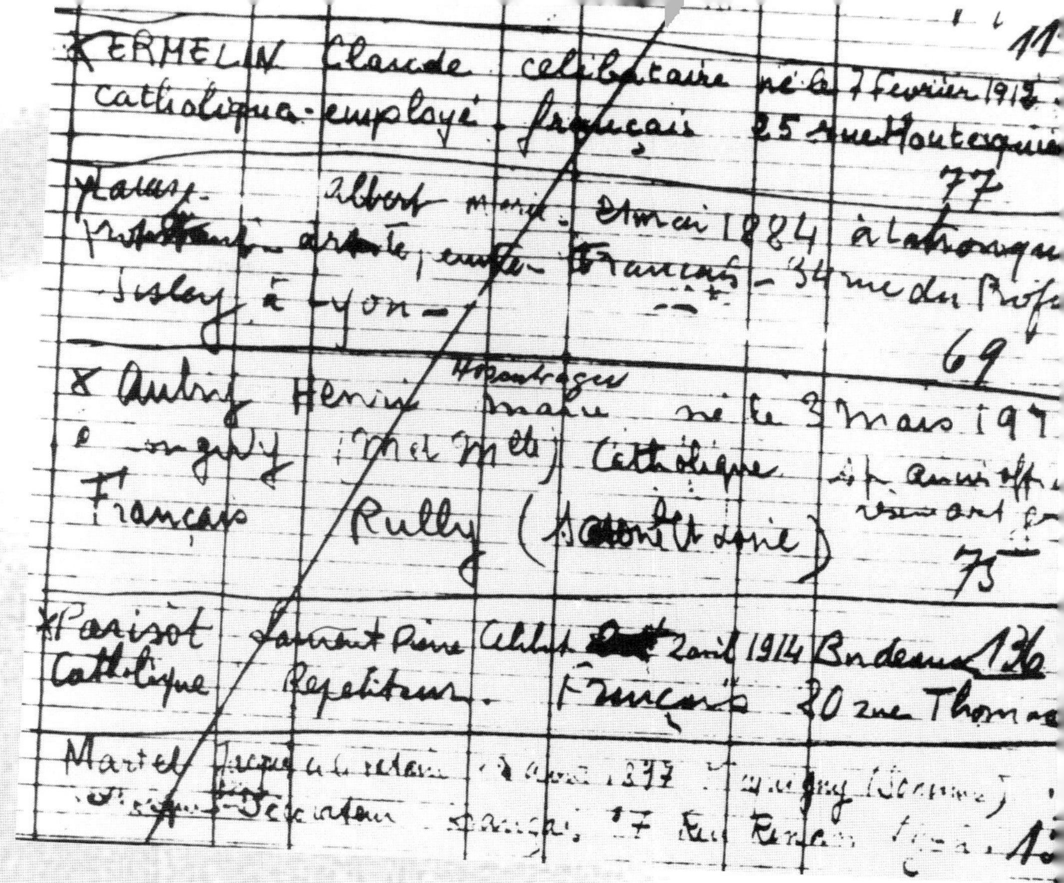

Registre d'écrou de la prison de Montluc le 21 juin 1943. Jean Moulin, non encore identifié, figure sous le nom de Jacques Martel. Quand Barbie aura appris son nom et ses fonctions, il s'acharnera sur lui.

UN HOMME SEUL ET MENACÉ

Au printemps 1943, Moulin est un homme seul. Il avait pensé que les résistants accepteraient de « claquer les talons », mais a sous-estimé, pris par sa passion gaullienne, une certaine culture « indépendantiste » des résistants. Mais il a aussi contre lui ce qui est plus surprenant, le BCRA, c'est-à-dire les services spéciaux de la France combattante. Il se sent trahi par les communistes, qui, lors de la séance inaugurale du CNR, tentent de faire passer une motion mettant sur le même plan Giraud et de Gaulle. Sans parler des Anglais et des Américains, qui, eux, rejettent de Gaulle à travers lui.

Il se sait traqué, à la fois par Vichy et par la Gestapo qui n'ignore plus rien de sa véritable identité. Il écrit le 7 mai 1943 : « Ma tâche devient donc de plus en plus délicate, alors que les difficultés ne cessent d'augmenter. Je suis bien décidé à tenir le plus longtemps possible, mais, si je venais à disparaître, je n'aurais pas eu le temps matériel de mettre au courant mes successeurs. » Sa mission paraît avoir atteint son objectif avec la création du CNR, le 27 mai 1943. Mais il est plus seul que jamais.

Henri Frenay, Emmanuel d'Astier et même le modéré Jean-Pierre Lévy, patron de Franc-Tireur, plaident pour une redéfinition de ses attributions, au moment où des résistants de la deuxième génération (comme Pascal Copeau) veulent l'instrumentaliser pour éliminer les chefs historiques. Le 10 mai, il reçoit d'André Philip, commissaire national à l'Intérieur à Londres, des instructions qui sonnent comme une mise en cause : « Je me demande si vous n'êtes

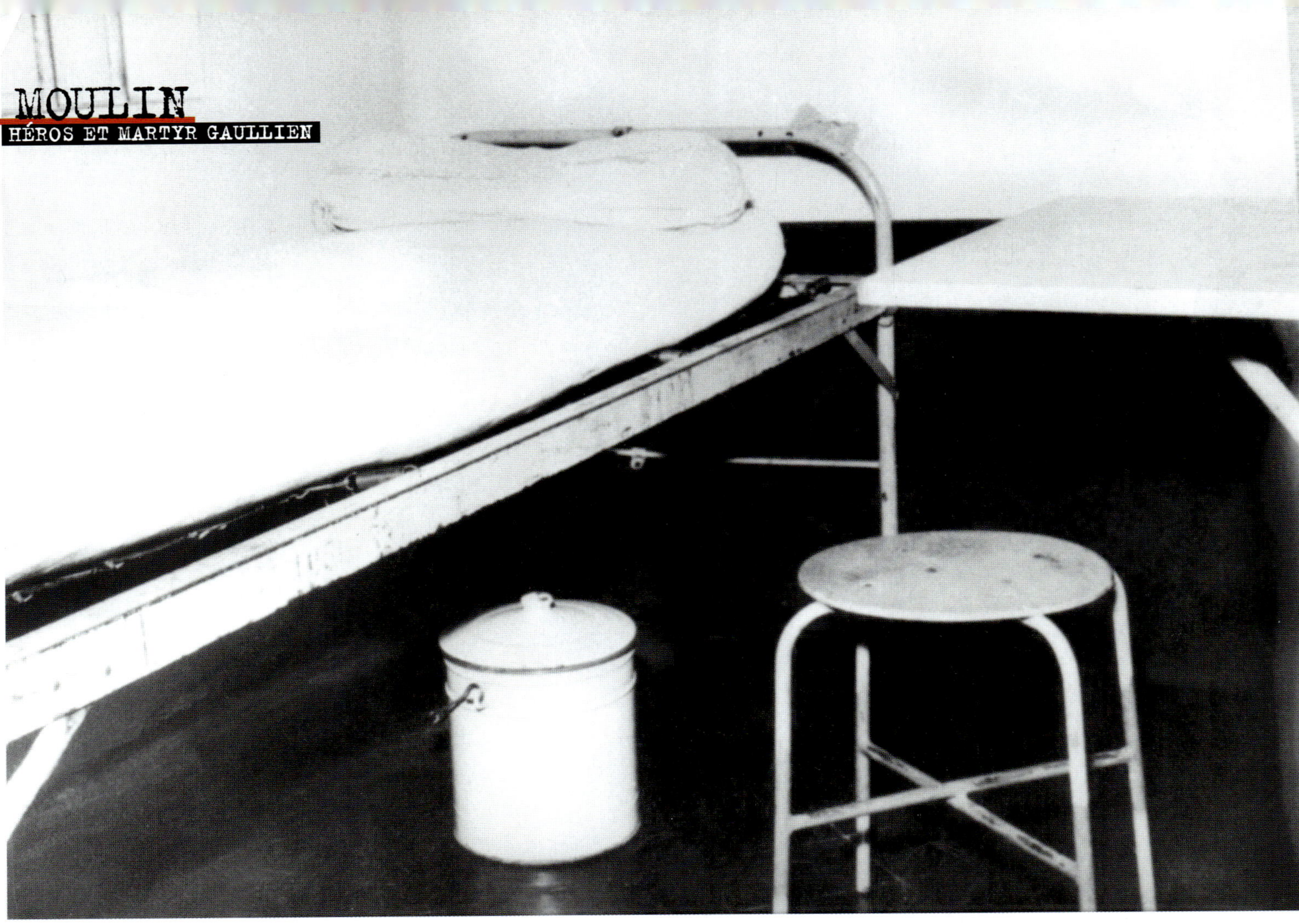

Une cellule à Montluc. Jean Moulin et ses compagnons y séjournent avant le transfert d'une partie d'entre eux dans les services de la Gestapo de Paris.

pas allé un peu vite dans la voie de la centralisation... » Et d'énoncer qu'il est « essentiel que les mouvements conservent leur autonomie pour l'instant », surtout au moment où de Gaulle envisage de se rendre à Alger pour négocier avec Giraud. Des hommes situés hors des enjeux de pouvoir de la Résistance intérieure soulignent les limites de son œuvre. Comme le neveu du Général, Michel Cailliau, qui fait part de son doute à son oncle le 22 juin 1943, un jour après Caluire, affirmant qu'il « ne serait peut-être pas bon de vouloir une fusion intégrale de toutes les organisations de la Résistance ». Comme le général Cochet, qui, dans un rapport du 20 juillet 1943, plaide pour une certaine forme d'action immédiate (ce que réclament les mouvements) et soutient qu'« il y a place pour les opérations militaires d'une guerre de partisans ». Sa culture jacobine et son gaullisme absolu ont-ils été un obstacle à cette compréhension de la contre-société résistante ?

Moulin réclame à Londres du personnel d'encadrement, qui ne vient pas. Il accuse Passy, comme le 15 juin : « Vous avez pris là (je parle des gens de Londres) une terrible responsabilité. » Le même jour, il écrit à de Gaulle sa dernière lettre, qui se termine ainsi : « C'est l'AS qu'il faut sauver. Je vous en supplie mon Général, faites ce que j'ai l'honneur de vous demander. Votre profondément dévoué. » Six jours après, Jean Moulin est pris dans l'affaire de Caluire, le 21 juin, où il s'agissait, précisément, de nommer un successeur au patron de l'Armée secrète arrêté une dizaine de jours avant.

Le hasard, les imprudences, la trahison, mais aussi l'incompréhension sont à l'origine de ce drame. Pour Moulin, torturé à Lyon, c'est la fin. Les hommes de Barbie découvrent que le Jacques Martel qu'ils ont arrêté est en fait Moulin, le représentant du général de Gaulle. Henri Aubry, l'un des conjurés de Caluire, l'a sûrement désigné lors d'un interrogatoire musclé. On le conduit au 84, avenue Foch, où Jean Moulin tente de se suicider. Ces tortionnaires prennent la décision de le transférer à l'hôpital de Berlin. Il meurt officiellement à Metz, le 8 juillet, lors de ce transfert. Cause : *Herzlahmung* (« arrêt cardiaque »). Une urne renfermant ses cendres est déposée au cimetière du Père-Lachaise à Paris, portant le numéro 10.137.

LE SYMBOLE DE LA RÉSISTANCE AU PANTHÉON

Jean Moulin, dans une lettre de 1941, avait prévu que « nous aurons une belle victoire ». Il ne la verra pas. Mais son nom appartient à l'Histoire. Sa mort suscita une certaine indifférence, sur le

« … mais, si je venais à disparaître, je n'aurais pas eu le temps matériel de mettre au courant mes successeurs. »

« Pauvre roi supplicié des ombres, regarde ton peuple d'ombres se lever dans la nuit de juin constellée de tortures. Voici le fracas des chars allemands qui remontent vers la Normandie à travers les longues plaintes des bestiaux réveillés : grâce à toi, les chars n'arriveront pas à temps. Et quand la trouée des Alliés commence, regarde, préfet, surgir dans toutes les villes de France les commissaires de la République – sauf lorsqu'on les a tués. […]

Comme Leclerc entra aux Invalides avec son cortège d'exaltation dans le soleil d'Afrique et les combats d'Alsace, entre ici, Jean Moulin, avec ton terrible cortège. Avec ceux qui sont morts dans les caves sans avoir parlé, comme toi ; et même, ce qui est peut-être plus atroce, en ayant parlé ; avec tous les rayés et tous les tondus des camps de concentration, avec le dernier corps trébuchant des affreuses files de Nuit et Brouillard, enfin tombé sous les crosses ; avec les huit mille Françaises qui ne sont pas revenues des bagnes, avec la dernière femme morte à Ravensbruck pour avoir donné asile à l'un des nôtres. Entre avec le peuple né de l'ombre et disparu avec elle – nos frères dans l'ordre de la nuit. […]

Aujourd'hui, jeunesse, puisses-tu penser à cet homme comme tu aurais approché tes mains de sa pauvre face informe du dernier jour, de ses lèvres qui n'avaient pas parlé : ce jour-là, elle était le visage de la France. »

Extrait du discours d'André Malraux au Panthéon

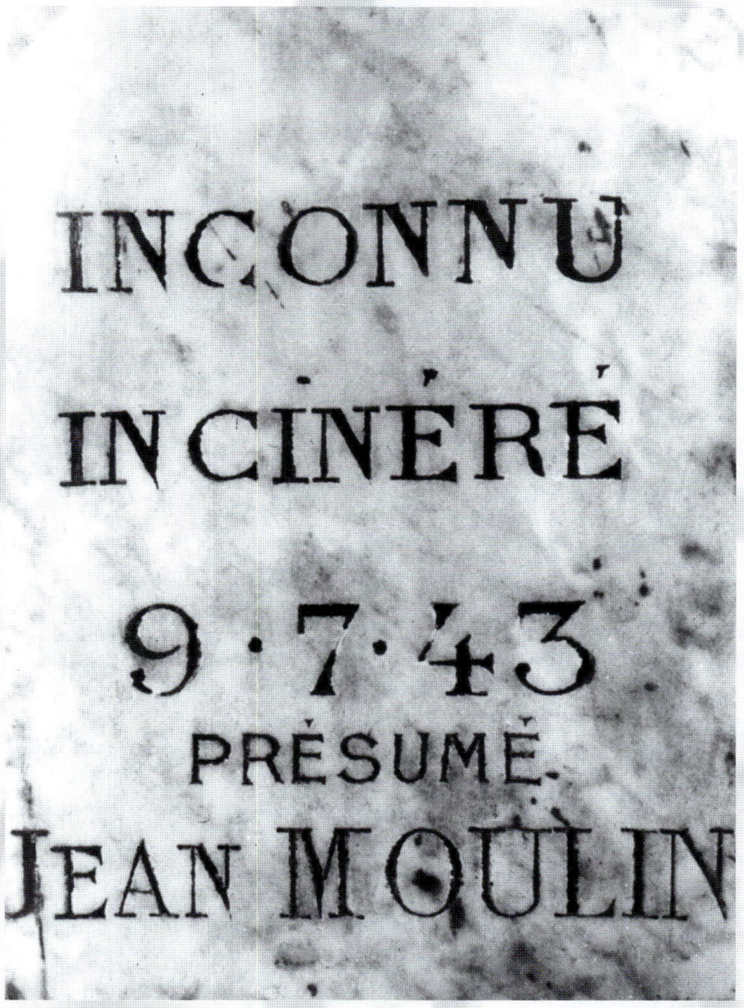

moment. L'enjeu fondamental se situait à Alger, là où la politique de la France de l'avenir s'élaborait. Les résistants de l'intérieur étaient un peu ravalés au rang de forces supplétives. L'entrée de Jean Moulin dans la mémoire date du 19 décembre 1964, lors d'une très solennelle cérémonie, où les cendres présumées de Jean Moulin sont transférées du carré de la Résistance du cimetière du Père-Lachaise au Panthéon. La plupart des Français ignorent les raisons précises de cette consécration, mais connaissent le sacrifice ultime d'un homme qui vient ici symboliser celui des résistants ainsi que les valeurs de la Résistance. Sa personne et son action sont évoquées à grands traits, mais avec un lyrisme poignant par André Malraux, ministre de la Culture du général de Gaulle.

En 1981, Jean Moulin est de nouveau distingué lorsque François Mitterrand marque son intronisation à la présidence de la République d'une visite aux grands hommes du Panthéon chers à la gauche. Pourtant, Jean Moulin est l'objet de polémiques.

UN HÉROS ACCUSÉ POST MORTEM

Les épisodes compliqués de l'affaire de Caluire, la complexité plus grande encore des procès de René Hardy, entachés de mensonges et de rebondissements spectaculaires, leur exploitation politique dans un contexte de guerre froide ont aussi contribué à faire de Caluire un objet d'histoire au statut particulier et qui n'est certes pas à l'abri des exploitations mercantiles jouant sur des « révélations ».

Moulin est, de plus, la cible périodique de calomnies complotives qui s'inspirent des écrits d'Henri Frenay, qui prétendit dès 1950 que, selon « son intime conviction », Jean Moulin avait « favorisé » les communistes dans la Résistance. En 1977, il reprend cette thèse et la systématise, dans un essai polémique, *l'Énigme Jean Moulin*, où le héros du Panthéon devient un agent soviétique.

Ce que montrent les archives sur la répartition de l'argent et des armes entre les composantes de la Résistance, le choix de ses collaborateurs réguliers (Georges Bidault, Pierre Kaan, François de Menthon, Robert Lacoste), les soldats de la France libre envoyés par Londres qui assurent autour de lui les services techniques, la composition des institutions qu'il a créées, la façon dont il a appliqué les directives militaires et politiques reçues de De Gaulle, prouvent que Jean Moulin n'a pas favorisé les communistes et s'est même appliqué à les contenir afin d'assurer l'autorité exclusive du Général sur l'ensemble des résistances. Au contraire, les prétendues « preuves » qui établiraient, selon les auteurs, que Moulin est un cryptocommuniste, un espion soviétique ou un agent américain ont fait long feu. Dans son action résistante, Jean Moulin a été un gaullien absolu. Il en est peut-être mort.

L'urne de Jean Moulin au colombarium du Père-Lachaise. Des doutes subsistent sur les circonstances, la date et le lieu exacts de la mort de « Max ».

14-26 janvier

La poignée de main d'Anfa

À Anfa, un quartier luxueux de Casablanca, le Premier ministre britannique Winston Churchill et le président américain Franklin Delano Roosevelt se réunissent lors d'une conférence où Giraud et de Gaulle sont conviés. Le général Henri Giraud a succédé à l'amiral Darlan, assassiné, le 26 décembre 1942.

Après bien des hésitations, le général de Gaulle se rend à Anfa, où le général Giraud reçoit l'appui total de Roosevelt. Ils signent même un accord secret sur la livraison américaine d'armes à Giraud. Churchill et de Gaulle n'en sont pas avisés.

C'est la première rencontre entre la France d'Alger et celle de Londres. Au cours de leur premier déjeuner, devant un menu établi par les soins de l'intendance américaine, les propos sont peu chaleureux :

De Gaulle : « Il me semble que vos ressources sont nettement transatlantiques... »

Giraud : « Et vous ? Mangez-vous à Londres des produits de France ? »

Pour des raisons à la fois politiques et d'ambition personnelle, les deux généraux français ne s'entendent pas. Giraud avance l'idée selon laquelle il a plus d'étoiles de général que de Gaulle et qu'il se verrait bien à la tête d'une équipe, dont il serait le chef et de Gaulle le second. Ce dernier lui oppose deux ans de gouvernement de la France libre qui le rendent plus légitime que lui.

Au terme de la conférence, si Roosevelt obtient que les deux officiers se serrent la main devant les journalistes, de Gaulle parvient à imposer un texte peu précis, sous forme d'une déclaration commune où il ne fait aucune concession.

De Gaulle et Giraud se retrouvent au Maroc sous les auspices anglo-américains.« Nous arrangerons un mariage forcé. »

18 janvier

Un communiste à Londres

Le 5 septembre 1940, à 5 heures du matin, à Saint-Denis, deux policiers frappent à la porte de Fernand Grenier, ancien député communiste. Cette qualité n'est pas bien perçue à cette époque ! Commence alors une vie carcérale qui le conduit de la centrale de Clairvaux au camp de Châteaubriant, où il entre en mai 1941. C'est là que, en octobre 1941, 27 internés (dont 26 communistes) seront pris comme otages et fusillés par l'occupant, avec la complicité de Vichy. Parmi les victimes, Guy Môquet et Jean-Pierre Timbaud. Grenier, qui n'a pas perdu le contact avec le Parti communiste, a la chance que celui-ci fasse évader 3 membres du comité central, et lui, le 18 juin.

En novembre 1942, il rencontre le toujours royaliste Rémy, agent du général de Gaulle, qui lui suggère de demander à son parti clandestin d'envoyer à Londres un représentant. Après le débarquement en Afrique du Nord, de Gaulle souhaite renforcer sa représentativité. Grenier en rend compte à Jacques Duclos et à Benoît Frachon, qui se cachent dans une ferme mais contrôlent tout, PC comme FTPF. Ils décident qu'il sera ce représentant. Sa mission : travailler à l'union de la Résistance pour hâter l'heure de l'insurrection nationale. Vaste programme !

C'est Rémy qui organise l'exfiltration du communiste clandestin. Gare Montparnasse, Quimper, Pont-Aven, une felouque, un chalutier anglais, et la capitale britannique le 18 janvier 1943. Fernand Grenier veut affirmer sa présence et celle de son parti à la radio, dans la presse. Il veut pousser de Gaulle à lancer l'action immédiate en France, obtenir davantage de moyens pour les FTPF. Mais les gaullistes, qui lui servent un traitement mensuel, ne semblent pas désireux de lui faciliter la tâche. Il se plaindra beaucoup des « obstacles » que Passy, le patron des services spéciaux de la France combattante, lui aurait mis sur le chemin. Le 28 octobre 1943, il quitte Londres pour Alger, nouveau pôle du pouvoir.

René Bousquet, secrétaire général à la police, assiste aux opérations de Marseille aux côtés des hauts-fonctionnaires de la région et de Griese, chef de la SS.

26 janvier

Les chefs de la Résistance intérieure font les MUR

Lors de leur séjour à Londres, en octobre 1942, les deux leaders de la Résistance de zone sud ont accepté de faire un effort pour mieux coordonner leur action sous la bannière gaulliste. La création des MUR est la concrétisation de ses efforts. Le mardi 26 janvier 1943, à Miribel, les trois principaux mouvements acceptent de fusionner leurs éléments paramilitaires, qui seront versés dans le cadre de l'Armée secrète, dont le commandement est confié à « Vidal » (général Charles Delestraint). Mais ils restent théoriquement indépendants sur le plan politique. Ils continueront à développer leur propre presse et leur sensibilité. Un comité directeur (ou directoire) est mis en place. Sa présidence est assurée par « Max » (Jean Moulin). Henri Frenay, qui apporte dans la corbeille environ 80 % des forces paramilitaires, devient commissaire aux affaires militaires. Emmanuel d'Astier de La Vigerie, de Libération, est nommé commissaire aux affaires politiques et Jean-Pierre Lévy, du mouvement Franc-Tireur, est en charge « des renseignements, de la sécurité et des moyens matériels ». Au niveau des 6 régions de la zone sud, l'unification se réalise également.

Tout semble aller pour le mieux. En fait, ce montage recèle des sources de conflits à venir. « Gervais » (Frenay), en tant que commissaire, estime qu'il a autorité sur Vidal, alors que celui-ci considère ne devoir rendre des comptes qu'au général de Gaulle. Gervais trouve inconcevable que lui, qui fait le plus de sacrifices pour l'unité (son mouvement est le plus important sur le plan des effectifs et du degré d'organisation), soit réduit à des fonctions purement nominales.

L'AS est-elle l'armée des mouvements ou celle de la France combattante ? Grave question, qui fragilise d'emblée cette unité à peine entrevue. Moulin et Delestraint décident alors de se rendre à Londres pour poser cette question au Général.

Dès leur création, les MUR diffusent un manifeste pour galvaniser leurs troupes. Mais, dans ce manifeste, il n'est nullement question de Jean Moulin, qui en est pourtant à l'origine...

> « *Le moment décisif de la lutte est arrivé. L'ennemi veut détruire nos organisations parce qu'elles expriment la volonté d'indépendance de la nation. De plus, des mesures concernant une nouvelle délimitation des zones d'occupation et des restrictions draconiennes à la liberté de circulation peuvent du jour au lendemain isoler les régions et rendre les communications précaires. Pour faire face à cette situation nouvelle, il est nécessaire de redoubler de vigilance et d'activité, de prévoir une action de plus en plus décentralisée et de faire l'union totale de toutes les forces de la Résistance. C'est dans cet esprit que les comités directeurs de Combat, Francs-Tireurs et Libération ont décidé de réaliser immédiatement l'unité de commandement des Mouvements de Résistance français.* »
>
> Extrait du manifeste des MUR

Destruction du Vieux-Port et rafles de juifs à Marseille. Des convois sont formés pour déporter les juifs arrêtés. Des GMR français assistent les troupes allemandes.

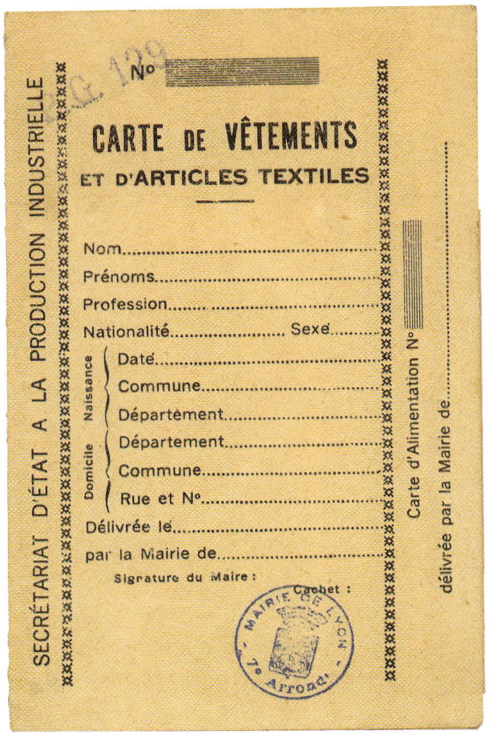

SECRÉTARIAT D'ÉTAT A LA PRODUCTION INDUSTRIELLE

N°

CARTE DE VÊTEMENTS
ET D'ARTICLES TEXTILES

Nom...
Prénoms...
Profession...
Nationalité.......................... Sexe..............
Naissance { Date...
Commune...
Département...
Domicile { Département...
Commune...
Rue et N°...
Délivrée le...
par la Mairie de...
Signature du Maire :
Cachet :

MAIRIE DE LYON 7e Arrond^t

Carte d'Alimentation N°
délivrée par la Mairie de.........................

L'expérience aidant, les fausses cartes de ravitaillement fabriquées par les résistants sont de plus en plus ressemblantes aux vraies.

Janvier

Une femme chef de réseau

Après l'arrestation du commandant Loustaunau-Lacau, « vichysto-résistant » notoire, Marie-Madeleine Méric (qui deviendra plus tard Marie-Madeleine Fourcade) et le commandant Léon Faye (chef d'état-major de l'aviation en AFN) se sont répartis la direction du réseau Alliance : le renseignement revient à la première et l'action paramilitaire au second. L'idée originelle de ce réseau est que la guerre ne peut pas ne pas passer en Afrique du Nord. C'est le seul moyen de faire plier l'Axe en son point faible, l'Italie. Il faut donc préparer l'entrée en dissidence de l'AFN. Sous l'impulsion de Fourcade, le réseau élargit son champ de recrutement jusque dans la commission française d'armistice et obtient de remarquables succès en récupérant des informations sur les armes secrètes et les sous-marins allemands. Il est aussi l'artisan du passage du général Giraud en Afrique du Nord, en novembre 1942.

En janvier 1943, Marie-Madeleine prend la tête de l'ensemble du réseau avec l'accord de l'Intelligence Service. Sans cesse traquée, elle finit par choisir de quitter la France pour desserrer l'étau qui contraint le réseau qu'elle va désormais représenter à Londres.

Sous son influence, ce groupe qui était, à sa création, fortement teinté de pétainisme est devenu de plus en plus gaulliste.

27 janvier

L'honneur contre la sécurité

Le révérend père Chaillet est une figure marquante et atypique des jésuites français. Dès l'avant-guerre, il a dénoncé la menace spirituelle que représente le nazisme. Pour lui, il y a incompatibilité totale entre christianisme et nazisme. À Lyon, où il évolue, il aime à répandre l'idée que les chrétiens ne sauraient s'abstenir devant les drames du moment. Il les convie à « préférer l'honneur à la sécurité, la vérité avec ses risques et ses meurtrissures libératrices au mensonge de tous les conformismes ». Un message difficilement audible, au début de l'Occupation. La Résistance, ce n'est pas seulement des coups de force ou des projets politiques : c'est aussi et surtout des actes de solidarité et d'humanité qui peuvent tout aussi bien conduire au pire.

Dès le printemps 1941, Pierre Chaillet est en contact avec le mouvement de Résistance de Frenay ; il tient une rubrique dans *les Petites Ailes* s'adressant aux consciences chrétiennes. L'exigence chrétienne de charité, pour lui, c'est d'aider ceux qui sont en péril extrême. Dès juin 1941, avec l'abbé Glasberg, des protestants (comme le pasteur Roland du Pury) et quelques autres laïcs (comme Jean-Marie Soutou ou Olivier de Pierrebourg), il cherche à secourir les juifs internés dans les camps de Vichy, et ceux qui sont menacés.

Un jour, alors que la police française commence à prélever des juifs étrangers rassemblés au fort de Vénissieux, dans la banlieue lyonnaise, en vue de leur transfert pour la zone occupée et leur déportation, on sépare les enfants des parents. Chaillet demande à rencontrer le préfet et lui apprend qu'il a, grâce à des complicités dans le fort, réussi à mettre à l'abri les futurs orphelins que la police réclame. Il est assigné en résidence surveillée dans un hôpital psychiatrique à Privas. L'ambassadeur d'Allemagne en France, Otto Abetz, signale le fait à Berlin : « C'est la première fois depuis longtemps qu'un ecclésiastique aussi important est arrêté en France... »

Après deux mois, Pierre Chaillet trouve un refuge en Isère, où il dirige, de loin, l'Amitié chrétienne qui continue son œuvre. Depuis l'invasion de la zone non occupée, elle est désormais sous haute surveillance. Le 27 janvier 1943, la Gestapo fait une descente à Lyon, rue Constantine, où se trouve l'officine caritative. Le père s'y trouve, exceptionnellement. Il est conduit, avec les collaborateurs présents, à l'hôtel Terminus, qui porte bien son nom. Le temps de se débarrasser de ses papiers compromettants, et il réussit à se faire passer pour un curé de campagne réfugié du Nord. Le stratagème marche. Il est libéré. Jean-Marie Soutou est interné au fort Montluc, mais il est lui aussi libéré grâce à l'intercession du cardinal Gerlier. Le père Chaillet, malgré ces deux avertissements du sort, continuera à œuvrer pour son idéal de charité.

Février

Aux origines de l'affaire suisse

Le jeune avocat Philippe Monod (de mère américaine), membre de Combat, rencontre par hasard au début de novembre 1942, à Cannes, un dénommé Max Shoop. Cet Américain, membre de l'OSS (les nouveaux services secrets américains), fut naguère son patron dans un cabinet d'avocats américain où travaillait également Allen Dulles, devenu en 1942 le responsable de l'OSS pour l'Europe, dont le siège est en Suisse, à Berne. Il fait approcher Monod à la fin de janvier 1943 pour lui proposer une aide et l'établissement d'un contact permanent en Suisse. Monod, accompagné de Bourdet, évoque l'offre à Frenay, lequel, plein d'enthousiasme, l'envoie en reconnaissance à Berne en février, puis en mars. Il revient, selon lui, « avec des offres précises des Américains qui demandent liaison permanente avec la Résistance ». Le *deal* est le suivant : la Résistance fournit des renseignements militaires, en échange d'une dotation financière, de matériel et de moyens de communication. Frenay voit d'emblée le parti qu'il pourrait tirer de ce contact. Le problème des maquis commence à devenir inquiétant, les frictions avec le représentant de De Gaulle s'accroissent : plus que jamais, la question des liaisons avec l'extérieur est stratégique. De plus, le budget de Combat connaît une forte baisse en mars.

Il faut préciser que dès janvier 1943, par l'intermédiaire de Pierre de Bénouville, Frenay a cherché à établir un contact avec les Anglais de Berne, lesquels ont fait comprendre qu'il convenait de ne pas engorger le trafic. Le premier télégramme relatif à cette affaire est daté du 19 février 1943. Il est même précisé qu'il est prévu qu'un compte soit ouvert dans une banque suisse qui porte le nom d'un pseudonyme de Rex : « Geneviève » ! Le 20 mars 1943, Pierre de Leusse, le représentant de De Gaulle à Berne, est sollicité sur cette question par Frenay. Londres est informé des démarches de Combat. Il est donc faux d'y voir une action secrète dirigée contre la France combattante et son représentant en France. Il est avéré que ce contact ne traduit pas une volonté politique de s'acoquiner avec les Américains pour monter une opération antigaulliste. Un « accord complet » est conclu le 4 avril 1943. Bénouville devient responsable du service des relations extérieures des MUR, chargé en fait de coiffer la délégation suisse. C'est lui qui suggère à Frenay que cette antenne soit dirigée (à partir du 6 mai 1943) par le général Davet, de tendance royaliste. Philippe Monod, homme de gauche, accepte d'être son second. Les rejoint Jean-Marie Soutou, un ami de Mounier. Il est chargé de rédiger le bulletin d'information des MUR en Suisse, destiné principalement à l'agence suisse de presse, à Reuter et à l'United Press avec une double mission : informer la Résistance intérieure de ce qui se passe à l'extérieur et présenter à l'extérieur une image fiable de la France captive et renaissante.

La création de cette délégation paraît être conforme à l'intérêt de tous. Pourtant, elle sera à l'origine de la crise la plus grave entre Jean Moulin et la Résistance intérieure.

Lettre d'Henri Frenay au général Davet l'informant de son conflit avec Boissière (Jean Moulin).

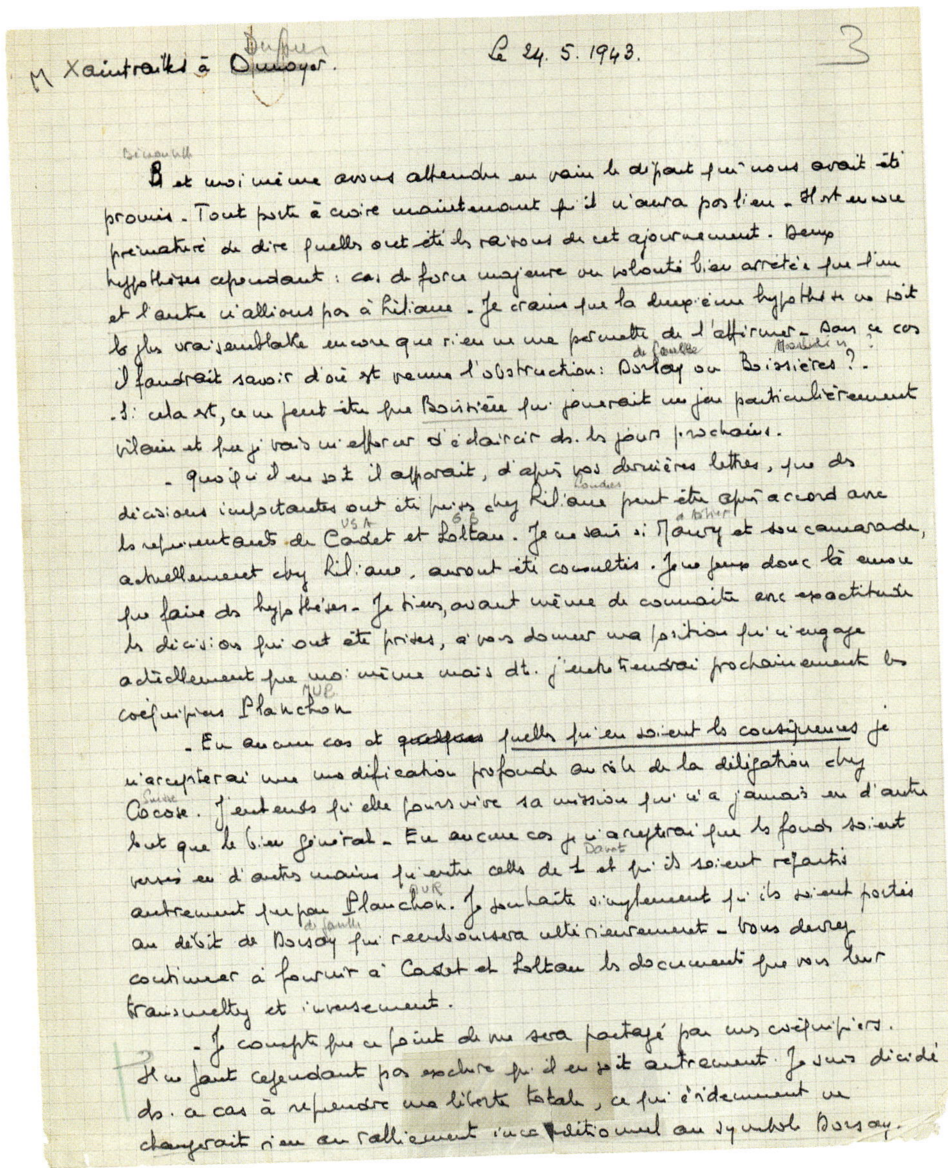

M. Xaintrailles à Dumoyer. Le 24. 5. 1943. 3

B. et moi-même avons attendu en vain le départ qui nous avait été promis. Tout porte à croire maintenant qu'il n'aura pas lieu. Il est encore prématuré de dire quelles ont été les raisons de cet ajournement. Deux hypothèses cependant : cas de force majeure ou volonté bien arrêtée que l'un et l'autre n'allions pas à Hiliane. Je crains que la deuxième hypothèse ne soit la plus vraisemblable encore que rien ne me permette de l'affirmer. Dans ce cas il faudrait savoir d'où est venue l'obstruction : Dorlay ou Boissières ?. Si cela est, ce ne peut être que Boissière qui jouerait un jeu particulièrement vilain et que je vais m'efforcer d'éclaircir ds. les jours prochains.

- Quoi qu'il en soit il apparaît, d'après vos dernières lettres, que des décisions importantes ont été prises chez Hiliane peut-être après accord avec les représentants de Cadet et Soltau. Je ne sais si Maury et son camarade, actuellement chez Hiliane, auront été consultés. Je ne peux donc là encore que faire des hypothèses. Je tiens, avant même de connaître avec exactitude les décisions qui ont été prises, à vous donner ma position qui n'engage actuellement que moi-même mais dt. j'entretiendrai prochainement les coéquipiers Planchon

- En aucun cas et quelles qu'en soient les conséquences je n'accepterai une modification profonde au rôle de la délégation chez Cocose. J'entends qu'elle poursuive sa mission qui n'a jamais eu d'autre but que le bien général. En aucun cas je n'accepterai que les fonds soient versés en d'autres mains qu'entre celles de 1 et qu'ils soient répartis autrement que par Planchon. Je souhaite simplement qu'ils soient portés au débit de Dorsay qui remboursera ultérieurement. Vous devrez continuer à fournir à Cadet et Soltau les documents que vous leur transmettiez et inversement.

- Je compte que ce point de vue sera partagé par mes coéquipiers. Il ne faut cependant pas exclure qu'il en soit autrement. Je suis décidé ds. ce cas à reprendre ma liberté totale, ce qui évidemment ne changerait rien au ralliement inconditionnel au symbole Dorsay.

Février

Le rêve brisé en Espagne

Après avoir, en mai-juin 1940, comme capitaine de réserve, vaillamment défendu la ville, Belfort, dont il est le premier magistrat, Pierre Dreyfus-Schmidt se retrouve interné dans sa propre ville. Avec la complicité de concitoyens belfortains, qui lui fournissent de faux papiers, il s'en évade à la fin de novembre 1940. Il rejoint Limoges, en zone libre, où sa famille est réfugiée. Il découvre que la zone libre, c'est plutôt la zone « pré-occupée »... Installé dans une ville proche de la frontière pyrénéenne, il a l'idée de rejoindre, quand les circonstances le permettront, ceux dont la BBC relate les premiers exploits.

L'annonce du débarquement du 8 novembre 1942 le comble de joie et le pousse à passer à l'acte. Avec son frère, lui aussi « réfugié », avec son ami d'enfance, le socialiste Jacques Grumbach et Roger Lanzamberg, il trouve une filière de passage. Le passage est cher : 25 000 francs par tête, qui s'ajoutent aux 35 000 francs déjà versés. Le franchissement de la montagne est rude l'hiver. Jacques Grumbach, trop âgé, trop faible, ne peut continuer. Il est tué par le guide. La mort dans l'âme, l'équipe continue. On ne peut revenir en arrière.

Arrivé en Espagne, le maire de Belfort fait l'expérience traumatisante de la vie concentrationnaire au camp de Miranda de Ebro, où s'entassent les hommes qui fuient l'Europe nazie. Comment la vit-il ? Nous en savons un peu plus grâce à un carnet qu'il tient, petit dérivatif où il note ses états d'âme et, parfois, des poèmes.

Plusieurs vues du camp de Miranda et une calle *dessinée par un détenu, M. Chauvet.*

« *Miranda, camp de la misère*
Ô nous avons crevé de faim
Parce que nous le voulions bien !
Miranda, camp de la poussière
Où sales et à peine humains
Nous nous lavions moins que des chiens.

O tes calles inconfortables,
Tes tables d'officiers sans tables,
La dictature des cabos [surveillants],
Tes souks et tes extra-perlos [trafiquants],
Tes douches intermittentes,
Les "colas", les longues attentes,

Le fumet
De tes cabinets,
Le filet
De tes robinets,
La fumée
De tes gazogènes,
La curée
Des péroles [chaudrons de soupe] pleines,

Les duels à coups de couteaux ;
Les fusillades des coños ;
Pleines de flit ou pleines d'huiles
Les petites lampes qui filent !
La façon de plier le bras
Pour saluer la bandera :

Les revues
Où l'on remue
Le fourbi
Du Samedi
Et la vue
Des colis
Qu'on distribue
Le Mercredi !

Miranda, camp de la misère,
Huit jours de grève de la faim
Quel souvenir et quelle fin !
De ta boue et de ta poussière
À tout jamais que le Destin
Éloigne de nous le chemin. »

Extrait du carnet de Pierre Dreyfus-Schmidt

La Jeunesse française répond : Merde

le Rassemblement du Peuple

La croix gammée a d'abord été le symbole de la Résistance. A Munich en 1920 les hommes d'Hitler étaient contre la collaboration.

A *LIBERATION* aussi, nous sommes les ennemis de la collaboration, mais nous sommes surtout les ennemis du Fascisme. D'un nouveau Fascisme qui tenterait de se lever sur l'imminente défaite allemande, NOUS NE VOULONS PAS.

Le Général DE GAULLE est notre Chef. il n'est pas notre Fuhrer.

Le Général DE GAULLE ne représente pas un césarisme naissant, une ambition personnelle, il est le garant de la LIBERTE nationale et individuelle.

Les «résistants» de la dernière heure aiment à nous considérer comme de braves jeunes gens qui n'auraient d'autre espoir que celui du martyre.

Des martyrs? Certes il en fallait. Pour l'Homme, pour le Monde, pour l'Histoire. Le Parti Communiste et nous-mêmes, nous donnons les meilleurs d'entre nous.

Nais nous sommes des VOLONTAIRES nous ne sommes pas des imbéciles. Nous sommes des jeunes que deux années de combat ont mûris. Nous avons beaucoup appris, de Vichy et aussi... d'Alger. Nous savons reconnaitre les ennemis de la Liberté quels qu'ils soient.

Le fascime international, c'est la contre-révolution préventive. c'est la Sainte Alliance des nantis terrifiés, la dernière cartouche contre ce rassemblement populaire qui déjà, dans le monde entier, allait détruire les privilèges d'un capitalisme moribond.

(suite page 2)

Un martyr parmi tant d'autres. Un jeune Français de 17 ans qui avait coupé des fils téléphoniques à Brest est exécuté par la Wermacht. Il est mort très courageusement.

SABOTEZ LA CONSCRIPTION des esclaves au service d'Hitler

La relève n'ayant pas donné les résultats que les Allemands en attendaient, Hitler a exigé de Vichy des mesures plus draconiennes.

Le mot de mobilisation, dans la bouche de ceux qui capitulèrent en Juin 1940 risquait d'indigner le peuple de France. Aussi l'a-t-on remplacé par l'expression atténuée : « Service obligatoire du travail ».

Il s'agit en fait de la déportation massive de notre jeunesse. Non contents de garder nos prisonniers et d'arracher nos ouvriers à leurs foyer, les Allemands nous demandent tous nos jeunes hommes, sans exception.

Il ne s'agit pas, comme le laisse entendre hypocritement le texte officiel, «de répartir équitablement entre tous les Français les charges résultant des besoins de notre économie». Il s'agit de livrer de nouveaux bras à l'Allemagne. Bichelonne qui a quelque raison d'être informé, a précisé que les nouvelles «recrues» seraient affectées à la construction de fortifications en Pologne.

En échange de cette conscription d'esclaves au service d'Hitler, le Reich offre de libérer quelques prisonniers. L'atroce comédie de la relève continue, qui permettra au gouvernement de Vichy de présenter comme un acte de généreuse politique l'un des crimes qui lui sera le plus difficilement pardonné.

Contre ces nouvelles mesures la jeunesse française s'est déjà, en esprit, dressée toute entière.

L'exemple des ouvriers de France doit demeurer constamment présent devant ses yeux. Les ouvriers ont retardé de six mois, par leur résistance, l'application des mesures de réquisition. J-unes de France, imitez leur exemple. Les mois que vous pourrez gagner comptent double aujourd'hui car l'Allemagne est pressée, car sa défaite est proche.

Manifestez contre le service obligatoire du travail. *(suite page 2)*

Français, sabotez le reeensement pour la déportation

Une du journal Libération *lors de la Relève.*

16 février

« L'Allemagne, c'est le bagne »

La politique de la Relève, instituée le 4 septembre 1942, n'est pas à la hauteur des promesses de l'occupant. C'est pourquoi une loi du 16 février 1943 crée le Service du travail obligatoire (STO). Ce dispositif est fondé non plus sur la spécialité des ouvriers, mais sur des critères démographiques. Sont concernées les classes 1940, 1941 et 1942. Ces sont donc les jeunes Français qui sont visés, sans distinction. Cette mesure rend définitivement impopulaire le régime de Vichy qui apparaît comme un valet de l'ennemi et qui s'enfonce dans la répression avec la création de la Milice, le 30 janvier 1943. Elle oblige chacun à prendre position. Elle provoque un mouvement de « réfractariat » au STO, qui favorisera le développement des maquis et de la Résistance. Stimulée par les MUR et par le communiste Fernand Grenier, la BBC organise une riposte à base de slogans percutants :

« Non au recensement ! » ; « Le devoir sacré est de tout faire pour demeurer sur le sol de France » ; « Français, n'y allez pas ! » ; « L'Allemagne, c'est le bagne » ; « Tout vaut mieux que l'Allemagne ! » ; « Si tu veux raccourcir la guerre, ne travaille pas pour Hitler ». L'étoile de la France combattante sort grandie de cette campagne. La BBC devient un emblème, l'arme de ralliement des Français de plus en plus nombreux à dire « non ». La bataille des ondes fait rage.

L'Armée des ombres

Grand reporter, romancier, Joseph Kessel est correspondant de guerre en 1939-1940. Juif russe, il cherche à se rendre utile d'abord en se rapprochant du réseau Carte, réseau de renseignements lié à l'Intelligence Service, avec son neveu Maurice Druon. Ayant compris leur erreur, les deux hommes gagnent l'Angleterre *via* l'Espagne et s'engagent dans la France combattante. Kessel, qui avait servi dans l'aviation entre 1916 et 1918, veut reprendre du service comme capitaine dans une escadrille. Il voit de Gaulle au début de 1943. Celui-ci, après lui avoir confié que la guerre était gagnée, moyennant encore « quelques formalités à remplir », le dissuade d'entrer dans une unité combattante : « Vous êtes écrivain, écrivez, donc ! » Peu après avoir écrit les paroles du *Chant des partisans,* Kessel publie à Alger un magnifique roman sur les résistants, racontant la vie d'un mouvement et ses réactions face aux arrestations : *l'Armée des ombres.* Son héros, Gerbier, incarne l'homme solitaire qui cherche la liberté et le dépassement de lui-même dans l'action.

Vingt-cinq ans plus tard, pour couronner sa carrière, Jean-Pierre Grumbach réalise enfin son rêve d'adapter au cinéma *l'Armée des ombres*, découvert à Londres, alors qu'il était, sous le nom de Jean-Pierre Melville, jeune engagé dans les FFL. En 1949, son premier long-métrage avait été l'adaptation du *Silence de la mer,* de Vercors.

Joseph Kessel, parolier du Chant des partisans *et auteur de* l'Armée des ombres.

3080 Série Q 727-

PRÉFECTURE DE LA HAUTE-GARONNE

CARTE D'IDENTITÉ

Empreinte digitales :

Signature du Titulaire :

32

SPÉCIMEN N°

Nom

Prénoms

Né le

à

Département

Profession

Domicile TOULOUSE 729-

A TOULOUSE, le 8 JAN. 1943

POUR LE PRÉFET ;
Le Préfet,
Le Conseiller de Préfecture Délégué

Signalement :

Taille : Nez :

Cheveux : Forme générale du visage :

Moustache :

Yeux : Teint :

Signes particuliers :

715-

722-

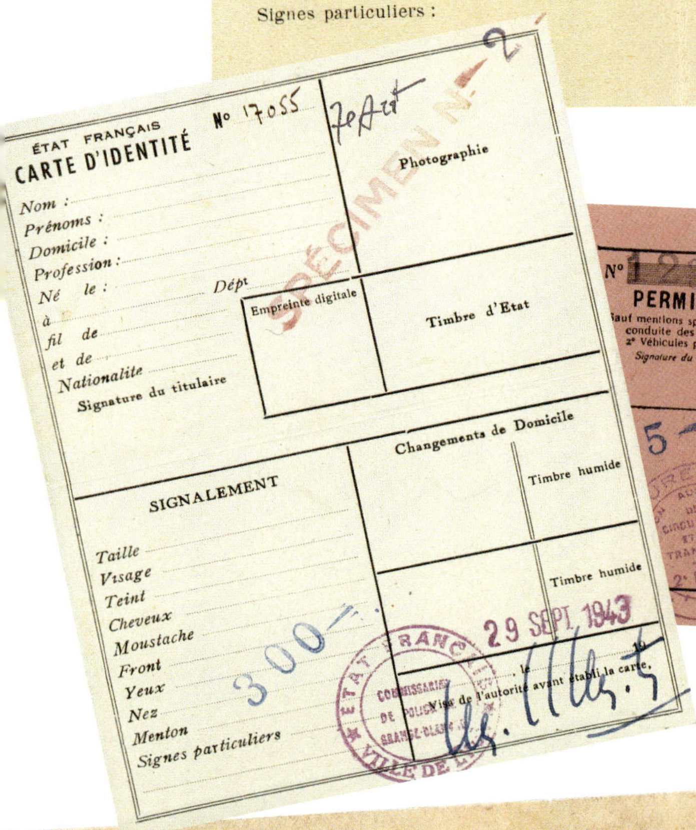
ÉTAT FRANÇAIS

CARTE D'IDENTITÉ N° 17055

SPÉCIMEN N° 2

Photographie

Nom :

Prénoms :

Domicile :

Profession :

Né le : Dépt

à

fil de

et de

Nationalité

Signature du titulaire

Empreinte digitale

Timbre d'Etat

Changements de Domicile

Timbre humide

Timbre humide

SIGNALEMENT

Taille

Visage

Teint

Cheveux

Moustache

Front

Yeux

Nez

Menton

Signes particuliers

Visa de l'autorité ayant établi la carte, le 29 SEPT. 1943

300-

N° 88

RÉPUBLIQUE FRANÇAISE

MODÈLE A

PERMIS DE CONDUIRE LES AUTOMOBILES.

Sauf mentions spéciales inscrites au verso, le présent permis n'est pas valable pour la conduite des véhicules ci-après : 1° Voitures affectées à des transports en commun ; 2° Véhicules pesant en charge plus de 3.000 kilogs. ; 3° Motocycles à deux roues.)

Signature du titulaire :

(1) Nom et prénoms.

TITULAIRE : M(1)

SPÉCIMEN N° 26

demeurant à

né le

Délivré par le Préfet de

POUR LE PRÉFET DE POLICE

5-

689

697

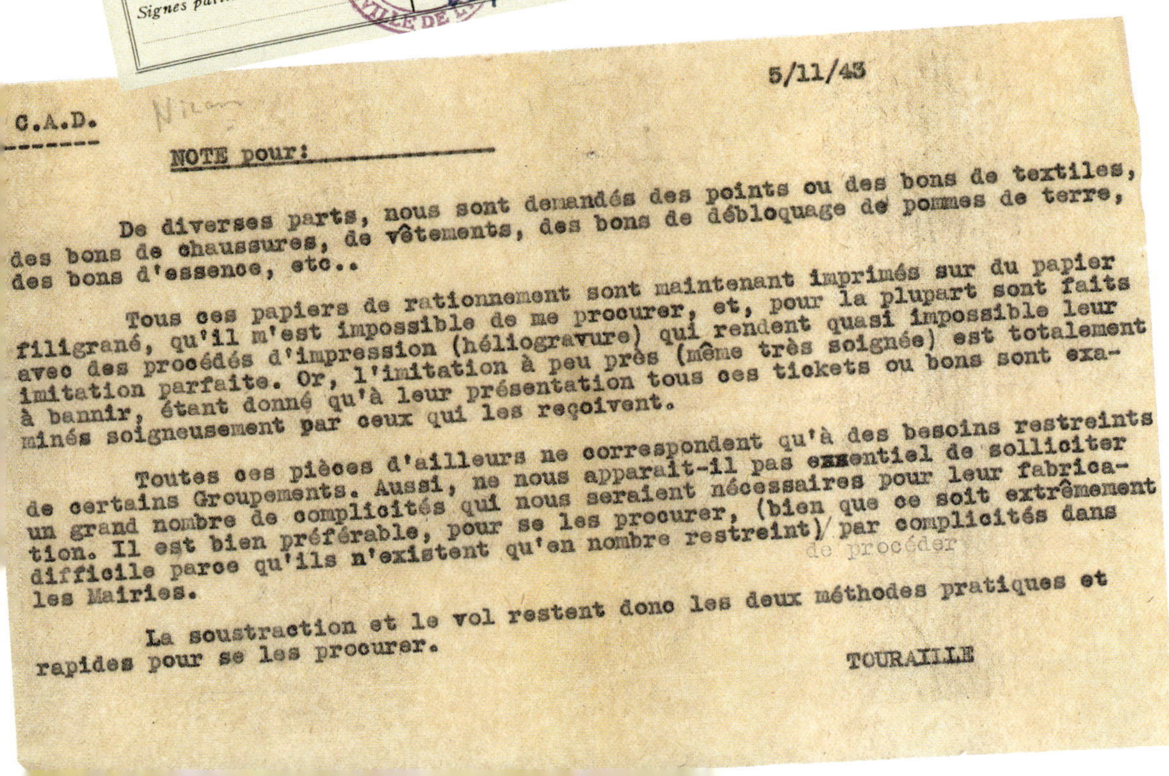
5/11/43

C.A.D.

NOTE pour:

De diverses parts, nous sont demandés des points ou des bons de textiles, des bons de chaussures, de vêtements, des bons de débloquage de pommes de terre, des bons d'essence, etc..

Tous ces papiers de rationnement sont maintenant imprimés sur du papier filigrané, qu'il m'est impossible de me procurer, et, pour la plupart sont faits avec des procédés d'impression (héliogravure) qui rendent quasi impossible leur imitation parfaite. Or, l'imitation à peu près (même très soignée) est totalement à bannir, étant donné qu'à leur présentation tous ces tickets ou bons sont examinés soigneusement par ceux qui les reçoivent.

Toutes ces pièces d'ailleurs ne correspondent qu'à des besoins restreints de certains Groupements. Aussi, ne nous apparait-il pas essentiel de solliciter un grand nombre de complicités qui nous seraient nécessaires pour leur fabrication. Il est bien préférable, pour se les procurer, (bien que ce soit extrêmement difficile parce qu'ils n'existent qu'en nombre restreint)/ de procéder par complicités dans les Mairies.

La soustraction et le vol restent donc les deux méthodes pratiques et rapides pour se les procurer.

TOURAILLE

Février

Manuel du faussaire

Rapidement, le développement remarquable du journal clandestin *Défense de la France* entraîne l'utilisation de faux papiers pour acquérir du matériel ou louer des locaux. Après avoir usé de quelques complicités dans l'administration, *DF* monte en 1942 sa propre centrale de faux papiers, confiée à une équipe d'une grande efficacité, Monique Rollin et Michel Bernstein.

Les techniques sont d'abord artisanales et permettent de produire une cinquantaine de pièces chaque semaine. Après l'instauration du STO, la lutte contre les départs forcés en Allemagne implique une diversification des pièces fabriquées (cartes d'identité, certificats de travail, de recensement, de démobilisation, carte d'étudiant, *ausweis*...) et une production de plus en plus abondante.

Abandonnant les falsifications à la main, l'atelier apprend à utiliser la photogravure (avec l'aide de professionnels) pour reproduire les documents complexes et les cachets de différentes administrations.

La technique progresse de façon remarquable, mais les faux papiers restent à la merci d'une erreur dans le respect de modèles administratifs parfois très complexes. Regroupant les erreurs à ne pas commettre (ne pas dater les documents d'un dimanche, ne pas commettre d'anachronisme dans l'usage des cachets selon la date supposée des documents, cohérence des numéros de recensement...), Bernstein rédige un *Manuel du faussaire* pour permettre la réalisation de son objectif : « inonder la France de faux papiers » pour saboter le STO.

Clandestinité, identités multiples, protection contre le STO : la possession de faux papiers crédibles est un élément vital pour les résistants.

Une centrale de faux papiers : une presse à vulcaniser pour fabriquer des tampons.

Février

Jean Moulin, « ministre »

Jean Moulin et le général Delestraint arrivent à Londres pour informer le général de Gaulle de la situation de la Résistance en France et pour prendre de nouvelles instructions.

Avant tout, de Gaulle tient à décorer Moulin lui-même de l'ordre de la Libération, qu'il a créé pour ses compagnons de combat. Il lui marque ainsi sa reconnaissance pour la tâche qu'il a accomplie et l'estime particulière dans laquelle il le tient. Une semaine plus tard, de Gaulle confie à Moulin les « Nouvelles Instructions », qui, avalisant ses propositions, le chargent de former et de diriger un Conseil de la Résistance regroupant des mouvements de Résistance, des partis et des syndicats pour appuyer son autorité en France métropolitaine. Lorsqu'il repart en France, le 20 mars, Jean Moulin est délégué en France du général de Gaulle, à titre de commissaire national en mission. Cela équivaut au rang de « ministre » dans la France combattante, dont Moulin devient le deuxième personnage. Il a désormais les pleins pouvoirs pour subordonner la Résistance intérieure à l'ordre gaulliste. Début d'un nouveau combat dont il ne sortira pas vivant.

Février

Quoi manger ?

Les restrictions alimentaires ont tôt fait d'inciter les restaurants – qui pratiquent des prix plutôt élevés – à contourner les réglementations pour augmenter leurs profits. Parmi les fraudes les plus courantes, les plats supplémentaires accessibles sans tickets de ravitaillement. C'est à eux que recourent souvent les résistants passés entièrement dans la clandestinité.

Ces restaurants où se côtoient résistants, collaborateurs, trafiquants et même Allemands peuvent paraître d'acceptables couvertures. Mais il n'est pas exclu que les services de répression enquêtant sur les trafics n'en aient profité pour cibler les résistants. Significativement, Joseph Kessel, dans *l'Armée des ombres,* roman paru en 1943 et inspiré des récits de résistants, situe l'arrestation de son héros dans l'un de ces établissements lyonnais.

17 février

Ce que les giraudistes reprochent aux gaullistes

On connaît assez bien les divergences politiques qui séparent le giraudisme du gaullisme. On sait beaucoup moins comment le gaullisme a été perçu intimement, au moment des faits, par les giraudistes. Pourquoi le général de Gaulle est-il si mal perçu par les giraudistes, et d'une manière plus générale par les officiers ? On peut en savoir un peu plus sur l'image du gaullisme grâce à l'abbé de Naurois, un ancien de l'école d'Uriage et de Combat, lieutenant de réserve, qui cherche à rejoindre Londres.

De passage à Gibraltar, l'abbé de Nauroy se rend sur le chalutier *la Sétoise* pour y célébrer la messe. À l'issue de l'office, il est reçu « courtoisement » par les officiers de l'équipage pour prendre le thé. Il en rend compte au BCRA dans un rapport.

Ces officiers de marine sont très patriotes et convaincus de la défaite prochaine de l'Allemagne. Mais ils font montre d'un « loyalisme obstiné » envers le maréchal et ils ne doutent pas que le général Giraud est son fidèle continuateur. Et cela vaut pour la politique intérieure comme pour la politique extérieure. À l'égard du général de Gaulle et des FFC, voici ce qu'ils pensent, à suivre l'abbé :

« Le général de Gaulle et les FFC ne sont pas traités de "traîtres". On veut bien leur reconnaître la beauté du geste accompli par le général de Gaulle et par certains Français en continuant la lutte après l'armistice, alors que tout semblait perdu. On ne les approuve pas cependant (restes dans les esprits de la théorie de la dissidence). On admet, non sans quelques hésitations, que les FFC, dans leur ensemble, se battent aux côtés de l'armée française et des Alliés pour la libération de la France.

On reproche au général de Gaulle, au CNF et aux FFC : leur conduite en général (théorie de la dissidence) ; leur attitude politique (radio-attaques contre le Maréchal et le gouvernement de Vichy) ; l'affaire de Syrie (des Français, ceux des FFC, tirant sur des Français) ; l'aide qu'ils apportent aux Anglais, aide inopportune puisque les Anglais, après la guerre, nous arracheront des territoires ; l'engagement récemment pris par le général de Gaulle de lutter pour le rétablissement en France après la guerre d'un gouvernement républicain.

On tient à ce que les gaullistes connaissent les griefs qui leur ont déjà été faits et qui sont maintenus. On tient à ce qu'ils ne se fassent pas d'illusion sur les sentiments que l'on nourrit à leur endroit ; on n'aime pas les gaullistes ; on ne croit pas qu'une entente soit possible ; on ne la désire pas, on ne la veut pas précisément ; on n'a pas la volonté de travailler à la rendre possible. »

En Afrique du Nord, la propagande et la législation vichystes persistent sous l'autorité de Giraud.

Des Alsaciens et des Lorrains enrôlés de force dans la Wehrmacht ont déserté pour fuir en Union soviétique. Ci-contre : « Je suis Français. Je ne veux pas me battre contre les bolcheviks... ». Document en russe porté sur le front de l'Est par un « malgré nous ».

18 février

Ne pas devenir un « malgré nous »

Alors que Vichy s'apprête à mobiliser 3 classes pour le Service du travail obligatoire, destiné à ravitailler en main-d'œuvre l'économie de guerre du Reich, les Allemands ont aussi accentué la pression sur les départements d'Alsace-Lorraine annexés en dépit de la convention d'armistice. Depuis 1940, à la suite de l'expulsion de tous les résidents jugés « inassimilables », une entreprise de germanisation et de nazification est à l'œuvre avec des adhésions forcées aux différentes associations nazies. Depuis longtemps déjà, les Alsaciens et les Mosellans sont soumis à un service de travail au sein du Reichsarbeitsdienst. Face à cette emprise allemande, souvent violente (les oppositions sont passibles d'exil forcé en Silésie), la population marque sa réticence par des manifestations symboliques, non sans risque, comme le port de petits signes de reconnaissance (broche en forme de cigogne, boutons, béret...). Une sociabilité spontanée doit contrebattre l'encadrement nazifié des loisirs. Au-delà, on trouve des inscriptions anti-allemandes, l'écoute de Radio-Londres, dont on s'efforce de relayer les informations, des fausses déclarations, de petits sabotages, une aide courageuse aux prisonniers de guerre évadés d'Allemagne.

Durant l'hiver de 1942-1943, la pression allemande devient brutale et change de registre. Les incorporations de force dans la Wehrmacht commencent, à marche forcée. Ce 18 février, ils seront 600, presque tous enrôlés contre leur gré, pour aller combattre sur le front de l'Est. Pour échapper au sort tragique de ces « malgré nous », de plus en plus de jeunes gens prennent le risque de se cacher en forêt (on trouve, par exemple, près de Vieux-Thann, le maquis de Waldkapelle) ou de tenter une très difficile évasion vers la France « de l'intérieur » et, peut-être, l'Afrique du Nord ou l'Angleterre. Mais certaines évasions se paient de représailles exercées sur les familles qui, devenues « ennemis du peuple allemand », sont passibles d'emprisonnement ou d'internement en camp.

Dès 1942, les raids alliés sur la France se multiplient, mais de nombreux avions sont abattus par la DCA allemande. Il faut donc organiser des filières d'évasion pour les aviateurs tombés sur le sol français. Sur cette photo, on peut voir des soldats américains en attente de passer la frontière, qui poussent l'humour jusqu'à poser aux côtés de soldats italiens, qui ignorent leur identité...

Mars-avril

Des « VIP » de gauche rejoignent la France combattante

Pendant ces deux mois, la France combattante a la chance de pouvoir compter sur l'arrivée d'un groupe très important de parlementaires et de responsables syndicalistes.

Arrivent en Angleterre le délégué de la CGT, Albert Guigui, deux secrétaires confédéraux de la CGT et de la CFDT, Georges Buisson et Marcel Poimbœuf, mais aussi le radical Henri Queuille, 11 fois ministre depuis 1924, le maître des requêtes Pierre Laroque. Pierre Viénot, un ancien ministre du Front populaire qui rejoint Londres le 24 avril, emporte avec lui un message d'Édouard Herriot qui se dit prêt à entrer « à n'importe quel moment dans un gouvernement présidé par le général de Gaulle ». Viénot sera nommé « ambassadeur » du CFLN dans la capitale britannique lorsque le général de Gaulle s'installera à Alger.

L'arrivée à Londres d'hommes de gauche de ce calibre est une caution fondamentale pour le chef de la France combattante qui s'apprête à aller à Alger pour affronter Giraud. Son image s'ancre à gauche, suivant en cela l'évolution générale de l'opinion résistante. Ce n'est pas un hasard si ce même Giraud, au mois de mars précisément, se prononce soudainement en faveur des principes républicains.

En France métropolitaine se met en place le Conseil de la Résistance, qui s'inscrit dans cette stratégie de conquête de légitimité. D'ailleurs, le 15 mai, le général de Gaulle fait remettre à son représentant à Alger, le général Catroux, une lettre par laquelle il doit informer Giraud de l'« approbation expresse » qui vient de lui être signifiée par Louis Marin, Herriot, Blum, Jouhaux et autres communistes en vue de la constitution du CNR. Le Général insiste particulièrement sur le message du président Herriot : « J'engage, si cela peut être nécessaire, ma parole d'honneur quant à l'authenticité de ces textes. [...] Le message d'Herriot doit naturellement rester très secret. » Le général Giraud comprend alors qu'il lui faut faire un geste, et il décide de précipiter le rapprochement avec de Gaulle.

Mars-avril

« Dormez-vous ? »

Jean Cayrol est interné à la prison de Fresnes, pour faits de résistance. Il sera ensuite déporté à Mauthausen. Il en reviendra. De Fresnes, il réussit à faire parvenir aux *Cahiers du Sud* trois poèmes. L'un d'eux, Pierre Seghers le publie dans *Poésie 43* (n° 13).

« *Dormez-vous ?*
Réveillez-vous, le froid est déjà à nos portes
et la lune se ferme comme une bouche morte
Réveillez-vous, à votre porte on a posé
Une épée comme un enfant abandonné
Réveillez-vous, la mort est déjà à cheval
On entend son galop dans l'écho du journal
Réveillez-vous, hommes au gant d'acier
La nuit fait ses adieux au fond de la vallée
Réveillez-vous, c'est moi fantôme des radios
Je vous prête ma voix qui frappe dans le dos
Réveillez-vous, c'est l'heure où les lions vont boire
L'heure aiguë se referme en ses ailes d'ivoire
Réveillez-vous, l'échelle est prête sur le mur
Et la lune se lève au fond de vos armures
Réveillez-vous, vieille colère des fagots
Chienne mal réveillée qui tire l'anneau
Réveillez-vous, rage énorme des armoires
Tremblement du plancher, bruits légers de l'espoir
Réveillez-vous, Seigneur ou vous serez mangé
Mon Dieu qui m'éclairez jusqu'au bout de l'allée. »

CHARLES DE GAULLE

L'ÂME ET LA FIGURE DU REFUS

Au milieu de la masse anonyme des résistants, quelques héros émergent. Au-dessus de tous trône le général de Gaulle, l'inventeur génial de la France libre, l'homme qui a su donner une figure et une structure politique au mouvement informe ou polymorphe qu'est la Résistance à ses débuts. Plus qu'une figure, il est devenu l'homme politique majeur de la France du XXe siècle. Rares sont les hommes dont on peut dire qu'ils ont écrit l'histoire de France, que sans eux cette histoire aurait été autre.

D'où vient Charles de Gaulle ? Il vient de Lille, où il est né à la fin du XIXe siècle, le 22 novembre 1890. De sa mère, il hérite d'un sens exigeant de la patrie et du catholicisme. De son père, il reçoit le goût de la culture, une culture classique et nationaliste. Henri de Gaulle, monarchiste « à regret », lecteur attentif de Charles Maurras et de Charles Péguy, enseigne l'histoire et les lettres dans une école libre à Paris. Le jeune Charles est donc dès son plus jeune âge en prise directe avec l'Histoire. Cela lui donne des ambitions ! C'est un fort en thème, et il excelle en français et en histoire. Il aime particulièrement écrire des vers et les lire. À défaut d'être un acteur de l'histoire, il l'invente et en rêve. En 1905, il écrit un récit, *Campagne d'Allemagne,* dans lequel il se réserve une place de choix en tant que « général de Gaulle », auteur d'un fait d'armes héroïque... La France, c'est déjà pour lui une passion. C'est tout naturellement qu'il décide de devenir militaire. L'armée, pour lui, est comme le sanctuaire de l'âme de la nation. Il est reçu à l'école militaire de Saint-Cyr à 18 ans, en 1908. Au sortir de l'école, il choisit le 33e régiment d'infanterie d'Arras, commandé par un certain colonel Philippe Pétain. En 1914, il subit l'épreuve du feu. Il est blessé trois fois et est fait prisonnier. L'énigme de Gaulle, c'est justement que cet homme qui est entré en rébellion et a entraîné la France dans son sillage était un militaire habitué dès son plus jeune âge à une culture d'obéissance et de discipline.

Après avoir été en poste en Pologne pendant trois ans, il se marie avec Yvonne Vendroux, en 1921. La même année, il enseigne l'histoire à Saint-Cyr, où il se fait remarquer. Il est déjà perçu comme différent. Il en impose, par sa hauteur physique et sa hauteur de vue, par sa voix posée et grave, par son assurance, par sa vaste culture. C'est un officier qui pense, qui a des idées, et qui, tout historien qu'il est, imagine l'armée de demain. On lui reprochera,

Le général de Gaulle à Londres, devant le siège des Forces françaises libres à Carlton Gardens, qui sera son QG jusqu'à son départ pour Alger, en 1942.

Prix du Numéro 4d.

DI, 1 MAI 1942

LE COURRIER AUSTRALIEN

JOURNAL HEBDOMADAIRE DE LA FRANCE LIBRE DANS LE PACIFIQUE

WEEKLY JOURNAL OF THE FREE FRENCH MOVEMENT IN AUSTRALASIA

HEAD OFFICE: 16 BOND STREET, SYDNEY

Melbourne Office

Registered at the General Post Office, Sydney, for transmission by Post as a Newspaper.

FRANCE'S PRIDE

The enemy and his accomplices, now that they have France at their mercy, do everything to keep her under. A sinister movement in which all good Frenchmen refuse to take any part, is that of repeatedly singing the refrain, according to which a decadent and guilty France has now to submit to being completely humbled along the lines set down by Vichy. The war with Germany started in 1914. Indeed, the Treaty of Versailles was not the end. There was only an absurd truce between 1918 and 1936 during which time the enemy rearmed. Since March, 1936, the German attack recommenced, first on the Rhine, then in Austria and then in Czechoslovakia operations preparatory to the Battles of Poland, Belgium and France, which in their turn were but the preliminary of the offensive against Russia pending the supreme effort against the Anglo Saxons. In reality, the world has been waging war for 30 years for or against the world domination sought by the German race.

There is nothing humiliating in the role played, or to be played by France past, present or future. Very much to the contrary, and I say it proudly to Frenchmen and others. As for the past, we have only to mention the Marne, Foch and Clemenceau—that is enough. As for the present, if it is obvious that at first we were taken by surprise by devastating mechanical forces, followed by a colossal intrigue of treason, it is no less obvious that France, the whole of France is pulling herself together for resistance, waiting for the day of organised reprisal. At the moment, the enemy and the Vichy traitors are in open conflict with the French people. To enable them to impose their demands they have to use the most atrocious system of oppression known in the history of any country.

Their censorship, their reign of terror, their lies, their propaganda, their justice of the cave man era, their mouth gags, their chains, the sods they throw over the dead do not stop the world from knowing in which direction France marches.

At the same time that portion of her territory, of her arms, and also of her beliefs which have already been wrested from the enemy and his accomplices carries on the war at the side of the Allies.

When the world will be able to measure the stupendous courage that nourishes the Frenchmen who manage day by day to rally to our flag, when it knows the spirit that animates their strength and their organisation, when it ...

"LE COURRIER AUSTRALIEN"
WEEKLY
The only French Newspaper published in Australia
16 BOND ST., SYDNEY.
Established 1892.
RATES FOR ADVERTISING:
4/- per inch Single Column (Position optional)
(Applying to Head of Column or Fixed Position)
15/- per Two-inch EAR Space.
per STRIP covering the whole width of page, on 1½in. depth.
Discount for Contracts exceeding £40: 10%
SUBSCRIPTION RATES:
1 Year, 15/-; 6 Months, 8/6;
3 Months, 5/-.
Price per copy 4d.
SUBSCRIBERS, PLEASE NOTE.
Changes of Address must be accompanied by a remittance of 4d. (sixpence)

Honneur et Patrie

La perte du "SURCOUF"

Les Marines Alliées ont appris avec tristesse la perte d'une des plus belles unités de la France Libre le "SURCOUF". Ce sous-marin universellement connu et admiré, gloire de la France, fruit de sa force et de son génie, est disparu avec tout son État Major et son équipage.

Avant un déplacement de 2 880 tonnes en surface de 4 300 tonnes ... SURCOUF par ses ... et son armement était ... plus grand et le plus puissant ... de 110 ...

Incarner la France, son combat et ses valeurs partout dans le monde, comme ici auprès de la communauté française en Australie.

d'ailleurs, à l'École supérieure de guerre qu'il intègre dès 1922, cette prétention à ne pas penser comme les autres. Il en sort avec un mauvais rang. « Ces cons de l'École de guerre, dira-t-il ! Je ne rentrerai dans cette sale boîte qu'en qualité de commandant de l'école. Et vous verrez comme tout changera. » En semi-disgrâce à Mayence, c'est son ancien colonel, devenu maréchal, qui lui confie le soin de rédiger des travaux en vue de son élection à l'Académie française. Pétain lui demande (honneur insigne) de prononcer quelques conférences à l'École de guerre, histoire de lui procurer une petite vengeance. Le 7 avril 1927, dans une de ses conférences, le jeune de Gaulle dresse le portrait idéal du héros, de l'homme seul face à l'événement, qu'on pourra lui appliquer au mot près pendant les épreuves de l'Occupation :

« Face à l'événement, c'est à soi-même que recourt l'homme de caractère. Son mouvement est d'imposer à l'action sa marque, de la prendre en compte, d'en faire son affaire. Et loin de s'abriter sur la hiérarchie, de se cacher dans les textes, de se couvrir de compte rendu, le voilà qui se dresse, se campe et fait front. »

LE THÉORICIEN ET LE PROPHÈTE

De Gaulle est déjà plus qu'un officier. Après un séjour au Liban, il revient à Paris, où il est affecté au secrétariat général de la Défense nationale. Au cœur de l'État. Obéir et se taire n'est pas pour lui une seconde nature. Charles de Gaulle lit : Péguy, Barrès et Bergson, sans compter les classiques. Il publie des articles, contrairement à ce que dicte la tradition. Déjà, il insiste sur les notions de mobilité et de surprise. Il écrit des livres dans lesquels il développe ses théories dissonantes, sinon dissidentes : *la Discorde chez l'ennemi* (1924), *Le fil de l'épée* (1932), *Vers l'armée de métier* (1934), *la France et son armée* (1938). Il plaide en faveur d'une armée de métier et d'une stratégie de mouvement, recommandant la création d'une arme blindée. Peu de gens goûtent ses thèses, hormis, par exemple, Paul Reynaud. Encore au début de 1940, alors qu'il commande les chars de la Vᵉ armée en Alsace, il tente, trop tard, de convertir à ses thèses un certain nombre de personnalités (à qui il fait parvenir un mémorandum : *l'Avènement de la force mécanique*). Léon Blum fait partie de ceux qu'il a convaincus. De Gaulle a bien vu en quoi la stratégie allemande était supérieure à la française et allait l'emporter. Le 1er juin 1940, il est nommé général à titre temporaire, le 5 juin il entre au gouvernement Reynaud, alors président du Conseil comme sous-secrétaire d'État à la Guerre. Il a quitté son statut militaire qui lui convenait si peu. Il a franchi le Rubicon du monde politique.

Juin 1944. De Gaulle avec de nouveaux décorés des troupes françaises engagées sur le front italien.

LONDRES, L'APPEL, LA DISSIDENCE

C'est à ce titre et à ce moment que le général de Gaulle rencontre Churchill à Londres. Il revient d'Angleterre le 16 juin, le gouvernement étant à Bordeaux. Paul Reynaud démissionne, remplacé par le gouvernement Laval-Pétain. Avec une prescience inouïe et un courage évident, le lendemain, de Gaulle s'envole pour Londres. Lui, le militaire, se met hors de la France officielle. Il devient un « dissident ». Seul contre tous (ou presque), contre un destin qui semble implacable. Il dira plus tard : « Je m'apparaissais à moi-même seul et démuni de tout comme un homme au bord d'un océan qu'il prétendrait franchir à la nage. » Le 18 juin, il lance sur les ondes de la BBC son appel prophétique : « Quoi qu'il arrive, la flamme de la Résistance française ne doit pas s'éteindre et elle ne s'éteindra pas. » De l'événement, le héros va naître. À lui seul, en plein exil, démuni de tout, il prétend incarner la France. Prétention incroyable. Avec quelques ralliés, il établit le statut des Forces françaises libres (FFL). Churchill le reconnaît comme le chef des Français libres, au moment même où il est condamné à mort par le tribunal militaire de Clermont-Ferrand. De Gaulle crée une petite armée dissidente qui marque sa présence sur le plan militaire. Des territoires de l'Empire français se rallient, comme l'Afrique-équatoriale française. Il se souvient de ce qu'il a écrit dans *La France et son armée* : « La France fut faite à coups d'épée... Mais s'il faut la force pour bâtir un État, réciproquement l'effort guerrier ne vaut qu'en vertu d'une politique. » Il faut une politique à la France libre. C'est pourquoi, le 24 septembre 1941, le Comité national français est imaginé. Il s'agit de doter la France libre d'un embryon d'institutions démocratiques, au moment même où on accuse de Gaulle d'être un général putschiste. L'adhésion aux valeurs républicaines est valorisée.

TROIS COMBATS MAJEURS

Le général de Gaulle va conduire trois combats politiques majeurs. Le premier en faveur du ralliement de la Résistance intérieure (qui n'est pas gaulliste initialement) à son symbole et à son autorité. Jean Moulin sera son instrument. Le deuxième contre un général rival, Henri Giraud, soutenu à Alger par les Américains après qu'ils eurent débarqué en Afrique du Nord en novembre 1942. En créant le Comité français de la Libération nationale, le 3 juin 1943, il arrive à circonvenir Giraud et à s'imposer, aux Français et aux Alliés, comme le seul emblème crédible de la France nouvelle. Son ultime combat est de faire en sorte que la France passe dans le camp des vainqueurs en 1945 et évite une « occupation » anglo-

Le général de Gaulle présidant le Comité national français, entouré de l'amiral Muselier et de René Cassin.

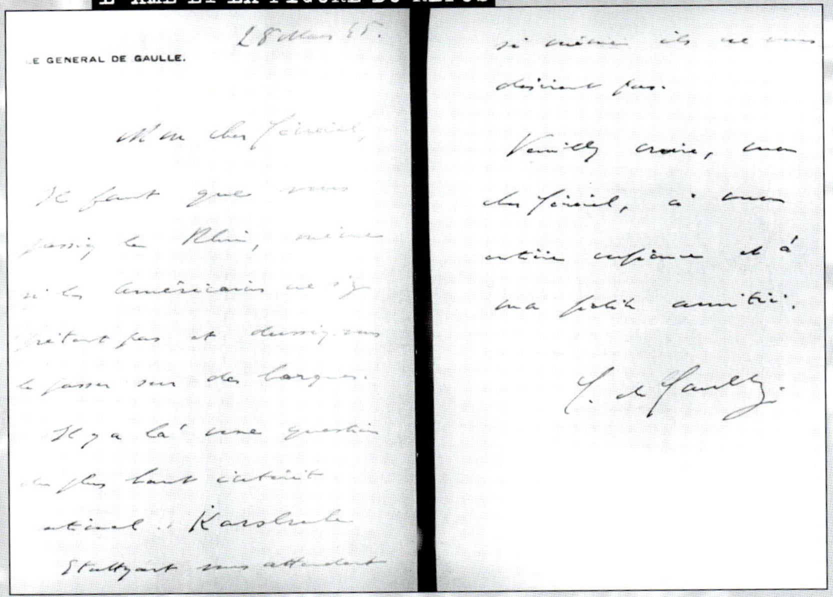

LE GÉNÉRAL DE GAULLE.

28 mars 45.

Mon cher Général,

Il faut que vous passiez le Rhin, même si les Américains ne s'y prêtent pas et dussiez-vous le passer sur des barques.

Il y a là une question du plus haut intérêt national. Karlsruhe Stuttgart vous attendent si même ils ne vous désirent pas.

Veuillez croire, mon cher Général, à mon entière confiance et à ma fidèle amitié.

C. de Gaulle.

Lettre au général de Lattre le 28 mars 1945 :
« Il faut que vous passiez le Rhin... ».
La France dans le camp des puissances victorieuses.

américaine. Grâce à lui, la France aura un fauteuil permanent au sein du Conseil de sécurité de l'ONU. Par contre, il échoue, comme chef du Gouvernement provisoire de la République française (GPRF), à rénover la vie politique française en ne parvenant pas à éviter le retour de la partitocratie et des errements de la IIIe République. Après le référendum du 21 octobre 1945 qui dote la France d'une Constitution, il n'arrive pas à gérer les forces centrifuges de son gouvernement tripartite (SFIO, MRP, PCF). Il quitte la scène politique le 20 janvier 1946. Les Français, qui doivent grandement leur liberté et leur fierté recouvrées à Charles de Gaulle, s'habituent très vite à vivre sans lui.

LA TRAVERSÉE DU DÉSERT

Il tente d'y revenir par la petite porte, paradoxalement par le truchement d'un parti (il préfère le mot mouvement) qu'il fonde en 1947 : le Rassemblement du peuple français (RPF). Son conservatisme ne permet pas au gaullisme (né de la rébellion !) de devenir une force politique qui compte. Le contempteur du régime des partis vit certainement mal ce porte-à-faux. En 1953, le général de Gaulle se retire à Colombey-les-Deux-Églises. C'est la « traversée du désert », où il écrit ses *Mémoires de guerre* (1954). Chef-d'œuvre littéraire plus que document historique, où l'auteur se présente à la troisième personne, où Charles n'apparaît jamais, comme si l'homme était, de son vivant, toujours déjà une icône échappant à lui-même et appartenant à cette Histoire avec un grand H qu'il avait lue, écrite, rêvée. On pense alors à Mallarmé ou à l'écrivain argentin Jorge-Luis Borges, tant, chez de Gaulle, il semble que l'histoire qu'il a faite ne l'a été que pour être un jour écrite et aboutir à un livre !

LA FONDATION DE LA Ve RÉPUBLIQUE

Avec lui, tout se passe comme si les rendez-vous avec la France ne devaient se faire qu'en situation d'extrême danger. Le général de Gaulle n'excelle que dans la tourmente et dans l'extrême. La normalité lui sied mal. La guerre d'Algérie qui ne dit pas son nom montre l'impuissance de la IVe République. Les institutions sont en péril, la France, au bord de la guerre civile. Les hommes politiques à la dérive se souviennent soudainement que le Général existe ! On va le chercher dans sa retraite. Le 29 mai 1958, il forme un gouvernement doté des pleins pouvoirs qui révise la Constitution dans un sens favorable à ses vues, c'est-à-dire renforçant considérablement l'exécutif et « rationalisant » le parlementarisme ; 80 % des Français approuvent par référendum la nouvelle Constitution qui invente la Ve République, toujours en vie. En janvier 1959, de Gaulle devient le premier président de cette nouvelle République. C'est lui, à la suite d'une démarche qui a soulevé de nombreuses critiques, y compris chez ceux de ses premiers compagnons, qui

La campagne d'Italie, mars 1944. De Gaulle observe les positions ennemies avec le général Juin.

14 juin 1944. De Gaulle arrive à Bayeux. Il a pris pied en France le matin même, à Courseulles, pour la première fois depuis juin 1940.

conduit l'Algérie à l'indépendance. Un drame national. Il échappe de peu à la mort en évitant un attentat au Petit-Clamart, le 22 août 1962. En matière de politique étrangère, sa vraie passion, il conduit une politique de « grandeur », en un temps où l'on pense que l'État-nation a fait son temps. Il sort la France de l'organisation « intégré » de l'OTAN en Europe (le parapluie militaire américain) et il la dote de l'arme nucléaire en 1968. L'Europe, le Général la regarde avec une certaine circonspection. La supranationalité est pour lui une incongruité. Ses conceptions géopolitiques ne sont pas innovantes. Dès 1945, il pensait par exemple qu'il convenait de briser l'unité de l'Allemagne et revenir à une politique de revers, symbolisé par l'alliance franco-russe. Il rejette la demande d'entrée dans l'Europe de la Grande-Bretagne. Pourtant, il s'efforce de construire une amitié franco-allemande. Un traité de coopération est signé à Paris, le 23 janvier 1963. De Gaulle déclare à cette occasion : « Au cœur du problème et au centre du continent, il y a l'Allemagne. C'est son destin que rien ne peut être fait sans elle. »

LE REBELLE DÉPASSÉ

Et pourtant, de Gaulle suscite une vive opposition en France. Son challenger à gauche, François Mitterrand, critique son « exercice solitaire du pouvoir ». De Gaulle semble peu à peu ne plus être en phase avec la société française, avec sa jeunesse en particulier. Il incarne le père, le passé. Lui, le rebelle, il ne comprend pas la révolte des étudiants qui éclate en mai 1968. Il semble désemparé. Alors qu'il lui soumet en référendum une réforme constitutionnelle, la France lui répond « non » le 27 avril 1969. Il met aussitôt fin à ses fonctions. C'est le retour à Colombey, la mort dans l'âme. Ses rapports avec les Français auront été jusqu'au bout marqués par la passion. Les Français le regardent désormais comme appartenant à l'Histoire, pas à l'avenir. Le général de Gaulle fait retour à l'écriture, sa passion première. Il écrit un livre au titre décalé : *Mémoires d'espoir*. L'espoir prend la forme fatale de la mort, qui le frappe le 9 novembre 1970.

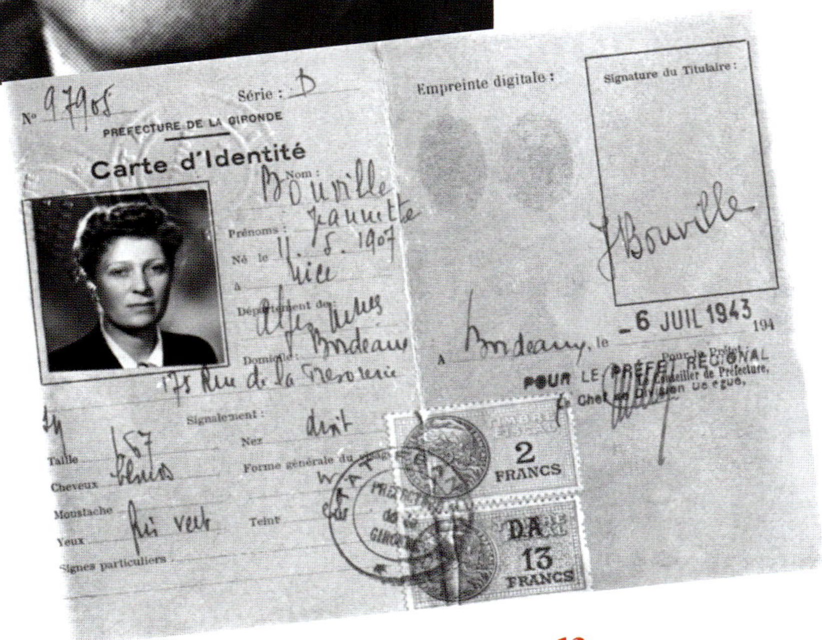

Maurice Buckmaster, chef de la French Section *du SOE. Ci-dessous, fausse carte d'identité de Lise de Baissac, membre de réseaux du SOE travaillant pour les parachutages et les opérations* pick up.

Mars

Les réseaux Buckmaster

Depuis le mois de septembre 1941, le major Buckmaster est à la tête de la section française du SOE, dépendant du ministère de la guerre économique, chargée de missions de sabotage en France occupée. Des agents britanniques et français y travaillent. Il lui arrive de recruter des volontaires FFL qu'il réclame à Passy, mais il tient à garder son indépendance vis-à-vis du BCRA.

Les missions « Action » ont un succès mitigé en 1942, mais le nombre de parachutages réussis augmentent progressivement jusqu'à 1 350.

Au cours de l'année 1943, les réseaux Buckmaster se multiplient. Comme le réseau appelé « Prosper », qui est le plus important de France, dépendant du SOE-France. Bientôt on en compte plus de 70. Mais le prix en vies humaines se compte en dizaines d'agents morts en opération.

13 mars

L'affaire de « l'Hôtel de Ville »

À la suite de l'arrestation inopinée d'un agent de liaison dans un train à Bourg-en-Bresse, la Gestapo entre en possession d'une quantité considérable d'archives concernant le fonctionnement de l'Armée secrète (AS) et son organigramme.

Le ton et l'ampleur de ces documents l'amènent d'ailleurs à surestimer le développement atteint par l'AS et la menace qu'elle représente. Aussi, elle devient un objectif prioritaire de la répression. En utilisant les noms, les adresses de lieux de réunion et de boîtes aux lettres trouvés sur l'agent de liaison, la Gestapo tend dans Lyon une série de « souricières », dont celle du 7, rue de l'Hôtel-de-Ville, où un appartement du cinquième étage sert de planque et de lieu de réunion très fréquenté par des responsables régionaux de l'AS.

Une quinzaine de personnes sont arrêtées, dont Raymond Aubrac, Serge Ravanel, Maurice Kriegel et François Morin-Forestier, membre de Combat. Ils prétendent être de petits trafiquants du marché noir, mais sont identifiés comme résistants. Leur cas est confié à des magistrats français.

Raymond Aubrac bénéficie le 10 mai d'une mesure de libération provisoire pour raisons de santé, tandis que ses camarades profitent d'une évasion depuis l'hôpital de l'Antiquaille, où ils se sont fait transférer avec des motifs médicaux de complaisance. Si, par mesure de sécurité, Frenay décide d'envoyer Morin-Forestier à Londres, les autres ne sont pas mis au vert et reprennent leurs activités.

14 mars

Pourquoi nous battons-nous ?

Le différend entre de Gaulle et Giraud n'oppose pas seulement des personnes, mais bien des choix politiques. Le but de Giraud est de participer à la victoire alliée contre l'Allemagne. De Gaulle ajoute à cette volonté première, celle de restaurer la souveraineté française, ce que Roosevelt juge outré. Sur le plan politique, Giraud, qui se targue d'un apolitisme hautain, s'accommode fort bien des idées réactionnaires et de la législation coercitive de Vichy, qu'il maintient à l'œuvre en AFN. De Gaulle, au contraire, représente le retour à la République et la liquidation de Vichy.

À Anfa, déjà, de Gaulle s'est fait fort de rappeler à Giraud la lettre dans laquelle, en 1942, il a juré allégeance à Pétain. Le 21 février, le Comité national français le place au pied du mur en lui soumettant un mémorandum requérant la dénonciation de l'armistice et de la législation de Vichy, la restauration des libertés et la formation d'un pouvoir central provisoire excluant tous ceux qui ont participé à l'armistice ou à la collaboration.

Devant la montée en puissance du sentiment gaulliste, Giraud est obligé de lâcher du lest. Jean Monnet l'encourage à aller dans ce sens. En Algérie, d'abord, où il consent à la libération des gaullistes d'AFN qui ont été « récompensés » de leur aide au débarquement du 8 novembre par un internement en bonne et due forme, et il dissout le service d'ordre légionnaire. Sur le plan des idées aussi. Le 14 mars, devant des Alsaciens et des Lorrains, entre *Marseillaise* et *Marche lorraine,* il prononce, selon ses propres paroles, « le premier discours démocratique de [sa] vie ». Le général moustachu répudie les « lois » de Vichy, y compris le statut des juifs, ainsi que l'armistice (à l'exception de la « loi » qui abrogeait le décret Crémieux, ce qui fait que les juifs ne sont pas réincorporés dans la citoyenneté française). Il salue « les héros de la Résistance, les fidèles des mauvais jours, les croyants des heures désespérées ». Il se pose en réunificateur des forces de la Libération et assure que « ce sera la France tout entière qui partagera avec ses alliés la victoire de la cause pour laquelle elle a tant souffert ».

« Les conditions essentielles de la libre expression de sa souveraineté seront restaurées en France. Le peuple de France formera alors son gouvernement provisoire d'après les lois constitutionnelles de la République. L'expression de la souveraineté du peuple français a été interrompue par l'occupation allemande, elle ne sera reprise que lorsque la France sera libérée. Je donne au peuple de France l'assurance la plus solennelle que son droit sacré de déterminer par lui-même le choix de son gouvernement provisoire sera entièrement sauvegardé. »

Le lendemain, il fait savoir qu'il est prêt à accueillir de Gaulle. Ce faisant, il provoque la démission des plus pétainistes de ses collaborateurs, ce qui permet leur remplacement par des hommes au profil plus ouvert. La négociation peut s'ouvrir pour permettre l'union. Mais les modalités demeurent fort difficiles à arrêter. Aussitôt, on accuse Giraud de palinodie, de reniement, de trahison ! On dit préférer l'original (de Gaulle) à la copie (Giraud).

DISCOURS ET MESSAGES DU
GÉNÉRAL GIRAUD
PRONONCÉS DU 8 NOVEMBRE 1942 AU 30 MAI 1943
TOUS LES FRANÇAIS GROUPÉS AUTOUR DE MOI, TOUS, DE MOI AU DERNIER SOLDAT DE L'ARMÉE DE LA VICTOIRE NOUS SOMMES LES SERVITEURS DU PEUPLE DE FRANCE.
Général GIRAUD
14 Mars 1943
COMMISSARIAT A L'INFORMATION
1943

Recueil de discours du général Giraud diffusé au moment où de Gaulle rejoint Alger.

10 mars 1943 à la gare de Romans (Drôme). Manifestations et heurts avec les gendarmes lors d'un départ pour l'Allemagne d'ouvriers requis pour le STO. Des pierres sont placées sur les voies pour perturber le départ.

15 mars

La mort prochaine des mouvements de Résistance ?

Jusqu'à la fin de 1942, le général de Gaulle n'avait que mépris pour les anciens partis, à l'instar de la majorité des résistants et des Français. Les Anglais et Jean Moulin le persuadent peu à peu qu'il lui faut accroître sa légitimité face à Giraud et tendre la main aux anciens partis. L'idée du CNR est en marche. L'arrivée à Londres, en janvier 1943, de Fernand Grenier, représentant du PC, est un symptôme. Un mois après, de Gaulle écrit une lettre à Léon Blum, le chef du parti socialiste clandestin, dans laquelle il dit : « Nous comprenons très bien qu'à mesure que pointe l'aurore, il soit normal et même souhaitable que la Résistance, tout en demeurant unie et cohérente, se teinte et se nuance des tendances politiques traditionnelles. »

Évolution très importante, et source de frictions, car nombreux sont ceux qui, dans la Résistance ou au sein même des partis renaissants, s'opposent à ce que les partis refassent surface, alors qu'ils sont toujours associés à la défaite et à la compromission du 10 juillet 1940, lorsque les parlementaires ont accordé les pleins pouvoirs à Pétain. Les résistants estiment qu'ils n'ont pas risqué leur peau pour préparer le terrain à la renaissance et à la réhabilitation des anciens partis, entrés en hibernation en attendant des jours meilleurs.

Le 15 mars, Léon Blum écrit à de Gaulle une longue lettre où il se félicite de ce changement et de l'adhésion qu'il apporte ainsi aux « principes démocratiques ». Il va beaucoup plus loin puisqu'il dénonce la volonté de ceux des résistants qui, comme Frenay ou Brossolette, envisagent de faire de la Résistance la source et l'étalon du renouveau politique. Cette divergence est une source vive de conflits de légitimités à venir.

26 mars

La mission Arquebuse-Brumaire, un piège tendu à Max ?

Pierre Brossolette a obtenu une mission en France pour organiser le rapprochement des mouvements de Résistance de zone nord et leur ralliement au général de Gaulle. Parallèlement aux décisions qui se prennent à Londres à propos de la création d'un Conseil de la Résistance, Brossolette accomplit, à partir du 12 février, un travail rapide, avec l'appui de Passy (venu en personne en mission du 26 février au 19 avril, entre autres pour regrouper tous les réseaux de renseignements dépendant du BCRA ou des mouvements autour de deux « centrales », Prométhée et Coligny). Très encouragé par l'OCM qui veut voir avaliser sa position de plus important mouvement de zone nord, et en dépit des nouvelles instructions données par de Gaulle à Moulin qui annulaient les anciennes instructions de Brossolette, celui-ci prend l'initiative de créer un Comité de coordination de zone nord avec l'idée de faire pendant avec celui que préside Moulin en zone sud. Il le réunit pour la première fois le 26 mars. Militant contre la réintroduction des partis politiques dans la Résistance, Brossolette a pourtant choisi d'inclure le FN communiste au sein du Comité de coordination, aux côtés des mouvements OCM (Organisation civile et militaire), Libération-Nord, CDLL (Ceux de la Libération) et CDLR (Ceux de la Résistance), mais a exclu d'autres mouvements qu'il a jugés secondaires comme Lorraine, Défense de la France ou la Voix du Nord.

Au retour de Moulin à Paris, les deux hommes s'affrontent violemment. Moulin estime que Brossolette, en outrepassant à ses ordres, a compliqué la création du Conseil de la Résistance, qui s'avère déjà ardue, et rendu impossible celle de la Commission permanente, qui, représentant les mouvements, aurait été le véritable directoire de la Résistance.

« Passy », chef du BCRA. Il va effectuer en France une mission en compagnie de Brossolette.

« Les hommes qui ont voulu fonder un État totalitaire ont invariablement commencé par détruire et interdire les partis politiques. Rendez-vous compte bien clairement, je vous en conjure, que les organisations de Résistance qui sont sorties du sol français à votre voix ne pourront à aucun degré se substituer à eux. Lorsque la France aura recouvré sa souveraineté et retrouvé une stabilité, le rôle utile de ces organisations sera épuisé. […]

Je ne verrais pour ma part que des dangers à ce que les organisations de Résistance, une fois accomplie la tâche en vue de laquelle elles ont été créées, se survécussent sous leur forme actuelle. Syndicats d'intérêts égoïstes et surannés comme les associations d'anciens combattants de l'autre guerre, ou bien milices paramilitaires redoutables à toutes les républiques, elles n'auraient guère à choisir d'autre destin... »

Léon Blum au général de Gaulle

27 mars

Face à la mort, au fond d'un cachot

Jean Nocher est un des premiers résistants. Chef départemental de Franc-Tireur, organisateur des groupes francs de la Loire, fondateur du journal clandestin *l'Espoir*. Il est arrêté en octobre 1942, avec une quinzaine de ses compagnons de lutte. L'affaire fait grand bruit. Dans l'hebdomadaire collabo *Je suis partout*, Robert Brasillach, son ancien condisciple à l'École normale supérieure, s'en félicite : « Les événements confirment également que Jean Nocher (marié à une Juive) n'est pas seulement un petit voyou antifasciste, mais un dangereux malfaiteur justiciable seulement du peloton d'exécution. »

Enfermé à la prison Saint-Paul, pour tuer le temps et tromper le désespoir né de l'inaction et de l'isolement, Jean Nocher écrit des poèmes et tient une sorte de journal de bord. En ce début de 1943, Nocher a le moral qui flanche. Assailli de pressentiments, il est persuadé que le bruit court selon lequel la Gestapo l'a réclamé. Son procès est en cours d'instruction. En février, Laval demande que son dossier soit transféré au tribunal d'État, tribunal d'exception. Nocher est à l'isolement complet. Le 27 février, on accroche à sa porte une pancarte rouge réservée naguère aux condamnés à mort :

« Individu très dangereux
À surveiller jour et nuit
Toutes les demi-heures
À raser dans sa cellule à la tondeuse
Ne doit voir personne
À conduire seul dans la cour. »

Le 13 mars, il est transféré à prison Montluc, l'antichambre de la mort pour Jean Moulin et tant d'autres résistants. Le 27 mars, il connaît une vraie crise de désespoir qu'il note dans son journal.

« *J'ai attendu l'aube toute la nuit. Pourquoi m'avoir ainsi annoncé, une fois encore, la fusillade ? Pourquoi ce supplice inutile ? Je n'en peux plus. Qu'ils en finissent... Cette nuit, dans un pâle rayon de lune, j'entrevoyais ma ceinture de cuir qu'ils m'ont laissée. Il y a un clou assez haut dans le mur. Cette ceinture est devenue mon obsession. Le clou. La ceinture. En finir... Finalement, j'ai eu peur de céder. Je me suis levé (je me tiens difficilement debout) et j'ai été cacher la ceinture sous ma paillasse.*

Demain, mon fils aîné aura sept ans. Le cadet vient d'avoir cinq ans. Me fusilleront-ils pour cet anniversaire ? Je deviens stupidement superstitieux. J'ai lutté toute la nuit pour sortir de cet état de demi-sommeil où la volonté, annihilée, laisse courir les fantômes. Pour me désenliser du silence, de cette solitude, je parlais à mi-voix. Les mêmes mots revenaient toujours : "mes amours". »

Extrait du journal de Jean Nocher

Combats, prises d'otages, exécutions de prisonniers et de blessés. L'armée d'occupation s'engage contre les maquis. Ici à Saint-Yan en Saône-et-Loire.

Début avril

Le maquis, ou comment s'en débarrasser ?

Le refus d'aller travailler en Allemagne a été encouragé et pris en compte par les mouvements de Résistance. Face à la Relève, Combat crée en novembre 1942 l'Action ouvrière (AO), un service confié à Marcel Degliame, ancien syndicaliste. Le rejet du STO représente un véritable bouleversement. Que faire de tous ces jeunes qui entrent en réfractariat et s'entassent dans les maquis ? Regroupés, ils constituent une proie toute désignée pour l'occupant et la Milice. En même temps, c'est une aubaine et une source d'engagements. Comment alors transformer les réfractaires en autant de combattants ? Il faut donc les armer, les encadrer, les financer. La charge est énorme.

Les MUR réagissent très rapidement. Un Service maquis est créé début avril 1943, qui devient Service national maquis en août de la même année. L'avocat Michel Brault (dit « Jérôme ») en est chargé, secondé par Georges Rebattet (dit « Cheval »).

Ce service va coûter très cher. Il accentue le problème financier entre les mouvements et « Rex », les premiers lui reprochant de sous-évaluer leurs besoins, alors qu'à Londres on semble redouter la constitution d'une troupe incontrôlable, sorte d'Armée secrète *bis*. Mais les maquis eux-mêmes, très diversifiés, échappent en partie à la Résistance intérieure. Celle-ci tente difficilement de temporiser ceux des maquisards qui souhaitent en découdre immédiatement, risquant de s'exposer au pire. L'attitude de certains de ces « hors-la-loi » ne laisse pas la population dans l'indifférence, mais pas forcément dans le sens où on le penserait.

« *Gars du maquis, évitez de vous agglomérer aux maquis déjà existants : c'est le meilleur moyen de les faire repérer. Créez au contraire de nouveaux centres de résistance. Disséminer les objectifs de l'ennemi, c'est le forcer à disséminer ses forces.*
Éparpillez les maquis !
Éparpillez les nazis ! »

Mot d'ordre diffusé par la BBC au début de 1944

1er avril

Les obsèques du passeur Koepfler

L'un des plus célèbres passeurs de la partie orientale de la ligne de démarcation, Paul Koepfler, vient de mourir. Organisée par la municipalité, la cérémonie funéraire, qui a lieu à Poligny (Jura, zone sud), est pour le moins spectaculaire, car des centaines d'habitants accompagnent le cercueil du passeur clandestin Paul Koepfler lors de ses obsèques.

Paul Koepfler passait depuis 1940 avec de nombreux complices soit dans les cafés et restaurants, soit chez les cheminots et les gardes forestiers. Il est né en 1921, à Belfort, dans une famille pauvre de souche alsacienne, qui s'est installée en Franche-Comté entre 1870 et 1914 afin d'éviter l'occupation allemande. En 1940, Koepfler, fait prisonnier pendant les combats, s'évade et rejoint Poligny. L'important couvert forestier du Doubs et du Jura est propice aux passages clandestins. Il aide de nombreux Alsaciens, mais aussi des prisonniers de guerre à franchir clandestinement la ligne de démarcation entre la zone interdite et la zone non occupée. Il crée avec des collègues une filière qui passe des centaines de personnes et qui fournit des renseignements, entre 1940 et 1943. Arrêté une première fois par les Allemands en mars 1941, torturé, il se tranche la gorge et, considéré comme mort, il est sauvé à la morgue par des médecins français. Sa tête est mise à prix par les Allemands. Koepfler recommence ses activités de passeur, mais dénoncé, il est abattu dans un café par la Gestapo.

Avec l'instauration de la Milice et l'engagement toujours plus grand de Vichy aux côtés des Allemands, le combat des résistants se fait autant contre la collaboration que contre l'occupant.

Des maquisards préparent une opération en étudiant une carte d'état-major.

15 avril

Le peuple a choisi !

Le général de Gaulle prépare sa venue à Alger, qui intervient à la fin de mai 1943. Pour être fort et triompher de son rival Giraud, appuyé par les Américains, il lui faut l'adhésion de la Résistance intérieure.

Dix jours avant que Jean Moulin apprenne l'existence de la délégation des MUR en Suisse, qu'il verra comme une sorte de geste antigaulliste et pro-américain, le n° 43 du journal *Combat* publie un article de soutien inconditionnel à de Gaulle. Pour la une, c'est Henri Frenay en personne qui signe de son vrai nom un éditorial intitulé : « Le peuple a choisi ». Frenay reconnaît que Giraud a eu un courage auquel « le peuple français rend hommage », mais les « erreurs » qu'il a commises et « ses variations politiques » ne peuvent « le désigner pour défendre l'ensemble des intérêts français et représenter les aspirations nationales ». Tel n'est pas le cas du général de Gaulle :

« Le général de Gaulle, au contraire, n'a jamais varié. Son appel du 18 juin 1940, alors que tout semblait perdu, fut la lumière dans les ténèbres, un cri de foi et d'espoir, un appel prophétique qui marque le début de la résurrection française. [...]

Tous les hommes qui, depuis l'origine, résistent à l'Allemand et à la dictature l'ont choisi comme Chef et symbole de leurs aspirations. Il est depuis longtemps mandaté par le peuple français pour parler en son nom.

Voilà ce que doivent savoir ceux qui demain négocieront à Alger.

Voilà ce que nos Alliés ne doivent pas perdre de vue.

Entre de Gaulle et Giraud, le peuple a choisi de Gaulle.

Telle est sa volonté. »

17 avril

Le retour à l'unité à la CGT dans la clandestinité

Avant la guerre, deux tendances s'opposent au sein de la CGT : les unitaires et les confédérés. Les divisions sont nombreuses au sein du syndicat, notamment au moment de la signature du pacte germano-soviétique, le 23 août 1939. Les unitaires refusent de condamner l'URSS. En septembre, ils sont exclus de la CGT, qui désapprouve les accords. La répression policière s'abat massivement contre les unitaires.

Au début de novembre 1940, la CGT est dissoute. Nombre de responsables syndicaux confédérés se réfugient alors dans le sud de la France. Puis les unitaires et les confédérés qui se sont levés contre les nazis retrouvent progressivement le chemin du rapprochement. L'invasion de l'URSS jette dans l'action clandestine nombre de syndicalistes.

Fin 1941, la répression contre les militants syndicaux résistants est encore plus sévère qu'auparavant. Par exemple, le 24 septembre, Jean Catelas, ancien député communiste d'Amiens, est guillotiné à la prison de la Santé. Les grèves, les attentats et les sabotages se développent contre l'occupant. À partir de février 1943, les syndicats sont directement impliqués dans la lutte contre le STO. Face à l'adversité, la réunification entre confédérés et unitaires devient une nécessité. Le 17 avril 1943, les « accords du Perreux » sont conclus verbalement. La CGT va pouvoir se reconstruire.

28 avril

Le premier milicien tué par la Résistance

Vers 10 heures du matin, Paul de Gassowski, le chef départemental adjoint de la Milice des Bouches-du-Rhône, est la cible de plusieurs balles ; c'est le premier milicien assassiné par les résistants à Marseille. Ses obsèques sont organisées par la Milice et doivent être éclatantes. Les miliciens ont ainsi leur premier « martyr » et vont sans doute pouvoir l'utiliser dans leur propagande pour mieux combattre la Résistance. Cependant, pour cette dernière, c'est une victoire symbolique importante de nature à créer un sentiment permanent d'insécurité pour les miliciens.

La Milice est partie prenante de la répression sanglante contre les maquis et les « terroristes ». Les prodromes d'une guerre civile ?

“Les miliciens sont des boches. Ils seront pendus.”

INSCRIPTION LUE SUR LES MURS D'UNE PETITE VILLE DE HAUTE-SAVOIE

« *Gens d'milice*
Et complices
Des polices
De Vichy
Traquant nos frères
Réfractaires
Qui se terrent
Dans l'maquis
Vous devrez
Tristes êtres
Disparaître
Pour les traîtres
Pas d'pitié ! »

Couplets écrits par Pierre Dac
et diffusés par Radio-Londres

25 avril

Un crime contre la Résistance ?

La délégation des MUR en Suisse aurait pu être une extraordinaire opportunité pour la Résistance intérieure. Celle-ci en approuve globalement le principe. Mais le problème vient de ce que cette affaire a été bouclée en l'absence de Moulin, alors à Londres. « Rex » revient en France le 20 mars. C'est seulement un mois après qu'il apprend l'existence de cette délégation, et encore, par une voie indirecte. D'emblée, il suspecte une volonté de le mettre à l'écart. Il envoie un télégramme à Londres le 25 avril 1943 pour faire part de sa réaction. Pour lui, il y a « une attitude d'indépendance » à l'égard du Général : « Question confiance se pose. » Il termine ainsi :

« [...] Delestraint et Rex [Moulin] demandent si de Gaulle d'accord pour appuyer fermement prière accuser réception par BBC : “La vie n'est pas toujours facile”, je dis “la vie n'est pas toujours facile”. Fin. »

Il prend à partie Henri Frenay et lui explique qu'il est en train de « donner un coup de poignard dans le dos du Général ». Rex fait parvenir une longue note au chef de la France combattante, accusant le chef de Combat de n'être plus représentatif dans son mouvement, de mener une politique trop personnelle, et de faire le jeu des Américains, et donc du général Giraud. L'accusation porte puisque les deux généraux sont en pleine bataille de légitimité. Frenay lui répond qu'il n'est pas aux ordres. Il est à deux doigts de faire sécession. Frenay lui demande de se rendre à Londres pour s'expliquer. Il faudra attendre deux mois (jusqu'au 16 juin), le temps que les Américains suppriment tout financement, dans l'attente d'un règlement du conflit. Pour le fondateur de Combat, c'est un « crime contre la Résistance ». Pour Moulin, c'est une trahison.

28 avril

La trahison du résistant Multon et ses suites tragiques

Jean Multon, né en 1908, à Preuilly-sur-Claise (Indre-et-Loire), exerce avant la guerre le métier de dessinateur. Sous le pseudonyme de « Lunel », c'est un militant important du mouvement Combat : il est le secrétaire du chef des Mouvements unis de la Résistance dans les Bouches-du-Rhône, Maurice Chevance-Bertin, l'homme de confiance de Frenay. Multon est arrêté par la Gestapo à Marseille, le 28 avril. Deux jours après, l'occupant parvient à le retourner et, sans même le torturer, il « se met à table ». Il semble avoir été impressionné par les dossiers que les Allemands possèdent au sujet des résistants dans le Midi. Désormais, Lunel travaille pour la Gestapo.

Cette arrestation et ce retournement ont des conséquences terribles pour l'organisation et la direction de la Résistance en métropole. C'est à cause de lui que Chevance-Bertin et Benjamin Crémieux sont arrêtés, puis déportés, que Berty Albrecht et Marie Raynouard sont arrêtées en mai 1943. Henri Frenay a failli y passer lui aussi. Avec les renseignements apportés à Klaus Barbie, chef de la section IV de la Gestapo de Lyon, par un agent de l'Abwehr, Robert Moog, et ceux de Multon qui travaille désormais sous les ordres de ce dernier, les Allemands sont tenus au courant d'un rendez-vous que doit avoir le chef de l'AS, le général Charles Delestraint, à Paris, à la station de métro La Muette. Delestraint sera arrêté. La tête de la Résistance intérieure française est atteinte. Quelque temps après, par un effet indirect, c'est Jean Moulin lui-même qui est arrêté. C'est en effet le même Multon qui, fortuitement, reconnaît René Hardy dans le train le conduisant à Paris, le 8 juin.

Mai

En Tunisie, un précédent si victorieusement réalisé

Dans la bataille de Tunisie, trois armées françaises sont parties prenantes : une partie de l'armée d'Afrique (80 000 hommes) sous le commandement du général Juin, les Forces françaises libres (environ 13 000 hommes répartis entre la Force L et la DFL) et la Phalange africaine, qui se bat aux côtés de l'Axe. Cette campagne de Tunisie contre les Allemands et les Italiens, commencée en novembre 1942 et qui s'achève en mai 1943, voit pour la première fois l'armée de Giraud et celle de De Gaulle lutter ensemble, toutefois sans se mélanger. La campagne de Tunisie permet aux Alliés de ne plus douter de la volonté et des motivations réelles des forces militaires françaises, hormis bien sûr celles de Vichy. Le général Patton et le président Roosevelt sont séduits par l'engagement solidaire des Français. Roosevelt envoie à Giraud un beau satisfecit :

« J'exprime l'admiration du peuple de l'Amérique en saluant la brillante contribution des forces françaises sous votre commandement qui vient d'aboutir hier à la délivrance de Tunis et de Bizerte. Les soldats de la France ont montré qu'ils n'attendaient que l'occasion de bondir à nouveau contre les oppresseurs nazis. Ce précédent, si victorieusement réalisé, marque l'autre jour où les nations unies, travaillant ensemble, rendront la France à son peuple. »

La campagne de Tunisie a occasionné de lourdes pertes faute d'armes antichars modernes : les FFL ont perdu 38 hommes, et l'armée d'Afrique 2 156 ; les Américains comptent 2 700 morts, et les Anglais 4 439. Les blessés se comptent par milliers. La fin de la campagne de Tunisie est aussi le prélude à une réorganisation de l'armée française. Enfin, la Tunisie conquise, elle représente désormais une plate-forme stratégique de premier ordre pour les Alliés en vue de la libération de l'Europe par le sud.

Le général Giraud reçoit le général Eisenhower à Alger à l'occasion de l'arrivée massive de matériel américain destiné à l'Armée d'Afrique.

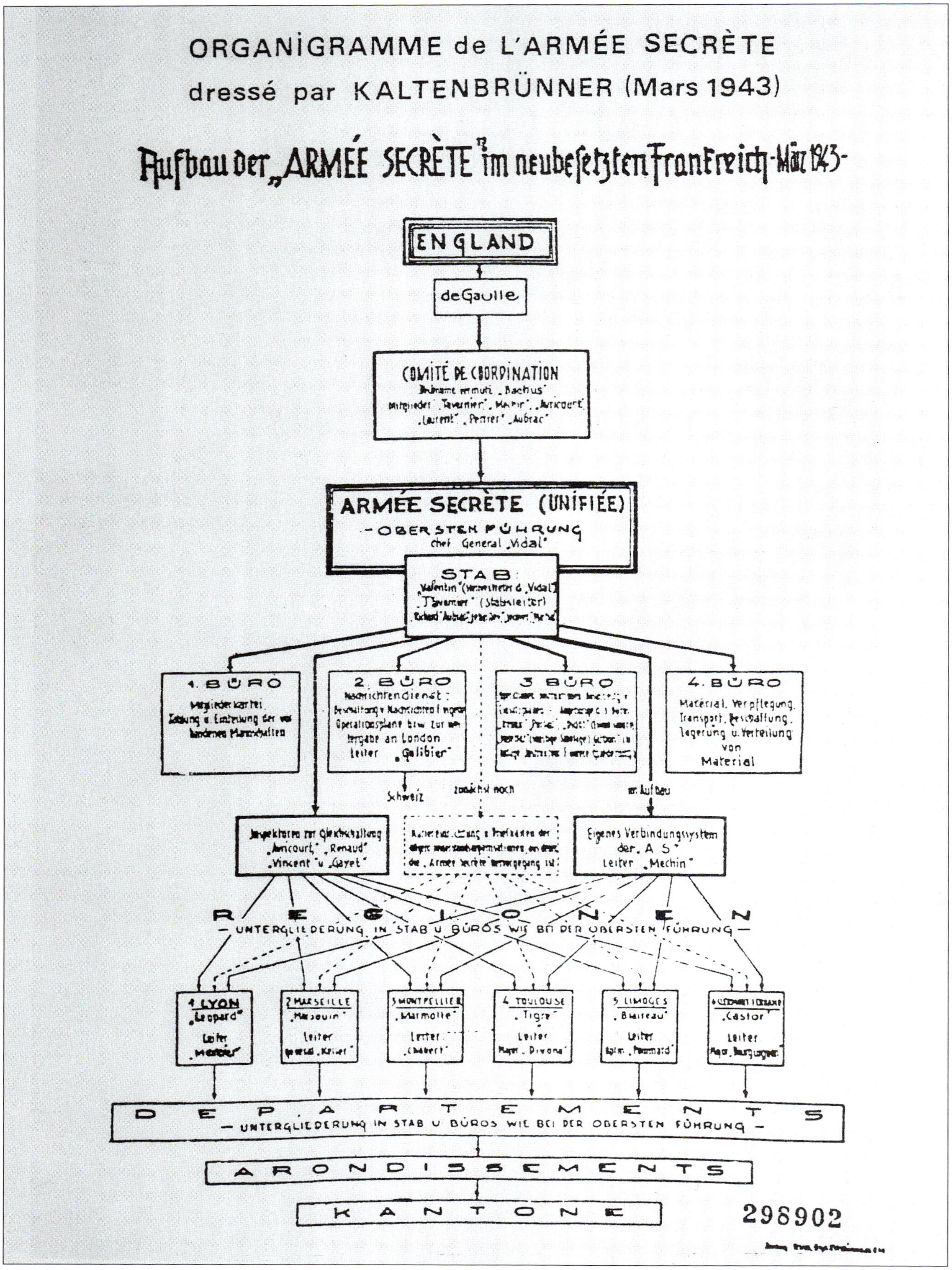

Organigramme de l'Armée secrète dressé par les services de la Gestapo à partir de documents saisis lors d'arrestations de résistants. Les services allemands se représentent l'AS comme la menace la plus dangereuse en France. Elle devient dès lors l'objectif principal de la répression.

LE CNR

LES RÉSISTANTS DEVIENNENT LA RÉSISTANCE

Après la défaite, les partis politiques sont tombés en déréliction. Hormis le Parti communiste – et encore avec retard –, aucun n'est entré dans la Résistance en corps constitué. De ce fait, les mouvements de résistance, prolongeant la désaffection des Français envers des partis qu'ils rendent responsables de l'écroulement final de la République et du pays, ne veulent plus compter avec eux dans leurs projets de renaissance politique de la France libérée et de réformes des institutions. Dans ce contexte, la SFIO se trouve dans une situation particulière. Certes, elle est déchirée, les clivages anciens entre pacifistes et antifascistes, ayant fini par aboutir à l'impuissance et à des ralliements spectaculaires à Pétain. Mais, tandis que Léon Blum, emprisonné comme fauteur de la défaite, se défend avec courage et intelligence, un Comité d'action socialiste est créé, sous la houlette de Daniel Mayer. En même temps, nombreux sont les militants qui, au gré des rencontres et des opportunités, sont entrés dans les différents mouvements de résistance. Mais les socialistes n'y sont pas représentés en tant que tels.

Le Conseil de la Résistance à la Libération. De gauche à droite, au fond : Jacques Debû-Bridel (Fédération républicaine), Pierre Villon (FN), Robert Chambeiron (secrétaire), Pascal Copeau (Libération-Sud), Jacques Lecompte-Boinet (CDLR), André Mutter (CDLL), Jean-Pierre Lévy (Franc-Tireur), Pierre Meunier (secrétaire) ; sur le devant : Gaston Tessier (CFTC), Joseph Laniel (Alliance démocratique), Georges Bidault, (Président, démocrate-chrétien), Eugène Ribière (Libération-Nord), Daniel Mayer (CAS), Paul Bastid (Parti radical), Auguste Gillot (PC), Louis Saillant (CGT).

Trois jeunes socialistes marseillais appartenant à un réseau de renseignements de la France libre, mais en contact avec Blum (Gaston Defferre, André Boyer et Boris Fourcaud) ont l'idée de proposer un organisme clandestin regroupant les mouvements de Résistance et les partis et syndicats opposés à l'occupant et à Vichy. Jean Moulin, toutefois, écarte le projet dont il ne voit pas l'utilité immédiate, d'autant que, comme les résistants, il trouve exagéré de faire une place de choix au sein de la Résistance à d'anciens partis qui n'ont rien fait pour la mériter. C'est le début d'un long combat des résistants contre le « retour » des partis politiques qui les priverait indûment des fruits d'une possible victoire dont eux seuls auraient payé le tribut.

Rapport de Rex (Jean Moulin) à André Philip, qui se trouve à Londres, dans lequel il explique les difficultés qu'il a rencontrées dans la mise en place du CNR.

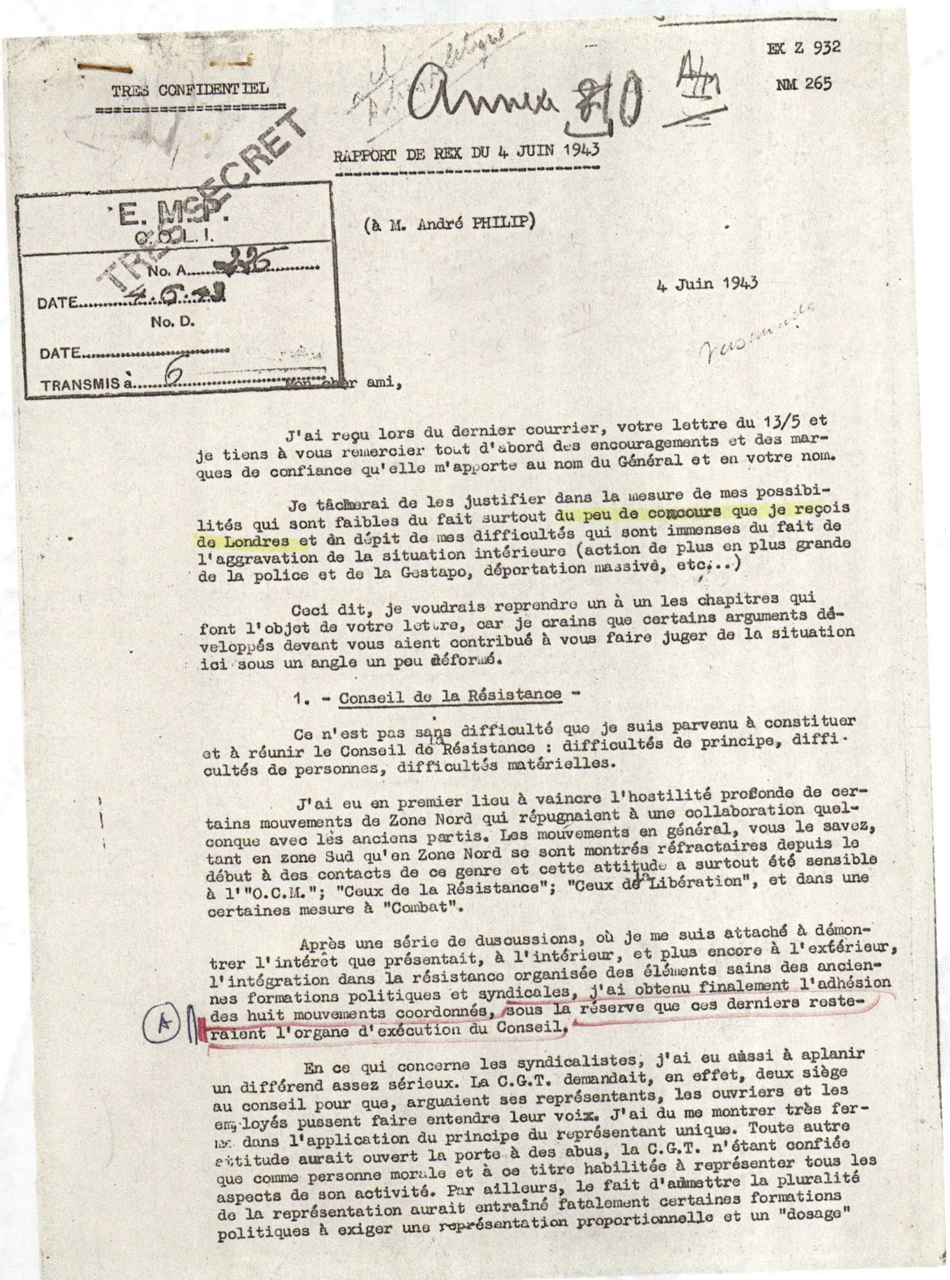

TRES CONFIDENTIEL

EX Z 932
NM 265

RAPPORT DE REX DU 4 JUIN 1943

E. M. S. P.
C. O. L. I.
No. A.
DATE
No. D.
DATE
TRANSMIS à

(à M. André PHILIP)

4 Juin 1943

Mon cher ami,

J'ai reçu lors du dernier courrier, votre lettre du 13/5 et je tiens à vous remercier tout d'abord des encouragements et des marques de confiance qu'elle m'apporte au nom du Général et en votre nom.

Je tâcherai de les justifier dans la mesure de mes possibilités qui sont faibles du fait surtout du peu de concours que je reçois de Londres et en dépit de mes difficultés qui sont immenses du fait de l'aggravation de la situation intérieure (action de plus en plus grande de la police et de la Gestapo, déportation massive, etc...)

Ceci dit, je voudrais reprendre un à un les chapitres qui font l'objet de votre lettre, car je crains que certains arguments développés devant vous aient contribué à vous faire juger de la situation ici sous un angle un peu déformé.

1. - Conseil de la Résistance -

Ce n'est pas sans difficulté que je suis parvenu à constituer et à réunir le Conseil de la Résistance : difficultés de principe, difficultés de personnes, difficultés matérielles.

J'ai eu en premier lieu à vaincre l'hostilité profonde de certains mouvements de Zone Nord qui répugnaient à une collaboration quelconque avec les anciens partis. Les mouvements en général, vous le savez, tant en zone Sud qu'en Zone Nord se sont montrés réfractaires depuis le début à des contacts de ce genre et cette attitude a surtout été sensible à l'"O.C.M."; "Ceux de la Résistance"; "Ceux de la Libération", et dans une certaines mesure à "Combat".

Après une série de duscussions, où je me suis attaché à démontrer l'intérêt que présentait, à l'intérieur, et plus encore à l'extérieur, l'intégration dans la résistance organisée des éléments sains des anciennes formations politiques et syndicales, j'ai obtenu finalement l'adhésion des huit mouvements coordonnés, sous la réserve que ces derniers resteraient l'organe d'exécution du Conseil.

En ce qui concerne les syndicalistes, j'ai eu aussi à aplanir un différend assez sérieux. La C.G.T. demandait, en effet, deux siège au conseil pour que, arguaient ses représentants, les ouvriers et les employés pussent faire entendre leur voix. J'ai du me montrer très ferme dans l'application du principe du représentant unique. Toute autre attitude aurait ouvert la porte à des abus, la C.G.T. n'étant confiée que comme personne morale et à ce titre habilitée à représenter tous les aspects de son activité. Par ailleurs, le fait d'admettre la pluralité de la représentation aurait entraîné fatalement certaines formations politiques à exiger une représentation proportionnelle et un "dosage"

JEAN MOULIN ET LE CONSEIL DE LA RÉSISTANCE

Plusieurs réunions avec les socialistes convainquent Moulin qu'il ne peut permettre le développement en dehors de l'autorité de De Gaulle d'un organe à forte légitimité. Il est, par ailleurs, sensible aux arguments de ceux, Léon Blum en tête, qui insistent sur la nécessité des partis dans une démocratie. L'inexpérience politique des chefs des grands mouvements de Résistance, en particulier, face à l'habileté des communistes, lui est aussi un sujet d'inquiétude. C'est pourquoi, surmontant ses propres réserves, Moulin se rallie à l'idée d'un conseil qui accueillera même en son sein, au grand dam des résistants, les éléments non compromis de partis de droite.

Avec l'appui d'André Manuel, justement en mission en France pour le compte du BCRA, Moulin décide de proposer son projet au général de Gaulle, dans un rapport du 14 décembre 1942, avec un quadruple objectif : obliger des formations parfois antagonistes à travailler ensemble, arrimer à la France combattante des mouvements toujours pleins de velléités d'indépendance et courtisés par les services anglais et américains, opposer un organisme fédérateur aux prétentions de rassemblement à son profit du Front national, d'obédience communiste, et asseoir la légitimité démocratique de De Gaulle aux yeux des Alliés.

Dès lors commence une campagne d'une âpreté inouïe pour convaincre les différents mouvements de résistance d'accepter ce Conseil qui, de leur point de vue, est une véritable dépossession.

De Gaulle accepte d'autant mieux qu'il est isolé par la crise déclenchée par le débarquement en Afrique du nord et qu'il sait pouvoir compter sur la fidélité de Moulin. Après discussions avec Moulin venu à Londres en février 1943, de Gaulle prescrit de « nouvelles instructions » pour la création, d'une part d'un Conseil de la Résistance, d'autre part d'une commission permanente qui, donnant la prépondérance aux mouvements, leur laisserait la direction effective de la Résistance sur le territoire national.

COMMENT FURENT CHOISIS LES MEMBRES DU CNR ?

La présence dans le Conseil des 3 mouvements de zone sud s'impose d'évidence, et, dans les différentes moutures de son projet, Jean Moulin les fait toujours figurer. Deux types de problèmes vont se poser pour le choix des autres membres. D'abord, la sélection des mouvements de zone nord, plus nombreux et moins coordonnés. Là, Jean Moulin est contraint aux choix opérés pour le comité de coordination.

D'autre part, les partis politiques. Certains sont jugés si peu résistants ou si compromis avec Vichy qu'ils ne seront pas retenus. C'est le sort, assez sévère, qui est fait au

PSF, qui, outre sa réputation usurpée de « fasciste », a contre lui de ne pas avoir eu une grosse représentation parlementaire avant guerre. D'autres seront sauvés par les personnalités exceptionnelles de certains de leurs dirigeants. Ainsi en va-t-il de la Fédération républicaine ou de l'Alliance démocratique, deux partis de droite qui comptent des ministres de Vichy dans leurs rangs, mais aussi d'authentiques résistants et opposants à Vichy. La réintroduction de ces partis, des radicaux et, dans une moindre mesure, des démocrates populaires, aux côtés des socialistes et communistes, certes plus évidemment résistants, doit contrebalancer le dynamisme conquérant des communistes.

Enfin se pose la question spécifique des communistes. Moulin s'est évidemment résigné à compter avec le Parti communiste. Mais il aurait voulu exclure le Front national, qu'il considère comme un véritable cheval de Troie. Toutefois, son entrée, peu de temps auparavant, dans le comité de coordination de zone nord, créé par Brossolette en mars, rend impossible son exclusion du Conseil de la Résistance. Se trouvent ainsi doublées les voix communistes, en outre servies par un porte-parole d'une redoutable efficacité, Pierre Villon.

UNE SÉANCE HISTORIQUE

Le 27 mai, Jean Moulin réunit et préside la première séance du Conseil de la Résistance, institution unique en Europe, qui fédère toutes les composantes de la Résistance et les lie au général de Gaulle. Les 16 membres du Conseil sont amenés par des collaborateurs de Moulin jusqu'au point de rendez-vous final qu'ils ignoraient : un appartement du 48 rue du Four à Paris où se tient une séance plénière, rideaux clos et lumière allumée à 2 heures de l'après-midi.

Jean Moulin lit un message du général de Gaulle :

« Il est essentiel que la Résistance sur le territoire national forme un tout cohérent, organisé, concentré. C'est fait grâce à la création du Conseil de la Résistance qui fait partie intégrante de la France combattante et, par là même, incarne la totalité des forces de toute nature engagées à l'intérieur contre l'ennemi et ses collaborateurs. » Puis, Georges Bidault lit une motion, rédigée en accord avec Moulin, qui apporte un entier soutien à de Gaulle qui doit diriger un véritable gouvernement provisoire. Malgré les protestations de Villon, le représentant du FN, qui réclame de faire une meilleur part au général Giraud, cette motion est acceptée à l'unanimité.

Ayant appris par la BBC le prochain départ de De Gaulle, Moulin a télégraphié dès le 8 mai l'annonce de la constitution du Conseil, de sa prochaine réunion et du sens de ses décisions : de Gaulle est le seul chef de la Résistance française, il ne doit pas être subordonné à Giraud, aucun prolongement aménagé du régime de Vichy n'est acceptable. Arrivés à Londres le 14 mai, les télégrammes sont aussitôt diffusés par la France combattante sous forme de communiqués laissant à penser que la réunion a eu lieu et

« Diplôme de résistant » délivré par l'OCM, l'un des mouvements de zone Nord représenté au CNR.

que les annonces de Moulin sont des acquis. Telle quelle, cette nouvelle constitue un argument décisif dans la périlleuse négociation que de Gaulle engage avec Giraud et les Anglo-Américains.

LE CNR ET SON PROGRAMME

Après la disparition de Jean Moulin à Caluire, Claude Serreulles assure son intérim à la tête de la Délégation. Reste le Conseil de la Résistance, dont Moulin était le président. Se considérant comme non qualifié pour lui succéder, Serreulles favorise la nomination, le 29 août 1943, de Georges Bidault, membre de Combat et du Front national, représentant des démocrates populaires au Conseil et ancien proche collaborateur de Moulin, mais parfois trop indulgent à l'endroit des communistes.

Bidault travaille à préserver les liens du Conseil (dorénavant désigné comme Conseil national de la Résistance ou CNR) avec la

CONSEIL NATIONAL DE LA RÉSISTANCE
COMMISSION MILITAIRE
(ex-Comac)

M Robert qualité F.F.I

est autorisé à porter l'insigne F. F. I., N° 258,232, attestant sa participation effective aux combats de la Libération.

Autorité certifiant de l'authenticité des titres du porteur de l'insigne : C-L R

Le Chancelier : Les Commissaires :

Vaillant M. Kriegel Valrimont Pierre Villon

Les autorités du CNR délivrent des attestations aux membres des FFI.

Délégation, mais le choix de Serreulles, certes démocratique, a néanmoins le défaut de faire échapper la présidence du CNR au représentant du général de Gaulle. Le CNR se réorganise en instituant un bureau permanent. Pour des raisons de sécurité et d'efficacité, le Conseil doit éviter de se réunir en session plénière. Cinq de ses membres forment un bureau où chacun représente les sensibilités proches de la sienne.

Il devient l'un des principaux organes de direction de l'État et assume aussi la direction des « commissions » que sont devenus le NAP, le CAD, le CMR ou le COMAC. Le dynamisme et la prépondérance au sein du Bureau du représentant du Front national, Pierre Villon, pose la question de l'emprise communiste. Deux jours après l'entrée des communistes au CFLN, le 7 avril 1944, le CNR, dans un « appel aux Français », « salue avec une vive satisfaction cet événement qui est conforme au vœu des Français de toutes les origines qui luttent coude à coude dans l'oubli et dans le mépris des divisions anciennes ». Mais, plus sûrement, on voit s'y affronter deux conceptions du combat résistant, l'une maximaliste, l'autre plus modérée. Par exemple, les membres du CNR, entraînés par Villon, refusent de ratifier la trêve Choltitz-Nordling le 20 août 1944 que soutient pourtant leur président, Bidault, à la demande du général Kœnig. Ces accrochages sont également expressifs des rapports difficiles que la Résistance (dont le CNR est l'organe suprême et le porte-parole) a eus avec des pouvoirs (Londres puis Alger) situés hors de la France occupée.

Après discussion et révision, un « programme d'action de la Résistance » est adopté à l'unanimité le 15 mars 1944 par le CNR. Ce programme prévoit un plan d'action immédiate pour la libération, instituant, notamment, des comités de libération de villes, de villages et d'entreprises, sous la direction des comités départementaux de libération (CDL). Mais il va au-delà de la libération militaire. Il prévoie un ensemble de mesures en vue de restaurer les libertés républicaines et les principes démocratiques (« et en particulier suffrage universel, liberté de pensée, de conscience, d'association, de réunion de la presse etc. »), affirme sa volonté de voir la France reprendre son rang : il s'agit de « défendre l'indépendance politique et économique de la nation » et de « rétablir la France dans sa puissance, dans sa grandeur et dans sa mission universelle ». La dimension économique et sociale n'est pas absente : des réformes importantes sont recommandées, « impliquant l'éviction des grandes féodalités économiques et financières de la direction de l'économie ». C'est l'annonce des nationalisations. Le Conseil donne ainsi à la Résistance une charte politique dotée d'une forte légitimité, du fait de la représentativité du CNR.

PREMIÈRE COMMÉMORATION

Le CNR reçoit le général de Gaulle à l'Hôtel de ville de Paris au soir du 25 août 1944. Plusieurs de ses membres entrent au gouvernement. Même si de Gaulle ne lui pardonne pas son émancipation des derniers mois et ne veut accepter aucune féodalité dans l'État, il lui faut encore compter avec l'organe le plus représentatif et, sans doute, le plus légitime de la Résistance.

Le 27 mai 1945, une plaque est apposée sur la façade de l'immeuble où s'est tenue, deux ans auparavant, la première réunion clandestine du Conseil de la Résistance. Les allocutions célèbrent l'union de tous les combattants de France et le premier grand rassemblement national.

Parlent tout à tour Louis Saillant, nouveau président du CNR, Georges Bidault, ministre des Affaires étrangères qui fut son président de juillet 1943 à la Libération, et enfin le général de Gaulle qui, seul, rend hommage, dans son discours, à *Max*, Jean Moulin, son premier président. La cérémonie, en même temps que la réserve de De Gaulle à l'égard de l'actuel CNR, révèle à quel point l'action et la personne mêmes de Jean Moulin sont ignorées du public et marginalisées par les résistants. Ce alors même que ses proches veulent croire encore à son retour possible d'une éventuelle déportation.

29 mai

Aimer la France, selon Brossolette

Pierre Brossolette a aussi été, avant-guerre, chroniqueur de politique internationale à la radio d'État. Du 29 mai au 27 juillet, tout en servant au BCRA, il est appelé à suppléer Maurice Schumann, la « voix » habituelle de l'émission du soir de la France combattante à la BBC. Très à l'aise devant un micro, Brossolette puise dans l'histoire de France pour inscrire le combat contre l'Allemagne et Vichy dans la continuité d'un glorieux passé national. Il s'attache à « expliquer la Résistance » aux Français occupés et à leur faire comprendre ce qu'aimer la France veut dire, en de telles circonstances :

« Aimer la France, c'est abandonner pour elle sa famille, son travail, ses biens ; aimer la France, c'est accepter d'être condamné à mort pour elle, par ceux qui prétendent la gouverner ; aimer la France, c'est offrir tous les jours sa vie dans la bataille tantôt obscure et tantôt glorieuse qui lui rendra sa liberté, son empire et son Alsace-Lorraine ; aimer la France, c'est tomber en relevant son drapeau mutilé. »

30 mai

Une Marseillaise pour les résistants

Dans la banlieue londonienne, au Petit Club français de Saint-James, Anna Marly a inscrit à son tour de chant une complainte en russe. Un jour de mai, elle le chante chez Louba en présence de Joseph Kessel. Séduit, celui-ci est convaincu qu'il a trouvé ce qu'il faut pour chanter la Résistance.

Joseph Kessel, Maurice Druon et Anna Marly se lancent dans la recherche de paroles. Germaine Sablon les rejoint pour composer la partition. *Les Partisans : chant de la Libération* est né. Il est publié dans le premier numéro des *Cahiers de la Libération,* aux pages 31 et 34. Très vite, les résistants connaissent les paroles de ce texte épique et lyrique sous le nom de *Chant des partisans,* l'hymne de la Résistance. Ce qu'on sait moins, c'est que l'idée originale est due à André Gillois, qui souhaitait un indicatif musical pour son émission du poste de la Résistance française.

« Ami, entends-tu le vol noir des corbeaux sur nos plaines ? Ami, entends-tu les cris sourds du pays qu'on enchaîne ?... »

LES PREMIÈRES PAROLES DU CHANT DES PARTISANS

Anna Marly à Londres, première interprète du Chant des partisans, *dont elle a composé la musique.*

Mai

France-Amérique

La presse française aux États-Unis reste longtemps inexistante, ou apolitique. *La Voix de la France,* créée en 1941 par Adolphe Demilly, se veut un journal littéraire et artistique, jusqu'au revirement du 5e numéro entièrement consacré à de Gaulle. C'est alors qu'apparaît, le 10 janvier 1942, *Pour la victoire,* dirigé par une journaliste de grande renommée, Geneviève Tabouis, avec pour éditorialiste Henri de Kerillis, seul député de droite à avoir voté contre les accords de Munich en 1938. Il rassemble des collaborateurs de grand renom : Georges Bernanos, Jacques Maritain, Claude Lévy-Strauss, André Breton, voire Antoine de Saint-Exupéry. Même s'il n'est pas gaulliste, ce journal marque de la sympathie pour la France libre et son combat.

Toutefois, les événements d'Afrique du Nord divisent la colonie française d'Amérique, entre giraudistes et gaullistes. *Pour la victoire* marque de plus en plus de réticence envers de Gaulle dont elle craint l'intransigeance. La défiance s'installe avec l'accusation portée contre de Gaulle de s'accaparer les pouvoirs civils et militaires. Geneviève Tabouis rompt l'accord d'échange d'articles conclu avec le journal gaulliste de Londres, *la Marseillaise.*

Les gaullistes veulent alors leur propre journal aux États-Unis. Le premier numéro de *France-Amérique* paraît en mai 1943. Cette revue se caractérise d'emblée par un ton pugnace : « Le chef de la France combattante se refuse à juste titre à transiger avec le mandat qu'il tient de nos otages, de nos martyrs. »

30 mai

Alger, capitale de la France en guerre

Le 30 mai, il est 11 h 50 sur l'aérodrome de Boufarik, près d'Alger, lorsque le général de Gaulle atterrit. Avec lui, 6 hommes descendent du petit Lockheed des Forces françaises aériennes libres, dont Pierre Billotte (chef de l'état-major particulier du général de Gaulle), René Massigli, Gaston Palewski et André Philip. De Gaulle, le chef de la France combattante, est accueilli par le général Giraud et le général Catroux (son représentant à Alger) dès sa descente d'avion.

De Gaulle adopte une tenue qui n'a rien de protocolaire avec un képi en tissu kaki, sans gants, alors que Giraud porte un képi noir et rouge orné des feuilles de chêne dorées. Les deux généraux marquent donc leur différence jusque dans le vêtement. Alger devient la capitale de la nouvelle France et le théâtre d'un combat entre les deux prétendants. En très peu de temps, de Gaulle renverse la situation en sa faveur.

Le Comité français de la Libération nationale, même durement acquis, symbolise l'union de toutes les tendances de la Résistance.

« *Le Comité français de la Libération nationale se présente à la France et au monde entier. Ce Comité a devant lui la tâche la plus sérieuse et il est inspiré par la plus ferme résolution. [...]*

Tout est en jeu : notre indépendance, notre grandeur. Nous, à qui nos compatriotes ont confié la lourde tâche de gouverner pour le service du pays, nous dont la tâche est limitée au moment même où la Nation ne peut pas faire entendre sa voix, avons besoin de la discipline volontaire et de l'appui enthousiaste de tous les Français partout où ils se trouvent. [...]

La route à suivre est encore longue et cruelle, mais regardez les signes de l'aube radieuse de la victoire qui sera aussi celle de la France. »

Extrait de l'annonce radiodiffusée de De Gaulle, 4 juin 1943

3 juin

La promesse d'une « aube radieuse »

Après de longues négociations, les deux généraux rivaux, Giraud et de Gaulle, parviennent à un accord. Ils imaginent une nouvelle instance exécutive, le Comité français de la Libération nationale (CFLN), où les partisans de De Gaulle sont majoritaires. La position du général Giraud risque tôt ou tard d'être intenable au CFLN. De Gaulle fera tout pour se passer de lui. Surtout, le CFLN annonce le ralliement de la nouvelle France aux valeurs de la République : « Le Comité s'engage formellement à rétablir toutes les libertés françaises, les lois de la République et le régime républicain, en détruisant entièrement le regime d'arbitraire et de pouvoir personnel imposé aujourd'hui au pays. »

Le 4 juin 1943, le général de Gaulle annonce à la radio d'Alger la création du CFLN.

« Je réfléchis à ma situation et décide d'attendre la nuit pour tenter un passage à travers les lignes. Je m'installe, c'est-à-dire qu'avec d'infinies précautions, je sors ma mitraillette de sous moi où je l'avais mise pour ne pas qu'elle brille. Il fait très chaud et j'ai soif. Et l'attente commence. Mais tout est si silencieux que je me décide au bout de peut-être deux heures d'immobilité absolue à me glisser hors de ce cirque en plein jour. Je progresse centimètre par centimètre, poussant les pierres et écartant doucement les branches. Il y a certain passage complètement découvert que je suis obligé de franchir en bondissant. Après chaque saut, je m'arrête pour écouter et inspecter ce que je peux voir. Les Spitfire qui, depuis le lever du jour, bombardent les batteries en piqué sont très réconfortants. Petit à petit, j'avance quand même. Je peux voir le point d'arrivée d'un grand nombre d'obus, principalement des mortiers, sur la hauteur dominant la ville Napoléon. Il y a, pas loin de moi, une baraque en branches que des Italiens déménagent. J'essayerai d'avoir de quoi boire, car j'ai passé la journée au soleil sans boire.

Je n'ai aucune idée de l'heure qu'il peut être, mais d'après la hauteur du soleil, je pense qu'il doit être 6 heures. Les Allemands sont certainement encore installés sur la crête et sans doute très près, car j'entends les coups de départ des mortiers et le cliquetis métallique quand ils démontent leurs pièces pour les déplacer. Étant placé sous eux, je ne peux songer à les attaquer à la grenade... » Extrait du carnet de route de Georges Schlumberger

17 juin

Corps à corps avec l'ennemi

Enfin, l'action, le combat ! Enfin, l'adéquation rêvée entre l'intention et l'acte, entre l'idéal et le réel. L'engagement direct, armé, se suffit à lui-même. Il relève d'une sphère étrange, où ne pénètrent que les initiés, et qui ne laisse pas de trace écrite, à quelques exceptions près. Une affaire d'hommes, que ne sauraient comprendre que ceux qui ont connu l'expérience intransmissible du feu. Les mots écrits lors du combat pensent rarement. Ils sont très techniques, comme pour mieux chasser l'ombre du doute.

Cela apparaît clairement dans le carnet de route de l'étudiant Georges Schlumberger, lorsqu'il participe à la libération de l'île d'Elbe au sein du bataillon de choc commandé par le commandant Gambiez. Bataillon d'élite, comportant un fort pourcentage d'évadés de France, où le grade compte moins que la valeur de l'individu. Le jeune homme, qui laissera sa vie dans les combats des Vosges quelques mois plus tard, se montre totalement absorbé par la réalisation de sa mission, dans une sorte de corps à corps avec l'ennemi. Ici, on progresse centimètre par centimètre, pierre par pierre. L'ennemi s'entend, se sent, se voit. Fébrilité étrange où le moindre geste peut avoir raison de sa vie.

Après d'importantes pertes, les Allemands et les Italiens sont chassés de l'Île. Il a fallu cinquante-deux heures ! Le CFLN, tout juste créé, a une première réussite militaire à son actif.

L'un des nombreux papillons diffusés par les résistants en 1943.

CALUIRE

UN DRAME DANS LA RÉSISTANCE

Tout commence par une boîte aux lettres « brûlée ». Les « boîtes aux lettres » sont des lieux de dépôt, véritables boîtes aux lettres ou non, dont les résistants se servent comme d'une poste clandestine. Des agents de liaison ou des secrétaires déposent et relèvent plusieurs fois par jour le contenu de ces boîtes : prises de rendez-vous, télégrammes, documents établissant les rapports entre les mouvements et les services en France ou à Londres transitent par elles. À Lyon, ces boîtes sont demandées à des amis sûrs et courageux, souvent dans des immeubles sans concierge, avec éventuellement plusieurs entrées. Elles sont à la fois vitales et vulnérables. La saisie de l'une d'entre elles peut permettre à la Gestapo de remonter toute une filière car les messages sont trop souvent rédigés « en clair ».

Le 7 mai, la Milice arrête un secrétaire du petit mouvement France d'abord, qui révèle l'emplacement des 6 boîtes aux lettres qu'il dessert et qui appartiennent toutes aux plus importants responsables de la Résistance : Moulin, Bidault ainsi que Gastaldo et Aubry, respectivement chef d'état-major adjoint de l'Armée secrète et chef de cabinet du général Delestraint, et René Hardy, agent de Combat, qui s'occupe, au sein de l'AS, de surveiller et saboter le réseau ferré.

Dans la boîte de ce dernier est déposée « en clair » une convocation pour retrouver le général Delestraint au métro Muette, à Paris, le 9 juin. Mais, alors que le propriétaire de la boîte vient d'être arrêté, Aubry, informé de cette arrestation, néglige de prévenir Delestraint des risques. Hardy, qui sait lui aussi que la boîte aux lettres a été brûlée (et qui l'a fait savoir par circulaire à ses correspondants habituels), ne l'utilise plus et n'a pas connaissance du rendez-vous du 9 juin. Pourtant, le 7 juin, il prend tout de même le train à Lyon pour se rendre à Paris pour une autre mission.

ARRESTATION DE RENÉ HARDY

Hardy prend, par hasard, le même train que l'équipe de la Gestapo de Lyon qui monte à Paris pour procéder à l'arrestation de Delestraint à la faveur du rendez-vous du 9 juin. Les SS sont accompagnés de Jean Multon, ancien secrétaire du responsable régional des MUR dans les Bouches-du-Rhône, qui a été « retourné » et dont les dénonciations ont opéré de tels ravages parmi ses anciens compagnons de Marseille que la Gestapo de cette ville l'a « prêté » à la Gestapo de Lyon pour qu'il procède à de nouvelles délations. Hardy et Multon se croisent et se reconnaissent. Tout le monde prend pourtant le train, et c'est à Chalons-sur-Saône que Hardy est arrêté et emprisonné. Deux jours plus tard, il est pris en charge par Klaus Barbie, qui dirige la section IV de la Gestapo de Lyon. Identifié comme chef de la Résistance-Fer, Hardy est soumis à un chantage sur la personne de sa fiancée, Lydie Bastien, et accepte, semble-t-il, d'échanger sa libération contre une liaison avec la Gestapo.

Remis dans le circuit, il ne prévient pas ses camarades ; on raconte qu'il s'est évadé du train avant même d'avoir été arrêté. Ne cherchant pas à se « mettre au vert », il reprend son travail comme si de rien n'était.

La maison du Dr Dugoujon à Caluire, dans la banlieue de Lyon, où furent arrêtés Moulin et les autres participants de la réunion sur le sort de l'Armée secrète. Le Dr Frédéric Dugoujon, un ami de Lassagne et d'Aubrac, qui a accepté d'accueillir chez lui une importante réunion. Le colonel Albert Lacaze, chef du 4e bureau de l'AS. André Lassagne, chef adjoint du 2e bureau de l'AS, qui a pris en charge l'organisation de la réunion de Caluire. Il mourra des séquelles de sa déportation. Bruno Larat, qui dirige la Centrale des opérations aériennes. Mort en déportation. Antoine de Graaff, secrétaire de Jean Moulin à Lyon.

ARRESTATION DU CHEF DE L'ARMÉE SECRÈTE

L'équipe de la Gestapo de Lyon accompagnée de Multon poursuit son chemin vers Paris et, le 9 au matin, procède à l'arrestation du général Delestraint, puis de Gastaldo et de son agent de liaison.

Delestraint se croit, à tort, trahi pas Hardy, qu'il ne cessera plus d'accuser, alors que c'est la désinvolture d'Aubry qui est à l'origine de la présence des Allemands.

Le 14 juin, Moulin apprend cette arrestation et décide de procéder à une réorganisation d'urgence de l'Armée secrète et de désigner le successeur du général Delestraint. Il fait donc convoquer divers responsables, dont Aubry – peut-être filé d'ailleurs par Barbie –, qui, sur le conseil de Pierre Bénouville, prend sur lui, sans en avertir les autres participants à la réunion, de faire venir Hardy pour renforcer sa position. Hardy, au lieu de se dérober, accepte. Bénouville a-t-il su, par Hardy, que ce dernier avait été arrêté ?

COUP DE FILET À CALUIRE

Une suite de trahisons et d'imprudences, parfois très coupables, transforme la réunion prévue à Caluire, chez le docteur Dugoujon, dans l'après-midi du 21 juin, en une véritable souricière. Klaus Barbie et ses hommes font irruption dans la maison, s'emparent des résistants assemblés, qu'ils commencent à interroger sur place, et arrêtent le docteur et les patients réunis dans la salle d'attente, dont Jean Moulin, venu avec un prétexte médical. Sont arrêtés : le colonel Albert Lacaze (France d'abord), le lieutenant-colonel Schwartzfeld (France d'abord et OSS), André Lassagne (Libération), Raymond Aubrac (Libération), Bruno Labat (agent de Londres), le docteur Dugoujon, Henri Aubry (Combat), René Hardy (Combat) et Jean Moulin.

L'arrestation de Jean Moulin laisse dans le désarroi la délégation de la France combattante, prise en charge courageusement, mais dans l'improvisation, par Claude Bouchinet-Serreulles, à peine arrivé de Londres.

BOUCHINET-SERREULLES ASSUME L'HÉRITAGE DE MOULIN

Claude Bouchinet-Serreulles a été l'aide de camp du général de Gaulle de juillet 1940 à octobre 1942. Puis il est, à sa demande, affecté au BCRA, où il est mis à la disposition de Jean Moulin. Il est envoyé en France pour se charger des questions militaires aux côtés de Moulin, accablé par ses innombrables tâches et réclamant des adjoints venus de Londres. Il arrive à Lyon le 16 juin 1943.

Après les arrestations de Caluire et l'incarcération de Jean Moulin, Serreulles se trouve hiérarchiquement en situation de lui succéder à la tête de la délégation générale du CFLN en France. Dès le 22, il assume courageusement cette responsabilité à laquelle il n'est pas préparé. Commence un long intérim, pour lequel il reçoit, peu après, le soutien d'un autre envoyé du BCRA, Jacques Bingen, intelligent et intrépide, mais au premier abord inexpérimenté. Dans des conditions extrêmement difficiles, les deux hommes maintiennent la délégation, mais sans parvenir à contenir la prépondérance du CNR qui échappe peu à peu à l'autorité du général de Gaulle.

MORT DE JEAN MOULIN

Identifié comme le représentant du général de Gaulle en France vers le 25 juin, Moulin est probablement torturé par Barbie, malgré les dénégations répétées de celui-ci. Peut-être aussi tente-t-il à plusieurs reprises de se donner la mort, en particulier en se jetant du haut d'un escalier. En tout cas, les autres détenus qui l'aperçoivent le décrivent comme affreusement meurtri.

Vers le 28 juin, Moulin est transféré à Paris, dans les locaux de la Gestapo parisienne dirigée par Bömelburg, où, selon des témoignages allemands, son état est déjà désespéré. On décide pourtant de le faire partir pour l'Allemagne, où, en vertu de ses titres, il pourrait représenter un otage de choix. Conduit en ambulance à la gare de l'Est, il meurt, semble-t-il, dans le train. En tout cas, un constat de décès est dressé par la police allemande en gare de Metz en date du 8 juillet, portant comme mention « Jean Pierre Moulin, préfet ». Mais que sont devenus les autres ? Aubry est relâché fin 1943. Hardy est repris après son « évasion » de Caluire, puis s'évade à nouveau en août 1943. Lacaze est transféré à Paris et relâché en janvier 1944. Larat est déporté à Dora, où il décède en avril 1944. Lassage est également déporté. Schwartzfeld décède au camp du Struthof en juin 1944. Aubrac s'évade le 21 octobre 1943 de sa prison lyonnaise.

HARDY S'ÉVADE

Le 21 juin, tandis que la Gestapo commence à faire sortir ses suspects de la maison du docteur Dugoujon, René Hardy, seul à ne pas être menotté, échappe contre toute attente à ses surveillants et, après avoir essuyé des coups de feu et – peut-être – avoir été blessé au bras, trouve refuge chez une amie dans le voisinage. Il est récupéré là par la police française qui l'arrête après qu'il eut révélé appartenir à l'Armée secrète. Il est transféré à l'hôpital de l'Antiquaille où des résistants, persuadés dorénavant de sa trahison, imaginent un temps l'empoisonner. Remis aux Allemands par la justice française, Hardy est transféré à l'hôpital de la Croix-Rousse, d'où il s'évade le 3 août. Par l'intermédiaire d'amis, il part se cacher à la campagne.

Les deux procès qui lui seront intentés après la guerre (en 1947 et en 1950) montreront sa capacité à mentir, mais se termineront par un non-lieu. À l'évidence, les historiens ne sont pas encore venus à bout de la complexité de ce drame et de ses zones d'ombre.

La Résistance métropolitaine croit déjà proche un débarquement allié en France à l'été de 1943.

H.J.T. Londres, le 23 juin 1943.

FOUCHE A C.X.O.

LIBE 20/1
du
18 juin 1943.

CONSIGNES EN VUE D'UN DEBARQUEMENT

Diffusion par "Résistance"

Le débarquement peut être prochain. Il faut que vous preniez toutes les dispositions à cet effet.

NE PARTEZ PAS EN ALLEMAGNE. Ne vous laissez plus déporter. Il y a quelques semaines, nous hésitions à vous donner un conseil aussi net car nous connaissions les difficultés pour vivre actuellement en "hors la loi". Mais ce qui est difficile pendant des mois est pos--sible durant des semaines ou des jours. Vous pouvez tout au moins recourir à toutes les combinaisons pour retarder le départ.

DES PERQUISITIONS MASSIVES SERONT FAITES A PARIS ces jours prochains. Patriotes, méfiez-vous.

DES ARRESTATIONS PREVENTIVES pourront être faites. Si vous vous croyez suspectés, ne couchez pas chez vous.

DES RAFLES MASSIVES pourront être faites dans les jours et les heures précédant le débarquement. Ne fréquentez pas les lieux publics, prenez le moins possible les transports en commun.

DES AFFICHES SONT PRETES A POSER ordonnant à tous les Français de 18 à 60 ans de se rendre, le jour du débarquement, dans des endroits fixés pour être dirigés vers des camps de concentration. Quiconque n'obéira pas à ces prescription sera considéré comme franc-tireur et fusillé. La CONSIGNE est de ne pas obéir. Il ne faut pas servir d'otages. Il serait indigne de la France que des Français se constituent prisonniers lorsque sonne l'heure de la délivrance de la patrie.

SI VOUS ETES AFFILIES A DES GROUPEMENTS PARAMILITAIRES, exécutez les consignes qui vous seront données par vos supérieurs.

SINON VOTRE DEVOIR EST DE VOUS CACHER. Si la libération de la France se fait rapidement, il n'y a pas le moindre risque. Mais si la lutte se poursuit pendant plusieurs jours, les Allemands peuvent se ressaisir et faire marcher ceux qui ne se seraient pas rendus dans les camps de concentration. Mais ils ne peuvent fouiller toute la France, ni même tout Paris. Ce qu'il faut donc, c'est prévoir l'endroit où vous vous cacherez. Le prévoir dès maintenant. Ne vous cachez pas dans un endroit où la Police peut rechercher un Français dans votre cas. Vous avez douze heures pour rejoindre les camps de concentration. Vous aurez donc le temps de gagner l'endroit que vous aurez choisi. Cette consigne s'applique surtout à ceux que la profession ou les antécédents militaires pourraient spécialement viser.

Sinon vous n'êtes pas visés par l'affiche, conformez-vous simplement aux mesures de Police et de protection.

FAITES DES MAINTENANT DES PROVISIONS DE BOUCHES- et surtout ayez une provision d eau. L'eau peut très bien être coupée ainsi que l'électricité et le gaz.

SI VOTRE MAISON SE TROUVE SUR LE PASSAGE DES TROUPES ALLEMANDES EN RETRAITE, FERMEZ LES VOLETS. Un coup de feu est vite tiré.

FONCTIONNAIRES, AGENTS DE LA FORCE PUBLIQUE, obéir aux autorités d'occupation, se prêter aux mesures édictées par elles au moment du débarquement est une trahison. La peine de mort sera appliquée.

.....

22 juin

L'étrange échec de la succession de Jean Moulin

Membre du BCRA, Claude Bouchinet-Serreulles est envoyé en France pour seconder Moulin. Il fait fonction de délégué général par intérim dans des conditions très difficiles. Son premier échec est de devoir « déclarer forfait » quant à la libération de Moulin. Il câble à Londres le 14 juillet 1943 : « Bien que depuis quelques mois le poste "groupes-francs" figure pour plusieurs centaines de milliers de francs au budget des mouvements unis, ceux-ci n'ont pas été en mesure de nous fournir un homme, ni un véhicule, ni une arme. Je pourrais, à mon vif regret, multiplier les exemples de ce genre. » Commence un long intérim, pour lequel il reçoit peu après le soutien d'un autre envoyé du BCRA, Jacques Bingen, mais, comme lui, peu au fait de la Résistance intérieure. Dans des conditions extrêmement difficiles, les deux hommes maintiennent la délégation, mais sans parvenir à contenir le souci de l'indépendance des mouvements et la prépondérance du CNR, qui échappe peu à peu à l'autorité du général de Gaulle. L'Armée secrète, sous l'influence de Combat et de l'OCM, est reprise en main par les mouvements. Tout se passe comme si la Résistance intérieure n'était plus l'enjeu politique majeur. Serreulles reste sans instructions.

Alger est un « oracle muet ». Pourquoi de Gaulle n'a-t-il pas choisi Brossolette pour succéder à Moulin ? Pourquoi avoir attendu septembre 1943 pour nommer le préfet Bollaert, lui aussi déconnecté tant de la Résistance intérieure que de la France combattante ? Conclusion, pessimiste, de Seurelles : « L'autorité de Jean Moulin sur les mouvements, acquise au prix d'efforts continus durant dix-huit mois, est dilapidée en l'espace de quelques semaines. »

"Combattre, encore combattre et toujours combattre"

À l'automne 1943, la France du refus paraît parler d'une seule voix. Le général de Gaulle est le président unique du Comité français de la Libération nationale à Alger. Il s'agit à présent de faire en sorte que la France existe diplomatiquement et politiquement aux yeux des Alliés. Pour cela, la France doit exister militairement. Il lui faut montrer la volonté et la capacité des Français à être présents et actifs sur les théâtres militaires qui préparent la libération du continent européen. Les Français doivent montrer que, en dépit de ce qui a pu les séparer, voire les opposer, ils sont unis sur l'essentiel : l'élimination de Vichy, l'éradication du nazisme et la défaite de l'Allemagne. La bataille de Tunisie a été le premier essai réussi. Il faut le transformer. Le sentiment partagé par l'immense majorité des Français est que la France est (enfin et à nouveau) en guerre.

À l'automne 1943, la Corse est libérée. C'est le premier département français à s'émanciper, grâce aux forces françaises, du joug nazi. Un événement symboliquement très puissant. Grâce à lui, la victoire n'est plus un rêve. Elle est à portée de main, sinon de canons. Toujours en cette fin d'année 1943, le CFLN confie au général Juin le commandement du corps expéditionnaire français en Italie, qui combattra dans le cadre de l'armée américaine. En effet, depuis juillet 1943, un autre front s'est ouvert avec le débarquement anglo-américain en Sicile. La nouvelle France réunie doit être présente. C'est la première fois que des unités de la France libre sont commandées par

À partir de 1943, la Résistance se militarise et entre dans une phase opérationnelle. Ici, sabotage d'une voie de chemin de fer par des maquisards.

"Combattre, encore combattre et toujours combattre"

un chef qui, au départ, avait fait le choix de Pétain, puis de Darlan. Grâce à Giraud et aux Américains, Juin a pu progressivement accepter le pouvoir gaulliste. L'unité est en marche.

Mais cette union, elle aussi, est un combat. En Afrique du Nord, creuset de cette reformation de la cohésion française, les tensions entre les gaullistes et les autres sont vives. C'est avec une hostilité non feinte que le général du Vigier, giraudiste, accueille le jeune général Leclerc. Il dénonce le mépris et la méfiance que, selon lui, les gaullistes nourrissent contre les hommes de l'armée d'Afrique. Lorsque les évadés de France débarquent à Casablanca, leur ardeur belliqueuse est mise à rude épreuve. Au lieu de l'unité rêvée, ils découvrent deux clans qui s'affrontent et cherchent des suffrages. Des agents recruteurs les incitent à signer soit dans des unités gaullistes, soit dans des unités giraudistes. De jeunes résistants, lassés des combats de l'ombre où souvent, justement, on ne combat pas suffisamment, cherchent l'affrontement armé ouvert et frontal avec l'ennemi. Ce sont des volontaires ardents, animés d'un courage et d'un idéal sans faille, mais ils souffrent d'être considérés avec hauteur par des chefs militaires qui leur reprochent leur manque d'expérience, parce qu'ils n'ont pas encore compris que les temps avaient irrémédiablement changé.

« Ami, si tu tombes, un ami sort de l'ombre à ta place » Un groupe de maquisards rend les honneurs à l'endroit où ont été fusillés deux de leurs camarades.

LUTTER JUSQU'À LA MORT

Combattre à l'extérieur mais aussi à l'intérieur de la métropole dans le cadre d'un plan militaire plus global. Le général de Gaulle l'a énoncé le 8 août 1943 : « La Résistance française, organisée à coups de sacrifices, sera engagée à fond contre l'ennemi et contre ses complices au moment le plus utile à la stratégie commune des Alliés. » Combattre, c'est aussi tuer. Beaucoup, dans la Résistance « du dedans », n'avaient pas vraiment envisagé cette éventualité, pensant que le combat civil, intellectuel et moral suffirait. Pour certains, pacifistes ou chrétiens, c'est un déchirement. Comme le dira Malraux, le héros de cette guerre sera celui qui a dû la faire tout en ayant horreur de la guerre. Le 31 mai 1943, Philippe Viannay, fondateur du mouvement Défense de la France, avait encouragé ses compatriotes à ne pas se contenter de se lamenter d'une délivrance si lointaine à venir. Il écrivait, sous le pseudonyme d'Indomitus : « Le seul mot d'ordre qui convienne, le seul devoir, c'est : combattre, encore combattre et toujours combattre. » Le 15 janvier 1944, Indomitus est plus explicite encore. Dans un article intitulé « La France est en guerre », il proclame la nécessité et l'urgence de la guerre jusqu'à la mort : « La guerre, c'est-à-dire que chaque Français doit mettre tout en œuvre pour libérer le territoire, pour massacrer l'Allemand là où il se trouve, pour déjouer ses plans, pour entraver son action par tous les moyens. La guerre, c'est-à-dire que tout Français doit combattre jusqu'à la mort. » Il faut savoir que Viannay avait longtemps refusé d'aller jusqu'à ce terme extrême de la logique du refus.

Il s'agit de montrer qu'on est prêt à mourir pour ses idées, et pas forcément de mort lente. L'espérance peut devenir violente. On admet qu'au bout de l'engagement il y a la sanction terrible et magnifique de la mort. Des mains propres, c'est bien, mais le risque, comme l'a dit Péguy, c'est de ne pas avoir de mains… On salue la publication par les Éditions de Minuit de *l'Honneur des poètes*, mais ce n'est pas assez. Les résistants ont à présent dans l'esprit ce mot d'Hamlet : « Ainsi la réflexion fait de nous des lâches. »

VERS L'UNIFICATION

La Résistance intérieure s'organise, à présent, sans Jean Moulin, mort vraisemblablement le 8 juillet 1943. Le délégué en France du général de Gaulle, étrangement, n'est remplacé que le 2 septembre 1943 par le préfet Bollaert, qui n'a pas l'étoffe de son prédécesseur. Tout se passe comme si de Gaulle était trop préoccupé par la situation algéroise, ou pensait que la Résistance lui était définitivement acquise. Il est vrai qu'il a procédé à un élargissement du CFLN, le 6 novembre 1943, y faisant entrer comme commissaires (c'est-à-dire comme ministres) les chefs historiques de la Résistance intérieure : Emmanuel d'Astier de La Vigerie, François de Menthon et Henri Frenay. Le CNR déjà en place, seul le combat militaire et diplomatique paraît le requérir pour s'affirmer face aux Alliés, lesquels, au mois d'août, reconnaissent *de facto* le CFLN. Il est mis fin au bicéphalisme du CFLN le 2 octobre 1943 : Giraud exclu de la décision politique, désormais Charles de Gaulle est le seul maître à bord. Mais celui-ci ne néglige pas pour autant la renaissance politique de la France. Le 3 novembre a lieu la séance inaugurale de l'Assemblée consultative. La vie démocratique reprend ses droits. Pour calmer l'ardeur à en découdre du Front national, des Francs-Tireurs et partisans français (FTPF), d'une partie de l'Armée secrète et de certains éléments maquisards, le 29 décembre 1943, les Forces françaises de l'intérieur (FFI) sont créées. Elles absorbent, théoriquement, les formations paramilitaires des organismes de résistance. L'opération vise également à prévenir les risques d'une insurrection autonome venant des communistes. La Résistance se militarise et doit s'intégrer (se désintégrer ?) dans le plan général allié.

LA LIBÉRATION SE PRÉPARE

Combattre, c'est tuer l'ennemi, mais aussi d'autres Français. Le régime de Vichy, aux abois, accentue la répression. La France entre peu à peu en guerre civile. Le CFLN doit donc à présent se penser comme l'embryon du nouvel État. Il doit encadrer les réactions populaires (et les règlements de comptes) et préparer le jugement de la France collaboratrice (qui a des comptes à rendre). Combattre, c'est donc bientôt « épurer ». La Libération se prépare.

CHRONOLOGIE

1943

JUILLET

10. Débarquement anglo-américain en Sicile
17. Mise en place de l'AMGOT
25. Destitution de Mussolini
26. Les Soviétiques lancent une contre-offensive

AOÛT

26. Le CFLN est reconnu par les États-Unis, la Grande-Bretagne et l'URSS

SEPTEMBRE

3. Ordonnance CFLN mettant en accusation tous les membres des gouvernements depuis le 17 juin 1940
8. Capitulation sans conditions de l'Italie
17. Création de l'Assemblée consultative provisoire (Alger)

OCTOBRE

5. Fin de la libération de la Corse

NOVEMBRE

8. Giraud devient commandant en chef de toutes les forces armées françaises
13. L'occupant interdit l'accès libre de Pétain à la radio. Le chef de l'État français cesse d'exercer ses fonctions
27. Fusion à Alger des services spéciaux
28. Début de la conférence de Téhéran

DÉCEMBRE

8. Participation des forces françaises à la campagne d'Italie
18. Pétain accepte toutes les conditions posées par le Reich
30. Joseph Darnand devient secrétaire général au Maintien de l'ordre

1944

JANVIER

2. Raid aérien sur Berlin
5. Entrée des troupes soviétiques en Pologne
20. Institution de cours martiales

Juillet

Vengeance

Les développements du réseau de renseignements et d'évasion Turma conduisent ses créateurs, les docteurs François Wetterwald et Vic-Dupont, au début de 1943, à regrouper certains de leurs adhérents dans un corps-franc destiné à l'action directe, qu'il baptise « Vengeance ». Le mouvement est complété par des équipes de parachutage doublés d'un service de rapatriement, d'aviateurs alliés, de fabrication de faux papiers, d'une école de cadres et de sabotage... Cette extension induit des besoins nouveaux en armes et en argent, que Vengeance cherche à se procurer en acceptant, en juillet, la fusion avec un mouvement de plus grande taille, également bien implanté dans le milieu médical hospitalier de Paris, Ceux de la Libération.

Trois mois après, Vic-Dupont puis Wetterwald sont arrêtés et déportés. La direction du mouvement, très désorganisée, passe à Étienne Nouveau. Un groupe pionnier et héroïque se trouve ainsi, à l'orée de la dernière année d'Occupation, décapité et marginalisé. Vengeance connut 234 morts, 96 blessés, 121 internés.

2 juillet

Racolage

Pierre Dreyfus-Schmidt est plutôt gaulliste. Mais aller à Londres semble trop compliqué et trop long. L'Afrique du Nord fera l'affaire. Surtout, il compte rejoindre la Légion étrangère, le Ier étranger, à Sidi-Bel-Abbès, là où son père a jadis servi. Du côté gaulliste comme du côté giraudiste, il voit des mesquineries et des ambitions d'une autre époque, des « racolages » inadmissibles entre les deux armées qui luttent pour la même cause et qui ne devraient faire qu'une.

Il note dans son carnet intime ce bout rimé qui en dit long sur sa déception :

« Vendredi 2 juillet
Racolage
Vingt déserteurs de la légion
Chaque jour partent chez de Gaulle.
À quoi riment ces désertions ?
Je ne trouve pas cela drôle
Je n'ai pourtant que sympathie
Pour les héros de la Libye,
Mais conçois mal
Qu'un général
Assassine
La discipline. »

Il refuse d'entrer dans ces querelles franco-françaises, lui l'ancien député, et ne veut plus se reconnaître que dans l'idéal républicain, seul facteur d'unité. Ni gaulliste ni giraudiste :

« Mardi 29 juin (1943)
Vive la République !
Je ne regrette pourtant rien
Car j'étais venu pour me battre,
Et l'unité, je le soutiens,
Ne pouvait même se débattre.
Je ne fus jamais "Giraudiste"
Je le confesse, maintenant
Je cesse aussi d'être "Gaulliste".
Républicain, tout simplement. »

Juillet

Pontcarral, à la tête de l'état-major de l'Armée secrète

Les arrestations de juin ont décimé la hiérarchie de la Résistance française. Il faut notamment remplacer le général Delestraint, l'ancien commandant en chef de l'Armée secrète (AS) nommé par le général de Gaulle, qui a été arrêté à Paris. En fait, il n'est pas remplacé. De Gaulle souhaite plutôt doter l'AS d'un chef d'état-major. À titre provisoire, cette responsabilité a incombé à Henri Aubry, de Combat, après l'arrestation de Morin, dit « Forestier », le 15 mars. Mais Aubry est à son tour arrêté à Caluire en même temps que Jean Moulin.

Combat souhaite saisir cette occasion pour reprendre en main l'AS. Pierre de Bénouville réussit à imposer le lieutenant-colonel Pierre Dejussieu, dit « Pontcarral », jusque-là chef de l'AS de la région de Clermont-Ferrand. C'est un membre de Combat ; il est le camarade de promotion à Saint-Cyr du frère d'Henri Frenay.

Dejussieu est un résistant de grande qualité, très au fait des imprudences à ne pas commettre et des luttes de pouvoir au sein des instances dirigeantes de la Résistance. Il devient donc le nouveau chef d'état-major. Un poste qui embrasse beaucoup plus de responsabilités qu'auparavant puisqu'il n'est plus subordonné directement à un commandant en chef. Mais il ne lui confère pas une autorité politique, qu'il ne recherche d'ailleurs pas.

Dejussieu sera, quelques mois après, élu à la tête du commandement de l'état-major des FFI, le 16 février 1944. À peine trois mois après, il est arrêté et remplacé à ce poste par le communiste Alfred Malleret-Joinville.

La bataille du rail

1. Sabotage sur la ligne Amberieu-Culoz dans l'Ain.
2. La propagande, mais aussi les menaces, doivent dissuader les cheminots d'apporter leur concours à la Résistance.
3. Les programmes de transport ferroviaire de l'occupant, rédigés par la SNCF, sont des documents très recherchés par les résistants.

1 2
3

SR à CID - SR Mil - CAE
Source : DF
Date; 10-3-44

16 Mars 1944

D.G.R

C O P I E

S.N.C.F.
Région du Sud-Ouest
2ème Arrondissement
Exploitation
de Tours

Tours, le 15 Février 1944

PC 108/Ra 181

Monsieur,

Je vous adresse ci-dessous l'extrait des transports programmes A.W.I. du mois de Février 1944 (transports d'économie allemande).

Il est bien entendu que pour bénéficier de la priorité au titre AWI, les expéditeurs doivent préciser sur la demande du matériel et sur la déclaration (sans intervention de la gare) le n° d'ordre du programme AWI .

Le relevé sert uniquement aux gares à vérifier l'exactitude des renseignements fournis par les expéditeurs .

Tous les transports AWI doivent faire l'objet de compte-rendu 12027 bis M dans les conditions fixées par l'art. 8 de l'Avis Général Ex 33 b n°1 .

Je vous rappelle que les transports repris dans ces programmes à destination de l'Allemagne, de la Belgique, de la Hollande, du Luxembourg de l'ex-réseau AL et au-delà, doivent figurer au compte-rendu sous la rubrique AWI N°2. Ceux à destination de la France sont à reprendre sous la rubrique AWI N°3 .

Pour la fourniture du matériel, le degré d'urgence (1,2 ou 3) figure en egrad de chaque numéro de programme .

L'INSPECTEUR PRINCIPAL
Chef d'Arrondissement de l'Exploitation
RICHARD

à faire figurer sur AWI n° (1)	n° d'ordre (2)	Nature de la marchandise (3)	Lieux ou Régions d'origine (4)	Lieux ou Régions d'origine (5)	Degré d'urgence (6)	Observations (7)
2	1501	Acier et fer, produits finis et mi-finis, fer brut produits laminés, tuyaux, tôle, fonte, ainsi que produits spéciaux des laminoirs et aciéries .	France	Allema-	2	
2	1505	Pièces de machines	France occupée	id	2	
2	1515	Poëles et foyers	France	id	1	par eau au dép. de Pavillons s/Bois et Paris

9 juillet

Des actes de foi et de courage

Après la création de l'Ordre de la Libération, le général de Gaulle institue par ordonnance une décoration reconnaissant « les actes de foi et de courage qui, en France, dans l'Empire et à l'étranger, auront contribué à la résistance du peuple français contre l'ennemi et contre ses complices depuis le 18 juin 1940 » : c'est la médaille de la Résistance.

Cette médaille est attribuée, entre 1943 et 1947, à environ 64 000 personnes, dont un tiers à titre posthume, appartenant à la Résistance ou à la France libre, ainsi qu'à des unités militaires, des villes, des lycées, des hôpitaux et des couvents.

Dans la lutte quotidienne contre les déportations et pour le pain de nos enfants, comme en **1942**,

1789 - 1943

préparons jusque dans le plus petit hameau, la

Grande Fête Nationale du 14 Juillet

Préparons drapeaux, banderoles, robes, cocardes, foulards tricolores et bonnets phrygiens, symboles de la Liberté !

LE MERCREDI 14 JUILLET 1943

Ouvriers, Paysans, Artisans, Commerçants, Patrons patriotes

N'ALLEZ PAS AU TRAVAIL !

Avec vos femmes et vos enfants, tous unis dans une même volonté patriotique, dans chaque localité

RASSEMBLEZ-VOUS, MANIFESTEZ

aux chants de la *Marseillaise* et du *Chant du Départ* et aux cris de

Pas un homme pour Hitler ! — Du pain ! Du pain ! — Libérez les patriotes et les prisonniers de guerre ! — Hors de France les occupants ! A la porte les fantoches de Vichy ! — Mort aux traîtres !

Vive nos alliés anglo-soviéto-américains ! — Vive le Comité Français de Libération Nationale ! — Vive le Gouvernement de la République ! Vive la France libre et indépendante !

Le Parti Communiste Français.

Tract diffusé en zone Nord. Les communistes demandent à la population de manifester, non sans risque.

Le premier 14 Juillet en Afrique du Nord libérée. Revue de l'armée nouvelle.

10 juillet

François Mitterrand fait parler de lui

En janvier, Maurice Pinot, qui dirigeait le commissariat au Reclassement des prisonniers de Vichy, a été limogé en faveur d'André Masson, franchement favorable à la collaboration. De nombreux collaborateurs de Pinot, dont François Mitterrand, alors chargé de propagande au Commissariat et ancien prisonnier de guerre évadé d'Allemagne, ont donné leur démission ou choisi de se cantonner dans des postes subalternes. Dans les mois qui suivent, Mitterrand participe à la mise en place de structures clandestines qui doivent aider les prisonniers évadés ou en situation irrégulière, puis tenter de les sortir de l'orbite de Vichy. C'est dans cette perspective que François Mitterrand, alors âgé de 27 ans, effectue son premier acte public de contestation. Lors de la journée nationale du Mouvement prisonnier, créé par Masson, qui se tient salle Wagram, le 10 juillet, Mitterrand se lève à l'issue du discours de Masson et l'interpelle de façon véhémente, lui reprochant pêle-mêle sa propagande en faveur de la Relève, ses mensonges et sa trahison. Masson lui répond par des menaces, et Mitterrand, interpellé par des policiers, quitte la salle avec l'aide de camarades déterminés.

L'incident est relaté, dans un sens patriotique, par Maurice Schumann, sur les antennes de la BBC lors de l'émission de la France combattante. Mitterrand est en passe de devenir l'un des principaux leaders du mouvement de Résistance des prisonniers qui s'esquisse. En mars 1944, il est le leader du Mouvement national des prisonniers de guerre et déportés (MNPGD).

16 juillet

Blackmail sabotage

Le 16 juillet 1943, des bombes tombent sur les usines Peugeot de Montbéliard. En fait, ces bombes touchent assez peu le cœur des usines, et occasionnent surtout des dommages civils collatéraux. Un agent du Special Operations Executive est un témoin privilégié : c'est Harry Rée, responsable du réseau Stockbroker, qui opère dans la région de Belfort. Dès mai 1943, il entre en relation avec Pierre Sire, le directeur du service de coordination, qui lui présente Rodolphe Peugeot. Au lendemain du bombardement, il convainc les dirigeants de Peugeot (dont les ateliers fabriquent, notamment, des tourelles pour les Panzer de la Wehrmacht) d'organiser eux-mêmes, ponctuellement et discrètement, le sabotage de leur système de production. S'ils refusent, des bombardements interviendront sous peu. C'est le *blackmail sabotage* (le chantage au sabotage). Jean-Pierre Peugeot accepte le *deal :* il livre des informations aux saboteurs et leur permet de circuler librement. Dix-huit sabotages importants interviendront dans ce cadre.

Ainsi est né un réseau de sabotage franco-anglo-américain à l'intérieur des usines, travaillant avec la complicité de la famille Peugeot et des cadres supérieurs, et bénéficiant même d'une aide financière. Ce réseau a deux maîtres d'œuvre. Ernest Floege (dit « commandant Paul »), ancien Tommy, originaire de Chicago, et le Bourguignon André Boucheron (dit « Narcisse »), opérateur radio. Ils sont les intermédiaires entre les saboteurs internes et Londres. Une fois par semaine, la direction leur fait parvenir un état de la production qui arrive aussitôt à Londres. Dès que la production était jugée trop importante, des ordres de sabotage sont lancés. Quatre directeurs des usines Peugeot seront déportés en mars 1944.

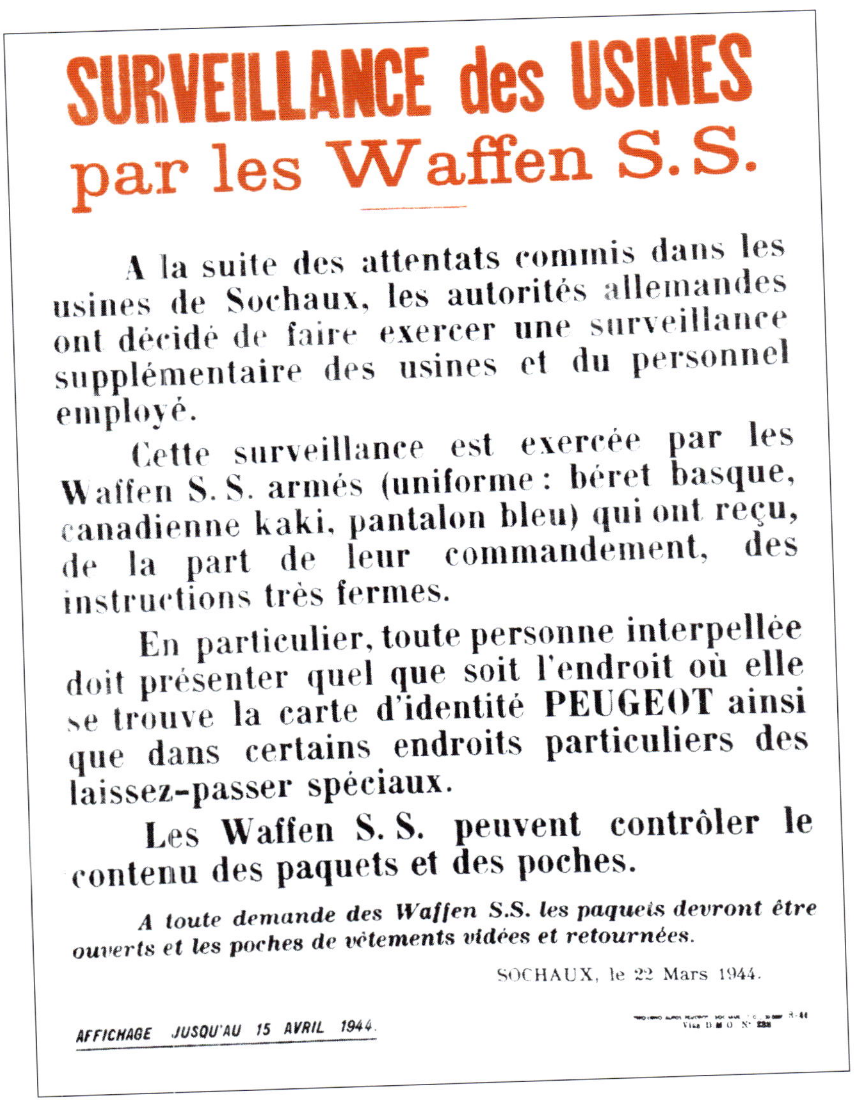

SURVEILLANCE des USINES
par les Waffen S.S.

A la suite des attentats commis dans les usines de Sochaux, les autorités allemandes ont décidé de faire exercer une surveillance supplémentaire des usines et du personnel employé.

Cette surveillance est exercée par les Waffen S.S. armés (uniforme : béret basque, canadienne kaki, pantalon bleu) qui ont reçu, de la part de leur commandement, des instructions très fermes.

En particulier, toute personne interpellée doit présenter quel que soit l'endroit où elle se trouve la carte d'identité PEUGEOT ainsi que dans certains endroits particuliers des laissez-passer spéciaux.

Les Waffen S.S. peuvent contrôler le contenu des paquets et des poches.

A toute demande des Waffen S.S. les paquets devront être ouverts et les poches de vêtements vidées et retournées.

SOCHAUX, le 22 Mars 1944.

AFFICHAGE JUSQU'AU 15 AVRIL 1944.

20 juillet

80 000 francs pour trahir

Faute de renseignements et de moyens d'enquête, les polices allemande et française manquent d'efficacité à l'encontre des résistants, en particulier contre les diffuseurs de journaux ou de tracts et les pourvoyeurs de faux papiers. Les flagrants délits ne fonctionnent que pour les combattants, à partir du développement des maquis. Pour le reste, les Allemands comptent essentiellement sur l'infiltration obtenue par la torture, la dénonciation ou la trahison.

Emblématique de la trahison apparaît l'affaire Marongin qui provoque à elle seule la capture de près de 10 % de tous les militants de Défense de la France (DF) arrêtés sous l'Occupation. Émile Marongin, qui est en contact avec Combat, a lui-même été dénoncé par un indicateur de la police allemande. Arrêté et retourné, il devient un agent de la bande Bonny-Lafont, auxiliaires français de la Gestapo, et est infiltré à Défense de la France. Après trois mois où il a fini par être désigné comme organisateur de la diffusion du journal dans le Nord, il livre la principale boîte aux lettres de DF, ainsi que toute l'équipe de diffusion. Geneviève de Gaulle, la nièce du Général, et Hubert Viannay, le frère de Philippe, sont arrêtés dans une souricière, Oudin et Luysseran à leur domicile. Marongin touche environ 80 000 francs pour prix de sa trahison. Mais les Allemands sont des maîtres exigeants qui méprisent les traîtres. Ils l'accusent de ne pas avoir livré le comité directeur du mouvement et finissent par le déporter. À son retour, il sera jugé et exécuté en France. La répression contre les membres de DF a frappé : 19 militants à l'occasion de rafles ou contrôles ; 154 militants tués ou arrêtés au cours d'une opération ; 288 militants interpellés sur dénonciation.

Sabotages et bombardements amoindrissent la contribution de l'industrie française à l'effort nécessaire pour la guerre totale du IIIe Reich.

27 juillet

Les deux armées se regardent en chiens de faïence

Leclerc, promu général de division le 25 mai 1943, est le héros gaullien absolu. C'est le vainqueur de Koufra et le héros du Fezzan. Sa Force L a participé héroïquement aux combats de Tunisie, même si sa participation a été mineure. Le 10 juin, cette force devient la déjà mythique 2e DFL : division française libre, qui s'ajoute à la 1re DFL. Leclerc souhaite qu'elle devienne le noyau dur d'une division blindée (DB) de type américain ou anglais pour servir sur le théâtre européen. Il lui faudrait 10 000 hommes. Mais les forces armées purement gaullistes sont très minoritaires en Afrique du Nord. En cet été 1943, c'est encore le général Giraud qui a la haute main sur l'armée d'Afrique, qu'il a rééquipée brillamment avec l'aide des Américains. De Gaulle n'a pas encore gagné la bataille (politique) d'Alger ! Comment les deux armées françaises se regardent ? Elles s'observent, parfois se méprisent, souvent s'ignorent.

Leclerc fait la tournée des popotes. Il tient à sonder les chefs de l'armée giraudiste. De manière discrète, voire secrète. À Mascara, au Maroc, le 27 juillet 1943, il rencontre le général du Vigier, son ancien instructeur à Saumur, qui commande la 1re DB en cours d'équipement en matériel américain. À 19 heures, du Vigier revient d'inspection. Face à Leclerc au garde-à-vous, il fait une déclaration liminaire très agressive à ce dernier, avant même de lui serrer la main :

« Si je peux résumer votre position actuelle, vous coupez toute l'armée en deux factions définitivement séparées, si ce n'est hostiles, en tout cas opposées de façon irrémédiable. D'une part, ceux qui ont répondu à l'appel du 18 juin [...] : pour vous les purs, les seuls patriotes, les seuls qui ont fait ce qu'il fallait pour continuer la lutte. D'autre part, tous les autres, les vaincus, les opportunistes, les vichystes, les pétainistes, et maintenant les girouettes, etc., qui sont tous des lâches, des pleutres si ce n'est des traîtres...

« Mon cher Hautecloque, je vous connais assez pour ne pas douter que si, le 18 juin 1940, vous aviez été à ma place, c'est-à-dire à la tête de deux régiments revenus de Dunkerque et qui s'accrochaient à la Loire, de Tours à Saumur, vous n'auriez pas abandonné vos hommes en train de se battre héroïquement pour répondre à l'appel de Londres. [...]

Mais je vous annonce la couleur, vous aurez les plus grandes difficultés à créer une unité homogène car le mépris et la méfiance pour ne pas dire la haine qu'ont vos FFL vis-à-vis des "autres", sachez que ces derniers le leur rendent bien ! »

L'unité sera un combat ! Dans ses notes personnelles, le général Leclerc écrit ce jour-là : « Cette conversation souligne à quel point l'entente est près de... la guerre civile. »

Août

Paris, comme un ange en pénitence

Emmanuel d'Astier de La Vigerie, le fondateur de Libération-Sud, a passé trois mois hors de France, à Londres et à New York. Trois mois sans danger, sans voir d'habits vert-de-gris. De retour dans la France captive, il passe sept jours à Paris en août 1943. Sa douleur est vive de voir la capitale sous la férule. Se mouvoir dans Paris, pour un homme très recherché comme lui, c'est une épreuve de concentration. Il est comme un chat qui entre dans une nouvelle maison. Il lui reste bien peu de temps pour goûter la beauté de cette ville à nulle autre pareille. Une beauté pour lors sans liberté, qui fait que Paris ressemble à « un ange en pénitence ».

« *Samedi*

Bien qu'il ne soit pas dix heures, il n'y a pas un café ouvert à un kilomètre à la ronde.

L'obscurcissement est tel que je marche les mains en avant comme un aveugle. À l'Étoile, pour trouver Wagram en partant de Kléber, je compte les chaussées : Iéna, Marceau, Champs-Élysées, Friedland. Quelques ombres, comme des mouches, restent agglutinées au métro Wagram, qui est toujours comme autrefois le métro des attentes. Mais ce n'est plus la foire aux rendez-vous d'amour ou de prostitution, ce sont des attentes frappées de mystère et d'ennui.

En bas, autour des guichets, il y a la Feldgendarmerie, les jambes écartées. Et puis, à l'accès aux quais, des inspecteurs. Je passe sans encombre, mais derrière moi, le filet se referme sur d'autres. Avec tant de discrétion, si peu de mots, que l'histoire a l'air d'une pantomime.

À minuit, au couvre-feu, les dernières ombres s'effacent dans les angles. Le feu est couvert : il couve sous la cendre. Et tandis que les Allemands cherchent la nuit de Paris à la Brasserie du Tyrol, aux Champs-Élysées, et à la Vie en Rose, rue de Clichy, de la Villette à Malakoff et de Vincennes à Saint-Denis, une araignée tisse sa toile dont les fils couvrent la France, et où iront s'empêtrer les mouches vertes.

Et les chats qui voient la nuit sont seuls à reconnaître que l'ange est un démon. »

Extrait de *Sept jours*, d'Emmanuel d'Astier, publié en 1945

LE MAQUISARD ET LE RÉFRACTAIRE

DEUX FIGURES CONFUSES

Enterrement d'un maquisard tué au combat dans les Pyrénées et porté à dos d'âne.

À l'origine des maquis, il y a le phénomène du « réfractariat ». L'occupant, dans le cadre de sa politique de collaboration avec Vichy, a souhaité procéder à la réquisition de la main-d'œuvre française pour couvrir ses besoins qui s'accroissent avec la guerre à l'Est. Cette politique a d'abord visé le recrutement des volontaires et des spécialistes par le biais de la « Relève » instituée par la « loi » du 4 septembre 1942. Cette « loi » lance un processus de contrôle généralisé des travailleurs : elle fait obligation à tout Français âgé de plus de 18 ans et de moins de 50 ans de justifier d'un emploi utile au pays, sous peine d'être assujetti à un travail qui lui sera désigné par le gouvernement. La deuxième grande mesure est l'établissement du Service du travail obligatoire (STO) en février 1943. Ce dispositif est fondé non plus sur la spécialité ou la technicité, mais sur des critères démographiques : sont concernées les classes 40, 41 et 42. Les exemptions sont théoriquement supprimées.

Plus que bien des discours, ces mesures, touchant directement les gens, provoquent de brutales prises de conscience (vis-à-vis de Vichy) et suscitent des engagements. Le premier engagement est d'entrer en réfractariat, en refusant d'obtempérer. Le réfractaire est transformé *ipso facto* en « hors-la-loi ». Que devient-il ? Il n'est pas forcément un combattant potentiel.

LE MAQUISARD ET LE RÉFRACTAIRE

DEUX FIGURES CONFUSES

MOUVEMENT DES FRANCS-TIREURS
ET PARTISANS DE FRANCE

COMITÉ D'AIDE AU MAQUIS

La libération de la France sera l'œuvre
des Français eux-même
De Gaulle

Le TRÉSORIER

BON POUR FRANCS : 20

Un camp FFI en Eure-et-Loir durant l'été 1944. Ci-contre, bon de solidarité vendu clandestinement sous l'occupation. Le financement et l'approvisionnement des maquis seront des problèmes majeurs.

LA PLANQUE

Première position : le réfractaire se dissimule ou, selon la terminologie de l'époque, il se « planque ». Il ne peut faire autrement car il est devenu un clandestin, situation que connaissent assez peu de résistants, même ceux qui sont dûment homologués. Il court un risque permanent, la chasse aux réfractaires étant rapidement et efficacement organisée. Ribbentrop câble à Otto Abetz, l'ambassadeur du Reich à Paris, le 2 février 1944, qu'il faut « anéantir sans ménagement » les « défaillants ». Deuxième position : certains d'entre eux peuvent régulariser leur situation. Dans les Alpes-Maritimes, 1 814 réfractaires (sur 2 844 : soit presque 64 %) ont régularisé leur situation au 1er avril 1944. Troisième position du réfractaire : il rejoint directement un réseau de résistance, il tente de s'évader par l'Espagne, ou, plus souvent, entre au maquis. C'est dire que le maquis est une création spontanée qui, au départ, échappe aux mouvements de Résistance.

Tous les maquis ne sont pas combattants : le « maquis-refuge » a pu exister ; en outre, des maquis peuvent être privés d'armes. Il y a des maquis où la présence des réfractaires est faible, d'autres composés exclusivement de réfractaires. Cette hétérogénéité reflète la diversité des contextes (géographiques, politico-administratifs), tout ce qui conditionne des formes diverses d'implantation de la Résistance et des maquis. Ainsi, les mouvements ont de grandes difficultés à s'implanter dans la zone interdite ou la zone réservée.

Quelques pourcentages rendent compte de cette diversité. En Isère, 30 % des réfractaires ont rejoint le maquis ; en Côte-d'Or, 20 % ; dans le Tarn, 19 % ; dans l'Aude, 6 % (ici, le faible taux est lié à la proximité de l'Espagne et à la possibilité d'une évasion). Mais dans l'ensemble (et sous bénéfice d'inventaire), on pense que 20 % des réfractaires rejoignent le maquis et deviennent résistants par cette voie.

LE REFUS D'ALLER EN BOCHIE

Le réfractariat est une expérience qui provoque une révolution chez des jeunes, habitués jusque-là à se conformer à ce qu'on leur disait de faire, dans une société très hiérarchisée, socialement et

Prix imposé : 10 fr.

POÈMES & CHANSONS DU MAQUIS

Cette plaquette est vendue par le personnel d'HEBDO-POITOU en chômage provisoire et forcé. HEBDO-POITOU a versé 440.000 francs en 4 mois à la Croix-Rouge F.F.I. Montrez-vous à votre tour généreux envers lui en faisant vendre cette plaquette, qui est aussi un témoignage de l'ardeur avec laquelle se bat notre belle jeunesse pour bouter hors de France e sanguinaire oppresseur.

LA GUERRE EN CHANSONS
par MAX SURVYLLE

Histoire d'une Chanson

LA CHANSON DE MARCHE DU MAQUIS

Rafales de rimes

LA ROMANCE DES REQUIS

Dès la Libération, le maquis rejoint la légende populaire et fait l'objet de nombreuses chansons. Les maquisards eux-mêmes se risquent à composer, comme ici, une « chanson de marche ».

familialement. On aurait tort d'imaginer que ces jeunes de 20 ans font bloc, que leur attitude est unanime. La jeunesse de France est traversée, elle aussi, par les fractures de la société provoquées par cette guerre d'un type nouveau. Il arrive que les chemins des membres d'un groupe se séparent, géographiquement, politiquement et moralement. Il y a la conscience de vivre les derniers moments de sa jeunesse, d'accomplir un acte plus moral que politique. C'est, par exemple, ce qu'on trouve dans le carnet de route d'un jeune réfractaire :

« J'avais déjà poussé à Orléans où j'avais rencontré Bernard M., H. et Georges B. avec un drôle d'état d'esprit. Tous trois ont décidé d'obéir à leurs convocations et d'aller en Bochie. M. et H. sont de braves garçons. L'un a quelques raisons de penser n'être pas trop mal là-bas et tous deux n'ont pas grand-chose dans le ventre. Pour Georges le cas est beaucoup plus complexe. J'ai discuté toute l'année avec lui au cours des nombreux déjeuners, il est pétri de Maurras et a suivi celui-ci dans sa politique pétainiste alors que beaucoup de royalistes de l'Action française comme moi ont obliqué dans la voie anti-allemande. Il considère (ou du moins il l'a dit) que c'est son devoir d'aller en Allemagne pour suivre l'action du maréchal et il fera comme il le dit, je recevrai sa lettre d'adieu à La M. me demandant si je partais. Je suis loin de l'approuver mais c'est quand même un de mes meilleurs amis.[...] J'ai quitté mes amis avec peine, un idéal de jeunesse enterré un instant. Je me suis séparé de ma famille avec tristesse. [...] Il y a encore une chose que j'ai quittée ce lundi : mon esprit de jeune homme. [...] Je n'irai pas en Allemagne comme un veau consentant. »

La radio officielle stigmatise les « déserteurs » : 30 % des éditoriaux de Philippe Henriot (entre février et avril 1944) sur Radio-Paris sont consacrés à la dénonciation des maquis. Le gouvernement menace et réprime.

DES RÉSISTANTS ENCOMBRANTS

L'implantation du maquis crée un réseau de complicités dans la société rurale. Il participe de même à la consolidation et à la structuration de la Résistance : le maquis apporte des troupes nouvelles, crée des besoins nouveaux d'où naissent des services nouveaux. Le mouvement Combat, en novembre 1942, crée l'Action ouvrière (AO), dont la mission est double : empêcher les ouvriers de partir en Allemagne et faire du sabotage. Les Mouvements unis de Résistance créent le Service Maquis (avril 1943). Il s'agit donc, pour la Résistance, de transformer cette résistance civile en résistance militaire. Mais cela ne va pas de soi. Car les armes comme

Distribution d'armes à des maquisards dans la région de Châteaudun à l'été 1944.

Attaque d'un maquis de Haute-Savoie par des miliciens et des GMR. Le gouvernement de Vichy engage ses hommes contre le maquis, comme supplétifs de l'armée allemande.

l'argent manquent. Les Anglais ne sont pas très désireux de voir se constituer des poches armées non maîtrisées. Les gaullistes sont sur la même longueur d'onde. Les mouvements de Résistance regardent le maquisard plus comme un poids que comme une aubaine. L'ancien chef FFI de l'Isère (général Le Ray) évoquera le maquis comme une « servitude » : « Déchargés du fardeau écrasant de cette foule à entretenir et à protéger, nous aurions pu nous consacrer à l'essentiel avec un petit nombre de formations légères hautement spécialisées et entraînées. » Pourtant, l'efficacité du maquis a été réelle : il a joué un rôle essentiel dans la paralysie du transport ennemi.

UNE IMAGE AMBIVALENTE

Comment est-il perçu par la population ? Diversement. Il suscite la crainte d'une répression et inquiète la population locale à cause des vols que ces « hors-la-loi » pourraient commettre. Cette négativité est très bien notée dans un étrange récit romanesque que l'historien Henri Michel a écrit en 1945 *(Quatre Années dures)* :

« Ce n'était pas un petit problème que d'organiser le maquis. Mesnard en était parfois épouvanté. Tous ces jeunes gens, pensait-il, qui ont quitté leur famille et leur maison, qui vivent à l'état d'hommes des bois, vont peu à peu dépouiller toute la frêle vêture de mille ans de civilisation et retrouver le million d'années de la barbarie ! Il va leur falloir voler et tuer. Que vont-ils faire, à quels excès ne vont-ils pas se livrer quand ils reviendront à la ville ? »

Cette population instable, interlope, peut faire peur. Un officier FTP, chargé de conduire l'attaque de Tulle, déplore que « la population du Tulle est montée en bloc contre nous, faisant retomber sur nos épaules toute la responsabilité de la répression nazie ». Elle peut tout autant susciter des pratiques de solidarité concrète, ou des opérations plus symboliques. Ainsi en est-il du défilé organisé à Oyonnax, le 11 novembre 1943, à la barbe de l'occupant. Le maquis de l'Ain, créé en décembre 1942 par Henri Romans-Petit, a montré une réelle efficacité dans la guérilla et dans la tactique du raid éclair. De même que celui du Limousin, commandé par Georges Guingouin. La Résistance a, elle aussi, une image ambivalente du maquis et du réfractaire. Si le réfractariat est encoura-

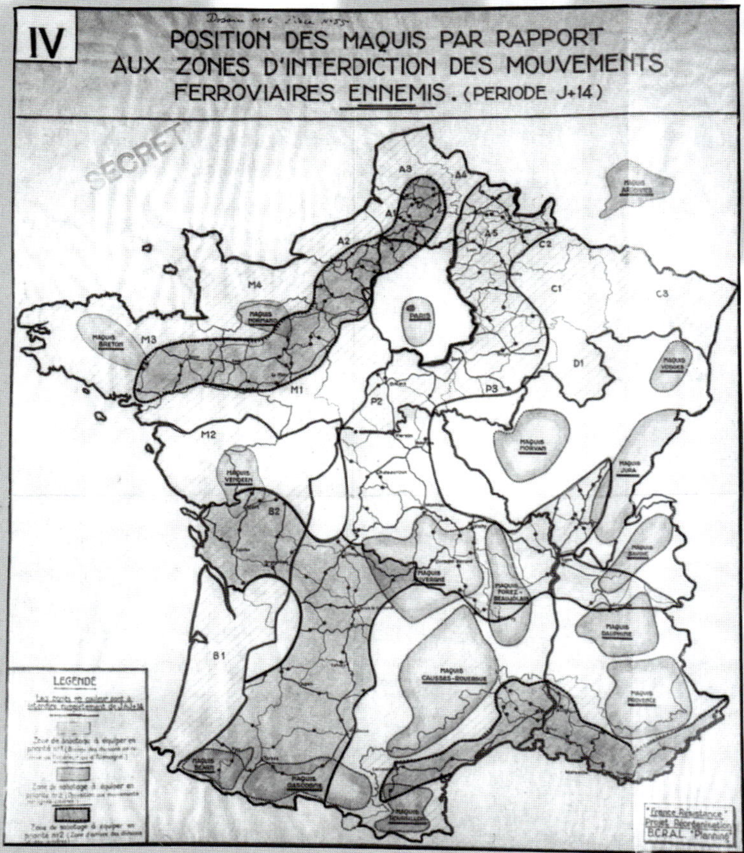

Carte dressée par le BCRA peu après le Débarquement. Les maquis se voient assigner un rôle primordial pour retarder le regroupement des troupes allemandes.

gé dans les émissions gaullistes de la BBC, il faut reconnaître l'existence de nuances. « Honneur et Patrie » recommande d'éviter, « vu l'approche de l'hiver et l'impossibilité de garantir aux réfractaires une aide extérieure, de les inciter à entrer dans les maquis ». Le patron de l'Armée secrète (AS), le général Delestraint, s'en méfie. Jean Moulin redoute la constitution d'une AS *bis* hors de son contrôle. Londres craint les actions immédiates détachées d'un plan d'ensemble. De plus, ces groupes d'hommes, insuffisamment armées, peuvent s'exposer au pire. Un télégramme adressé le 2 février 1944 au général de Gaulle signale ce risque : « Le manque de subsides a causé une situation tragique pour les réfractaires, qui sont presque sans armes et réduits à de dures privations. Chaque jour nous perdons 100 hommes. »

MÉMOIRE POLÉMIQUE

Cette perception ambiguë du maquisard ne s'arrange pas après la guerre. Le « premier maquisard de France », le colonel Guingouin, est suspecté et jugé. On s'interroge sur l'efficacité militaire de ces maquis. On se demande s'ils ont bien reçu l'aide qui leur aurait permis de tenir. On cherche des responsables aux drames qui ont frappé de nombreux maquis. Ces drames, comme celui des Glières (créé par le capitaine Théodore Morel, dit « Tom », commandant de l'AS en Haute-Savoie, mais liquidé en mars 1944 par l'occupant) ou du Vercors (juillet 1944), ont transformé ces réduits en pièges mortels et cette mémoire combattante en une mémoire souffrante et polémique...

Exécution de maquisards FTP en Saône-et-Loire. Cette photo fut retrouvée sur un soldat allemand. La Wehrmacht ne faisait pas de prisonniers dans la guerre des « partisans ».

Août

L'évadé de Montluc

André Devigny, officier, sert dans le réseau franco-britannique « Gilbert », avec le colonel Groussard. Arrêté à Annemasse le 17 avril 1943, il est interné à Lyon, au Fort-Montluc. Condamné à mort, il s'évade.

« Le 25 août 1943, après 130 jours de détention, je m'évade de la prison militaire de Fort-Montluc à Lyon. Je dois la réussite de l'opération à un plan bien établi, grâce à une connaissance parfaite des lieux, à une préparation minutieuse et surtout à ma volonté, malgré les innombrables difficultés, de sortir à n'importe quel prix, l'évasion étant ma seule planche de salut [...]

I - Plan d'évasion

Je suis enfermé dans une cellule d'environ 4 m² [...] Comment sortir de cette cellule ? Comment ensuite sortir du bâtiment des cellules ? [...] Comment ensuite traverser les cours éclairées où circulent des sentinelles ? Comment enfin passer deux murs de 7 mètres de haut entre lesquels une garde est assurée ?

Pendant 1 mois, je suis persuadé que le problème n'a pas de solution [...]

J'attends de longs jours, assis sur le seau hygiénique qui me sert de siège, ou couché sur la paillasse crasseuse. Quelquefois, à l'aide du châlit [...] je monte près de la fenêtre et je regarde [...]

Trois fois, je change de cellule [...] Les fenêtres des cellules donnant sur des faces différentes, j'arrive à connaître parfaitement le plan de la prison [...] Petit à petit, j'arrive à établir un plan, résultat de toutes les observations faites et de mes réflexions.

a) Ouvrir la porte de la cellule. Pour cela, démonter le panneau inférieur. Je dispose pour effectuer ce travail du manche d'une cuiller ; ce manche coupe légèrement car je l'ai aiguisé sur le béton.

b) Monter sur le toit en passant par un vasistas d'aération et en utilisant la tringle servant à ouvrir le vasistas [...]

c) Descendre du toit dans la cour réservée aux femmes à l'aide d'une corde qui sera fixée à la terrasse par un crochet [...]

d) Traverser la cour après avoir tué la sentinelle.

e) Monter sur le premier mur d'enceinte par l'intermédiaire du toit du préau de l'infirmerie [...]

f) Lancer une corde et un crochet sur le second mur d'enceinte [...] Pour fabriquer les cordes, je dispose de deux couvertures, de la toile de la paillasse, du traversin, de 4 chemises, 1 pyjama, 3 serviettes et du fil de fer que me fournira le grillage du châlit [...]

II - Préparation de l'évasion

Elle m'a demandé 3 mois. Je joue ma dernière carte. Il faut donc : d'abord que la préparation demeure insoupçonnée, ensuite qu'elle soit minutieuse pour que l'opération soit tentée avec le maximum de chances. Pendant ces 3 mois, je donne l'impression du détenu parfaitement calme : ma cellule est toujours propre, la paillasse bien rangée, aucune inscription sur les murs. J'ai l'air content de mon sort et du régime que je supporte [...]

III - Exécution de l'évasion

Tout est prêt [...] Je décide d'attendre la fin de la lune pour tenter mon évasion [...]

Le 18 août au soir, on ouvre la porte et je vois arriver dans la cellule un tout jeune homme de 18 ans, vêtu en soldat allemand. Je l'interroge. Il me déclare faire partie de la Légion anti-bolchévique depuis 6 mois. Arrêté [...] par la *Feldgendarmerie*, il vient d'être conduit à la prison où il devient mon compagnon de cellule. Il a, paraît-il, tiré un coup de revolver sur un policier français. Personnellement, je lui déclare me nommer capitaine Julien et être en prison pour gaullisme.

Le 20 août, je suis condamné à mort par la Cour martiale allemande [...] Mon exécution doit avoir lieu le 28. Après le jugement, je suis ramené dans la même cellule, à mon plus grand bonheur.

Malgré la présence du légionnaire, je suis décidé à tout tenter, et, si besoin est, à le tuer [...] Le 25 au matin [...] je décide l'évasion pour le soir.

Après la soupe de midi, je dis à mon compagnon :

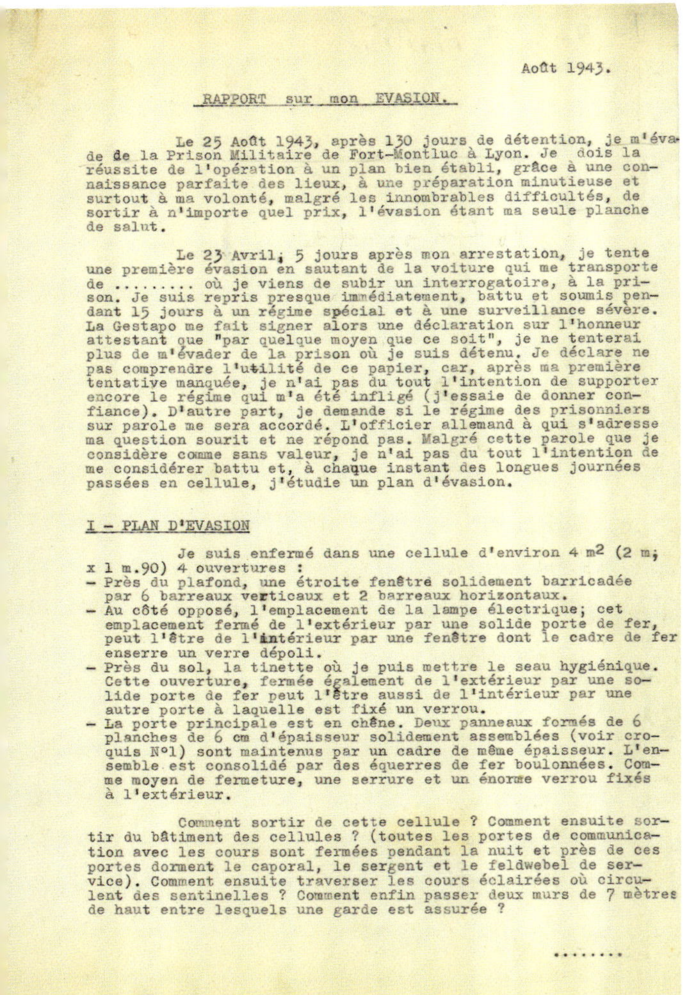

Août 1943.

RAPPORT sur mon EVASION.

Le 25 Août 1943, après 130 jours de détention, je m'évade de la Prison Militaire de Fort-Montluc à Lyon. Je dois la réussite de l'opération à un plan bien établi, grâce à une connaissance parfaite des lieux, à une préparation minutieuse et surtout à ma volonté, malgré les innombrables difficultés, de sortir à n'importe quel prix, l'évasion étant ma seule planche de salut.

Le 23 Avril, 5 jours après mon arrestation, je tente une première évasion en sautant de la voiture qui me transporte de .... où je viens de subir un interrogatoire, à la prison. Je suis repris presque immédiatement, battu et soumis pendant 15 jours à un régime spécial et à une surveillance sévère. La Gestapo me fait signer alors une déclaration sur l'honneur attestant que "par quelque moyen que ce soit", je ne tenterai plus de m'évader de la prison où je suis détenu. Je déclare ne pas comprendre l'utilité de ce papier, car, après ma première tentative manquée, je n'ai pas du tout l'intention de supporter encore le régime qui m'a été infligé (j'essaie de donner confiance). D'autre part, je demande si le régime des prisonniers sur parole me sera accordé. L'officier allemand à qui s'adresse ma question sourit et ne répond pas. Malgré cette parole que je considère comme sans valeur, je n'ai pas du tout l'intention de me considérer battu et, à chaque instant des longues journées passées en cellule, j'étudie un plan d'évasion.

I - PLAN D'EVASION

Je suis enfermé dans une cellule d'environ 4 m² (2 m; x 1 m.90) 4 ouvertures :

- Près du plafond, une étroite fenêtre solidement barricadée par 6 barreaux verticaux et 2 barreaux horizontaux.
- Au côté opposé, l'emplacement de la lampe électrique; cet emplacement fermé de l'extérieur par une solide porte de fer, peut l'être de l'intérieur par une fenêtre dont le cadre de fer enserre un verre dépoli.
- Près du sol, la tinette où je puis mettre le seau hygiénique. Cette ouverture, fermée également de l'extérieur par une solide porte de fer peut l'être aussi de l'intérieur par une autre porte à laquelle est fixé un verrou.
- La porte principale est en chêne. Deux panneaux formés de 6 planches de 6 cm d'épaisseur solidement assemblées (voir croquis N°1) sont maintenus par un cadre de même épaisseur. L'ensemble est consolidé par des équerres de fer boulonnées. Comme moyen de fermeture, une serrure et un énorme verrou fixés à l'extérieur.

Comment sortir de cette cellule ? Comment ensuite sortir du bâtiment des cellules ? (toutes les portes de communication avec les cours sont fermées pendant la nuit et près de ces portes dorment le caporal, le sergent et le feldwebel de service). Comment ensuite traverser les cours éclairées où circulent des sentinelles ? Comment enfin passer deux murs de 7 mètres de haut entre lesquels une garde est assurée ?

....

Document original du récit d'André Devigny, trouvé dans les archives de la Délégation suisse des MUR.

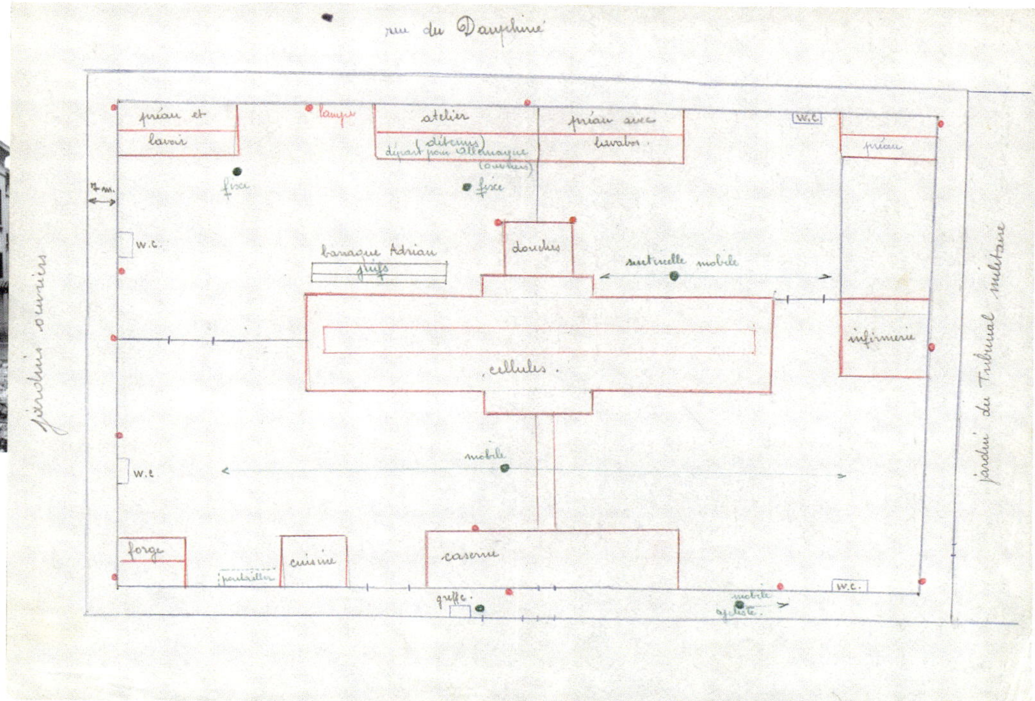

Vue de la prison militaire de Fort-Montluc et l'un des plans réalisés par André Devigny pour s'en évader.

– Ce soir, je m'évade. Si tu veux m'accompagner, c'est très bien ; si tu ne veux pas, je dois me débarrasser de toi [...]

Tremblant de peur, il décide de le faire [...] Il est convenu que la porte de la cellule ouverte, je sortirai le premier, transporterai le paquet de cordes [...] Je monterai ensuite sur le toit [...] Je lui fais quelques recommandations : me suivre à mon signal en ne faisant aucun bruit, bien regarder mes gestes et les imiter. Je lui indique la façon de poser les pieds sur le sol, de descendre la corde rapidement, de faire la courte-échelle... [...]

À 9 heures, les sentinelles de nuit se mettent en place et les lampes s'allument [...]

10 heures, puis 11 heures [...] J'attends un bon moment encore, puis, je démonte la porte [...]

J'attache une extrémité de la corde à ma ceinture et monte [...]. C'est haut, la montée est difficile. J'atteins le rebord de l'ouverture et essaie de faire un rétablissement. Je n'y arrive point et suis contraint de redescendre. Je transpire à grosses gouttes et respire fortement. Après 5 minutes d'attente, je recommence. Je remonte, m'agrippe et, petit à petit, je passe. Il faut faire extrêmement attention pour ne pas trop appuyer sur le verre de la véranda et le casser [...] Je [...] fais descendre la corde [...] Le légionnaire la fixe autour de sa taille. Dès que cela est fait, je tire, je tire très fort pour aider son ascension au maximum [...] et nous nous trouvons tous deux sur le toit [...]

J'examine la terrasse : elle est recouverte de gravier ; donc il faudra avancer avec prudence et utiliser les moments où les trains passent. Les sentinelles se promènent de leur pas lent et régulier [...]

J'observe attentivement la sentinelle, qui va et vient, la mitraillette sur le côté droit, la main sur la poignée du pistolet. J'attends l'instant favorable pour lui bondir dessus et l'étrangler. Enfin la sentinelle se présente [...] Elle fait tranquillement demi-tour. Je m'élance, lui serre la gorge des deux mains, les pouces sur la nuque et je serre de toutes les forces, si fort que je sens mes ongles et l'extrémité de mes doigts pénétrer dans sa chair. Le Boche essaie sans succès de m'agripper les bras et tombe la face avant ; sans relâcher mon étreinte, je le suis dans sa chute. Je tire sa baïonnette du fourreau et la lui plonge dans le dos entre les deux omoplates. Je me relève rapidement et fais signe au légionnaire de descendre [...]

Nous traversons la cour au pas de course et nous rendons au côté opposé [...] dont le mur est facilement franchi [...]

Quatre heures sonnent à l'horloge [...]

Je suis obligé d'attendre quelques instants avant de sauter, car des ouvriers passent dans la rue [...] Nous sautons [...]

Nous marchons jusqu'à 6 heures [...]

Nous prenons le tram [...] Nous descendons au terminus [...]

À un tournant, nous nous trouvons nez à nez avec 4 Allemands. Un *feldwebel* demande nos papiers [...]

Devant nous [...] des gardes mobiles font de l'équitation dans un pré. Je les regarde et m'attarde légèrement [...] Brusquement, au moment où lui-même regarde les cavaliers, je saute dans les fourrés et disparais. Je parcours une trentaine de mètres et m'aplatis sur le sol sans bouger [...]

J'aperçois de petites patrouilles de 4 ou 5 hommes qui battent les fourrés [...] et les bords de la rivière [...] 3 fois cette patrouille me frôle [...]

J'attends ainsi plusieurs heures. Puis, l'après-midi, je me décide à repasser à la nage la rive opposée. À peine l'ai-je atteinte, qu'un civil [...] s'approche de moi [...] Il me propose sa demeure comme refuge [...]

On me fait une chaleureuse réception, me donne à manger, et je vais immédiatement me coucher [...]

Je reste 12 jours dans cette maison où j'ai été entouré des soins les meilleurs [...] »

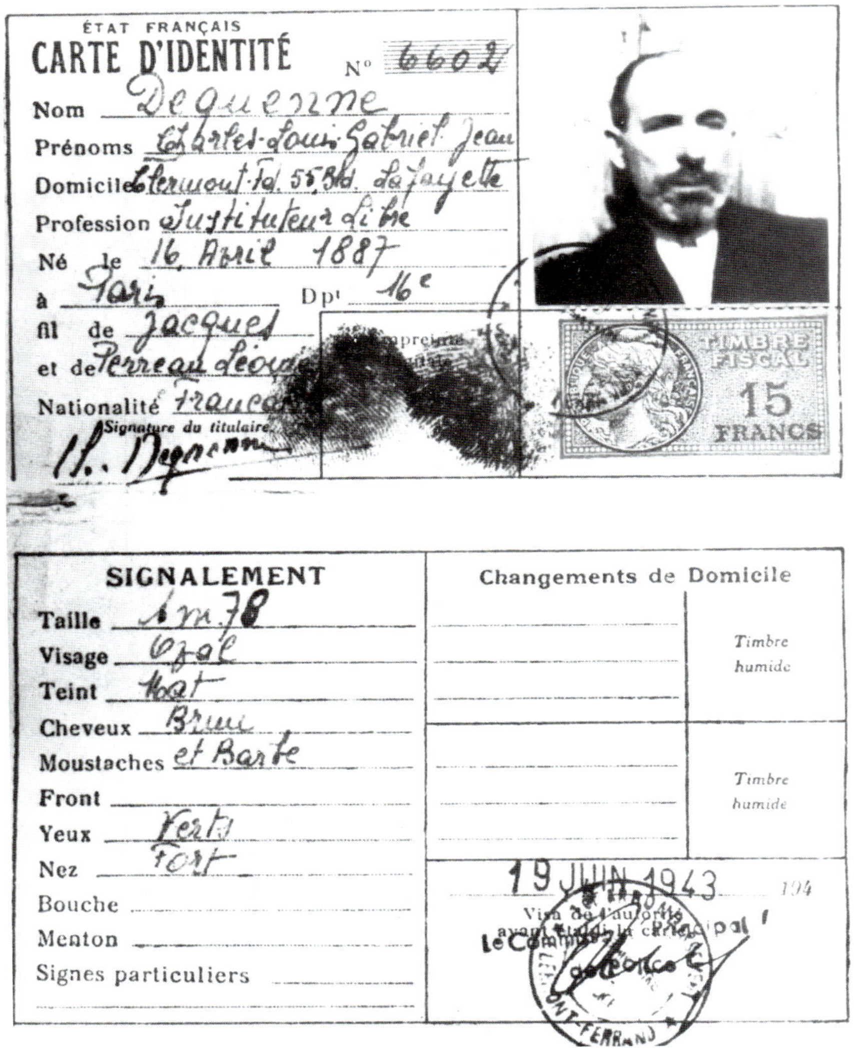
ÉTAT FRANÇAIS
CARTE D'IDENTITÉ N° 6602
Nom Dequenne
Prénoms Charles-Louis Gabriel Jean
Domicile Clermont-Fd. 55 Bd. Lafayette
Profession Instituteur libre
Né le 16 Avril 1887
à Paris Dpt 16e
fil de Jacques
et de Perreau Léon
Nationalité françai
Signature du titulaire
TIMBRE FISCAL 15 FRANCS

SIGNALEMENT
Taille 1m78
Visage Ovale
Teint Mat
Cheveux Brun
Moustaches et Barbe
Front
Yeux Verts
Nez Fort
Bouche
Menton
Signes particuliers

Changements de Domicile
Timbre humide
Timbre humide
19 JUIN 1943
Le Commissaire Principal

Condamné à 10 ans de réclusion pour s'être insurgé contre l'invasion par les Allemands de la zone sud, le général de Lattre s'évade de la prison de Riom (fausse carte d'identité utilisée après son évasion).

8 août

Frenay en position d'accusé

Entre la Résistance intérieure et la France libre, l'harmonie a rarement été de mise. Des différences de situation, de conception, d'histoire expliquent aisément ces rapports compliqués. Pour de Gaulle, les exigences du combat imposent une neutralisation de la Résistance intérieure, ou à tout le moins sa subordination. L'honneur et le drame de Jean Moulin est d'avoir eu à imposer cette politique qui ne pouvait que susciter des tensions et des conflits. Henri Frenay, après la grave crise du printemps 1943, a souhaité se rendre à Londres pour tenter de clarifier les choses. Or lui, le fondateur de la Résistance, il ne rencontre dans les services gaullistes qu'incompréhension et méfiance. Alors que Londres peut bénéficier des renseignements les plus précieux collectés en France, aux risques et périls des résistants, les Français de Londres font systématiquement montre d'une attitude de rétention et de prévention.

Le 8 août, dans la capitale britannique, le chef de Combat écrit une longue note. Jamais il n'est allé aussi loin dans l'expression de son ressentiment. Après avoir risqué sa peau, après avoir perdu l'être qui lui était le plus cher, Berty Albrecht, on l'accuserait de « trahison », de « machiavélisme », d'« ambition personnelle ». Au lieu d'être reçu en héros, il ne trouve dans le regard des autres qu'une insoutenable hostilité...

« *Je suis arrivé dans la position "d'accusé levez-vous". À vrai dire, on n'a pas osé m'accuser, alors que je connaissais cependant les accusations dans le fond et dans leurs termes. J'ai été entouré par un réseau de chuchotements qui tantôt me précédaient, tantôt me suivaient. J'ai dû me battre contre un adversaire invisible mais toujours présent.*

Au lieu d'être reçu en ami, en ami cher, j'ai été reçu en suspect. Personne ne peut dire cependant que je n'ai cessé de servir la France de toutes mes forces, de toute mon âme, que je lui ai tout donné, plus encore qu'on ne le croit. Seulement, il a suffi d'un geste non aligné sur les gestes réglementaires pour réduire à néant la bonne opinion que devraient me valoir les modestes services rendus à mon pays. Est-ce là la confiance ? [...]

Alors je sentis reprendre dans l'ombre les chuchotements. Je sais qu'on a dit de moi de plusieurs bouches et en plusieurs endroits : "méfiez-vous de lui". Se méfier de moi ? Qui osera me le dire en face ? Je considère cette méfiance comme une insulte que je ne peux malheureusement pas châtier. »

Note rédigée à Londres par Henri Frenay, le 8 août 1943

27 août

Une évasion du camp de Compiègne

Il a 20 ans lorsque la guerre mondiale le surprend, dans un dépôt d'artillerie. Août 1940 : Jean-Marie Bressand est à Besançon. La capitale de la Franche-Comté est couleur vert-de-gris et il lui semble que les gens s'en accommodent. L'instinct patriotique prend le dessus, mais aussi le souci récurrent de ne point penser comme les autres : « Je crois que c'est un sentiment de refus qui m'a conduit à former un petit groupe de copains qui n'acceptaient pas la défaite. Refus du sentiment qui prédominait chez beaucoup de nos compatriotes : la lâcheté ; on était prêt à se mettre à plat ventre devant l'Occupant pour continuer à vivre comme avant. » Refuser, mais comment ? Quelques bris de vitrines dans les librairies qui affichent une photo d'Hitler, des tracts. C'est bien mais c'est bien peu.

Début 1941, Bressand décide de partir vers Marseille avec un ami qui forme le projet de rejoindre la France libre à Londres. Mais il rencontre à la gare de Lons-le-Saunier un commissaire qui le met en rapport avec le capitaine Kleinmann, membre éminent du service de renseignements clandestin de l'armée, chargé de la région Est. Il a besoin de lui pour le secteur de Besançon, où siègent des éléments importants de l'armée allemande et des services de renseignements. Kleinmann lui apprend le métier. Le jeune homme, qui ne recule devant aucun danger, va jusqu'à se faire inscrire à un mouvement collaborationniste (le groupe Collaboration), ce qui lui permet d'approcher les officiers de l'état-major allemand en se faisant embaucher comme chauffeur. De retour dans la « vieille ville espagnole », comme dirait Victor Hugo, il met en place un système de recueil de renseignements militaires grâce à la complicité d'une entreprise de nettoyage qui fait le ménage dans les casernes et aussi du concierge du siège de la Kommandantur. Il se fait nommer, pour la couverture, directeur d'un cinéma réquisitionné par les Allemands : le Casino. Il s'arrange pour recruter le concierge de la Cité universitaire de Besançon, PC des unités allemandes, qui arrive à subtiliser de précieux documents. Le 1er mai 1942 est un jour faste : dans la serviette que Bressand a subtilisée à un officier qu'il conduisait, on découvre le plan de bataille complet de toutes les forces allemandes stationnées en France, ce que des milliers d'agents obscurs tentaient depuis des mois de reconstituer bribe par bribe.

Le 12 juin 1943, Bressand est arrêté par la Gestapo. Après une série d'interrogatoires à la prison de Dijon, il est convoyé jusqu'au camp de Compiègne, promis à la déportation. Mais il s'en évade courageusement le 27 août 1943. Il se rendra auprès de ses chefs à Alger, dans le sous-marin *Casabianca*, puis servira dans la Ire armée.

29 août

Bidault prend la présidence de la Résistance

Après la disparition de Jean Moulin, Claude Serreulles a assuré son intérim à la tête de la Délégation. Reste le Conseil de la Résistance, dont Moulin était le président. Se considérant comme non qualifié pour lui succéder, Serreulles favorise la nomination de Georges Bidault, membre de Combat et, surtout, du Front national. Cet ancien agrégé d'histoire, figure avant-guerre du journal *l'Aube*, représente les démocrates populaires au CNR. Après la guerre, il deviendra un des fondateurs du Mouvement des républicains populaires (MRP), un parti politique important qui incarne en France la mouvance démocrate chrétienne.

Bidault entre alors dans une clandestinité totale et exerce sa présidence avec un grand sens de la conciliation. Trop grand, diront certains qui lui reprochent ses faiblesses à l'égard des communistes. Bidault travaille à préserver les liens du CNR avec la Délégation, mais sa nomination a pour certains le défaut de faire échapper la présidence du CNR à un gaulliste pur et dur.

George Bidault, l'un des proches collaborateurs de Jean Moulin, lui succède à la présidence du Conseil de la Résistance.

2 septembre

Un préfet succède enfin à Moulin

Très opposé à la présence de l'occupant, le préfet Émile Bollaert a été révoqué par le régime de Vichy. En 1941, il est en contact avec des éléments de la Résistance. Le 2 septembre 1943, bien qu'il connaisse assez peu le travail clandestin, Émile Bollaert est nommé par le général de Gaulle, pour succéder à Jean Moulin, délégué général du CFLN en France intérieure. Cette nomination s'est faite après des luttes interminables au sein de la France combattante.

« Vous aurez ainsi à assurer au nom du Comité la liaison avec les mouvements de Résistance. Vous aurez compétence pour assurer la distribution des fonds dans les conditions définies par les dernières directives envoyées à Rex.

[...] Connaissant et votre courage et votre sens d'organisation, je sais bien que nous pouvons vous faire confiance pour mener à bonne fin cette tâche. »

Extrait de la lettre de De Gaulle à Bollaert

Ci-contre : Mathéa Pittiloni, patriote corse, en septembre 1943.
Ci-dessous : le 10 septembre 1943, Ajaccio se soulève. Le 12, le Bataillon de choc et des troupes marocaines de Giraud débarquent dans l'île. Le 4 octobre, la Corse est libérée.

Les combats dans l'île vont se prolonger jusqu'au 4 octobre. Des maquisards corses participent à sa libération.

12 septembre-4 octobre

La Corse, premier département français libéré

Après l'opération Torch en Afrique du Nord, le 8 novembre 1942, ce sont près de 80 000 soldats italiens qui occupent la Corse. Cette dernière souffre depuis d'une pénurie de denrées alimentaires et craint la disette. Les Allemands sont présents dans la Sardaigne voisine. L'opposition au nouvel ordre est très vive. D'un côté, Fred Scamaroni, délégué du général de Gaulle, a préparé nombre de résistants corses dans le cadre de l'organisation « R2 Corse », mais, trahi, il tombe aux mains des policiers italiens et il s'empoisonne dans sa cellule. De l'autre, ce sont les communistes du Front national qui sont les plus nombreux, sous la férule d'Arthur Giovoni. Mais, en réalité, le Front national intègre d'autres résistants de plusieurs tendances politiques.

Depuis l'occupation totale de la France, le Front national a pris langue avec Londres et Alger. En avril 1943, le général Giraud a déjà envoyé dans l'île Paul Colonna d'Istria, dit « Césari », un commandant de gendarmerie, afin de préparer les résistants à se tenir prêts à un éventuel débarquement et surtout à s'entendre pour opérer de façon coordonnée. En fait, il tente d'unifier les résistants de la Corse.

Le 3 septembre, les Italiens signent l'armistice avec les Alliés. Mais 12 000 Allemands débarquent aussitôt à Bastia pour remplacer les soldats italiens. Ils veulent contrôler l'axe de circulation nord-sud, afin de permettre l'évacuation des troupes du Reich stationnées en Sardaigne.

Le 9 septembre, Giraud prend un énorme risque en ordonnant à Colonna d'Istria de commencer l'insurrection. De Gaulle est contre cette opération, car le maquis corse est majoritairement composé de résistants communistes. En effet, il craint que les communistes s'emparent du pouvoir dans l'île au détriment du Comité français de la Libération nationale (CFLN).

Dans la nuit du 12 au 13 septembre, le sous-marin *Casablanca* débarque près d'une centaine d'hommes, membres de 3 sections d'un bataillon de choc, dans le port d'Ajaccio, sous le commandement de Gambiez. Six mille hommes commandés par le général Henry Martin viennent renforcer les premiers Français débarqués. Parallèlement, les forces allemandes en Corse sont renforcées par celles de la Sardaigne, dont la brigade blindée Reichsführer SS et la 90e division de *Panzergrenadieren*.

Les combats durent jusqu'au 4 octobre, date de la libération de Bastia par le 6e tabors, les chars légers du 4e spahis marocains et le bataillon de choc, sous le commandement du général Louchet. Ignorant que Bastia est libéré, les Alliés bombardent la ville, causant plusieurs morts. La Corse devient un symbole de la Libération, puisque c'est le premier département français libéré par des Français. Désormais, la victoire n'est plus un rêve lointain. Ses rives sont visibles.

Naissance à Alger de l'Assemblée consultative provisoire, embryon de représentation nationale.

17 septembre

Comment faire entendre la voix de la nouvelle France ?

En février 1943, le juriste René Cassin est le premier à penser qu'il faut établir une « passerelle » entre les résistants de l'intérieur et la France combattante, au moment même où l'idée d'un Conseil de la Résistance fait son chemin. Le 7 mai 1943, le général de Gaulle adresse une lettre au général Giraud, à Alger, dans laquelle il lui propose la création d'une autorité française unique pour diriger l'effort de guerre. Il ajoute qu'il faudra envisager d'aller plus loin encore et imaginer une manière de faire entendre la voix de la nouvelle France :

« Il apparaît essentiel au Comité national [de Londres] que l'unité de l'Empire une fois accomplie, il soit créé un Conseil national consultatif destiné à fournir au pouvoir central une expression de l'opinion des Français pour autant qu'ils puissent l'exprimer. Sans doute un tel Conseil ne saurait aucunement être considéré comme l'expression de la souveraineté nationale, laquelle ne réside que dans la nation elle-même et, par voie de conséquence, dans l'Assemblée qu'elle aura élue. Mais les avis du Conseil national consultatif sont susceptibles d'éclairer le pouvoir central sur le sentiment général... »

Félix Gouin, président de la commission de réforme de l'État à Londres, compose un projet qui séduit André Philip, le commissaire à l'Intérieur. Ce dernier peut alors le faire adopter par le CFLN, le 17 septembre. Le nouvel organisme prend le nom d'« Assemblée consultative provisoire » et il siégera au palais Carnot à Alger. La nouvelle Assemblée est composée d'une large représentation qui comprend des représentants de la Résistance métropolitaine, des sénateurs et des députés n'ayant pas voté les pleins pouvoirs au maréchal Pétain le 10 juillet 1940, une douzaine de représentants des conseils généraux, des membres du Conseil du gouvernement chérifien, deux autres du Grand Conseil tunisien et, enfin, un groupe de délégués financiers ayant des intérêts en Afrique du Nord. Félix Gouin en est le président. Cette Assemblé possède aussi un journal officiel comme une Assemblée parlementaire classique ; des débats et des commissions sont également prévus. Toutefois, elle n'est que « provisoire » et « consultative », dans la mesure où elle n'est pas l'émanation directe de la volonté populaire. Elle n'a donc pas vocation à voter des lois ni même à se présenter comme souveraine. Elle donne des avis sur les projets du CFLN.

Le 24 novembre 1943 est voté le premier ordre du jour de l'Assemblée :

« L'Assemblée, expression de la France en guerre ;

Salue avec émotion l'effort de guerre des Nations alliées en vue de la défaite totale de toutes les puissances de l'Axe et marque la volonté de la France de continuer à s'y associer dans toute la mesure de ses possibilités ;

Constate que le Comité [CFLN] a tenu en toute occasion la parole de la France et a maintenu la fidélité de notre pays aux traités qu'il avait signés ; associe le peuple français aux déclarations de la Charte atlantique, des Nations unies et de la Conférence de Moscou... »

25 septembre

L'affaire de la rue de la Pompe

Imprudences et malchances se mêlent, qui conduisent à l'arrestation des secrétaires et agents de liaison de la Délégation du CFLN, installés rue de la Pompe à Paris. Serreulles, le délégué, échappe de justesse à la capture, tandis que de très nombreux documents sont saisis. Alors qu'on annonce une prochaine opération de la Gestapo à Paris, la Délégation semble plus vulnérable que jamais, ce qui peut mettre en péril l'ensemble des organismes dirigeants de la Résistance. C'est du moins l'avis de Pierre Brossolette, qui vient de revenir en France avec une mission limitée d'installation de l'ancien préfet Émile Bollaert à la tête de la Délégation, ce qui ne l'empêche pas de nourrir des ambitions beaucoup plus vastes quant aux services qu'il pourrait rendre à la Résistance.

Il stigmatise donc l'affaire de la rue de la Pompe avec une grande virulence, parce qu'il y voit l'éclatante manifestation de toutes les faiblesses de l'actuelle équipe qu'il n'épargne guère dans une série de rapports à Londres. Il en découle un grand malaise au sein de la Délégation, Serreulles et Bingen se sentant déjugés, ainsi qu'une suite de malentendus avec Londres. Pendant ce temps, les mouvements de Résistance, communistes du Front national en tête, essaient de conforter leur indépendance à l'égard du général de Gaulle. Une remise à plat générale est demandée à Londres, qui essaie de redistribuer les cartes sur de nouvelles bases, mais la répression allemande va venir les brouiller une fois de plus.

26 septembre

« Adieu, la mort m'appelle »

« Chers Parents,

Ma lettre va vous causer une grande peine, mais je vous ai vus si pleins de courage que, je n'en doute pas, vous voudrez bien encore le garder, ne serait-ce que par amour pour moi.

Vous ne pouvez savoir ce que moralement j'ai souffert de ne plus vous voir, de ne plus sentir peser sur moi votre tendre sollicitude que de loin. Pendant ces 87 jours de cellule votre amour m'a manqué plus que vos colis, et souvent je vous ai demandé de me pardonner le mal que je voue ai fait. Vous ne pouvez douter de ce que je vous aime aujourd'hui, car avant je vous aimais plutôt par routine, mais maintenant je comprends tout ce que vous avez fait pour moi, je crois être arrivé à l'amour filial véritable, au vrai amour filial. Peut-être après la guerre, un camarade vous parlera-t-il de moi, de cet amour que je lui ai communiqué. J'espère qu'il ne faillira point à cette mission désormais sacrée.

Remerciez toutes les personnes qui se sont intéressées à moi et particulièrement mes plus proches parents et amis ; dites-leur ma confiance en la France éternelle. Embrassez très fort mes grands-parents, mes oncles, tantes et cousins, Henriette. Dites à Monsieur le Curé que je pense particulièrement à lui et aux siens, je remercie Monseigneur du grand honneur qu'il m'a fait, honneur dont, je crois, je me suis montré digne. Je salue aussi en tombant mes camarades du lycée. À ce propos, Hennemay me doit un paquet de cigarettes ; Jacquin mon livre sur les hommes préhistoriques. Rendez le *Comte de Monte-Cristo* à Emourgeon, 3, Chemin Français, derrière la Gare. Donnez à Maurice André, de la Maletournée, 40 grammes de tabac que je lui dois.

Je lègue ma petite bibliothèque à Pierre, mes livres de classe à mon petit papa, mes collections à ma chère petite Maman, mais qu'elle se méfie de la hache préhistorique et du fourreau d'épée gaulois.

Je meurs pour ma Patrie. Je veux une France libre et des Français heureux. Non pas une France orgueilleuse et une première nation du monde, mais une France travailleuse, laborieuse et honnête. Que les Français soient heureux voilà l'essentiel. Dans la vie, il faut savoir cueillir le bonheur.

Pour moi, ne vous faites pas de souci, je garde mon courage et ma belle humeur jusqu'au bout et je chanterai *Sambre et Meuse*, parce que c'est toi, ma chère petite maman, qui me l'a apprise.

Avec Pierre, soyez sévères et tendres. Vérifiez son travail et forcez-le à travailler. N'admettez pas de négligence. Il doit se montrer digne de moi.

Les soldats viennent me chercher, je hâte le pas, mon écriture est peut-être tremblée, mais c'est parce que j'ai un petit crayon. Je n'ai pas peur de la mort, j'ai la conscience tellement tranquille.

Papa, je t'en supplie, prie, songe que si je meurs c'est pour mon bien. Quelle mort sera plus honorable pour moi.

Je meurs volontairement pour ma Patrie. Nous nous retrouverons bientôt tous les quatre, bientôt au Ciel.

"Qu'est-ce que Cent ans ?"

Maman rappelle-toi :

«Et ces vengeurs auront de nouveaux défenseurs

Qui, après leur mort auront des successeurs.»

Adieu, la mort m'appelle, je ne veux ni bandeau, ni être attaché.

Je vous embrasse tous, C'est dur quand même de mourir...

Mille baisers. Vive la France.

Un condamné à mort de 16 ans.

H. Fertet

Excusez fautes d'orthographe, pas le temps de relire.

Expéditeur : Monsieur Henri Fertet, au Ciel, près de Dieu. »

Henri Fertet, né le 27 octobre 1926 à Seloncourt. Arrêté le 2 juillet 1943 à Besançon-Velotte, il est condamné à mort par le Tribunal Militaire de la *Feldkommandantur* 560, le 18 septembre 1943, et fusillé le 26 septembre. Il est inhumé au cimetière de Saint-Ferjeux le même jour.

JACQUES BINGEN

LE "BONHEUR INOUÏ" DE LA RÉSISTANCE

Jacques Bingen dirige la Délégation représentant le général Charles de Gaulle auprès de la Résistance en France, de septembre à avril 1944.

L'arrestation et la disparition de Jean Moulin (juin 1943) provoquent une bataille pour recueillir l'héritage des institutions de la Résistance et de leur contrôle. Cette succession se fait dans l'improvisation et le désordre, tant était grand l'isolement de Jean Moulin qui n'avait aucun adjoint à quelques jours de sa mort. Les services du général de Gaulle tentent de remédier à cette situation en envoyant par la suite en France des *missi dominici,* chargés de tâches administratives, politiques ou militaires.

Quoique nul n'ait réussi à reprendre le flambeau de toutes les activités de Jean Moulin, il faut distinguer parmi ceux qui recueillent son héritage la figure méconnue de Jacques Bingen. Avec Claude Bouchinet-Serreulles et Émile Bollaert, puis totalement seul, il assume en effet la direction de la Délégation représentant de Gaulle auprès de la Résistance en France de septembre 1943 à avril 1944.

VOLONTAIRE DE LA FRANCE LIBRE

Ancien élève de Sciences-Po, ingénieur des Mines, beau-frère d'André Citroën, Jacques Bingen dirige avant la guerre une société d'armement maritime. Mobilisé comme lieutenant en 1939, il est, lors de l'offensive allemande, blessé et fait prisonnier. Premier acte de rébellion, il s'évade. Cet homme, encore jeune, pétri d'humour et de gentillesse et qui allie l'élégance du cœur à celle de la personne, n'est pas prédisposé au sacrifice. La défaite ignominieuse de la France en 1940 lui révèle pourtant l'impératif de l'engagement pour la dignité et la victoire.

Il pourrait gagner les États-Unis depuis le Maroc, où il est passé en juin 1940. Il choisit pourtant de rallier le général de Gaulle, dont le mouvement fragile et balbutiant offre à ses yeux le moyen de servir. C'est chose faite le 12 juillet. Jacques Bingen se plie dès lors aux exigences qu'on lui impose. De Gaulle manque cruellement d'hommes, d'administrateurs. Bingen prend en charge la marine marchande, domaine de dimension modeste, mais d'une importance vitale dans la lutte désespérée que l'Angleterre a entreprise contre l'Allemagne nazie, qui la menace d'asphyxie et d'invasion.

AU BCRA

Dès que l'enjeu diminue, il cherche à se rapprocher du danger. En août 1942, il devient la cheville ouvrière, puis le responsable de la section non militaire des services secrets dirigés par le colonel Passy. Là, il se montre un soutien indéfectible à Jean Moulin, défendant toujours en lui l'exécutant fidèle des ordres du général de Gaulle et le serviteur de l'État républicain qu'il convient de restaurer. Très souvent, il est le premier rédacteur d'ordres de mission, d'instructions, de lettres à des personnalités politiques que le général de Gaulle corrige ensuite de sa main. Il organise les réunions entre les chefs de la Résistance de passage à Londres et les services du général de Gaulle, acquérant ainsi une connaissance exceptionnelle des besoins de la Résistance et de l'état d'esprit des résistants.

“...chaque homme est petit, presque toujours médiocre ; mais le militant renferme des trésors d'héroïsme...”

Mobilisé comme lieutenant en 1939 (ci-contre, à droite), Jacques Bingen rejoint Londres dès juillet 1940.

“JE PARS, EN PLEINE CONSCIENCE DU DANGER”

Après la disparition de Jean Moulin, Jacques Bingen brûle de venger son sacrifice en poursuivant son œuvre. Jusqu'alors, Jean Moulin lui avait demandé, au nom de leur amitié, de rester à Londres, où il avait besoin de ses compétences et de sa loyauté. À présent, plus rien ne retient Jacques Bingen de se porter volontaire. Il réclame de partir en France. Un sens exacerbé du devoir et de l'honneur le pousse, lui, le bourgeois juif, à aller affronter directement les oppresseurs de ses coreligionnaires. Il ne veut pas être une victime, mais un combattant.

Parachuté en France, il est à pied d'œuvre en septembre 1943. Soucieux de préserver l'autorité du général de Gaulle, il entretient néanmoins les meilleures relations avec les mouvements de résistance, si soucieux de leur indépendance. Il travaille en étroite col-

Le siège de la France libre à Londres.

laboration avec le bureau du Conseil national de la Résistance. Dans les conditions d'isolement et de dénuement extrêmes induits par la rupture des communications à l'hiver 1943-1944, après le départ de Claude Serreulles et les arrestations de Pierre Brossolette et d'Émile Bollaert, il maintient contre vents et marées l'activité de la Délégation qu'il assume presque seul. Ses télégrammes au service du général de Gaulle témoignent de l'opiniâtreté d'un combat sans cesse recommencé. Délégué général par intérim, il s'efforce de financer la Résistance, y compris les maquis, d'intégrer dans les FFI des groupes paramilitaires de tous horizons politiques, de préparer pour le jour de la Libération l'État clandestin qui devra prendre en charge les destinées du pays. En mars 1944, il est fait compagnon de la Libération, en récompense de son action exemplaire. Mais les aléas de la clandestinité font qu'il ne recevra jamais la lettre affectueuse par laquelle le général de Gaulle, fait exceptionnel, a tenu à le féliciter personnellement de cette nomination.

LE TESTAMENT DE JACQUES BINGEN

Ses relations avec le BCRA ont souffert de ses désaccords avec Brossolette. La nomination d'un nouveau délégué général, Alexandre Parodi, lui signifie abruptement sa disgrâce. Mais, grâce à la confiance de De Gaulle, il devient son adjoint pour la zone Sud. C'est profondément découragé et épuisé par la clandestinité (comme en témoigne une lettre du 14 avril où il confie les difficultés et les tourments d'une mission accomplie dans une solitude qu'il assimile à de l'indifférence) que Bingen se rend à Clermont-Ferrand pour prendre ses nouvelles fonctions. Le lendemain, il est livré par un agent de la Gestapo infiltré dans les MUR. À l'issue d'une échauffourée, il réussit à s'enfuir et se réfugie sous le porche d'une maison, mais il est dénoncé par une passante qui arrête un camion allemand pour le désigner ! Pendant son transport à la Gestapo, Bingen avale une pilule de cyanure. Il succombe aussitôt.

L'arrestation et le suicide de Jacques Bingen sont exemplaires de la trahison et de la malchance qui sont souvent venus à bout des résistants, ainsi que de leur volonté de protéger leurs compagnons et leur cause en évitant de « parler » à l'ennemi. Récurrentes aussi apparaissent l'ignorance et la mauvaise information qui entourent les arrestations puisqu'un mois après sa mort, Londres envisage encore d'essayer de faire pression sur l'entourage de Pétain pour obtenir sa libération !

« *Mon cher ami,*

Je suis heureux de vous faire apporter la Croix de la Libération qui vous a été décernée et que vous méritez si bien ! Plus que jamais, je vous tiens pour mon « Compagnon » avec tous les prolongements que comportent le mot et la chose. Croyez à mes fidèles et profondes amitiés.

Charles de Gaulle. »

Lettre du général de Gaulle à Jacques Bingen, 31 mars 1944
(lui annonçant qu'il a été fait compagnon de la Libération)

« *J'ai acquis un amour de la France plus fort, plus immédiat, plus tangible que tout ce que j'éprouvais autrefois quand la vie était douce et somme toute facile. Et mon départ peut – c'est une chance inattendue – servir la France autant que beaucoup de soldats. J'espère d'ailleurs qu'avant ma fin, j'aurais rendu une grande partie de ces services.*

Il y a enfin accessoirement, la volonté de venger tant d'amis juifs torturés ou assassinés par une barbarie comme on n'en a point vue depuis des siècles. Et là encore la volonté qu'un juif de plus (il y en a tant, si tu savais) ait pris sa part entière et plus que sa part dans la libération de la France.

Voilà, ma vieille, pourquoi je pars, en pleine conscience du danger, et en ayant pesé le risque. » Lettre de Bingen, 15 août 1943

« *J'écris de soir ces quelques pages parce que pour la première fois je me sens réellement menacé [...]*

Il n'y a pas un homme sur mille qui pendant huit jours de sa vie ait connu le bonheur inouï, le sentiment de plénitude que j'ai éprouvé en permanence depuis huit mois. Aucune souffrance ne pourra jamais retirer l'acquis de la joie de vivre que je viens d'éprouver si longtemps [...]

J'ai foi que la France sera digne de ses grandes traditions dans les mois à venir : chaque homme est petit, presque toujours médiocre ; mais le militant renferme des trésors d'héroïsme ; et en équipe tous ces hommes courageux forment un puissant levain d'où peut sortir une France nouvelle, si Charles sait l'animer par le bon choix de ses amis et collaborateurs, par un amour humain de notre pauvre patrie. »

Lettre-testament de Bingen, 14 avril 1944

28 septembre

Les hommes de la MOI liquident un dignitaire nazi

Depuis le mois de mai, les résistants repèrent les faits et gestes du « docteur » Ritter (*Generalbevollmächtigter*, c'est-à-dire qui a rang de général SS), le représentant de Fritz Sauckel en France et ami personnel de Hitler. Sauckel a mis en place le STO, qui oblige de jeunes Français à aller travailler en Allemagne au profit de la machine de guerre allemande. Les résistants ignorent en fait l'identité du personnage qu'ils veulent tuer.

Manouchian est à la tête de l'opération, accompagné par Marcel Rayman, Alfonso et Leo Kneler. Dans la rue Pétrarque à Paris, au passage de la voiture de Ritter, ils tirent plusieurs balles et blessent le nazi qui tente de sortir du véhicule. Rayman l'achève.

Le rapport mensuel des FTP-MOI mentionne que « cet acte a été accompli pour venger tous les prisonniers français et déportés en Allemagne et tous les réfractaires qui ne veulent pas aller travailler en Allemagne ».

10 octobre

Un magistrat trop zélé exécuté

Les magistrats des sections spéciales sont de plus en plus souvent les cibles de tentatives d'attentat. Le 10 octobre, celui qui tue le procureur général du tribunal spécial de Toulouse-Lespinasse est un choc pour l'ensemble du corps. Il a requis la peine de mort contre des résistants communistes. Le message est très clair : être un magistrat très répressif devient dès lors très risqué. La justice légale est contrebattue par la justice immanente.

21 octobre

L'évasion spectaculaire de Raymond Aubrac

En octobre, plusieurs évasions de résistants ont lieu. La plus spectaculaire est celle de Raymond Aubrac (qui s'est rebaptisé François Vallet, puis Claude Ermelin, son vrai nom étant Samuel), arrêté à Caluire en même temps que Jean Moulin, puis incarcéré à Lyon au fort de Montluc. C'est Lucie Aubrac, aidée par son collègue de Libération Charles Molher, qui a décidé de sortir son époux de prison avec une opiniâtreté et une hardiesse rares. Le chef national des Groupes francs, Serge Ravanel (Asher de son vrai nom), participe à la préparation de l'opération. Celle-ci ne peut se produire qu'au cours d'un transfert. Il faut donc trouver le moyen de sortir celui-ci de la prison, ne serait-ce que quelques minutes.

Lucie Aubrac, enceinte, parvient à convaincre la Gestapo qu'elle doit absolument se marier avec Raymond afin que son enfant ait un père. Aussi, les Allemands décident de transférer Aubrac de Montluc jusqu'au siège de la Gestapo pour que le mariage soit fait. C'est pendant le trajet de la camionnette allemande, qui transporte Aubrac et des camarades de captivité, que l'attaque doit avoir lieu. À l'aller, tout échoue à cause de la panne de l'une des tractions avant. Lucie se marie avec Raymond, et, au retour de la camionnette vers Montluc, une seconde tentative d'attaque est lancée. Elle réussit. Les chauffeurs et les deux gardiens sont tués. Raymond Aubrac est libéré avec 20 autres prisonniers.

Cette évasion est sans doute l'une des plus spectaculaires depuis les débuts de la Résistance en France.

Raymond Aubrac est l'un des responsables de l'AS. Lucie Aubrac, figure inséparable de son mari, deviendra membre de l'Assemblée consultative provisoire.

Octobre

Organisation de la Résistance médicale

Dans le cadre de l'organisation d'un État clandestin, le Comité français de la Libération nationale à Alger délègue en France son représentant auprès de la Résistance médicale. Il s'agit de José Aboulker, dit « Trompette », étudiant en médecine de 23 ans, qui a été, en novembre 1942, l'une des chevilles ouvrières de l'aide apportée par la Résistance d'Algérie au débarquement anglo-américain en Afrique du Nord. Sa première mission est d'aider à la structuration du service de santé des maquis et de participer à la mise en place de secours médicaux destinés aux populations civiles lors des combats de la Libération. Grâce à Serreulles et à Bingen, il entre en contact avec les personnalités du monde médical entrées en Résistance, comme Louis Pasteur Vallery-Radot ou Robert Debré. Reproduisant le modèle du CNR, le Comité médical de la Résistance est constitué, qui réunit toutes les tendances, y compris les communistes du Front national des médecins. Ce CMR prend en charge le Service de santé de la Résistance (SSR), une logistique permettant des parachutages de matériel et de médicaments. Enfin, le CMR se prépare à prendre le pouvoir au ministère de la Santé lorsque la Libération aura commencé.

José Aboulker, étudiant en médecine, compta parmi les résistants algérois qui facilitèrent le débarquement anglo-américain en Afrique du Nord. Engagé dans les FFC, il est envoyé en mission en France comme délégué auprès de la Résistance médicale.

Octobre

Résistance minoritaire dans les milieux judiciaires

À l'automne 1943, la magistrature française est touchée par une vague d'attentats organisés par la Résistance. Certains sont meurtriers. La magistrature, jusqu'ici remarquablement fidèle au régime de Vichy, doit prendre ses distances à l'égard de la politique de plus en plus répressive dudit régime. Les magistrats ne sont pourtant pas enclins à entrer massivement dans la clandestinité ou même à refuser les ordres du régime, à l'instar du procureur Maurice Rolland. Loin de là ! Le poids des habitudes est le plus fort, le respect de la légalité, quelle qu'elle soit, le sens de la respectabilité et, au premier chef, le souci de la carrière... Si des actions ont eu lieu, c'est à titre individuel. Le bilan ? Sur les 2 200 magistrats que comptait le corps judiciaire en 1945, 418 ont été jugés par la commission d'épuration du ministère de la Justice.

Les avocats sont plus réactifs. En mai 1941, un Front national judiciaire a été créé à Paris par des avocats communistes. À l'automne 1943, des avocats et un petit groupe de magistrats des tribunaux de la Seine et de Paris se réunissent et créent une structure qui prend le nom de « Comité national judiciaire ». Celui-ci est dirigé par le bâtonnier Charpentier et par le procureur André Mornet. Un Comité national des juristes en zone sud voit le jour en octobre 1943. Pour des raisons politiques, les deux Comités ne fusionnent pas.

Cette attitude relativement passive des magistrats rendra leur mission difficile lorsque, la Libération survenue, ils auront à juger... ceux qui ont aidé Vichy et la collaboration. Le même Mornet, parce que c'est l'un des plus anciens magistrats, sera pressenti pour être le procureur général de Pierre Laval en 1945. Laval répliqua : « Vous étiez tous sous les ordres du gouvernement, même vous, monsieur le procureur général ! » De fait, Mornet a été président d'une commission qui devait traiter de la dénaturalisation des juifs et des étrangers. Cela ne l'empêcha pas de participer au procès.

3

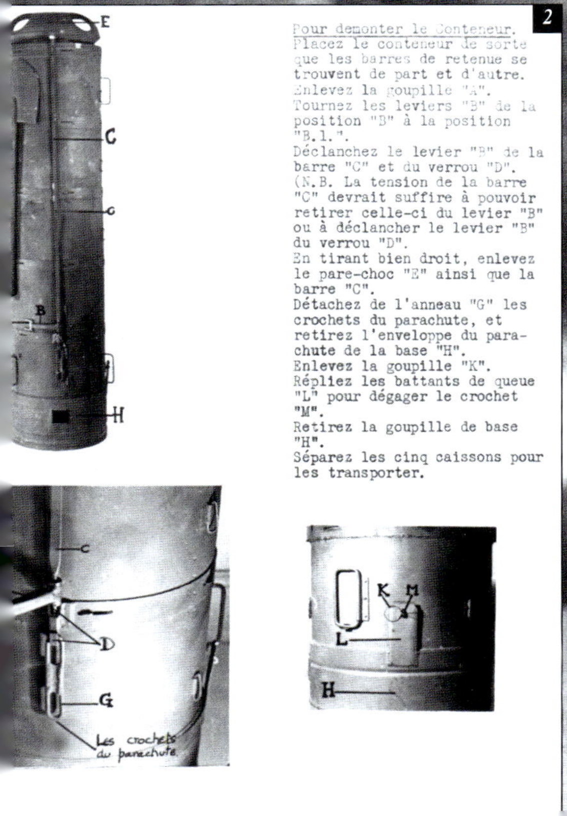

2

Pour demonter le Conteneur.
Placez le conteneur de sorte que les barres de retenue se trouvent de part et d'autre.
Enlevez la goupille "A".
Tournez les leviers "B" de la position "B" à la position "B.l.".
Déclanchez le levier "B" de la barre "C" et du verrou "D".
(N.B. La tension de la barre "C" devrait suffire à pouvoir retirer celle-ci du levier "B" ou à déclancher le levier "B" du verrou "D".
En tirant bien droit, enlevez le pare-choc "E" ainsi que la barre "C".
Détachez de l'anneau "G" les crochets du parachute, et retirez l'enveloppe du parachute de la base "H".
Enlevez la goupille "K".
Répliez les battants de queue "L" pour dégager le crochet "M".
Retirez la goupille de base "H".
Séparez les cinq caissons pour les transporter.

1

Parachutages

1. Un officier de liaison vient d'être parachuté.
2. BCRA. Instructions pour le démontage des containers dans lesquels les matériels étaient parachutés.
3. Un parachutage au-dessus de la Bretagne.

Novembre

Juin en Italie : un militaire qui vient de loin

En novembre 1943, le CFLN à Alger décide de confier au général Juin le corps expéditionnaire qui va aider les armées alliées à libérer l'Italie et à devenir, comme l'a dit Churchill, « un aoûtat sur une jambe ». Mussolini a été déchu par Victor Emmanuel III en juillet 1943. Mais l'organisation Todt a parsemé la Botte de mines et de blockhaus, notamment entre le Garigliano et le Sangro, et les Allemands comptent une trentaine de divisions. Le combat s'annonce rude : plus de 32 000 tués, disparus et blessés dans les rangs français. Le chef français peut compter sur deux, puis quatre divisions, dont d'importantes troupes marocaines. Combattront sous ses ordres de nombreux résistants évadés de France par l'Espagne. C'est la première expérience qui réunit des unités issues de la France libre et de l'armée d'Afrique sous un même commandement.

Le 5 juin 1944, à Rome, le corps expéditionnaire français (rattaché à la Ve armée de l'Américain Mark Clark) participe avec les Anglais et les Américains au défilé de la victoire.

Le général Alphonse Juin, né à Bône en 1888, revient de loin ! Depuis le 20 novembre 1941, prenant la suite du général Weygand jugé indésirable par les Allemands, il est nommé commandant en chef des troupes d'Afrique du Nord. Il se montrait alors très respectueux de la légalité incarnée par Pétain. Il va jusqu'à accepter, sur ordres de Darlan, de se rendre à Berlin pour discuter avec Göring du renforcement des moyens militaires de l'Empire français. Il faisait partie de ceux qui entendaient s'opposer à toute intrusion armée étrangère en Afrique du Nord, notamment américaine ou anglaise, mais aussi à l'armée « dissidente » du général de Gaulle. C'est un adepte du concept de « la défense contre quiconque ». Cependant, il souhaite ardemment la défaite de l'Allemagne. Dans une note du 28 mars 1941, il rédige une circulaire aux chefs militaires et civils en leur ordonnant, en cas de contact avec les agents des commissions allemandes et italiennes d'armistice, de « ne pas se départir d'une correction glaciale », toute relation personnelle étant « interdite sous peine de sanction ». Lors du débarquement du 8 novembre, il se soumet à l'autorité de Darlan, mais c'est lui qui le persuade, le 9 novembre, qu'il faut négocier un cessez-le-feu avec les Américains et saisir cette opportunité pour que l'armée française reprenne sa place dans la lutte contre l'Allemagne. De novembre 1942 à mai 1943, il commande le détachement de l'armée française dans la campagne de Tunisie.

L'armée d'Afrique est devenue un étonnant creuset.

En embuscade, des éléments du corps expéditionnaire allié en Italie. La campagne d'Italie s'avère longue et rude.

7-11 novembre

L'homme de la mission « Armada »

Avec deux complices, Pierre Guilhemon et Raymond Basset dit « Mary », André Jarrot effectue une série de sabotages retentissants : dans la nuit du 7 au 8 novembre, parachuté à Cormatin avec Mary, André Jarrot exécute la mission « Armada ». Cette mission le conduit, avec d'autres compagnons, à faire sauter des lignes à haute tension d'Éguzon et de Paris, mais aussi le barrage de Gigny, sur la Saône, dans la nuit du 10 au 11 novembre. Ce dernier régule le cours de la rivière et permet aux Allemands d'effectuer des transports de matériel importants jusqu'à la Méditerranée. Quant aux lignes à haute tension, elles alimentent des usines qui travaillent pour le compte de l'industrie de guerre allemande, dont les usines Schneider du Creusot. L'intérêt de ce genre d'opérations est qu'elles permettent d'éviter de nouveaux bombardements alliés.

André Jarrot n'en est pas à son coup d'essai. C'est un résistant confirmé depuis 1940 déjà. Né en 1909 à Lux, en Saône-et-Loire, fils d'un employé de la SNCF et d'une couturière, il est électromécanicien. En 1936, il ouvre son propre garage pour les poids lourds. Recordman du monde des 24 heures avec Georges Monneret en 1938, il entre dans la guerre par sa mobilisation au 3e génie de Dijon. Il est fait prisonnier près de Clermont-Ferrand, puis s'évade le 22 juin 1940. Il est démobilisé à Toulouse le 15 juillet 1940.

De retour en Bourgogne, sa maison, située sur la ligne de démarcation, le destine à devenir passeur clandestin dès le mois d'octobre 1940. Il entre dans le réseau Ali-France. André Jarrot est chargé d'acheminer de la Belgique vers l'Espagne les agents des réseaux français et alliés, des évadés et des pilotes anglais abattus. Mais il ne s'en tient pas au seul passage des individus puisqu'il achemine du courrier entre les deux zones grâce à une voiture électrique qu'il trafique. En 1941, il entre en liaison avec Libération-Nord. En 1942, avec Charles Martell, André Jarrot met sur pied le réseau Brandy, qui doit s'occuper de faire passer en Angleterre tous les pilotes et spécialistes d'aviation. Les services allemands sont au courant de ses activités : Jarrot échappe plusieurs fois de justesse à une arrestation. Au printemps 1942, il doit fuir en Angleterre. Il rencontre le général de Gaulle à Londres, puis il s'entraîne durement pour mener en France des actions très risquées. Il change de nom et devient Claude Goujon. Parachuté en France en août 1943, avec l'aide de résistants locaux, il commet dans la nuit du 2 au 3 septembre 1943 le sabotage de postes électriques à haute tension dans la région du Creusot et de Montchanin. Puis il regagne Londres le 15 septembre avant de repartir deux semaines après.

Sur la route conduisant au front, les téléphonistes entretiennent et réparent sans relâche les fils détruits par le vent et la neige.

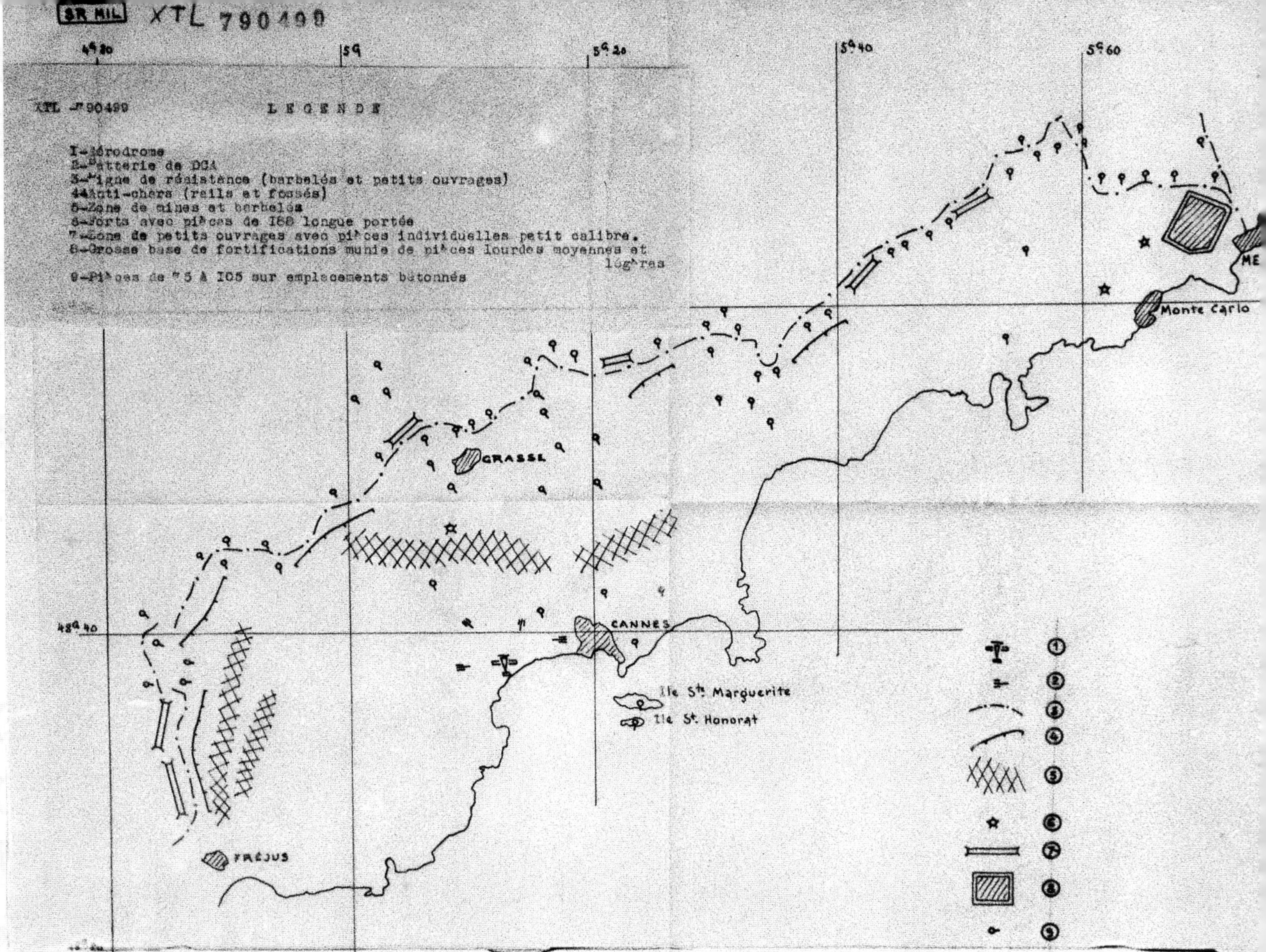
SR MIL
XTL 790490
XTL 790490
LEGENDE
I-Aérodrome
2-Batterie de DCA
3-Ligne de résistance (barbelés et petits ouvrages)
4-Anti-chars (rails et fossés)
5-Zone de mines et barbelés
6-Forts avec pièces de 168 longue portée
7-Zone de petits ouvrages avec pièces individuelles petit calibre.
8-Grosse base de fortifications munie de pièces lourdes moyennes et légères
9-Pièces de 75 à 105 sur emplacements bétonnés
GRASSE
CANNES
Ile St Marguerite
Ile St Honorat
FRÉJUS
Monte Carlo

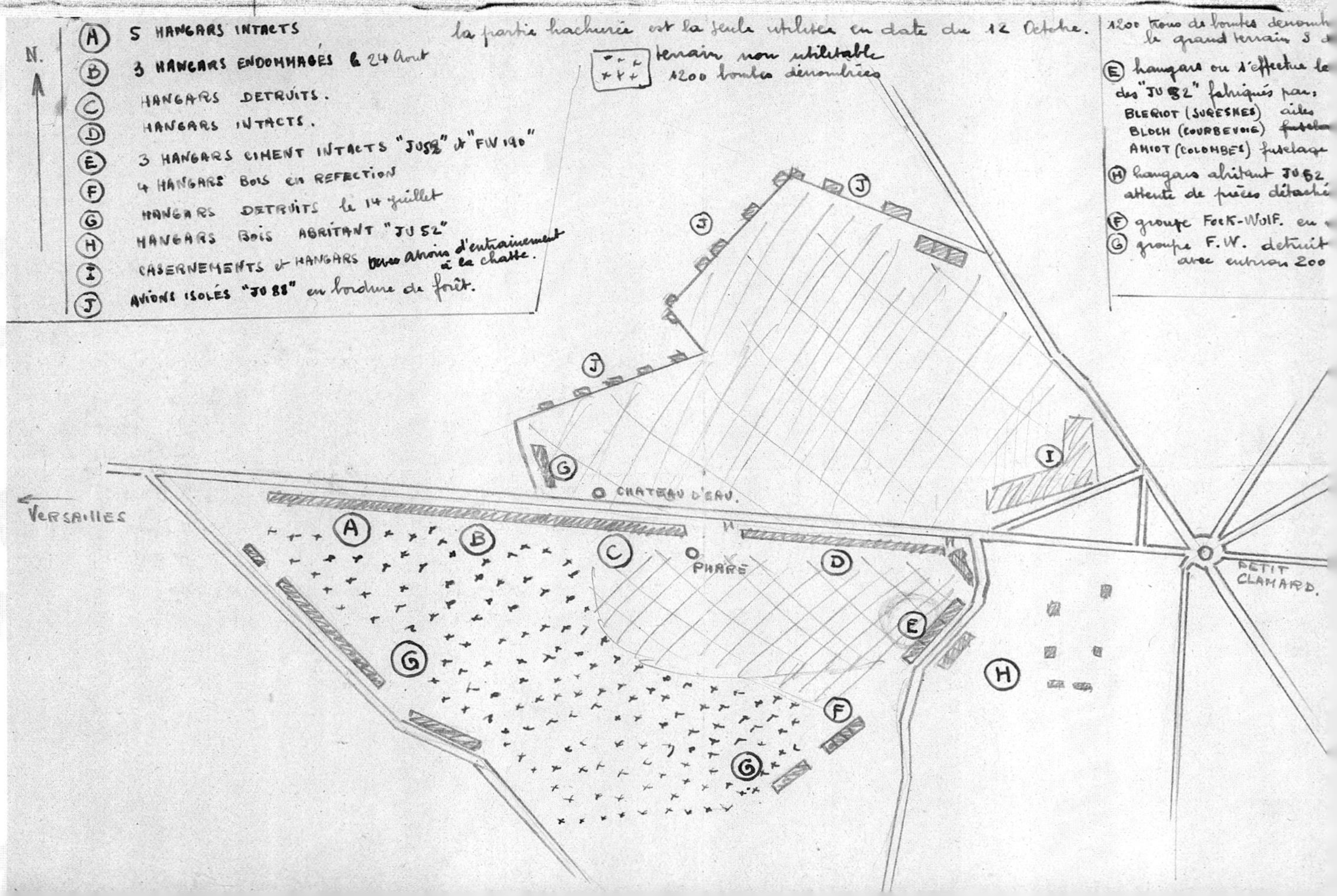
N.
A 5 HANGARS INTACTS
B 3 HANGARS ENDOMMAGÉS le 24 Août
C HANGARS DETRUITS.
D HANGARS INTACTS.
E 3 HANGARS CIMENT INTACTS "JU52" et "FW 190"
F 4 HANGARS BOIS EN REFECTION
G HANGARS DETRUITS le 14 juillet
H HANGARS BOIS ABRITANT "JU 52"
I CASERNEMENTS et HANGARS avions d'entraînement à la chatte.
J AVIONS ISOLÉS "JU 88" en bordure de forêt.
la partie hachurée est la seule utilisée en date du 12 Octobre.
terrain non utilisable
1200 bombes dénombrées
1200 trous de bombes
le grand terrain
E hangars où s'effectue
des "JU 52" fabriqués par,
BLERIOT (SURESNES) ailes
BLOCH (COURBEVOIE)
AMIOT (COLOMBES) fuselage
H hangars abritant JU 52
attente de pièces
F groupe Fock-Wolf.
G groupe F.W. détruit
avec environ 200
CHATEAU D'EAU
VERSAILLES
PHARE
PETIT CLAMARD

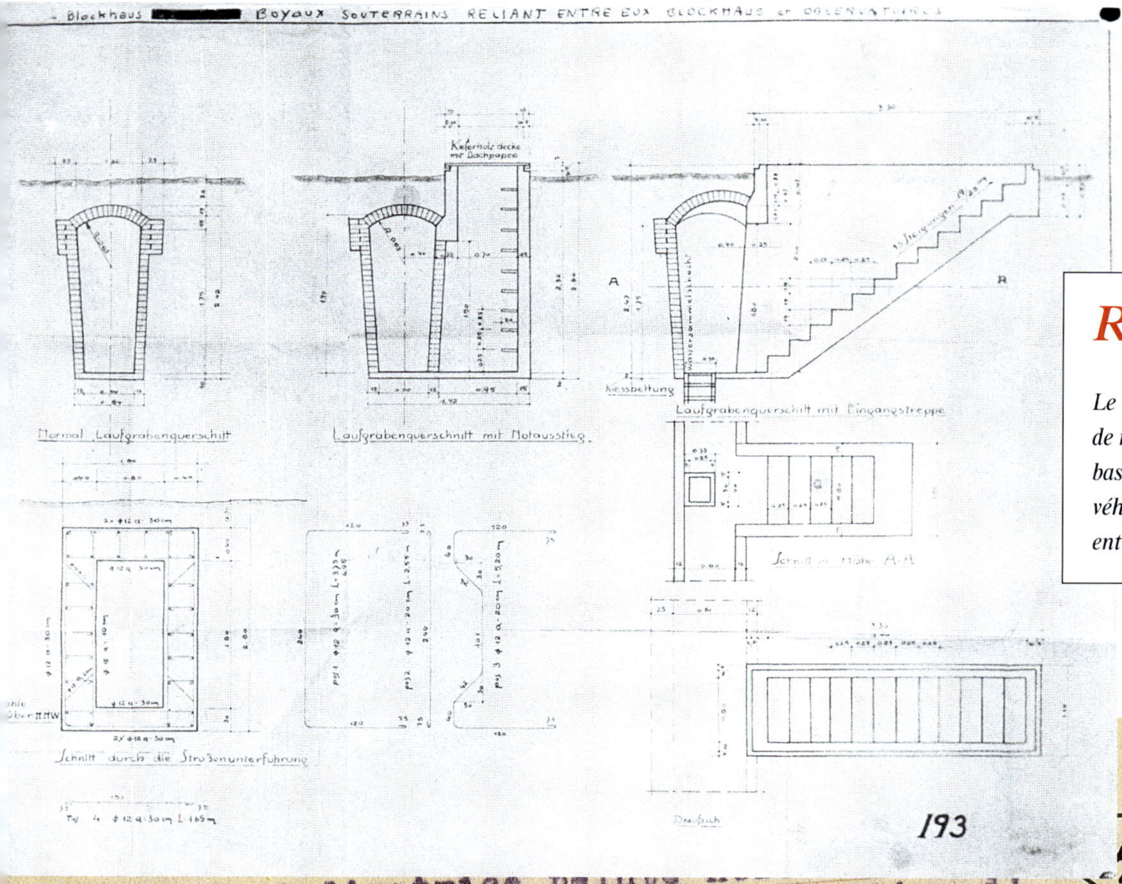

Renseignements

Le cœur du travail des résistants est la recherche de renseignements militaires sur l'ennemi : bases aériennes, batteries de DCA, parcs à véhicules, flèches indicatrices, boyaux reliant entre eux des blockhaus, hangars, etc.

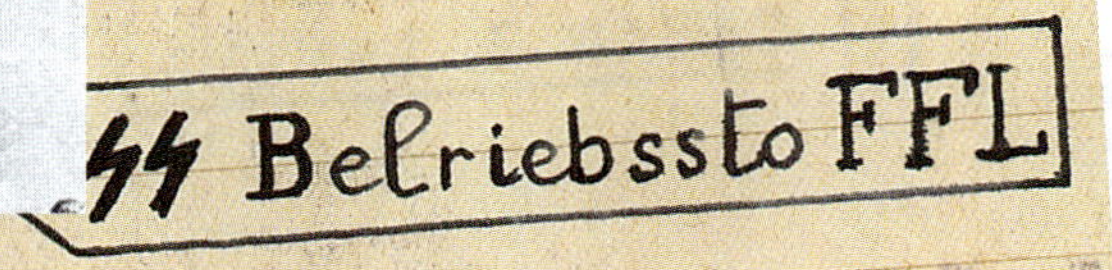

A.-Flèche indicatrice peinte ... modèle ci-contre donnant le direction d' Arles.

B.-Totem porté par une plaque indicatrice devant un parc à véhicules sur la place du Marché. Ce parc entourré de chevaux de frise est gardé par une sentinelle. Setrouvent dans ce parc une duzaine de camions de 3 à 5 tonnes portant la let tre WL. 5 à 6 camions de 3 à 5 tonnes neufs. Une dizai ne de motos portant les lettres N.S.K.K. en plus du ma tricule.

C.-Parc à véhicules, étant donné la hauteur du mur il est difficile de voir à l'intérieur. Mais on peut apercevoir 15 camions de 3) 5 tonnes et 10 voitures légères. Une trentaine de soldats allemands travaillent à ce dépôt. Sur la porte d'entrée se trouve une plaque indicatrice portant le totem ci-contre peint en bleu.

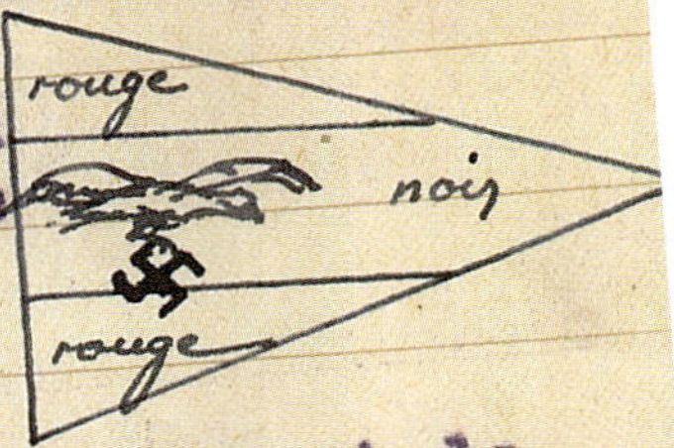

D.-Cantonnement dans le parc d'une propriété réquisitionnéez. Une douzaine de baraques ont été montées, par la grille on peut apercevoir une trentaine de véhicules de tou tes sortes (camions, légères, motos).Devant la porte d'entrée se trouve une pancarte du modèle ci-contre avec un aigle blanc.

E.-Flèche indiquant la direction de la Base Aérienne et portant le même totem que (B), mais avec un 5 à la place du K.

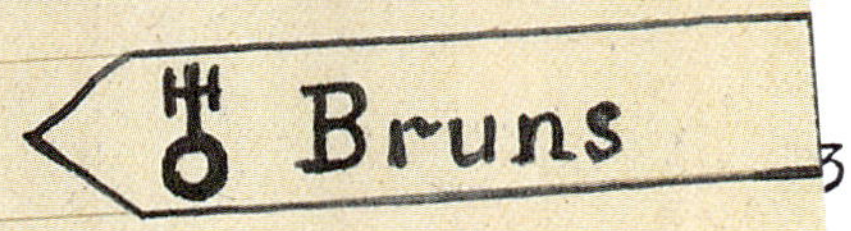

Flèche indiquant la direction de la Base et du modèle ci-contre peinte noir sur blanc. Cette flèche indique que la batterie de D.C.A. Bruns se trouve dans cette direction. (Batterie de 4 pièces de 88m/m très

11 novembre

Rêves de victoire en Espagne

À l'automne 1943, des milliers de Français rêvent d'Afrique et de combats. Ils ont quitté la France à leurs risques et périls, mais croupissent en Espagne dans des prisons, des camps, des *balnéarios*. Leur peur ? Ne pas participer à cette victoire dont ils ne doutent pas.

Après l'infamante et honteuse défaite de 1940, dont ils ressentent confusément la culpabilité, le souvenir de la victoire d'hier doit leur redonner l'espoir et la volonté de se montrer dignes de ce que leurs pères ont fait pour la patrie ; leur passage en Espagne atteste qu'ils ont renoncé à renoncer. Le 11 novembre 1943 est l'occasion pour eux de ressourcer leur espérance. Au balnéario de Roccallaura, leur journal clandestin, *la Clé des champs*, daté de ce jour est consacré à l'évocation de « ce jour de gloire ».

« *Il y a vingt-cinq ans, des hommes, nos pères, ont vécu les heures dont nous attendons aujourd'hui le retour. Ils avaient lutté contre le même envahisseur au nom de la même civilisation, de la même morale, et les batailles ne leur avaient pas toujours été favorables. Mais aux moments les plus sombres, il y avait eu des hommes, au gouvernement et dans les tranchées, pour faire la guerre.*

Aujourd'hui, la lutte est la même. Ce n'est pas une défaite passagère, matérielle, qui aurait pu l'interrompre. "Le grand capitaine, disait Péguy, n'est pas celui qui n'est jamais battu, c'est celui qui se bat toujours." Or il y a, en France, beaucoup plus de grands capitaines qu'on ne le croit.

Ils combattent, ils souffrent, ils sont fils d'une race qui demeure, chevaliers et poilus, héros obscurs de [?] bataille pour l'indépendance. Et voici que dans leurs cœurs, où sont restés purs les grands enthousiasmes et les piétés profondes, se lève l'espérance de leurs rêves : la France vit, la patrie est toujours un grand pays. Elle enfante dans ses douleurs présentes sa victoire nouvelle. Il n'y aura pas eu de morts inutiles, puisque de nouveau des hommes librement parleront leur vieille langue, celle qui berce les enfances, forge les adolescences, prépare les épanouissements. Il n'y aura pas eu de morts inutiles puisque de nouveau des hommes de France pourront travailler, étudier, soigner, puisque des ouvriers et des savants, des paysans et des écrivains, des commerçants et des artistes donneront au monde une image nouvelle d'un pays qui sera sorti de la plus terrible de ses épreuves, purifié par la plus aimée de ses victoires. Et ce sera un jour, comme celui d'autrefois, il y a vingt-cinq ans, un jour comme celui de nos pères quand ils vécurent ces heures dont nous attendons aujourd'hui le retour ! »

Extrait du journal de captivité de Français en Espagne, daté du 11 novembre 1943

11 novembre

La Résistance au grand jour à Oyonnax

Le pouvoir de Vichy a interdit toutes les manifestations patriotiques du 11 novembre. Pourtant, plusieurs dizaines de maquisards de l'Ain et du Haut-Jura, en armes et en uniformes, défilent à Oyonnax pour célébrer la victoire de 1918. Ils achèvent leur parcours par le dépôt d'une gerbe devant le monument aux morts de la ville. Henri Romans-Petit, l'initiateur de l'opération, est à la tête de la file qui marche dans les rues. La foule d'Oyonnax a du mal à y croire dans un premier temps, puis acclame les maquisards, qui n'hésitent pas à porter le clairon et le drapeau tricolore.

C'est un coup d'éclat retentissant : des résistants en armes et en gants blancs osent se montrer sans peur. Pendant plusieurs nuits, les résistants ont tout minuté et préparé avec une infime précision. Ils ferment notamment les accès à la ville en une minute trente. Les maisons des suspects sont neutralisées aussitôt.

Ainsi, les maquisards prouvent aux habitants qu'ils ne sont pas ceux que la propagande de Vichy appelle des « terroristes », mais d'honorables soldats en uniforme. Cela peut permettre de susciter de nouvelles « vocations ». La presse clandestine de la Résistance répercute avec enthousiasme cet événement aussi symbolique que spectaculaire. La radio londonienne parle aussi de l'événement. La Résistance peut enfin être regardée avec plus de sérieux.

Les maquisards de l'Ain saisissent l'occasion du 11 novembre pour défiler dans la ville, ce qui annonce la relève des pouvoirs.

21 novembre

L'esprit militaire contre l'esprit résistant

En Afrique du Nord, les correspondances sont interceptées, parfois. Comme la lettre de Georges G. où il se plaint à un ami du mépris total dans lequel le chef de compagnie tient ceux qui arrivent de France, voire d'une sorte de ségrégation qui se ferait au détriment des évadés à travers le manque de nourriture qu'il soupçonne d'aller prioritairement vers les militaires d'active. Les évadés de France ont une mentalité de résistants sous l'uniforme que l'armée d'Afrique leur remet. Pour eux, qui ont connu physiquement la France bafouée, le mythe Pétain est révolu, contrairement à ce qu'on observe parfois de l'autre côté de la Méditerranée. C'est un véritable conflit culturel. D'où de nombreuses « désertions », c'est-à-dire des « changements de corps spontanés » : les évadés de France, habitués à la désobéissance, aguerris par leur aventure, pleins de leur idéal, vont parfois quitter leur affectation pour rejoindre des unités « labellisées » gaullistes, comme la 2e DB, ou des régiments type commandos, composés de volontaires qui seront les premiers au combat.

Dans cette lettre volée, le soldat Georges G. confie son malaise :

« [...] Nous avons eu la malchance de tomber dans une compagnie commandée par un ancien sous-off... Je n'en dis pas plus long et peut-être avons-nous eu le tort de choisir les troupes coloniales plutôt que les métropolitaines. Le milieu y aurait été sûrement plus agréable.

Quoiqu'il en soit, notre capitaine ne nous a pas adressé la parole depuis notre arrivée, ni à nous, ni aux autres. Alors que dans d'autres unités les officiers se sont montrés très paternels pour les évadés de France. Nous avons demandé le rapport du capitaine et n'avons jamais été appelés par lui (nous ne sommes pas les premiers dans ce cas).

Alors que les compagnies voisines sont convenablement nourries, nous crevons littéralement de faim et regrettons presque sous ce rapport les prisons espagnoles, où, du moins, nous n'avions pas d'effort physique à fournir. Trois mois de tel régime et nous plierons les genoux. Nous n'avons ni matière grasse ni sucre, presque jamais de viande. Je me demande où tout cela passe.

Ce que je sais, c'est que le capitaine Perceval (2e compagnie du 1er bataillon) se fiche de ses hommes et décourage les meilleures bonnes volontés. Et tu sais pourtant avec quelle ardeur nous sommes arrivés ! »

6 décembre

Pressions et menaces sur les familles

Les résistants n'engagent pas qu'eux-mêmes. Ils impliquent leurs parents, leur famille.

Ceux qu'on laisse, lorsqu'on part dans les maquis ou on s'expatrie pour une durée indéterminée et sans pouvoir donner de ses nouvelles avant longtemps, que deviennent-ils ? Que pensent-ils ? S'agissant de gens en moyenne très jeunes, cette question vise généralement les parents.

Un fils, à peine sorti de l'enfance, saura-t-il vivre dans l'ailleurs, dans l'adversité et dans la clandestinité ? Souvent, en outre, les fils partent sans le consentement des pères, voire contre l'avis paternel. Car partir illégalement, lorsqu'on se soustrait au STO par exemple, est un acte qui tôt ou tard implique le père de famille, à qui les autorités demandent des comptes. Laval, le chef du gouvernement de Vichy a mis en garde. En juin 1943, il prévient à la radio : « Les défaillants, qu'ils le sachent bien, et je tiens à leur répéter, ne seront pas des profiteurs. Des instructions ont été données, et des mesures seront prises, même contre leurs familles ou des tiers, s'ils sont complices. »

Les lettres et convocations du chef de dépôt principal où travaille Robert Basquin, jeune cheminot, parti pour l'Afrique sans laisser d'adresse le 18 juin 1943, ne vont cesser dès lors de remplir la boîte à lettres de la maison familiale à Sevran. Quelques jours après son départ, il est mis « en demeure » de reprendre son service « dans les quarante-huit heures qui suivront la réception de cette lettre ». On lui rappelle, en passant, que son absence a été « signalée aux autorités d'occupation ». Dans un premier temps, le père doit biaiser, mentir le cas échéant pour protéger la fuite du fils. Le harcèlement va durer longtemps. Le 6 décembre, le père reçoit encore une lettre :

« Le Bourget, le 6 décembre 1943
Monsieur Basquin
14, rue des Marais
à Sevran (Seine-et-Oise)

En application d'une circulaire en date du 23/10/1943, émanant du Commissariat général interministériel à la Main-d'œuvre, la SNCF est autorisée à reprendre, dans ses services, certains agents des classes soumises au STO qui, ayant été désignés antérieurement pour partir en Allemagne, s'y sont refusés.

Je vous fais part de ces dispositions spéciales et vous incite à intervenir auprès de votre fils pour qu'il reprenne sa place à la SNCF.

Je vous donne l'entière assurance qu'il ne s'agit pas là d'un piège, mais d'une occasion qui lui est offerte de régulariser sa situation.

Vous voudrez bien me tenir au courant de sa décision.

Recevez, Monsieur, mes salutations. »

Le geste de refus le plus spontané et le plus simple n'est pas toujours le moins dangereux ou le moins parlant.

12 décembre

Un cercueil pour les collabos

Depuis le milieu de 1943, des résistants ont commencé à exécuter des miliciens ou des engagés de la Légion française contre le bolchevisme. Le gouvernement de Vichy autorise la publication des noms des 700 victimes qu'il attribue à la Résistance entre septembre et décembre. À Lyon, il y a eu 30 meurtres ou tentatives dans la même période. Parmi ces exécutions, celle du procureur Faure-Pinguely, une semaine après qu'il eut requis la peine de mort contre deux membres de la FTP-MOI. Leurs camarades, déguisés en soldats allemands, se présentent au domicile du magistrat qui est abattu d'un coup de revolver.

Plus souvent, faute de pouvoir monter une opération, on se contente de menaces, envoyées à domicile. Le 21 décembre, une loi modifiant le code pénal vient sanctionner lourdement l'envoi de cercueils miniatures, qui a pris une ampleur inouïe.

Graffitis, maculage d'affiches, petits cercueils, lettres de menace et bientôt attentats : la Résistance menace les partisans de la collaboration.

29 décembre

La naissance des FFI

Le chef de l'AS, Dejussieu (dit « Pontcarral »), et Joseph Beaufils (dit « Latour »), un représentant des FTPF, signent un accord qui doit permettre d'unifier les formations militaires de la Résistance.

L'accord d'action commune entre les FTP et l'AS, conclu le 23 décembre et signé six jours plus tard, signale que « les commandements de l'AS et des FTP ne forment désormais qu'un seul organisme appelé Forces françaises de l'intérieur ». Les structures de commandement militaire doivent désormais être collégiales.

Au total, les FFI sont composées des membres de l'ORA, majoritairement giraudistes, de l'AS, qui fournit les plus gros effectifs, des maquisards du MLN, des Groupes-Francs et enfin des FTP, très organisés.

COMMUNIQUER
DANS LA CLANDESTINITÉ

Les moyens de liaison ou d'information sont rudimentaires et reposent essentiellement sur la confiance. Le risque couru peut être fatal. Certains sont traditionnels : encres sympathiques, systèmes d'ouverture discrète des correspondances, bagages truqués, appareils de photo miniature et microphotos.

Lorsque Jean Moulin revient de Londres pour la première fois, en janvier 1942, c'est dans une boîte d'allumettes qu'est dissimulée une liasse de petits papiers qui sont des microphotos, et notamment la note par laquelle le chef de la France libre déclare désigner Jean Moulin comme son représentant et comme délégué du Comité national français.

D'autres moyens sont plus spécifiques et plus artisanaux. C'est le cas des « boîtes à lettres », système le plus utilisé, mais qui ne peut concerner qu'un nombre limité de personnes et de messages, messages qui sont essentiellement des rendez-vous : on dépose chez des maisons amies des messages sans adresse (pour que le propriétaire puisse faire l'ignorant en cas d'intervention des forces de répression), à formules absconses : « Hirondelle attendra Abricot demain à 17 heures au même endroit que la semaine dernière. » Même les dates et lieux de rendez-vous sont brouillés. Le *Bulletin des cadres* de Combat recommande, par exemple, à ceux qui utilisent des agendas (car parfois la mémoire personnelle n'est pas suffisante) de convenir d'un code où les dates et les heures seront retardées ou avancées arbitrairement une fois pour toutes, où les jours sont décalés. Les noms de rues doivent également être camouflés. Pour un rendez-vous rue Bossuet, il vaut mieux noter « rue de Meaux », si c'est avenue de Saxe, il vaut mieux noter « rue Maréchal », la rue Franklin devient « rue Benjamin »...

Des « courriers », appelés aussi « agents de liaison », peuvent assurer physiquement l'acheminement de la correspondance à tra-

Poste émetteur alimenté par un groupe électrogène dans un maquis de l'Aisne.

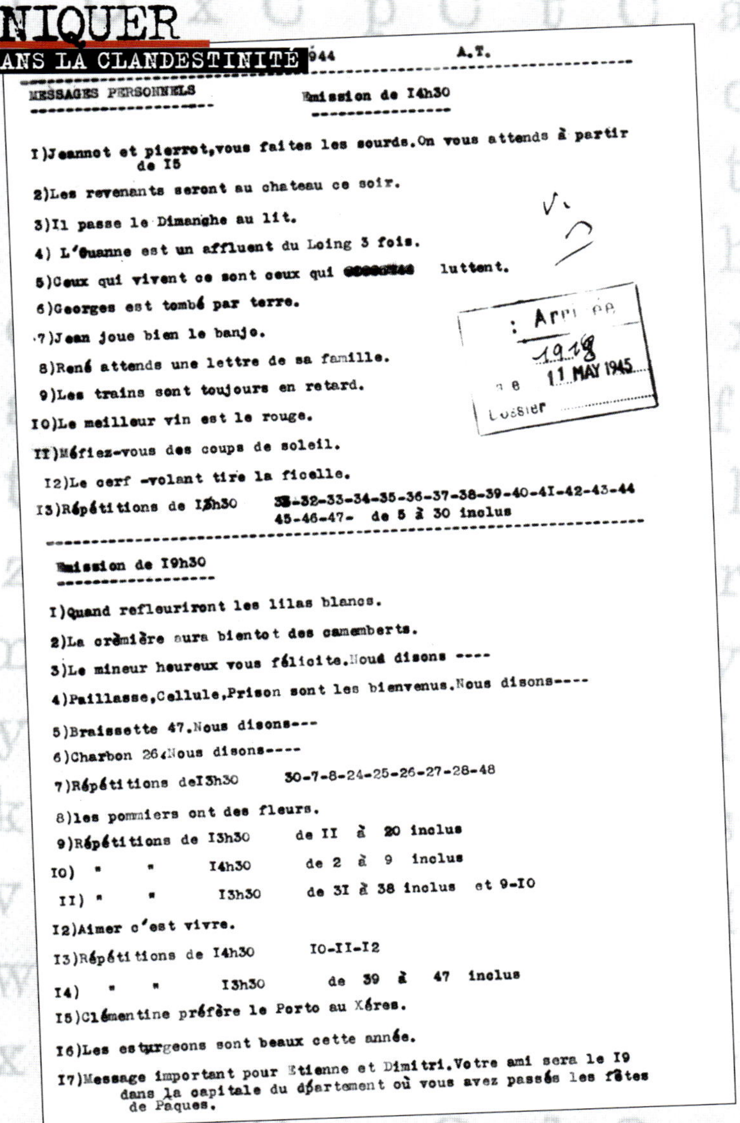

944 A.T.

MESSAGES PERSONNELS

Emission de I4h30

I)Jeannot et pierrot,vous faites les sourds.On vous attends à partir de I5
2)Les revenants seront au chateau ce soir.
3)Il passe le Dimanghe au lit.
4) L'Ouanne est un affluent du Loing 3 fois.
5)Ceux qui vivent ce sont ceux qui [redacted] luttent.
6)Georges est tombé par terre.
7)Jean joue bien le banjo.
8)René attends une lettre de sa famille.
9)Les trains sont toujours en retard.
I0)Le meilleur vin est le rouge.
II)Méfiez-vous des coups de soleil.
I2)Le cerf -volant tire la ficelle.
I3)Répétitions de I5h30 3I-32-33-34-35-36-37-38-39-40-4I-42-43-44 45-46-47- de 5 à 30 inclus

Emission de I9h30

I)Quand refleuriront les lilas blancs.
2)La crèmière aura bientot des camemberts.
3)Le mineur heureux vous félicite.Nous disons ----
4)Paillasse,Cellule,Prison sont les bienvenus.Nous disons----
5)Braissette 47.Nous disons---
6)Charbon 26.Nous disons----
7)Répétitions deI3h30 30-7-8-24-25-26-27-28-48
8)les pommiers ont des fleurs.
9)Répétitions de I3h30 de II à 20 inclus
I0) " " I4h30 de 2 à 9 inclus
II) " " I3h30 de 3I à 38 inclus et 9-I0
I2)Aimer c'est vivre.
I3)Répétitions de I4h30 I0-II-I2
I4) " " I3h30 de 39 à 47 inclus
I5)Clémentine préfère le Porto au Xéres.
I6)Les esturgeons sont beaux cette année.
I7)Message important pour Etienne et Dimitri.Votre ami sera le I9 dans la capitale du départment où vous avez passés les fêtes de Paques.

Arrivée
1918
11 MAY 1945
Dossier

Exemples de « messages personnels » passés à la BBC. Ces phrases dépourvues de sens et convenues à l'avance comme signaux ou accusés de réception déconcertèrent durablement les services allemands qui cherchaient à en percer le code.

vers ce qu'on appelle des « lignes », constituées de plusieurs maillons. Prenons l'exemple des communications entre la délégation suisse du mouvement Combat (puis des MUR) et la France, en 1944. Deux courriers dans les deux sens sont indispensables, eu égard au volume de l'information échangée. Compte tenu du fait que trois lieux sont concernés (Paris, Lyon, Genève), et sachant que le délai souhaité pour l'acheminement est de quatre à cinq jours, il convient de mobiliser 8 agents : 2 pour Paris-Lyon, 2 pour Lyon-Paris, 2 pour Lyon-Genève, 2 pour Genève-Lyon. Ce système est fragile et coûteux (plusieurs personnes sont concernées), les agents sont particulièrement exposés (rafles, contrôles, dénonciations, imprudences...). Les femmes, très souvent utilisées pour ce type de missions, payeront un lourd tribut. Certains estiment que « plus de la moitié » des agents de liaison ont été arrêtés. La dangerosité suit la courbe ascendante de la répression du côté de Vichy et du côté de l'occupant.

LES MESSAGES RADIO

Les groupements plus structurés peuvent recourir à un matériel plus précieux : le poste émetteur-récepteur qui permet d'envoyer et de recevoir des messages, et dont le spectre de diffusion, très large, peut franchir frontières et mers. Le procédé est long : pour déchiffrer un télégramme de 400 lettres, il faut près d'une heure, et autant pour le codage. La sécurité paraît meilleure, mais elle n'est pas garantie. On sait que Milice et Gestapo disposent de voitures (camouflées) de goniométrie capables de détecter les lieux d'émission de messages radio. Sans oublier ce qu'on appelait le « gonio-

Des jeunes femmes assument souvent les fonctions cruciales et très périlleuses dans la transmission de messages et de documents au sein des organisations de Résistance. Le vélo fut le moyen de transport le plus utilisé, avec le train, durant cette période de restrictions.

« Hirondelle attendra Abricot demain à 17 heures... au même endroit que la semaine dernière »

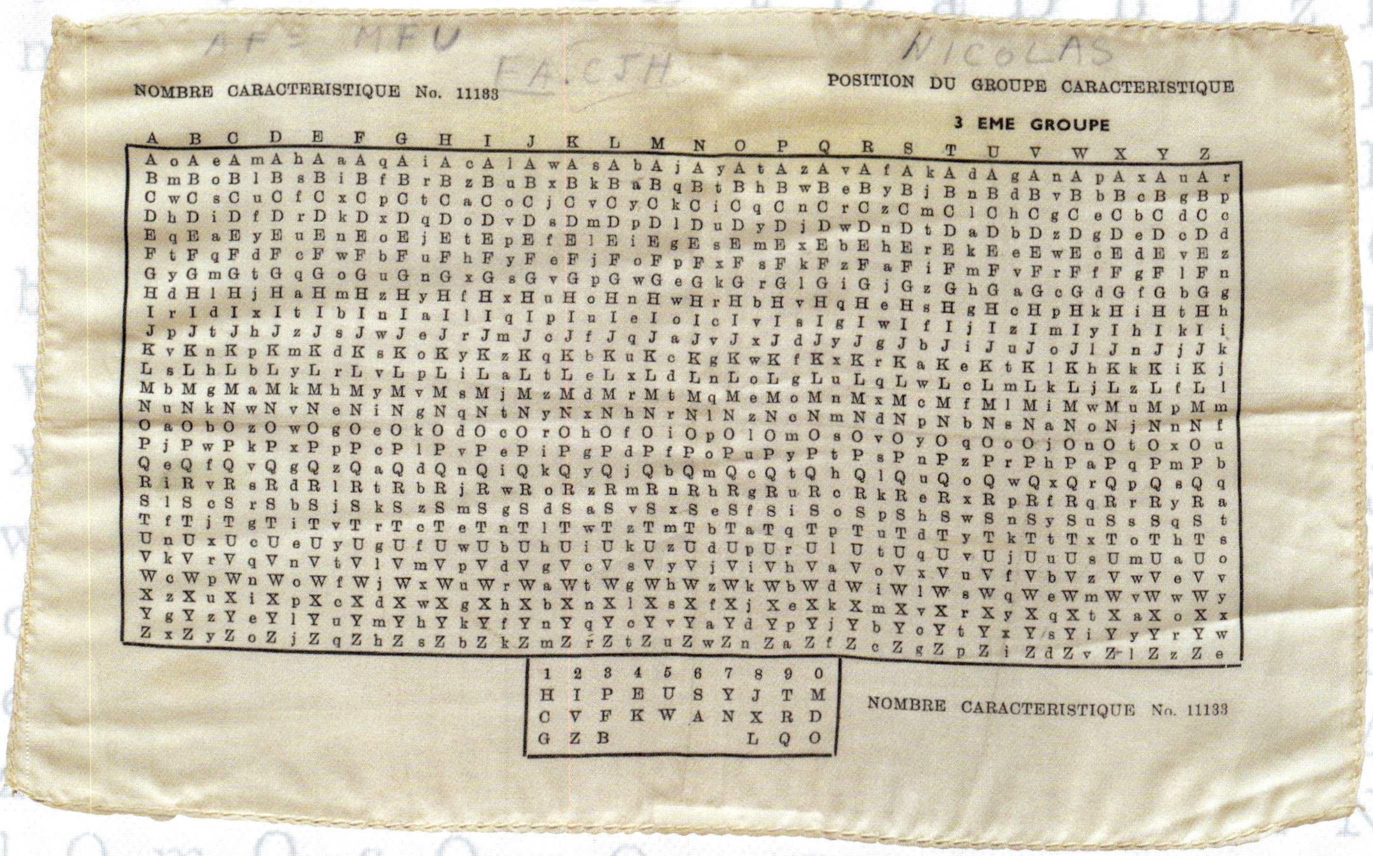

Ce mouchoir de soie de 23 x 12 cm, qu'on peut glisser dans la poche, est en fait une grille qui sert à chiffrer et déchiffrer des messages. C'est l'élément du système de codage (dit de substitution polyalphabétique) le plus sûr et le plus simple qui ait été inventé pendant cette guerre. L'agent n'a plus rien à retenir par cœur, et lorsqu'il se fait prendre, rien ne peut être percé. Les capitales représentent l'alphabet clair, les minuscules l'alphabet chiffré. En plus du mouchoir, l'agent a des feuillets qui contiennent les clés permettant de crypter. Ces clés, à n'utiliser qu'une fois, sont des suites de lettres incohérentes (exemple : GDCBBW...). Sous cette clé, on place le mot à crypter. Exemple : ENVOYEZ. La première lettre chiffrée s'obtient en croisant sur le mouchoir le G (première lettre de la clé) de la ligne avec le E de la colonne (première lettre d'ENVOYEZ), c'est-à-dire J. Et ainsi de suite...

concierge », c'est-à-dire, surtout dans les petites villes, les rumeurs, indiscrétions et bavardages plus ou moins malveillants. Comme le dit l'instruction n° 229 du SOE, destinée aux radios en France : « Les deux dangers les plus grands auxquels vous avez à faire face sont : 1) le bavardage 2) la radiogoniométrie. » Selon cette même instruction inédite, le bavardage est « le premier des dangers », car il est à l'origine de « quatre sur cinq des arrestations effectuées par la Gestapo ». Souvent, par manque d'hommes, le chiffrement et le déchiffrement sont le fait du même homme, ce qui est contraire aux règles de sécurité. Sur les deux années 1941 et 1942, on estime que 75 % des opérateurs radio ont été éliminés. Sans compter ceux sans qui le radio ne peut rien : la règle voulait que chaque radio bénéficie de la protection de trois personnes chargées de le prévenir de l'arrivée des voitures « gonio ».

Travailler en sécurité exige que certaines conditions soient réunies : ne pas transmettre deux fois de suite du même lieu sur la même fréquence à moins de quinze jours d'intervalle, s'en tenir à de brèves émissions n'excédant pas une demi-heure en 1941, et cinq minutes en 1944 à cause des progrès de la gonio... Ces précautions ne font que ralentir le travail et multiplier les déplacements (qui eux-mêmes multiplient les risques pour les radios et pour ceux qui les hébergent). Le colonel Rémy, chef du premier réseau de renseignements lié à la France libre, se plaint, par exemple, que la centrale de réception de Londres arrête des horaires arbitraires pour la transmission des messages, ce qui a pour effet d'engorger le trafic et de stocker trop longtemps les informations, ce qui les rend inutiles. Enfin, on constate un manque criant de techniciens radio qualifiés : en décembre 1943, 32 opérateurs radio sont en activité en France. Cet objet rare, encombrant et tardif (le premier contact radiotélégraphique que les FFL ont pu établir en France se situe en mai 1941), est forcément source de bien des chantages et conflits internes

“Quand on est plongé dans l’action, il n’est pas bon de trop s’attendrir”

LETTRE DE ROBERT MASSON À SA MÈRE, 1ER JANVIER 1944

1er janvier

Écrire à sa « Maman chérie » avant de voler et peut-être de mourir

Le jeune Robert Masson est à Londres et s’apprête à exécuter une mission en France occupée, où il sera parachuté. Mission des plus périlleuses. C’est pourquoi, il a l’obligation de rédiger une brève lettre qui sera remise à sa famille si la mission échoue. Heureusement, elle n’est jamais parvenue à son destinataire... mais elle a été retrouvée par l’intéressé lors de la liquidation des archives des SR Air à Londres, en août 1944. Voici la lettre, datée du 1er janvier 1944, qui devait être posthume. On est étonné par le ton allègre en forme de bilan de (courte) vie. Il y a bien une brève référence à l’angoisse du combattant, mais elle est vite oubliée au profit d’une confiance totale en la validité et en la postérité d’une action légitimée par la patrie et par Dieu.

« *Ma chère Maman,*

Quand on est plongé dans l’action, il n’est pas bon de trop s’attendrir et de trop penser à ce qui peut arriver si... Cependant, ce que je vais faire ce soir offre certaines possibilités de mal finir et je ne voudrais pas disparaître sans qu’un dernier mot de moi vienne dire quelles ont été mes dernières pensées.

J’ai communié hier, j’ai assisté à la messe ce matin. J’espère être en règle avec Dieu et je me mets sous sa divine protection. Je sais combien tes prières et la protection de papa m’ont aidé. Je ne crois pas autrement aujourd’hui : c’est l’âme qui compte et vous serez tous deux mon soutien à mes dernières secondes de vie.

J’ai aimé une vie saine et joyeuse, j’ai aimé voler et peut-être vais-je finir écrasé sur un coin de terre normande ou devant un peloton d’exécution dans la grisaille et la froideur du petit matin. Ne crois pas que j’aie aucune rancœur : l’amour de ma patrie efface tout le reste, et puisque je rends plus de service ici que là, je choisis de continuer cette existence dans laquelle la peur, comme une bête, vous fouille les entrailles. J’offre cette angoisse à Dieu.

Je n’ai pu jusqu’ici t’expliquer exactement ma situation. Mon commandant te donnera tous les détails, car je veux que tout soit clair sur moi. Il n’importe que mon corps soit ici ou là : je n’ai jamais eu le culte des corps. Mais je serais fier si tu pouvais citer mon nom à mes futurs neveux et leur enseigner qu’il faut aimer la France et la servir toujours.

Il n’est pas question de testament : tu feras au mieux pour distribuer le peu que je possède. J’espère ne pas trop te manquer. Gérard est là pour me remplacer dans mon rôle d’aîné. Il ne faut pas être triste, maman, en lisant cette lettre. Elle te sera remise alors que la victoire aura libéré notre patrie. C’est dans la joie qu’il faut être, une joie à laquelle je participerai de là-haut.

Je t’embrasse, Maman chérie, ainsi que tous. »

Lettre de Robert Masson à sa mère, 1er janvier 1944

10 janvier

L’État clandestin

Depuis la création du CGE, les résistants réfléchissent à la façon dont s’opérera la succession de Vichy lors de la Libération et dont s’effectuera le rétablissement de la légalité républicaine. En 1943, les projets se précisent dans leur volonté de contrer à la fois les débris qui pourraient subsister du régime pétainiste, l’anarchie qui pourrait profiter au Parti communiste et l’administration directe de la France par les Américains (AMGOT). Une organisation nouvelle est décidée, où les préfets seront coiffés par des commissaires régionaux de la République qui exerceront l’autorité au nom du CFLN. Une ordonnance du 10 janvier 1944 définit leur rôle vital : il leur reviendra, quelles que soient les conditions de la Libération, d’assurer l’administration, l’ordre public, le ravitaillement et l’épuration selon les règles du droit.

Des discussions s’amorcent entre les mouvements et le CGE pour la désignation des quatre-vingt-neuf préfets et des dix-sept commissaires que doit avaliser la Délégation. Beaucoup seront des hommes nouveaux, issus de la Résistance (parmi eux, Yves Farge, Raymond Aubrac ou Francis Closon). Encore que ces prévisions sont bientôt déjouées par les arrestations qui les déciment avant le jour J.

Les graffitis dans les « boîtes à sel » de la chapelle de Fresnes, prison où furent enfermés la plupart des résistants arrêtés en région parisienne.

15 janvier

Un seul devoir, une seule volonté : faire la guerre

« *Si les moyens manquent, on les crée. Si les occasions font défaut, on les suscite. Si le désespoir vous accable, on continue, contre tout espoir. Si l'on tombe, on se relève. Si l'on meurt, d'autres prennent votre suite. L'homme détient le merveilleux pouvoir de tirer de lui-même plus qu'il ne possède...*

Français, ne comptez vraiment que sur votre force, au lieu d'attendre le salut de l'extérieur. Ne croyez qu'à ce que vous aurez réalisé, qu'aux résultats tangibles, au lieu de vous réfugier dans les rêves. Ne vous bercez pas d'illusions, agissez tout de suite. Vous n'avez qu'un devoir, vous ne devez avoir qu'une volonté : LA GUERRE. »

Extrait de l'article rédigé par Indomitus, 14 mars 1944

Le journal *Défense de la France*, fait par des jeunes, dépasse non seulement celui d'autres mouvements de Résistance, mais encore celui de *l'Humanité* ou du *Populaire*, appuyés sur des partis clandestins. Pour réaliser de tels tirages, supérieurs à 100 000 exemplaires par mois depuis 1943, *Défense de la France* a mené depuis longtemps une politique d'acquisition de presses de forte puissance, la professionnalisation de ces imprimeries et de ses ateliers de composition typographique et la croissance des effectifs du mouvement, avides de distribuer le journal.

Cette puissance, Philippe Viannay (« Indomitus ») la met totalement au service de la guerre en ce début 1944. Alors que ce philosophe avait jusque-là préféré le combat de la plume, répugnant à l'action directe, il rédige le 14 mars un article au titre guerrier : « La France est en guerre ». Il stigmatise une « masse amorphe » qui « attend tranquillement que l'orage se passe ». Il s'offusque qu'on puisse encore organiser des mariages fastueux, qu'on se préoccupe de cinéma et de théâtre, que Claudel ou Giraudoux fassent parler d'eux dans « la grande presse du Grand Paris ». Il se révolte que des couples superbement vêtus « passent en fiacre ou en vélo-taxi, sans un battement de cœur, à côté des prisons ». Il méprise ceux qui avancent tous les prétextes pour rester inactifs : « Nous n'avons pas d'armes ; comment faire la guerre ? Il n'est pas temps encore. Que faire tant que l'Allemand est ici ? La Résistance est décevante. »

Si on ne peut ou ne veut combattre directement, il faut aider ceux qui combattent en première ligne. Les personnes âgées peuvent être utiles : elles peuvent accepter d'installer chez elles une machine d'imprimerie, un bureau de regroupement, un atelier de typographie, héberger un homme menacé... Sa réponse est nette : « La guerre, c'est-à-dire que tout Français *doit* combattre jusqu'à la mort. »

février-août 1944

“Voici que reparaît le soleil de notre grandeur”

Pour tous ceux qui ont espéré, lutté, douté, pris des risques, l'année 1944 est le moment heureux du dénouement. Pour cette population minoritaire de résistants, avant-garde éclairée de l'ombre, la nuit va bien finir. Qu'ils soient clandestins, en exil ou sur une portion de l'empire français, les Français se sont engagés dans l'incertitude totale du lendemain. Les résistants connaissent enfin le sentiment heureux d'avoir eu raison contre la majorité et contre l'inévitable.

En 1944, ils comprennent qu'ils n'ont pas lutté seuls et pour rien. Dès le 2 janvier 1944, Berlin, la tête du monstre, est atteinte par un raid aérien massif. C'est le début d'une fin apocalyptique. Après les revers de l'armée allemande sur le front de l'Est (Leningrad est dégagée le 21 janvier, et en mars les Soviétiques lancent une nouvelle offensive en Ukraine), les Allemands sont défaits au Monte Cassino. Un deuxième front européen est enfin ouvert après les opérations « Overlord » et « Anvil » : le débarquement en Normandie, le 6 juin 1944, et le débarquement de Provence, le 15 août 1944. L'occupant est pris en tenaille. L'Europe hitlérienne commence une rapide descente aux enfers. Pour les résistants, le 6 juin est une délivrance. Dans *Libération* (Nord), Jean Texcier exulte : « Cette ignoble vie qui nous était impartie, cette servitude qu'on nous affirmait être la paix dans l'honneur et dont nous savions qu'elle était l'instrument du vainqueur, voici que ces horreurs se dissipent et que devant nous s'élève une réalité brillante de clarté : des armées alliées se battent en France, pour la France. »

La libération de Paris annonce la libération des autres villes françaises. La liesse est générale ; ici, des Lyonnais sur la statue de la République, place Carnot.

“Voici que reparaît le soleil de notre grandeur”

La Libération, c'est la libération du territoire, des esprits et des cœurs. Et surtout la libération de Paris, au mois d'août 1944, grâce à l'armée Leclerc. Paris n'a pas été détruite, comme l'aurait souhaité ses profanateurs. Ce n'est plus un « ange en pénitence », pour reprendre l'expression forte d'Emmanuel d'Astier. Le message de Paris est universel, comme toujours : il va au-delà de la France. On comprend partout que rien ne pourra plus entraver la marche vers la liberté.

MAIS QUE SERA LA FRANCE APRÈS-DEMAIN ?

La France sera considérée comme un pays vainqueur ou comme un pays vaincu ? La France gaulliste pourra-t-elle faire oublier la France pétainiste ? Rien n'est moins sûr. À Téhéran, le 29 décembre 1943, la première grande conférence qui réunit les trois Grands sur l'avenir de l'Europe (Churchill, Roosevelt et Staline) ne comporte aucun Français. On va jusqu'à envisager que la France perde toutes ses colonies et se voie interdire d'entretenir un système militaire digne de ce nom. C'est l'organisation de l'impuissance européenne qui se dessine. La France aura-t-elle son mot à dire, ou subira-t-elle une occupation d'un nouveau genre, comme celle que les Américains ont envisagée avec l'AMGOT sur les territoires libérés par eux ? Heureusement, la France n'est pas passive. Elle participe au combat libérateur. Elle l'a fait en Afrique du Nord (campagne de Tunisie). En Italie, alors que les Américains ne voyaient les Français que comme une force supplétive disséminée dans les unités de la Ve armée, le général Juin recherche l'autonomie et obtient, le 6 janvier, la relève d'un corps d'armée américain. Les Français sont présents lors de la prise de Rome, le 4 juin. Après la Corse, d'autres Français participent de manière décisive à la libération de l'île d'Elbe. Le commando Kieffer, symboliquement, est présent lors du débarquement du 6 juin. Leclerc et sa 2e DB débarquent collectivement un peu plus tard, en août. De Lattre et les meilleurs éléments de l'armée d'Afrique reconstituée assaillent avec les Américains les côtes provençales et nettoient la vallée du Rhône.

Une affiche du GPRF montre la statue de la liberté et célèbre le succès de l'action alliée pour libérer la France du joug allemand.

Les résistants de l'intérieur continuent à payer très cher le prix de leur engagement. Vichy s'enfonce dans l'innommable. Darnand est désigné comme secrétaire général au Maintien de l'ordre, le 10 janvier 1944. L'exécution à Alger, le 22 mars 1944, de Pierre Pucheu, ancien ministre de l'Intérieur de Pétain, donne une idée aux gens de Vichy de ce qui les attend si l'histoire ne tourne pas en leur faveur. Peur, haine, vengeance dominent. Le maquis des Glières subit les assauts des troupes occupantes, secondées par les miliciens français, le 26 mars 1944. D'autres maquis entrent en action avec des fortunes diverses : Jura, Saint-Marcel, Vercors, mont Mouchet… Les pertes sont dramatiques. Les arrestations et les déportations de résistants se multiplient. Le cycle attentats-représailles devient infernal. Dans la nuit du 1er au 2 avril 1944, à proximité de la gare de Villeneuve-d'Asq, des coups de feu sont tirés sur un train militaire ennemi (sans faire de victimes) ; 86 otages sont aussitôt passés par les armes. Des exécutions de personnalités ont lieu ; elles frappent Victor Basch (ancien président de la Ligue des droits de l'homme) et sa femme, Marc Bloch, Jean Zay, Georges Mandel...

Malgré la répression accrue, les rangs de la Résistance grossissent. Ils se reconnaissent dans un chant qui leur ressemble et les galvanise : *le Chant des partisans*, que diffuse la BBC pour la première fois le 9 février 1944. Les forces paramilitaires de la Résistance intérieure sont regroupées officiellement le 1er février et deviennent les FFI. L'apport militaire de la Résistance intérieure à l'effort général de guerre est certainement modeste, mais symboliquement important. L'unité et la cohésion militaires de la nouvelle France, non sans difficultés, progressent. C'est le fameux « amalgame » qui vise à intégrer les FFI dans la nouvelle armée régulière refondée au soleil africain. Les communistes rechignent. Il faut l'intervention de Maurice Thorez, revenu d'URSS, pour faire accepter d'« en finir avec les formations séparées et parfois antagonistes ».

La France doit rentrer dans l'ordre, l'ordre républicain s'entend. Habitués à désobéir, les résistants doivent rentrer dans le rang. Les combattants sans uniforme doivent réapprendre à obtempérer à d'autres uniformes. Le général de Gaulle a à s'imposer sur deux fronts. En France, où l'on craint une certaine tendance communiste de la Résistance à s'aventurer dans la logique de l'insurrection nationale et révolutionnaire. Vis-à-vis des Alliés, qui peinent à reconnaître la nouvelle légitimité du nouveau pouvoir français. Les Américains ont joué la carte Giraud, accepteront-ils la donne gaulliste ?

LA LÉGLITÉ RÉPUBLICAINE RÉTABLIE

Pour renforcer son autorité, de Gaulle procède à une modification symbolique : le 3 juin 1944, le CFLN devient le GPRF (gouvernement provisoire de la République française). Le 6 juin au matin, dans l'allocution qu'il prononce à la BBC pour annoncer aux Français le début du débarquement, Eisenhower ne mentionne ni le nom de De Gaulle ni celui du GPRF ! De son côté, le 6 juin au soir, sur les mêmes ondes, le général de Gaulle réaffirme le rôle de la France : « La bataille suprême est engagée ! Après tant de combats, de fureurs et de douleurs, voici venu le choc décisif, le choc tant espéré. [...] Pour les fils de France, où qu'ils soient, quels qu'ils soient, le devoir simple et sacré est de combattre par tous les moyens dont ils disposent. [...] Derrière le nuage si lourd de notre sang et de nos larmes, voici que reparaît le soleil de notre grandeur ! » Les Alliés reconnaissent officieusement le GPRF le 12 juillet 1944. Le 9 août, la légalité républicaine est rétablie. Le 20 août, Pétain quitte Vichy et, sous bonne garde, se dirige avec son gouvernement en déroute vers l'ultime étape de la honte : Sigmaringen. Le 23 août, le GPRF est officiellement reconnu par les Alliés.

CHRONOLOGIE 1944

MARS

16. Déat nommé secrétaire d'État
20. Exécution à Alger de Pierre Pucheu, ancien ministre de l'Intérieur de Vichy
26. Assaut du maquis du plateau des Glières

AVRIL

4. Les troupes soviétiques pénètrent en Roumanie
12. Abdication de Victor-Emmanuel
15. Giraud démissionne et se retire officiellement
10-25. Violents bombardements alliés sur le territoire français

JUIN

2. Le CFLN devient Gouvernement provisoire de la République française
4. Prise de Rome
6. Débarquement en Normandie (opération « Overlord »)
8. Mobilisation de la Milice
10. Massacre d'Oradour-sur-Glane
13. Darnand devient secrétaire d'État à l'Intérieur
Des V1 tombent sur Londres
21. Attaque du maquis du Vercors
23-24. Offensive soviétique dans les Pays baltes

JUILLET

7. Assassinat de Georges Mandel
12. Dernier conseil des ministres de Vichy
20. Attentat manqué contre Hitler
30. Les Soviétiques sur la Vistule

AOÛT

1er. Insurrection de Varsovie
La 2e DB débarque en Normandie
5. Pétain désavoue la Milice
9. Rétablissement de la légalité républicaine en métropole
13. Retraite allemande en Normandie
15. Débarquement franco-américain en Provence
Départ du dernier convoi de déportés
24-25. Libération de Paris. Entrée du général Leclerc et du général de Gaulle
31. Les Soviétiques pénètrent dans Bucarest

Février

Le châtiment des traîtres

Par circulaire, le CNR met en garde contre la diffusion de listes de collaborateurs qui confondent souvent « les simples dupes du mythe Pétain avec les traîtres avérés à la solde de l'ennemi » et émanent parfois d'agents provocateurs. Il se prononce aussi contre les lettres de menace et les tribunaux clandestins. La priorité doit rester au combat contre l'occupant. Une justice « impitoyable », mais « inattaquable », sera prise en charge par l'État à l'issue de la Libération.

Pourtant, dès juillet 1940, de Gaulle a promis le châtiment aux responsables du désastre et aux artisans de la servitude. Et, depuis cette date, Radio-Londres ne cesse de dénoncer traîtres et collaborateurs en citant des cas précis. En France, les journaux clandestins publient régulièrement des listes noires et font suivre les noms de la mention « condamné à mort ».

À Lyon, le mouvement France d'abord a créé un tribunal de guerre qui instruit clandestinement près de 2 000 procès de personnes accusées d'intelligence avec l'ennemi. Un jury composé de résistants issus de plusieurs mouvements prononce des sentences immédiatement exécutoires, sans attendre le rétablissement de la légalité républicaine. Au moment même où le CNR recommande la prudence, le commissaire à la Justice à Alger, François de Menthon, adresse ses félicitations à ce tribunal pour son travail utile et sérieux. Les contradictions et les dissensions provoquées par l'épuration se profilent.

3 février

Opération « Jouet des flots »

En novembre 1943, les désaccords persistants au sein de la délégation de la France combattante ont entraîné le rappel simultané de Serreulles et de Brossolette à Londres. Mais la volonté d'indépendance de Brossolette et, surtout, les contretemps répétés dans les liaisons entre la France et l'Angleterre, entravées par la répression allemande, décident Brossolette à partir seul. Il va tenter sa chance par la mer depuis la Bretagne, en compagnie de Bollaert que le général de Gaulle souhaite rencontrer.

Le *Jouet des flots* doit prendre à son bord, outre quelques personnalités, une quinzaine d'aviateurs alliés abattus au-dessus de la France. Mais la tempête fait rage. Le bateau est secoué de toutes parts et la voile bientôt arrachée. Dérivant au milieu des rochers, il s'échoue peu après la pointe du Raz. Les passagers s'égaillent au hasard des caches disponibles. Lors d'un contrôle de routine, Brossolette et Bollaert sont arrêtés à Audierne. Ils sont incarcérés à Rennes, sans que leur véritable identité ait été percée.

À Paris et plus encore à Londres, en particulier à l'instigation de Passy, divers projets sont échafaudés, en vain, pour permettre l'évasion de Brossolette et Bollaert par la force ou la ruse. À la mi-mars, Brossolette est identifié par les Allemands et transféré à Paris... Son calvaire commence.

Février

Tom Morel, le chef du maquis des Glières

Théodose Morel, *alias* « Tom », a été nommé pour commander la Résistance au plateau des Glières, le 29 janvier. Ancien saint-cyrien, devenu instructeur à l'école militaire dont il sortait, Tom a été fait officier de la Légion d'honneur pendant les combats de 1940. Officier de l'armée d'armistice, il croit en la personne du maréchal Pétain jusqu'en 1942. Puis, complètement désillusionné par la collaboration franco-allemande, il entre dans la clandestinité. Il meurt le 10 mars 1944, 15 jours avant l'assaut donné contre le maquis par trois bataillons allemands et la Milice française, abattu par un Français des GMR. Tragédie qui condamne l'idée de « réduits inexpugnables » que sont les maquis, insuffisamment mobiles.

« Tom » est tué par l'un de ses prisonniers en mars 1944. Il est aussitôt remplacé par Anjot (photo du haut), qui est ici accompagné par le lieutenant Duparc.

19-23 février

Mutinerie à Eysses

Depuis le 15 octobre 1943, de nombreux résistants ont été transférés et regroupés à la prison d'Eysses. Les 2 et 9 décembre 1943, plus d'une centaine de prisonniers venus de la prison de Douai, des détenus lyonnais, des internés administratifs – des camps de Nexon, Saint-Paul-d'Eyjaux et de Saint-Sulpice-la-Pointe – arrivent à la prison d'Eysses.

Aux premiers jours de 1944, un ami de Joseph Darnand, le colonel milicien Schivo, prend la direction de la prison. Il espère restaurer une discipline qu'il juge très défaillante. En effet, les résistants sont très bien organisés pour contourner un certain nombre de règles carcérales quotidiennes.

Le 19 février, un inspecteur des services pénitentiaires est en visite à la prison. Les résistants en profitent pour prendre le directeur Schivo en otage. Très vite, les mutins s'emparent des uniformes des gardiens, qu'ils maîtrisent sans peine, avant de se diriger vers l'armurerie de la prison. Les forces de l'ordre présentes à l'entrée de l'établissement tirent sur les mutins et les tiennent en respect.

Les groupes mobiles de réserve (GMR) et les miliciens arrivent rapidement sur les lieux et tirent sur le groupe, l'obligeant à un repli à l'intérieur de la prison. Les Allemands somment les forces françaises de régler au plus vite la situation. En cas d'échec, l'aviation allemande menace de bombarder le bâtiment. Le directeur de l'établissement, pris en otage, négocie avec les GMR une remise des armes contre l'absence de toute sanction envers les mutins. Les résistants déposent les armes. La mutinerie cesse alors.

Le 21, les 1 200 détenus, après avoir été minutieusement fouillés, sont interrogés et la prison est visitée de fond en comble. Certains détenus sont battus. L'un d'entre eux donne le nom des chefs de la mutinerie. Cinquante détenus sont alors envoyés dans le quartier disciplinaire. La brigade antiterroriste de Limoges torture des prisonniers toute la nuit dans les sous-sols de la prison.

Une cour martiale est formée à la demande de Darnand auprès d'un Conseil des ministres extraordinaire. Le 23 février, 12 des 50 prisonniers du quartier disciplinaire sont exécutés au poteau, alors que les autres détenus chantent *la Marseillaise*.

Du 19 au 23 février, les résistants emprisonnés à Eysses se révoltent lors d'une inspection des services pénitentiaires. Les miliciens interviennent, une cour martiale condamne à mort 12 mutins.

20 février

« Ce qu'est pour la nation française le général de Gaulle ? »

Les progrès de la « gaullisation » des esprits saisissent même les résistants qui ont longtemps regardé le chef de la France combattante à la fois comme un ennemi de l'indépendance des organisations résistantes et comme le restaurateur des partis politiques honnis. À l'instar de Pierre de Bénouville (« Lahire »), ancien Camelot du roi, le responsable des relations extérieures des MUR, l'homme de « l'affaire suisse ». Lui aussi participe au mouvement général de l'opinion. On le sait grâce à une longue note du 20 février 1944 qu'il rédige à l'intention de son ami Allen Dulles, le patron de l'OSS pour l'Europe, l'homme qui a financé Combat. À l'Américain désireux de connaître les « griefs » que les Français formulent contre les Alliés, Bénouville explique que « la Résistance, à l'origine, n'a rien à voir avec ce qu'on appelle le gaullisme ». Même « si le général de Gaulle n'en fut pas à proprement parler l'artisan, il en fut indiscutablement le principe ». Bénouville reproche aux Américains de n'avoir pas compris plus tôt que le « gaullisme » est progressivement devenu un projet de société et une « volonté de révolution », alors que Giraud apparaît comme le « sauveur » de Vichy :

« Le rôle unique qu'a joué le général de Gaulle lui a conféré, non seulement dans nos cœurs, mais aussi dans nos esprits, une place qui est assez comparable à celle qu'occupait le Roi de France dans l'esprit de ses sujets aux heures les plus fécondes de la Monarchie. Le général de Gaulle, pour avoir inlassablement répété à haute et intelligible voix, dans les fracas dantesques de la débâcle, des principes qui valent à nos yeux mieux que la vie et sans lesquels la vie demeure lettre morte, s'est emparé légitimement pour nos cœurs français du pouvoir légitime. Qui oserait, contre notre volonté passionnée, lui dénier des droits que consacre chaque jour le meilleur sang de France ? »

L'AFFICHE ROUGE

LE PROCÈS DE L'"ARMÉE DU CRIME"

La MOI (Main-d'œuvre immigrée) existe déjà avant la guerre, placée sous la tutelle du PCF. Elle réunit les communistes étrangers qui vivent en France. À partir de mars 1942 apparaît une nouvelle structure résistante : les FTPF ou FTP, les Francs-Tireurs et partisans français. C'est en fait l'échelon opérationnel et combattant du Front national, d'obédience communiste. La MOI est aussitôt intégrée au nouveau dispositif. Elle organise quatre détachements FTP-MOI à Paris et dans la région parisienne : un détachement de Roumains et de Hongrois (majoritairement juifs) ; un autre composé exclusivement de juifs ; un groupe italien et un quatrième composé d'Arméniens et de républicains espagnols. Au tournant de 1942-1943, les détachements de juifs réalisent des coups spectaculaires contre les Allemands ; les jeunes résistants ont à cœur de venger les juifs raflés au Vél d'Hiv', les 16 et 17 juillet 1942, alors même que de nombreux jeunes juifs de la « génération de la rafle », la rage au cœur, rejoignent et grossissent les troupes de la MOI. La responsabilité militaire de la MOI échoie à Boris Holban, juif roumain ayant fui les geôles roumaines en 1938 pour immigrer en France.

UNE ORGANISATION TRÈS EFFICACE

L'efficacité et la combativité des hommes de la MOI sont remarquables : attentats contre les autorités d'occupation, les officines de collaborateurs, les bureaux d'embauche pour partir travailler en Allemagne, les restaurants mal fréquentés ; déraillements de trains, etc. Fort d'une quarantaine de membres, le premier détachement juif de la MOI réalise une soixantaine d'actions punitives de juillet 1942 à juillet 1943. Selon Rémy, du moins en 1942, les FTP constituent « la seule organisation clandestine » qui lutte efficacement contre l'occupant. La Gestapo et les brigades spéciales (BS) de la préfecture de police de Paris s'organisent vite pour tenter de contrer la vague d'attentats menée par les jeunes « terroristes » de la MOI. Le travail des BS s'avère très difficile, car les groupes de résistants communistes sont très prudents, très cloisonnés, très bien formés. Des filatures sont alors organisées. De mars à juillet 1943, les BS arrêtent une centaine de militants, dont Henri Krasucki, futur responsable de la CGT. L'organigramme des MOI est désormais mieux connu des policiers français.

Aussi les FTP-MOI doivent se réorganiser en deux nouveaux détachements au lieu de quatre : un groupe de dérailleurs et une équipe spéciale capable de mener des opérations coups de poing ; celle-ci est dirigée par Marcel Rayman et Missak Manouchian, lequel remplace Boris Holban. Ils mettent en œuvre près de 70 attentats de juillet à octobre 1943. Le 2 juillet, à Clichy, c'est à la grenade qu'ils attaquent un bus d'Allemands. Dans la nuit du 10 au 11 juillet, c'est un train de permissionnaires allemands qu'ils font sauter sur la ligne Paris-Cherbourg. À Toulouse, la 35e brigade, dite « Marcel Langer », en une douzaine d'opérations, réussit à détruire l'approvisionnement de l'armée allemande. Son chef, Marcel Langer, est arrêté, jugé par un tribunal de Vichy et guillotiné le 23 juillet, lançant à l'adresse du procureur Lespinasse : « Mon sang retombera sur vous... » Ils réussissent à frapper à la tête des autorités occupantes. Par exemple, le 28 septembre, les hommes de Manouchian (Celestino Alfonso, Spartaco Fontano et Marcel Rayman) abattent en pleine rue Julius Ritter, le délégué pour la France du Fritz Sauckel, nommé par Hitler « plénipotentiaire au recrutement et à l'emploi de la main-d'œuvre ». Les BS doivent accentuer la répression. C'est le cycle inévitable des représailles et des contre-représailles. De nouvelles arrestations interviennent, frappant cette fois le noyau de l'organisation. Rayman et Manouchian sont respectivement arrêtés les 15 et 16 novembre. Le chef de tous les FTP de la région parisienne, Joseph Epstein, l'est aussi le même jour que Manouchian.

15 000 AFFICHES

Le 15 février 1944 s'ouvre le procès des 23 résistants du « groupe Manouchian », tous des juifs étrangers, à l'exception de deux Français, d'un Italien et d'un Espagnol. C'est le troisième grand procès de l'Occupation mené par les Allemands à grand renfort de propagande, après ceux du Palais-Bourbon et de la Maison de la chimie (mars-avril 1942). Les Allemands font imprimer 15 000 exemplaires d'une affiche rouge avec les visages de dix des accusés en médaillon, leur identité et leur « état de service », alors que la partie inférieure de l'affiche est illustrée par six photographies qui montrent des armes, des cadavres sanglants et des trains sabotés. Les accusés sont tournés en dérision : « Des libérateurs ? », peut-on lire au sommet de l'affiche, puis en bas : *« La libération ! Par l'armée du crime »*.

En février 1944, des résistants communistes étrangers sont condamnés à mort, dont leur chef Manouchian ; leur visage est connu des Français par le biais de la célèbre « affiche rouge » tirée à plusieurs milliers d'exemplaires par les Allemands.

DES LIBÉRATEURS?
GRZYWACZ
JUIF POLONAIS
2 ATTENTATS
ELEK
JUIF HONGROIS
8 DÉRAILLEMENTS
WASJBROT
JUIF POLONAIS
1 ATTENTAT - 3 DÉRAILLEMENTS
WITCHITZ
JUIF POLONAIS
15 ATTENTATS
FINGERWEIG
JUIF POLONAIS
3 ATTENTATS - 5 DÉRAILLEMENTS
BOCZOV
JUIF HONGROIS
CHEF DÉRAILLEUR
20 ATTENTATS
FONTANOT
COMMUNISTE ITALIEN
12 ATTENTATS
MANOUCHIAN
ARMÉNIEN
CHEF DE BANDE
56
ATTENTATS
150 MORTS
600 BLESSÉS
ALFONSO
ESPAGNOL ROUGE
7 ATTENTATS
RAYMAN
JUIF POLONAIS
13 ATTENTATS
LA LIBÉRATION!
PAR L'ARMÉE DU CRIME

Sur cette affiche, Manouchian est présenté ainsi : « Manouchian, Arménien, chef de bande, 56 attentats, 150 morts et 600 blessés ». Les chiffres sont évidemment beaucoup plus importants que la réalité. Mais les Allemands ont pour dessein d'exciter le rejet des résistants armés par l'opinion publique. Ils cherchent aussi à jouer sur la corde de l'anticommunisme et de l'antisémitisme. La presse désigne les résistants comme des « bandits ». Les juges allemands ont cru bon de joindre à la liste des accusés deux Polonais accusés de vol pour noircir l'image des résistants aux yeux de l'opinion. Cependant, il n'est pas dit que celle-ci réagira comme le souhaitent les occupants. Ce procès ne révèle-t-il pas aux Français que des groupes armés existent et qu'ils sont capables de s'en prendre aux Allemands ? Que l'occupant n'est donc pas intouchable ? Le procès est assurément un prétexte à la propagande allemande.

La Résistance des maquis comprend une majorité de jeunes Français, mais aussi des étrangers (Italiens, Polonais, Roumains, etc.), comme ici ces volontaires soviétiques.

MOURIR À DEUX DOIGTS DE LA VICTOIRE

Les 22 accusés sont condamnés à être fusillés au mont Valérien, le 21 février 1944. La seule femme, Olga Bancic, est envoyée en Allemagne. Quinze des 23 condamnés à mort ont laissé des lettres avant d'être fusillés. Manouchian tient à rendre hommage à la France pour laquelle il a combattu : « Je m'étais engagé dans l'armée de libération en soldat volontaire. [...] Je meurs en soldat régulier de l'armée française de libération. » À sa femme, Mélinée, il écrit cette lettre le 21 février :

« Ma chère Mélinée, ma petite orpheline bien-aimée, dans quelques heures, je ne serai plus de ce monde. [...] Je m'étais engagé dans l'armée de la libération en soldat volontaire et je meurs à deux doigts de la victoire et du but. Bonheur ! à ceux qui vont nous survivre et goûter la douceur de la liberté et de la Paix de demain. [...] J'aurais bien voulu avoir un enfant de toi comme tu le voulais toujours. [...] Marie-toi avec quelqu'un qui puisse te rendre heureuse. [...] Aujourd'hui il y a du soleil. [...] Je vous serre tous sur mon cœur. Adieu. Ton ami ton camarade ton ami. »

8 mars

Vivre, croire, lutter

Marc Bloch est un très grand historien, né à Lyon en 1886. Sa famille était juive agnostique. Normalien, puis combattant de la Grande Guerre, il a publié des travaux très importants sur le Moyen-Âge ; avec Lucien Febvre, en 1929, il est le fondateur des *Annales d'histoire économique et sociale,* préconisant une nouvelle manière de faire l'histoire, prenant en compte l'économique et le social. En 1939, il demande à être mobilisé, alors qu'il est professeur à la Sorbonne. Il est incorporé à l'état-major du 4e bureau de la 1ère année et vit la défaite avec tristesse tout en observant l'impréparation de l'armée française lors des combats. Il écrit alors un livre retentissant qui sera publié après la guerre : *l'Étrange Défaite*.

Il décide de se rendre en zone non occupée, où il réussit à être réintégré dans l'enseignement. Il professe alors à Clermont-Ferrand, à la faculté des lettres repliée de Strasbourg. Il hésite un temps pour rejoindre New York, où il aurait pu enseigner à la New School for Social Research. Mais il reste en France pour entrer en résistance.

À la fin de 1942, il intègre le mouvement Franc-Tireur. L'occupation totale de la France, le 11 novembre 1942, l'a sans doute décidé à franchir le pas. Il devient vite un responsable important de la Résistance grâce à son sens très poussé de l'organisation et à son autorité morale. À la fin de 1943, il est mis à la retraite d'office par Vichy, après un passage par la faculté de Montpellier. Entre-temps, le mouvement Franc-Tireur le désigne comme délégué au directoire régional des MUR à Lyon. Il devient responsable des *Cahiers politiques* du CGE.

Le 8 mars, la Gestapo lyonnaise arrête Marc Bloch, probablement à la suite d'une dénonciation, alors qu'il vient de participer à la mise en place du comité de libération de Lyon. Il est enfermé au fort de Montluc. Il y est exécuté dans la nuit du 16 juin 1944.

L'historien de grand renom Marc Bloch, cadre du mouvement Franc-Tireur, est arrêté par la Gestapo de Lyon, torturé, puis fusillé le 16 juin.

« *J'affirme donc, s'il le faut, face à la mort, que je suis né juif ; que je n'ai jamais songé à m'en défendre ni trouvé aucun motif d'être tenté de le faire. Dans un monde assailli par la plus atroce barbarie, la généreuse tradition des prophètes hébreux, que le christianisme, en ce qu'il a de plus pur, reprit pour l'élargir, ne demeure-t-elle pas une de nos meilleurs raisons de vivre, de croire, de lutter ?* »

Testament de Marc Bloch, rédigé le 18 mars 1941

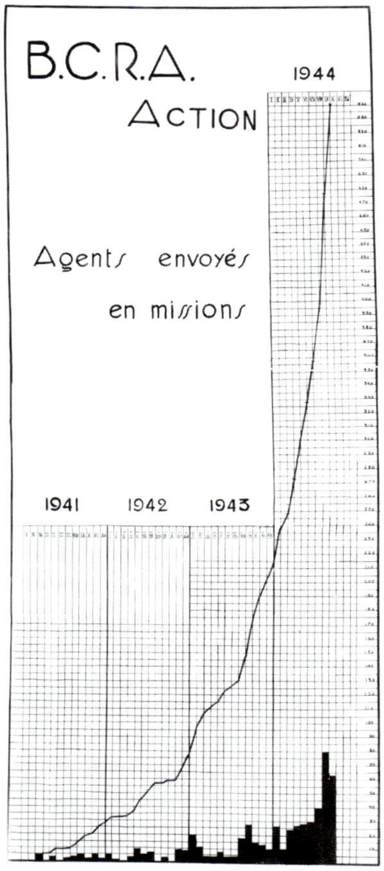

Évolution chronologique du nombre d'agents du BCRA envoyés en mission.

12 mars

Naissance du « lobby » des PG

Le commissaire aux Prisonniers, déportés et réfugiés, Henri Frenay, souhaite encourager l'union des groupements qui ont en charge les intérêts des prisonniers de guerre évadés. Il a conscience qu'il lui faudra, le moment venu, lorsque la question du rapatriement se posera, un interlocuteur structuré et représentatif. C'est aussi le point de vue du Comac.

Henri Frenay charge alors François Mitterrand (dit « Morland ») de ce regroupement. La chose n'est pas facile, tant les différences politiques sont grandes et le rapport à l'action résistante inégal. Mitterrand, avec son RNPG, représente les vichysto-giraudistes devenus gaullistes de raison ; Michel Cailliau (dit « Vergennes »), le neveu du général de Gaulle, à la tête du Mouvement de résistance des prisonniers de guerre et des déportés (MRPDG), créé en mars 1942, représente les gaullistes et son activité résistante réelle ; Robert Paumier, chef du Comité national des prisonniers de guerre (CNPG), incarne la tendance communiste. Le 12 mars, naît le MNPGD : mouvement national des prisonniers de guerre et déportés. La fusion est douloureuse, et elle ne sera jamais réalisée dans les cœurs.

Le 18 mars, Frenay écrit une lettre à « Vergennes », sollicitant son sens du dévouement et du sacrifice pour le convaincre de se plier à la manœuvre, occasion pour lui de défendre son ami Morland, dont personne n'ignore alors qu'il lui a été attribuée la Francisque...

« Je ne partage absolument pas votre point de vue sur les sentiments que nourrit Morland à l'égard de la politique de Vichy. D'ailleurs, il a vu lui-même le général de Gaulle en ma présence, s'est entretenu longuement avec lui et de la manière la plus franche. Celui-ci, avant même de prendre la décision de ce Comité des Trois était donc parfaitement informé sur l'esprit et sur l'action de Morland, dont d'ailleurs vous lui aviez vous-même parlé. [...]

Le drame de la France a fait que des hommes honnêtes et désintéressés ont cru, pendant un certain temps, au Maréchal Pétain et ont placé en lui leur confiance. Sans doute ont-ils été trompés, mais ils ont été trompés sincèrement et, s'ils ont fait une erreur, on ne peut la leur imputer comme un crime. »

François Mitterrand a gagné sa première bataille politique.

15 mars

Le devoir de tuer

Depuis plusieurs mois, le journal *Défense de la France* a durci le ton. À ses objectifs de propagande et de lutte contre le STO s'ajoute à présent le développement de maquis dans la région parisienne, en Bourgogne et en Bretagne.

En janvier 1944, Indomitus (Philippe Viannay) rappelle à ses lecteurs (nombreux, le journal est imprimé à 450 000 exemplaires) que « la France est en guerre ». En mars, il met les choses au point avec plus de virulence encore. L'attentisme et la neutralité ne sont plus de mise. Non seulement parce que ce sont des lâchetés, mais aussi parce que les Allemands ne font plus de quartier et que, dans ces conditions, se battre reste le plus sûr moyen de survivre. Assumant enfin la dimension guerrière de la Résistance, au-delà de l'inspiration chrétienne qui anime depuis l'origine ce journal clandestin, Viannay revendique donc le « devoir de tuer ». Devoir qui s'applique à l'envahisseur, mais aussi à la cohorte de ses séides. Le milicien français n'est pas moins l'ennemi que ne l'est le gestapiste. L'épuration est en marche.

« *Le devoir est clair : il faut tuer.*

Tuer l'Allemand pour purifier notre territoire, le tuer parce qu'il tue les nôtres, le tuer pour être libre.

Tuer les traîtres, tuer celui qui a dénoncé, celui qui a aidé l'ennemi. Tuer le policier qui a contribué de manière quelconque à l'arrestation de patriotes.

Tuer les miliciens, les exterminer, parce qu'ils ont délibérément choisi de livrer des Français, parce qu'ils se sont rués vers la trahison. Les abattre comme des chiens enragés au coin des rues. Les pendre aux réverbères comme les Dauphinois en ont donné l'exemple à Grenoble. Les détruire comme on détruit la vermine. »

Extrait de l'article « Le devoir de tuer », signé Indomitus

PIERRE BROSSOLETTE

SOUTIER DE LA GLOIRE

Né en 1903, Pierre Brossolette est le prototype de l'intellectuel socialiste. Après l'École normale supérieure et l'agrégation d'histoire, il délaisse l'enseignement pour le journalisme. Il est éditorialiste sur Radio-PTT, puis chroniqueur de politique étrangère pour *le Populaire*, le quotidien de la SFIO. Il prend fermement position contre les accords de Munich.

Après une guerre courageuse, Brossolette est révoqué par le gouvernement de Vichy. Il ouvre alors une librairie où il accueille peu à peu quelques résistants, dont des membres du groupe du musée de l'Homme.

"PUISQUE TOUT EST PERDU, JE SUIS DES VÔTRES"

Dénoncés par un indicateur de la police allemande, de nombreux membres du groupe, dont Anatole Lewitsky et Yvonne Oddon, sont arrêtés en janvier 1941 et incarcérés. D'autres, directement menacés, dont Jean Cassou et Claude Aveline, passent en zone non occupée. Sur la demande d'Agnès Humbert, Pierre Brossolette rejoint ce qui reste du groupe pour poursuivre la publication du journal clandestin *Résistance*.

Méprisant le danger, Pierre Brossolette relève le défi et assure la parution d'un dernier numéro, daté du 25 mars 1941. Le lendemain, le fondateur du réseau, Boris Vildé, qui a tenu à revenir à Paris, est à son tour arrêté par les Allemands.

Pour Brossolette, cette entrée en matière, téméraire et désespérée, marque pourtant le début d'un engagement protéiforme qui fera de lui une des figures emblématiques de la Résistance.

ADHÉSION À LA FRANCE LIBRE

Après cette expérience courageuse mais éphémère, Pierre Brossolette a la chance d'entrer en contact avec Rémy et son réseau de renseignements, la Confrérie Notre-Dame, qui le rapproche de la France libre. Les brillantes revues de presse qu'il rédige pour la CND donnent à André Manuel, chargé du renseignement au BCRAM, l'idée de le faire venir à Londres pour mieux utiliser ses qualités. Brossolette, conscient que l'essentiel se joue auprès du général de Gaulle, saisit l'opportunité de participer à la libération du pays, mais aussi à son renouveau politique qui l'intéresse au premier chef.

Avant de partir, il parcourt la France à la recherche de renseignements politiques et rédige un volumineux (le rapport « Pedro ») où il propose la création d'un nouveau parti fédéré autour du général de Gaulle. Mais ses idées restent sans écho dans la France libre et auprès de son chef, occupé au contraire à s'imposer comme l'incarnation de la France dans son unité.

Toutefois, Brossolette éblouit de nombreux responsables de la France libre par son intelligence, en particulier Passy, qui lui voue, dès lors, une indéfectible amitié.

Pierre Brossolette est, avec Jean Moulin, l'une des plus grandes figures de la Résistance. Homme élégant, il se reconnaît grâce à sa mèche de cheveux blanc.

En septembre 1942, après une mission de trois mois en France, Pierre Brossolette, de retour à Londres, voit sa position renforcée au sein de la France combattante. Il va être appelé à prendre d'importantes responsabilités dans le BCRA, auprès de Passy, qui entend faire son bras droit. Il sera bientôt fait compagnon de la Libération. À la BBC, le 22 septembre, il prononce une allocution fameuse en hommage aux « hommes du combat souterrain » de France, qu'il baptise « soutiers de la gloire ».

Il vient de prendre l'initiative de ramener de France Charles Vallin, député du PSF du colonel de La Roque, mais aussi ancien membre du Conseil de justice politique, chargé par Vichy de juger les hommes du Front populaire. Il entend symboliser par ce rapprochement entre lui, le militant socialiste convaincu, et l'ancien Croix-de-Feu, revenu du pétainisme, le rassemblement qui doit s'accomplir autour du général de Gaulle. Mais sa tentative va échouer sur le tir de barrage de ses propres amis socialistes.

Il se consacre à une vaste campagne de propagande gaulliste, distribuant ses conseils et témoignant de l'état d'esprit des Français et des résistants. Il souhaite convaincre ses compatriotes de la nécessité de l'union des Français et magnifier le sacrifice des combattants de l'ombre.

Ici, la synthèse de l'une des plus importantes missions de l'histoire de la Résistance, la mission « Brumaire », qui tire son origine des excellentes qualités d'organisateurs du colonel Passy et de Brossolette. Au début de 1943, avec la mission « Arquebuse », il s'agit de mettre en place un comité de coordination en zone nord.

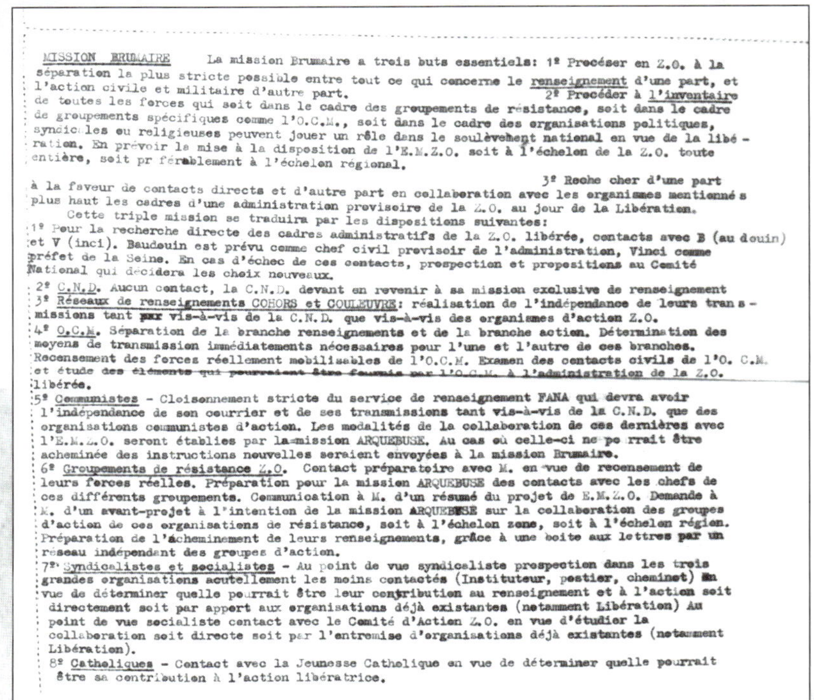

MISSION BRUMAIRE La mission Brumaire a trois buts essentiels: 1º Procéser en Z.O. à la séparation la plus stricte possible entre tout ce qui concerne le renseignement d'une part, et l'action civile et militaire d'autre part.
2º Procéder à l'inventaire de toutes les forces qui soit dans le cadre des groupements de résistance, soit dans le cadre de groupements spécifiques comme l'O.C.M., soit dans le cadre des organisations politiques, syndicales ou religieuses peuvent jouer un rôle dans le soulèvement national en vue de la libération. En prévoir la mise à la disposition de l'E.M.Z.O. soit à l'échelon de la Z.O. toute entière, soit pr férablement à l'échelon régional.
3º Reche cher d'une part à la faveur de contacts directs et d'autre part en collaboration avec les organismes mentionné s plus haut les cadres d'une administration provisoire de la Z.O. au jour de la Libération.
Cette triple mission se traduira par les dispositions suivantes:
1º Pour la recherche directe des cadres administratifs de la Z.O. libérée, contacts avec B (au douin) et V (inci). Baudouin est prévu comme chef civil provisoir de l'administration, Vinci comme préfet de la Seine. En cas d'échec de ces contacts, prospection et propositions au Comité National qui décidera les choix nouveaux.
2º C.N.D. Aucun contact, la C.N.D. devant en revenir à sa mission exclusive de renseignement
3º Réseaux de renseignements COHORS et COULEUVRE: réalisation de l'indépendance de leurs transmissions tant par vis-à-vis de la C.N.D. que vis-à-vis des organismes d'action Z.O.
4º O.C.M. Séparation de la branche renseignements et de la branche action. Détermination des moyens de transmission immédiatements nécessaires pour l'une et l'autre de ces branches. Recensement des forces réellement mobilisables de l'O.C.M. Examen des contacts civils de l'O. C.M. et étude des éléments qui pourraient être fournis par l'O.C.M. à l'administration de la Z.O. libérée.
5º Communistes - Cloisonnement stricte du service de renseignement FANA qui devra avoir l'indépendance de son courrier et de ses transmissions tant vis-à-vis de la C.N.D. que des organisations communistes d'action. Les modalités de la collaboration de ces dernières avec l'E.M.Z.O. seront établies par la mission ARQUEBUSE. Au cas où celle-ci ne po rrait être acheminée des instructions nouvelles seraient envoyées à la mission Brumaire.
6º Groupements de résistance Z.O. Contact préparatoire avec M. en vue de recensement de leurs forces réelles. Préparation pour la mission ARQUEBUSE des contacts avec les chefs de ces différents groupements. Communication à M. d'un résumé du projet de E.M.Z.O. Demande à M. d'un avant-projet à l'intention de la mission ARQUEBUSE sur la collaboration des groupes d'action de ces organisations de résistance, soit à l'échelon zone, soit à l'échelon région. Préparation de l'acheminement de leurs renseignements, grâce à une boite aux lettres par un réseau indépendant des groupes d'action.
7º Syndicalistes et socialistes - Au point de vue syndicaliste prospection dans les trois grandes organisations acutellement les moins contactés (Instituteur, postier, cheminot) en vue de déterminer quelle pourrait être leur contribution au renseignement et à l'action soit directement soit par apport aux organisations déjà existantes (notamment Libération) Au point de vue socialiste contact avec le Comité d'Action Z.O. en vue d'étudier la collaboration soit directe soit par l'entremise d'organisations déjà existantes (notamment Libération).
8º Catholiques - Contact avec la Jeunesse Catholique en vue de déterminer quelle pourrait être sa contribution à l'action libératrice.

Même si Brossolette a eu un différend important avec de Gaulle, cela n'empêche nullement ce dernier de reconnaître les qualités exceptionnelles de celui qui fait tout pour organiser la Résistance en zone occupée depuis 1940. Il est fait Compagnon de la Libération le même jour que Jean Moulin, le 17 octobre 1942.

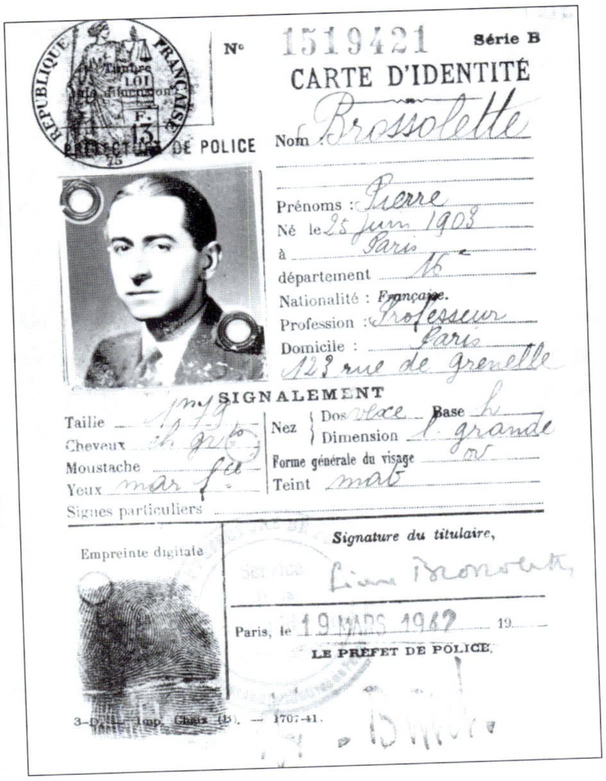

N° 1519421 Série B

CARTE D'IDENTITÉ

PRÉFECTURE DE POLICE

Nom Brossolette

Prénoms : Pierre

Né le 25 juin 1903

à Paris

département

Nationalité : Française.

Profession : Professeur

Domicile : Paris 129 rue de Grenelle

SIGNALEMENT

Taille 1m79

Cheveux

Moustache

Yeux

Nez Dos Base

Dimension grande

Forme générale du visage ov

Teint mat

Signes particuliers

Empreinte digitale

Signature du titulaire,

Paris, le 19 MARS 1942 19

LE PRÉFET DE POLICE.

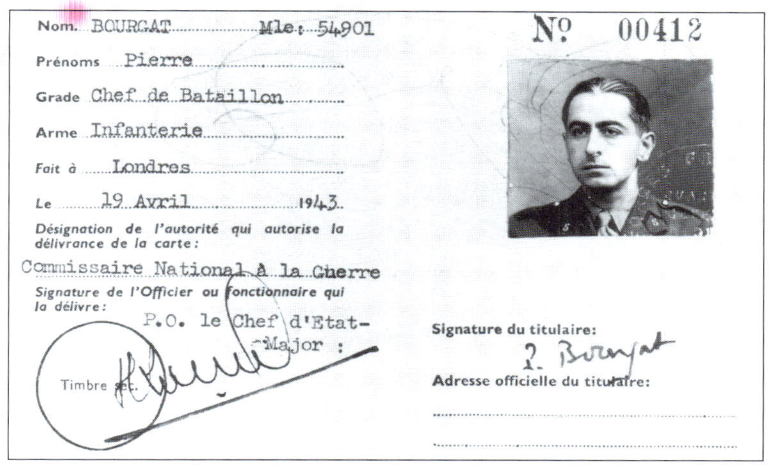

Nom. BOURGAT Mle: 54901

N° 00412

Prénoms Pierre

Grade Chef de Bataillon

Arme Infanterie

Fait à Londres

Le 19 Avril 1943

Désignation de l'autorité qui autorise la délivrance de la carte :

Commissaire National à la Guerre

Signature de l'Officier ou fonctionnaire qui la délivre :

P.O. le Chef d'Etat-Major :

Timbre

Signature du titulaire:

Adresse officielle du titulaire:

Vraie et fausse identité. Ces cartes datent d'une période à laquelle les policiers français et la Gestapo opèrent des coups de filet de plus en plus efficaces contre les résistants français.

« *À côté de vous, parmi vous sans que vous le sachiez toujours, luttent et meurent des hommes – mes frères d'armes –, les hommes du combat souterrain pour la Libération. Ces hommes, fusillés, arrêtés, torturés, chassés toujours de leur foyer, coupés souvent de leurs familles, combattants d'autant plus émouvants qu'ils n'ont point d'uniformes ni d'étendards, régiment sans drapeau dont les sacrifices et les batailles ne s'inscriront point en lettres d'or dans le frémissement de la soie mais seulement dans la mémoire fraternelle et déchirée de ceux qui survivront ; saluez-les. La gloire est comme ces navires où l'on ne meurt pas seulement à ciel ouvert mais aussi dans l'obscurité pathétique des cales. C'est ainsi que luttent et que meurent les hommes du combat souterrain de la France. Saluez-les, Français ! Ce sont les soutiers de la gloire.* »

Discours de Brossolette, Radio-Londres, 22 septembre 1942

MISSION ARQUEBUSE-BRUMAIRE

Pierre Brossolette obtient une mission en France pour organiser le rapprochement des mouvements de résistance de zone nord et leur ralliement au général de Gaulle. Il s'agit aussi de tenter d'opérer une séparation entre le renseignement et l'action civile et militaire.

Brossolette accomplit, à partir du 12 février 1943, un travail rapide, avec l'appui de Passy (venu en personne en mission du 26 février au 19 avril, entre autres pour regrouper tous les réseaux de renseignements dépendants du BCRA ou des mouvements autour de deux « centrales », Prométhée et Coligny). Très encouragé par l'OCM qui veut voir avaliser sa position de plus important mouvement de zone nord, et en dépit des nouvelles instructions données par de Gaulle à Moulin, qui annulaient les anciennes instructions de Brossolette, celui-ci prend l'initiative de créer un Comité de coordination de zone nord avec l'idée de faire pendant avec celui que préside Moulin en zone sud. Il le réunit pour la première fois le 26 mars. Militant contre la réintroduction des partis politiques dans la Résistance, Brossolette a pourtant choisi d'inclure le FN communiste au sein du Comité de coordination, aux côtés des mouvements OCM, Libération-Nord, CDLL et CDLR, mais a exclu d'autres mouvements qu'il a jugés secondaires, comme Lorraine, Défense de la France ou la Voix du Nord.

Au retour de Moulin à Paris, les deux hommes s'affrontent violemment, Moulin estimant que Brossolette, en outrepassant ses ordres, a compliqué la création du Conseil de la Résistance, qui s'avère déjà ardue, et rendu impossible celle de la Commission permanente, qui, représentant les mouvements, aurait été le véritable directoire de la Résistance.

En septembre 1943, Brossolette revient en France, doté d'une mission limitée d'installation du préfet Bollaert dans ses nouvelles fonctions à la tête de la délégation du CFLN en France, à la suite de Jean Moulin. Deux mois plus tard, les désaccords persistants entraînent le rappel de Serreulles et de Brossolette à Londres. C'est en tentant de se rendre à Londres, par bateau, qu'il est arrêté à Audierne, le 3 février 1944, puis incarcéré à Rennes.

Le 16 mars, Brossolette a été identifié. Il est transféré à Paris trois jours plus tard et interrogé et maltraité dans les locaux de la Gestapo deux jours de suite. Durant la matinée du 22 mars, il est torturé. Conduit dans une pièce située sous les combles, il passe par la fenêtre, s'élance sur un balcon de l'étage inférieur, puis se jette dans le vide. Souffrant de multiples fractures, il est conduit à l'hôpital de la Pitié, où il meurt, sans avoir repris connaissance. Il est incinéré au cimetière du Père-Lachaise.

Sa disparition à l'âge de 40 ans transforme ce résistant marginalisé en héros de la Résistance.

"... la Résistance n'a pas d'autre raison d'être que la lutte quotidienne sans cesse intensifiée"

EXTRAIT DU PROGRAMME DU CNR, 15 MARS 1944

21 mars

Hécatombe à la tête de Ceux de la Libération

Depuis l'arrestation de son fondateur, Maurice Ripoche, en octobre 1942, le mouvement Ceux de la Libération (CDLL) a une direction collégiale emmenée par le chimiste Roger Coquoin, qui représente le mouvement au CNR. Sous son impulsion, CDLL se développe considérablement : doté d'un corps franc, d'un réseau de renseignements lié au BCRA, il joue un rôle important dans le bureau des opérations aériennes de zone Nord et dispose d'un siège au comité de coordination et au Conseil de la Résistance. À la fin de 1943, lors de l'organisation régionale militaire, il reçoit la direction de la région de Paris dans la perspective des combats de la Libération.

Mais, le 29 décembre 1943, Coquoin est abattu par la Gestapo. Gilbert Védy (dit « Médéric), qui avait quitté la France pour siéger à l'Assemblée consultative provisoire d'Alger, revient pour lui succéder, mais il est arrêté peu après son retour et se suicide, le 21 mars 1944. Pendant ce temps, Vic-Dupont et Wetterwald, animateurs de la branche militaire, sont arrêtés et déportés. Une fois de plus, le mouvement est décapité.

La direction échoie finalement à André Mutter, personnalité peu représentative et tard venue. CDLL, qui avait été un des mouvements les plus précoces et les plus importants de la zone Nord, se trouve marginalisé et peu apte à participer à la Libération.

2 avril

Le massacre d'Ascq

Dans la nuit du 1er au 2 avril, dans le Nord, les FTP opèrent un sabotage de wagons. Cela a pour effet de bloquer en gare un convoi de la division SS « Hiltler Jugend », qui se rend dans l'ouest de la France venant de Belgique.

Furieux, en guise de représailles, un officier SS fait tirer une rafale de mitraillette sur le chef de gare, puis des sections SS vont dans les rues d'Ascq et exécutent 86 habitants, dont le curé de la commune. Les Allemands veulent rendre responsable la Résistance des représailles.

4 avril

Les communistes au gouvernement pour la première fois

Dès le remaniement du CFLN en novembre 1943, qui fait toute leur place aux chefs de la Résistance, des communistes auraient dû y rentrer. Le général de Gaulle s'y oppose car le PCF tient à imposer ses candidats. Cette absence politique est dangereuse, car les communistes, bénéficiant de l'image héroïque de la résistance soviétique aux armées du Reich, menacent de gagner les faveurs de l'opinion et d'imposer une insurrection armée autonome. Ne pas favoriser la réinsertion des communistes dans le nouveau jeu politique peut constituer un danger. Même Henri Frenay, à Alger, écrit au Général pour lui signaler les risques d'extrémisation auxquels ce refus pourrait conduire et plaider en faveur de l'unité nationale. En février, le CNR vote une motion visant à mettre fin au malaise créé par la non participation du PCF à la vie politique : « Le Conseil de la Résistance, pénétré de la gravité que présente la prolongation de la crise actuelle dont il est à même de constater chaque jour les effets, demande au CFLN de tenir compte de cette situation en reconsidérant la question de la collaboration du Parti communiste aux responsabilités du pouvoir avec le ferme désir d'arrriver à l'accord indispensable à l'avenir de la Nation. »

Le général de Gaulle doit mettre de l'eau dans son vin. Le 4 avril, deux nouveaux « commissaires » (c'est-à-dire, ministres) entrent au CFLN : François Billoux, commissaire d'État, et Fernand Grenier, commissaire à l'Air. Il n'y avait jamais eu de ministres communistes en France depuis la formation du Parti communiste, en 1920.

7-19 avril

« Pâques rouges » dans le Haut-Jura

C'est sans doute pour se venger que les Allemands passent à la contre-offensive pour « nettoyer » une partie du Jura de ses maquisards. Depuis plusieurs mois, les maquisards du Jura réussissent des coups contre les Allemands : un camion allemand est détruit avec ses occupants ; un accrochage meurtrier a lieu début avril, etc. Le Jura est une terre où la Résistance s'est développée précocement, en raison du passage de deux lignes de démarcation, qui le scindent en trois parties. Des passeurs clandestins ont alors convoyé des centaines de fugitifs, des personnes traquées ou de simples habitants désireux de rejoindre de la famille. Les FTP, le Front national, Combat, les MUR et les FFI ont diffusé des tracts, opéré des sabotages, organisé des parachutages et des atterrissages nombreux. Le terrain Orion, près de Bletterans, est bien connu des résistants en partance pour Londres. C'est là que dans la luit du 8 au 9 février 1944, Lucie et Raymond Aubrac quittent la France. Combat fut le premier mouvement à être sévèrement réprimé dans le Jura, avec l'arrestation des responsables à Lons-le-Saunier, le 25 février 1943. Les services allemands sont aussi très efficaces dans le démantèlement des réseaux du SOE, comme celui de Clairvaux où la famille Janier-Dubry, qui héberge deux agents, « Gabriel » et « Paulette », est repérée par un agent de l'Abwehr en novembre 1943. D'autres réseaux sont détruits encore en 1943-1944.

Mais le mois d'avril 1944 a été sanglant pour le Jura. En effet, les Allemands estiment que les policiers français sont incapables de mettre un terme aux agissements des maquisards jurassiens. Le 7 avril, 1 500 soldats allemands montent à Saint-Claude, où la loi martiale est instaurée. Le 8 avril, des maquisards sont tués lors d'accrochages, mais aussi des villageois suspectés de les aider, à Choux (2 morts), à Vulvoz, à Prémanon (17 morts), à Viry et à Coupy aux confins de l'Ain. Le 9 avril, les Allemands décident de fusiller une cinquantaine de personnes, d'arrêter plus de 400 Jurassiens et de brûler une centaine de maisons. C'est à Saint-Claude que le plus grand nombre d'arrestations a lieu. Trois cent sept personnes sont envoyées vers le camp de Compiègne pour être déportées en Allemagne. Les exactions continuent jusqu'au 19 avril, date à laquelle le siège est levé. Le bilan dans le Haut-Jura est lourd : 72 communes ont été touchées et 444 personnes tuées ou déportées. Ces nouvelles exactions montrent à quel point les occupants se sentent impuissants à maintenir leur ordre. Le maquis du Haut-Jura opérera maintenant avec le maquis de l'Ain commandé par Romans-Petit.

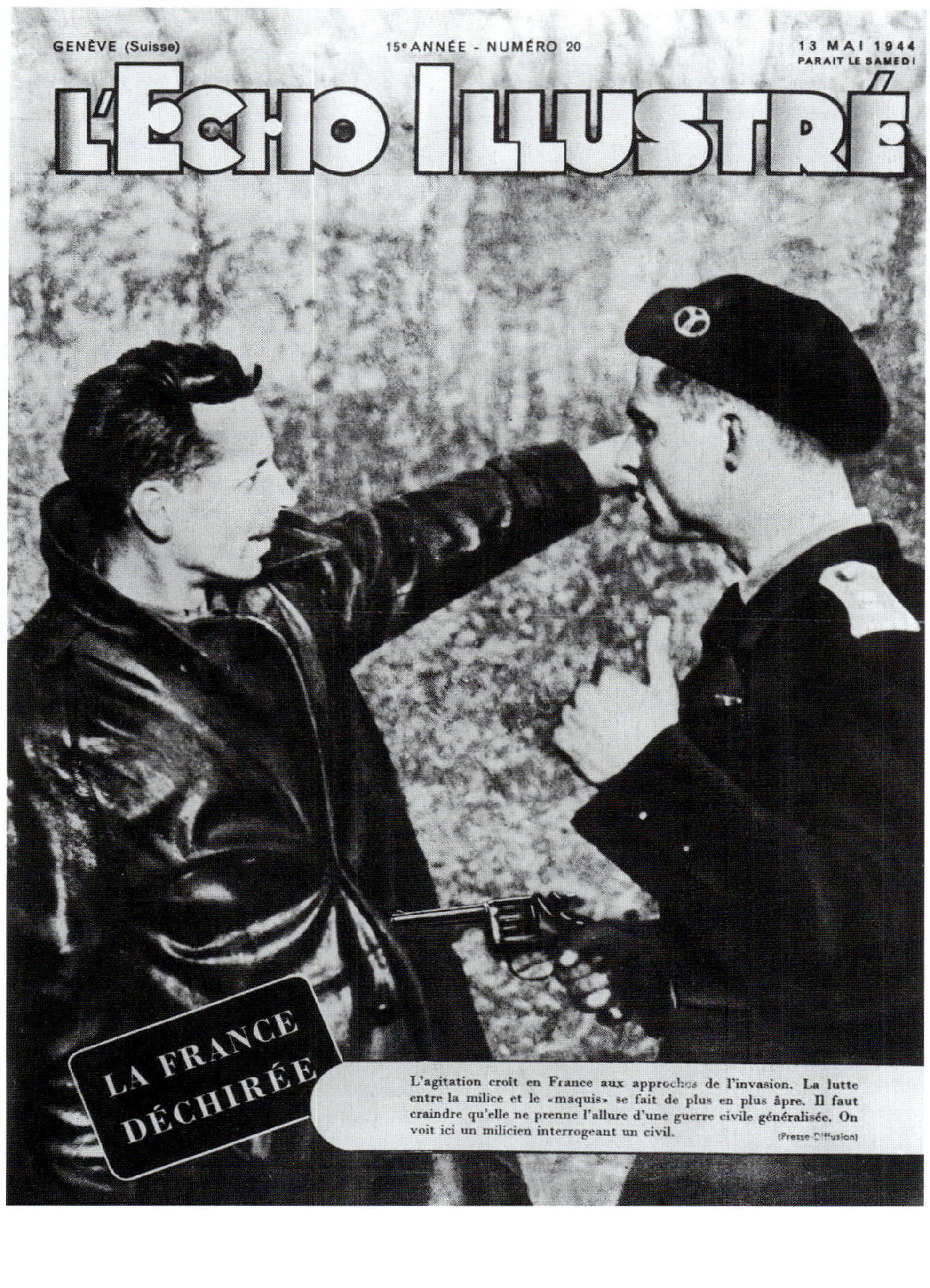

En zone Sud, la Milice de Darnand mène une lutte acharnée contre les résistants français. Ici, un habitant de Savoie est contraint d'informer un milicien ; cela fait la une d'un magazine suisse.

21 avril

Comment organiser les pouvoirs à la Libération ?

Le même jour où le droit de vote aux femmes françaises est accordé, le CFLN crée les CDL (comités départementaux de Libération). Dix-sept « secrétaires généraux provisoires » sont également créés pour devenir des ministres intérimaires en attendant le retour du GPRF.

Une ordonnance est publiée sur l'organisation des pouvoirs en France prévue pour la Libération qui officialise les CDL. L'idée germait depuis l'automne 1943. C'est Francis-Louis Closon qui a été chargé de les créer et de fixer leurs missions. Le statut est enfin définitif en février 1944, adopté par le CNR, puis approuvé par le CFLN.

La création des CDL, placés sous l'autorité des commissaires de la République – seuls responsables du maintien de l'ordre –, est censée ouvrir la voie à l'unification de la Résistance civile. Tous les courants des résistances départementales doivent y être représentés. Les CDL sont issus de la Résistance à l'échelon départemental, mais ils sont aussi les représentants du CNR. Le général de Gaulle essaie à tout prix d'éviter la substitution des autorités de Vichy par des autorités d'occupation américaine (l'AMGOT). Il tient également à neutraliser les tentatives insurrectionnelles.

Dans la clandestinité, les CDL doivent aussi s'assurer la direction et le contrôle des insurrections au moment des combats de la Libération ainsi que remettre en marche l'appareil administratif français local en liaison avec les préfets. Dans les CDL, les communistes et les socialistes, eu égard à la structuration efficace de leur organisation clandestine, sont les plus susceptibles d'être les mieux représentés. Dans certains départements, il y a donc des risques réels de décalage entre l'origine politique des membres des CDL et l'« opinion ». Cela dit, la création des CDL est un moyen pour de Gaulle de donner aux résistants locaux un moyen de s'exprimer. L'ordonnance du 21 avril 1944 sera diversement appliquée. À Limoges, Toulouse ou Montpellier, par exemple, l'équilibre ne s'établit pas immédiatement entre les pouvoirs locaux, issus de la Résistance, et le GPRF à Paris.

7 mai

« La guerre est une chose dure »

Le 6 mai 1944, un an après avoir mis le pied en Afrique du Nord, où il a fait renaître de ses cendres le 5e chasseurs d'Afrique, le colonel Jean Desazars de Montgailhard reçoit du général de Lattre sa désignation pour le poste de chef d'état-major du général Henry Martin (Ier corps d'armée). Sa première mission est la prise de l'île d'Elbe. Puis ce sera le débarquement en Provence, l'offensive de l'Est au cours de laquelle, entre Belfort et Montbéliard, un obus l'atteint mortellement le 15 novembre 1944.

Le 7 mai 1944, le colonel est nostalgique. Il va quitter les hommes qui, comme lui, sont partis de France souvent clandestinement pour s'apprêter à reprendre le combat. Il leur adresse un ordre du jour, le dernier. À la sombre lueur de sa prochaine mort héroïque, ce document prend une dimension presque testamentaire.

« *Officiers, sous-officiers, brigadiers, trompettes et chasseurs.*

La guerre est une chose dure, ses exigences sont sévères, elles brisent toutes les raisons du cœur. Elle m'impose de vous quitter au moment où ma seule ambition allait se satisfaire, celle de vous ramener en France au prix probable de rudes combats.

Ensemble, nous nous y sommes préparés, et je vous le dis sans modestie, ma fierté est d'avoir fait avec vous ce magnifique régiment. Avec mon affection pour vous tous, avec ma volonté tenace de contribuer coûte que coûte à refaire la France, je vous donne un dernier ordre. Quoi qu'il advienne, restez disciplinés et forts, grandissez-vous toujours, aidez-vous généreusement les uns les autres. Pensez toujours avec moi à cette idée, qui, depuis des mois nous obsède, qu'au jour de votre apparition, tous ceux de France puissent dire : voilà ce que nous attendions.

Ce jour-là, si je ne suis avec vous, je ne serai pas loin de vous, sachez-le bien, et vous m'aurez vengé des opprobres dont les Allemands m'ont personnellement fait souffrir.

Vive le 5e, Vive la France. »

Extrait du dernier ordre du jour adressé par le colonel Desazars de Montgailhard à ses hommes

« ...assurer l'établissement de la démocratie (...) par le rétablissement du suffrage universel. »

EXTRAIT DU PROGRAMME POLITIQUE DU CNR

15 mai

Tentative de mainmise communiste sur la Résistance ?

Le général Georges Revers est le patron de l'Organisation de résistance de l'armée (ORA), qui regroupe des membres de l'armée d'armistice souhaitant agir. Le CNR s'est opposé à l'entrée de Revers (« Renaud », « Rival ») au futur Comité d'action (Comac). Revers s'en ouvre à Georges Bidault, président du CNR. Il lui rappelle que l'ORA n'a aucune ambition politique. Le 14 février 1944, une réunion du CNR est consacrée à l'audition du général Revers. Séance violente et injurieuse, où on lui demande si les membres de l'ORA sont pétainistes ou giraudistes... Revers dit ne pas vouloir « faire de la politique » et affirme se placer loyalement dans la dépendance du CFLN. Au forceps, un accord intervient. L'ORA est intégrée aux FFI. C'est un geste très important vers l'unification des forces paramilitaires.

Le 15 mai, avant de quitter Paris pour rejoindre son PC du Tarn, le général Revers écrit au commandant Pierre Lejeune, du BCRA à Londres, pour lui confier ses états d'âme et sa crainte des manœuvres communistes qui pourraient aller contre la volonté du CFLN :

« Je constate une impressionnante progression de l'emprise communiste sur les organes de commandement de la Résistance d'une part, les FFL d'autre part.

Au CNR, l'homme qui domine par son ardeur et sa ténacité est Villon, délégué communiste. Il entraîne Sallard [Pascal Copeau], délégué en zone sud et socialiste avancé. Il entraîne le délégué CGT [Louis Saillant] ; de ce fait, il a la majorité constante au bureau permanent. Vous en sentez les conséquences. Le CNR entend avoir sa politique propre, même si elle est en désaccord avec celle d'Alger ; il entend contrôler l'action en France, y compris l'action militaire, et lui donne une forme qui est en désaccord formel avec les instructions qui, par votre intermédiaire, nous viennent du général de Gaulle et du général Kœnig. [...]

Sur le plan des missions, tous vos télégrammes disent : "Pas d'insurrection généralisée, action contre l'Allemand avant tout". Vous dites également : "Prudence dans le déclenchement". En fait, le CNR, sous la pression communiste, et bientôt le Comac sous la même pression vont traduire ceci : "Action immédiate de masse contre l'envahisseur avec soutien des FFI." C'est nettement mettre la politique au premier plan et ceci d'autant plus que chez certains cela se traduit par la consigne d'armer d'abord les villes par priorité sur les campagnes. J'ai l'impression d'un déraillement total, malgré les efforts des délégués militaires. »

À Lantilly (Côte d'Or), le 25 mai 1944, 24 maquisards du groupe Henri Bourgogne sont massacrés par les nazis.

4-5 juin

« Les dés sont sur le tapis »

Les FFI reçoivent plusieurs missions de la part de l'état-major interallié qui sont à mettre en œuvre le jour du Débarquement. Le 24 mai 1944, la commission d'action militaire du CNR rappelle que les résistants sont également invités à mener une action massive et insurrectionnelle.

En vertu du plan Vert, chacun des chefs départementaux des FFI reçoit du haut commandement des petites cartes sur lesquelles sont indiqués les sabotages de voies ferrées à exécuter. Chaque voie ferrée devra être rendue inutilisable pendant une dizaine de jours après le Débarquement, quitte à renouveler le sabotage, après chaque réparation. Il faut à tout prix empêcher ou ralentir l'acheminement des Allemands sur le front normand. En Bretagne, le plan Vert est totalement accompli, ce qui n'est pas toujours le cas dans d'autres régions. Le plan Violet prévoit la coupure des lignes de télécommunications souterraines et aériennes. Le plan Bleu doit permettre la mise des lignes électriques à haute tension hors d'état de fonctionner. Le plan Rouge concerne la neutralisation par surprise des petits groupes de soldats allemands sur les routes, qui montent au front, ce en plein jour. Il s'agit de démoraliser l'ennemi en l'obligeant à se déplacer avec des moyens de protection plus lourds. Ce qui, au moment du débarquement, retirerait des forces sur la côte.

Le 4 juin, la BBC lance sur les ondes un message pour la Résistance française : « Les dés sont sur le tapis. » Celui-ci donne le signal de départ aux résistants, le jour du Débarquement, pour l'exécution des plans Vert, Violet et Bleu. Le lendemain, le plan Rouge (les opérations de guérilla) est lancé par un autre appel à la BBC : « Il fait chaud à Suez. » Ce dernier plan est plus aléatoire pour la Résistance, car il exige plus de moyens qu'elle n'en a réellement. D'une façon générale, la préparation des plans par les résistants se heurte au problème incessant d'un armement souvent insuffisant pour tenir des positions difficiles face aux Allemands.

Sabotage !

Cliché spectaculaire, pris le 9 juin 1944, du pont de Masléon (Haute-Vienne), qui a sauté après l'action du maquis. →
En bas, à gauche : après le débarquement du 6 juin, les troupes alliées progressent en Normandie, dont la libération est plus longue que prévue : la Basse-Normandie est libérée en 12 semaines !

5 juin

Henri Tanguy devient « Rol »

Henri Tanguy est né à Morlaix, en 1908. C'est un « révolutionnaire professionnel », syndiqué très jeune, militant communiste à partir de 1925, ancien commissaire politique des brigades internationales pendant la guerre d'Espagne, il épouse en avril 1939 sa marraine de guerre. Chaudronnier-tôlier de métier, il est employé comme armurier et mitrailleur pendant les combats de mai-juin 1940, puis se replie dans la Creuse avec son régiment. Il n'est pas fait prisonnier et revient à Paris, avec un sentiment amer face à un armistice qu'il refuse. En août 1940, il commence à réagir en créant avec d'autres camarades des comités populaires qui visent à diffuser une presse clandestine contre le régime de Vichy et les Allemands.

En octobre 1940, avec Cécile, son épouse, il entre dans la clandestinité et contribue à la naissance de l'Organisation spéciale (OS) communiste, puis, plus tard, à la mise en place de la direction des FTP en région parisienne. Après s'être caché en Anjou et dans le Poitou, il retourne à Paris en avril 1943, où il reconstruit la direction des FTP, qui a été décapitée par l'occupant.

Le 5 juin 1944, il remplace le commandant Lefaucheux, arrêté, et devient le chef des FFI d'Île-de-France. Il prend le pseudonyme de « Rol ». C'est loyalement qu'il accepte, fin 1944, de se ranger à la mise au pas des « milices patriotiques », très influencées par le PC, décidée par le GPRF. Il choisira, la Libération achevée, d'intégrer l'armée régulière, avec le grade de commandant.

6-10 juin

« Leurs corps seront jetés dans le fleuve »

Le 6 juin, la division SS « Das Reich » se replie vers le nord après avoir appris que le Débarquement allié en Normandie a commencé ; elle se met en marche afin d'exterminer également les groupes de résistants qu'elle appelle « terroristes ».

Le 7 juin, les FFI occupent et libèrent la ville de Tulle, la préfecture de la Corrèze. Par la rumeur, ils pensent notamment que les villes de Béziers, Brive, Lyon, Périgueux, Tarbes et Toulouse sont déjà libérées. À Tulle et dans sa région, les effectifs militaires allemands sont faibles. Or, les FFI commettent l'imprudence d'oublier la proximité de la division « Das Reich ». Le 9 juin, les SS découvrent plusieurs dizaines de cadavres allemands. La vengeance est terrible : le colonel SS Kowacht ordonne la pendaison de 99 habitants de Tulle et la déportation de 149 autres.

Le 10, le premier bataillon du régiment « Der Führer » rattaché à la division « Das Reich » commet un massacre sans précédent en France, dans le village d'Oradour-sur-Glane qui n'est pas pourtant un foyer de la Résistance : près de 1 000 habitants sont massacrés méthodiquement, dont beaucoup sont des réfugiés. Ont été ainsi rassemblés dans l'église 202 enfants et 240 femmes, puis brûlés vifs. Les hommes sont mitraillés dans les granges.

« *Quarante soldats allemands ont été assassinés de la façon la plus abominable par des bandes communistes. [...] Il est fort regrettable qu'il y ait eu aussi des agents de police ou des gendarmes français qui, en abandonnant leur poste, n'ont pas suivi la consigne donnée et ont fait cause commune avec les communistes.*

Pour les maquis et ceux qui les aident, il n'y a qu'une peine, le supplice de la pendaison. [...] Quarante soldats allemands ont été assassinés par le maquis, 120 maquis ou leurs complices seront pendus. Leurs corps seront jetés dans le fleuve... »

Extraits du texte du général commandant les troupes allemandes, Tulle, 9 juin 1944

La division SS « Das Reich » laisse un souvenir terrifiant à la France qui est en train d'être libérée : à Oradour-sur-Glane, près de 1 000 habitants sont massacrés ; à Tulle, 99 personnes sont pendues en public.

« Das Reich »

Avant d'être chassés, les nazis se vengent partout en France, aidés parfois par les miliciens français. 1. Le 28 août, à Bar-le-Duc, dans la Meuse, 5 jeunes patriotes sont fusillés sans être jugés. 2. Dans les Côtes du Nord, les nazis pendent un résistant au balcon pour faire un exemple... 3. En Savoie, une autre image terrible que celle de la préparation de l'exécution d'un maquisard. 4. Le 8 septembre, en Saône-et-Loire, à Autun, « Das Reich » fusille des maquisards FFI soignés au petit séminaire. 5. « Das Reich » tue et détruit tout sur son passage ; ici à Montsauche, le 25 juin.

Juin

Une France libérée... des partis politiques

Auguste Vistel (dit « Alban »), un ingénieur directeur d'usine à Vienne, est devenu, à Libération-Sud, où il est entré grâce à André Philip, une figure respectée de la Résistance intérieure. Dans le journal clandestin *la Marseillaise,* il souhaite répliquer à ses « camarades de la Résistance » reprochant au MUR de n'être qu'un agrégat d'hommes venus d'horizons très différents qui se sépareront après la Libération, au moment où « il faudra bien que les partis reclassent les hommes ».

Alban-Vistel prétend que, même si elle ne remplit des « tomes respectables », une « doctrine » existe : « L'union de tous les Français dans la Résistance et pour la Révolution nécessaire ». Cette révolution sera le socialisme, mais un socialisme humaniste qui n'est pas l'apanage de tel parti politique. Ce renouveau politique auquel il aspire, il le rêve hors des partis, ou de l'esprit partisan :

« Nous ne sommes pas contre les partis, mais contre l'esprit de parti et décidés à faire sauter toutes les scléroses politiques, sociales, économiques. Nous sommes contre les vieilles méthodes, les petites conceptions, les petits calculs, la petitesse en général. Il nous semble que la résurrection des anciens partis ne s'impose nullement. Notre peuple, nos hommes, bourgeois, intellectuels, employés, ouvriers, paysans espèrent en un renouveau. [...]

« Les MUR ont une doctrine et leurs hommes n'iront pas perdre le meilleur d'eux-mêmes dans un repos stérile, ni leur efficacité dans une diaspora qui remettrait tout en question. »

Comment faire de la politique hors des pratiques politiques partisanes ? Ce rêve, un homme comme Henri Frenay le formule également de son côté en imaginant pouvoir transformer la Résistance en une force politique apolitique nouvelle. À Londres, dans la revue *la France libre,* le philosophe Raymond Aron lui répond qu'une telle prétention aboutira à un « fiasco », et que l'idée d'un « parti de la Résistance » est une illusion, et même un danger pour la démocratie :

« Transformer Combat et Libération en partis, c'est la voie de la facilité qui probablement aboutira au fiasco. Ériger la Résistance en un parti unique est pure illusion parce qu'il n'y a pas d'unité politique entre ceux qui ont, d'un même cœur, combattu pour la France. »

À Alger, l'ancien député radical Pierre Cot ne cesse de répéter que « la politique, c'est l'affaire des politiques » ! Il doit se souvenir que le journal *Combat* (décembre 1943), stigmatisant la classe parlementaire française, aimait à dire : « Pierre Cot, Auriol, Henry Torrès ne représentent rien. Pourquoi pas Joséphine Baker ? »

14 juin

De Gaulle est de retour

Jusqu'à cette date, pour des millions de Français, de Gaulle n'était qu'une voix entendue sur les ondes de la BBC. Quatre ans après avoir quitté la France, la Général arrive sur le sol français par la plage normande de Courseulles-sur-Mer.

En juin 1944, le général de Gaulle est encore perçu avec une grande méfiance par les Alliés et notamment par l'administration du président des États-Unis, Roosevelt. Pourtant, de Gaulle a réussi à imposer son autorité en Corse, dès la Libération de septembre 1943. Le débarquement de Normandie est décisif, car il permet à de Gaulle de se rendre à Bayeux le 14 juin 1944, alors que l'administration vichyste est encore en place. Celle-ci se rend sans combattre. De Gaulle reçoit un accueil triomphal et peut ainsi commencer à imposer symboliquement son autorité sur le pays, même si le territoire est encore très majoritairement aux mains des Allemands.

14 juin 1944. Pour la première fois depuis le 17 juin 1940, le général de Gaulle foule le sol français à Bayeux.

Les évadés de France qui passent par l'Espagne sont aidés dès leur arrivée en Afrique du Nord, comme ici à Casablanca.

18 juin

« La France était un bien beau peuple »

La dernière manifestation progaulliste d'Alger, avant le retour en métropole du « gouvernement », a lieu le 18 juin 1944. À ce moment, l'âme de la France renaissante a trouvé dans l'aventure gaullienne son miroir idéal. C'est l'idée qu'exprime le jeune agrégatif de philosophie Francis Jeanson, évadé de France par l'Espagne, dans le discours qu'il prononce à cette occasion. Giraud est déjà tombé dans les oubliettes de l'Histoire. Déjà fonctionne à plein cette bipolarisation de la mémoire qui aura de beaux jours devant elle : la France aurait eu « deux voix », Pétain et de Gaulle, « celle des reniements perpétuels » et celle qui représente « seule l'honneur. » Dès le 18 juin 1944, l'appel de De Gaulle fonctionne déjà comme un mythe fondateur.

« La France, c'est comme si nous y étions encore. Je revois ces soirées de printemps où la vie, comprimée pendant la dure journée de rage et de labeur silencieux, osait enfin parler, où l'air semblait respirable, où toutes choses prenaient un aspect nouveau, plus facile et plus clair. Et puis soudain, au tournant d'une rue, une colonne allemande descendait en chantant, comme ils savent chanter. Alors, la réalité brutale, plus âpre que l'autre et plus pressante, mettait fin à l'instant de répit. Et nous savions de nouveau que nous étions face à l'ennemi, et nous nous retrouvions d'un coup parmi les horreurs quotidiennes. Et trop faibles pour nous venger suffisamment par nous-mêmes, nous levions instinctivement la tête vers le ciel, vers le seul endroit d'où pût venir notre salut, leur châtiment.

La France, c'est comme si nous y étions encore. Nous sommes tout un peuple à vivre et à tenir sur cette première vague d'espoir, sur ce frisson dans le dos et dans la nuque que fut pour nous la voix du général de Gaulle, nous autorisant à ne pas nous laisser aller, à respirer de nouveau, timidement d'abord, puis avec une audace toujours plus grande, sous les tentatives d'étouffement de l'ennemi et des défaitistes qui s'offraient – et nous offraient – à son esclavagisme. »

Mais, dans le même temps, Francis Jeanson dénonce un autre mythe : celui d'une France d'Afrique du Nord idéalisée, qui aurait été unie et accueillante pour les résistants venant de métropole. C'est de déception qu'ici Jeanson parle :

« La France, oui, nous la retrouvions facilement. Mais, hélas, il est bien vrai que nous n'y sommes plus. Nous seuls qui l'avons quittée en pleine souffrance pouvons savoir ce qu'a été pour nous le choc, et la déception, de notre premier contact avec cette terre d'Afrique. Car la France en pleine souffrance était un bien beau peuple, et si l'on vous a dit que la division y régnait, c'est cette sorte de division et de partage qui régnait au sein des douze disciples par la présence du seul Judas. [...] Or, qu'avons-nous constaté à ce premier choc de notre arrivée ? Nous arrivions vers l'Afrique comme on va vers la terre des hommes libres, vers ce pays fabuleux, où tout devait être vrai, grand et beau, où l'occasion unique était donnée aux Français de mener contre l'Allemand une lutte ouverte, ou du moins de se préparer à une telle lutte avec une ampleur de moyens à laquelle ne pouvaient atteindre les gens de la Résistance. [...] Or, permettez-moi ici de parler librement devant vous tous, [...] il y avait en cette Afrique dix pour cent d'êtres conscients, en face d'une marée indistincte d'intérêts opposés, d'ambitions personnelles, et d'une politique fangeuse dont les manifestations de surface, seules visibles, étaient assez étroitement calquées sur celles de l'ordre nouveau. »

21 juin

Nécessité d'un « patriotisme ardent »

Le 6 juin 1944, le débarquement en Normandie a lieu. Les troupes sont essentiellement américaines et britanniques. Mais de Gaulle a promis à Leclerc que sa 2e DB serait au rendez-vous de l'histoire. Le débarquement du détachement français se produira le 1er août, sur la plage qui s'appellera Utah Beach. Le 21 juin, en Angleterre, il réunit ses officiers. De sa voix rauque, transformée par un haut-parleur, il leur livre son ultime message :

« Il nous reste à nous montrer à la hauteur. D'abord par notre attitude au combat. Sur le problème de la bravoure, du cran, je ne suis pas inquiet. Du moment que les Français sont bien armés, ils se battent bien. Vous l'avez déjà montré. Nos camarades d'Italie le confirment. Néanmoins, vous devez faire attention : le travail demandé sera dur. [...]

La lutte sera difficile également parce que nous serons peu nombreux comme Français au milieu de grandes unités étrangères, ce qui pose des problèmes graves. Réfléchissez aux responsabilités que vous aurez demain comme officiers, et ne perdez pas une minute pour améliorer la valeur des hommes qui sont confiés. [...]

Demain, pendant la campagne de libération et après la libération, il s'agira de savoir si la France peut ou non redevenir une grande nation. Après avoir été envahie, saignée, diminuée, elle court le risque majeur de ne jamais se relever comme grande puissance. Elle n'a jamais été en pareil danger depuis des siècles. [...] Vous êtes officiers. Vous n'avez pas le droit de rester indifférents devant ces problèmes, vous avez le devoir d'éclairer vos subordonnés. [...]

Je crois d'abord à la nécessité d'un patriotisme ardent, et si je le dis à des officiers, c'est parce que dès maintenant, un mouvement important, même dans l'armée, essaie de présenter le patriotisme comme une mentalité étroite et rétrograde. Il faut être maintenant "progressiste". Contentez-vous de prendre exemple sur les nations étrangères et de lire leurs journaux : jamais le patriotisme n'a été plus en honneur en Russie, en Angleterre et même aux États-Unis. »

La propagande des collaborateurs affiche le portrait de Philippe Henriot, l'ennemi juré des résistants, qui vient d'être tué par la Résistance.

28 juin

L'exécution d'Henriot et la vengeance de Touvier

Philippe Henriot est une sinistre figure de la France collaborationniste. À Radio-Paris, il pourfend la Résistance, les Alliés et particulièrement l'Angleterre. Véritable tribun, il traite les résistants d'« assassins criminels ». Il engage une véritable guerre des ondes avec la BBC. Ses « qualités » de propagandiste lui valent d'être appelé au gouvernement par Pierre Laval, en janvier 1944, comme secrétaire d'État à l'Information et à la Propagande. Londres presse les résistants de faire taire cette voix maléfique. Par l'entremise de Maurice Kriegel (dit « Valrimont »), c'est à Charles Gonard (dit « Morlot »), un jeune résistant de 23 ans, que revient la mission de préparer l'opération contre Henriot.

Philippe Henriot est abattu par un commando d'hommes qui se sont déguisés en policiers. Il est dans sa chambre à coucher avec son épouse au moment où surgissent les résistants. Ces derniers réussissent un coup retentissant, même si à l'origine il était prévu de l'enlever et de le rapatrier sur Londres ou Alger afin de le juger.

À Rilleux-la-Pape, le 7 juillet suivant, pour venger la mort d'Henriot, le milicien Paul Touvier, qui traque sans relâche les résistants et n'hésite pas à les torturer, fait exécuter 7 otages juifs.

3 juillet

Proclamation de la République du Vercors

Le 6 juin, le Vercors a reçu de Londres un message de mobilisation des maquis : « Le chamois des Alpes bondit. » Le 3 juillet, à Saint-Martin, un défilé est organisé, et les résistants font cette proclamation étonnante, diffusée à travers d'affiches : « République française. Liberté, Égalité, Fraternité. Population du Vercors, le 3 juillet 1944, la République française est officiellement restaurée dans le Vercors. À dater de ce jour, les discours de Vichy sont abolis et toutes les lois républicaines remises en vigueur. » Cet enthousiasme est motivé par la certitude que des renforts massifs aériens sont imminents dans la région. À Saint-Nizier, sur les hauteurs de Grenoble, le drapeau français flotte. Les Allemands l'ont aperçu. Le plateau est en liesse.

7 juillet

Rêve d'Europe

Les antifascistes italiens Ernesto Rossi et Altiero Spinelli fondent après la chute de Mussolini le Movimento Federalista Europeo, en août 1943. Le Movimento se sert de la Suisse pour devenir, en 1944, un efficace promoteur de la cause fédéraliste au sein de la communauté exilée. Ainsi naît la Déclaration des Résistances européennes, publiée à Genève, le 7 juillet 1944, premier manifeste réellement européen de la guerre. L'idée est répandue alors que la guerre s'achèvera par une profonde crise révolutionnaire dans tous les pays d'Europe, qui frappera d'obsolescence les vieux partis politiques, soit compromis, soit incapables d'affronter l'enjeu européen qui allait s'imposer. Seul un mouvement hors l'État et hors les partis pouvait s'imposer dans ces conditions.

En effet, c'est en Suisse, en pleine guerre, que s'organisent les premières réunions européennes des résistants, autour d'un noyau dur de fédéralistes exilés que réunit le pasteur hollandais Wilhelm Visser't Hooft. À Genève, pas moins de cinq rencontres ont lieu clandestinement, qui réunissent des Français, des Danois, des Italiens, des Hollandais, des Tchèques, des Norvégiens, des Yougoslaves et quelques Allemands antinazis. Le chef de la délégation des MUR en Suisse, le général Davet, y a participé. Mais c'est un homme de Combat qui a joué le rôle le plus important : Jean-Marie Soutou, l'attaché de presse de la délégation, qui a de nombreux contacts avec les fédéralistes exilés. Tout particulièrement avec Alexandre Marc, un des pionniers du personnalisme et du fédéralisme. Dans une lettre d'octobre 1944, Soutou informe Altiero Spinelli qu'il revient d'un voyage à Paris, où il a pu rencontrer « les dirigeants des principaux mouvements de Résistance française, en particulier les dirigeants du MLN ». Il confirme que le programme international du MLN est largement inspiré « des textes que nous avons rédigés nous-mêmes sur le fédéralisme européen ».

La référence mère de la Déclaration de juillet 1944 est la charte de l'Atlantique (12 août 1941). Mais les auteurs estiment que, avant d'imaginer la création d'une « organisation rassemblant toutes les civilisations sous un gouvernement fédéral unique », il conviendrait de traiter en priorité du problème européen. Parce que la source du mal, à les suivre, réside essentiellement dans la fragmentation de l'Europe en 30 entités politiques, cette solution ne peut passer que par le dépassement du « dogme de la souveraineté absolue des États ». L'instrument de ce dépassement sera une « Union Fédérale », dotée d'un gouvernement responsable envers les peuples (et non les États) qui l'auront élu, d'une armée commune et d'un tribunal suprême qui statuera sur les questions relatives à l'interprétation de la Constitution fédérale. Cette Union fédérale permettra la mise en œuvre d'une politique qui interdit tout nationalisme et tout risque de guerre.

> *« Seule une Union fédérale permettra la participation du peuple allemand à la vie européenne sans qu'il soit un danger pour les autres peuples.*
>
> *Seule une Union fédérale permettra de résoudre les problèmes des tracés de frontières dans les zones de population mixte qui cesseront ainsi d'être l'objet des folles convoitises nationalistes et deviendront de simples questions de délimitation territoriale de pure compétence administrative.*
>
> *Seule une Union fédérale permettra la sauvegarde des institutions démocratiques de manière à empêcher que les pays n'ayant pas une suffisante maturité politique puissent mettre en péril l'ordre général.*
>
> *Seule une Union fédérale permettra la solution logique et naturelle des problèmes d'accès à la mer des pays situés à l'intérieur du continent, de l'utilisation rationnelle des fleuves qui traversent plusieurs États, du contrôle des détroits et, d'une manière générale, de la plupart des problèmes qui ont troublé les relations internationales au cours de ces dernières années. »*
>
> Extrait de la Déclaration des Résistances européennes, rédigée à Genève

ATTENTATS ET SABOTAGES

PARALYSER L'ENNEMI

L'usine D. de Ronchin (Nord), qui fabrique en France des TSF pour l'Allemagne, a été sabotée le 15 novembre 1943 ; photographies prises le jour même avant et après l'explosion...

Le sabotage est la forme violente et opérationnelle que prend l'activité résistante. Cette action, contrairement à ce qu'une légende a répandu, n'intervient que tardivement. Pourquoi ? D'abord, parce qu'elle comporte des risques importants dans ce rapport du faible au fort qui caractérise l'action résistante. Les risques de représailles contre la population sont réels et les prises d'otages peuvent rendre les résistants très impopulaires. Il faut attendre que les mouvements soient suffisamment structurés, et l'état d'esprit de la population, mûr. Ensuite, il faut des moyens, qui n'arrivent que très tard et toujours avec parcimonie. Mais surtout, le souci premier du Comité français de la Libération nationale et des Alliés est de veiller à ce que les actions militaires de la Résistance intérieure s'intègrent dans un plan d'ensemble pour leur assurer une efficacité maximale, éviter l'anarchie ou la tentation insurrectionnelle, ou prévenir des drames. La Résistance est une force méconnue qui apparaît comme non maîtrisable. L'élan révolutionnaire qui anime les résistants les pousse à vouloir privilégier ce qu'on appelle alors l'« action immédiate ». Les chefs de mouvements sont souvent pris à parti sur ce point par leurs troupes. Pour encadrer cette action directe, les MUR créent les Groupes francs. En général, ce sont de petites équipes. Charles Tillon a ainsi défini la tactique : « La tactique doit être celle de la goutte de mercure, qui dès qu'on veut la saisir s'éparpille en fines gouttelettes, se laissant aisément rassembler pour former la goutte originelle. » Que sabote-t-on ?

Au début, le sabotage ne peut viser que des objectifs symboliques et individuels. On brise des vitrines de librairies exposant des livres de collaborateurs, ou des kiosques qui vendent le journal allemand *Signal*. On saccage le siège des officines collaborationnistes. On peut tuer aussi : des collaborateurs notoires, ou des Allemands. Les moyens sont rudimentaires : armes de poing, bouteilles incendiaires, plastic. Ensuite, surtout à partir de novembre 1942, lorsque l'occupant a investi l'ensemble du territoire national, et grâce aux progrès que connaît le renseignement dans les mouvements, les objectifs se font plus concrets et plus ambitieux.

L'APPAREIL DE PRODUCTION ET LES COMMUNICATIONS DE L'ENNEMI POUR CIBLE

Il s'agit de fragiliser l'outil de production français lorsque celui-ci œuvre en faveur des besoins allemands, et prioritairement ses besoins militaires. Marcel Joly, le chef régional des Groupes francs du Sud-Ouest, commence par recruter des éléments dans les usines d'aviation de Toulouse, et tout particulièrement Raymond Ruelle, qui travaille alors chez Breguet. Les entreprises font l'objet de sabotages qui peuvent être discrets. Les machines-outils sont spécialement visées. Des renseignements précis sur telle ou telle entreprise sont envoyés à Londres ou Alger et reviennent sous la forme de bombes. En Haute-Garonne, Paul Touzet, adhérent à Combat, est mécanicien dans une usine d'aviation et forme un groupe de saboteurs, Patte. Lorsqu'il est appelé en dépannage par les autorités allemandes, il procède en fait à des sabotages. Son tableau de chasse est impressionnant : 28 bombardiers, 14 chasseurs, 8 gros-porteurs, 2 voitures-chariots, 6 camions antiaériens, 23 pylônes haute tension de chemin de fer, 1 poste émetteur. Dans l'usine Peugeot, à Montbéliard, c'est avec la coopération de la direction que le sabotage est organisé ! Deux règles sont appliquées : retarder ou interrompre la seule production de matériels militaires, en privilégiant les matériels finis aux produits bruts ; autant que faire se peut, préserver les entreprises et les produits plus utiles à la France qu'à l'ennemi. Les sources d'énergie sont visées prioritairement, et au premier chef les installations électriques. L'action la plus vitale et la plus délicate concerne les moyens de communication de l'ennemi. Et tout spécialement la communication ferroviaire et routière. Le capitaine Henri Frenay a vite vu la dimension stratégique des chemins de fer. Il demande à René Hardy, cadre à la SNCF, de concevoir un plan de sabotage des voies ferrées dans le cadre du Noyautage des administrations publiques (NAP) rattaché ensuite aux Mouvements unis de Résistance (MUR), et en liaison avec l'Armée secrète (AS).

Le travail effectué, de mars à octobre 1943, est considérable : 3 717 renseignements sur l'ennemi communiqués à l'état-major allié ; 567 attentats effectués, dont 333 sur le rail ; 3 972 heures d'interruption de trafic ; 50 988 tonnes de matériels détruites ; 101 trains (soit 4 000 wagons) neutralisés ; 105 pylônes à haute tension détruits ; 1 257 morts du côté de l'ennemi.

Ce travail est pris en charge dans les différentes régions, bien après que Hardy eut été éliminé à la suite de l'affaire de Caluire. Les sabotages vont *crescendo*. Ainsi, le résistant Claude Monod a en charge le Doubs et la région de Montbéliard, zone très industrialisée. Son but est de ralentir la production des usines Peugeot en paralysant les moyens d'approvisionnement, mais aussi de perturber les convois ennemis qui se dirigent en Allemagne. Son action vise

Près de Tulle, à Virevialle, les résistants ont fait sauter un transformateur électrique.

donc essentiellement les transports : ponts et tunnels détruits, voies de chemin de fer coupées, matériels de gare endommagés, machines et wagons atteints. Grâce à son action et à celle des Forces françaises de l'intérieur (FFI), pour la seule année 1944, l'ennemi subit 2 655 heures d'interruption de trafic ! Pour atteindre ce but, il a fallu mettre en œuvre 48 opérations de sabotage.

LA FAIBLESSE DE L'ARMEMENT

La création des FFI permet de regrouper les hommes et d'entreprendre des actions à la fois coordonnées et décentralisées. Le chef départemental est responsable des chefs de secteurs qui sont secondés par des équipes Bureau des opérations aériennes (BOA). Les troupes des maquis sont, comme les équipes de sabotage, théoriquement aux ordres du chef de secteur sur le territoire duquel elles opèrent. Dans le département de Meurthe-et-Moselle, la plus grande difficulté est la pénurie d'armement. Avant le 6 juin 1944, trois parachutages seulement ont eu lieu sur l'ensemble du département ! Peut-être la raison est-elle la densité de l'occupation ennemie, l'importance de la DCA ou plus simplement l'éloignement (550 km) des côtes anglaises. Au total, l'armement des FFI de Meurthe-et-Moselle comprend : 40 fusils anglais, 110 mitraillettes, 8 fusils-mitrailleurs parachutés et 90 fusils de récupération. Les munitions et les explosifs sont en quantité très réduite. Avec un tel arsenal, il n'est possible d'armer que 250 hommes ! Comment, dans ces conditions, mettre en œuvre les ordres de Londres, du 5 juin 1944, visant le déclenchement immédiat de la guérilla ?

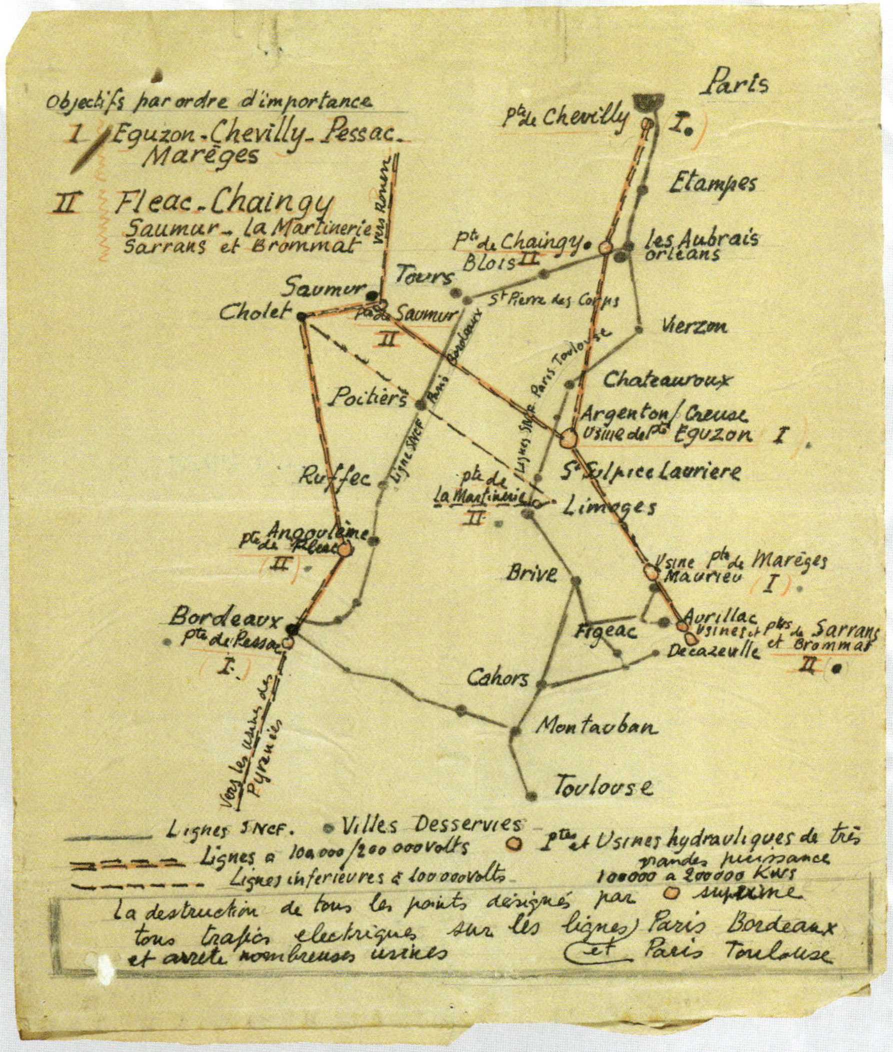

Plan des objectifs « par ordre d'importance » de la zone prise entre Paris et Toulouse, et Bordeaux et Saumur.

"BRUISSEZ FEUILLAGES. CROISSEZ ROSEAUX"

L'essentiel de l'action directe est porté sur les communications, la guérilla étant remise à plus tard. Il s'agit d'exécuter le « plan vert », annoncé ainsi sur la BBC le 5 juin : « Bruissez feuillages. Croissez roseaux. » Le but du jeu est d'interrompre le plus souvent possible le trafic ferroviaire. Les premières techniques utilisées ne sont pas très efficaces : ruptures de voies pratiquées « à froid », c'est-à-dire en dehors d'un passage de train (facilement repérables) ; simples coupures sans déraillement (le résultat est faible : six heures en moyenne d'interruption). Il s'agit ensuite de rechercher l'incident, en provoquant la rupture de voie sous le train en marche ou en plaçant des charges dans les courbes ou contre les pointes de cœur d'aiguillage. Entre le 8 et le 15 juin, 11 sabotages ont lieu, qui provoquent 6 déraillements, soit treize heures d'interruption. De plus, du matériel roulant est endommagé. Les Allemands réagissent vite. La ligne Paris-Strasbourg est gardée par la Wehrmacht à raison d'un homme tous les 100 mètres. Des patrouilles sont effectuées. L'ennemi intercale des trains de voyageurs français dans ses convois. De plus, à partir du 6 juin, la vitesse des trains militaires allemands est réduite à 8 km/h. Bonne parade : le nombre et l'importance des accidents diminuent aussitôt. Les résistants doivent dès lors réduire le nombre de sabotages et les concentrer sur des points essentiels. Il faut attaquer les trains ennemis au moment de leur passage sur une aiguille ou sur une courbe. Le danger, de part et d'autre, est bien sûr maximal. Cette technique réussit, comme le montrent les durées moyennes d'interruption de trafic sur l'ensemble du mois de juin : du 6 au 7 juin : 6 heures 50 ; du 8 au 15 juin : 13 heures 30 ; du 16 au 20 juin : 8 heures ; du 21 au 30 juin : 30 heures.

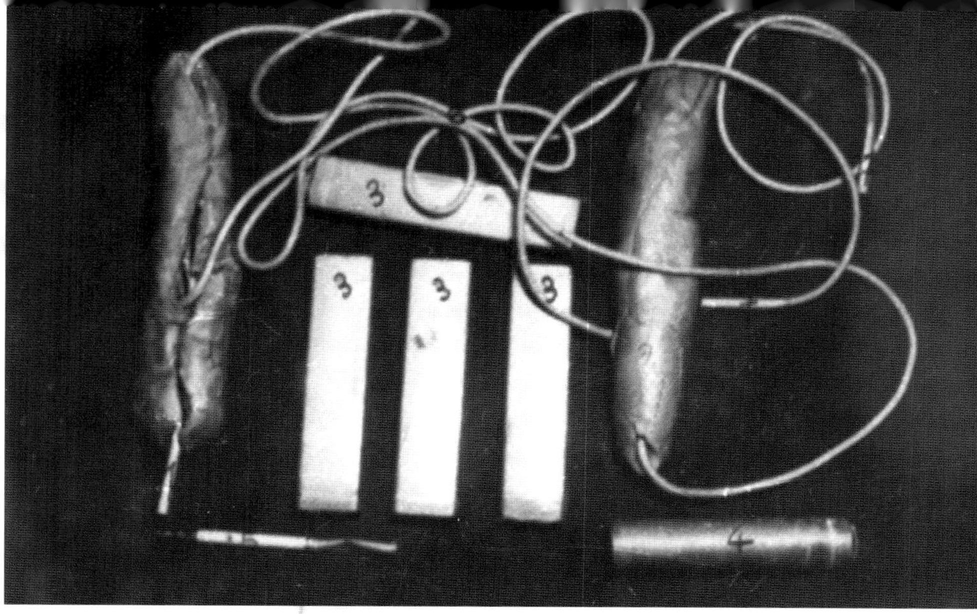

Engin explosif confectionné par les résistants, confisqué par la police de Vichy. Sur la voie ferrée Toulouse-Auch, un résistant du maquis « Roger » applique un pain d'explosif (juillet 1944). De nombreux ponts sautent en 1944 à travers toute la France ; ici, le 8 juin 1944, le pont métallique de la ligne Belfort-Besançon, qui enjambe le canal de la Haute-Saône, a été « traité » par le groupe franc d'Héricourt.

LA GUERRE DU RAIL

On comprend que la « guerre du rail » ait constitué un élément fondamental de l'imaginaire résistant après les événements. Mais le rail n'a pas été le seul objectif des sabotages. Il faut prendre en compte le sabotage des voies navigables et des infrastructures routières (« plan jaune ») : brouillage systématique de la signalisation routière, abattages d'arbres, clous (en pointe triangulaire, en hérisson à 4 pointes, en fer brisé à 3 segments), explosifs déposés à l'intérieur des véhicules, etc. De même, le sabotage des transmissions télégraphiques et téléphoniques a fait l'objet d'une attention soutenue. Mais, dans ce cas, la prudence était de mise, car l'écoute des lignes était une source précieuse de renseignements pour la Résistance.

L'évaluation des actions de sabotage reste à faire. Mais il est certain que l'avancée des Alliés en a été favorisée, et que l'ennemi a été fragilisé.

Juillet

Le premier monument commémoratif du Débarquement

Alors que la bataille de Caen fait encore rage, la municipalité d'Amfréville, dans le Calvados, fait ériger un monument qui, s'inspirant des cairns écossais, s'élève sur un socle comprenant autant de pierres qu'il y a eu de combattants de la 6e division aéroportée britannique le 6 juin. Au-dessus, une croix sur laquelle figurent les badges des unités engagées, avec une mention particulière pour le commando n° 4, qui comptait 177 Français.

Ce monument, qui étonne par sa précocité, témoigne d'un mouvement pourtant assez général, porté par la reconnaissance des populations normandes pour leurs libérateurs.

Comme Saint-Lô et Coutances en Normandie, Caen est ravagée par les bombardements alliés, le 9 juillet 1944, jour de sa libération. La gare est visée comme souvent dans ce genre de mission où il faut anéantir le potentiel de l'ennemi. Toutefois, les habitants meurent en grand nombre.

9 juillet

Caen libérée !

Par l'opération « Charnwood », Montgomery décide d'affronter directement les Allemands. Avec des chars lance-flammes, pendant quatre journées meurtrières, les Canadiens prennent un aérodrome aux SS de la *Hitlerjugend*. Dans la nuit du 7 juillet, le nord de Caen est bombardé par la RAF. La ville reçoit 2 276 tonnes de bombes et compte de nombreux morts. Le 8, les Anglais et les Canadiens progressent vers la ville. La rive droite de l'Orne tombe aux mains des Alliés. Le soir, les Allemands commencent à fuir. Le 9, Anglais et Canadiens pénètrent lentement dans Caen. La ville est réduite en ruines par les bombes, mais sa libération a un retentissement international : Caen est la première ville importante à être libérée. Staline adresse ses félicitations à Churchill.

14 juillet

Enfin, les armes tombent du ciel...

Faute de livraisons suffisantes par les Anglo-Saxons, les maquis restent dramatiquement dépourvus d'armes (ce qui suscite de violents débats au sein de la Résistance). Les Anglais, tout particulièrement, pour des raisons militaires et pour contrôler la situation, n'y sont pas très favorables avant le jour J. Quand l'armement existe, il est surtout individuel (symbolisé par le pistolet mitrailleur Sten), ce qui pose les limites des capacités d'intervention des FFI contre les colonnes blindées allemandes.

Après le Débarquement, les Alliés décident enfin de procéder à des livraisons, et parfois dans un volume inégalé, si bien que les Américains adoptent le principe de parachutages massifs de jour. Le premier a lieu le 25 juin, destiné aux maquis de l'Ain, du Jura, du Vercors et de la Haute-Vienne. Le 14 juillet, la plus importante opération (avec 360 bombardiers en action) se déroule au-dessus des mêmes régions ainsi que dans le Sud-Ouest, frappant d'autant plus les esprits que les parachutes qui soutiennent les containers sont bleus, blancs ou rouges.

Après le débarquement allié, plus de 3 000 maquisards du Vercors sont attaqués par l'occupant. Mais privés du secours aérien des Alliés, ils se font massacrer, d'autant que l'attaque allemande est appuyée par la Luftwaffe. À Vassieux-en-Vercors, un habitant de la Mure est mort pendu après avoir eu les yeux arrachés et la langue coupée.

28 juillet

Un traître exécuté par la Résistance

L'assureur bordelais André Grandclément, dit « Bernard », est le chef du mouvement de résistance OCM dans le Sud-Ouest lorsqu'il est arrêté par les Allemands à Paris, le 19 septembre 1943. Après un interrogatoire musclé, il est transféré à Bordeaux, trois jours plus tard, où il est « pris en charge » par le sous-lieutenant Friedrich Wilhelm Dohse du SD, un jeune policier très efficace dans le Bordelais. Le policier allemand obtient la coopération de Grandclément (c'est-à-dire qu'il accepte de donner des informations sur la Résistance) en échange de la promesse que sa femme et des membres de l'OCM seront libérés en contrepartie. Grandclément se prête d'autant plus volontiers à ce jeu dangereux qu'il est profondément anticommuniste. Il apporte donc à Dohse des informations essentielles sur les dépôts d'armes de l'OCM et les emplacements des maquis de la Gironde. Il craint en effet que les communistes ne tombent sur ces armes.

À la fin de 1943, Grandclément et Dohse vont jusqu'à adresser à Alger un projet de paix de compromis entre le SD et la Résistance non communiste... En vain, évidemment. Pour la Résistance, le chef de l'OCM est un traître. Aussi, Roger Landes, un résistant qui travaille pour le SOE, enlève les époux Grandclément. Ils sont exécutés sans procès le 28 juillet 1944. Une polémique s'ensuit *ipso facto* entre les résistants communistes (qui croient en la thèse de la trahison) et d'autres résistants qui affirment que Grandclément n'a livré que des armes et non des hommes et des femmes de la Résistance. Bref, la Résistance bordelaise est complètement désorganisée par cette affaire, et son image est atteinte.

31 juillet

Saint-Exupéry disparaît

Né en 1900, l'écrivain Antoine de Saint-Exupéry, parti de Corse, disparaît en avion en Méditerranée, lors d'une mission de reconnaissance destinée à préparer le débarquement de Provence.

Pendant la guerre, son parcours est jalonné d'hésitations. Après la défaite, il part pour New York, après avoir un temps pensé à se rendre à Londres. Certains de ses amis sont gaullistes, mais il ne veut pas franchir le pas pour rallier la cause de la France libre. L'association France Forever, un pilier de la France libre situé à New York, ne le tente pas. Il préfère se consacrer pleinement à la littérature et vend très bien ses ouvrages aux Américains.

Après l'opération « Torch » en Afrique du Nord, le 8 novembre 1942, le *New York Times* publie, le 29 novembre suivant, un appel de Saint-Exupéry : « Lettre ouverte aux Français de partout », où il demande aux Français de se réconcilier. C'est son premier engagement. Les gaullistes sont furieux, car l'aviateur ne les a toujours pas rejoints ; de plus, Saint-Exupéry n'a pas encore condamné l'armistice franco-allemand de juin 1940.

En mai 1943, Saint-Exupéry rejoint Alger grâce à l'aide du général Béthouart ; il a laissé le manuscrit du *Petit Prince* ainsi que les illustrations dessinées de sa main aux États-Unis. Il veut voler en reconnaissance, mais les Américains le lui interdisent à cause de ses 43 ans et de problèmes auditifs. Pourtant, grâce à Fernand Grenier et à Henri Frenay, il peut effectuer 6 missions aériennes, dont la dernière est celle du 31 juillet 1944. Saint-Exupéry a tenté de résister dans la seconde partie de l'Occupation avec sa plume ; il n'a jamais accepté le poids de la présence allemande en France. *Pilote de guerre* paraît en France en 1942 : c'est un appel à la lutte contre la situation politique désastreuse qui divise les Français. Le livre est censuré en France. Saint-Exupéry n'a pas voulu prendre parti pour Vichy, pas plus que pour de Gaulle, estimant qu'ils n'étaient pas des pôles d'unification pour les Français.

> *« D'abord la France. La nuit allemande a achevé d'ensevelir le territoire. [...] La France n'est plus que silence. Elle est perdue quelque part dans la nuit tous feux éteints, comme un navire. [...] Ne faisons pas les matamores. Ils sont quarante millions, là-bas, à digérer leur esclavage. [...] Français, réconcilions-nous pour servir. [...] Il convient d'unir, non de diviser, d'ouvrir les bras, et non d'exclure. »*
>
> Extrait de « La lettre aux Français », publiée dans le New-York Times, le 29 novembre 1942

Premiers signes de victoire

1. Les FFI se montrent et immortalisent les moments historiques de la Libération. 2. Le 28 août 1944, à Troyes (Aube), deux femmes tentent d'arracher les écriteaux en langue allemande. 3. Dans l'Eure, à Quillebœuf, des maquisards célèbrent la victoire après l'arrivée des Anglais.

Août

Sauvegarder l'art

Tandis que la majeure partie des collections des grands musées a été mise à l'abri, les collections privées (en particulier, juives) restent accessibles à l'occupant, qui commence à s'en emparer dès l'automne 1940. Les œuvres pillées sont stockées dans 3 salles du Louvre, puis au musée du Jeu de paume, avant d'être expédiées en Allemagne par trains entiers.

Une conservatrice qui parle couramment l'allemand, Rose Valland, est chargée de se maintenir sur place contre vents et marées (elle est renvoyée 4 fois et prend toujours le risque de revenir), afin d'essayer de repérer les biens spoliés et leur destination. Elle est le témoin de la destruction des pièces considérées comme « dégénérées » par les nazis. Elle assiste aux visites régulières de Goering, venu lui-même choisir des œuvres pour sa collection personnelle, celle de Hitler et celle du parti nazi. C'est pourquoi les Allemands veulent lui imposer de s'engager à ne pas révéler ce qu'elle voit au Jeu de paume. Mais elle fournit secrètement des rapports hebdomadaires à la direction du Louvre et s'approprie des épreuves des clichés des œuvres ainsi que des noms des membres des équipes de l'état-major Rosenberg chargées du pillage.

Au milieu du mois d'août, elle donne l'alerte, et un ultime convoi d'œuvres d'art est arrêté en gare d'Aulnay, dans la banlieue nord de Paris. Un film américain de John Frankenheimer, *le Train*, avec Burt Lancaster dans le rôle d'un cheminot héroïque, s'inspire vingt ans plus tard de cet épisode. La Résistance, c'est aussi la préservation du patrimoine.

9 août

« La République française n'a jamais cessé d'exister »

Entre septembre 1943 et août 1944, près de 200 ordonnances sont promulguées à Alger pour préparer la Libération. À l'issue d'une très longue mise au point est promulguée, le 9 août, l'ordonnance rétablissant la légalité républicaine. Par pragmatisme, les juristes du CFLN choisissent non de déclarer nulle et non avenue toute la législation de Vichy, mais de la valider à de notables exceptions près. Pour limiter les possibles dangers politiques d'une décision qui semble relégitimer Vichy, on insiste non seulement sur les références aux lois républicaines, mais aussi sur la nullité de l'État français.

Les affiches de la Résistance sont sans équivoque sur la lecture de la période de Vichy. Cependant, certains ont surchargé l'affiche à la craie bleue, ce avec une orthographe défaillante : « merde pour toi vieux saleau. »

12 août

Comment le capitaine André Chérasse a sauvé l'honneur de la gendarmerie

Comment être résistant lorsqu'on est chargé d'inspecter ceux dont le métier est d'assurer l'ordre ? Le capitaine André Chérasse, né en 1906, est muté à la 4e inspection de gendarmerie à Dijon, en 1943. Il est l'adjoint du général inspecteur : un poste stratégique. Sa zone d'inspection recouvre 14 départements, de la Meuse à la Saône-et-Loire, de l'Yonne au Territoire de Belfort. C'est le carrefour des routes par où va affluer la gigantesque retraite allemande. Dès son arrivée, en juillet 1943, il entre en liaison avec des officiers du service de renseignements et de la sécurité militaire d'Alger (dépendants au départ du général Giraud), venus en France en mission spéciale. André Chérasse devient « Sheherazade » ou « Cherfils ».

Il s'agit de mettre en place un réseau de renseignements et de repérer les agents français de l'ennemi, en vue des combats de libération. Sa mission est de convaincre les gradés et de s'assurer de leur concours. Dans chaque département, il a son représentant secret. Il crée un fichier d'individus suspects. Son rôle consiste également à établir un rapport de confiance avec les maquis afin de les prévenir des opérations de police décidées contre eux par la Gestapo et par l'intendant allemand à la main-d'œuvre. Cela n'ira pas sans difficultés ! Il lui faut négocier, les maquis regardant avec suspicion les forces de la gendarmerie, qu'ils ont plutôt vues du côté du manche. Grâce à lui, des opérations d'envergure ont échoué, des vies ont été épargnées.

En juillet 1944, André Chérasse prend l'initiative d'entrer directement en contact avec le colonel Monod (*alias* Claude ou Morati), récemment nommé au commandement des FFI de la région D (Haute-Marne, Côte-d'Or, Saône-et-Loire, Doubs, Haute-Saône et Belfort). Avec lui, il arrête les modalités d'un passage collectif de la gendarmerie dans les rangs FFI, « passage rendu nécessaire, dit-il, pour que notre arme retrouve toute son autorité morale vis-à-vis des populations ». Le 12 août 1944, un ordre de passage est mis en forme. C'est Chérasse qui est chargé de le faire connaître aux chefs de légions concernés : l'inspecteur organise la désobéissance ! Ainsi, plus de 2 500 gendarmes passent dans le maquis. La mise en œuvre de cet accord débouche une action spectaculaire le 13 août au matin : le lieutenant-colonel Barthuet, nommé par Darnand au commandement de la légion de Bourgogne, convaincu d'avoir lutté contre la Résistance, est exécuté par les FFI.

Dans la sous-région D 2 (Franche-Comté), par exemple, les unités de gendarmerie du colonel Dubled participent aux combats de Beure, du fort de Chaudanne, de la caserne Vauban à Besançon, ainsi qu'à la libération de Beaumes-les-Dames, ville prise et reprise plusieurs fois. En Haute-Saône, une unité contribue à la libération de Vesoul, où elle entre en tête des troupes américaines. Dans l'arrondissement de Gray, le capitaine de gendarmerie organise 6 maquis dont les groupes attaquent des convois allemands et font 250 prisonniers.

Les hommes d'André Chérasse ont payé un lourd tribut à la Libération : plus de 80 tués, fusillés ou morts en déportation.

Sur cette carte : limites officielles de la 4e Inspection de gendarmerie et limites officieuses des départements dont les unités sont passées en résistance.

Les FFI de Toulouse, très bien structurés, représentent une force importante au moment de la libération du Sud-Ouest français.

15 août

Des savants en résistance

Sous l'Occupation, la communauté scientifique française s'appauvrit peu à peu sous les effets de l'émigration, de l'antisémitisme et de la répression.

Les exilés français, souvent installés aux États-Unis, participent à l'effort de guerre allié. Le biochimiste Louis Rapkine, juif d'origine russe, organise un système qui permet aux savants français de se rendre en Amérique. Grâce à lui et aux autorités américaines, Francis et Colette Perrin, ou Pierre Auger, réussissent à quitter la France. Mais les Américains décident, en 1942, de les tenir à l'écart du projet « Manhattan » sur la bombe atomique. Cet ostracisme permet à la France libre d'amorcer un regroupement des scientifiques français émigrés dans une mission à Londres, confiée à Louis Rapkine. Il s'agit d'éviter la mainmise anglo-saxonne sur les savants et de relancer la recherche en France sitôt la Libération acquise.

Les objectifs immédiats de la « mission Rapkine » sont de mettre les méthodes scientifiques au service des opérations militaires en s'inspirant des travaux alliés : mines, radars, effets des bombardements. Frédéric Joliot-Curie le rejoint au cours de deux séjours. L'énergie atomique occupe les esprits, mais les Anglo-Américains se méfient de Joliot-Curie.

Dès la Libération, la mission intervient aussi pour permettre des voyages d'étude dans les laboratoires anglais (pénicilline) et des transferts de matériels.

19 août

Toulouse « République rouge ? »

À Toulouse, la Libération s'opère dans une relative confusion. Les Allemands évacuent le samedi 19 août, mettant en application l'ordre de retraite consécutif au débarquement en Provence et par crainte de se trouver coupés de leurs bases. Mais, après que les cheminots eurent empêché tout départ de train, des combats sporadiques se déroulent entre colonnes blindées quittant la ville et FFI-FTP, autour de la gare de Matabiau et des ponts de la Garonne. L'objectif de la Résistance est non plus de saboter les usines, mais au contraire d'empêcher leur destruction par les Allemands. Dans la soirée, Toulouse est presque libérée, mais mal sécurisée. D'ailleurs, le commissaire de la République, Jean Cassou, est grièvement blessé en sortant d'une réunion du CDL. Jean Cassou est un résistant de la première heure, qui a fait partie du réseau du musée de l'Homme à Paris. Il s'intègre très facilement à la résistance locale, dont Serge Ravanel et Jean-Pierre Vernant sont deux figures marquantes. Le lendemain, Pierre Bertaux devient commissaire de la République par intérim, tandis qu'en application des ordres du chef militaire régional Serge Ravanel, très proche du PC, des FFI convergent vers la ville pour la défendre, contraignant les troupes allemandes à la contourner.

Bertaux est confronté à l'ambiguïté des communistes qui jouent sur deux tableaux : l'union proclamée de la Résistance, au sein de laquelle ils entendent d'ailleurs occuper toutes les positions clés, et un usage insurrectionnel de tous les malaises et de tous les mécontentements. Au cours d'un voyage dans le Sud-Ouest, le général de Gaulle saura user d'autorité et de conviction pour asseoir à Toulouse la prééminence de l'État.

Le colonel FFI Serge Ravanel est devant le micro à Toulouse, après sa libération.

Au moment de la libération de Montluçon, des FFI ont improvisé un nouveau type de blindé construit dans les usines locales.

19-20 août

Parodi tente d'établir une trêve de l'insurrection à Paris

Alexandre Parodi, qui a remplacé Émile Bollaert, arrêté, comme délégué général du CFLN pour la France occupée, le 10 mars 1944, est un homme extrêmement rigoureux et organisé. Ce membre du Conseil d'État avait été choisi par Moulin pour organiser le CGE. Pourtant, les résistants ne le considèrent pas comme leur chef direct. Aussi, le 12 août, pour que son autorité soit respectée par les résistants, le général de Gaulle en fait un ministre délégué dans les territoires non libérés.

Les 18-19 août, il soutient l'action de Rol-Tanguy et des policiers qui lancent l'insurrection à Paris. Toutefois, il pense que celle-ci a été lancée trop tôt. Parodi a dressé son quartier général rue Lowendal, où il demande à toutes les forces militaires de se mettre sous les ordres de Rol-Tanguy. Ainsi, Parodi n'a pas brisé l'unité des résistants parisiens. Les édifices gouvernementaux ne doivent être pris que sur ses ordres. Cependant, l'Élysée et l'hôtel Matignon sont occupés avant qu'il ait donné des ordres. Des groupes FFI d'arrondissement agissent souvent à leur guise, sans ordre du délégué général. Dans sa lourde tâche qui vise à reprendre les ministères et à les remettre en service pour une période d'intérim, il est secondé sur le plan militaire par Chaban-Delmas. Leur inquiétude est grande de voir leur autorité sur les insurgés disparaître.

Le 19 août, le consul de Suède Nordling – qui a déjà obtenu la libération de 3 000 prisonniers – présente à Parodi une demande de trêve allemande de cinquante minutes autour de la préfecture de police, ce qu'il accepte. La trêve s'étend ensuite à tous les bâtiments occupés par les résistants. Ce répit tombe à point nommé puisqu'il lui permet en fait d'attendre plus facilement l'arrivée des troupes alliées. Cette initiative est prise par crainte de voir aussi Paris totalement détruite. Parodi ordonne donc l'évacuation de la préfecture de police. La décision de la trêve est très mal perçue par une partie des résistants, dont Rol-Tanguy, car ils n'ont pas été consultés préalablement. Le 20, Parodi est arrêté par les Allemands avec deux de ses adjoints. Devant von Choltitz, Parodi se présente comme un ministre du général de Gaulle, soutenu par Nordling dans ses propos. Le commandant allemand pour Paris lui tend alors la main, mais le délégué la refuse. Il est malgré tout libéré.

20 août

La loi du talion à Lyon

Depuis le 6 juin, les autorités de police allemandes à Lyon, sous l'impulsion de Barbie, multiplient les massacres de prisonniers français en représailles aux sabotages ou aux coups de main. Dans des proportions toujours croissantes, les Allemands procèdent à des exécutions, souvent publiques, avec la volonté de susciter l'effroi. Le 27 juin, les victimes sont ainsi fusillées sur la place Bellecour même, et les cadavres restent exposés quatre heures durant.

Le 20 août, la politique de terreur culmine avec le massacre, à Saint-Génis-Laval, de 110 personnes, dont 16 seulement peuvent être ensuite identifiées, à cause de l'état effroyable des corps. Le jour même, le commissaire de la République régional, Yves Farge, et le délégué militaire zone sud, Bourgès-Maunoury, posent un ultimatum aux Allemands : leurs 750 compatriotes faits prisonniers durant les combats en Haute-Savoie sont désormais considérés comme otages. Puis les représentant de l'État clandestin autorisent l'exécution de 80 d'entre eux. Les massacres cessent alors. Ils ont fait 500 victimes du côté français, en deux mois et demi.

1

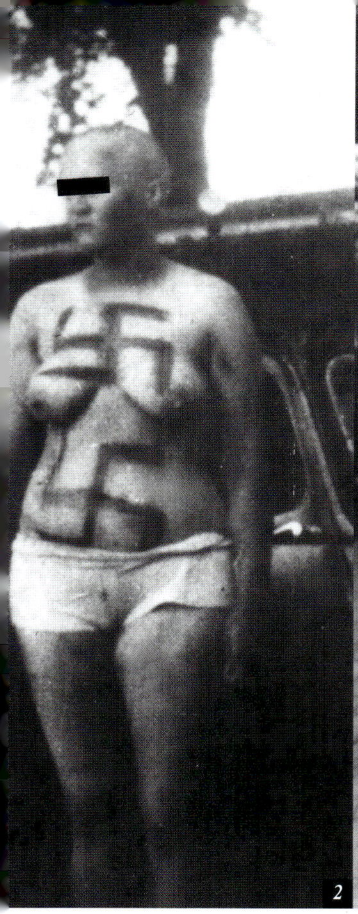

2

3

Épuration sauvage

Avec la Libération, commence aussi une page sombre de l'histoire française : l'épuration sauvage des hommes et des femmes à qui la foule reproche une collaboration avec l'Allemand. 1. Dans la ville de Thann (Haut-Rhin), un collaborateur est casqué avec des cornes et doit saluer comme les nazis. 2. Ailleurs, une femme, tondue au préalable, est dénudée et recouverte de croix gammées. 3. Ce sont de véritables « carnavals » de femmes tondues qui sont organisés dans de nombreuses villes françaises. Ici à Mazamet (Tarn) au début de septembre 1944. 4. À Châteauroux (Indre), le 10 septembre 1944.

4

LIBÉRATION DE PARIS

ET PARIS NE FUT PAS DÉTRUIT...

Malgré l'allégresse, la vigilance est de vigueur, car depuis les toits, des tireurs isolés allemands et des miliciens français n'hésitent pas à ouvrir le feu.

Par crainte de combats de rue qui auraient pu être meurtriers, et pour arriver le plus rapidement au cœur de la machine nazie, les Alliés prévoient initialement de contourner la capitale par le nord et par le sud. La Résistance, elle, comme le général de Gaulle, souhaite ardemment un soulèvement du peuple parisien. Pour des raisons symboliques et politiques. Paris doit être libéré par les Français. Mais il convient aussi de veiller au rétablissement de l'État républicain et d'éviter l'anarchie. Les communistes, quant à eux, ont l'intention de lancer au plus vite le processus insurrectionnel, pour prendre l'ascendant sur la Résistance et le gouvernement provisoire. À partir du 14 juillet, de nombreuses manifestations sont organisées, tant à Paris qu'en banlieue. Le 10 août, les cheminots parisiens se mettent en grève, à l'appel de la CGT. Charles Tillon, au nom des FTP, appelle à l'insurrection. Le chef FFI de la région de Paris demande « à la police parisienne, à la garde républicaine, à la gendarmerie, aux gardes mobiles, aux GMR et aux gardes des prisons [...] de ne plus participer à aucune opération tendant à maintenir l'ordre de l'ennemi [...], de refuser de participer aux arrestations de patriotes, aux perquisitions, barrages, contrôles d'identité, gardes de prison, etc. » Le 13 août, le Front national de la police appelle les policiers à se mettre aussi en grève. Les commissariats ferment. Dans la foulée, quelques jours après, c'est à la grève générale qu'appellent la CGT et la CFTC.

Jacques Chaban-Delmas, délégué militaire national, vient de quitter Londres et arrive à Paris à bicyclette. Le 18 août, il établit son premier rapport. Il est inquiet :

« Ai trouvé situation à Paris très tendue. Grève police, postes et cheminots, avec tendance à grève générale. Toutes conditions préparatoires insurrection sont réalisées. Des incidents locaux, soit fortuits, soit provoqués par ennemi ou même groupements résis-

Près de l'école militaire qui vient d'être libérée, gît le corps d'un Allemand. Au bas du boulevard Saint-Michel, les combats font des blessés et des infirmières FFI aidées de volontaires transportent les insurgés touchés en brandissant le drapeau de la Croix-Rouge.

tance impatients suffiraient à entraîner troubles les plus graves avec représailles sanglantes pour lesquelles Allemands semblent avoir pris décisions et réuni moyens. [...] Nécessaire vous interveniez auprès des alliés pour demander occupation rapide de Paris. »

Les communistes veulent précipiter les choses pour devancer les Américains. Et peut-être le général de Gaulle. Celui-ci exprime clairement son point de vue dans ses *Mémoires :* « Certains éléments politiques de la Résistance voulaient tirer parti de l'exaltation, peut-être de l'état d'anarchie que la lutte provoquerait dans la capitale, pour y saisir les leviers de commande avant que je les prenne. » CNR et le Comité parisien de Libération (présidé par le communiste André Tollet) reprennent le mot d'ordre d'insurrection.

UNE TRÊVE PEU RESPECTÉE

Le samedi 19 août, les bâtiments publics sont pris d'assaut. Mille agents en civil d'Honneur de la police occupent la préfecture de police et arrêtent le préfet Bussière, remplacé par Charles Luizet, représentant du gouvernement provisoire. Rol-Tanguy et les communistes sont pris de cours. Les tanks allemands sont positionnés devant la préfecture. Le drame est imminent. Car le rapport des forces est inégal : la garnison allemande représente 20 000 hommes bien armés, 80 chars, 60 canons et 60 avions, contre, au début de mois d'août, 35 000 FFI sur le papier, dont 20 000 FTP. De plus, les FFI sont très mal armés, faute de parachutages. Peut-être 2 000 seulement sont-ils armés. Paris subira-t-il le sort de Varsovie, rasée par les Soviétiques ? Mais le consul de Suède, Raoul Nordling, réussit à convaincre le général Dietrich von Choltitz de signer une trêve. Paris ne sera pas détruit ! La trêve ne sera guère respectée, les communistes y étant opposés. Le 20 août, c'est l'Hôtel de Ville qui est conquis par des assaillants ayant à leur tête Léo Hamon. Les comités locaux de Libération prennent possession des mairies de la capitale. Sur ordre d'Alger, Parodi demande l'investissement des ministères par des secrétaires généraux. Le 21 août, le CNR abandonne l'idée de trêve et appelle les Parisiens aux barricades. Paris renoue avec sa vieille tradition révolutionnaire.

COCKTAILS MOLOTOV ET 2ᵉ DB

Des armes de fortune sont fabriquées. Les cocktails Molotov sont à l'honneur. Ils sont fabriqués à l'École polytechnique et dans le laboratoire de Frédéric Joliot-Curie au Collège de France. Des barricades émergent çà et là pour tenter d'entraver la marche des chars. Les patrouilles ennemies sont harcelées.

Pour monter une barricade, les Parisiens arrachent les pavés ; tout le monde est mis à contribution y compris les enfants.

Les hommes de Leclerc parviennent jusqu'à la capitale en empruntant les artères les plus larges. Les Parisiens les attendent pour soutenir l'insurrection contre les Allemands et terminer la Libération.

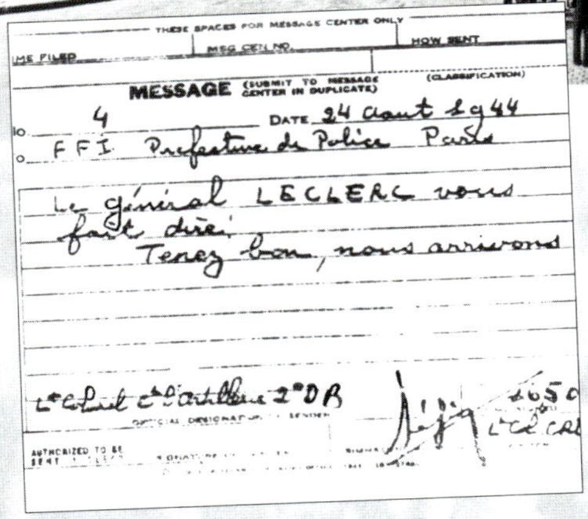

MESSAGE

4 DATE 24 août 1944

FFI Préfecture de Police Paris

Le général LECLERC vous fait dire : Tenez bon, nous arrivons

Lt Colonel d'artillerie 2e DB

La 2e DB n'est plus très loin comme en témoigne ce document exceptionnel du 24 août 1944, qui est le message du général Leclerc adressé aux Parisiens : « Tenez bon, nous arrivons. »

La Résistance et les Parisiens ont accompli une première opération de réappropriation politique de la capitale. Le signal est très fort. Mais la partie n'est pas pour autant jouée. L'occupant a toujours le rapport de force en sa faveur. Le pire n'est pas encore à exclure. Le concours des armées alliées est nécessaire pour finaliser le processus de Libération et mettre l'ennemi hors d'état de nuire. Le 19 août, le chef régional des FFI a donné l'ordre d'« ouvrir la route de Paris aux armées victorieuses et de les y accueillir. »

Dans un premier temps, le général américain Eisenhower n'est pas convaincu qu'il faille diriger les troupes gaullistes du général Leclerc sur Paris. L'objectif reste l'Allemagne. De Gaulle rencontre Eisenhower, qui hésite mais finit par céder devant la menace du chef de la France libre de lancer lui-même sur la capitale la 2e division blindée. Celle-ci est alors autorisée à décrocher et à se diriger sur Paris le 22 août. Elle est accompagnée de la 4e division d'infanterie américaine. Le 23, les chars de Leclerc font route vers Rambouillet. Le 24, dans l'après-midi, des tracts sont lancés par les avions alliés sur la capitale ; les Parisiens peuvent y lire : « Tenez bon, nous arrivons. » La BBC annonce la nomination du général Kœnig comme gouverneur militaire de Paris.

Leclerc est attendu pour le 25. Le jeudi 24 août au matin, *le Parisien libéré* titre : « Victorieux derrière ses barricades, Paris va connaître la délivrance. » La population de la capitale est évidemment extrêmement enthousiaste. La capitale, occupée par les Allemands depuis le 14 juin 1940, est enfin en passe d'être vengée et libérée ! Avant l'arrivée de Leclerc, des groupements de la 2e DB doivent s'assurer la prise des points stratégiques de la capitale, dont l'hôtel Majestic, le siège du commandant militaire de l'Occupation en France (MbF), où une garnison allemande se rend à Massu en fin d'après-midi. Les chars de Langlade descendent les Champs-Élysées et font la jonction avec ceux de Billotte, qui arrivent par la place de la Concorde, après l'avoir libérée de ses derniers occupants. Mais il reste encore des espaces de résistance allemands qu'il faudra « nettoyer », une fois la reddition de Choltitz obtenue.

ULTIMATUM À VON CHOLTITZ

Le 25 août, à 10 h 30, le colonel Billotte lance un ultimatum au général allemand von Choltitz, qui le 24 a reçu d'Hitler lui-même l'ordre de détruire Paris : « [...] J'estime qu'au point de vue strictement militaire, la résistance des troupes allemandes, chargées de défendre Paris, n'est pas susceptible d'être efficace.

Afin d'éviter toute effusion de sang inutile, il vous appartient de mettre fin immédiatement à toute résistance. Au cas où vous jugeriez bon de poursuivre une lutte qu'aucune considération d'ordre militaire ne saurait justifier, je suis décidé à la mener jusqu'à l'extermination totale. J'attends votre réponse une demi-heure après la remise de cet ultimatum. »

Leclerc, Charles Luizet (premier préfet de police de Paris libéré), Kriegel-Valrimont (des MUR), le colonel Rol-Tanguy (chef des FFI d'Île-de-France) et Chaban (délégué militaire national) attendent von Choltitz à la préfecture de police pour signer l'acte de reddition. L'Allemand est ensuite emmené dans le *scout-car* du général Leclerc à la gare Montparnasse, où il signe plusieurs dizaines d'actes de cessez-le-feu distribués à toutes les unités et à tous les réduits allemands encore éparpillés dans la capitale. À 16 heures, Paris est enfin libéré ! La double signature française (Leclerc et Rol-Tanguy) inquiète certains qui reprochent au général de Gaulle d'avoir ainsi donné trop d'importance à la Résistance intérieure, et tout particulièrement aux communistes.

PARIS LIBÉRÉ !

Le 25 août, à 17 heures, le général de Gaulle, qui a passé la nuit à Rambouillet la veille, rejoint le ministère de la Guerre, rue Saint-Dominique. Il s'agit de rétablir l'État. Il se rend ensuite à la préfecture de police, où il règle les modalités de la cérémonie du lendemain sur les Champs-Élysées et la messe à Notre-Dame. À

Les FFI font leurs premiers prisonniers allemands, comme ici à la sortie du commissariat de police des Halles. L'entrée des libérateurs de Paris est triomphale. Les drapeaux tricolores remplacent les drapeaux à croix gammée.

Le 26 août, vers 15 heures, le général de Gaulle fend une marée humaine en descendant les Champs-Élysées dans un moment d'unanimité nationale rare dans l'histoire de France. « Vive de Gaulle ! Vive de Gaulle ! » Il descend aux côtés de Georges Bidault, patron du CNR, d'Alexandre Parodi, des officiers Kœnig, Leclerc, d'Argenlieu, Juin, Chaban-Delmas et Bloch-Dassault. Entre-temps, le général américain Barton arrive en appui des hommes de Leclerc pour protéger la partie orientale de Paris.

De Gaulle se rend ensuite à la cathédrale Notre-Dame de Paris, le cœur spirituel de la capitale. Une fusillade éclate, sans doute l'œuvre de tireurs allemands embusqués. Mais le *Magnificat* est entonné par le général de Gaulle. C'est une manière de sacre. Dans la journée, des miliciens et des Allemands ont fait 300 victimes dans la capitale en tirant des toits sur les défilés de joie.

Dès ce mois d'août 1944, des affiches commandées par le GPRF tapissent les murs de Paris. Parmi elles, une statue de la Liberté, portant sur son socle la mention suivante : « Lafayette, nous voilà ! » La libération de Paris devient très rapidement un mythe. Le photographe Doisneau immortalise la liesse qui vient après l'angoisse. Dès le 11 novembre 1944, une exposition au musée Carnavalet est consacrée à ce moment historique qui restera toujours un symbole de l'unité française.

20 heures, le Général gagne à pied l'Hôtel de Ville, l'âme de la France révolutionnaire. Là, il prononce son plus fameux discours :

« Il y a là des minutes, nous le sentons tous, qui dépassent nos pauvres vies. [...] Paris outragé ! Paris brisé ! Paris martyrisé ! mais Paris libéré ! Libéré par lui-même, libéré par son peuple, avec le concours de armées de la France, avec l'appui et le concours de la France tout entière, de la France qui se bat, de la seule France, de la France éternelle... »

21 août

Georges Guingoin reçoit la reddition allemande

Le colonel Guingouin reçoit la reddition du général allemand Gleiniger qui commande la garnison de Limoges. Le 3 août, Guingouin est devenu le chef départemental de la 4e brigade FFI. Depuis, il n'a eu de cesse de harceler les occupants installés dans le département de la Haute-Vienne. Il fait encercler la ville de Limoges alors que la Gestapo menace d'exécuter tous les résistants encore dans ses prisons. Cependant, si le général Gleiniger est convaincu qu'il faut capituler, il doit affronter la rébellion du 19e régiment de police *SS*. Ces derniers assassinent le général allemand et parviennent à s'échapper. Le jour de la libération de Limoges, Georges Guingouin commande vingt mille hommes dans l'ensemble de la Haute-Vienne qui doit désormais être libérée.

Georges Guingouin, entré vivant dans la légende, a un parcours singulier. Né le 2 février 1913 en Haute-Vienne, il est le fils d'un sous-officier de carrière, mort pendant la Grande Guerre. Il devient instituteur comme sa mère. Il milite au Parti communiste dans sa région. Mobilisé, le 17 juin 1940, il est blessé pendant des combats. Il parvient à s'échapper de l'hôpital pour ne pas être fait prisonnier par les Allemands. De retour chez lui en juillet, il n'entend pas suivre la ligne attentiste de son parti : avec quelques amis, il écrit et diffuse des tracts contre le régime de Vichy. On l'appelle « le Tito du Limousin ». En février 1941, la police venue l'arrêter ne le trouve pas ; Guingouin entre alors dans la clandestinité totale et se replie en Corrèze. Il vit dans des caves, des souterrains ou des maisons abandonnées et il continue de faire fonctionner une imprimerie clandestine. Ses tracts sont très largement diffusés lors de manifestations publiques ou de foires, ce qui inquiète Vichy à l'été 1941. Le 21 janvier 1942, le Tribunal militaire de la 12e région le condamne par contumace aux travaux forcés à perpétuité. Il crée des « francs-tireurs » dans le monde rural, ce qui lui est reproché par des dirigeants communistes régionaux comme Gabriel Roucaute. Guingouin devient gênant, car il n'obéit pas et ne veut pas porter le combat exclusivement dans les villes par peur des représailles allemandes. L'instituteur résistant multiplie les sabotages d'ampleur en 1943 dans le but d'isoler dans Limoges la garnison ennemie.

Le 28 mars 1944, il parvient à enlever les membres de la commission allemande d'armistice. Von Rundstedt décide d'envoyer la division SS « Das Reich » – alors sur le front oriental – dans le Tarn-et-Garonne, afin de mettre un terme aux agissements des hommes de Guingouin. Das Reich terrorise la région à Tulle et Oradour-sur-Glane, mais elle ne met pas la main sur Guingouin.

Les communistes jugent très mal cet indépendantiste. Il y a un ordre permanent de l'abattre ! Guingoin devient le maire de Limoges, mais il est exclu du Parti. Celui-ci organise une campagne contre lui. La Justice inculpera ce Compagnon de la Libération, lui reprochant des exécutions commises contre... des collaborateurs. Il est emprisonné, avant d'être acquitté en 1959.

Le 21 août 1944, Georges Guingouin, coupe un grillage afin de rentrer dans une mine. Ce Limougeaud, instituteur communiste, commande les FFI de la Haute-Vienne, soit près de 20 000 hommes.

25 août

Dans l'odeur des cadavres, Toulon est libéré

Le 15 août 1943 a lieu le débarquement en Provence. C'est l'opération « Anvil ». Mission délicate, compte tenu de l'escarpée avec des petites plages, mais aussi des défenses ennemies groupées à Toulon et à Marseille : 200 canons dans chaque ville. Les Alliés disposent de 500 000 hommes répartis sur environ 700 bateaux appuyés par 1 500 avions. Des parachutistes sont largués derrière les Maures et des commandos neutralisent des batteries ennemies pour permettre aux divisions du général américain Patch de débarquer à Cavalaire, Pampelunne, Sainte-Maxime, Fréjus et le Dramont. Le 19 août, les troupes allemandes ont ordre de faire retraite. Le succès est total.

La Ire armée française, commandée par le général de Lattre de Tassigny, a pour mission de prendre Toulon et Marseille. Elle est forte de 260 000 hommes. Parmi ceux qui vont prendre Toulon se trouve Michel Brousse. Étudiant à Sciences-Po au début de la guerre, il a déjà fait de la prison en France, s'est échappé de France en kayak, a connu les geôles franquistes avant d'entrer dans le Bataillon de choc en Afrique. Après l'île d'Elbe et la Corse, il débarque en Provence.

Le 24 août, à 14 heures, l'ordre est donné d'entrer dans Toulon. Chaque homme, arme à la bretelle, est séparé de 10 mètres. La compagnie s'étire sur la route et avance vers une ville fumante et bruissante de coups de feu. Des cadavres d'Allemands jonchent le sol, décomposés par la chaleur, mêlés à la pierraille, aux carcasses de véhicules, aux fils électriques. De même que des chevaux et des tanks calcinés. Les premières maisons de la ville arborent déjà les couleurs nationales ! Des tireurs isolés ennemis lancent des rafales. Les balles sifflent sur les têtes. Du port montent de sourds crépitements d'artillerie. Difficile de comprendre ce qui se passe, de savoir qui tire sur qui ! Place d'Espagne, la section de Brousse est chargée d'occuper un immeuble pour la nuit. Les bombardements durent toute la nuit. Dormir est impossible. Un camion allemand est stoppé au milieu de l'avenue : il a pris feu et les morts pendent autour de la plate-forme. Un petit vieux sort de sa cave, se précipite sur un cadavre, et lui retire ses bottes qu'il ramène chez lui comme un trophée. Le 25 août, les derniers Allemands se rendent. Des renforts arrivent de partout. À 14 heures, le bataillon de Brousse est relevé. La population ne sait comment leur faire plaisir. L'obsession, pendant vingt-quatre heures, ce n'est plus que de chercher où se laver et prendre un peu de repos avant d'autres « aventures ».

Le 24 août 1944, Toulon est libérée et le général de Lattre de Tassigny salue les troupes FFI. La veille, on prépare dans la campagne toulonnaise les derniers assauts contre les Allemands. Ici, le colonel Bonjour et Pierre Ichac.

À Vichy comme partout en France, la presse du régime est morte ; place est faite à la presse libérée et nouvelle ; ici, un habitant de la ville thermale lit Vichy Libre.

Tout change en quelques semaines. Toute la signalétique qui rappelle le régime de Vichy est gommée du paysage de la France libérée.

26 août

Un nouveau délit

L'épuration judiciaire doit concerner tous les actes commis à partir du 17 juin 1940, qu'il s'agisse de soutien ou de participation au gouvernement, ou d'adhésion à des mouvements de collaboration. L'« indignité nationale » est définie par une ordonnance du 26 août comme une sanction criminelle infamante. On n'est plus « digne » d'être citoyen français, dès lors qu'on a délibérément apporté une aide, directe ou non, à l'Allemagne, qu'on a porté atteinte à l'unité de la nation ou à la liberté et à l'égalité des Français. Suit une longue – quoique non exhaustive – liste des motifs d'inculpation, parmi lesquels les fonctions de propagandiste, la participation aux manifestations culturelles en faveur de la collaboration, l'appartenance à des partis collaborationnistes ou à la Milice, des fonctions au commissariat aux Questions juives, etc. Cinquante mille dégradations nationales seront prononcées par des chambres civiques.

28 août

Marseille, le peuple en armes

Comme à Paris, la population s'insurge pour libérer la cité phocéenne, avec l'aide des résistants armés, en majorité communistes, et les forces françaises commandées par le général de Lattre de Tassigny. Mais, pendant les combats, la confusion règne parfois.

Le 15 août, Français et Américains ont débarqué sur les plages provençales. Le 18, une grève insurrectionnelle est déclenchée à Marseille. Les résistants tentent de prendre possession de la rue. Une bataille sanglante commence alors le 21. Le général allemand Schaeffer, gouverneur militaire de Marseille, refuse de se rendre. Le 23, les soldats de la Ire armée française arrivent en renfort. Le 27, les Allemands cessent de se battre et se rendent aux FFI. Les combats provoquent des pertes importantes : 7 000 soldats allemands sont faits prisonniers et 5 500 sont tués, mais beaucoup de Français sont morts, dont 1 000 soldats et 106 résistants. Marseille et Paris incarneront pour longtemps le mythe de l'insurrection nationale fomentée par un peuple unanime en armes. En fait, l'action du général Jean de Montsabert, Compagnon de la Libération, à la tête de la 3e DIA (division d'infanterie algérienne) a été décisive.

Le 18 août, les habitants de Marseille s'insurgent et tentent de se libérer avec l'aide des résistants locaux. Ici, combats sur la Canebière.

La population marseillaise se regroupe pour lire la nouvelle presse de la Libération.

septembre 1944-novembre 1945

Prendre le pouvoir ?

« Libérer la France, c'est bien, mais ce n'est pas assez. » Cette formule du manifeste du Mouvement de la Libération française, qui date de la fin 1941, est enfin une question d'actualité après la libération de Paris. Il faut, à présent, imaginer la France de l'après-guerre, répondre aux immenses espérances que la Résistance a fait naître, transformer politiquement un formidable désir de changement. La Résistance, pensent à peu près unanimement les résistants, ne peut pas disparaître avec le dernier coup de canon. Quelle sera sa place ? Quel peut être son avenir ? Paris libérée, le combat militaire continue. L'unité recouvrée de la nation, c'est d'abord dans l'armée qu'elle apparaît. Reconstituée en Afrique du Nord, éprouvée en Italie et ailleurs, débarquée en Normandie ou en Provence, la nouvelle armée incorpore les forces de la Résistance déjà regroupées dans les FFI. « Overlord » et « Anvil » se rejoignent le 12 septembre 1944, à Montbard. L'occupant ne se replie pas sur l'Est sans combattre. La bataille des Vosges est meurtrière. Sur les 15 héros de la Résistance qui sont inhumés au mont Valérien, le 11 novembre 1945, 3 ont été tués dans le territoire de Belfort à l'automne 1944. Leclerc libère Strasbourg le 23 novembre 1944, mais il faut attendre le mois de février 1945 pour que Colmar soit rendue à la France et à la liberté. Très loin de la métropole, en Cochinchine, des Français par centaines tombent sous les balles japonaises, en mars 1945. Le 8 mai, la capitulation allemande met enfin un terme à la guerre.

Dès la Libération, la légalité républicaine est rétablie, ce dont témoigne symboliquement cette cérémonie aux Invalides, le 14 octobre 1944, en présence du général de Gaulle et des membres du GPRF.

Prendre le pouvoir ?

SE BATTRE, ÉPURER, CONTENIR LA VIOLENCE

Si des Français affrontent militairement l'ennemi, il en est d'autres qui entendent se battre contre d'autres Français. C'est l'épuration sauvage. Dans cette période où la légalité n'entre dans les faits et dans les esprits que progressivement, le meilleur et le pire peuvent se produire. Parfois, la souffrance s'allie à la vengeance. Elle conduit certains à faire justice eux-mêmes. Parfois, des règlements de comptes et des actes barbares (les femmes tondues, par exemple) ternissent l'idéal pour lequel beaucoup sont morts. Une des missions du nouvel État vise à encadrer cette violence et à restaurer l'ordre. Le résistant Yves Farge, devenu commissaire de la République à Lyon, condamne les excès de l'épuration sauvage ; au nom d'une République à venir « pure et dure », il demande à ces anciens camarades de faire confiance aux tribunaux militaires qui vont juger les traîtres. Il faut donc rapidement mettre en œuvre une justice adaptée aux circonstances, et ce alors même que la magistrature a été globalement un fidèle serviteur du régime de Vichy... Des cours de justice sont créées. Le 23 octobre 1944, la première affaire jugée est celle de Georges Suarez, journaliste collabo ; le 9 novembre, celui-ci est exécuté. Une Haute Cour a été imaginée pour les politiques. Le 23 juillet 1945, Pétain lui-même y est convoqué. Commence alors le procès de Vichy.

Très vite après la Libération, l'iconographie populaire salue les héros politiques de la guerre.

Se battre, épurer, contenir la violence et l'impatience, mais aussi panser les plaies des Français avant de penser à l'avenir politique de la France. Une des caractéristiques tragiquement nouvelles de la guerre de l'ombre a été la disparition d'hommes et de femmes transférées vers des destinations inconnues d'où l'on ne revient pas (ou si rarement). Dans la France libérée, on les appelle les « absents ». Déportés pour raisons raciales ou pour faits de résistance, leur drame est brutalement révélé au monde par la libération des camps de concentration et d'extermination. Aux déportés s'ajoutent les prisonniers de guerre, les requis au STO, les incorporés de force dans l'armée allemande et aussi les volontaires français partis en Allemagne. Une population d'environ 2 250 000 personnes qu'il faut rapatrier dans les conditions les moins mauvaises. C'est le ministère des Prisonniers, Déportés et Réfugiés, dirigé par Henri Frenay, qui est chargé du « Retour ». L'effort accompli a été considérable. Dès la fin du mois de mai 1945, la capacité d'accueil, d'hébergement et de réinsertion finit par absorber 40 000 rapatriés par jour. Au cours de l'année 1945, dans un pays complètement désorganisé, plus de 1,5 million d'hommes, femmes et enfants ont été rapatriés en moins de cent jours.

LA FRACTURE POLITIQUE

Et, pourtant, l'œuvre accomplie suscite moins l'admiration que la division. Les moindres failles du système sont exploitées à des fins essentiellement politiques. Le PC et certaines associations d'anciens combattants, organisent des manifestations pour dénoncer les manquements du gouvernement. Il était inévitable que la politique reprenne ses droits. Il était inévitable que la transformation de la Résistance en action politique brise rapidement l'unité et la fraternité rêvées.

Lors des Conseils des ministres des 2 et 9 septembre 1944, le général de Gaulle constitue un gouvernement d'union nationale. Toutes les sensibilités (résistantes et politiques) sont en principe représentées. Le 2 novembre 1944, pour la première fois, de Gaulle est ouvertement pris à partie dans *l'Humanité*. Les progrès de l'Armée rouge en direction de l'Europe de l'Ouest ne laissent pas indifférents. Un clivage fracture la France politique : ceux qui appuient le PCF (qui s'autoproclame « parti des 75 000 fusillés ») et ceux qui le craignent ou le rejettent. Ce clivage sera mortel au Mouvement de Libération nationale (MLN), fort de 500 000 adhérents : cette tentative de créer une sorte de parti de la Résistance avorte en juin 1945 car une majorité se prononce contre la fusion avec le Front national, clone du Parti communiste. Les résistants non communistes créent alors un nouveau parti, l'Union démocratique et socialiste de la Résistance (UDSR), qui ne réussira pas à s'imposer aux élections législatives du 21 octobre 1945. L'esprit partisan reconquiert droit de cité. Les Français se redéterminent en fonction des courants et des structures politiques du passé.

LA RÉSISTANCE EST MORTE UN 11 NOVEMBRE

Les cérémonies grandioses du 11 novembre 1945, aux Champs-Élysées et au mont Valérien, constituent l'apothéose de la geste résistante, mais aussi sa trombose. Le 20 janvier 1946, le général de Gaulle démissionne. La IVe République, tant idéalisée dans la clandestinité, allait étrangement chercher à ressembler à la IIIe, tant détestée !

La Résistance n'a pas pu ni su prendre le pouvoir. Mais cet échec n'était-il pas, comme l'écrira Raymond Aron à cette époque, la garantie de la réussite du rétablissement de la démocratie ? Comment imaginer une vie démocratique sans la libre expression des partis politiques ? Les premières cérémonies commémoratives, étonnamment précoces et nombreuses, sacrent la Résistance tout en consacrant sa mort : les résistants deviennent des monuments de pierre. Les premiers livres de souvenirs de résistants parachèvent la muséification de la Résistance. Les résistants deviennent les acteurs d'une aventure qui leur échappe pour devenir un mythe fondateur. La Résistance est morte politiquement en cette fin de l'année 1945, mais c'était pour aussitôt renaître comme un message universel et une référence atemporelle.

CHRONOLOGIE

1944

SEPTEMBRE

2. Premier conseil des ministres du GPRF
12. Jonction à Montbard des armées de Normandie et de Provence

NOVEMBRE

9. Réélection du président Roosevelt
20. Libération de Mulhouse
23. Libération de Strasbourg
26. Congrès constitutif du MRP

DÉCEMBRE

10. Pacte franco-soviétique signé à Moscou entre de Gaulle et Staline

1945

JANVIER

16. Nationalisation des usines Renault

FÉVRIER

4-11. Conférence de Yalta
6. Exécution de Robert Brasillach
9. Fin de la poche de Colmar

MARS

22-23. Les Alliés franchissent le Rhin

AVRIL

28. Exécution sommaire de Mussolini
30. Suicide de Hitler

MAI

5. La 2e DB atteint Berchtesgaden
8. Capitulation allemande à Berlin
16. La France devient membre permanent du Conseil de sécurité de L'ONU

JUIN

12. Truman élu président des États-Unis

JUILLET

26. Défaite électorale de Churchill

AOÛT

6-9. Bombardement atomique d'Hiroshima et Nagazaki
14. Capitulation du Japon
15. Condamnation à mort de Pétain, commuée en détention perpétuelle

OCTOBRE

8. Condamnation à mort de Laval, exécution le 15
21. Première Assemblée constituante à majorité PC-SFIO-MRP

NOVEMBRE

20. Procès de Nuremberg

LA FIN D'UNE AVENTURE: le général allemand Elster constate surl a carte que lui montre le lieutenant-colonel américain French que le Reich est loin. Mieux vaut se rendre!

Un général et 18.000 hommes...

LE LIEUTENANT SAM MAGILL trouve que la guerre est parfois une chose assez savoureuse et pleine d'imprévu.

FAIRE 18.000 PRISONNIERS, dont un général, quand on est soi-même un modeste lieutenant commandant un peloton de 24 hommes, ce n'est pas une aventure courante, même dans la guerre moderne si riche en imprévu. Le lieutenant américain Sam Magill, âgé de 24 ans et né à Ashtabula, dans l'Ohio, vient pourtant de connaître cette joie-là.

Le général allemand a nom Erich Elster. Lorsque commença la bataille de Normandie il servait dans le midi de la France, sous les ordres de Blaskowitz, et il pouvait, en définitive, s'estimer comme "planqué". Il commandait en effet les troupes allemandes de la région de Biarritz. Or en Normandie les alliés n'avançaient pas vite et il y a loin du Cotentin à la Côte d'Argent!

Oui! Mais il y eût la rupture des lignes de Von Kluge par Patton et la ruée des blindés américains vers Paris . . . Il y eut surtout le débarquement dans le midi et la remontée des divisions de Patch vers Lyon, Dijon et Belfort. Elster commença à craindre que la porte du Reich se ferme avant qu'il ne puisse l'atteindre et il se mit en route avec ses hommes.

Triste voyage. Une retraite n'est jamais drôle. Et le pays grouillait de F.F.I. qui faissaint la vie dure aux "verts de gris", sans parler des avions alliés qui harcelaient sans relâche les colonnes. Le moral des allemands tombait verticalement.

Un beau jour des gars des F.F.I. vinrent trouver le lieutenant Magill d'Ashtabula (Ohio) et lui dirent tranquillement. Il y a là toute une ribambelle de Fritz avec leur général qui remontent du Sud et qui ont l'air assez peu disposés à se battre. Qu'est-ce qu'on en fait?

Aussitot Magill prit contact avec Elster. Se rendre? Celui-ci accepta l'idée sans difficulté. À une condition, tout de même: deux bataillons américains se mettraient en position de combat sur la Loire, près de Decise, et un simulacre de combat serait livré; tout cela pour sauver l'honneur militaire de Herr Erich Elster, major-général de la Wehrmacht. Magill trouva cela trop compliqué. On voulait se rendre? Il n'y avait qu'à le faire sans condition. Pour appuyer sa théorie il appela à la rescousse la 9ème armée de l'air américaine. La vue des bombardiers et des chasseurs cabriolant dans le ciel au-dessus d'eux dégoûta les allemands des finasseries. Ils en passèrent par où on voulait. Poliment, et puisqu'après tout Elster était général, le général américain Macon, commandant la 83ème division, se dérangea tout de même pour recevoir la capitulation: 18.500 hommes et un général. Magill avait fait du beau travail.

Cela se passait le 10 Septembre, à Châteauneuf-sur-Cher, entre Vendôme et Beaugency, dans ces pays de la Loire qui sont le cœur même de la France. Le souvenir de 1940 était bien effacé.

Le magazine américain Voir *relate la reddition du général Elster.*

Début septembre

Un étrange fait de guerre méconnu

Au cours de sa retraite, la colonne du général Elster et du colonel Bauer, soit environ 18 000 hommes, se rend aux FFI à Issoudun. C'est ce qui est connu. Ce qui est moins connu, c'est que la RAF a fortement contribué à ce fait de guerre impressionnant. Ce qui est encore moins connu, c'est que les Allemands ont bien voulu se rendre à condition de ne pas livrer leurs armes aux Français, mais aux Américains...

Entre les maquisards et les Américains, des négociations ont lieu pour régler le transfert des prisonniers et leur remise entre les mains du général américain Macon. On laisse leurs armes aux Allemands. Le 10 septembre, Elster a réussi à obtenir du général américain qu'il s'engage à ce que les résistants ne livrent plus d'attaque contre la colonne.

Étrange cette protection que les Américains assurent aux Allemands contre les résistants français !

2 septembre

Un gouvernement à l'image de la France nouvelle

Le 28 août 1944, la *Jeanne-d'Arc* quitte la rade d'Alger et embarque la quasi-totalité du gouvernement : Henri Queuille, François Billoux, Fernand Grenier, Adrien Tixier, René Mayer, Louis Jacquinot, René Capitant, François de Menthon, Henri Frenay, Henri Bonnet, Paul Giacobbi. Sauf de Gaulle, d'Astier, André Diethelm, René Pleven et André Philip, qui sont déjà en France, et Jean Monnet, qui se trouve en mission aux États-Unis. Le 1er septembre, à 10 heures, tout le monde débarque à Cherbourg. La campagne normande est belle, mais elle porte les stigmates des combats qui viennent de s'y dérouler. Le 2 septembre, Paris est atteint. La plupart des ministres logent à l'hôtel Claridge, sur les Champs-Élysées, dans l'attente de l'attribution des logements de fonctions. En fin d'après-midi, ce 2 septembre, le général de Gaulle, hébergé au ministère des Armées, rue Saint-Dominique, convoque un Conseil des ministres.

« Messieurs, dit-il, de grandes tâches attendent le gouvernement : apporter à la guerre et à la libération complète de la France notre active contribution, ravitailler la population, rétablir les communications avec la province, restaurer partout où ce sera nécessaire l'autorité de l'État, tout cela demandera au pays un effort soutenu pendant de longs mois. Pour le diriger, il y faut un gouvernement à son image où seront représentées, plus exactement que nous pouvions le faire jusqu'ici, toutes les forces qui ont contribué à l'organisation de la Résistance. »

Et de demander à chacun des ministres présents de lui remettre sa démission ! La liste des ministres est publiée le 5 septembre au matin. Sans grand changement. Le 9 septembre, un nouveau gouvernement est désigné. C'est un gouvernement d'« unanimité nationale ». On y trouve 2 communistes, 3 socialistes, 3 démocrates-populaires, 4 radicaux-socialistes. Huit ex-parlementaires sont nommés et des représentants de mouvements de Résistance. La présence de Jules Jeanneney, comme ministre d'État, au deuxième rang protocolaire, vise à garantir la continuité et la légitimité républicaines. L'ancien président du CNR, Georges Bidault, nommé aux Affaires étrangères, signale l'importance donnée à la Résistance intérieure. La France se remet au travail et à la guerre, qui n'est pas finie. Le règne de la Résistance prend fin. En quelques mois, certains sont passés de l'état de parias clandestins à celui de ministres...

3 septembre

Libération de Lille et du Nord - Pas-de-Calais

Les départements du Nord et du Pas-de-Calais ont eu le triste privilège d'être isolés du reste de la France, dès l'invasion allemande de 1940. Rattachés à la région du commandement militaire de Bruxelles, ils sont programmés pour être annexés tôt ou tard. L'annonce du Débarquement a enthousiasmé la population et a permis à la Résistance de commencer à harceler l'occupant par des sabotages. Les actions restent cependant assez limitées.

Les Alliés libèrent la région entre le 1er et le 4 septembre, à l'exception des villes portuaires, comme Dunkerque. Lille est libérée le 3 septembre. Les bombardements quotidiens ont cependant été les plus intensifs de France depuis le début du printemps. Les comités de Libération ont été très ordonnés à l'arrivée des Anglo-Américains, ce qui a permis une avance rapide de ces derniers.

Pendant ce temps-là, d'autres régions continuent à se battre : les Allemands détruisent le viaduc de la Mulatière, sur la Saône, le 2 septembre 1944.

Scène de liesse populaire lors de la libération de Lille, le 3 septembre 1944.
À Lille, les vainqueurs d'hier sont faits prisonniers.

8 septembre

Il se livre et est fusillé

Au début de 1944, les Allemands ont exigé la dissolution d'un mouvement de jeunesse de Vichy, les Compagnons de France (qui seront à l'origine des Compagnons de la chanson). Les plus résolus de ceux-ci décident de travailler contre l'occupant. Utilisant la structure existante, ils lancent le réseau de renseignements « Druides », sous l'égide de Georges Lamarque, jeune mathématicien engagé dans le réseau Alliance depuis 1941, mais aussi inspecteur général des Compagnons.

En juillet 1943, Lamarque s'est distingué en fournissant aux Alliés des renseignements de valeur sur les armes secrètes allemandes, les V1 et V2. Après le début des combats de la Libération, il demande à être infiltré derrière les lignes ennemies et est parachuté en Haute-Savoie avec un opérateur radio. Le 8 septembre, le village où il se trouve est encerclé et des otages sont pris. Il se livre et est fusillé.

Son action est emblématique de celle des agents de renseignement qui, au plus fort de la bataille de France, ont continué à travailler pour informer les Alliés et leur apporter ainsi des éléments décisifs dans la conduite du combat.

8 septembre

La haine, la justice ou le pardon ?

À peine la Libération commencée, le débat sur l'épuration bat son plein : qui frappera-t-elle, comment, avec quelle rapidité ? Le 8 septembre, Mauriac écrit dans *le Figaro* : « Nous aspirons à mieux qu'à un chassé-croisé de bourreaux et de victimes. Il ne faut à aucun prix que la IVe République chausse les bottes de la Gestapo. »

La polémique commence entre Camus et Mauriac, par éditoriaux interposés. Camus réplique dans *Combat* : « Nous avons choisi d'assumer la justice humaine avec ses terribles imperfections. » Mauriac répond en s'étonnant du manque de charité d'un homme qui réclame des lois d'exception contre des écrivains et il plaide pour le droit à l'erreur. « En tant qu'homme, rétorque Camus, j'admirerai peut-être M. Mauriac de savoir aimer les traîtres, mais en tant que citoyen, je le déplorerai parce que cet amour nous amènera justement une nation de traîtres et de médiocres et une société dont nous ne voulons plus. » L'un appelle à la compassion et à l'équité, l'autre soutient la vérité et la rénovation. Le débat, sans cesse recommencé, entre celui que *le Canard enchaîné* surnomme « saint François des Assises » et l'éditorialiste de *Combat* redit les hésitations de l'intelligentsia issue de la Résistance entre le combat pour les valeurs, les amères leçons de l'expérience et les nécessités politiques. Les deux hommes se retrouveront bientôt face à la question de la peine de mort. Mauriac ira très loin puisqu'il réclamera la grâce de l'écrivain collaborateur Robert Brasillach, fusillé en février 1945. Sur ce point, Camus évoluera puisque, lui aussi, signera la demande de grâce en faveur d'un autre écrivain collabo, Lucien Rebatet.

9 septembre

Un tribunal des lettres ?

Dès que le journal *les Lettres françaises* peut paraître librement, il publie le 9 septembre 1944 un manifeste, signé par 65 noms. Ce geste est la naissance officielle du Comité national des écrivains (CNE), fondé en 1943, qui entend instituer une sorte de tribunal des lettres en France chargé de l'épuration dans le milieu des écrivains. Son directeur, Claude Morgan, est à la fois le secrétaire général du CNE. On trouve dans ce numéro trois articles : de François Mauriac, de Jean-Paul Sartre et de Jean Paulhan (qui fait un éloge de Jacques Decour). Trois articles qui entourent le texte du manifeste :

« Le Comité national des écrivains fut la seule organisation représentative et agissante des écrivains qui, de toutes les générations, de toutes les écoles et de tous les partis, sont venus à lui résolus à oublier tout ce qui pouvait les diviser, et à s'unir devant le péril mortel qui menaçait leur patrie et la civilisation. [...]

Demeurons unis dans la victoire et la liberté comme nous le fûmes dans la douleur et l'oppression. Demeurons unis pour la résurrection de la France et le juste châtiment des imposteurs et des traîtres. Notre voix doit s'élever et notre mission s'affirmer dans le monde qui va naître. »

Le CNE a du succès : en 1946, il compte plus de 200 membres. Organe corporatif, très sensible au point de vue communiste, il devient une sorte de force supplétive de police lorsqu'il commet son premier acte public qui vise à établir une « liste noire » des écrivains à bannir de la nouvelle France. Pourtant, très vite, une ligne de fracture commence à séparer ceux de ses membres qui se posent en « moralistes » et ceux qui défendent les droits de la littérature. Parmi ces derniers figure Jean Paulhan qui estime que « l'erreur, le risque de l'esprit, et voire l'aberration (au sens des théologiens) sont le premier droit de l'écrivain ». Les ultras prennent vite le dessus, comme Aragon, qui soutient que le seul fait d'avoir cru en Pétain suffit pour mériter l'exclusion. François Mauriac finit par donner sa démission de la présidence d'honneur ; il écrit à Paulhan : « Et puis, nous n'avons pas des âmes de flics. »

12 septembre

« Le premier résistant de France »

À peine installé à Paris, alors que tout le territoire n'est pas libéré et que la guerre se poursuit, Charles de Gaulle entend rétablir l'État dans son autorité et ses prérogatives, quitte à entrer en conflit avec la Résistance.

Les organismes qui sont issus de la Résistance, et les appels publics de celle-ci à un pouvoir de la base lui paraissent insupportables. Une tournée dans les grandes villes de province lui fait éprouver à la fois le désordre des pouvoirs locaux et la pression communiste. Il est donc pressé de voir les FFI incorporées dans l'armée et les milices patriotiques dissoutes.

Le 12 septembre, lors d'un meeting organisé par le CNR, de Gaulle prononce devant le gouvernement et les corps constitués un long discours. Après un hommage appuyé à la Résistance, aux FFL et aux Alliés, il annonce la victoire prochaine et la nécessité pour la France de reprendre son « rang ». Il insiste sur l'impératif de se soumettre aux lois de la République tant que l'Assemblée constituante (qui doit se réunir prochainement) n'a pas statué sur l'avenir du pays. C'est là que réside la seule vraie démocratie. Il esquisse ensuite la direction du « chemin nouveau » que doit prendre la France. À Lille, le 1er octobre 1944, le président du CNR, Georges Bidault, présentera le Général comme « le premier résistant de France ». La France, ajoutera-t-il, « saura donner au monde un nouvel exemple : la révolution et la loi. »

À Autun, le 9 septembre 1944, un soldat français (à gauche), venant de Toulon avec la 7e Armée américaine, salue un sergent américain.

23 septembre

Les FFI et l'amalgame dans les armées régulières

L'armée qui doit libérer une partie de la France, notamment l'Alsace, est constituée de forces régulières, dont la Ire armée française de De Lattre de Tassigny, mais aussi de résistants qui n'ont ni l'allure ni la formation des soldats d'active. L'« amalgame » est l'armée nouvelle de la France, mais cela ne se fait pas sans friction.

Cent vingt mille hommes des FFI ont été amalgamés aux forces régulières débarquées d'Afrique et d'Italie. Vingt mille autres hommes de la 27e division d'infanterie alpine et d'autres très jeunes résistants FFI, qui ont combattu dans les « poches » de l'Atlantique et de la Manche, sont également greffés aux troupes régulières. Le 26 août 1944, le général Juin a pour mission d'intégrer à cette armée, faite de recrues éparses issues de la Résistance, civiles et militaires, tous les volontaires et les groupes FFI. Les commandements des FFI sont dissous par un décret du 19 septembre. Le 23 septembre, les FFI sont définitivement intégrés à la nouvelle armée.

De Gaulle insiste pour rappeler dans ses interventions que ces FFI sont des soldats de l'armée comme les autres. Toutefois, si tout est bien programmé, dans la réalité des faits, ce n'est pas si simple : le nombre de volontaires qui souhaitent intégrer cette armée amalgamée est beaucoup plus important que prévu, ce qui inquiète les Américains. Les officiers d'active de l'armée d'Afrique se méfient de ces recrues inexpérimentées, de ces chefs de groupes qui risquent de poser de gros problèmes d'autorité. Or, ces résistants se considèrent comme des révolutionnaires. Ils sont habitués à la guérilla et non à la guerre classique. L'autorité, ils n'ont cessé de la défier. De leur côté, les militaires d'active, partis de France depuis longtemps, découvrent une situation qu'ils ont du mal à comprendre.

Au total, ce sont 289 formations de résistants qui sont remodelées en 113 bataillons. Cet assemblage n'est pas homogène, mais le temps presse. L'essentiel est de chasser les Allemands.

Le fusillé souriant

Une photo a fait le tour du monde. Elle symbolise la barbarie nazie. Il s'agit d'un peloton d'exécution. Un homme, torse nu, les bras attachés dans le dos, semble sourire. Il est adossé à un angle de mur. Sourire à la mort car sur lui convergent de nombreux fusils portés par des militaires allemands. Il n'en a que pour quelques secondes. La nudité face aux uniformes. L'humour face à la brutalité. Le courage solitaire face à l'esprit grégaire.

En mai 1945, le magazine *Jeune Alsace* publie le cliché pour la première fois, avec la mention : « N'oubliez jamais. » En juillet de la même année, c'est au tour du *Figaro* de le reprendre, avec le sous-titre : « Souriant devant la mort. » En 1948, la photo est reproduite à des milliers d'exemplaires sous forme de cartes postales ; à l'occasion des assises nationales de la paix et de la liberté, il est décidé de faire parvenir ces cartes au secrétaire général de l'ONU, Trygve Lie, au verso desquelles on peut lire : « Pour ne pas trahir son courage, son sacrifice et sa confiance, respectez l'indépendance des peuples, dénazifiez l'Allemagne, désarmez, respectez la charte de l'ONU. » Le cliché entra, dans des conditions non déterminées, à l'agence photographique Roger-Viollet, ainsi légendé : « Fusillé souriant inconnu. » Les informations remises à l'agence précisent que cette photo a été trouvée sur un officier allemand mort sur le front de Normandie. Or, la réalité est tout autre...

Cette photo d'un simulacre d'exécution imposé par l'occupant, à Belfort, devient un mythe.

En 1984, en Floride, un photographe américain nommé James Wood, découvre cette photo dans un numéro du *Reader's Digest*, et croit identifier l'endroit où elle a été prise. Il se souvient y avoir joué lorsqu'il était jeune, c'était à Belfort. En effet, James Wood est né en 1948 dans la cité du Lion. Son père, jeune capitaine de l'armée américaine, avait débarqué en France en juin 1944 et, dans l'euphorie de la victoire, était tombé amoureux de la Belfortaine Christine Deshaie, née Beuglot. C'est à Belfort que le petit James est scolarisé. Il aime alors jouer sur les glacis du château construit par Vauban. James, qui vit de l'autre côté de l'Atlantique depuis son mariage, décide de faire un pèlerinage aux sources. La photo à la main, dans le fossé, il authentifie facilement l'emplacement. Cette photo a été prise à Belfort. Mais par qui ? Quand ? Et le fusillé, qui est-il ? Il repart, ses questions restant sans réponse.

Jusqu'au jour où un jeune étudiant en histoire, le Belfortain Christophe Grudler, décide de mener l'enquête alors qu'il fait des piges estivales pour le journal *le Pays*, en août 1984. Il découvre que personne n'a jamais entendu parler d'une exécution dans ce lieu. Certains témoins pensent que le fusillé est en fait un Allemand déserteur. Il va jusqu'à sonder le sol à l'aide d'un détecteur à métaux ! Un jour, il trouve à la rédaction un message d'un certain Jean Blind qui aurait des choses à lui dire. Celui-ci lui confie que le « fusillé souriant » est en fait son père. C'était la première fois qu'il voyait la photo de son père, publié par *le Pays* pour les besoins de l'enquête. Son père, Georges Blind, avait bien été résistant. Depuis le 14 octobre 1944 (à cette date, la ville de Belfort n'était pas encore libérée), jour où la *Feldgendarmerie* était venu le chercher, il ne l'avait jamais revu. Pour la famille, il est mort en Haute-Silésie, au commando de Blechhammer.

C'est bien lui sur la photo. Mais il n'est pas mort dans la cour du château. En fait, l'occupant lui imposa un simulacre d'exécution, peut-être pour le faire parler. Le soldat allemand qui a pris le cliché l'a fait développer chez Jourjon, un bandagiste orthopédiste qui fait aussi du tirage photo, lui-même sous-traitant le travail à Aloyse Ball. C'est probablement lui et son fils, le chanoine Joseph Ball, qui ont divulgué le cliché pour aider la propagande alliée contre le nazisme. Sans le savoir, le brave Aloyse est à l'origine d'une des plus célèbres photographies de la Seconde Guerre mondiale.

À l'hôtel de ville de Lyon, discours d'Yves Farge, commissaire de la République à Lyon depuis le 3 septembre 1944.

15 octobre

« Un pur trouve toujours un plus pur qui l'épure »

Le 3 septembre 1944, le journaliste Yves Farge, qui dirige le Comité d'action contre la déportation depuis plusieurs mois, est nommé commissaire régional de la République à Lyon. Il se met aussitôt à préparer son « administration » pour la Libération. Durant l'été, il est confronté à une série de drames, dont la chute du Vercors ou les massacres de prisonniers, événements dont la brutalité alimente après la libération de Lyon la soif d'une justice rapide et sévère.

Légitime aux yeux des résistants, bon orateur sachant se faire entendre des foules, Farge assume avec fermeté ses fonctions d'organisateur et de représentant de l'État dans une situation parfois quasi insurrectionnelle. Il s'oppose avec courage à une épuration expéditive et brutale. Le 15 octobre, place Bellecour, il adresse à plusieurs milliers de Lyonnais en ébullition un discours flamboyant où, après avoir dressé le bilan de l'épuration légale en marche, il s'en prend à tous les abus de pouvoir et réclame la modération contre les « imbéciles » dont le seul crime est d'avoir cru un temps en Pétain. Il propose, pour finir, « quelques principes d'honnêteté élémentaire » : « Le délit d'opinion n'est pas punissable. Un prévenu n'est pas nécessairement un coupable. L'épuration doit avoir des bornes et dans le temps et dans sa notion même. Sinon, un pur trouve toujours un plus pur qui l'épure. »

23 octobre

« Les écrits restent »

Journaliste politique de renom entré de plain-pied dans la collaboration, Georges Suarez a dirigé le quotidien *Aujourd'hui*, financé par les Allemands. Alors que bien des têtes d'affiche collaborationnistes se sont réfugiées en Allemagne, il apparaît fort seul devant le tribunal où la lecture d'une centaine de ses articles, tour à tour antisémites, anticommunistes, anglophobes et hitlérophiles, constitue, à elle seule, un terrible réquisitoire. À l'issue d'une seule journée d'audience, il est condamné à mort. Il est fusillé quelques jours plus tard. Le journaliste Géo London a bien vu que le verdict était joué avant même le début du procès : « Les débats de cette affaire seront brefs. Les seuls témoins qu'on entendra seront les articles de ce journaliste. Les écrits restent ! » Et ces écrits montrent suffisamment que Suarez a été « embauché et emboché au service du Reich ».

D'autres procès d'intellectuels et de journalistes auront lieu en 1945. Les deux plus retentissants sont celui du vieux Charles Maurras, le fondateur de l'Action française qui sauve sa tête, et celui, emblématique, du jeune écrivain Robert Brasillach, l'âme de l'hebdomadaire collaborationniste *Je suis partout*, fusillé le 6 février 1945. Une soixantaine d'écrivains (dont Albert Camus et Jean Paulhan) signent une pétition demandant sa grâce au général de Gaulle. Celui-ci refuse car, pense-t-il, « dans les lettres comme en tout, le talent est un titre de responsabilité ».

Cérémonie spontanée d'hommage sur la façade d'un restaurant, place Bellecour à Lyon, devant lequel une quintuple exécution de résistants a eu lieu le 27 juillet 1944.

28 octobre

Désarmer les résistants

En mars 1944, le CNR a créé une sorte de police supplétive, les milices patriotiques. Elles ont participé aux combats de la Libération, puis se sont substituées aux FFI après l'amalgame de septembre. Sans guère de contrôle, les milices obéissent au CNR, aux comités de Libération, aux autorités résistantes locales, voire au Parti communiste intéressé au premier chef par ce vivier de citoyens en armes. Elles mélangent hardiment politique, police et épuration, jusqu'à inquiéter les pouvoirs publics qui voient là une évidente menace pour l'ordre et, peut-être même, pour l'autorité de l'État.

À l'occasion d'exécutions sommaires perpétrées dans le Nord par les milices, le 28 octobre 1944, le général de Gaulle fait adopter en Conseil des ministres leur désarmement. Leurs membres sont invités à s'enrôler dans l'armée.

Le CNR proteste et le PCF entame une violente campagne contre la mise à l'écart de la Résistance française.

Le Front national et le Parti communiste protestent. Les communistes prennent prétexte de l'explosion d'un train de munitions à Vitry, le 1er novembre, qui fait 27 morts et 95 blessés : ils en attribuent la responsabilité à une improbable « cinquième colonne » ennemie et justifient le maintien des milices en tant que « police politique ».

L'Humanité du 2 novembre publie un manifeste signé par des écrivains tels que Charles Vildrac, Elsa Triolet, Vercors, Paul Éluard, Louis Aragon, Pierre Emmanuel, Armand Salacrou. Ces écrivains s'indignent contre les méfaits de cette « cinquième colonne » et « tiennent à marquer que de pareils attentats pourraient être rendus impossibles si l'on voulait utiliser et rendre efficace la force populaire qui s'est spontanément dressée depuis l'insurrection contre les agissements des hitlériens ». Cette protestation est relayée le même jour par le bureau politique du Parti communiste, qui y voit une attaque contre l'esprit de la Résistance :

« Une fois de plus, le président du gouvernement a pris la responsabilité de traiter comme quantité négligeable la Résistance française, ce qui sera cruellement ressenti non seulement par le Conseil national de la Résistance, mais aussi par les comités départementaux et locaux de la Libération. »

Ainsi, pour la première fois est rendue publique l'opposition du PC à l'égard du général de Gaulle.

Dans l'épreuve de force, le gouvernement tient bon. Tandis que des miliciens en armes patrouillent ostensiblement, il annonce des poursuites contre les contrevenants. Le jour même de la dissolution, de Gaulle a signé l'amnistie de Maurice Thorez, le secrétaire général du PCF, pour sa désertion de 1939. Cette décision permet à Thorez de quitter son long exil soviétique. Revenu un mois plus tard, il fait le 30 novembre sa rentrée politique lors d'un énorme meeting au Vél' d'Hiv. Il ne dit pas un mot des milices patriotiques, entérinant implicitement leur dissolution.

La Résistance ne dispose plus d'un bras armé pour faire valoir son point de vue. La force est revenue à l'État, qui crée, le 8 décembre, les compagnies républicaines de sécurité (CRS).

Dans un village à côté de Montbéliard (Doubs), qui vient d'être conquis, les FFI gardent les prisonniers allemands.

7 novembre

À la recherche d'une légitimité démocratique

De novembre 1943 à août 1944, l'Assemblée consultative provisoire s'est réunie à Alger. À partir du 7 novembre 1944, c'est Paris qui en devient le siège.

Instituée par l'ordonnance du 17 septembre 1943, l'Assemblée consultative provisoire est composée de 4 groupes qui représentent la Résistance métropolitaine (148 sièges), la Résistance hors de la métropole (28 sièges), les conseillers généraux (représentants de la France d'Outre-Mer, 12 sièges) et les parlementaires (60 sièges). Aux yeux des Américains, le général de Gaulle s'est doté d'un organisme qui ne fait pas de lui un dictateur en devenir. L'Assemblée consultative est une sorte de laboratoire démocratique que le CFLN a pu efficacement utiliser. Huit commissions fonctionnent tant pour les Affaires économiques et sociales que pour la Santé, l'Éducation, la Défense nationale, la Propagande et l'Information. Toutefois, le poids politique de l'Assemblée consultative provisoire, même élargie à un cinquième groupe, reste faible face au gouvernement provisoire.

Manifestation à Montluçon contre la dissolution des Milices patriotiques décidée par le général de Gaulle en octobre 1944.

11 novembre

La guerre de trente ans prend fin

Le 11 Novembre est célébré dans une France encore en guerre, dont la plus grande part du territoire est toutefois libérée. Les résistants mettent en valeur leurs filiations avec les combattants de la Grande Guerre, menée contre le même ennemi allemand. Le 11 novembre 1943, les maquis de l'Ain avaient, dans un coup d'éclat, déposé une gerbe au monument aux morts d'Oyonnax : « Les vainqueurs de demain à ceux de 14-18 ». À Bénouville, une des premières communes de France libérées lors du Débarquement, on lit ce 11 novembre 1944 au pied du monument aux morts : « Après quatre ans d'interdiction, nous revenons rendre hommage aux morts pour la patrie ». À 10 h 30, par un soleil radieux, le général de Gaulle et le Premier ministre anglais, Churchill, sont reçus à l'Arc de Triomphe. Une foule en délire les acclame lorsqu'ils descendent les Champs-Élysées. À l'issue d'un déjeuner offert à Churchill, celui-ci déclare : « Je suis l'interprète des sentiments de l'Angleterre et de la politique de son gouvernement : une armée française forte, et le plus tôt possible, est absolument nécessaire au rétablissement de l'équilibre moral de l'Europe et pour fournir à l'Europe un de nos facteurs de stabilité et de virilité dont le monde a si malheureusement besoin. »

Dans la clairière de Rethondes, où furent signés l'armistice de 1918 et celui de 1940, une cérémonie se tient en présence du général Kœnig. À la nuit tombée, des résistants, des combattants de 14-18, des détachements français et américains assistent à l'embrasement de 11 grands bûchers. À la place de la dalle démontée par les Allemands, une toile est tendue sur laquelle a été reproduite l'inscription originale : « Ici, le 11 novembre 1918 succomba le criminel orgueil de l'empire allemand vaincu par les peuples libres qu'il prétendait asservir ». C'est la fin de la guerre de trente ans entre la France et l'Allemagne.

Ordre du Jour N°73

Officiers, sous-officiers et soldats
de la 2me Division Blindée,

En cinq jours vous avez traversé les Vosges malgré les défenses ennemies et libéré Strasbourg.

Le serment de Koufra est tenu!

Vous avez infligé à l'ennemi des pertes très sévères, fait plus de neuf mille prisonniers, détruit un matériel innombrable et désorganisé le dispositif allemand.

Enfin et surtout, vous avez chassé l'envahisseur de la Capitale de notre Alsace, rendant ainsi à la France et à son armée son prestige d'hier.

Au nom du Général de Gaulle et de la France, je vous en remercie.

Nos camarades tombés sont morts en héros,
Honorons leur mémoire!

Strasbourg, le 24 novembre 1944.

Le Général LECLERC,
Commandant la 2me Division Blindée.

La Division Leclerc à Strasbourg, trois jours après la libération de la capitale alsacienne. Les rues sont placardées de l'Ordre du jour n° 73 annonçant que le serment de Koufra a été tenu.

23 novembre

« Maintenant on peut crever ! »

Alors que les troupes anglaises, canadiennes et américaines se lancent vers les Ardennes et la Ruhr, les Français s'occupent de la trouée de Belfort et de l'Alsace. La Ire armée atteint le Rhin le 19 novembre. Mulhouse est prise le 20 alors que la poche de Colmar résistera jusqu'en février 1945.

Le 2e DB du général Leclerc, rattachée à la VIIe armée américaine, va réaliser le serment de Koufra. En effet, une poignée de Français libres partis du Tchad, commandés par Leclerc, avaient remis la France en guerre en réussissant à capturer la garnison italienne de l'oasis de Koufra, en mars 1941, après une marche de 1 600 km dans le désert. Le général avait alors fait le serment de ne pas déposer les armes tant que le drapeau ne flotterait pas sur Strasbourg.

Après avoir attaqué en direction de Sarrebourg et Gérardmer, Leclerc fonce vers Strasbourg en suivant quatre directions simultanément. Strasbourg est récupérée le 23 novembre 1944. Il dit à ses compagnons : « Maintenant, on peut crever ! » La reprise de la capitale alsacienne indique symboliquement que la fin des épreuves est proche.

Le soir même, Leclerc écrit à son ami René Pleven :

« Mon cher Ami,

Un simple mot : aujourd'hui, j'entrais dans Strasbourg au milieu de la bataille après une lutte de quatre jours véritablement héroïques. Nos hommes ont été splendides.

Voilà le couronnement ! Maintenant, nous pouvons disparaître. La tâche est remplie.

Je suis éreinté mais heureux.

Pertes faibles mais quelques beaux officiers.

Amitiés. »

11 décembre

La Résistance, un escabeau ?

Dans *Nous sommes les Rebelles*, le fondateur de *Défense de la France* oppose violemment les résistants de l'intérieur aux résistants de l'extérieur. Philippe Viannay (*alias* « Indomitus ») accuse ceux-ci d'avoir mal secondé leurs compatriotes de métropole qui étaient directement sous la menace de l'occupant. Viannay prend ainsi sa place dans une polémique très âpre au long de laquelle les résistants vont dénoncer ce qu'ils considèrent comme la trahison du BCRA, accusé d'avoir, par calcul politique, refusé d'armer les résistants. En parallèle se pose la question de l'opportunisme et du carriérisme de ceux qui semblent à présent vouloir utiliser leur engagement dans la Résistance pour se placer. Question apparemment mesquine, mais au fond poignante lorsque l'on sait que les créateurs de *Défense de la France*, devenu depuis peu *France-Soir*, sont en tain de se faire évincer de la direction de leur propre journal.

Viannay réfléchit, en outre, à un projet politique. Il recherche une voie révolutionnaire authentique, en dehors des manœuvres du Parti communiste et même de l'adhésion au socialisme. Pour lui, le mouvement Défense de la France doit continuer et chercher des alliances pour un rassemblement de la Résistance. Celle-ci, en effet, doit constituer le moteur et le ferment du renouveau national et refuser de se laisser marginaliser, ne seraitce que par de Gaulle, qui s'adresse directement à la nation et qui dédaigne de s'appuyer sur la Résistance intérieure pour gouverner.

« *Il importe de bien comprendre que les deux mouvements, Forces françaises libres et Résistance, ont suivi chacun une marche parallèle. L'un n'est pas le fils de l'autre. L'un et l'autre sont nés du même sursaut, du même refus. [...] Beaucoup à Alger ou à Londres conçurent la Résistance comme un escabeau que, tôt ou tard, il faudrait maintenir au rôle d'escabeau. [...]. La Résistance était révolutionnaire. Londres et Alger n'étaient que politiques. [...] Vous avez refusé de distribuer des armes au peuple, vous êtes comptables de centaines de milliers de déportés. [...] Il y eut ce qu'on peut appeler le "gang" de Londres et d'Alger, cette équipe d'arrivistes sans frein qui cherchaient à monopoliser pour eux, et pour eux seuls, la Résistance.* »

Extraits de Nous sommes les rebelles, *signé Indomitus*

12 décembre

René Hardy est arrêté pour intelligence avec l'ennemi

Après son évasion, Hardy s'est caché en France et a fini par gagner l'Afrique du Nord, *via* l'Espagne, où il est nommé directeur des services techniques du rapatriement aux côtés d'Henri Frenay, Commissaire national aux Prisonniers, Déportés et Réfugiés.

Une enquête menée par la sécurité militaire à Alger n'a abouti à rien. Mais, peu après le retour du gouvernement provisoire à Paris, un rapport de la Gestapo, dit « rapport Flora », est découvert. Il incrimine directement Hardy dans l'arrestation de Moulin et de Delestraint. Hardy est appréhendé dans son bureau du ministère, inculpé et incarcéré à Fresnes. Ce qui était, dans la clandestinité, une affaire douloureuse et méconnue, devient une sorte de scandale national où les anciens résistants s'affrontent en vertu des solidarités passées et des préférences politiques.

Deux longues instructions, la découverte de nombreux autres documents accablants pour Hardy, deux éprouvants procès (en janvier 1947 et avril-mai 1950), deux acquittements peu convaincants ne parviennent pas à débrouiller les ressorts d'une affaire ne laissant pourtant guère de doute aux historiens qui l'étudient par la suite.

Des Alsaciennes en tenue traditionnelle lisent la proclamation du général de Lattre, patron de la 1re Armée qui a libéré Colmar.

16 décembre

Des GI dans les Ardennes face aux Panzers

Les Américains qui sont en position dans les Ardennes n'en croient pas leurs yeux : à 5 h 30, les GI sont brutalement tirés du lit par un gigantesque barrage d'artillerie. Une heure après, la 1re division blindée allemande sort du brouillard, épaulée par 13 divisions d'infanterie, avec pour objectif d'enfoncer les lignes américaines à l'endroit le plus vulnérable en raison des conditions topographiques et climatiques. Le plan a été élaboré par Hitler en personne. Évidemment, les Américains n'imaginaient pas qu'une telle contre-offensive puisse avoir lieu dans ces moyennes montagnes assez hostiles en hiver. La panique gagne les rangs des hauts responsables des opérations alliées. Si le coup réussit, la porte vers Anvers ou la Manche est grande ouverte. Les efforts consentis par les Alliés depuis le débarquement du 6 juin risquent d'être remis en question. Hitler croit encore au miracle.

Face aux Allemands, les Américains ne sont pas assez nombreux : 85 000 soldats sur 100 km de front contre 250 000 Allemands ! Les Allemands doivent espérer que le brouillard persistera pour éviter le pilonnage de l'aviation alliée et que les stocks d'essence américains situés sur la Meuse seront atteints et pris trois jours après le début de l'offensive.

En un mois, les Américains parviennent à réduire le saillant causé par les Allemands. Le 16 janvier, la contre-attaque allemande est considérée comme un échec. Le bilan des pertes est très lourd des deux côtés : du côté allemand, il y a 24 000 morts, 63 000 blessés et 16 000 prisonniers ; chez les Alliés, 8 000 morts, 48 000 blessés et 21 000 prisonniers. Hitler ne peut donc plus compter sur un miracle pour le sauver. Les Américains sont retardés et ne peuvent plus se lancer dans la conquête de l'Allemagne en même temps que les Soviétiques.

PRESSE ET RADIO À LA

La presse clandestine comprend quelques journaux qui ont un vrai passé commercial, comme *l'Humanité* ou *le Populaire*, et une majorité ne dépasse parfois qu'à peine le niveau de tracts. Certains connaissent un grand succès, comme *Combat*, ou *Défense de la France*. Leurs rédacteurs exigent pourtant un régime de la presse nouveau qui garantisse leur survie. Par ailleurs, le central de diffusion est occupé par les équipes de radio qui se sont organisées dans la clandestinité en vue de la Libération.

Les journaux clandestins s'estiment seuls dignes de paraître dans la France libérée et sont simplement décidés à tolérer les titres qui se sont sabordés à temps après l'armistice ou après l'occupation de la zone libre.

Sur recommandation du CGE, un accord est conclu, qui doit permettre à la presse, quand elle sortira de la clandestinité, d'utiliser provisoirement les installations et le papier des journaux collaborationnistes.

Voyant les troupes allemandes battre en retraite vers l'est, les équipes des journaux subventionnés par l'occupant les suivent, en compagnie des militants des partis collaborationnistes. La presse qui, depuis quatre ans, symbolise l'avilissement français cesse de paraître le 18 août 1944. On s'amuse à dire que l'hebdomadaire *Je suis partout* est devenu *Je suis parti*...

Le lendemain et le surlendemain, dans la foulée de l'occupation de bâtiments administratifs ou ministériels, des résistants prennent possession des immeubles et des imprimeries des journaux disparus. Dans la matinée du 20 août, les locaux sont répartis entre les différents journaux issus de la clandestinité. Les deux journaux communistes *Ce Soir* et *Front national* partagent avec *Libération* l'immeuble de *Paris-Soir* ; *Combat*, *le Franc-Tireur* et *Défense de la France*, celui de *l'Intransigeant* ; *le Populaire* est au *Matin* et *l'Humanité* au *Petit Parisien*.

La presse est le premier signe de la liberté recouvrée. Ici, le premier numéro du journal libre de Cherbourg.

UNE RADIO LIBÉRÉE COMMENCE À ÉMETTRE À PARIS

Radio-Paris cesse d'émettre. Le central de diffusion est occupé par les équipes de radio qui se sont organisées dans la clandestinité en vue de la Libération. À leur origine, on trouve Jean Guignebert, autrefois directeur des services d'information de la radio nationale, et Pierre Schaeffer, un ancien de la radio d'État, qui a commencé dès 1942 le travail préparatoire dans son studio d'essai de la rue de l'Université. À leurs côtés, des techniciens et des reporters, plus ou moins expérimentés.

Le 21, les émissions clandestines commencent, tandis que, dans les rues avoisinantes, des guetteurs surveillent un périmètre de sécurité. Les disques de musique de compositeurs juifs, américains ou russes alternent avec les chansons patriotiques, les communiqués et les appels au combat. Le 23, Pierre Crénesse diffuse son premier reportage en direct. Une interview de Georges Bidault est ponctuée par des coups de feu. On vivra ainsi en direct le discours de Bidault à l'Hôtel de Ville ou l'entrée de la 2e DB dans Paris. Les reporters radio parcourent la ville à vélo, le micro à la main. Le 26 août, le jeune Michel Droit est ainsi derrière le général de Gaulle durant la descente des Champs-Élysées, pour faire vivre ces instants grandioses à des auditeurs pour lesquels la BBC n'est plus la seule source d'information libre.

LIBÉRATION

LA SORTIE DE LA CLANDESTINITÉ

LES JOURNAUX ISSUS DE LA RÉSISTANCE ÉMERGENT DE LA CLANDESTINITÉ

Le 21 août en fin d'après-midi et le 22 au matin, les journaux issus de la Résistance émergent enfin de la clandestinité.

L'improvisation règne : pas d'articles de fond ou d'analyses pertinentes – ou si peu –, guère plus d'informations exactes, mais beaucoup d'envolées lyriques, d'épanchements gauches, de cris de colère ou de triomphe. On découvre sur le tas qu'il y a loin de la rédaction de petites feuilles de propagande à la confection d'un vrai quotidien.

Mais cela n'importe pas ! L'enthousiasme qui emporte les rédacteurs emporte aussi les lecteurs, qui s'arrachent dans les rues les exemplaires que des camelots diffusent partout à vélo. Le simple fait de les entendre en crier les titres est un bonheur. On tire à 100 000 exemplaires. Les manchettes sont énormes, les textes sont en gras, hurlant autant d'appels à l'action et savourant la liberté tant attendue et si chèrement payée.

UNE PRESSE NOUVELLE

En l'espace de trois jours, les Parisiens découvrent une dizaine de nouveaux quotidiens dont les premiers éditoriaux leur annoncent leur naissance dans la clandestinité. Le 21 août, ils ont pu voir *Combat* (avec un article de Sartre), *le Franc-Tireur* et *Libération*, les trois « grands » de zone sud. Dès le lendemain, ils sont rejoints par *Défense de la France*, *Front national*, *l'Homme libre* (de Mitterrand) et *le Parisien libéré* (de l'OCM). Le 23 s'y ajoutent *l'Aube* des chrétiens-démocrates. Il faut compter aussi avec de glorieux ressuscités, *l'Humanité* et *Ce soir*, qui avaient été interdits après le pacte germano-soviétique de 1939, *le Populaire*, mais aussi *le Figaro*, qui s'est sabordé à temps en novembre 1942 pour avoir le droit de reparaître. Ce n'est qu'un début. Dans les semaines qui suivent, à Paris comme en province, le paysage de la presse française est entièrement redessiné par l'apparition de dizaines de titres nouveaux et par la disparition de toutes les publications réputées compromises avec Vichy ou l'occupant.

Le Parisien Libéré

MARDI 22 AOUT 1944

La victoire de Paris est en marche !

UNE PRESSE NEUVE DANS UNE FRANCE LIBRE

Trois grandes journées

DANS LA CAPITALE Choses vues

LES ALLIES ONT DEPASSE LA SEINE DES DEUX COTES DE PARIS

LA FUITE DES COLLABORATIONNISTES COMMENT ILS SONT PARTIS

Conquête rapide du Midi par les Alliés

En accompagnant les troupes libératrices

La Police et la Résistance

DE VILLE D'EAU EN VILLE D'EAU

L'ETEIGNOIR !

France-soir

LE GRAND QUOTIDIEN DE PARIS

DÉFENSE DE LA FRANCE

ÉDITION DE MIDI

Vers VIENNE

Après avoir débordé Budapest les Russes progressent en direction de l'Autriche et de la Tchécoslovaquie

NOS ARMÉES ONT PERCÉ SUR LE FRONT DES VOSGES

BELFORT LA VILLE SANS HOMMES

où, dans les rues mortes règne la terreur nazie

ROOSEVELT ? DEWEY ?

Aujourd'hui LES ETATS-UNIS désignent LEUR FUTUR PRESIDENT

L'assemblée consultative tient au Luxembourg sa première séance

Un appel au peuple de Paris

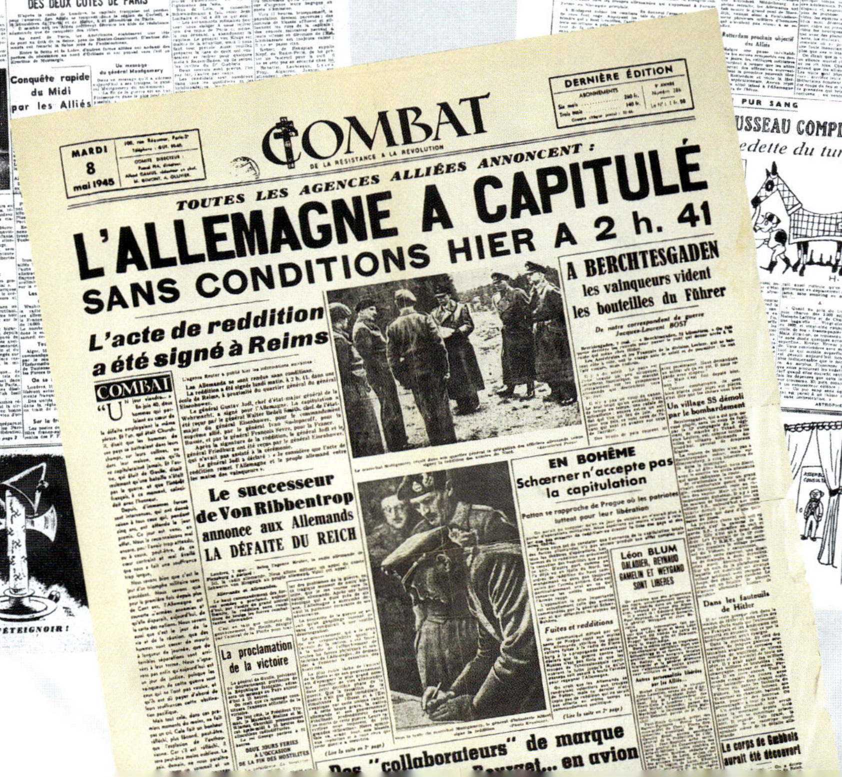
COMBAT

DE LA RÉSISTANCE À LA RÉVOLUTION

MARDI 8 mai 1945

DERNIÈRE ÉDITION

TOUTES LES AGENCES ALLIÉES ANNONCENT :

L'ALLEMAGNE A CAPITULÉ SANS CONDITIONS HIER A 2 h. 41

L'acte de reddition a été signé à Reims

A BERCHTESGADEN les vainqueurs vident les bouteilles du Führer

EN BOHÊME Schoerner n'accepte pas la capitulation

Le successeur de Von Ribbentrop annonce aux Allemands LA DÉFAITE DU REICH

Léon BLUM DALADIER, REYNAUD GAMELIN ET WEYGAND SONT LIBÉRÉS

La proclamation de la victoire

Des "collaborateurs" de marque

23-28 janvier

La Résistance : une force politique ?

Le Mouvement de libération nationale (MLN) est créé le 15 janvier 1944. Ses inspirateurs (les organisations réunies dans les MUR rejointes par les mouvements Résistance, Défense de la France, Lorraine et Voix du nord) cherchent à préparer les esprits à une survie politique de la Résistance. Tout en soutenant le général de Gaulle, le MLN se propose de faire fusionner les organismes existants et d'élaborer un « programme commun » dont l'enjeu politique est revendiqué : « Organiser dès maintenant les forces de la Résistance en vue de l'établissement de la IVe République et de la construction d'une société plus juste ». Cette création est diversement appréciée. Le journal *France,* par exemple, dans son édition du 24 avril 1944, y voit un « acte de sécession » portant atteinte à l'autorité du CNR. Il craint l'ombre d'un « parti unique », sous la direction de Combat.

À la Libération, le MLN, fort de 500 000 adhérents et de nombreux journaux, est la première organisation de Résistance. En janvier 1945, le congrès parisien du MLN rejette une motion favorable à une fusion avec le Front national. La même question doit être tranchée par le Ier Congrès national, qui se tient à Paris les 23-28 janvier 1945. Eugène Claudius-Petit, chargé du rapport de politique générale, fait confiance au gouvernement. Pour lui, le MLN n'est pas seulement un mouvement patriotique, mais une organisation politique. Il propose de rejeter la thèse fusionniste. De nombreuses interventions sont remarquées, comme celle d'André Malraux. Le suivent Frenay, membre du comité directeur, et les socialisants (Baumel, Philippe Viannay, Claudius-Petit, Malraux, Antoine Avinin). Par contre, Marcel Degliame, Kriegel-Valrimont, d'Astier de La Vigerie, Pierre Hervé ou les époux Aubrac se prononcent en faveur de la fusion avec le FN. Mais les antifusionnistes l'emportent : 250 voix contre 119.

Le front résistant se fracture entre les communistes et les autres. Le MLN envisage un rapprochement avec la SFIO et accueille en son sein l'Union travailliste (composé de l'OCM et de Libération-Nord). Ensemble, le 25 juin 1945, ils créent un nouveau parti, l'Union démocratique et socialiste de la Résistance (UDSR), alors que la minorité du MLN et le FN, « au nom de l'unité de la Résistance », en réaction, créent le Mouvement unifié de la renaissance française (MURF), qui apparaît comme un appendice du Parti communiste français. L'UDSR réalise une unité d'action avec la SFIO, mais cette stratégie débouche sur un échec électoral et le renforcement du PCF.

Cet échec signe l'incapacité de la Résistance à devenir le pivot autour duquel aurait pu se restructurer le champ politique.

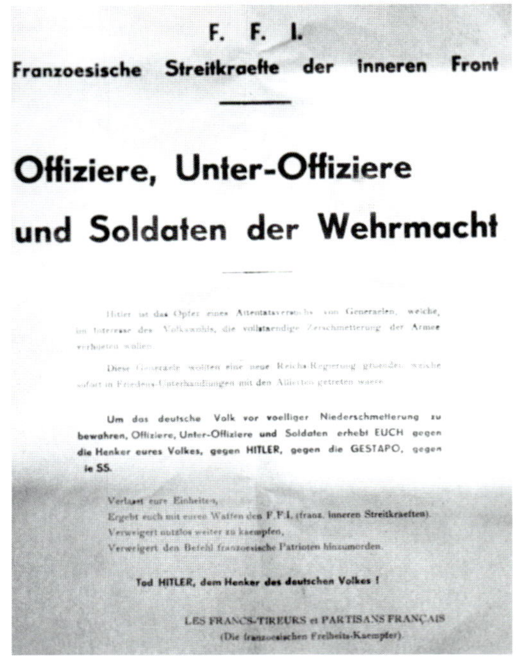
F. F. I.
Franzoesische Streitkraefte der inneren Front

Offiziere, Unter-Offiziere und Soldaten der Wehrmacht

Hitler ist das Opfer eines Attentatsversuchs von Generalen, welche, im Interesse des Volkswohls, die vollstaendige Zerschmetterung der Armee verhueten wollen.

Diese Generale wollten eine neue Reichs-Regierung gruenden, welche sofort in Friedens-Unterhandlungen mit den Alliierten getreten waere.

Um das deutsche Volk vor voelliger Niederschmetterung zu bewahren, Offiziere, Unter-Offiziere und Soldaten erhebt EUCH gegen die Henker eures Volkes, gegen HITLER, gegen die GESTAPO, gegen ie SS.

Verlasst eure Einheiten,
Ergebt euch mit euren Waffen den F.F.I. (franz. inneren Streitkraeften).
Verweigert nutzlos weiter zu kaempfen,
Verweigert den Befehl franzoesische Patrioten hinzumorden.

Tod HITLER, dem Henker des deutschen Volkes !

LES FRANCS-TIREURS et PARTISANS FRANÇAIS
(Die franzoesischen Freiheits-Kaempfer).

Des textes placardés sur les murs incitent les soldats de la Wehrmacht à désobéir aux ordres et à déserter.

Manifestation du Mouvement de Libération nationale (janvier 1945). Derrière Alban-Vistel (qui prononce un discours), Frenay (assis) et d'Astier (debout).

30 janvier

« L'Humanité nue »

En ce début de 1945, la libération des grandes villes de France est réalisée, les résistants sont désarmés, la politique reprend ses droits. Et pourtant, loin de France, des résistants subissent encore l'enfer de l'univers concentrationnaire nazi. Comme Roger Nathan, dit « Murat », membre de Liberté puis de Combat, organisateur des Groupes francs à Marseille et à Lyon, qui va vivre une véritable odyssée de l'horreur.

Il est arrêté le 29 septembre 1942. Interné à la prison de Montluc, il est transféré à Fresnes le 21 juin 1943. Début septembre, il est conduit au camp de Royallieu (Compiègne), qu'il quitte le 9 janvier 1944 pour le camp de Buchenwald. Il y reste un an. Début janvier 1945, il rejoint le camp d'Ohrdruf, d'où il s'évade le s'évade le 2 avril 1945.

La sanction de l'engagement résistant et du combat pour l'idéal, c'est souvent la déportation, la rencontre avec le pire que ce siècle a pu inventer : l'inhumanité de l'Homme.

Depuis son départ de Buchenwald, il tient un petit carnet. Le mardi 30 janvier 1945, quand la France connaît les joies de la liberté retrouvée, il tente de décrire l'indicible.

« [...] J'ai appris la peine, j'ai appris la haine, la haine, la haine. J'ai appris l'Humanité nue, l'Humanité ravalée à son rang de bête luttant dans la jungle la pire de toute, la jungle humaine où à tous les coins la mort attend sa proie, où la victime est celle de la faim, de l'épuisement, où le faible est irrémédiablement condamné à mourir, victime de sa faiblesse mais aussi de son voisin, de son camarade (!) qui l'écrase pour ne pas être écrasé, qui le frappe pour ne pas être frappé, qui le tue pour ne pas être tué. L'humain n'est pas beau. [...]

Puis l'on meurt aussi bien à quatre dans un lit que seul ou que par terre, qu'importe puisque l'on meurt que c'est enfin fini, que l'on ne souffre plus. Puis on est si las on n'y pense même pas, on est faible, épuisé, sans ressort, sans ressource, on est un cadavre en retard chez les vivants, un cadavre qui n'est pas encore tout à fait mort, qui vit, marche et remue par la force acquise et qui va s'écrouler définitivement bientôt. »

Extrait du carnet de Roger Nathan, 30 janvier 1945

18 mars

Des résistants en Indochine

L'Indochine est occupée par les Japonais, mais un petit groupe d'hommes, civils et militaires, s'est constitué à partir de 1942, pour résister à leur présence. Le réseau est dirigé par le capitaine de gendarmerie Jean d'Hers, en poste à Can Tho. La recherche de nouvelles recrues n'est pas toujours facile, compte tenu de la bonne image dont Vichy bénéficie dans cette contrée de l'Empire éloignée de la métropole. Jean d'Hers et ses hommes ont repéré plusieurs terrains pour des atterrissages clandestins, mais ils ont aussi fourni aux Alliés des informations sur les installation nippones dans la péninsule. Au début de mars 1945, le réseau de Jean d'Hers ne compte pas moins de 1 500 hommes. Ceux-ci sont attaqués vers le 10 mars par les Japonais. Malgré plusieurs succès, le capitaine de gendarmerie est tué avec une douzaine d'hommes, alors embarqués dans un canot.

4 mai

Leclerc au « nid d'aigle »

Le 4 mai, un sous-groupement de la 2e DB du général Leclerc commandé par le capitaine Buis et le lieutenant-colonel Répiton-Préneuf, arrive dans la bourgade bavaroise de Berchtesgaden, mais après les Américains. Les Français poussent plus loin et décident de parvenir les premiers au Berghof, le « nid d'aigle », l'ancienne retraite de Hitler. Avec une jeep, ils y parviennent sans peine et découvrent un site complètement dévasté par les bombardements. La prise a une portée évidemment symbolique.

Le 5 mai 1945, un soldat de la 2e DB au pied du Berghof, le refuge de Hitler qui brûle encore.

8 mai

Fin du IIIe Reich

À 2 h 41, le 8 mai 1945, l'Allemagne se rend sans condition aux Alliés occidentaux et aux Soviétiques, dans les locaux de l'école professionnelle de Reims. C'est à cet endroit que le grand quartier général avancé du général Eisenhower avait été installé. Du côté allemand, c'est le général Jodl, le récent chef d'état-major de la Wehrmacht, qui signe, alors que le lieutenant-général Walter Bedel Smith paraphe l'acte de capitulation pour le commandement suprême allié. Le général français François Sevez et le général soviétique Ivan Sousloparov signent également pour leurs pays. Une nouvelle signature est prévue à Berlin pour le jour suivant, pour donner à cet acte sa dimension hautement symbolique.

Cette capitulation n'est en rien improvisée, mais préparée de longue date par les Alliés. Dès janvier 1943, lors de la conférence de Casablanca, la capitulation sans condition *(unconditional surrender)* a été choisie et elle est devenue une doctrine officielle inébranlable. Elle doit être infligée aux Allemands, aux Japonais et aux Italiens. Roosevelt, le président américain, l'impose en fait à Churchill, puis à Staline. Pour Roosevelt, il fallait à tout prix éviter l'erreur de 1918 et faire bien comprendre que la défaite allemande n'était pas le fruit d'une trahison, mais bien la conséquence d'une défaite cinglante. À une guerre totale, la capitulation ne pouvait être qu'intransigeante et sans pitié. L'effondrement militaire allemand et le suicide de Hitler, ainsi que son remplacement par l'amiral Dönitz, le 30 avril 1945, suffisent à obtenir une reddition sans condition du Reich. Depuis la petite ville de Flensburg, où ce qui reste du Reich est dirigé, Dönitz n'obtempère pourtant pas immédiatement, car il souhaite résister jusqu'au bout aux Soviétiques, afin de déplacer ensuite des forces (militaires et civiles) sur le front occidental et demander des armistices partiels. Or, l'amiral allemand n'a pas compris que les Alliés veulent une capitulation totale. Après des combats acharnés, le 5 mai, des négociations commencent à Reims. La Seconde Guerre mondiale est finie en Europe, trois jours plus tard, dans une modeste école en brique rouge de Champagne.

Liesse populaire à Paris le jour de la capitulation du Reich, le 8 mai 1945.

22 mai

Le Comité du Débarquement

Raymond Triboulet, sous-préfet de Bayeux, organise un Comité du Débarquement, association qui se fixe pour but la commémoration des opérations de juin 1944, le développement du tourisme dans les sites du Débarquement et le renforcement des relations franco-alliées. Le Comité est appelé à devenir la cheville ouvrière d'un ensemble commémoratif comprenant monuments, circuits, musées et préservation des principaux sites.

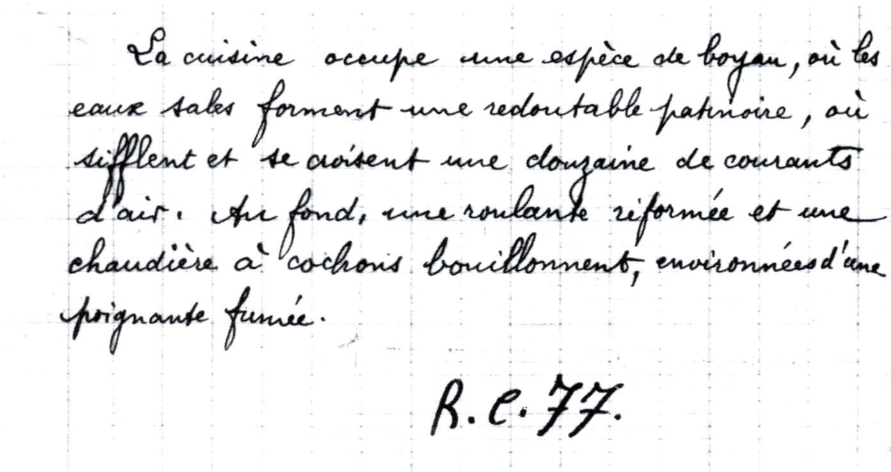
La cuisine occupe une espèce de boyau, où les
eaux sales forment une redoutable patinoire, où
sifflent et se croisent une douzaine de courants
d'air. Au fond, une roulante réformée et une
chaudière à cochons bouillonnent, environnées d'une
poignante fumée.
R.C.77.

La Libération survenue, les résistants évoquent entre eux les techniques qu'ils employaient pour communiquer. Un exemple : cette citation extraite du livre collaborationniste les Décombres *(de Rebatet) utilisée par un individu souhaitant adhérer à un réseau de résistance. La citation est recopiée 2 fois sur une page et expédiée à la centrale, laquelle la coupe en deux, lui attribue un indicatif, et restitue une partie au candidat ; elle devait permettre à celui-ci de se faire connaître au cas où le PC de son réseau venait à être anéanti.*

Fin mai

« Votre sort est tracé »

En mai 1945, un homme cherche à rencontrer Henri Frenay, alors ministre des Prisonniers, des Réfugiés et des Déportés. C'est Multon ! L'homme qui avait livré Berty Albrecht à la Gestapo ! Aussitôt averti, Frenay appelle le patron de la DST, Roger Wybot, et lui demande de l'interpeller au plus tôt. Un matin, Wybot appelle Frenay : le traître est dans son bureau. Frenay arrive aussitôt. Il est face à l'homme qui l'a trahi. Multon lui raconte qu'il a cédé à la Gestapo pour éviter la torture. Il lui révèle que c'est lui, le chef de Combat, qui était visé dans l'opération au cours de laquelle Berty a été arrêtée.

Frenay l'écoute, et commente ainsi sa réaction :

« Cette confession, dite d'une voix monotone, au fur et à mesure qu'elle se déroule, me trouble et finalement me bouleverse. Je n'ai jamais su haïr et cet homme, en cet instant, m'inspire plus de pitié que d'aversion. Si, comme des millions de Français, il était resté bien tranquille, chez lui, il n'aurait pas connu le risque d'être un lâche et de trahir. Il aurait même été peut-être un brillant FFI d'août 1944. Oui, mais je le sais, je l'ai dit et cela ne peut pas, ne doit pas être autrement : l'homme est responsable et celui-ci, si pitoyable qu'il m'apparaisse aujourd'hui, est responsable de tant de supplices et de tant de morts...

– Multon, vous êtes venu remettre votre sort entre mes mains. Votre sort appartient à la justice et non à moi-même. Il est tracé... »

Multon sera jugé, et fusillé.

« ...il n'aurait pas connu le risque d'être un lâche et de trahir. »

HENRI FRENAY EN PARLANT DE MULTON

18 juin

5e anniversaire de l'appel du 18 juin

À peine plus d'un mois après la capitulation allemande, la commémoration du 18 juin offre l'occasion aux Parisiens massés en nombre de voir défiler leurs armées victorieuses.

Une délégation de déportés en pyjamas rayés, portant des drapeaux confectionnés dans les camps de concentration, ouvre la cérémonie et se place sur le côté gauche des Champs-Élysées. Puis des croix de la Libération et des légions d'honneur sont remises.

Suit un défilé militaire de grande ampleur. Place de la Concorde, le cortège se scinde pour se poursuivre sur les grands boulevards, d'une part, et sur le boulevard Saint-Germain, d'autre part.

Le lendemain, les journaux saluent avec émotion le geste d'espoir du 18 juin, présenté comme l'événement fondateur de la Résistance et de la Libération françaises.

23 juillet

Pétain, premier résistant de France ?

Le 23 juillet 1945, le maréchal Pétain pénètre dans l'enceinte de la Haute Cour au palais de justice. L'atmosphère est lourde et chaude. Pétain se lève et lit une déclaration rédigée :

« La Haute Cour, telle qu'elle est constituée, ne représente pas le peuple français, et c'est à lui seul que s'adresse le maréchal de France, chef de l'État. Je ne ferai aucune déclaration. Je ne répondrai à aucune question. Mes défenseurs ont reçu de moi la mission de répondre à vos accusations qui veulent me salir, qui n'atteignent que ceux qui les profèrent. [...] En me condamnant, ce sont des millions d'hommes que vous condamnerez dans leurs espérances et dans leur foi. Ainsi, vous aggraverez ou vous prolongerez la discorde de la France, alors qu'elle a besoin de se retrouver et de s'aimer pour reprendre la place qu'elle tenait autrefois parmi les nations. »

La ligne des défenseurs du maréchal est de montrer que Pétain a été le meilleur rempart des Français contre l'occupant. Qu'en fait, il a résisté à sa manière. Au cours de l'instruction, il a rédigé une note qui vise à réécrire l'histoire en fonction d'une ligne « résistantialiste » :

« Note sur la Résistance

1. J'ai toujours résisté aux Allemands.

2. Donc, je ne pouvais être que favorable à la Résistance. La résistance est le signe de la vitalité d'un peuple.

3. En tant que chef de l'État, je ne pouvais l'approuver publiquement en présence de l'occupation.

4. J'ai toujours fait une distinction entre la résistance faite aux Allemands et ceux qui ont utilisé ce prétexte pour se livrer à des crimes de droit commun. Ce sont ceux-là seuls que j'ai qualifiés de terroristes. Les résistants ont eux-mêmes protesté contre les excès de ces derniers.

5. J'ai désapprouvé, comme l'a d'ailleurs fait le général de Gaulle, les attentats individuels contre les membres de l'armée d'occupation.

6. Je n'ai jamais cherché à avilir la Résistance, car j'étais moi-même un résistant. Le résistant de France dans la métropole. »

27 juillet

Avant que le rideau ne tombe

Fondateur de Libération-Sud, commissaire à l'Intérieur du CFLN, puis du GPRF, de septembre 1943 à septembre 1944, directeur du journal *Libération*, Emmanuel d'Astier dresse pourtant un constat d'échec de la Résistance : celle-ci n'a pas pu réaliser son union et accomplir son projet politique. Consommant la rupture avec de Gaulle, il se range aux côtés des minoritaires qui auraient souhaité la fusion du MLN avec le FN communisant. Convaincu que seule l'alliance avec le PC peut redonner son élan à l'esprit de la Résistance, il devient dès lors un « compagnon de route », sans pour autant, d'ailleurs, s'être converti au marxisme. Dans le livre qu'il publie, *Avant que le rideau ne tombe*, il laisse parler son désenchantement.

« *Avant que le rideau ne tombe, je veux parler de vous, les frères de la première heure, les frères en utopie.*

Pour vous, pendant les premiers mois, il ne s'agissait pas de politique. Vous étiez des hommes seuls, partagés entre la honte et la foi.

[...] De fil en aiguille vous êtes devenus la Résistance. Vous êtes devenus un peuple conscient de résister au mal, plus encore qu'au malfaiteur.

Enfin, dévorés par cet apostolat, envahis par vos néophytes, vous avez échoué au port, quand au lieu de sauver et de vaincre, il vous a fallu convaincre et rassembler vos forces contre les faiblesses de ceux qui avaient assisté à votre prodige, subi votre miracle, sans y croire.

[...] Nous ne sommes pas, nous ne serons jamais des anciens combattants. Et ceux qui continueront à évoquer la Résistance pour en faire une renaissance sont décidés à poursuivre l'œuvre civique au moins jusqu'à ce qu'il y ait en France un régime également éloigné du pouvoir personnel et de cette troisième république bourgeoise, capitaliste et médiocre dont quelques-uns gardent la nostalgie, un régime qui soit une véritable démocratie populaire.

Un échec ne suppose pas qu'on renonce à sa tâche. Mais il faut convenir d'un échec et en connaître les causes pour donner au prochain combat les chances d'un aboutissement heureux. Or, cet échec relatif de la Résistance dans la période qui a couru de la Libération à la Victoire, cet échec succédant à la merveilleuse réalisation qu'était la lutte clandestine et la Libération avait deux causes essentielles [...].

La Résistance n'a pas su faire son unité. Des ambitieux, des peureux ou des réactionnaires ont cherché coûte que coûte à en exclure une fraction : les communistes.

[...] À son avis [du général de Gaulle], la Résistance a fait son temps, a accompli son œuvre : elle n'est plus qu'un réservoir dans lequel l'État et la nation – ses deux seules réalités – peuvent puiser des cadres. Et il invite vivement les résistants à manifester toutes leurs qualités éminentes de citoyens, mais individuellement plutôt qu'en groupes. »

Extraits d'*Avant que le rideau ne tombe*

15 août

Des femmes exigent la mort de Pétain

À l'issue d'un procès long et insatisfaisant, les jurés condamnent Philippe Pétain à mort, en recommandant que la sentence ne soit pas exécutée. Les jurés parlementaires ont voté contre la mort, les jurés résistants pour. « Il faut exécuter la sentence », proclame le lendemain la manchette de *l'Humanité*. Des associations proches du PC font circuler des pétitions réclamant l'exécution. De Gaulle commue la peine en détention à perpétuité.

C'est la légitimité même du combat résistant qui est en jeu. « Si Pétain était innocent, lit-on dans *Combat*, alors tous ceux qui combattaient contre l'occupant étaient coupables. »

Les femmes françaises suivent cette logique, et ne sont pas les plus tendres. En témoigne le tract suivant, émanant de l'Union des femmes françaises :

« Mamans, sœurs, épouses
Toutes qui avez tant souffert
Au nom des trois millions de prisonniers et déportés
Au nom du million d'enfants tués par les misères de l'Occupation
Au nom de deux cent cinquante mille fusillés
Au nom de centaines de milliers d'hommes et de femmes torturés
Dans les camps de mort nazis
Exigez pour Pétain
LA MORT »

Les chiffres de l'épuration

9 000 exécutions extrajudiciaires ou sauvages
1 500 exécutions judiciaires
310 000 instructions
125 000 cas soumis en justice
45 000 peines de prison
50 000 dégradations nationales
25 000 fonctionnaires sanctionnés

7 septembre

Premier sondage

Le journal *Libération* s'offre en « première » un sondage réalisé à Paris, deux semaines après la Libération.

« Quel événement vous a causé le plus de joie au cours de ces derniers jours ? L'arrivée des forces alliées à 58 %.

Êtes-vous allé voir défiler le général de Gaulle ? Oui à 56 %.

Quelle est votre opinion sur l'importance du rôle des FFI dans la libération du pays ? Importance considérable à 62 %

Que faut-il faire maintenant des FFI de Paris ? Mobilisation totale à 51 %.

Pour quelle date prévoyez-vous la fin de la guerre en Europe ? Fin novembre à 26 %.

Quelle nation aura le plus contribué à la défaite allemande ? L'URSS à 61 %.

Quelle nation aidera le plus la France à se relever après la guerre ? Les États-Unis à 69 %. »

Ce sondage est un événement : cinq ans durant, l'opinion des Français était méconnue et interdite. Que savaient-ils ? Que pensaient-ils ? Deux questions simples auxquelles les historiens ne sauront peut-être jamais répondre avec certitude.

À Dijon sont jugés une quarantaine d'agents français de l'Abwehr.

4-9 octobre

Un « salaud » au poteau

Livré par l'Espagne franquiste, où il a cherché refuge après la chute du IIIe Reich, Pierre Laval est ramené abruptement à Paris pour témoigner au procès Pétain. Il étonne alors par sa combativité, se refusant à endosser le rôle du mauvais génie du vieux maréchal. Avocat et parlementaire dans l'âme, Laval croit sa cause défendable, voulant ignorer qu'il est l'homme le plus haï de France. Au terme d'une instruction bâclée et écourtée pour cause d'élections et de référendum qui approchent, son procès se déroule dans des conditions scandaleuses, parfois hors de sa présence, voire hors de la présence de ses défenseurs. « Salaud, douze balles dans la peau », lui hurlent les jurés. Au bout de cinq jours, il est condamné à mort. Le général de Gaulle refuse de le gracier. Le 15 octobre, Laval est conduit au poteau d'exécution, juste après avoir été réanimé à la suite d'une tentative de suicide. Cette affaire embarrasse la presse résistante : « On attendait un procès, constate Claude Roy dans les *Lettres françaises*, c'est un règlement de comptes. »

Pierre Laval entouré de ses avocats lors de son procès, à la suite duquel il est condamné à mort.

21 octobre

Échec de la Résistance à devenir un courant politique

Lors des élections législatives à l'Assemblée constituante du 21 octobre 1945, le paysage politique de la France montre un changement considérable par rapport à la fin des années 1930. Trois grands partis dominent, disposant d'environ 76 % des voix : le Parti communiste obtient 26,1 % des suffrages exprimés (plus d'un quart des électeurs ont choisi les communistes) ; le MRP gagne 25,6 % des suffrages exprimés ; la SFIO n'obtient pas les résultats espérés avec 24,6 %. Les autres partis, dont le Parti radical avec 9,3 %, se partagent le reste. La France est donc majoritairement à gauche. Mais ces élections marquent l'échec de la tentative de transformation de la Résistance en courant politique. Les partis ont repris leur vocation à monopoliser le jeu politique, contre le souhait de nombre de résistants qui rêvaient d'une autre manière de faire de la politique.

De fait, les mouvements se vident de leurs membres dès le début de 1945. On assiste à un retour aux errements de la IIIe République. Le résultat du 21 octobre 1945 oblige le général de Gaulle à composer avec le Parti communiste pour former un gouvernement. Il va falloir trouver un compromis rapide pour ne pas bloquer le fonctionnement d'institutions naissantes. Ce compromis sera de courte durée.

Invitation à une réunion électorale organisée par le MLN en octobre 1944 : la Résistance tente de s'imposer sur la scène politique.

11 novembre

Une apothéose commémorative

C'est Henri Frenay, ministre des Prisonniers, Déportés et Réfugiés, qui a l'idée d'associer dans un même hommage les morts des deux conflits mondiaux, mais aussi d'élever un monument au mont Valérien « en l'honneur des Français et des Françaises de la métropole et des territoires d'outre-mer morts pour la France au cours de la récente guerre. » En fait, ce programme commémoratif se déroule sur trois journées. Le 10 novembre a lieu le transfert aux Invalides des 15 corps choisis pour reposer au mont Valérien, dont celui de Berty Albrecht : 2 déportés et 1 prisonnier de guerre, 3 résistants « de l'intérieur », 9 combattants militaires. Les dépouilles sont veillées toute la nuit.

Le lendemain, 11 novembre, les cercueils sont conduits sur des affûts et des prolonges d'artillerie jusqu'à la place de l'Étoile. Ils arrivent à 9 h 55. Cinq minutes après, le général de Gaulle, chef du gouvernement, prononce une courte allocution :

« Morts pour la France, mais triomphants comme elle ; tombés sur tous les champs de bataille, où, soit dans la lumière, soit dans l'ombre, s'est joué notre destin ; ramenés par tous les chemins de nos douleurs et de notre victoire, voici donc ces morts revenus ! [...]

Il faut que nous comprenions combien demeure éternellement précaire le salut de notre pays, puisqu'il fallut au long de notre histoire tant de sacrifices pour surmonter tant de dangers. Il faut que nous reconnaissions que le bien de la patrie est toujours la loi suprême et que, dans la situation que lui font un monde dur et un temps difficile, tout, oui tout, doit s'effacer devant le devoir de la servir. [...] »

La France entière est recueillie au moment où, après un coup de canon et la sonnerie aux morts, retentissent les cloches de Notre-Dame et de toutes les églises de France. L'unité chère aux vœux de Frenay, le maître d'œuvre de cette commémoration, un court instant, est retrouvée. Il pense alors à ce moment-là : « C'est bien pour que vive la France que vous êtes tombés sur notre route, vous, Berty, dont le cercueil est là, devant moi, vous, les suppliciés de Cologne, et vous, Jacques Renouvin, Marcel Peck, Jean-Guy Bernard, Claudius Billon, vous tous de Combat, amis connus et inconnus... Et nous voici, nous, les survivants, parvenus au terme que nous nous étions fixé. »

Après le défilé des troupes, des milliers d'anonymes se recueillent devant les catafalques jusqu'à 18 heures. À 18 h 50, les cercueils sont chargés de nouveau sur les affûts pour un cortège qui les conduit jusqu'au mont Valérien. Ils sont alors déposés dans une crypte provisoire.

Le choix des corps est expressif d'une certaine vision de cette guerre. On ne trouvera pas au mont Valérien de victimes juives du génocide. La dimension radicalement nouvelle du nazisme n'est pas encore dans les esprits.

Inauguration du Mémorial de la France combattante au mont Valérien, dans la clairière des condamnés, le 18 juin 1947.

Épilogue

Les résistants après la Résistance

Avec la Libération, le peuple de l'ombre passe brutalement à la lumière. Les pseudonymes et les fausses cartes d'identité sont abandonnés. Cloisonnement oblige, des amis découvrent qu'ils « en étaient » et qu'ils travaillaient, sans le savoir, pour le même mouvement ! La peur, de soi et des autres, obsession de tous les instants, laisse la place à la satisfaction d'avoir lutté pour la bonne cause, pour le combat qui a réussi. Les scènes de liesse populaire, où est acclamée la liberté recouvrée, resteront pour longtemps la ponctuation grandiose de la fin des épreuves et l'image vivante d'un peuple semblant vibrer à l'unisson pour la nouvelle France.

Triomphe de la Résistance et des résistants ? Rien n'est moins sûr.

Les résistants modestes retournent à leurs familles, à leurs amours, à leurs métiers ou à leurs études. Il s'agit de renouer avec la vie sociale après une absence qui a été parfois très longue. Ce retour, dont on ne parle pas, a été souvent difficile. Les héros anonymes peinent à retrouver « une situation ». Ceux de la haute société résistante n'ont pas l'intention de faire comme si rien ne s'était passé.

En quelques heures, on passe du maquis à la préfecture. Le pouvoir gaulliste s'inquiète d'une possible situation insurrectionnelle. Il veut avant tout rétablir l'ordre républicain contre lequel va se briser la mystique unitaire et révolutionnaire du combat résistant. Dès son arrivée à Paris, à la fin du mois d'août 1944, le général de Gaulle, chef du Gouvernement provisoire de la République française, utilise le ministère de l'Intérieur pour mettre en œuvre une politique centralisée reposant sur les préfets. Les comités de la Libération sont ramenés à une fonction subalterne. Un des chefs FFI de la région de Toulouse, Serge Ravanel, est offusqué de voir de Gaulle, en visite dans la Ville rose les 16 et 17 septembre 1944, demander leurs grades militaires aux FFI rassemblés dans les salons de la préfecture, et lui reprocher de porter le ruban de la Croix de la Libération. Lorsqu'il lui demande quel doit être le rôle de la Résistance dans l'avenir, la réponse du Général l'atterre : « Son rôle est terminé. » Ce désenchantement rapide est partagé par l'ex-commissaire de la République à Lyon, Yves Farge. Dans *Rebelles, Soldats et Citoyens* (Grasset, 1946), l'homme qui avait mis sous séquestre les usines Berliet regrette que la Libération ait si peu rimé avec la révolution : quelle était belle l'après-Libération sous l'Occupation !

Du côté des grands chefs de la Résistance intérieure, on trouve la volonté de convertir politiquement la Résistance pour en faire un instrument de conquête du pouvoir et de refondation des élites françaises. Cette ambition échoue, hormis dans le domaine du rapport entre l'État et l'économie ou le social (que l'on pense aux nationalisations ou à la sécurité sociale). Les chefs de l'armée des ombres peinent à trouver leurs marques dans le jeu politique renaissant. Si la culture politique ne prédispose pas les élus à résister, la culture résistante n'incline pas à l'engagement politique. Le chef du CFLN, puis du GPRF, a eu une bonne intuition en nommant « ministres » des hommes comme Emmanuel d'Astier de La Vigerie, Henri Frenay ou Pierre-Henri Teitgen. Frenay, tout particulièrement, rêve d'un « parti de la Résistance » dont de Gaulle serait le chef. Ce rêve se dissipe rapidement lorsqu'il devient clair que cette IVe République tant rêvée reproduit les anciennes règles du jeu partisan et ressuscite l'« esprit de parti », qu'un Alban-Vistel stigmatisait en juin 1944. La « France comitarde », comme la nommait Brossolette, reprend le dessus. Les premières consultations électorales de l'après-guerre témoignent de la prégnance des notables (locaux) et du faible renouvellement des personnels politiques. L'unité rêvée est soluble dans le jeu politique. La Résistance n'a pas réussi à se survivre à elle-même, à être autre chose qu'une référence morale. Mais son apport fondamental a été de réconcilier les Français avec les valeurs humanistes de la république et de la démocratie.

Le général de Gaulle n'est pas étranger à ce phénomène. Lors de son discours du 25 août 1944 devant l'Hôtel de Ville de Paris, il célèbre la « seule France », la «vraie France » et la « France éternelle », mais étrangement il ne mentionne pas la Résistance, pas plus que les résistants. Tout se passe comme si le seul dialogue possible l'était entre un homme et la France, cet homme portant en lui l'essence atemporelle de la France et refusant d'apparaître comme le représentant particulier de cette fraction de Français qui ont été des résistants. Ce faisant, il relativisait la spécificité de cette Seconde Guerre mondiale (le phénomène résistant comme le génocide). Ainsi, le 2 avril 1945, lors de la cérémonie de la remise des drapeaux, il évoquera « cette guerre commencée voici plus de trente ans ». Le drame franco-français était rejeté dans de pudiques limbes, au nom d'une logique qui visait à une sorte de déculpabilisation nationale. Pour lui, les collabos n'ont été qu'« une poignée de misérables ».

Une situation étrange et ambivalente domine à la Libération : si la Résistance est absente du champ institutionnel, elle est présente dans les cœurs et dans l'imaginaire collectif. Les nombreuses commémorations qui fleurissent dès 1944 en sont le meilleur indice. Dans ce domaine, les communistes sont particulièrement actifs. L'État n'est pas en reste. Que l'on songe au 11 novembre 1945, apothéose commémorative. Mais l'État est actif également sur le front éditorial. Le ministère de l'Information, par le biais de l'Office français d'édition, crée une collection de petits fascicules (« conférences de l'information »), qui retranscrit des conférences ou des discours. Comme les allocutions qui ponctuent la session inaugurale de l'Assemblée consultative du 15 mai 1945 et publiées sous le titre : *la Célébration de la victoire par l'Assemblée consultative*. Un peu plus tard, en 1947, le ministère de la Jeunesse, des Arts et des Lettres fait éditer par la Documentation française deux brochures consacrées aux *« héros de la Résistance »*. Parmi ces héros, devant symboliser « le sacrifice de tous » : Berty Albrecht, Jean-Guy Bernard, Marc Bloch, Pierre Brossolette, Guy Môquet, Danielle Casanova, Jean Cavaillès, d'Estienne d'Orves, colonel Fabien, Médéric, Gabriel Péri, Fred Scamaroni, Jacques Stosskopf... De ces héros, une figure domine alors, celle de Brossolette. René Ozouf lui consacre un pieux et bel ouvrage en 1946 : *Pierre Brossolette. Héros de la Résistance*, où Jean Moulin n'apparaît qu'à deux reprises, de manière incidente. Sa mémoire est honorée par de nombreuses manifestations. Comme celle du 22 mars 1945, dans le grand amphithéâtre de la Sorbonne, pour le premier anniversaire de sa mort tragique. En 1952, à Narbonne-Plage, est inauguré l'unique mémorial sonore de France en souvenir de son embarquement de septembre 1942. Dans le premier travail qui se veut historique, patronné par la Documentation française en 1946, *Esquisse d'une histoire de la Résistance française*, Jean Moulin a une place modeste, contrairement à Brossolette.

L'hommage n'est pas le seul fait de l'État. La filmographie française est un autre indicateur de cette présence de la Résistance. En 1946, 14 films et documentaires sont consacrés à ce thème. Jamais plus ce niveau ne sera atteint. Un film domine : *la Bataille du rail* de René Clément. Premier d'une longue série de réalisations parfois remarquables, du *Silence de la mer* (Jean-Pierre Melville, 1949) à *Papy fait de la Résistance* (Jean-Marie Poiré, 1982), en passant par *la Traversée de Paris* (Claude Autant-Lara, 1956) ou *Nuit et Brouillard* (Alain Resnais, 1956). Un autre indice apparaît dans la publication de récits populaires et des mémoires écrits par les acteurs de la Résistance. Un phénomène massif, mais sur une courte période, qui marque un contraste saisissant entre la période de l'Occupation, où les résistants étaient assignés au silence. En moins de trois ans, 424 ouvrages paraissent sur la question ! La parole résistante n'en paraît que plus profuse et dominatrice. Voici l'évolution de la production éditoriale, qui se répartit en livres de souvenirs (50 %), biographies, études et publications de documents : 67 en 1944 ; 205 en 1945 ; 152 en 1946 ; 85 en 1947 ; 76 en 1948 ; 36 en 1949 ; 42 en 1950 ; 25 en 1950.

Les éditions Éclat, à Genève, lancent dès 1945 une « petite encyclopédie de la Résistance », qui sera rééditée en France chez Nathan. Il s'agit de 7 fascicules d'une trentaine de pages, parfois rédigés par les résistants eux-mêmes : *Évasions de France ; De la Résistance au bagne ; Bertie Albrecht et Danielle Casanova ; Presse clandestine ; le Drame héroïque des Glières* ; *Vercors, citadelle de la Résistance ; Bagne de femmes*. Les éditions Bloud & Gay, en 1946, confient à Élisabeth Terrenoire le soin de vanter les mérites des femmes françaises. Cela devient, préfacé par Geneviève de Gaulle : *les Femmes dans la Résistance. Combattantes sans uniforme*. Le dessein est bien sûr édificateur, comme le dit la dernière page du livre : « Rappelons-nous toujours ce qu'ont fait pour la patrie les femmes et les filles de la Résistance. Elles ont donné aux générations présentes et futures le plus magnifique exemple de civisme et d'héroïsme. La France se montrera-t-elle digne de ses martyres ? » C'est donc essentiellement les valeurs du patriotisme qu'on célèbre à travers les résistants. Le message antifasciste sera valorisé bien après et c'est par lui que survivra l'idéal résistant.

La France libre n'est pas en reste. Rarement un événement historique aura été aussi rapidement magnifié ! Dès 1943, les éditions de la Maison française, à New York, confient à Raoul Aglion la rédaction de *l'Épopée de la France combattante*, préfacée par Jacques Maritain. Volume de 450 pages, vibrant d'émotion pour l'homme à qui il est dédié, « au général de Gaulle qui nia la défaite, appela les Français au combat et sauva l'honneur de la France ». À tout seigneur tout honneur, les discours du général de Gaulle font l'objet de nombreuses éditions. À Alger, dès le début de 1944, l'Office français d'édition publie un copieux recueil de 366 pages qui commence par l'appel du 18 juin. Les résistants de Londres n'étaient pas, bien sûr, soumis aux mêmes conditions de silence que les hommes de la Résistance « du dedans ». Ceux qui, à la BBC en particulier, portèrent et diffusèrent la parole gaullienne, et qui ont donc contribué à « faire de Gaulle », sont les premiers à reprendre la parole ou, plutôt, à la transformer en livres.

Dès la Libération, les livres de résistants ou sur les résistants se multiplient.

Pierre Bourdan rassemble et publie les chroniques qu'il a prononcées à la BBC de 1940 à 1943, dans *Commentaires* (1947). Deux ans plus tôt, il publie son *Carnet des jours d'attente (juin 40-juin 44)*, récit de sa vie politique à Londres et de son séjour à Alger, mais aussi son *Carnet de retour avec la division Leclerc* qui relate son travail de correspondant de guerre. Son ami des brumes londoniennes, Jean Oberlé, l'un des principaux chroniqueurs de l'émission « Les Français parlent aux Français », raconte, lui aussi, son aventure radiophonique, dès 1945, dans un livre intitulé : *Jean Oberlé vous parle... Souvenirs de cinq années à Londres*. Dans ses volumineux mémoires, *Envers et contre tout* (1947), Jacques Soustelle propose une visite politique à l'intérieur de la France libre et fait l'histoire des difficultés qu'elle a eues pour s'imposer, tandis que le chef des services secrets de la France libre, le colonel Passy, la même année, publie le premier tome de ses *Souvenirs*, qui en compteront trois. Citant de nombreux documents inédits, il révèle la nature des conflits qui opposèrent les hommes de la France libre et les résistants.

Les chefs de la Résistance prennent également très rapidement la parole. Ont-ils déjà conscience que l'histoire qui s'écrit après la Libération va se faire sans eux, voire contre eux ? Veulent-ils laisser une trace avant l'oubli ? Souhaitent-ils, au contraire, prendre date et se positionner pour figurer dans la nouvelle France qui se fait ? On observe différents modes d'intervention.

Certains décident de publier des notes qu'ils ont rédigées dans le feu de l'action. Comme Emmanuel d'Astier de La Vigerie, l'âme de Libération-Sud, qui signe *Sept Jours* aux Éditions de Minuit en 1945. Des carnets de prison sont édités, comme celui de Jean Nocher, préfacé par Maurice Schumann : *Geôles de la liberté* (Kundig, Genève, 1945). D'autres choisissent de réunir leurs appels ou tracts. C'est le cas du général Cochet, qui publie un recueil de ses manifestes après avoir pris soin de supprimer les passages témoignant d'une certaine confiance placée dans le maréchal Pétain : *Appels à la Résistance lancés par le général Cochet, 1940-1941* (Gallimard, 1945).

Certains décident tout simplement de réunir les articles les plus significatifs qu'ils ont écrits dans la clandestinité. Cette presse de l'ombre était d'une grande qualité et souvent d'une étonnante prescience. Elle était lue par une minorité. Pourquoi ne pas la faire connaître au plus grand nombre ? En 1945, Maxime Blocq-Mascard reproduit les *Cahiers de l'OCM* (sous le titre : *Chronique de la Résistance*) alors que Jean Texcier réunit des brochures clandestines sous le titre : *Écrits dans la nuit*. Henri Frenay, publie, lui aussi, en cette année 1945, un florilège de ses articles de *Vérités* et de *Combat*. Son titre : *Combat* (Denoël). On ne trouvera pas une seule de ses contributions à son premier journal clandestin, *les Petites Ailes*, certainement en raison de leur imprégnation maréchaliste, largement partagée par les résistants de la première heure. Le besoin de consensus ne permet pas encore d'entrer dans la complexité des postures. Par contre, on y trouve un article prémonitoire qui indique le sens du futur combat : « Résistance, espoir de l'Europe » (12 décembre 1943). Il s'agit de témoigner, pour l'Histoire, mais aussi de rappeler que les résistants étaient plus que des combattants : ils pensaient l'avenir et imaginaient une nouvelle manière de faire de la politique.

Le fondateur du mouvement Défense de la France, le philosophe Philippe Viannay, estime lui aussi que le combat de la pensée n'est pas achevé avec la fin de l'Occupation. Après la « défense de la France », il convient de promouvoir pour les temps à venir « une certaine idée de l'homme ». C'est pourquoi il crée une collection dont le titre est tout un programme : « Défense de l'homme ». Le premier fascicule, sur mauvais papier, est publié en 1945 : *Nous sommes les rebelles*. Il est signé « Indomitus », le nom de guerre de Viannay. Ce petit livre d'une centaine de pages comporte deux parties. La première, intitulée « Écrits dans la nuit », reprend quelques articles clandestins de Viannay. La seconde partie, rédigée dans la lumière, se veut au contraire une contribution à la réflexion de ce à quoi la France doit ressembler. Elle s'intitule : « Nous sommes les rebelles », titre repris pour l'ensemble du livre. Dans ce texte, Philippe Viannay ne concède rien au gaullisme triomphant ni au consensus ambiant. Au contraire, il s'oppose à l'habitude qu'a prise la population d'englober « dans une même entité vague la Résistance ». Il ne cache pas qu'il y a eu frictions et débats, et il souhaite précisément que « la nation soit éclairée pour qu'elle sache ce qui est en jeu ». Le nœud du problème vient, rappelle-t-il, du fait que les deux faces de la France qui a dit non (Forces françaises libres et Résistance intérieure), si elles sont nées d'un « même refus » et d'un « même amour », ont suivi « une marche parallèle ». Indomitus soupçonne les politiques de Londres et d'Alger d'avoir regardé la Résistance comme une « valeur commerciale », leur intention étant de vouloir « utiliser tous ces sacrifices pour se créer une situation personnelle, quitte ensuite, quand ces héros deviendront trop gênants, à les piétiner ». Il rappelle surtout que les résistants se sont battus pour que « naisse une France libérée socialement, économiquement, politiquement ». Le fondateur de Défense de la France vise la France « éternelle » des discours gaulliens, lorsqu'il rappelle que « les gars de la Résistance ne se sont pas battus pour une patrie désincarnée et sans signification ». Ils sont des « soldats politiques », et « ceux qui mouraient ne le faisaient pas pour voir se réinstaller en France les hommes d'entre les deux guerres ». Pour lui, la Résistance a perdu la bataille de la Libération. Les « rebelles » ont été neutralisés et manœuvrés par les « vieux politiciens ». Ils ont été incapables de « prendre la tête de la vie politique de la nation ». Face à la tentation molle du consensus, Viannay oppose le souci de vérité et cette capacité de scandale dont le résistant, toujours rebelle, doit témoigner.

Il n'est pas le seul. L'auteur de *France, prends garde de perdre ton âme* (ainsi est-il présenté, sans que son identité soit dévoilée), le premier cahier clandestin du *Témoignage chrétien*, publie un essai polémique en octobre 1945 qui s'intitule : *France, prends garde de perdre ta liberté*. C'est une mise en garde sévère contre la montée en influence, en France, des communistes.

Les mémoires sont le troisième mode d'intervention des résistants. Il s'agit de mettre en récit une expérience toute récente. Avec la chaleur du moment, mais aussi tous les dangers d'une écriture d'urgence, portée par le vent euphorique de la victoire. Deux livres dominent. Celui du colonel Rémy, grand prêtre du légendaire FFL, qui sort dès 1945 : *Mémoire d'un agent de la France libre*. Le premier d'une longue série. L'autre vient d'un résistant qui n'a eu de cesse de combattre Jean Moulin. Il est dû à Pierre de Bénouville, devenu général, qui signe, dès novembre 1945, à Genève, sur un très beau papier, *le Sacrifice du matin*. Ce livre connaîtra de nombreuses rééditions ultérieures, aux éditions Robert Laffont, comportant ajouts ou suppressions. Livre magnifique, mais dangereux car écrit en fonction du point d'arrivée de cette histoire. Dans l'édition genevoise, la première page de couverture comporte une belle croix de Lorraine, à l'image d'un récit reconstitué qui évacue la première phase résistante de l'auteur au cours de laquelle il manifestait de l'hostilité au gaullisme et de l'indulgence pour Vichy. Son ami très cher, René Hardy, n'apparaît que sous son pseudonyme. Mais ce livre qui se veut consensuel suscite la controverse. André Girard, l'homme qui a fondé le réseau proanglais et antigaulliste « Carte » au sein duquel Bénouville a milité, réplique par un livre : *Peut-on dire la vérité sur la Résistance* ? (1947). Il accuse Bénouville de mensonges : « Il faudrait un mot nouveau pour qualifier un héros quand il ne dit pas la vérité. » Il regrette que « partout, les profiteurs et les complices des Allemands ont acheté leur survie, cependant que l'authentique résistance, plus ou moins dépouillée de ses moyens, se terre, pleure ses illusions et fuit le pouvoir. »

À l'opposé se situe une critique qui naît dans les eaux troubles de l'extrême droite démonétisée, confidentielle, mais bruyante. Sur ce front, on fait passer la Libération pour une révolution. On imagine les résistants comme une « caste » qui occupe tous les postes de commande. On dénonce l'épuration dont on ne voit que les excès et dont on gonfle les chiffres. C'est un chanoine, ancien député, âgé de 75 ans, l'abbé Desgranges, qui brise le miroir avec *les Crimes mas-*

Le 18 décembre 1964, lors d'une cérémonie en présence de De Gaulle et de Malraux, les cendres de Jean Moulin sont transférées au Panthéon.

qués du résistantialisme (éditions l'Élan, 1948). Tout en rendant hommage aux résistants « authentiques », il stigmatise l'exploitation politique de la Résistance captée par « une amicale de gangsters ». Sa définition du « résistantialisme » (expression qu'il invente) ne fait pas dans la nuance : « C'est l'exploitation d'une épopée sublime par le gang tripartite à direction communiste. » À le suivre, la France née de la Libération n'a fait qu'adopter le « système de domination » de l'occupant chassé. Le même éditeur publie le journal de prison d'un « vaincu » de la Libération, Claude Jamet, qui se veut une illustration vécue des thèses du chanoine : *Fifi roi* (1947). Certains giraudistes bon teint apportent leur voix à ce concert. Comme Jacques Lemaigre-Dubreuil, l'homme à tout faire du général Giraud à Alger, qui publie, sous le pseudonyme de Crusoë : *Vicissitudes d'une victoire* (1946).

S'agit-il d'une critique extrême, suspecte, donc marginale ? Le rejet d'un certain gaullisme ne vient pas que de l'extrême droite. Le vice-amiral Muselier, ancien des premiers compagnons du général de Gaulle, ajoute de l'eau au moulin des antigaullistes (*De Gaulle contre le gaullisme*, 1946). Éliminé par le Général, Muselier, qui inventa la croix de Lorraine, règle ses comptes révélant que l'homme de Gaulle est « bien loin de se confondre avec le symbole », son seul but étant la « prise du pouvoir personnel » et ses moyens l'exploitation de l'« enthousiasme » et de la « foi patriotique » des Français. Un résistant impeccable, le colonel Rémy, qui connaît bien le chanoine Desgranges, reprend et diffuse une partie de ses thèses. Lui-même popularise la parabole selon laquelle la France avait en fait besoin de « deux cordes à son arc » : la corde Pétain et la corde de Gaulle. Une thèse qui sera reprise et étayée par Robert Aron dans son *Histoire de Vichy*, en 1954, et qui avait trouvé un adepte en la personne de Lucien Galimand, ancien député et membre de l'état-major FFI, dans le livre qu'il publie en 1948 au titre on ne peut plus clair : *Vive Pétain, vive de Gaulle*. Le comble, c'est que Rémy est membre du Rassemblement du peuple français (RPF), mouvement politique créé par le Général pour mieux prendre ses distances avec la vie politique française. Cette position, bien sûr, ne passe pas inaperçue : elle libère les anciens pétainistes qui fondent, le 6 novembre 1951, l'Association pour défendre la mémoire du maréchal Pétain. Les deux procès Hardy (1947 et 1950), qui craquellent la façade de la Résistance, ne sont peut-être pas pour rien dans cette reprise de parole des « vaincus ».

La volonté de réunir ex-gaullistes et ex-pétainistes est une expression du besoin d'unité que ressent la population française, confrontée à un nouveau danger : la guerre froide. Ce besoin d'unité, que les politiques ont bien saisi, se manifeste notamment dans la tentation de l'oubli juridique. À l'instigation des démocrates-chrétiens du MRP, mais aussi des hommes du RPF, une première loi d'amnistie est votée le 5 janvier 1951, suivie d'une deuxième le 24 juillet 1953. En 1956, les prisons françaises ne comptent plus que 62 détenus pour faits de collaboration. Des résistants s'en révoltent. Comme Jean Cassou, l'un des premiers hommes du refus, commissaire de la République à Toulouse, en 1944. Il publie aux Éditions de Minuit, en 1953, un petit livre offensif, *la Mémoire courte*, où il critique cette politique de « réconciliation dans l'aveuglement ». Pour lui, la Résistance fut, avant tout, « un fait moral, absolu, suspendu, pur ».

La Ve République, qui naît de la guerre d'Algérie, ne semble pas faire de la mémoire de la Résistance une place à part. C'est dans la logique de ce que pense le général de Gaulle depuis l'été 1944. Certes, il y a, en 1964, la grandiose cérémonie de translation des cendres de Jean Moulin au Panthéon. « Rex », pour longtemps, devient la figure emblématique et exclusive du héros et martyr gaullien. Mais le 11 avril, le président de la République supprime le 8 mai comme jour férié et chômé. Aux élections présidentielles de 1965, la gauche, représentée par François Mitterrand, met en ballottage l'homme du 18 juin. Elle le fait, sans vergogne, avec des voix d'ex-collabos. La Résistance n'est plus un héritage qu'on se dispute, et encore moins une ligne de clivage politique. Par exemple, face à la guerre d'Algérie, les résistants se sont trouvés des deux côtés, à l'instar d'un Francis Jeanson et d'un général Aussarresses. La Résistance entre lentement dans le domaine dépassionné de l'histoire. C'est en 1961 qu'est publiée (aux Presses universitaires de France) la première thèse consacrée à ce phénomène, signée par Henri Michel, le grand animateur du Comité d'histoire de la Seconde Guerre mondiale, rattachée directement au Premier Ministre. Mais à partir des années 1970, et jusqu'au procès Papon, en 1998, qui dura 90 jours, l'historiographie et l'opinion seront davantage tentées par Vichy et la collaboration, face longtemps cachée de notre histoire. D'éminents résistants écrivent, à froid cette fois, leurs mémoires (Claude Bourdet, Charles Tillon ou Henri Frenay), avec la volonté de présenter une image non consensuelle de l'aventure qu'ils ont vécue.

Monument à la mémoire de Jean Moulin, à Chartres, où il fut préfet lors de la débâcle de 1940.

Depuis, les historiens ont tenté de répondre à deux questions ultimes.

Première question : l'apport des résistants a-t-il joué un rôle décisif dans la libération de la France, ou bien les Alliés auraient-ils pu s'en passer ? Selon le général Eisenhower, ils ont représenté environ 230 000 hommes, soit une quinzaine de divisions. On estime que les résistants actifs ont fini par atteindre le chiffre de 480 000 à l'été 1944, soit environ 2 % de la population adulte. Ce chiffre correspond au nombre de demandes de cartes de combattant volontaire de la Résistance (CVR) déposées auprès du ministre des Anciens Combattants, sachant qu'un peu plus de 260 000 demandes ont reçu une suite favorable (la condition d'attribution étant d'avoir servi 90 jours la Résistance avant le 6 juin). Encore faudrait-il faire le départ entre les combattants, les complices et les sympathisants (actifs et passifs), ceux-ci étant vraisemblablement quatre fois plus nombreux, si l'on se rapporte aux lecteurs de la presse clandestine. En regard, notons qu'environ 350 000 Français seront concernés par l'Épuration, de près ou de loin. La connaissance du terrain qu'avaient les résistants, leur contact avec la population, l'organisation des FFI, les opérations de sabotage et de harcèlement ont considérablement facilité le travail de l'« armée B », issue de l'armée d'Afrique reconstituée et rebaptisée Ire armée française, qui débarque en Provence (8 divisions), et celui de la 2e DB de Leclerc (17 000 hommes).

Ils ont assurément constitué un appoint précieux pour les soldats alliés (2 millions), un gain de temps et des pertes humaines moindres. La Résistance a connu l'internement (300 000) et le drame absolu de la déportation (plus de 60 000 résistants ont été déportés), des exécutions sommaires (20 000 fusillés) et des pertes importantes au moment des combats libérateurs de l'après 6 juin. Le résultat est aussi (surtout ?) politique. L'autorité que le général de Gaulle a su donner à son « gouvernement provisoire », grâce à la légitimité que lui a prodiguée la Résistance intérieure, a permis à la France de figurer dans le camp restreint des vainqueurs et d'éviter au pays une possible guerre civile.

Deuxième question : qu'est-ce qu'un résistant ? Il faudrait surtout le définir par ses modes d'action. Être résistant n'est pas un état, c'est une action. Être résistant, c'est d'abord le fait de résister. Résister, c'est se rendre responsable d'actes très divers : actes symboliques, militaires, humanitaires, informationnels, etc. Il faudrait aussi tenter d'évaluer les niveaux d'engagement et d'intensité. Mais ces actes, vers quel but sont-ils orientés ? On entre ici dans le domaine mouvant et émouvant des motivations. Que veut le résistant ? Deux choses, de manière non forcément simultanée ou synchronisée : libérer le territoire national de ses occupants, mais aussi lutter contre l'idéologie nazie et contre le régime liberticide et collaborateur de Vichy. Combat patriotique et combat idéologique. Le résistant veut nuire, mais il veut aussi construire.

Mais, par-delà ces définitions, qui pourraient encore être affinées, le fait de résister apparaît d'abord comme un état d'esprit : c'est la capacité à transgresser et à ne pas se contenter de l'inévitable. C'est, pour reprendre le mot de Jean Cassou, « une simple affirmation contre la plus désespérante évidence ». En ce sens, l'esprit de la Résistance dépasse les conditions particulières de son apparition et se présente comme un message valable pour les temps présents et à venir.

L'esprit de résistance, finalement, c'est d'abord une attitude morale qui requiert du courage et l'acceptation d'un risque, qui fait le pari déraisonnable de l'espérance. En ce sens, ce sera toujours le fait d'une minorité.

Sigles

AFN • Afrique du Nord
AMGOT • Allied Military Gouvernment for Occupied Territories
AO • Action ouvrière
AS • Armée secrète
BBC • British Broadcasting Corporation
BCRA • Bureau central de recherche et d'action
BCRAM • Bureau central de recherche et d'action militaire
BDO • Commandement de la police du maintien de l'ordre allemand
BDS • Commandement de la police de sécurité allemand
BIP • Bureau d'information et de presse
BMA • Bureau des « menées antinationales »
CAD • Comité d'action contre la déportation
CAF • Comité d'action en France, CFLN
CAS • Centre américain de secours
CAS • Comité d'action socialiste
CDL • Comités départementaux de libération
CDLL • Ceux de la Libération
CDLR • Ceux de la Résistance
CE • Contre-espionnage
CFLN • Comité français de la Libération nationale
CFTC • Confédération française des travailleurs chrétiens
CGE • Comité général des experts, puis d'études
CIA • Central Intelligence Agency
CIMADE • Commission intermouvement auprès des évacués
CND • Réseau « La Confrérie Notre-Dame »
CNF • Comité national français
CNPG • Comité national des prisonniers de guerre
CNR • Conseil national de la Résistance
COMAC • Comité d'action militaire de la Résistance
COPA • Centre d'opérations de parachutage et d'atterrissage
DB • Division blindée
DF • Défense de la France
DFL • Division française libre
DGSS • Direction générale des services spéciaux
DIA • Division d'infanterie algérienne
EM • État-major
FAFL • Forces aériennes françaises libres
FC • France combattante
FFC • Forces françaises combattantes
FFI • Forces françaises de l'intérieur
FFL • Forces françaises libres
FN • Front national
FNFL • Forces navales françaises libres
FTP • Francs-Tireurs et Partisans
FTPF • Francs-Tireurs et Partisans Français
FTP-MOI • Francs-Tireurs et Partisans et la Main-d'œuvre immigrée
GF • Groupes francs
GFP • Police militaire de campagne allemande
GI • Government Issue, « fourniture du gouvernement »
GMR • Groupes mobiles de réserve
GPRF • Gouvernement provisoire de la République française
IS • Intelligence Service
LVF • Légion de volontaires français
MBF • Commandant militaire allemand en France
MLN • Mouvement de libération nationale
MNCR • Mouvement national contre le racisme
MNPGD • Mouvement national des prisonniers de guerre et déportés
MOF • Mouvement ouvrier français
MOI • Main-d'œuvre immigrée
MRAP • Mouvement contre le racisme et pour l'amitié entre les peuples
MRP • Mouvement républicain populaire
MRPGD • Mouvement de Résistance des prisonniers de guerre et déportés
MUR • Mouvements unis de Résistance
MURF • Mouvement unifié de la Renaissance française
NAP • Noyautage des administrations publiques
OCM • Organisation civile et militaire
OMA • Organisation métropolitaine de l'armée
ORA • Organisation de résistance de l'armée
OS • Organisation spéciale
OSS • Office of Strategic Services
PC • Parti communiste
PG • Prisonnier de guerre
RAF • Royal Air Force
RG • Renseignements généraux
RNPG • Rassemblement national des prisonniers de guerre
RPF • Rassemblement du peuple français
RUP • Rassemblement universel pour la paix
SD • Sicherheitdienst, service de sécurité de la Gestapo
SDN • Société des nations
SFIO • Section française de l'Internationale ouvrière
SIPO • Sicherheitsplizei
SOAM • Service des opérations aériennes et maritimes
SOE • Special Operations Executive
SOL • Service d'ordre légionnaire
SR • Service de renseignements
SS • Schutz-staffel, « échelon de protection », police militarisée allemande
SSNR • Service de santé national de la Résistance
STO • Service du travail obligatoire
TR • Travaux ruraux : services de contre-espionnage clandestins français
UDSR • Union démocratique et socialiste de la Résistance
UGIF • Union générale des Israélites de France
UJRE • Union des juifs pour la résistance et l'entraide
USC • Unitarian Service Commitee
WT • Wireless Transmission : radio
ZN • Zone nord
ZS • Zone sud

Pseudonymes

Alban • Auguste Vistel
Albert • Roger Cottin
Alexandre • René Char
Aubin • Claude Bourdet
Avord, René • Raymond Aron
Bardot • René Hardy
Barrès • Pierre Guillain de Bénouville
Bernard • André Grandclément
Bernard • Emmanuel d'Astier de la Vigerie
Berneix • Jacques Baumel
Bertin • Maurice Chevance
Bienvenüe • Raymond Lagler
Boissière • Jean Moulin
Borel, Jacques • Jacques Brunius
Brumaire • Pierre Brossolette
Carte • André Girard
Césari • Paul Colonna d'Istria
Charvet • Henri Frenay
Chatte, la • Mathilde Carré
Cherfils • André Chérasse
Cheval • Georges Rebattet
Chevalier • général Delestraint
Claude • colonel Monodi
Corvisart • Béresnikoff
Custines • Henri Frenay
Decour, Jacques • Daniel Decourdemanche
Delé • général Delestraint
Dubois • André Weil-Curiel
Duchêne • général Delestraint
Duchesne, Jacques • Michel Saint-Denis
Duroc • Pierre Guillain de Bénouville
Ermelin, Claude • Raymond Aubrac
Fabien, colonel • Pierre Georges
Frit • Hervé Monjaret
Geneviève • Jean Moulin
Gervais • Henri Frenay
Gilbert • Gilbert Brustlein
Indomitus • Philippe Viannay
Isabelle • Odette de Blignières
Jack • Jacques Mansion
Jarrot, André • Claude Goujon
Jérôme • Michel Brault
Joseph • Albert Guérisse
Kim • Paul Schmidt
Lahire • Pierre Guillain de Bénouville
Latour • Joseph Beaufils
Lefebvre • Henri Frenay
Lucas • Pierre de Vomécourt
Lunel • Jean Multon
Maillaud, Pierre • Pierre Bourdan
Mars • général Delestraint
Mary • Raymond Basset
Mason • Bruce Dowding
Matour • Joseph Beaufils
Max • Jean Moulin
Médéric • Gilbert Védy
Mercier, Joseph • Jean Moulin
Morati • colonel Monod
Morland • François Mitterrand
Morlot • Charles Gonard
Murat • Roger Nathan
Narcisse • André Boucheron
Nef • Henri Frenay
O'Leary, Pat • Albert Guérisse
Passy • André Devawrin
Paul • Harold Cole
Paul, commandant • Ernest Floege
Perrier, Philippe • Paul Paillole
Pontcarral • Pierre Dejussieu
Ravanel • Serge Asher
Raymond • Gilbert Renault
Rémy • Gilbert Renault
Renaud • Georges Revers
Rex • Jean Moulin
Rival • Georges Revers
Rol • Henry Tanguy
Roulier • Gilbert Renault
Saint-Jacques • Maurice Duclos
Sallard • Pascal Copeau
Sheherazade • André Chérasse
Sif • Raymond Fassin
Siméon, Clotilde • Odette de Blignières
Sophie • Claude Bouchinet-Serreulles
Stacho • Stanislas Szymanczyk
Tavernier • Henri Frenay
Testis • père Pierre Chaillet
Tom • Théodose Morel
Trompette • José Aboulker
Vacher, Robert • Robert Marjolin
Vallet, François • Raymond Aubrac
Valrimont • Maurice Kriegel
Vélin • André Bollier
Vercors • Jean Bruller
Vergennes • Michel Cailliau
Véritas • Henri Frenay
Victoire • Berty Albrecht
Vidal • général Delestraint
Villon, Pierre • Pierre Ginsburger
Xaintrailles • Henri Frenay
Yodi • Maurice Guillaudot

Index

Crédits photographiques

Couverture : Photo © Keystone

Tous les documents et photographies reproduits dans cet ouvrage proviennent de la collection DMPA, sauf :

Pages : 8-9 : Ph. © LAPI/Roger-Viollet • 18 : Ph. Jeanbor © Archives Larbor • 19 : Bibliothèque nationale de France, Paris. Ph. Coll. Archives Larbor • 25 : Coll. particulière. Ph. Jean-Loup Charmet © Archives Larbor • 26 : coll. particulière • 27 : Ph. © Keystone • 28 : Ph. © AFP • 30 : sans mention d'origine • 34 : Ph. © Musée de l'Ordre de la Libération, Paris • 36 : Ph. © Harlingue/Roger-Viollet • 37 : coll. particulière • 45 : Ph. © Coll. Roger-Viollet • 46 : coll. particulière • 58 : BDIC, Nanterre. Ph. © Archives Larbor-DR • 59 : coll. particulière • 61 : DR • 62 : coll. particulière • 68 : coll. particulière • 73 : coll. particulière • 76 : coll. particulière • 77 droite : Ph. © Keystone • 80 : document conservé au Centre de conservation et de consultation du musée de la Résistance de Champigny-sur-Marne • 81 : coll. particulière • 83 : Ph. © Roger-Viollet • 86 : Ph. © Musée de l'Ordre de la Libération, Londres • 87 : DR • 89 bas à gauche : document conservé au Centre de conservation et de consultation du musée de la Résistance de Champigny-sur-Marne • 91 : coll. particulière • 92 : Musée Carnavalet, Paris. Ph. Jean-Loup Charmet © Archives Larbor • 94 : Comité d'histoire de la Seconde Guerre Mondiale, Paris. Ph. Jean-Loup Charmet © Archives Larbor • 95 : coll. particulière • 100 haut : coll. particulière ; bas : DR • 103 : Ph. © Lapi-Viollet • 105 : document conservé au Centre de conservation et de consultation du musée de la Résistance de Champigny-sur-Marne • 106 centre : DR ; gauche : Ph. © Rue des Archives • 107 : coll. particulière • 108 : Ph. Coll. Archives Larbor • 109 : coll. particulière • 110 : coll. particulière • 111 : coll. particulière • 112 haut : Ph. © AFP ; bas : coll. particulière • 113 : document conservé au Centre de conservation et de consultation du musée de la Résistance de Champigny-sur-Marne • 116 : DR • 117 : DR • 122 : document conservé au Centre de conservation et de consultation du musée de la Résistance de Champigny-sur-Marne • 124 bas : document conservé au Centre de conservation et de consultation du musée de la Résistance de Champigny-sur-Marne • 126 bas : Ph. Archives Larbor • 128 haut : document conservé au Centre de conservation et de consultation du musée de la Résistance de Champigny-sur-Marne • 129 : Ph. © Keystone • 132 : Bibliothèque nationale de France, Paris. Ph. Coll. Archives Larbor • 136 : coll. particulière • 138 : coll. particulière • 141 : Ph. © René Saint Paul/Rue des Archives • 146 : Ph. © Archives Larbor • 151 : Ph. © Coll. DITE-USIS/Photos12.com • 152 : coll. particulière • 155 : coll. particulière • 158 gauche : coll. particulière • 162 : Mémorial Leclerc - Musée Jean Moulin - fonds Antoinette Sasse - ville de Paris • 168 : coll. particulière • 169 : coll. particulière • 170 trois photos : coll. particulière • 171 : DR • 172 : coll. particulière • 177 : Ph. © Musée de l'Ordre de la Libération, Paris • 178-179 bas centre: Ph. © Keystone • 183 haut : coll. particulière • 184 : Ph. © Musée de l'Ordre de la Libération, Paris • 186 : coll. particulière • 190 : docteur Guillin • 192 : coll. particulière • 193 : coll. particulière. Ph © Archives Larbor • 194 : Ph. © Roger-Viollet • 195 : Ph. © OFF-AFP • 196 : Musée de l'Armée, Paris. Ph. © Archives Larbor • 197 : coll. particulière • 207 haut droite : Musée d'Histoire contemporaine, BDIC, Paris. Ph. © Archives Nathan ; bas droite : coll. particulière • 216 : coll. particulière • 217 droite : coll. particulière • 225 et 226 : Ph. © Musée de l'Ordre de la Libération, Paris • 228 : coll. particulière • 232 : coll. particulière • 233 : coll. particulière • 236 bas droite : coll. particulière • 238 bas : document conservé au Centre de conservation et de consultation du musée de la Résistance de Champigny-sur-Marne • 239 : coll. particulière • 243 : DR • 244 : BDIC, Nanterre. Ph. © Archives Larbor-DR • 249 : BDIC, Université de Nanterre. Ph. © Archives Larbor • 257 : Ph. Coll. Archives Larbor • 270 : coll. particulière • 275 : BDIC, Nanterre. Ph © Archives Larbor • 276 : coll. particulière • 277 haut : BDIC, Nanterre. Ph. © Archives Larbor-DR ; bas : © Jean Dieuzaide • 283 haut : DR • 288-289 : Ph. © Roger-Viollet • 290 : BDIC, Nanterre. Ph. © Archives Larbor • 292 : coll. Particulière • 296 : Ph. © Roger-Viollet • 303 gauche : Bibliothèque nationale de France, Paris. Ph. Coll. Archives Larbor ; centre : Ph. Coll. Archives Larbor ; droite : Bibliothèque nationale de France, Paris. Ph. Coll. Archives Larbor • 310 : BDIC, Nanterre. Ph. © Archives Larbor • 311 : Ph. © Musée de l'Ordre de la Libération, Paris • 313 : coll. particulière • 315 : DR • 316 : Ph. Jean-Michel Labat © Archives Larbor

Achevé d'impression : avril 2004
Dépôt légal : septembre 2003
Impression : Jean-Lamour, Maxéville
Reliure : Brun, Malesherbes
Imprimé en France
Printed in France